谨以此书

纪念孙犁先生诞辰110周年

孙犁传

苑英科 著

新华出版社

图书在版编目(CIP)数据

孙犁传 / 苑英科著.
-- 北京 : 新华出版社, 2023.6
ISBN 978-7-5166-6886-3

Ⅰ. ①孙… Ⅱ. ①苑… Ⅲ. ①孙犁(1913-2002)-传记
Ⅳ. ①K825.6

中国国家版本馆CIP数据核字(2023)第120707号

孙犁传

作　　者: 苑英科

出 版 人: 匡乐成　　**出版统筹:** 许　新
责任编辑: 李　成　　**封面设计:** 李尘工作室

出版发行: 新华出版社
地　　址: 北京石景山区京原路8号　　**邮　　编:** 100040
网　　址: http://www.xinhuapub.com
经　　销: 新华书店、新华出版社天猫旗舰店、京东旗舰店及各大网店
购书热线: 010-63077122　　**中国新闻书店购书热线:** 010-63072012

照　　排: 六合方圆
印　　刷: 三河市君旺印务有限公司

成品尺寸: 160mm×230mm　1/16
印　　张: 40.75　　**字　　数:** 540千字
版　　次: 2023年8月第一版　　**印　　次:** 2023年8月第一次印刷

书　　号: ISBN 978-7-5166-6886-3
定　　价: 90.00元

目录 Contents

第一章 故乡黄花…… 001
东辽城…… 001
惊风疾…… 006
洋学堂…… 008
安国县…… 013
永吉昌…… 015

第二章 育德钟声…… 018
古城保定…… 018
天作之合…… 022
年少习作…… 025
初恋故事…… 029
苦雨愁城…… 033

第三章 北平流浪…… 038
工务局…… 038
大公报…… 043
事务员…… 045
死魂灵…… 050

第四章　同口旧事…………………………………………………… 054
同口三元…………………………………………………… 054
小镇危楼…………………………………………………… 057
冯村刘氏…………………………………………………… 064

第五章　冀中烽烟…………………………………………………… 066
携笔从戎…………………………………………………… 066
抗战学院…………………………………………………… 075

第六章　阜平山水…………………………………………………… 083
新闻工作…………………………………………………… 083
雁北之行…………………………………………………… 087
抗敌报社…………………………………………………… 092
边区文协…………………………………………………… 096

第七章　太行内外…………………………………………………… 102
冀中一日…………………………………………………… 102
光荣入党…………………………………………………… 107
华北联大…………………………………………………… 112

第八章　延安窑洞…………………………………………………… 117
走西南……………………………………………………… 117
在鲁艺……………………………………………………… 122
荷花淀……………………………………………………… 131

第九章　重返故地…………………………………………………… 136
回故乡……………………………………………………… 136
去刘村……………………………………………………… 140

在河间…………………………………………… 147

第十章　投身土改……………………………… 153

白洋淀…………………………………………… 153

大西章…………………………………………… 159

搬石头…………………………………………… 163

大官厅…………………………………………… 168

到深县…………………………………………… 172

第十一章　踏入津门…………………………… 175

文艺周刊………………………………………… 175

去意彷徨………………………………………… 178

电影脚本………………………………………… 183

移家天津………………………………………… 187

两天日记………………………………………… 190

第十二章　安得奋飞…………………………… 194

风云初记………………………………………… 194

整版批评………………………………………… 197

访苏行迹………………………………………… 199

风荷正举………………………………………… 202

第十三章　斗争旋涡…………………………… 208

下乡长仕………………………………………… 208

铁木前传………………………………………… 213

助力梁斌………………………………………… 217

两场整肃………………………………………… 221

第十四章　中年大病…………………………………………… 228
周扬点名…………………………………………… 228
南下旅行…………………………………………… 231
病中反击…………………………………………… 236
神经衰弱…………………………………………… 237

第十五章　黄鹂之鸣…………………………………………… 242
红十字…………………………………………… 242
小汤山…………………………………………… 244
在青岛…………………………………………… 247
无花果…………………………………………… 255
到太湖…………………………………………… 258

第十六章　病中落寞…………………………………………… 262
高阳才俊…………………………………………… 262
金镜之约…………………………………………… 266
淮舟论稿…………………………………………… 270

第十七章　“六二”现象…………………………………………… 275
京城偶遇…………………………………………… 275
改稿撤稿…………………………………………… 280
伤感情怀…………………………………………… 285
再次撤稿…………………………………………… 288
二次进京…………………………………………… 293

第十八章　天命何在…………………………………………… 298
小川陪伴…………………………………………… 298
河北发难…………………………………………… 302

同病相怜…………………………………………………… 304
心归故乡…………………………………………………… 309

第十九章 十年遭逢 ………………………………………… 315
风雨来袭…………………………………………………… 315
不祥之作…………………………………………………… 322
谪居佟楼…………………………………………………… 324
郊外干校…………………………………………………… 326
妻子去世…………………………………………………… 333

第二十章 “解放”之后………………………………………… 334
回归生活…………………………………………………… 334
结伴还乡…………………………………………………… 340
联系作者…………………………………………………… 344

第二十一章 京剧之梦………………………………………… 349
文教书记…………………………………………………… 349
体验生活…………………………………………………… 353
寻访葛尧…………………………………………………… 358
另起炉灶…………………………………………………… 361

第二十二章 梦中挣扎………………………………………… 367
花甲之年…………………………………………………… 367
决心离异…………………………………………………… 375
丢盔卸甲…………………………………………………… 385
地动山摇…………………………………………………… 393

第二十三章 晚华初放………………………………………… 398

再度执笔…………………………………………… 398
应邀赴京…………………………………………… 405
玉兰花开…………………………………………… 408
津门文坛…………………………………………… 412

第二十四章 秀露晨光…………………………………… 418
夜路明灯…………………………………………… 418
阎纲致信…………………………………………… 421
泰昌来访…………………………………………… 423
荷花淀派…………………………………………… 426
一篇访谈…………………………………………… 432

第二十五章 澹定于心…………………………………… 436
作品点评…………………………………………… 436
文集问世…………………………………………… 442
莲池荷韵…………………………………………… 447
将军一夕…………………………………………… 451

第二十六章 尺泽江海…………………………………… 456
芸斋小说…………………………………………… 456
丁玲来访…………………………………………… 461
柳青嘱托…………………………………………… 465
平凹神交…………………………………………… 469

第二十七章 远道绵长…………………………………… 474
序的教训…………………………………………… 474
犁舟之痛…………………………………………… 481

香雪逆袭…………………………………………………… 491

第二十八章　老荒之犁………………………………………… 496

所谓幻觉…………………………………………………… 496

大光见闻…………………………………………………… 499

一匹骆驼…………………………………………………… 503

传言澄清…………………………………………………… 506

鲁藜染发…………………………………………………… 510

第二十九章　陋巷弦歌………………………………………… 514

知音难觅…………………………………………………… 514

河南小友…………………………………………………… 519

田间离世…………………………………………………… 522

身后之思…………………………………………………… 524

丁玲之死…………………………………………………… 527

第三十章　君子不党…………………………………………… 533

冯前………………………………………………………… 533

熙攘………………………………………………………… 540

落选………………………………………………………… 545

第三十一章　独上高楼………………………………………… 547

犁林之伤…………………………………………………… 547

镜花水月…………………………………………………… 555

离开大院…………………………………………………… 558

邹明之悼…………………………………………………… 564

小书重现…………………………………………………… 567

冷眼旁观…………………………………………………… 569

第三十二章　朋友彩笔…………………………………………… 573
彩笔之讥…………………………………………………… 573
映山抚慰…………………………………………………… 577
克明申辩…………………………………………………… 579
炭笔素描…………………………………………………… 582

第三十三章　欲说还休…………………………………………… 585
相忘江湖…………………………………………………… 585
死里逃生…………………………………………………… 592
文集初成…………………………………………………… 598

第三十四章　病句纠缠…………………………………………… 604
一封书信…………………………………………………… 604
老而不死…………………………………………………… 608
被迫出手…………………………………………………… 611
兀坐楼台…………………………………………………… 617

第三十五章　曲终峰青…………………………………………… 619
断然封笔…………………………………………………… 619
斯人远行…………………………………………………… 624
并非幻灭…………………………………………………… 630

第一章　故乡黄花

东辽城

1913 年 5 月 11 日（阴历四月初六），孙犁出生于河北省安平县东辽城村一户农民家庭。因为体弱多病，父亲为他起乳名“振海”以壮之；六岁入村学，为他起学名“树勋”，希望他建立功勋，光宗耀祖。他一生用过的笔名不下几十个，而以“孙犁”闻名于世。

东辽城只有百余户人家，是一个小村子，西南三里是子文镇。这是一个大镇，镇上有集，三月、十月有药王庙会。东至安平县城，相距近十公里。安平县地处冀中平原，北面是安国县、博野县、蠡县，西边是深泽县，东部是饶阳县，南部是深州市、辛集市。

安平县是革命老区，诞生于 1923 年的中共台城特别支部是全国第一个农村党支部，建立于 1924 年的中共安平县委是河北省第一个县委。1938 年，冀中区党委、冀中行署、冀中军区等均在这里创建，这里是冀中抗日根据地的诞生地和发祥地。

孙犁以写白洋淀而成名。白洋淀在河北省的安新县和雄县，也就是现在雄安新区的所在地。有人望文生义，误认为孙犁是安新县人，把安平和安新相混淆。安新县隶属保定市，北与容城毗邻，南与高阳接壤，东与雄县、任丘相连，西与清苑、徐水交界。青年时代，尤其是抗日战争时期，孙犁曾在这一带活动。

东辽城现在改名孙遥城。据传，明永乐二年（1404 年），曹、孙、张、贾四氏奉诏从山西小兴州洪洞县迁至此地，占产立庄，因行路遥远，殊为不易，故把村庄取名为遥城。1850 年，分为东遥城、西遥城，后改为东辽城、西辽城。1946 年东辽城又分为孙辽城、曹辽城。“文化大革命”中，两个村子再度改名，孙辽城改名红林村，曹辽城改名革新村。1982 年，村名复查，红林村改名孙遥城。孙犁在自己的文章中，按照童年的记忆，一直称自己的故乡为东辽城。

东辽城村北有一条大河，自西向东流过，这就是有名的滹沱河。滹沱河发源于山西省繁峙县泰戏山下，东流至河北省献县臧桥，与子牙河另一支流滏阳河相汇为子牙河入海。“滹沱”是水流湍急、汹涌磅礴之意。滹沱河全长 587 公里，“民国”时期，水量充足，一些码头泊船相接如龙，波光如鳞，灯火星流，商旅往来呼号，行业繁多，呈现的是一幅富庶繁荣的水乡画面。孙犁对河流湖泊的感知，并非单纯来自白洋淀，从童年时代起，滹沱河就在他的脑海中打下深深的烙印。孙犁与这条河是有缘的。抗战时期，他转战于滹沱河两岸，打游击时，还曾经到过这条河的发源地繁峙县；进城之后，他久居天津，子牙河与其他支流在天津汇合成海河入海。所以，孙犁的一生，几乎是沿着滹沱河而奔走的。在《风云初记》等多篇作品中，都对这条河有过富有情感的描写。

孙犁的父亲叫孙墨池，在安国经商。母亲叫张翠珠，系农村妇女。

孙墨池个子不矮，长方脸儿，村里人叫他“黑子”。他的皮肤不白，但长得眉清目秀，为人老实，不爱说话。他十六岁的时候，经过招赘在本村的一位姓吴的山西人介绍，到安国县一家字号为永吉昌的店铺去学徒。这家店铺主要是榨油和轧棉花，同时还经营钱业，东家是安国县北段村张姓。孙墨池从打算盘干起，熬到管账的先生，念了十几年的账本，最后当上了掌柜的，并在永吉昌吃上了劳力股，慢慢有了一些积蓄，在老家买了五十亩地。孙犁的叔父在家种地。后来，叔父闹着分家，孙犁家分到二十亩，后来又买到五十亩，雇长工来种，虽然日子逐渐好起来，但生活并不富裕，常年吃红白高粱，不买肉。春天闹饥荒，也得挖野菜，捋杨树叶花。孙墨池一直感恩给他介绍工作的吴姓老头。吴老头晚年过得很不如意，如果赶上家里做些像样的饭食，孙墨池总是把他请来，让在正座。吴老头总是一边吃，一边用山西口音说："我吃太多呀，我吃太多呀！"

孙犁有两个姑姑，出嫁后，很早就都去世了。大姑留下个表姐，一直跟着孙犁的母亲过活，帮着做了不少事。后来，这位表姐嫁到三里地之外的店子头村，也是早早死掉了。孙犁的老姑，早年也是嫁到了这个村子。一开始，夫家很是富裕，平时不做饭，一家人买烧鸡吃。后来家道中落，连饭都吃不上了。老姑家有个儿子，孙犁称之为大嘴哥，发育不良，还有些哮喘，孙犁外出读书的时候，家境富裕起来，大嘴哥便到他家帮忙，一直到土改，孙家的土地被分，才回店子头去。

孙墨池这个名字很有些书生气息，他念过两年私塾，粗通文墨，还喜欢字画，搞了一些收藏，但都是一般的东西。他喜欢书法，除了打算盘外，就是练字。他的字写得很好，虽然是农民，却颇带有一些儒雅的风度。这些爱好也影响了孙犁。孙墨池每年春节回家一次，过一个正月十五。开始是步行回家，后来骑驴，家道殷实后，由孙犁的叔父用牛车接送。他恪守一些传统的礼数，每次都是出城再坐车，路过村庄，一定下车步行，和街上的人打招呼。孙犁继承了父亲的这种家风，进城之后，有时坐吉普车回老家，总是在村头下车，绕着小道回家。

孙犁的外祖母家是安平县的彪家村，在滹沱河北岸，东辽城的正北，两村相距7.5公里。之所以叫彪家村，据说和东汉末年名臣杨彪有关，彪家，自然是指杨彪的坟茔。

杨彪是三国时期杨修的父亲。曹操杀掉杨修后，有一次看到杨彪，故意问道："公何瘦之甚？"杨彪答道："愧无日磾先见之明，犹怀老牛舐犊之爱。"金日磾西汉名臣，他有两个儿子，得到了汉武帝的宠爱。金日磾却对两个儿子的行为不满。孩子长大之后，有了一些淫乱行为，金日磾一怒之下将长子杀掉，免去了家族之祸。

在彪家村一带，流传着这样一个传说：杨彪忠于汉室，尽节卫主，曾在彪家村这个地方护驾，后来病死在此处。这天夜里刮起了大风，一夜之间，便在杨彪的尸体上刮成了一个坟丘，后人称之为"彪冢"，时常来祭祀，这个村子也就称之为彪家村了。这自然是传说。

彪家村是个大村，孙犁的母亲在家是老大，有姐妹四人，还有两个弟弟，一家八口人，种着当来的三亩地，全仗着织卖土布生活。孙犁回忆道：

外祖母、母亲、二姨，能上机子的，轮流上机子织布。三姨、四姨，能帮着经、纺的，就帮着经、纺。人歇马不歇，那张停放在外屋的木机子，昼夜不闲着，这个人下来吃饭，那个人就上去织。外祖父除种地外，每个集日（郎仁镇）背上布去卖，然后换回线子或是棉花，赚的钱就买粮食。[1]

孙犁的母亲是织布能手，在娘家的时候，每天织布到鸡叫。东邻有一个念书的，准备考秀才，每天夜里大声念书，隔几句就"也"一声，声音拉得长长的，也是念到鸡叫，念了好多年，也没考上。家中生活困难，孙犁的两个舅舅也是各奔前程。大舅父很早就下了关东，在关东混了二十多年才回来，带回一些钱，买了几亩地，娶了一个后婚，生了一个儿子，后因患抽风等疾病去世。二舅父从十几岁便到东辽城投奔姐姐，和孙犁的叔父赶车拉脚，勉强度日。这样的日子也没有维持多久。孙犁回忆道：

后来遇上一年水灾，叔父又对父亲说了一些闲话，我父亲把牲口卖了，二舅父回到家里，没法生活。他原在村里和一个妇女相好，女的见从他手

---

[1] 孙犁：《外祖母家》，《尺泽集》，人民文学出版社2012年版，第47页。

里拿不到零用钱，就又和别人好去了。二舅父想不开，正当年轻，竟悬梁自尽。[1]

孙犁的母亲张翠珠嫁到孙家的时候，孙家是个大家庭，人口多，还很贫穷，靠磨面、卖馒头为生。虽然卖馒头，但自己舍不得吃，也吃不起，只能吃麸子。母亲后来对孙犁说，我吃麸子吃怵了，要吃白面，就全是，不要掺麸子。她坐月子的时候，没有柴烧，拆了个破鸡笼，才熬了碗粥。

母亲一共生了七个孩子，孙犁排行老六，只成活了他一个，上面五个兄姐和下面一个弟弟都不幸夭折。有一年闹瘟疫，一个月之内竟然死了三个孩子，孙犁的祖父怕她想不开，就让她去赌点小牌。就这样，她养成了在春冬两闲和妇女们斗纸牌的习惯。孙犁对夭折的弟弟还有印象，他六七岁、弟弟四五岁的时候，两人同时闹病，出疹子。结果弟弟死了，孙犁活了下来。那时候，什么病都能死人。[2]

母亲心地善良，加之生活的苦难，使她一心向佛。家道小康之后，又乐善好施，只要是力所能及，对村中孤苦饥寒的人，还有那些过往的行人，总是尽量周济。这种古道热肠又隐含着多少辛酸和痛苦呢？

母亲是一位十分勤劳的农村妇女，孙犁回忆道："麦秋两季，母亲为地里的庄稼，像疯了似的劳动。她每天一听见鸡叫就到地里去，帮着收割、打场。每天很晚才回到家里来。她的身上都是土，头发上是柴草。蓝布衣裤汗湿得泛起一层白碱，她总是撩起褂子的大襟，抹去脸上的汗水。"[3] 她的心很细，打场的时候，豆子压进地里，都会抠出来，一粒粮食都不丢掉。

---

[1] 孙犁：《外祖母家》，《尺泽集》，人民文学出版社 2012 年版，第 48 页。

[2] 谢大光：《孙犁教我当编辑》，天津人民出版社 2022 年版，第 36 页。

[3] 孙犁：《母亲的记忆》，《远道集》，人民文学出版社 2012 年版，第 45 页。

惊风疾

孙犁出生以后，母亲没有奶水，只好把馒头晾干、碾碎、煮成糊糊喂他，因此孙犁的身体很弱，并且患有惊风疾。惊风又称为“惊厥”，也就是民间所说的抽风，发病时会出现抽搐和昏迷。每当孙犁生病，夜间，母亲总是放一碗清水在窗台上，祷告过往的神灵。她用手抓些草棍儿插水里，念念有词：“关老爷，马过来吃草。病好了，给您挂袍！”所谓挂袍，实际是一张黄纸，当作送他的衣料。母亲也领他到巫婆家去下仙，香头（民间看事治病的巫婆神汉）神仙附体，和人对答。孙犁有时会问：“他声音怎么变成女的了？”母亲说：“把嘴捏上半拉，就细了。”母亲还是信这些东西，找了各种偏方来试，羊肚里的羊羔，放在瓦片上焙干，让孙犁吃。[1]

对孙犁的这种疾病，很多人避而不谈，觉得这是一个人的隐私，不愿意谈；或者觉得这是一件无关紧要的事情，没必要谈。孙犁却并不回避，在很多文章中反复提及。在他看来，这是他人生中的一件大事。在《我的童年》中，他这样写道：

生我后，母亲无奶。母亲说，被一怀孕堂婶“沾”了去，喂我些糊，即把馒头弄碎，然后再煮成粥状。因此，我幼年体弱，且有惊风疾。母亲为我终年烧香还愿，并时常请一邻居老奶奶，为我按摩腹部以助消化。惊风病至十来岁，由叔父骑驴带到伍仁桥，请人针刺手腕（清明日，连三年），乃愈。[2]

在《生辰自述》一文中，孙犁对这一疾病又详尽做了记述：

余之初生，母亲失乳，困处僻乡，无以为哺。乃用蒸馍，发酵煮粥，以之育儿，生命得续。又患惊风，忽然抽搐，母亲心忧，烧香问卜。及余

[1] 谢大光：《孙犁教我当编辑》，天津人民出版社 2022 年版，第 35 页。
[2] 孙犁：《我的童年》，《孙犁全集》，人民文学出版社 2004 年版，第 455 页。

稍长，体弱多病，语言短缺，有似怔忡。[1]

在孙犁十来岁的时候，每逢清明节，由叔父带到安国县的伍仁桥，请人针刺手腕，连续三年，总算把惊风疾治愈。但是这种病，对他的神经系统还是造成了一定影响，“语言短缺，有似怔忡”，虽然是文学修饰之言，但是也陈述了一个事实：在外人看来，这个孩子不言不语，傻傻乎乎。他的父亲也是这样认为，在给别人介绍的时候，经常说：“这是我的小孩，他是个傻子！”这些言语，从小便扎在孙犁的心里，给他造成了强烈的自卑感。

孙犁不善言谈，不善交际，情绪不大稳定，敏感多疑，体验深刻，喜欢冲动，爱美若狂，疾恶如仇，有时难以遏制。孙犁认为，自己的性格，和体质有关。从小体弱，“不好剑，就好书”。不好接近人，恐怕也和这一点有关。他承认，自己没那么大的精神头，精力有限，好心烦，因此孤僻。[2] 由于病在大脑，孙犁从小就患有失眠症，抗日战争时期，住过边区医院。1948 年，又添了摇头晃脑的毛病，头部或者下颚不住地颤动，情绪越激动，颤动得越厉害。1956 年，大病一场，还是神经系统方面的问题，当时诊断为神经衰弱，大概有十年左右的时间不能写作。对这些，孙犁在《和郭志刚的一次谈话》中，讲得很清楚：

这个病对我以后的神经系统可能留下一些毛病，所以，五六年就得一次很严重的神经衰弱，在这以前，我就经常失眠，经常有一些神经方面的症状，那年突然就重了。五六年，我算算多少岁呀，一九一三，那是四十三岁，岁数到了中年，有些病就要暴发了。得这个病以前，我这头有时就摆动，也不是老摆动，遇见情绪上激动的时候，它就动得厉害，你们大概也能看得出来，要是心情很平稳，它也不动，动的时候，自己也不大

---

[1] 孙犁：《生辰自述》，《孙犁全集》第 10 卷，人民文学出版社 2004 年版，第 197 页。
[2] 谢大光：《孙犁教我当编辑》，天津人民出版社 2022 年版，第 36 页。

觉得。直到现在，我感觉，我神经方面不太健康，有时失眠，容易激动，容易恼怒，这都是神经系统的毛病。它可能对写作也有些影响。生理上的这种病态，它也可能反映在我的写作上，反映在写作上，好的方面它就是一种敏感，联想比较丰富，情绪容易激动。这是一些病理学家经常谈到的问题。[1]

引起惊风的原因比较多，如果持续高烧不退，或患上感染性疾病，均可出现惊风。孙犁是这样说的："我小的时候，我们家里还是比较贫穷，从小我没有奶吃，很弱，弱了大概就很容易得这种病；另外，乡下不大讲卫生，脐带剪的时候，或者是营养不良，都可以引起小孩的抽风。"[2] 这种疾病是否有一定的遗传因素呢？孙犁在《外祖母家》一文中，谈到他的大舅父得过抽风病：

大舅父在关外学会打猎，回到老家，他打了一条鸟枪，春冬两闲，好到野地里打兔子。他枪法很准，有时串游到我们村庄附近，常常从他那用破布口袋缝成的挂包里，掏出一只兔子，交给姐姐。母亲赶紧给他去做些吃食，他就又走了。

他后来得了抽风病。有一天出外打猎，病发了，倒在大道上，路过的人，偷走了他的枪支。他醒过来，又急又气，从此竟一病不起。[3]

洋学堂

孙犁晚年曾回忆说，自己也有欢乐的，那就是童年。而童年最欢乐的，莫过于春节，贴春联，树天灯，搭神棚，向天地三界万方真神祈求其"保

---

[1] 孙犁：《和郭志刚的一次谈话》，《如云集》，人民文学出版社2012年版，第88–89页。

[2] 孙犁：《和郭志刚的一次谈话》，《如云集》，人民文学出版社2012年版，第88页。

[3] 孙犁：《外祖母家》，《尺泽集》，人民文学出版社2012年版，第48页。

佑全家平安”，最后是放鞭炮，春节的欢乐达到高潮。除此之外，吊挂、锣鼓、小戏、大戏、拉洋片，都给他带来了很多欢乐。

最令他着迷的还是听说书。村里有些人家，长年到山西做小生意。夏秋农忙时节，这些人一般会回家，白天到地里干活，晚上吃过晚饭，就在乘凉的梢门前给人们说评书。孙犁印象最深的是德胜大伯。他给人们讲过《七侠五义》，讲得很好，像一个专业艺人。后来，德胜大伯在做小买卖的途中，遇到瘟疫，死在了荒村小店。麦秋过后，时常会有一些职业说书人来到街头。对他们来讲，说书是由头，主要目的是收粮食，或者做一些小买卖。孙犁听这些人讲过《呼家将》。

孙犁四岁的时候，也就是1917年夏天，滹沱河决口，东辽城一带被淹。庄稼泡在水里，秋天颗粒无收，一直到霜降，水也没有完全退去，冬麦也无法耕种。泡在水里的高粱成了稀罕物，更多的人是靠树叶和榆树皮充饥。等到水退下去一些，孩子们到过水的地方挖地梨，有的人饿急了，甚至会吃“胶泥沉儿”那种小泥块，很多老弱病残相继死去，裹着草席草草埋葬。

孙犁也到地里去挖野菜，和他常在一起的，有一个叫盼儿的小姑娘，她父亲是卖菜的农民，人称“菜虎”，来了大水，也是无菜可卖。在这水灾之年，洋教士乘危而入，在附近的一个村子设立了教堂，开了粥厂，村里很多人步行几里地去喝粥。后来“菜虎”一家在了教，盼儿也被送进了教堂，据说要被带到天津去，将来还可以再回来。但是，一直到“菜虎”和他老婆去世，孙犁也没能见到这位名叫盼儿的小姑娘。

1919年爆发了五四爱国运动，这一年孙犁六岁，进入本村的初级小学读书。“民国”时期的小学，分为初级和高级两个阶段，一至四年级为初级，五六年级为高级。农村的初级小学大多是由私塾改建的，老百姓称之为“洋学堂”。东辽城是一个小村，初级小学没有正式的校舍，修整了一家闲院的两间泥房作为教室。

由于学生少，初级小学大多实行复式教学。东辽城的这所“洋学堂”，一个先生居然要教四个年级的学生，先给一个年级讲课，让其他年级的学生做作业或复习，就这样交替和轮换。担任先生的都是简易师范毕业生，家都在附近农村，课余和假期都要下田劳动。

既然是“洋学堂”，便不再读四书五经，代之以新学制的白话文课本，功课以习字和作文为主。到了冬天，孙犁还上了夜学，父亲给他买了一盏玻璃煤油灯。放学后，他提着小小的煤油灯回家，看着夜色中跳动的火苗，心中充满了快乐。

那时，先生还是能够体罚学生的，家长一般不会干涉。孙犁有病，身体弱，家里对他一直比较娇惯，怕他在学校受委屈，便由叔父出面，每年请先生两次酒饭，嘱咐先生不要打这个孩子。

每年春天，田间的桑树会长出一些铜钱大小的桑叶，孩子们便会摘取这些桑叶，养上几条小蚕。每年养蚕，孙犁总有一个美丽的梦想：蚕大了，给我结一张丝绵，好把墨盒装满。他找了一个小纸盒的盖子，把小蚕放到里面。每天清早，一起来就往地里跑，为的是采摘新鲜的桑叶。回来后，他把桑叶盖在小蚕的身上，把剩下的洒上点水，放在一边储存好。他天天照看自己的小蚕，希望它快快长大。

和孙犁一起养蚕的，是他的一个远房妹妹，两人同岁，住在一条街上。这位妹妹不仅性格温柔，而且好说好笑，孙犁很喜欢她。远房妹妹把自己养的蚕和孙犁的放在一起，并许诺：她养的蚕结了绵，也铺到他的墨盒里。她虽然不念书，但是也知道写好了字，做好了文章，就是读书人的锦绣前程。

蚕终于开始吐丝了，但每只蚕只能结出一片碗口大小、黄白相间、薄纸一样的绵。两个人的丝绵叠在一起，还是填不满墨盒。

这位远房妹妹，是孙犁幼年的玩伴儿。1982年，孙犁在《天津日报》“文艺周刊”发表了一首诗《柳絮篇》，那位名叫“柳絮”的小女孩，应是这位远房妹妹的化身。诗的开篇，写自己拿上镰刀，挎上小篮，到野地里去挖野菜，和他一同去的，是邻居一位只比他小三个月的小姑娘，名字叫柳絮。

他们在麦田里追逐野兔，在刚刚耕过的土地上追逐飞蓬，忽然刮来一个大旋风，他想知道旋风里到底有什么，勇敢地钻进去，立刻被卷了一个大跟斗。旋风消失了，他们开始挖野菜，回到一家场院的磨房里，两人玩起了“姑当来客”的游戏，用野菜、瓦片、树枝摆上了筵席。诗里写道：

磨房里很暖和
上下挂着蜘蛛网
充满牛马粪的味道
我们在一捆柴草上睡着了

每人做了一个很长的梦
包括人生的全过程
絮儿梦见纺线、织布、出嫁和生育
我梦见从事士农工商各种职业
干得都很起劲[1]

草垛上的梦，自然不是梦，任何一个梦都不可能那样长，那样连贯。但这又的确是梦，每个人的生活道路，都没有按照他们的梦想去复制。草垛上的梦，应该是爱情的萌芽。晚年，当他们再次相见的时候，孙犁切实感受到，那就是一场梦，一切美的、真诚的东西，“都在我的心里沉落埋没了”。[2]

由于是新式学校，孙犁没读过什么古文。但是在现实生活中，所接触到的文字，例如政府告示、春节门联、婚丧应酬文字等等，还都是文言。十岁那年，孙犁终于有机会接触到了这一古老的文体，他回忆道：

我的父亲，在经营了多年商业以后，立志要为我的祖父立碑。他求

[1] 孙犁：《柳絮篇》，《天津日报》1982 年 2 月 18 日。
[2] 孙犁：《柳絮篇》，《天津日报》1982 年 2 月 18 日。

人——一位前清进士撰写了一篇碑文，并把这篇碑文交给小学的先生，要他教我读，以备在立碑的仪式上，叫我在碑前朗诵。父亲把这件事看得很重，不只有光宗耀祖的虔诚，还有教子成材的希望。[1]

每天在课后，先生都要教孙犁背诵这篇碑文，他年纪尚小，不懂得碑文的意思，只能机械记忆，生吞活剥。终于到了立碑的日子，在立碑的仪式上，孙犁把这篇碑文背得十分熟练，得到了大家的赞扬。那篇碑文的内容，孙犁很快就忘却了，但是那些“之乎者也”，那些抑扬顿挫，那些起承转合，那些空洞的颂扬之词，都给他留下了深刻的印象，引起了他学习古文的兴趣。

孙犁喜欢读书，但是乡间几乎没有书可读，整个东辽城，有书的人家，几乎没有。孙犁只好到子文镇的庙会上去看书。那时的庙会，会有一些书摊儿，木板上摆着一些石印的，花纸或者花布套的书籍，比如《三字经》《玉匣记》，还有一些唱本和小说，这些书的字体非常细小，纸张粗糙，十分廉价，但对于农民来讲，却也是奢侈之物。孙犁的家境虽然好了一些，日子过得依旧紧张，他上学用的课本，还是母亲求人抄来的。

尽管如此，孙犁在十岁左右的时候，还是读到了《红楼梦》这部巨著。东辽城西头刘家、东头刘家都以屠宰为业，家中居然有一些“闲书”。孙犁先在西头刘家借到了《封神演义》，读完了，又到东头刘家借了《金玉缘》，这是《红楼梦》程甲本系统的一种版本，得名于贾宝玉与薛宝钗的“金玉良缘”。

借给他这部书的人叫刘四喜。东头刘家共有兄弟四人，他排行老四，年轻的时候和两个哥哥闯关东，家里只留下了老大，娶了一房童养媳，算是成了家，依旧从事屠宰。中年之后，刘四喜孤身一人回到村里，什么也没带回来，哥哥嫂子，当然对他不欢迎。

刘四喜高高的个子，穿黑布长衫，走路“蛇摇担晃”，村里人认为这

[1] 孙犁：《与友人谈学习古文》，《澹定集》，人民文学出版社 2012 年版，第 55 页。

样走路没有根柢，是不祥之兆，会没有饭吃的。孙犁却很喜欢这位四喜叔。四喜叔喜欢说笑，对孩子们很和气，他知道孙犁爱看书，便把《金玉缘》借给了他。有时，他会在自家空旷的院子里，拉着板胡，唱一段清扬悦耳的梆子，孩子们听得很入迷。这是位见过世面的人，也是位孤独寂寞的人，在东辽城这个村子，应该没有人能理解他。

安国县

1924 年，孙犁十一岁，随父亲到安国县上高级小学。孙犁回忆道：

我村距安国县六十里路。第一次是同父亲骑一匹驴去的，父亲把我放在前面。路过河流、村庄，父亲就下去牵着牲口走，我仍旧坐在上面。

等到下午三四点钟，才到了县城，一进南关，就是很热闹的了，先过药王庙，有铁旗杆，铁狮子。再过大药市、小药市，到处是黄芪味道，那时还都是人工切制药材。大街两旁都是店铺，真有些熙熙攘攘的意思。然后进南城门洞，有两道城门，都用铁皮铁钉包裹。[1]

当时，一般人家的孩子，上完初小就要送去学生意。孙犁是家中的独子，身体羸弱，性格内向，从小娇惯，学不了生意，受不了那份气，种地也不行，吃不了那份苦。孙墨池是“永吉昌”掌柜的，和县邮政局局长熟悉，看人家邮政局的活儿好，局长一月五六十元，邮务员也有三四十元。在邮政局长的鼓动下，他发愿让儿子升学，学习英语，将来考邮政，端铁饭碗。就这样，孙犁在安国的北关小学，度过了两年的读书岁月。安国给他留下了深刻的印象：

安国县原名祁州，为药材聚散之地，传说，各路药材不到祁州即不灵。每年春冬庙会（药王庙），商贾云集，有川广云贵各帮。药商为了广招徕，演大戏，施舍重金，修饰药王庙，殿宇深邃，庙前有一对铁狮子，竖有两

---

[1] 孙犁：《〈善闇室纪年〉摘抄》，《澹定集》，人民文学出版社 2012 年版，第 134 页。

根高大铁旗杆，数十里外就可以看到。

药王庙建在安国南关外，始建于东汉初年，至于“药王”，便是光武帝刘秀的名臣邳彤。邳彤是信都（今冀州）人，是光武帝刘秀手下云台二十八将之一，此人能文善武，自幼拜名医为师，年纪很轻就成为远近闻名的神医。后来从军，辅佐光武帝刘秀，为东汉王朝立下了汗马功劳，死后葬在安国南门外。人们为了纪念他，修建了邳彤庙。渐渐地，药王庙和药王的传说不胫而走，为历代君王和民众所认可。

北宋建中靖国元年（公元 1101 年），随着宋徽宗对邳彤的追封，便开始了以药王邳彤为中心的祭祀活动。到明清两朝，这种活动达到了鼎盛时期。明朝的祁州庙会每年一次；清朝乾隆年间，每年春秋两季都要举办庙会，据《祁州县志》记载，春季庙会从四月初四到四月二十八日，冬季庙会从十月十五日到腊月初一。每逢庙会，全国各地药商纷至沓来，整个祁州镇药香熏天，热闹非凡。即便平时，也是商贾云集，交易不断。因此，祁州有“药都”之称，也不乏医术高超之人在这里行医扬名。

孙犁的惊风疾就是在安国伍仁桥镇治愈的。伍仁桥镇在安国南十一公里处，这里建有一座伍仁桥，又叫“贵妃桥”，据说，万历皇帝宠幸的郑贵妃，家乡就在这里，伍仁桥就是郑贵妃向皇帝请求修建的。这里还有元代著名剧作家关汉卿墓。有人说，关汉卿的祖籍是元大都，有的说是祁州，还有的说在解州，莫衷一是。也有人认为，关汉卿晚年闲居在祁州，并死在了这里。

“永吉昌”店铺的对过儿是县教育局，孙犁的父亲认识那里的几个督学。升入高级小学是需要考试的，在作文中，孙犁写了这样一句话“父亲在安国为商”，一位督学告诉孙掌柜，“为商”应该写作“经商”，父亲很重视他的意见，让孙犁谨记在心。

孙犁顺利地考入了北关小学。北关小学在县城的东北角，这里原来是文庙。校长姓刘，于是学校里的老师也大多姓刘，学生们为了加以区分，便给这些老师起外号，教国文的老师鼻子很大，便叫他大鼻子刘。有一次，他让学生提问，孙犁问他什么是“天真烂漫”，大鼻子刘只是微笑，并不回答。后来孙犁当了小学教员，才知道笑而不答，就是不知道如何回答。这所学校的教学水平一般，教师都是一些循规蹈矩、教书糊口的人，孙犁对所学课程，也提不起兴趣。

好在学校的设备完好，图书品种繁多，阅览室有很多“五四”前后出版的新期刊，例如《东方杂志》《教育杂志》《学生杂志》《妇女杂志》《儿童世界》等等，还有很多新的文学作品，尤其是文学研究会那些作家的作品，如刘大杰的《缥缈的西南风》、叶绍钧的《隔膜》等。《隔膜》是孙犁阅读的第一部现代小说，由此了解了现代小说的文体形态、写作手法。阅读这些书籍报刊，使孙犁受到了“五四”进步思潮的启蒙教育，奠定了他的最初的文学观念，即“文艺这个东西，应该是为人生的，应该使生活美好、进步、幸福的”。

永吉昌

刚到安国的时候，孙犁和父亲一起，住在永吉昌的店铺里，他和店铺里的小学徒一起睡。店铺每天只吃两顿饭，和上学时间相冲突，父亲便在一家面铺，给孙犁立了一个折子，让他每天在那里吃午饭。早起，父亲为他做早饭，晚饭回到店铺里吃。这样下去，也不是长法。半年之后，便把孙犁的母亲接了过来，跟母亲一同来的，还有姑姑家的那位表姐。表姐幼年丧母，由母亲养大成人，帮着做活做饭，虽然不认识字，但是记忆力很好。

全家到安国后，借住在西门里路南胡家的一座闲院里。胡家是地主，家里雇着一名长工，养着一匹骡子，有一辆大车，还有一辆轿车。家里雇着一个女佣人，洗衣做饭，地里的事情都由长工打理。父亲告诉孙犁，胡家女主人是他的干娘，干爹是南关一家药店的东家，已经去世了。干娘是什么时候拜的，孙掌柜和胡家有什么交情，年幼的孙犁也不大清楚。

胡家干娘对孙犁很好，她有两个儿子，两个姑娘。大儿子胡志贤当家，虽说是个懒散子弟，但是这位干哥和干嫂，对孙犁十分友善。二儿子年岁小，和孙犁一同上高级小学，有些鄙视他。胡家干姐在女子高级小学读书，长得洁白秀丽，好说笑。对孙犁很热情，也很爱护。她好看《红楼梦》，有时坐在院子里，讲给孙犁的表姐听。她还喜欢刺绣和画画，给孙犁留下了深刻的印象。

父亲把孙犁带到安国来上学，当然是望子成龙，但也没有过高的希望，他知道儿子身体弱，希望他将来有一份稳定的职业，能够自食其力，养家糊口。孙犁虽然年幼，但心思细密，对父亲的心愿自然知晓。这是一种无形的压力，从内心来讲，他并不想过父辈那样的生活。1984年，他撰写了《父亲的记忆》一文，文章很短，其中有这样几段文字：

我从十二岁到安国上学，就常常吃住在这里。每天掌灯以后，父亲坐在柜房的太师椅上，看着学徒们打算盘。管账的先生念着账本，人们跟着打，十来个算盘同时响，那声音是很整齐很清脆的。打了一通，学徒们报了结数，先生把数字记下来，说：去了。人们扫清算盘，又聚精会神地听着。

在这个时候，父亲总是坐在远离灯光的角落里，默默地抽着旱烟。

我后来听说，父亲也是先熬到先生这一席位，念了十几年账本，然后才当上了掌柜的。

夜晚，父亲睡在库房。那是放钱的地方，我很少进去，偶尔从撩起的门帘缝望进去，里面是很暗的。父亲就在这个地方，睡了二十几年，我是跟学徒们睡在一起的。[1]

这几段文字描绘了两个场景：一个场景是父亲坐在太师椅上，一个远离灯光的角落里，默默地抽着旱烟，看着徒弟们打算盘；另外一个场景是父亲睡觉的地方——昏暗的库房，也是放钱的地方。太师椅，是身份和权

[1] 孙犁：《父亲的记忆》，《老荒集》，人民文学出版社2012年版，第107页。

威的象征，尽管父亲坐在远离灯光的一个角落里，但无损于他的地位，反倒增添了神秘和威严。当上掌柜的之后，他一直与钱睡在一起，这样的人生，在孙犁看来，正如那个库房一样昏暗。

孙犁是和学徒们睡在一起的，在某种意义上说，他也是父亲的“徒弟”，“坐在远离灯光的角落里”的父亲，就是他的未来。年幼的孙犁仿佛看到了像父亲一样的人生，体验到的是惆怅、悲凉，甚至是绝望。他不知道自己能干什么，身体是这样的羸弱，父亲的期望又是这样的热切，这些只能加重他内心的孤独和自卑。安国是一个陌生的地方，除了家人，没有童年的玩伴，在学校里，也没交上什么朋友，在孙犁后来的回忆文章中，几乎找不到安国高小同学的信息。

当时的公务活动用到的都是古文，父亲请了一位课外教师，一位潦倒的秀才，专门教授孙犁古文，选用的教材是《古文释义》。老秀才尽职尽责，还想教孙犁写古诗，为他买过一部《诗韵合璧》，但是孙犁对这些不感兴趣，没有认真攻习。干娘家的对过儿，是一位名叫刁苞的古文学家的旧居，父亲便借来他的文集让孙犁看，孙犁正在迷恋新文学，对那种木刻板的大本书实在没有兴趣，也没有看进去。

为了增加孙犁对邮政工作的兴趣，父亲还为他介绍了一位年轻的邮政员做朋友。那位邮政员刚刚分配到安国，公休的时候，经常和孙犁到城墙上去散步，向他感叹这份职业的寂寞和枯燥，倾诉心中远离家乡、举目无亲的苦痛。这些话，反而增加了孙犁的心理阴影，使他对邮政工作更加排斥。这种结果，是父亲万万没有料到的。

1926 年，孙犁十三岁，在父亲的陪伴下，从安国坐骡车到保定参加升学考试。他最初报考的是不用交学费的第二师范，但是未被录取。于是改考育德中学，得以考中。从此在保定这座古城，开始了青灯黄卷的读书生活。

第二章　育德钟声

古城保定

1926年8月，孙犁进入保定育德中学学习。育德中学是一所私立学校，读书花费很大。孙犁家虽然日渐富裕，但是供养一个学生读中学也非易事，一年需要一百五十块大洋，相当于十亩地的收入。那时，每亩六斗谷子就是好收成，麦子只能打四斗，完全靠天收。[1]

育德中学创建于光绪三十三年(1907年)。1905年，孙中山在日本创建同盟会后，会员陈幼云受同盟会本部派遣，回到直隶省会保定，组建直隶同盟分会。1907年，陈幼云等同盟会员将保定一个公立高等小学堂改建为育德中学，并把这所中学作为河北省同盟会的机关驻地。1909年，陈幼云积劳成疾病故，郝仲青继任校长。由于自创建之初就带有宣扬革命精神的使命，两任校长又都是同盟会成员，育德中学就带有一股激进、变革的鲜活风气。1917年，育德中学开设留法勤工俭学预备班，李维汉、李富春为第一班学员，刘少奇为第二班学员。

当时，育德中学与天津的南开中学齐名，教师都是从北大等名校重金

---

[1] 谢大光：《孙犁教我当编辑》，天津人民出版社2022年版，第27–28页。

聘请来的，赵今声、卞之琳、万家宝、孙念希、安志成、谢采江等都曾在校任教。学校的校训是“不敷衍，不作弊”，这六个字也被称之为“育德精神”。

育德中学的毕业生，很大一部分考入了北洋大学。北洋大学是我国最早的工科大学，它的前身是“天津北洋西学学堂”，是在1895年，由光绪皇帝批准，盛宣怀创办的。育德中学还有一个鲜明的特色，就是不惜工本地培养运动员，北平师范大学体育系几乎所有的生源，都来自育德中学，它培养出来的著名的篮球运动员王玉增，曾像梅兰芳一样显赫有名。

孙犁于1926年8月入校，编入初中第12班，因为年龄小，十分想家，从寒假起便开始休学，1928年寒假后复学，编入初中第15班。1931年，孙犁初中毕业，升入育德中学高中普通科第一部（类似于文科），1933年夏天高中毕业。安平县距离保定90公里，从安国县出发，路程则为60公里。这条路线，孙犁走了六七年。

在育德中学读书期间，孙犁结交了几位对他一生都产生重大影响的同学，比如和他同时入学的李之琏、张砚方，后来入学的黄振宗、刁之安、侯世珍（侯平、侯聘之）、陈耀宗等人。

保定是座古城，“民国”时代的城市格局，是由元代的张柔奠定的。张柔为保定定兴人，家里世代务农，喜欢骑射和游侠，崇尚气节。他生活的年代，南宋偏安一隅，北方成为蒙古军队和金国争战之地。定兴属于金国领地，张柔从军，成为金国的将领，在与蒙古军队打仗的过程中，兵败被俘，于是率众投降，之后随同蒙古大军，参加了多起灭金战役，屡建功勋。

北宋时，保定名为保州，北宋灭亡后，被金兵占领。至宁元年（1213年），蒙古军队攻陷保州，屠城三日，保州变成一片废墟。张柔投降蒙古军队后，镇守在保州西北的满城，十年后移驻保州，他驱使大批俘虏、工匠和民众，重建保州城，兴建了大慈阁，重修了始建于唐代的古莲花池，垒砌了长达十余里的城墙，疏通了一亩泉和鸡距泉的河道，把水引入护城河，城区的水面占到了十分之四，保州城由此成为“燕赵之奇观”“燕南一大都会”。

这次重建，奠定了保定城池的基础，历经元明清三代，城市格局没有太大改变。清康熙八年（1669 年），直隶巡抚驻保定，保定为直隶省省会。自清雍正八年（1730 年）至清朝灭亡（1911 年）直隶总督驻保定，这里一直是直隶省政治、经济、文化、教育、军事中心。

育德中学在保定西关外一条南北街上，它的南面是河北大学和第二师范。学校离西关火车站很近，那里有部队驻防。学校前面有一条斜着的土马路，通到保定城的西门。

每逢星期天，学生们都要到城里去逛一逛，沿着那条坎坷的土马路，走过一座卖包子和罩火烧的小楼，便是护城河的石桥，石桥旁边有一家澡堂子，可以看到好多军人去洗澡。坑洼不平的马路上，不断走过三五成群的士兵，大都不携带枪支，而是把宽厚的皮带握在手里。

黄昏时，常常有全副武装的一小队人，匆匆忙忙在街上冲过，最前边的一个人，抱着灵牌一样的纸糊大令，大多是去处决人犯。如果遇到像张学良这样的重要人物到来，那就得临时戒严，街上的行人，一律面向墙壁，背后排列着也是面壁肃立的士兵。

秋冬时节，保定的风沙很大，接近城门洞时，风更加猛烈，刮得人站立不稳，只能侧着身子或背着身子走。走出门洞，在转身的一刹那，常常会看到，在城门一边的墙上，挂着一个小木笼，里面是血肉模糊的示众的首级。

城里的西大街、天华市场、紫河套、古莲花池、曹锟花园等地，是孙犁经常流连的地方。西大街是保定城里的主要街道，除去星期天，这里也很少行人，两旁的店铺，或关或掩，生意很清淡。紧邻西大街的天华市场，也叫“马号”，是孙犁常光顾的地方，这个市场高高低低，非常昏暗，各个小铺子里的店员在柜台旁呆立着，有的昏昏欲睡，游人寥寥无几。孙犁到这里来，为的是看书和买书，天华市场有两家小书铺，经常售卖一些新书。有时，他还会到紫河套古旧市场上转一转，但很容易上当受骗。有一次，他狠了狠心，花了一块大洋，买了一部姚鼐编的《古文辞类纂》，是商务印书馆的铅印大字本，又买了二尺花布，拿到一家裱画铺去做了一个书套。后来才知道，保定就有商务印书馆的分馆，到里面买一部这种新书，所费也不过如此。

天华市场南边的古莲花池，原名雪香园，是张柔重新修建的。到了明朝后期，又进行了一次大规模的整修扩建。到了清代，在这座园林中兴建了莲池书院，一时间人才济济，扬名中外。后来，莲池又辟为皇帝的行宫，几经修建，达到了极盛，与苏州拙政园，北京颐和园、圆明园等齐名，被列为中国的十大历史名园之一。

孙犁有一位同学，名叫陈耀宗，也是安平县人，他父亲在育德中学当音乐教员多年，认识很多文化界人士，为儿子在莲池谋得了一个图书馆员的职位，很让孙犁这些穷学生所羡慕。莲池内有一座直隶图书馆。孙犁经常找陈耀宗去玩，顺便逛逛莲池。当时的莲池并非公园，游人寥寥无几，图书馆也没有读者。陈耀宗只是看管那些旧存图书，每月领一份微薄薪金。这种生活，当然很无聊，很寂寞。莲池的水塘中，种植着荷花，每逢夏季，一池碧绿，难见清水，满眼红色和粉色的荷花，池内有一座汉白玉拱桥，小桥连着一座水中小亭。池岸上的廊庑间，镶嵌着很多名人书法的石刻，刻工精美，保存完好，但青年时期的孙犁，无心于此，对这些东西只是走马观花。[1]

给孙犁留下深刻印象的还有曹锟花园。“民国”初年，曹锟任直隶总督，坐镇保定，据说为了讨他六姨太的欢心，按照苏杭二州的景致修建了这座花园。当时也没多少人光顾。

---

[1] 孙犁：《耕堂题跋·题〈莲池书院法帖〉》，《曲终集》，人民文学出版社2012年版，第232页。

在孙犁的印象中，保定是一座荒凉、破旧、萧条的城市，令人窒息，又有些恐怖。但它确是除北平之外的著名的文化古城，也是华北重镇，京畿门户。

天作之合

进入育德中学仅半年，孙犁就办理了休学，一年后才复学。孙犁回忆道："一九二七年，十四岁。休学一年，从寒假起。实系年幼想家，不愿远离。这一年，革命军北伐，影响保定，学校有学潮，我均未见，是大损失。父亲寄家《三民主义》一册，咸与维新之意。是年定婚黄城王氏。越明年，遂与结婚。"[1]

1927 年夏天的一天，两个媒人为孙家在黄城说媒，正赶上下雨，孙犁的岳父在梢门洞里闲坐，认识其中的一个，便让她们在梢门下避避雨再走，闲聊中，竟和王家的二姑娘牵上了红线，两家很快就订了婚。订婚之后，孙犁有过一次相亲的经历。有一次，黄城村唱大戏，村里有孙犁的一个远房姑姑，特地叫他去看戏，说是可以相相媳妇。孙犁回忆道：

开戏的那天，我去了，姑姑在戏台下等我。她拉着我的手，走到一条长板凳跟前。板凳上，并排站着三个大姑娘，都穿得花枝招展，留着大辫子。姑姑叫着我的名字，说：

"你就在这里看吧，散了戏，我来叫你家去吃饭。"

姑姑的话还没有说完，我看见站在板凳中间的那个姑娘，用力盯了我一眼，从板凳上跳下来，走到照棚外面，钻进了一辆轿车。那时姑娘们出来看戏，虽在本村，也是套车送到台下，然后再搬着带来的板凳，到照棚下面看戏的。[2]

---

[1] 孙犁：《〈善闇室纪年〉摘抄》，《陋巷集》，人民文学出版社 2012 年版，第 2 页。
[2] 孙犁：《亡人逸事》，《尺泽集》，人民文学出版社 2012 年版，第 27 页。

王家姑娘比孙犁大四岁，长相端庄秀丽，没有读书，甚至没有名字。一直等到进了天津，妻子要参加街道的识字班，孙犁才为她取名“王小丽”。父母为孙犁娶这样一位年长的媳妇，意图再明显不过了，就是为了照顾孙犁的生活起居，为孙家生儿育女。这是“民国”时期一桩十分寻常的旧式婚姻。孙犁尽管是读书人，接触了五四新思想，对这桩旧式婚姻，尤其是娶一位比自己年长四岁的妻子，却没有任何反抗，默默接受了父母的安排，他的性格中有逆来顺受的软弱，女方秀丽的容貌，无疑也打动了他的心。

订婚时，孙犁年纪尚小。一直等到 1929 年，孙犁十六岁时，两人才正式结婚。就在这一年，孙犁在《育德月刊》第一卷第十期发表了短篇小说《自杀》，这是目前见到的孙犁最早的文学作品。作品描写的是两个乡间知识青年的爱情悲剧。女生赵新兰正与同校男生王桂磬热恋，却遭其母强制许配给土财主少爷。悲愤的她给爱人寄去以死明志的遗书，投河自尽。手持染着爱人泪痕遗信的王桂磬，“露出惨苦的微笑”，随亦投河以殉情。这篇作品不到九百字，并未收录到孙犁的各种文集中，现转录如下：

淡淡的云儿，在空中轻轻的浮动着。青翠的麦苗上，挂着晶莹的露珠，被晨曦一照，就好像一点点闪烁着的萤光。一个小鸟，站在柳枝上轻妙的唱着。一阵晓风，吹的麦苗微微的波动，柳枝儿也就飘摇起来，小鸟也就暂停了它的歌唱。

一个惆怅的青年，彳亍地走着，纷乱的头发有时遮住他的眼睛，他却无意的向后一弄，仍慢慢的踱着。他的鞋已经湿了半面，大衫也湿透下半部，他并不感觉到凉，有时脸上露出惨苦，有时却露出微笑。因为他正想他以前的生活史。

他想到一年的春晨，他同她到旷外去散步。二人并肩的走着，赏玩那自然界的一切。那时心中觉着自然界一草一木都是可爱的，神圣的，回校的时候，伊同他亲密的一吻使他的心灵上感到精神上的安慰，而刻上爱的痕迹。他想到这里，觉着人生是幸福的，宇宙是可爱的；心中一时清快，便坐在柳树下的草地上，又深深的想下去。

他想到去年的冬天，他同伊坐在炉边，伊的一谈一笑都叫他感到快活，有时他问她将来的伴侣是谁的话；伊玫瑰色的脸上，便加上一层红云，唇边颤动着说道："除了我母亲以外，唯一的爱人就是你了。"他听了这话，全身的血液像沸水一般的跃动起来，他想去紧紧的拥抱伊；但当他走近伊的时候，不由的心头便有些颤动，两颊便有些嚅嗫起来。同时又觉得这种举动是欺辱伊的，野兽性的，于恋爱的程序中是有阻碍的，所以便极力地抑止下去。想到这里他那憔悴的脸上便露出惨苦的微笑。他觉得这种追想是甜蜜可爱的，便又接续的想下去。

他想到前天的那封信，心中便怯怕起来，想往别的方面想去，但是不能够的。而且左手从衣袋里摸出那满纸泪痕的信，他紧紧地闭着眼睛，但是一会的时候，眼光已经注视到那纸上了。

"磬哥！我负了你。可是上帝负了我，上帝为什么给我一个爱钱而不爱自己女儿的母亲？——她将我给了那可怕的无知识的谈不到爱情的阿三！你知道我是个怯弱者，唯一的明路便是自杀。再见吧——那里能够再见，只要你真心爱我，你也可望那明路上走，因为那里没有悲苦和烦恼，只有爱。

你的兰妹"

他看了一会，心中忽然了悟，脸上又露惨苦的微笑。

过了一天，某报上就登载了一段新闻：S村赵新兰女士，于十三日晚投河自杀。十五日晚王桂磬——C村人——投河自杀。[1]

发表这篇作品时，孙犁新婚不久，这篇作品是否反映了他对自己这桩旧式婚姻的态度？小说用了"自杀"这一触目惊心的题目，究竟是其多愁善感心绪的表达，还是对旧式婚姻反抗的体现？

---

[1] 孙树勋：《育德月刊》第一卷第十期，1929年10月1日出版。

年少习作

孙犁在育德中学读初中期间，在《育德月刊》一共发表了五篇文学作品。《育德月刊》是育德中学的校刊，是育德中学同学会为了加强同学之间的情感联络，砥砺学行，发扬育德精神而创办的。1928 年 10 月 1 日创刊，1931 年休刊，是一个以政治经济、社会生活、文化教育、学生文学作品为主的综合性月刊，三十二开，每期约一百五十页，在北平发行。目录前，通常有三四幅有关学校生活的图片，每期有两三篇或四五篇文学创作，包括小说、诗歌或剧本。

《育德月刊》的主编是育德中学的图书管理员安志成。他在保定育德中学读书期间，联合校内的进步学生，成立了“文学研究会”，1922 年 12 月加入中国共产党。1926 年 8 月，安志成回到育德中学，在校长郝仲青的支持下，创办了《育德月刊》，宣传进步思想和马克思主义。另外几位教师如柳风、谢采江也参与编辑。谢采江是孙犁初中阶段的国文教师，孙犁的作文就是经过他的推荐，在《育德月刊》发表的。他回忆道：

每次发作文卷子的时候，如果谁的作文簿中间，夹着几张那种特大的稿纸，就是说明谁的作业要被他推荐给月刊发表了，同学们都特别重视这一点。

那种稿纸足足有现在的《参考消息》那样大，我想是因为当时的排字技术低，稿纸的行格，必须符合刊物实际的格式。

在初中几年间，我有幸在这种大稿纸上抄写过自己的作文，然后使它变为铅字印成的东西。高中时反而不能，大概是因为换了老师的缘故吧。[1]

北京大学图书馆收藏有《育德月刊》二十三本共二十七期。这应该是《育德月刊》的全部了。现在发现的孙犁的五篇作品，应该是他中学时代发表文学作品的全部。具体情况如下：

---

[1] 孙犁：《文字生涯》，《晚华集》，人民文学出版社 2012 年版，第 64-65 页。

小说《自杀》，署名十五班孙树勋，刊载于第一卷第十期（1929 年 10 月 1 日出版）；

小说《孝吗？》，署名孙树勋，文末自注（民国）“十九、五、五”，刊载于第二卷第五期（无出版日期）；

小说《弃儿》，署名孙树勋，刊载于第二卷第九、十期合刊号（无出版日期）；

剧本《顿足》，署名孙树勋，文末自注（“民国”）“十九、十、一”，刊载于第三卷第一期（1930 年 12 月 1 日出版）；

小说《麦田中》，署名孙树勋，刊载于第三卷第七期（无出版日期）。

五篇作品中，《孝吗？》《弃儿》《顿足》三篇发现得较早，都收录到了《孙犁全集》中。《自杀》和《麦田中》直到 2013 年才被发现。

《麦田中》写于 1931 年夏初，作品将近两千字，故事情节起伏跌宕，富有一定的喜剧色彩，艺术手法较为成熟。全文如下：

两个赤裸裸的身体，捆在一处，平行的上下的放在地上。在这人迹稀少的绿苗中，站满了看热闹的男女。夜戏散了，将近午夜，远处灯火的照耀，天空星儿的微光，可以使人们看的真切一点，但是不久便有人提了两只纸灯笼来，放在肉体的一旁，观众越觉着有趣了。

事是这样简单而凑巧，当年轻的小三去大便的时候，本来是风平浪静，然而有一片麦苗，不住的摇动，并且有一种不是平常的声音断续的发出。青年人本来就好个“为什么”，所以便不加思索的跑过来，仔细一看，呀！原来是这么一回有趣的事。

小三的动作，是这样的敏捷，一屁股便坐在他俩的身上。大口一张，便是这一句：“看哪！好过瘾，二哥！小秃！过来。”“动！一用力坐出你的黄子来！”接着便喊起来了。众人的耳官更是灵敏，听到了“过瘾”二字，便有了十来个人加了十足的力量，向这方跑来，速度胜过风驰电掣。

四方的人，集中一点，不一会，人便围的里外七八层。大家都很踊跃，快乐和有趣，只有麦田的主人，在一边扬手摇头的大骂，因为一亩青翠的麦子，踏为平地了。

乱了一时，人们都稍为安静下来，好知心切，都问一切的以往。小三见人多了，他俩也走不了，所以才站了起来，将他这种大发见详细的报告给他们听。报告完了，有不同的议论发生，但是有三个共同之点，就是：（一）先将他俩照原来姿势捆起来。（二）报告村正。（三）拷问他二人。

这三个议案通过以后，小三便解下了长约四尺的腰带，不很费力的就捆好了。村长也就派人向庙内暨圣会办公处去请了。第三个动作，是小三作了执刑的人，小秃当了审花案的县太爷，作福作威的问了起来。

无论柳条的抽打，人们的笑骂，他是一言不发，一动不动，合着眼，伸着腿无可奈何的躺着。她更不用说了，香汗流下，红唇变紫，面色由红而赤由赤而苍白了。

众人看见他俩不动不言，因而大怒，便命小三，将他俩的一切衣服完全脱下，用力拷打。然而，他俩仍是不动，照旧不语，微喘的颤动的出气声，只有他俩能够感到，别人是没听到的可能，因为人声躁耳。

人数不下数百人，不住的拥挤吵嚷笑骂，当两盏纱灯照路，两位绅士陪伴的村副李经常先生来到的时候，人们便迅速的不约而同的向后退去，一个人为墙壁的胡同便形成了，村副这才举动庄严的大摇大摆的走进人丛。

人海潮退浪平，变的非常安静了，专心一意的看李先生的动作。两个仆从，将灯提起，照在两个肉体上。他——李先生——凝视在下面的姑娘的面貌，就是这一眼，他那摸着黑须的手垂下了，面上出现了惭怒为难的色彩，不说一句话，呆呆的站起来。

好在是他老先生，经的多，见的广，见识超绝。所以，不到三分钟，他便想到了一个完妙的计策。命令从人，将他俩解开，又大声的说道："你们都要散开！我要带到庙内去问。"人们一听到这些，便全部向庙里跑去。李先生便乘机派人将姑娘送到他的家里，又将那个男子无条件的放走。

李先生急忙辞别绅士回家，将事情偷着告诉他的夫人，叫她快快的给王姑娘穿好衣服，劝劝她，不要紧的，她家的人不会知道。他的夫人照话办了，黎明的时候，王姑娘便被送回家去，只说在庙内遇到了李家小姐，到她家去玩了一会，因为天晚了，便过了夜。没有人问别的，这事便过去了。

第二天，小三不如意的说道："李先生不知怎样便把那小子放走了，谁知他是哪村的？那姑娘也没有见过，穿的很不错，也不知是哪村的。李先生，不问根由，便将他俩放走了，叫大家都闷闷的。"小三这样说，大家也这样想。

实在，在那种模糊的灯光下，没有认清那男子的面貌；虽然女子的面儿，比较着看清了，但是一些也不认识。

这一种事情是特殊的而且凑巧的，假设不是当这样热闹的庙会，不是在给王先生的母亲还愿的这一天晚上，王小姐是不出门的。因为她是官宦家的小姐，王先生曾作过一任道尹。无大事是不准到外边的，即使出门也是坐轿或车的，农夫小三安能认识。事情又是这样凑巧，当王小姐跟了祖母看完戏的时候，便同姐妹们去看灯，一回头，便看见了一位少年。他是这样的俊美，如此的面熟，一想便想起他是她外祖母村的一位青年，年幼的时候是常在一处玩的而且是很要好的。

他的眼发出了迷人的光芒，他的神气非常的秀丽而充满了热情。她的心荡漾了。本来已经十八岁了，生理上的发育，早已完全了。深闺中的寂寞，说不出口的烦闷，使她的心热烈的燃烧着；有时她偶然看见她父亲同姨太太们的谈笑，兄嫂们私房的艳事，都能使她感到十二分的苦闷与羡慕。

在这种热情的眼光下，又受了如燃的心灵的支配，她忘了礼教，忘了家规，忘了今天是她家的大喜日，忘了她父亲是名望很高的村正。热烈的感情，胜过了意志，稍停了两步，当她的同伴不留神的时候，她便同他一转身，前后的走出庙的后门，又来到麦苗的密处。

这事情，虽然有许多人知道，但是谁想到是王姑娘呢。只有李先生心中不好过，因为同王先生是世交，又是门当户对，并且自己也曾受过王先生的栽培，绝对的不能将这话叫王先生知道或者传出。但是一想到他那爱如己子的外甥，再想到已经自幼订好的外甥媳妇——王姑娘，他便垂了头，微微的叹气。

孙犁在初中时代发表的这五篇作品，无论是在思想上，还是在艺术上，都达到了一定的水准，各有功力，但写于最后的小说《麦田中》，可以当之无愧地被称为五篇“少作”的翘楚和代表作，艺术性最高，代表了孙犁中学时代习作的水平。

初恋故事

1931 年，孙犁十八岁，初中毕业，升入了本校高中。这是育德中学高中部第一年招生。当时各大学停招预科生，导致育德中学学生升学困难，于是创办了高中普通科，学制两年。孙犁被编入普通科第一部（甲部），类似于文科，所在班为高中二班。他的宿舍在北斋，坐北朝南，宽敞明亮，冬暖夏凉。当时，和谁同住一室，是学生自己联系的，和孙犁住在一起的有四个人：侯世珍（孙犁误写为侯士珍），本年考入高中师范班。杨道崇，是田径、篮球全能运动员。李琳章，善书法，一副对联可卖五块钱，所得捐助平民学校。再就是孙犁，外号“小文豪”。

班级教室在一座二层小楼上，孙犁的座位在第四排南首，从窗口向下遥望，可见学校的大操场。操场的西南角，临街盖了一排教室，那是育德中学办的平民学校。

平民学校是育德中学本着“启迪民智，救济失学”的宗旨，鼓励学生自发创办的，招收的学生大多是附近的贫苦工人和市民子弟，学校不收学费，还发放书本和学习用品。学生上课分两批，女生在下午，男生在晚上，学习的是小学一至六年级的课本。各个年级都招收有学生，共计二三百人。

孙犁的同班同学张砚方，被聘为平民学校的校长。他知道孙犁经常在

《育德月刊》上发表小说，就聘他教女高小二年级国文，并做级任。时在1932年，孙犁已经读高二，长子孙晓普也是在这一年出生的。

1977年，孙犁写过一篇散文《保定旧事》，回忆了自己的育德岁月。这篇散文不到四千字，却用了将近一半的篇幅，回忆了自己在平民学校担任女高小教员时，与班里一位女生王淑珍的恋爱故事。

孙犁一直当学生，现在要去教育别人，感到很新鲜。上课铃声一响，他抱着书本和教具，从教员预备室走出来，严肃认真地走进教室。平民学校的教室很小，女高小二年级的学生也很少，只有五六个人。这个班的班长叫王淑珍，坐在前排中间的位置。每当孙犁走进来，她喊口令，叫大家起立行礼。王淑珍身材矮小，面孔很白，眼睛在她那小而有些下尖的脸盘上，显得特别的黑和特别的大。油黑的短发，分下来紧紧地贴在两鬓上。嘴很小，下唇丰厚，说话的时候，声音沉稳而略带沙哑，总是带着轻轻的微笑。

王淑珍非常聪明，各门功课出类拔萃。她的作文能够紧密切合时代，涉及孙犁所讲授的思想和情感，有说不完的意思，她就写很长的信，寄到育德中学，要和自己年轻老师进行讨论，让老师为她解答。

但是，他们的通信却出了问题。训育主任办公室的对面就是学生的信架。每天下课后，学生们到这里来，看看有没有自己的信件。有一天，训育主任把孙犁叫到他的办公室，用简短而客气的话，免去了他在平民学校的教职。孙犁知道，肯定是王淑珍寄给他的信出了问题。

孙犁寄给王淑珍的信，也不能完全送到她的手里。他回忆道：

在保定读书时，我认识了本城一个女孩子，她家住在白衣庵一个大杂院里。我每星期总要给她写一封信，用的都是时兴的粉色布纹纸信封。我的信写得都很长，不知道从哪里来的那么多热情的话。她家生活很困难，我有时还在信里给她附一些寄回信的邮票。但她常常接不到我寄给她的信，却常常听到邮递员对她说的一些不三不四的话。我并不了解她的家庭，我曾几次在那个大杂院的门口徘徊，终于没有进去。我也曾到邮政局的无法投递的信柜里去寻找，也见不到失落的信件。我估计一定是邮递员搞的鬼。我忘记我给她写了多少封信，信里尽倾诉了什么感情。她也不会保存这些信。至于她的命运，她的生存，已经过去五十年，就更难推测了。[1]

失去了在平民学校的教职，和王淑珍再也不能经常见面了。孙犁的教室在二楼，每次课间休息，同学们都会到教室的走廊上，看操场上的同学玩球，如果把眼光放远一些，能够看清楚平民学校小小的院落。孙犁伫立在那里，会看见王淑珍站在课堂门前的台阶上，用忧郁的、大胆的、厚意深情的目光，投向孙犁所在的大楼上。她就那样站着，午后的阳光照射在她的身上，完全不顾同学们从身边跑来跑去，一直到上课铃声响了，她才最后一个转身走进教室。

当时，孙犁不太了解王淑珍的家庭情况，后来才知道。他们家是所谓的城市平民，生活是很穷困的。她家还是教民，这当然是为了得到生活上的救济。

他们最后一次相见，是在保定西关的思罗医院。这是外国人办的一所医院，王淑珍患了眼病，在那里住院，孙犁去看她，她用纱布包裹着双眼，像捉迷藏一样。她的母亲看见孙犁走进来，就到外面去买东西了。在那间小房间里，王淑珍对孙犁说了情深意长的话，直到医院的人来叫她去换药，孙犁才告辞走出来。王淑珍走到医院大楼的门口，回过身来，背靠着墙，向孙犁方位站了一会。

在《〈善闇室纪年〉摘抄》中，孙犁再一次提到了这件事，叙述颇为详尽：

高中读书时，同班张砚方为平民学校学长，聘我为女高二级任。学生有名王淑珍者，形体矮小，左腮有疤陷，反增其娇媚。眼大而黑，口小而唇肥，声音温柔动听，我很爱她。遂与通信，当时学校检查信件甚严，她的来信，被训育主任查出，我被免职。

[1] 孙犁：《书信》，《老荒集》，人民文学出版社2012年版，第101页。

平校与我读书之大楼，隔一大操场，每当课间休息时，我凭栏南向，她也总是拉一同学，站立在她们的教室台阶上，凝目北视。

她家住在保定城内白衣庵巷，母亲系教民，寡而眇一目，曾到学校找我一次。

以上是三十年代，读书时期，国难当头，思想苦闷，于苦雨愁城中，一段无结果的初恋故事。一九三六年，我在同口教书，同事侯君给我一张保定所出小报，上有此女随一军官，离家潜逃，于小清河舟中，被人追回消息，读之惘然。从此，不知其下落。[1]

这段文字，孙犁把他和王淑珍之间的情感做出了判定，即“我很爱她”，这是“一段无结果的初恋故事”。不但是爱情，而且是初恋。他们之间并非是单纯的青年男女的两情相悦，而是国难当头，青年思想苦闷，努力寻求国家和个人出路的一种选择。王淑珍仰慕孙犁，希望这位年轻的师长为她指出一条正确的人生的道路。但是孙犁也正处于迷茫之中，正在从书本和实践当中不断地探求，虽然惺惺相惜，互寻安慰，可是又能给她怎样的指导呢？

育德中学的训育主任棒打鸳鸯，在孙犁心中产生了巨大的阴影。在《保定旧事》这篇回忆散文中，他对育德中学的那位训育主任，做了漫画式的描绘：

训育主任的办公室，设在学生出入必须经过的走廊里。他坐在办公桌上，就可以对出入学校大门的人，一览无余。他觉得这还不够，几乎无时不在那一丈多长的走廊中间，来回踱步。师道尊严，尤其是训育主任，左规右矩，走路都要给学生做出楷模。他高个子，西服革履，一脸杀气——据说曾当过连长，眼睛平直前望，一步迈出去，那种慢劲和造作劲，和仙

[1] 孙犁：《〈善闇室纪年〉摘抄》，《陋巷集》，人民文学出版社2012年版，第3页。

鹤完全一样。[1]

这位训育主任是李涤之。他出生于1893年，天津市人。1922年，从南开大学肄业后，到育德中学任教，后任训育主任。终生从事教育工作。说他在旧军队里当过连长，如果确有其事，应该是在入南开大学之前，因为他从南开大学肄业时已经二十九岁了。

苦雨愁城

1931年，爆发了“九·一八”事变，日本帝国主义侵占东北；1932年，发生了“一·二八”事变，日本帝国主义又侵略上海。第二师范的学生在中共保属特委领导下，积极进行抗日宣传、抵制日货和反对国民党不抵抗政策的活动。1932年初，有人诬告“二师共产党要暴动”，国民党河北省府委员会密令教育厅查封第二师范，登报开除五十多名学生，勒令三十多名学生休学，撤换开明校长张云鹤，并让反动分子肖汉三继任校长。

在中共保属特委的领导下，二师的学生开展了护校斗争。斗争持续了十五天，最终遭到国民党反动派残酷镇压，十二名党员、一名团员惨遭杀害，四十名学生被捕，史称“七六惨案”。

二师学生梁斌，出生于1914年，河北蠡县梁家庄人，十一岁离开家乡就读县立高小，1927年加入中国共产主义青年团，1930年考入第二师范，参加了二师的学潮斗争。1932年8月，在梁斌的家乡发生了著名的高蠡暴动。后来，梁斌依据这一时期的革命斗争，写出了长篇小说《红旗谱》等作品。

育德中学也是一个先进思潮的传播阵地。早在初中时代，孙犁就在这里接受了各种先进思潮的影响。每个星期六的下午，全体学生都要到学校的大饭厅听讲演。学校领导人的讲话，多半是向学生灌输爱国主义和革命

---

[1] 孙犁：《保定旧事》，《晚华集》，人民文学出版社2012年版，第35页。

思想。有时也请各科教师演说，内容多为革命理论、革命史实、国际形势、国内外时事分析以及有关国家安危的展望等等。学生们最感兴趣的是那些校外名人的学术讲演，如朱自清、俞平伯、周作人、罗素（赵元任担任翻译）、李石曾、邓中夏等。朝鲜革命救国人士金九也曾到学校讲演，孙犁创作的短篇小说《孝吗？》、独幕剧《顿足》，都以朝鲜青年抗击日本侵略为主题，应该是受了这位传奇人物的影响。

这一时期，孙犁读过《西厢记》、苏曼殊的《断鸿零雁记》、沈复的《浮生六记》，十分爱好那种凄冷缠绵、红袖罗衫的文字。他不仅读过茅盾为商务印书馆学生国学丛书选注的《庄子》，还十分喜爱茅盾，所写反映北伐战争的三部曲《幻灭》《动摇》《追求》以及主持编辑的《小说月报》，得见中国第一次大革命时期，知识分子的群像。[1]

升入高中后，除了学习国文、公文、英文、法文（第二外国语）、中国文学史、近代历史、社会科学概论、心理学、生物学、里则学（逻辑）十门课程外，还有一些选修课，包括日本人冈村周谛著、汤尔和翻译的《生物学精义》，杨东莼的《中国文化史》，严复翻译的《名学纲要》，冯友兰的《中国哲学史》。英语课，读美国原版《林肯传》《泰西五十轶事》《伊索寓言》《英文短篇小说选》《莎氏乐府本事》等。教师都是著名学者，非比一般。特别是讲授社会科学概论和里则学的安志成先生，讲授心理学的杨绳武先生，见解高超，讲述精辟，对学生的启发尤大。

从上中学开始，孙犁就喜欢买书，用多少钱，父亲也不反对。孙犁买的《辞源》，一部好几块。父亲说，自己小时候穷，没念多少书，对儿子买书，他并不反感，还买了一部《曾文正家书》寄给儿子，孙犁对这类书自然不感兴趣。

---

[1] 孙犁：《大星陨落——悼念茅盾同志》，《澹定集》，人民文学出版社 2012 年版，第 159 页。

育德中学的图书管理员王斐然对他帮助很大，经常给他介绍一些好的书刊。育德中学图书馆的藏书十分丰富，在1931年的时候，就有中文图书21000册，外文图书784册，在华北各中等学校中首屈一指，拥有《四部丛刊》《四部备要》《万有文库》《学生国学丛书》等成套巨帙。

经历了“九·一八”事变和“一·二八”事变，国内群众爱国热情高涨。在保定，一些革命书籍——新兴的社会科学和十月革命以后的俄苏文学，在大大小小的书店里，无所顾忌地陈列着，有的就摆在街头地下出卖，非常齐全，价格便宜。孙犁还读了《政治经济学批判序言》《唯物主义与经验批判主义》《费尔巴哈论纲》等马列著作及布哈林、河上肇的书，曾用蝇头小楷写过这些著作的阅读笔记。

育德中学的共产党组织非常活跃。1922年12月，王锡疆、杨其刚、安志成、彭其生由团转党，并首次建立了中共保定支部。此外，育德中学的中共党员还有黄振宗、魏十篇、习从真、刘亦瑜、侯世珍等同学。孙犁回忆道：

黄振宗是我初中时同班，保定旧家子弟，长得白皙漂亮，人亦聪明。在学校时，常演话剧饰女角，文章写得也不错，有时在校刊发表。并能演说，有一次，张继到我校讲演，讲毕，黄即上台，大加驳斥，声色俱厉。他那时，好像已经参加共产党。有一天晚上，他约我到操场散步，谈了很久，意思是要我也参加。我那时觉悟不高，一心要读书，又记着父亲嘱咐的话：不要参加任何党派，所以没有答应，他也没有表示什么不满。又对我说，读书要读名著，不要只读杂志报纸，书本上的知识是完整的、系统的，而报章杂志上的文章，是零碎的、纷杂的。他的这一劝告，我一直记在心中，受到益处。当时我正埋头在报纸文学副刊和社会科学的杂志里。有一种叫

《读书杂志》，每期都很厚，占去不少时间。[1]

《读书杂志》是李之琏向他推荐的，他和孙犁是初中同学，1930年考入北平大学法商学院高中部，1932年加入“中国左翼作家联盟”，后被选为“左联”北平分盟委员。他为孙犁购买过两期《读书杂志》，其中有关于中国社会史的论争文章，请孙犁予以关注，并推荐了刘仁静的文章。《读书杂志》是一本综合性月刊，1931年4月创刊于上海，开始是由王礼锡、陆晶清夫妇主编，1933年3月，由胡秋原接任主编。1932-1933年间，以《读书杂志》为中心，展开了一场关于中国社会问题的论战，这大概是李之琏向孙犁推荐该杂志的原因。1933年，孙犁写了《唯物史观艺术论》一文，投寄《读书杂志》，主编胡秋原复信，言“稍迟即登”，但最终未登，亦未退稿。

1933年1月，茅盾的长篇小说《子夜》，由上海开明书店出版。小说以1930年的旧上海为背景，以民族资本家吴荪甫为中心，描写了当时中国社会的各种矛盾和斗争。对茅盾的文学作品，孙犁十分偏爱，他从图书馆借阅了这部长篇小说，阅读之后写了一篇论文，题目为《〈子夜〉中所表现中国现阶段的经济的性质》，投给《中学生》杂志。这篇稿子被压了很长时间，直到1934年1月，才刊登于《中学生》杂志第41号《中国现势特辑》上，得到的稿费是开明书店两元的购书券，孙犁用这两元购书券，向开明书店购买了一部精装的《子夜》。

这一时期，孙犁写作文论的热情很高。1931-1933年，“左联”理论家冯雪峰、瞿秋白、鲁迅等，同“自由人”和“第三种人”的胡秋原、苏汶等人，进行了关于文艺自由问题的论争。孙犁关注这场论争，写作论文《同路人文学论》投稿，但未被采用。这篇论文最终还是派上了用场，在中国

[1] 孙犁：《同口旧事——〈琴和箫〉代序》，《澹定集》，人民文学出版社2012年版，第163页。

大学读书的同学张砚方以这篇论文充作了毕业论文。孙犁后来笑谈：育德时期曾借张砚方五元钱购买钢笔，无力还钱，这篇论文算是了结了一笔旧债。

孙犁十分崇拜青年女作家丁玲。育德中学有一个秘密印刷厂，专门翻印革命书籍，丁玲的早期小说也在翻印之列，孙犁几乎都读过。丁玲是革命作家，又是女作家，很容易得到年轻人的喜爱。1933 年 5 月，丁玲被国民党特务绑架，拘禁在南京。宋庆龄、蔡元培、鲁迅、罗曼·罗兰等国内外著名人士，发起抗议和营救活动。《现代》杂志刊登了丁玲一些照片和手迹，孙犁都剪存下来。上海良友图书公司出版了丁玲的小说《母亲》，孙犁很想买一本，因为经济困难而作罢，但借来读过了。同时，他还读了沈从文的《记胡也频》和《记丁玲》。

1933 年夏季。二十岁的孙犁从育德中学高中毕业。家里的经济条件不允许他继续升学，他只好怀揣梦想，到北平流浪。

第三章　北平流浪

工务局

在整个中学阶段，孙犁阅读了很多新文学作品和书籍，创作和发表了几个短篇小说，还撰写了几篇文论，文学创作和文学评论齐头并进，给他增加了自信心，使他产生了文学之梦，他决心像那些五四以来的青年作家一样，靠卖文为生。

1933年高中毕业后，孙犁到了北平，寻找人生的机会。当时，他和考入中国大学的育德中学同学张砚方，同住在石驸马大街附近的天仙庵公寓。石驸马大街在北京宣武门内大街路西，是在明宣宗年间修建的一条老街。这条老街，1965年改名为新文化街，天仙庵也已被拆除，东太平街三十八号即为天仙庵旧址，现已成为居民区。

孙犁没有工作，过的是一种流浪生活，有时跟随张砚方到中国大学旁听，有时到北京的图书馆看书，他拿出很多时间进行文学创作，经常写些小说和诗歌，不断向报刊投稿。他希望成为一名作家，并通过这种方式养家糊口。他关注的都是有名的大报，例如北平的《世界日报》《晨报》，天津的《大公报》《益世报》等。但是，他毕竟是一位默默无闻的文学青年，作品很少被采用，这才知道，靠写稿为生，或许真的是一种梦想，不大切合实际。

有时，也小有收获。1934 年 4 月 26 日。他的一首小诗《我决定了》在天津《大公报》副刊《小公园》栏目发表，署名“芸夫”。诗中写道：“在这里，我多知道了些，比在家里。我决定了，就这样流浪下去。”

在安国经商的父亲，觉得儿子的想法过于幼稚，这样下去也不是长法，无论如何得有份正式工作。他依旧想让儿子进入邮政系统。他从安国县邮政局局长那里得到消息，北平的邮政总局正在招考，于是便把孙犁的中学毕业文凭，装在一个小铁桶里，挂号寄给他，写信督促他去报考。当时邮政系统在人员的录用上，特别注重文化程度、外语水平和工作技能。孙犁虽然对邮政工作不感兴趣，但还是要谋生，所以遵从父命去参加考试，一进考场就是英语会话，立刻败下阵来。在中学读书时，孙犁学英文很用功，能用英文写作文，而且获得过老师的好评，但是他的口语不行。

没有考上邮政局，父亲特别失望，常说：“我挣的钱，别人花了我心疼，就他花，我没办法。”对儿子不抱什么希望，觉得他干不出什么名堂来。[1] 1934 年春，父亲托人，由志成中学的一位体育老师介绍，孙犁到北平市政府工务局第四科登记股任书记。这个职位，是当时级别最低的公务人员，负责市民建筑的登记、测量、绘图等事宜，月薪二十元。市民如果修建房子，必须请这里的技术人员去丈量地基，绘制蓝图，看看有没有侵占房基线，然后在窗口那里领照。帮孙犁介绍工作的那位体育教师，是北方很有名的一位体育明星，娶了一位宦门小姐为妻，他的外兄是工务局的局长，因此，孙犁的官职虽小，来头却是不小。

到北京市政府当公务人员，是孙犁走向社会的第一步，在这里，他第一次见到了旧官场、旧衙门的景象。他正值青年，富于幻想，很不习惯这种职业，也没在上面下很大的功夫。他依然保持着书生本色，业余时间以

---

[1] 谢大光：《孙犁教我当编辑》，天津人民出版社 2022 年版，第 37 页。

读书和逛书摊为乐。工务局在府右街，后门正好对着北平图书馆，这一点，很称他的心意。

我常常到图书馆去看书。到北新桥、西单商场、西四牌楼、宣武门外去逛旧书摊。那时买书，是节衣缩食，所购完全是革命的书。我记得买过六期《文学月报》，五期《北斗》杂志，还有其他一些革命文艺期刊，如《奔流》《萌芽》《拓荒者》《世界文化》等。有时就带上这些刊物去“上衙门”。[1]

孙犁的办公地点在工务局一个小偏院儿的西房。屋子里的最高职位，是一名姓贺的办事员，好像是南方人，一上班就不停地讲话，装出一副领袖群伦的模样，对谁也不冷淡。他见孙犁喜欢看小说，就说自己认识张恨水的内弟。他的办公桌摆在靠窗的地方，也只有他的桌子上压着一块玻璃板。他的对面是一位姓李的办事员，好像和市长有些瓜葛，人也比较文雅，家就住在府右街。

孙犁的办公桌放在西墙的角落里，位置最差，桌子也不是办公桌，而是一张破旧的板桌，上面没什么文具，堆放着一堆杂物。他的对面坐着一位姓方的年轻人，是一个破落户子弟，写得一手好字，但是染上了严重的嗜好，整天坐在那里打盹儿，醒来就和孙犁开玩笑。

办公室里有位姓石的山东人，为人诚实，对孙犁很友善，见孙犁整天无事可干，也没人给他分配工作，便悄悄告诉他，这种情况很不好，等科长来考勤的时候，对他很不利。姓石的山东人认为，这是朝中无人的缘故。对他的善意提醒，孙犁并未放在心上。他初入社会，不知道其中的利害，还是把书摆在那里看。

一天，孙犁收到李之琏从监狱里寄来的一封信，告诉他自己被捕的经历。李之琏是他初中同班同学。1930 年初中毕业后，他考入北平大学法商学院高中部，1933 年加入中国共产党，在北平从事地下党的活动。

---

[1] 孙犁：《书的梦》，《秀露集》，人民文学出版社 2012 年版，第 13–14 页。

1934 年 11 月被国民党反动派逮捕入狱。

孙犁社会经历少，没到过监狱这种地方，胆子又小，便约了在北京的同学黄振宗去看他。他们在监狱一个小小的窗口见到了李之琏，简单说了几句话。看到平时讲究穿着的李之琏穿了一身很脏的衣服，孙犁心里很难过，几乎掉下了眼泪。李之琏将自己写的一篇小说交给他，嘱咐他找地方发表。

孙犁把稿子带出来，但是他没有什么关系，自己的作品都发表不出来，更没有能力发表朋友的作品。后来他把这篇稿子带回了老家。1937 年 5 月，李之琏才被刑满释放。抗日战争爆发后，他很快加入吕正操的抗日队伍，随队伍到了孙犁的家乡。

在工务局，孙犁的顶头上司是一位胖胖的股长，平日穿蓝绸长衫，和下属谈话时，一只手总是托在长衫的前襟下面，像是在撩袍端带。他自然不会和坐在西墙角落里的孙犁讲话，孙犁也不会谄媚他。最终还是发生了冲突：

有一次，我写了一个请假条寄给他。我虽然看过《酬世大观》，在中学也读过陈子展的《应用文》，高中时的国文老师，还常常把他替要人们拟的公文，发给我们当作教材。但我终于在应用时把“等因奉此”的程式用错了。听姓石的说，股长曾拿到我们屋里，朗诵取笑。股长有一个干儿，并不在我们屋里上班，却常常到我们屋里瞎串。这是一个典型的京华恶少，政界小人。他也好把一只手托在长衫下面，不过他的长衫，不是绸的，而是蓝布，并且旧了。有一天，他又拿那件事开我的玩笑，激怒了我，我当场把他痛骂一顿，他就满脸陪笑地走了。[1]

这自然是官场大忌。孙犁初入社会，书生意气，对旧衙门里的那一套十分厌恶，满腹怨气无处发泄，虽然骂了个痛快，也就埋下了祸根。等到

---

[1] 孙犁：《书的梦》，《秀露集》，人民文学出版社 2012 年版，第 15 页。

为他介绍工作的那位局长下台，孙犁也就被免职了。此时已经进入了深秋时节，孙犁在工务局工作不到一年的时间。

按照惯例，同事们到东来顺吃了一次火锅儿。和孙犁一同被免职的，是一位脸上有些麻子的外勤人员，失业对他打击很大，看到孙犁满不在乎的神情，大为惊讶，悄悄问他："孙兄，你是公子哥儿吧？怎么你一点也不在乎呀！"孙犁没有回答他，觉得说了，对方也不见得理解，他的精神支柱是书本，他喜欢的文学创作。他从内心厌恶旧官场，对这个职位没有丝毫的留恋。被免职，在一定程度上是一种解脱。北平待不下去，他可以回老家，那里还有几亩薄田，还有粥喝。

和同事们告别之后，孙犁又去了西单商场的书摊儿，渴望已久的、鲁迅先生翻译的《死魂灵》已经摆在了书架上，他买了下来，高高兴兴回公寓去了。

第二天一早，他腋下挟着那本《死魂灵》，出西直门，路经海淀，到离北平五六十里远的黑龙潭去看望一位朋友。黑龙潭位于百望山西面的画眉山附近。画眉山是座玲珑秀丽的小山，山不高，名声很大，历来有"南有峨眉，北有画眉"之说，因为这座山生产一种细腻的石头，色黑、浮质腻理，磨之如墨，古代妇女常用它描眉画眼，故名"画眉石"，又曰"黛石"。传说曹雪芹晚年曾在画眉山西边三里远的白家疃居住，就在那里修改了《红楼梦》，书中所说的"西山有石名黛"，指的就是画眉山的"黛石"，"林黛玉"之名就是受"黛石"启发而取的。在画眉山的山脚下，有一个由山上泉水汇集而成的圆形水潭。相传在很久以前，一条黑龙和一条白龙，为了争夺这个水潭发生了激烈的争斗，最后黑龙获胜，遂潜居于潭中，人们便把这个圆水潭称为"黑龙潭"了。

孙犁看望的这位朋友名叫刁之安，河北深县人，外祖父家是安平县。他从小在外祖父家长大，一直把安平人引为同乡。他曾在育德中学的师范班读书，比孙犁高两年级，对幼小同乡，尤其热情。他有一条腿不大灵便，长得又苍老，人们就习惯叫他“老刁”。从育德中学师范班毕业后，刁之安曾到安新县冯村当过教员，后来到北平西郊的黑龙潭小学教书。失业后的孙犁，到西郊来看望老刁，自然是为了疏解一下心情。他回忆道：“到他那里，正是深秋时节，黄叶飘落，潭水清冷，我不断想起曹雪芹在这一带著书的情景。住了两天，我又回到了北平。”[1]

回到城里后，孙犁到朝阳大学同学处住了几天，又到中国大学同学处住了几天，回到公寓，把购买的书籍整理了一下，不过一个柳条箱。离开北平前，他给《大公报》投了一首诗，在《小公园》栏目发表，诗的内容是：“我要离开这个大城市，回到农村去了，因为我看到：在这里，是一部分人正在输血给另一部分人！”[2]

大公报

孙犁在北京工作不到一年便被解职，父亲有些失望，但是也没有说什么。孙犁也知道自己在这些方面不行，他最大的爱好就是读书和写作，回到故乡，依然手不释卷，在场院的树荫下读书，没有书桌，便在妻子的衣柜上进行写作。他的文学之梦依旧没有破灭。

转眼到了1935年的春天，孙犁身在乡下，消息闭塞，他需要了解外面的世界，获取各种信息，他想投稿，最中意的还是《大公报》，沈从文等人办的文艺副刊对他有很大的吸引力。但是稿投过去，见不到报纸，很令人焦虑和痛苦。东辽城地处偏僻，即便是繁华一些的子文镇，也见不到《大公报》。唯一的办法是自己订阅。

订一份《大公报》，一个月需要三块钱，对孙犁这样的家庭来说，也是一笔不小的款项。他失业在家，身无分文，没有办法，只好向妻子借钱。

---

[1] 孙犁：《书的梦》，《秀露集》，人民文学出版社2012年版，第16页。
[2] 孙犁：《书的梦》，《秀露集》，人民文学出版社2012年版，第17页。

他知道妻子有钱，最保守的估计也有十五元，这是他们结婚的大喜之日，她的“拜钱”，每个长辈，赏她一元钱或几毛钱，她都要跪三跪，拜三拜，十五块钱也是来之不易。他向妻子借钱，妻子没有借给他，而且说：“你花钱应该向咱爹去要，我哪里来的钱？”[1]

妻子是一个不识字的农村姑娘，很难理解孙犁的心思。在妻子那里碰了一个软钉子，他只好硬着头皮向父亲要钱。知子莫若父，父亲沉吟了一下，提出了一个折中的办法，问他能不能订一份《小实报》，孙犁没有吱声，转身退了出来。《小实报》是北平出版的一种低级市民小报，对这种报纸，孙犁历来是不屑一顾的。

父亲还是爱子心切，晚上见到他，就说：“愿意订就订一个月看看吧！集晌多粜一斗麦子就是了。长了可订不起。”孙犁回忆道：

在镇上集日那天，父亲给了我三块钱，我转手交给邮政代办所，汇到天津去。同时还寄去两篇稿子。我原以为报纸也像取信一样，要走三里路来自取的，过了不久，居然有一个专人，骑着自行车来给我送报了，这三块钱花得真是气派。他每隔三天，就骑着车子，从县城来到这个小村，然后又通过弯弯曲曲的，两旁都是黄土围墙的小胡同，送到我家那个堆满柴草农具的小院，把报纸交到我的手里。上下打量我两眼，就转身骑上车走了。[2]

孙犁对这份来之不易的报纸十分珍爱，他坐在柴草上，阅读每一期的报纸，先读社论，然后是通讯、地方版、国际版、副刊，甚至广告、行情，都一字不漏地读过以后，才珍重地把报纸叠好，放到屋里去。

一个月的报纸很快就读完了，孙犁的稿子还没有登出来。因为没有借钱给丈夫，妻子对报纸一事，从来不闻不问，只是有一次略带嘲弄的神情，问他写的那个有了吗，孙犁告诉她，没有。他也知道，妻子的内心，早判

[1] 孙犁：《报纸的故事》，《尺泽集》，人民文学出版社 2012 年版，第 22 页。
[2] 孙犁：《报纸的故事》，《尺泽集》，人民文学出版社 2012 年版，第 23–24 页。

定是不会有的。这种对话，让孙犁有些难堪。

这年夏天雨水大，孙犁结婚时裱糊过的顶棚和壁纸都脱落了。妻子打起了报纸的主意，和孙犁商量，是不是用那些报纸，把屋子糊一下，这样可以省下块把钱，订报纸的钱也没有白花。孙犁认为这是个好的主意。两人立刻行动起来，妻子刷浆糊，孙犁糊报纸，他把报纸按日期排列起来，把有社论和副刊的一面，糊在外面，把广告部分糊在顶棚。这样，整个房间就成了他的阅读空间，不论是天朗气清，还是刮风下雨，他都可以脱掉鞋子，上到炕上，或仰或卧，或立或坐，重新阅读他所喜爱的文章了。

事务员

就在这年夏天，父亲又托人为孙犁找到了一个新饭碗：北平象鼻子中坑小学的事务员。所托之人，孙犁也是认识的，就是安国北关小学的刘校长，他是象鼻子中坑小学校长的哥哥。象鼻子中坑小学原来的事务员，暑假前辞职回了安国老家，孙犁的父亲得知这一消息，就托北关小学的校长和弟弟说情，为儿子谋得了这一职位。孙犁收拾行囊，再一次来到北平。

象鼻子中坑小学在东城区观音寺街路北，这个地方原是明朝皇家饲养大象的象坊，建有大象洗澡、嬉水的水塘。后来，这些水塘渐渐被填平，开始在上面盖房住人，于是老百姓就称这里几条街巷为象鼻子前坑、后坑和中坑。

象鼻子中坑小学的原址是明代官府作坊文思院，文思院隶属于工部，类似于皇家工艺作坊。清末，这里是八旗子弟官办学校，1907 年，改为象鼻子中坑小学，是当时为数不多的公立学校之一。校园是方方正正的三进身大院子，院内地面低于街面近半米，前院不大，据说是 20 世纪 20 年代拆掉院子的大影壁加盖的，校长办公室坐落在前院，西侧五间房，有校医室、教研室和教师食堂，食堂西面是大操场。二进院是低年级的教室，三进院是高年级的教室。

象鼻子中坑小学共有两名事务员，孙犁管会计，另外一个叫赵松，管庶务。他们的办公室和校长室连在一起，校长室是外面的一个大间，安装有书桌和电话，高敞明亮，里边一个小间，低矮阴暗，好像是后来加盖的一个“尾巴”，这个小房间向西开了一个低矮的小窗户，窗下放着办公桌，靠南墙是赵松的床铺，靠北墙是孙犁的床铺，这样的办公环境实在令人憋闷。

刘校长深目鹰鼻，看上去不如他哥哥善良。他一个月薪金六十元，此外虚报修缮费和文具费，找军衣庄给学生做制服，代书店卖课本，都能捞到不少好处。所以，他能养活一家人，早晨能冲上两个鸡蛋，冬天还能穿上一件当时在北平很体面的厚呢大外氅。

但是，我的办事能力实在不行，会计尤其不及格。每月向社会局（那时不叫教育局）填几份表报，贴在上面的单据，大都是文具店等开来的假单据，要弄得支付相当，也需要几天时间。好在除了这个，也实在没有多少事。校长看我是个学生，又刚来乍到，连那个保险柜的钥匙，也不肯交给我。当然我也没兴趣去争那个。[1]

赵松比孙犁大几岁，在学校干的时间较长，知道很多掌故，对每一位教员都有所了解。两人办公和居住的小房间紧挨着教师食堂，每逢下课之后，教员们都拥到办公室里来，大家在这里聚集、聊天，然后去食堂吃饭。

四年级级任是校长的同乡，西服革履，趾高气扬，一到办公室就直奔痰盂，大声清理他的喉咙，令人生厌。有一段时间，忽然又变得垂头丧气起来。赵松告诉孙犁，这位级任和一女生发生关系，女生怀孕了，正在谋求打胎。

六年级级任也是校长的同乡，年岁较大，长袍马褂，每个星期天都去

[1] 孙犁：《〈善闇室纪年〉摘抄》，《澹定集》，人民文学出版社2012年版，第138页。

嫖娼，对女生，师德也很差。下课后，他一边擦鼻涕，眯眼弓腰，双手架着袍子，嘴里喃喃着“小妹妹，小妹妹”，直奔赵松的床铺，犹如一个色魔。

教师的薪水每月四十元，他们自视甚高，看不起孙犁和赵松这些事务员。他们教书多年，也不备课，每天吃过饭就到外面玩耍，有的还经营买卖。三年级级任的家里，在东单牌楼开了一座澡堂，经常请同事到那里去洗澡。当然不会请到孙犁他们。

业余时间，孙犁还是买一些文艺书籍来读。晚上，他经常到东安市场的书摊去看看。东安市场地处王府大街，于 1903 年开业，因邻近东安门而得名。当时，东安门外大街两旁有不少店铺和商摊儿，阻碍交通，许多皇亲国戚、文武大臣对此很是不满，于是将沿街摊贩全部迁到东南面的八旗兵神机营的练兵场，形成了东安市场。

东安市场的书摊上，曾出现过一本薄薄的小书，封面上画了一只金瓶，瓶中插一枝红梅，标题为《补遗》二字。那时郑振铎主编的《世界文库》，正在连载洁本《金瓶梅》，一些投机商人，把洁本删掉的文字，辑录成册，摆在书摊上出售，借以牟利。孙犁对这种小册子是不屑一顾的。在小册子旁边，放着鲁迅的书和他编的《译文》，也放着马克思和高尔基的照片，他常花两角钱买一本《译文》带回去看。

孙犁每月的薪金十八元，还要交六元的伙食费。尽管生活很是贫困，但他还是挤出钱来去看京剧。他对京剧，有一种近乎痴迷的热爱。从童年时代起，孙犁就喜欢看戏。那时，乡下的戏班已经有了坤角儿，她们的演出，确实是引人入迷的。尤其是庙会的演出，更是热闹非凡，看戏的人多，演员也卖力气，当坤角儿一上场，特别是演《小放牛》这类载歌载舞的戏剧时，那真称得起万头攒动，如醉如狂。受这种乡村戏曲文化的熏陶，孙犁特别喜欢看花旦和武旦的戏，还有女扮男装的戏，比如《辛安驿》《铁弓缘》《虹霓关》等等。由此，他特别羡慕京剧演员，尤其是女演员，认为他们的生活和艺术，都神秘无比。

孙犁十二岁的时候，父亲给他买了一本《京剧大观》，使他对京剧有了一些基本知识的积累，更加增添了对京剧的热爱。现在来了北平，怎么能够不看戏呢？孙犁看戏很勤，每礼拜必定看一次。那时北京名角很多，他看过李玉茹、谭富英、程砚秋、杨小楼的戏，但是名角的票价贵，他常去看的，是富连成和中华戏剧学校小科班的“日场戏”，每次只花三四角钱。

中华戏剧学校演出的地点，是东安市场的吉祥剧场。在这里，孙犁看过无数次的戏。每次散戏出场，他都恋恋不舍，剧场里的演出实况依然浮现在眼前，优美的唱腔依然缭绕在脑际。他伫立在剧场外，凝视着专为接送戏校演员的、那时还很少见到的、华贵气派的大轿车，久久不肯离去。

孙犁也喜欢看电影，尤其迷恋阮玲玉，不大喜欢胡蝶。有时从东城步行到西城，去看阮玲玉主演的影片。阮玲玉自杀后，他把相关的剪报保存下来。他也喜欢美术画片，桌子上总有一个铜镜框，放一张画片，或古典名画，甚至是裸体美人。

孙犁和赵松十分寂寞。有时，星期六的晚上，就到前门外的娱乐场所玩一趟，每人要花一元多钱。回来后，赵松总是倒在床上，哀声叹气不止，表示忏悔。后来，赵松的一位同乡，在市政府当了科长，便让他去当一名办事员，每月所得可以与教员相等美。赵松走后，把遗缺留给了自己的妹夫。这位妹夫姓杨，也是个中学生，和孙犁很要好。

在中国大学读书的育德中学同学黄振宗经常来找他。孙犁回忆道：

他毕业后，考入北平中国大学，住在西安门外一家公寓里面，我在东城象鼻子中坑小学当事务员，时常见面。他那时好喝酒，讲名士风流，有时喝醉了，居然躺在大街上，我们只好把他拉起来。大学没有毕业，他回到保定培德中学教国文，风流如故，除经常去妓院，还交接着天华商场说大鼓书的一位女艺人。[1]

还有一位育德中学同学也经常来叙旧，这就是邢海潮。邢海潮是河北省赵县人，1931 年考入育德中学高中部，和孙犁是同班同学，在班里年龄最小，只有十五岁，座位在教室第一排北首，靠近门口。孙犁比他大三岁，座位在第四排南首，靠南窗，从玻璃窗下望，便可看到平坦的大操场。1933 年高中毕业后，邢海潮以优异的成绩考入了北京大学中文系。

从高中时代，两人关系就十分密切。1931 年秋天，“九·一八”事变爆发，育德同学 800 多人在训育主任李涤之的亲自教练下，实行军训，校办铁工厂自制枪械，在城北野外挖掘战壕，练习野战，他们踊跃参加，身体与意志都得到了锻炼。1932 年秋，学校组织旅游，到满城抱阳山游览，两人一路同行。1933 春天，他们乘船游览了保定东郊外的刘爷庙，畅谈未来，立志奋发，不做文弱书生。

现在两人都在北平，时有过从，旧谊未断。当时，孙犁月薪很少，还要买书，生活很是清苦，困难的时候，曾向邢海潮借过五元钱，期望将来用稿费偿还。孙犁回忆道：

他家境虽较我富裕，也是在求学时期。他曾写信给我，说他心爱的二胡，不慎摔碎了，想再买一把，手下又没钱。意思是叫我还账。我回信说，我实在没钱，最近又投寄一些稿件，请他星期日到北京图书馆，去翻翻近来的报纸，看看有登出来的没有。如果有，我的债就有希望还了。

他整整用了半天时间，在图书馆翻看近一个月的平津报纸，回信说：没有发现一篇我的文章。[2]

但是，孙犁囊中羞涩，无力偿还，这五元钱便欠了大半生。直到晚年，

---

[1] 孙犁：《同口旧事——〈琴和箫〉代序》，《澹定集》，人民文学出版社 2012 年版，第 163 页。

[2] 孙犁：《老同学》，《如云集》，人民文学出版社 2012 年版，第 73 页。

两人恢复了联系，孙犁才了结了这笔债务。

更多的时候还是寂寞。每天晚饭后，孙犁喜欢跑到房屋后面的大操场上去，那里没有人。他坐在双杠上，望着周围灰色的墙和一尘不染的天空，感到绝望。他不适应这里的生活，文学之梦也显得虚无缥缈。他想离开这里，但是到哪里去呢？想起上中学时候，一位国文老师讲述过济南的泉柳之美，还有一种好吃的小豆腐。他幻想到济南去。不久就以此为理由，向校长提出了辞呈。校长当然不会挽留。

到了济南又投奔何处呢？他连路费都没有，只好又回老家去了。

死魂灵

对于孙犁在北平工作情况的回忆，一些学者认为其本人回忆有误，应该是先到象鼻子中坑小学任事务员，后去北平工务局工作。孙犁对自己在北平工作情况的说明有三处：

一是《我的自传》：“为了生活，我先后在市政机关和小学校当过职员。”[1]

二是《〈善闇室纪年〉摘抄》有两处谈及北平经历。“从北平市政府出来以后，失业一段时间，后来到象鼻子中坑小学当事务员”。[2]“一九三四年，二十一岁，春间赴北平谋事，与张砚方同住天仙庵公寓。张雄县人，已在中大读书。父亲托人代谋市政府工务局一雇员职。不适应，屡请假，局长易人，乃被免职。后又经父亲托人，在象鼻子中坑小学任事务员，一年后辞。”[3]

---

[1] 孙犁：《我的自传》，《孙犁文集（补订版）》（7），百花文艺出版社 2013 年版，第 3 页。

[2] 孙犁：《〈善闇室纪年〉摘抄》，《澹定集》，人民文学出版社 2012 年版，第 137 页。

[3] 孙犁：《〈善闇室纪年〉摘抄》，《陋巷集》，人民文学出版社 2012 年版，第 3 页。

三是《书的梦》，写到了自己被工务局“另候任用”后，购买了刚刚出版的鲁迅翻译的《死魂灵》，出西直门，路经海淀，到离北平有五六十里路的黑龙潭，去看望在那里山村小学教书的一个朋友。回到北平，又到朝阳大学朋友处住了几天。感觉肚子饿了，写了一首诗，投寄《大公报·小公园》副刊，获发表，得稿费五角。然后“整理了一下，在北平一年所得的新书旧书，不过一柳条箱，就回到农村，去教小学了”。[1]

这三段记述中，《我的自传》和《〈善闇室纪年〉摘抄》说法相同，即1934年春开始去北平谋事，先到市政府工务局任事务员，被辞，回家；之后到象鼻子中坑小学当事务员，一年左右辞职回家。《书的梦》的记载却有新的说法，讲到被工务局“另候任用”后，“就回到农村，去教小学了”，这个“小学”，并非北平的象鼻子中坑小学，而是安新县同口小学。从这一细节看，工务局的工作是孙犁在北平最后的工作，与前两处记载存在矛盾。

《书的梦》记载中最大的漏洞，是孙犁被工务局辞退后，“又一个人去逛西单商场的书摊，渴望已久的，鲁迅先生翻译的《死魂灵》一书，已经陈列在那里了。用同事们带来的最后一次薪金，购置了这本名著，高高兴兴回到公寓去了”。[2]

鲁迅所译《死魂灵》由上海文化生活出版社于1935年11月出版，也就是说，孙犁离开工务局不会早于这一时间。这个时间节点上，工务局局长是否被撤换了呢？当时北平工务局局长名叫谭炳训，他自传中记述道：北平市市长袁良于“次年（1934年）九月调我任工务局局长。1935年又兼任‘北平故都文物整理实施事务处’的副处长。这一年十一月，半傀儡的冀察政务委员会成立，日寇指使宋哲元以反日分子之名，将我

[1] 孙犁：《书的梦》，《秀露集》，人民文学出版社2012年版，第17页。
[2] 孙犁：《书的梦》，《秀露集》，人民文学出版社2012年版，第16页。

逐出北平”。[1]

因此，一些研究者认为：孙犁是在1935年11月离开北平工务局的。北平工务局事务员是孙犁在北平的最后一份工作。他在北平的第一份工作就应该是象鼻子中坑小学事务员。大致经历为：1934年春，孙犁到北平象鼻子中坑小学工作。这期间，孙犁接到父亲要他考邮政局的信，应考未中。年末，以到济南为借口辞职。在家待业半年后，1935年夏，孙犁到市政府工务局第四科登记股任书记，11月，与股长干儿子冲突，加之本月谭局长下台，工务局借故将孙犁辞退。孙犁带上刚出版的、鲁迅翻译的《死魂灵》，到在黑龙潭小学教书的同学刁之安处待了两天，又在朝阳大学、中国大学的同学处闲住了几天，就“回家喝粥”了。

对于大事，在一些具体的细节，记忆上可能会出现误差，但对整个事件前后次序的记忆，应该不会有错。孙犁三次记述北平流浪，两次都说是先到工务局，后去象鼻子中坑小学，只有在《书的梦》中，讲自己被工务局解聘后，回农村教小学去了。但是，《书的梦》是篇散文，允许对材料进行剪裁和省略，记述不见得周全和完整。

《死魂灵》出版时间是可考的，与孙犁自述从工务局离职的时间不相符。从工务局出来后，购买《死魂灵》等情节，只是出现在散文《书的梦》中，不是严格的史料，误置的可能性极大。果真如此，由《死魂灵》出版时间，倒查工务局局长，也就失去合理性了。

购买《死魂灵》的情节，在《〈善闇室纪年〉摘抄》中记述得比较模糊，在记述自己先到工务局谋事，后到象鼻子中坑小学任事务员之后，有这样几句文字：

在此期间，继续读书，投稿略被采用。目空一切，失业后曾挟新出《死

[1] 谭炳训：《谭炳训学术文集》，附录一：《谭炳训自传》，科学出版社2019年版，第334页。

魂灵》一册，扬扬去黑龙潭访友，不为衣食愁，盖家有数十亩田，退有后路也。[1]

这里并没有讲是在哪次失业之后购买《死魂灵》的。如果大的事件发生次序没有错，这一具体事件只能发生在孙犁从象鼻子中坑小学辞职之后。《书的梦》这篇散文，应该是对自己的这段经历进行了艺术化处理。

[1] 孙犁：《〈善闇室纪年〉摘抄》，《陋巷集》，人民文学出版社 2012 年版，第 3–4 页。

第四章　同口旧事

同口三元

1936年暑假过后，孙犁有了一份新的职业，到安新县同口小学任教。这份工作是育德中学的同学黄振宗、侯世珍介绍的。孙犁从北平回乡后，一直在老家闲居，有一天，县邮政局送来一封挂号信，是黄振宗和侯世珍写来的，说是已经给他找到了一个教书的位子，开学在即，希望尽快回保定。

第二天，孙犁先赶到安国，把情况禀告了父亲。父亲对两次失业的儿子早已丧失了信心，觉得这个儿子不搭调，干不出什么名堂来。这次去当小学教员，虽然不是什么多好的事，但是强于在家待业。

住了一晚，父亲为他雇了一辆骡车到保定，住到南关一家小店内，当晚见到两位同学。黄振宗风流如故，拉孙犁到娱乐场所一游，让他请客。黄振宗本来在中国大学读书，没等到毕业就跑回保定，在一所中学教国文。侯世珍在育德中学，读的是师范专修班，在学校期间就入了党。从师范专修班毕业后，育德中学推荐他到保定第二女子师范当职员，很快又跑到南方从军，不久回到保定，也没有固定职业，募捐办一张小报。

这次，侯世珍被聘为同口小学的教务主任，孙犁被聘为六年级级任，并教授五年级国文、一年级自然。侯世珍的妻子和另外两名女教师，在同口女子小学当教员。

同口镇在白洋淀西岸，西面是一望无际的大平原，从旱路可以抵达三十五公里外的保定，安新县城在东北二十公里处。同口镇北、东、南三面环水，这里是有名的水旱码头，由水路经大清河、子牙河可以直接抵达天津。

白洋淀有大小不等的 143 个淀泊，百亩以上的有 99 个，白洋淀是其中最大的一个，面积有两万亩。白洋淀地处九河下梢，接纳周边九条河流入淀，最终经大清河等河流汇入海河，注入渤海。

春秋战国时期，白洋淀地属燕国、中山国和赵国。后来，赵国灭了中山国，以南易水和古黄河河中心为界，北部归燕，南部归赵，这样便有了“燕南赵北”之称。到了清代，白洋淀成为皇帝水围之地，康熙年间一共建了四座行宫。其中，郭里口行宫位于白洋淀东北部，传说郭里口村的地形成龟状，因此被称为延年益寿的福地，康熙便把行宫建在村子东部，也就是龟头之处。此外，还有位于白洋淀东部的赵北口行宫、中南部的端村行宫以及建于白洋淀深处的圈头行宫。孙犁来到白洋淀的时候，随着岁月的侵蚀，这些行宫已经不复存在，只留下一些遗迹。

白洋淀里，一些水域长满了芦苇，形成了纵横交错的芦苇荡。初春时节，苇锥刺破薄冰，带着冰碴向上生长，随着气候变暖，逐渐泛出绿色。到了夏季，芦苇快速生长，一个劲儿往上窜，夜深人静的时候，可听到芦苇拔节“嘎巴、嘎巴”的响声，这里的芦苇可以长到三米高。每年八九月间是芦苇的开花季节，花絮漫天飘舞，像蒙蒙的细雪，甚是好看；到了深秋，芦苇成熟了，苇杆儿变成了金色，银灰色的花絮随风飘荡，飞满了大淀。冬季，收割后的芦苇堆满了村村落落，到处是金色的苇垛，可以用来编席、帘、篓等用品。白洋淀历来有“一淀水、一淀银、一寸芦苇一寸金”的说法。除了芦苇，白洋淀里的另一种景致就是荷花了。白洋淀的荷花花开早、花期长、花香浓，到了秋天，荷茎枯萎了，荷叶残败了，莲蓬成熟了，残荷独立，又是一番景象。

同口镇是大镇，有二千多户人家，老百姓主要以编席、织篓、捕鱼、捉虾、撑船、经商为生。镇上有好几个大军阀，最富有、最讲排场的是国民党陆军一级上将陈调元，其次是韩德元、韩占元两个国民党军长。“三元”像三只猛虎，盘踞在同口镇。

同口镇最大的庄园便是陈调元庄园。1902 年秋，直隶总督袁世凯在保定开办参谋学堂，次年陈调元前往报考并被录取，1904 年期满毕业，被派在新军某镇任哨官。也就是在这一年，陈调元开始谋划在同口镇盖房子，历时八年，在同口镇修建了一座很大的庄园，几乎占了半个镇子。

同口小学是在 1929 年，由时任安徽省政府主席的陈调元拿出十万银元修建的，小学建在庄园的东北边，是一座二层小楼，同时开建的还有同口中学，建设场面之宏大，远近少有。学校建成之后，成为附近教学条件最好的学校。

孙犁住在同口小学的临街小楼上。黄昏时分，他经常到在野外散步，陈调元庄园近在咫尺，却难以进入，他默默注视着庄园的青砖红墙，想起了北平的景山前街。

孙犁到同口镇教书的时候，大军阀韩占元已经退伍还乡。韩占元是西北军十三太保之一。1915 年任十六混成旅排长，1917 年任手枪队队长，后因贩运烟土被冯玉祥开除。1922 年，第一次直奉战争爆发，韩占元跑回部队参战并立功，升为营长。1926 年 4 月，冯玉祥国民军在反奉战争中失利，于 4 月 15 日从北平撤退至昌平南口。张作霖、吴佩孚、张宗昌、阎锡山等各派军阀，组成了“讨赤联军”，向国民军大举进攻，激战数月，国民军伤亡过半，弹尽粮绝，撤退到绥远、包头一带。南口大战失败后，韩占元随石友三叛投阎锡山。1928 年，韩占元任第二集团军第九方面军一军长。他的弟弟韩德元也曾任西北军师长。韩占元还乡之后，在村里胡作非为，无恶不作，在他的统治下，渔民的生活十分悲惨。

小镇危楼

在同口小学，孙犁的教学任务十分繁重，每天要上五六个小时的课，还要预备教材，批改作业，生活十分紧张。他一向喜欢安静，教室里一群孩子，却喧嚣打闹，调皮捣蛋，往往搞得他焦头烂额。

我二十岁的时候（按：应为二十三岁），在一个镇上，当小学教师，兼教一年级的自然课。那种生涯，回想起来，老年人是没法承担的。一进教室，孩子们乱乱哄哄，那且不谈。正上着课，有的孩子要撒尿，一时解不开裤带，或撒完尿回来，自己结不上裤带，我都要下讲台去亲自动手。有一次，坐在前排的一个孩子，非常顽皮，怎么说也不行，我烦躁起来，要证实师道尊严，就用教鞭在他的头上敲了两下。这孩子哭叫着走出校门，全体同学知道后都为之变色。原来，我打的这个孩子，是学校的董事，本村一个大军阀的爱子，而且是爱妾所生。

我这才知道闯了祸。但在旧社会，这也不过卷铺盖走人而已，构不成什么别的罪过。并没有发生什么事变。第二天，孩子还是来校上课了。因为，就是在旧社会，即使军阀的爱妾，家长的观念仍然是：请来老师和请来保姆，其目的是不一样的。[1]

孙犁的月薪二十元，一年可以挣二百四十元。父亲原指望孙犁一年交给他一个长工的钱，也就是四五十元，现在大大超出了他的期望，这一点让孙犁心有所安。他可以按照自己的心愿邮购报刊杂志。同口有个邮政代办所，孙犁经常汇钱到上海买书，给他印象最深的是上海生活书店，办理读者邮购，非常负责任，他喜欢邮购鲁迅、瞿秋白等人的作品，其中就有瞿秋白的译文集《海上述林》上卷，这部书是鲁迅为纪念瞿秋白遇害而编辑、出版的，书中收录了马、恩、列和普列汉诺夫、拉法格等人的文学论文，以及高尔基论文选集和拾补等。当时，这部书只印了五百部，孙犁远在千

[1] 孙犁：《新年杂忆》，《孙犁全集》第6卷，人民文学出版社2004年版，第235页。

里之外的乡下，居然能够邮购一部，可见他对这些进步书籍是多么的关注和热爱。

孙犁在同口镇教书不过一年的时间，教过的学生也就三十余人。20世纪80年代末，韩映山到同口镇采访，见到了一位名叫王文明的老人，他是孙犁的学生，在村里担任水电保管员。他回忆说："孙芸夫（孙犁）老师给我们讲课，总是离开课文，讲他自己写的讲义，常常介绍普希金、果戈里、契科夫和高尔基的作品，也讲一些革命歌词，什么'九·一八'呀、《黄水谣》呀、《义勇军进行曲》呀，同学们都喜欢接近他，他也没什么架子。下了课，我们愿意和他玩，常常到他的宿舍里。他宿舍的墙上，贴着一张高尔基的半身像。他的行李很简朴，铺板上，铺着一条褥子，放着叠得很整齐的被子。书桌上放着一排书。他个子瘦长，穿着长衫，留着分头，有时也戴礼帽。"[1]2004年，依然健在的一位老人回忆说："那时候，他不叫孙犁，叫孙芸夫，个子瘦，身材高，穿一件长衫，留着分头。上课时和声细语，常常离开课本给我们讲高尔基、鲁迅。我们都很喜欢他，我还撑船带他到淀里摘菱角、看荷花，在芦苇荡里捉过喳喳叽（一种水莺）呢。"[2]

有一位名叫陈季衡的学生，后来在天津工作，他曾回忆说，孙犁在讲课的过程中，特别注重课外读物，他挑选了一些报刊上发表的好文章和国内外名著，指导学生们学习。这些材料，有的印成讲义发给大家，有的以讲故事的形式介绍给学生，然后组织同学们交流心得体会。陈季衡记得很清楚，鲁迅的《狂人日记》是印成讲义的，苏联作家班台莱耶夫的小说《表》，是以故事的形式讲给学生们听的。孙犁讲授语文课，既注重传授知识，更注重传播革命思想和激发学生的爱国热情。他多次在课堂上给学生们讲述日本鬼子在东北三省烧、杀、抢、掠的暴行，讲东北义勇军抗日战士的英

---

[1] 韩映山：《孙犁的人品与作品》，大众文艺出版社1995年版，第84—85页。
[2] 老臣：《孙犁先生在同口镇》，《今晚报》2004年10月5日。

勇斗争的事迹。有一次，孙犁还专门给学生们讲解了法国作家都德的短篇小说《最后一课》。[1]

孙犁住的那座二层小楼，有一个很大的院子，每到夜晚，这里空旷沉寂，他一个人在屋子里只是读书。“回忆在同口教书时，小镇危楼，夜晚，校内寂无一人。萤萤灯光之下：一板床，床下一柳条箱。余据一破桌，摊书苦读，每至深夜，精神奋发，若有可为。[2] 他读了很多鲁迅的文章，经常把一些警辟片断抄录下来，贴在墙上，反复诵习，直到背过，再换新的。1937 年五四运动纪念日，孙犁在大会上登台演讲，还编写剧本，让学生排练演出。他回忆道：“深夜突击剧本，吃凉馒头，熬小鱼，甚香。”[3]

1937 年暑假前，孙犁担任班主任的六年级学生要毕业了，在毕业典礼上，他发表了慷慨激昂的讲话，分析了当前的形势，讲了国家的危难，鼓励同学们说：“你们是国家未来的栋梁，要担负起天下兴亡之责。”说到动情处，声泪俱下。最后，大家一同唱起了电影《桃李劫》的插曲《毕业歌》。[4]

同口镇是一个风景美丽的地方，具有鲜明的水乡特色。村边的大堤上和淀边的柳树旁，是孙犁最常去的地方，乡亲们在那里织席、编篓、捻船、结网……小镇上人们的劳动和生活、野外吹来的那种水腥气味，都给孙犁留下了深刻印象。

同口镇的妇女人人会织席。有时，孙犁会站在一旁，饶有兴致地观看。织席首先要解苇，就是把苇子剖开，工具除了解苇刀子外，最常用的是解三批、解四批的“串子”，这是一种两寸多长的圆筒型的工具，里面嵌着

---

[1] 陈季衡：《深切怀念我的老师孙犁同志》，《天津日报》2004 年 2 月 22 日。
[2] 孙犁：《书衣文录 · 海上述林（上卷）》，海燕出版社 2017 年版，第 52 页。
[3] 孙犁：《〈善闇室纪年〉摘抄》，《陋巷集》，人民文学出版社 2012 年版，第 4 页。
[4] 陈季衡：《深切怀念我的老师孙犁同志》，《天津日报》2004 年 2 月 22 日。

三四个刀片，苇子从一头插进去，从另外一头吐出去，就被劈成了三批或四批。然后是碾苇，劈开的苇眉子，头天晚上要用水润过，第二天一早，再用石头碾子滚压。碾苇是个技术活儿，压得太过了，苇眉子就被碾酥了，碾得不到火候，苇眉子太硬，织席的时候就容易折断。最后是投苇，按照苇眉子的长短，投出长苇、二苇、三苇，分别用来织席子的中间和席角。

牧鹰是白洋淀渔民的拿手好戏。渔民驾驶的是一种十分窄小的鹰排子，一般人上去根本站不稳，可在牧鹰渔民的手里，小排子却矫若游龙，即使在风雨之中，也能在白浪中穿梭。小排子前后有几个鹰架，随着放鹰人的口令，鱼鹰会像一片黑云一样压向水面，一个猛子扎到水里，很快就叼着鱼头钻出水面，鱼尾还在那里来回甩动。有时，两三只鱼鹰齐心协力，抬上一条大鱼，渔民眼疾手快，一手抄回子，把鱼头抄进去，一手抓鹰，把鱼扔进船舱里，顺手拿出一条小鱼塞进鱼鹰的嘴中，用手一抻皮条的活扣，小鱼便被鱼鹰吞到肚子里，渔民用竹篙一架，把鱼鹰放到鹰架上休息，这一连串的动作如行云流水，不能有一丝延迟。

下粘钩是白洋淀渔民的另一项技能，粘钩一般下到水底，捕捞水底的鲤鱼、鲇鱼等。每年的八九月份是白洋淀涨水的季节，上游来水，淀里的鱼便逆水游动，此时正是用粘钩捕鱼的好时机，粘钩的钩尖十分尖锐，不挂鱼饵，鱼一旦被勾住，越挣扎，被周围的粘钩勾得就越紧，最终不能动弹。

白洋淀的这些生活场景和生活技能，牢牢印在了孙犁脑海里，被他写入自己的文学作品，在《荷花淀》《芦花荡》等作品中，得到了充分体现。

距离同口镇不远的端村，也给孙犁留下深刻印象。端村位于同口镇北偏东，整个村庄建在大堤上，面临白洋淀大淀。每次回保定，孙犁都要在同口镇坐上小船，经过端村，在村里歇脚打尖。他在“芸斋小说”《鱼苇之事》中，描写过白洋淀的 D 村，D 村即端村，隐去村子的名称，并非有什么隐情，只是为了符合“芸斋小说”的体例。

她家住在 D 村。这个小地方，曾有一京二卫三 D 村之称。原来是个水旱码头，很是繁华热闹。大清河在村南流过，下水直达天津。又是一个闸口，每天黄昏，帆樯林立。旱路通往保定，是过路客商打尖的地方。我记得在同口教书时，前往保定，就是在这里吃午饭，但当时的街道市面，都忘记了。[1]

白洋淀区形态各异的143个淀泊总称白洋淀，因为白洋淀是其中最大的一个，而白洋淀就在端村村南。站在村南淀边，极目远望，烟波浩渺，水天一色，令人心旷神怡；南边的荷花淀，每逢夏季，更是让人流连忘返。粉白相间的荷花亭亭玉立，十里荷香，沁人心脾。秋高气爽时节，漫步村头大堤，堤内是良田阡陌，稻谷飘香；堤外大淀，清冷的淀水和白茫茫的芦花，相映成趣；到了冬季，大淀冰封，银光素裹，别有一番景致。

根据《安新县志》记载，明朝初年，从湖北地区迁来一支屯兵，在这里屯田筑城，生息繁衍，形成了“段村”。清代康熙皇帝经常到白洋淀巡幸、水围，并在段村修建了水围行宫。后来乾隆皇帝巡幸到这里，因为段村“在水之端”，下令改“段村”为“端村”。

抗日战争时期，闻名中外的“雁翎队”，就是端村渔民组建的，孙犁日后的文学创作也与端村密切相关。1939年12月，他在阜平东湾，写出了长篇叙事诗《白洋淀之曲》，1942年创作短篇小说《爹娘留下琴和箫》，到延安后写出短篇小说《荷花淀》《芦花荡》等，都是以端村等地为背景进行创作的。

抗日战争前，端村就有党组织和地下党员活动。当时的地下党员主要有：张君（原名姬章群）、王志（原名王恩增）、刘萍（原名刘国华）、李耀之（原名李林亭）等人。“七七”事变爆发后，他们立即投身抗日斗争。1937年7月下旬，保东特委成立，张君任书记，王志任宣传部长兼秘书长，刘萍任安新县各界抗日救国联合会主任，后任徐水县第一任抗日县长，同

[1] 孙犁：《芸斋小说·鱼苇之事》，《无为集》，人民文学出版社2012年版，第28页。

时他们还培养了一批爱国青年和有志之士，都纷纷走上抗日战场。

同口镇也有党的组织，同口小学就有不少地下党员，他们在村中宣传革命道理，写信给大军阀韩占元，让他改邪归正，及早回头。侯世珍等人到同口镇教书，主要目的是到这里来进行革命活动。他担任小学的教务主任，同时上音乐课和体操课。他和妻子在校外租了一间房，经常约同事打牌，这既是一种掩护，也是一种生活策略，他很会打牌，赢了钱可以补贴家用。孙犁专注于读书，对这些东西不屑一顾。在同口，侯世珍的妻子生下了一个女孩，侯世珍让孙犁为孩子起名儿，孙犁查了查字典，为女孩取名"茜茜"。

当时，孙犁并没有加入党组织，对侯世珍的党员身份并不十分了然，但是从平常的行为举止也能猜出个八九分。他回忆道：

我住在校内，有一天中午，我从课堂上下来，在我的宿舍里，他正和一位常到学校卖书的小贩谈话。小贩态度庄严，侯肃然站立在他的面前聆听着。抗日以后，这位书贩，当了区党委的组织部长。使我想起，当时在我的屋子里，他大概是在向侯传达党的任务吧。[1]

侯世珍在孙犁的宿舍里和地下党员接头，说明他对孙犁十分信任，同时也一直在团结和争取他。在侯世珍的介绍下，孙犁和同口镇的陈乔得以相识，两人很快成为挚友，闲暇时一起畅谈文学，到白洋淀边观察民风民俗，了解渔民的生活状况。

1912年，陈乔出生于同口镇的一个农民家庭，在村里上了四年小学，又读了两年私塾，考入安新县北冯高级小学，1929年考入同口中学。这一时期，他阅读了《共产党宣言》和苏联的一些文学作品，受到了共产主义思想的熏陶。1931年，陈乔考入北平艺文中学，参加了"左联"，还被选为学生会主席。"九·一八"事变后，由于积极参加抗日活动，被学

---

[1] 孙犁：《同口旧事——〈琴和箫〉代序》，《孙犁全集》第6卷，人民文学出版社2004年版，第164–165页。

校开除。这年冬季，由王越千介绍转为中共党员，之后被党组织派往天津从事革命工作，天津党组织遭到破坏后，回到北平，在北平被其叔父找到，强迫其回了家。1933 年春节前后，王越千到同口找他，接上了组织关系，但家里不准他出外求学，由叔父介绍，到端村小学当教员。同口小学有地下党组织，安新县的地下党员王文波、刘亦瑜等人经常到同口小学传达党的指示、送发党内文件、收党费。

1933 年暑假，陈乔因反对包办婚姻，决心离家外出。他和同乡韩路卿一起到了陈调元的部队谋事，他曾多次写信和党组织联系，但没有得到回音，又一次和党组织失去联系。1935 年，陈乔考入南京国立戏剧学校特别班学习，1936 年毕业后回到家乡，但因王越千、刘亦瑜等都已离开家乡，没能接上组织关系。“七七”事变爆发后，安新县的党组织空前活跃，侯世珍担任了安新县委书记，陈乔担任了县委宣传部长，同年 10 月，他被党组织派到人民自卫军政治部任秘书，转战到安平县后和孙犁再度重逢。

和孙犁交好的还有美术教员阎素。阎素是安新人，虽然还不是党员，但学生时代就从事革命活动。1932 年，阎素考入北平京华美术学院，在校参加了共产党外围组织“美联”，与同学陈伦（地下党员）一起传递、散发传单。他的毕业画作是油画《难兄难弟》，描绘的是饥寒交迫流浪街头孤儿，被外国记者选登于一家英文报纸。在同口小学，他一直在从事抗日宣传活动。1937 年 10 月，与陈乔等人一起参加了人民自卫军，在政治部任宣传干事。

接触最多的还是侯世珍。在孙犁看来，侯世珍为人聪明外露，善于交际，读书却不求甚解，喜欢弄一些小权术，颇得校长信任。孙犁回忆道：

一天夜里，有人在院中贴了一张大传单，说侯是共产党。侯说是姓陈的训育主任陷害他，要求校长召集会议，声称有姓陈的就没有姓侯的。我忘记校长是怎样处置这个事件的，好像是谁也没有离开吧。不知为什么，我当时颇有些不相信是那位姓陈的干的，倒觉得是侯的一种先发制人的权谋。不久，学校也就放暑假，卢沟桥事变也发生了。[1]

即便是侯世珍的先发制人，也是在当时环境下的一种自保之术。如果不是面临某种危险，侯世珍不会多此一举的。

冯村刘氏

党组织最为活跃的是北冯村。这个村子在同口镇东南四五里之外，位于安新县的南端，地处任邱、高阳、安新三县交界处，村子北边，隔着一片淀水，就是端村。

在白洋淀地区，第一个农村党支部就是在北冯村建立的，党支部的创建人名叫刘亦瑜，出身于北冯村的大地主家庭。刘亦瑜的父亲叫刘绂，是清末的一名秀才，常年在外地教书，曾当过一年的元氏县县长。刘亦瑜的堂伯叫刘续曾，是清末的一名举人，创办了保定师范学校，担任校长多年。

刘亦瑜的母亲陈秀贞，是一位有知识、有远见的母亲，她要求自己的孩子，无论如何要学习文化知识，做对社会有用的人。她把几个孩子分别送到北京、保定去读书，让他们学习新知识、新思想，她自己也学习革命理论，于 1938 年入了党。她养育了五个孩子，长子刘亦珩，二子刘君达，三子刘亦瑜，四子刘亦玖，还有个女儿名叫刘沙，后来成为吕正操的妻子。

1926 年，刘亦瑜考入保定育德中学，孙犁也是在这一年入学的。1927 年，经魏十篇、习从真介绍，刘亦瑜加入中国共产党。在白色恐怖形势下，受中共顺直省委派遣，刘亦瑜冒着杀头危险回到北冯村，与先期回乡的共产党员王家骥、王履泰一起，建立了安新县第一个党支部——安新县北冯村特别党支部。刘亦瑜担任支部书记，王家骥、王履泰任支委，

[1] 孙犁：《同口旧事——〈琴和箫〉代序》，《孙犁全集》第 6 卷，人民文学出版社 2004 年版，第 164-165 页。

办公地点在北冯完全小学。他们积极开展革命活动，先后在同口、新安（安新师范）、西马村、李家庄、留民庄、南冯、韩堡、东白庄、关城、端村、大张庄、大北六、三台、沈家坯等村建立了七十六个党支部。

1930 年 2 月，在北冯村特别支部基础上，中共保属特委建立了任邱、高阳、安新三县的中心县委，简称“任高安中心县委”，直到 1934 年 5 月才撤销。

1932 年，按照保属特委的统一部署，安新县党组织积极参与高蠡暴动的准备工作，刘亦瑜任第三运输中心站站长。8 月，“高蠡暴动”正式爆发，高阳、蠡县一带的广大农民在党的领导下，掀起的一场反对国民党反动统治的大规模农民武装斗争。这次暴动虽然失败了，但却撒播了革命种子，为动员民众进行抗日战争打下了良好的思想基础。

北冯村还出过一个很有名的抗日将领，名叫刘亦珂，很多人把他误认作刘亦瑜的弟弟，其实两人是本族兄弟。

1937 年 7 月 7 日，日本帝国主义发动了“卢沟桥事变”，抗日战争全面爆发。29 日天津沦陷，30 日北平沦陷，紧接着日军向保定方向进攻。

当时，正值暑期，由于战火阻隔，滹沱河又发了大水，孙犁困居在老家，没能再回到同口镇教书。他托人把留在同口的衣物和两柳条箱书籍运到安国父亲的店铺中。

9 月 24 日，日军攻占保定。局势越来越危急。孙犁和乡亲们站在滹沱河的大堤上，看到众多逃难的人，扶老携幼，从北面涉水而来。大堤上的人向他们询问北面的情况，他们简单说几句，就又慌慌张张往南逃走了。

“就要亡国了吗？”望着茫茫河水，每个人都发出了这样的疑问。在这民族生死存亡的紧要关头，孙犁的人生也面临着重大抉择。在同口镇的这段经历，所结识的人，包括北冯村刘氏兄弟，都对他的人生产生了重大影响。

第五章　冀中烽烟

携笔从戎

1937 年 7 月，日军攻陷北平，不断向南推进，国民党军队一路南逃。

孙犁蛰伏在老家，剪去了长发，一身农民打扮，每天在滹沱河大堤上，望着茫茫水流，逃难群众，散勇逃兵，心中忧愁不已，他想南下寻找出路，但是没有路费，也没有去处。

地方上局势大乱，一到夜晚枪声不断，有的趁机抢劫作乱，有的组织武装自卫。孙犁让人从同口捎到安国的服装和书籍，寄存在父亲的店铺中，也被乱兵抢去。一天晚上，东辽城的村长到东头寡妇家去，夜深之后，寡妇的儿子送他回家，走到东街土地庙那里，两人被人用撅枪打死，村长命大，第二天早上又苏醒过来。

1937 年 8 月，红军干部孟庆山到冀中地区发动群众，组织抗日武装。孟庆山是河北蠡县人，1931 年参加过宁都暴动，经过长征到达延安。“七七”事变时，他正在抗大学习，党中央派遣他回冀中开展敌后抗日工作。

9 月 16 日，孟庆山到达白洋淀，同中共保东特委取得了联系。此时，侯世珍已经公开了党员身份，担任了安新县委书记，和孟庆山一起组织抗日游击队。在两个月的时间里，孟庆山等人在任邱[1]、安新、蠡县等地，先后举办了四期游击战争训练班，培养了几百名党团员作为人民抗日武装的骨干。

9月24日，日军攻陷保定，国民党蠡县县长南逃，蠡县中共地下党员吴廷华、路一、梁斌、张之吾等几十位抗日救国会会员，成立了“华北抗日自卫军第一大队”，刘通庸任政治部主任，路一任政治部副主任。

随着日军的推进，东北军第53军691团奉命从大清河南退，团长吕正操是中共地下党员。队伍经过任邱县时，党组织决定把李晓初留下，负责寻找地方党组织。李晓初在安新、高阳一带，与中共保东特委取得了联系，见到了侯玉田、孟庆山等人。

10月11日，东北军第53军691团在团长吕正操的带领下，在河北藁城梅花镇地区阻击南犯日军，杀伤敌军数百人。当夜，全团官兵拒绝上司的南撤命令，挥师北上抗日，挺进晋县小樵镇，并举行了抗日誓师大会，宣布甩掉国民党军队的番号，改称“人民自卫军”，吕正操任司令员，李晓初为政治部主任。

10月24日，人民自卫军由深泽继续北上，司令部率领第二、三总队进驻安国县城，第一总队进驻安平县城，取缔两县的“维持会”，成立抗日县政府，组建地方抗日武装——人民抗日自卫团。接着，人民自卫军经博野、蠡县攻占高阳，震动了整个冀中平原，人民群众抗日热情高涨，踊跃参军，投入抗日行列。

12月，吕正操率领人民自卫军主力部队到平汉路西进行整训，留下第三团和机炮连作为基本武装，建立了“人民自卫军游击司令部”，负责指挥冀中各县的人民抗日自卫团，孟庆山任司令，侯平（侯世珍）任政治部

---

[1] 任邱：原名任丘。雍正二年(1724年)，为避孔子之讳，将任丘改名任邱，直至1981年地名普查时，才恢复原名。因此，不能贸然将“任邱”窜改为“任丘”。

主任，阎九祥任参谋长。不久，中共保属省委决定组建“河北游击军”，“人民自卫军游击司令部”改称“河北游击军司令部”。

至此，冀中平原创建了两大抗日武装——以吕正操为司令的“人民自卫军”和以孟庆山为司令的“河北游击军”，在大清河以南三十余县建立了抗日民主政权。

寒冬时节，孙犁接到侯世珍的一封信，信是由安平县抗日政府转来的，侯世珍让孙犁到肃宁去看看。肃宁是河北游击军司令部的所在地，位于安平县东北三十五公里处，东与河间市交界，南与饶阳县和献县毗连，西与蠡县为邻，北与高阳县接壤，距保定市七十公里。

第二天，孙犁换上一件灰色的棉袍，由堂弟陪同，先到安平县城，见到了县政治指导员李子涛，李子涛向他转达了游击军司令部的电话，让他随杨队长的队伍一同前往肃宁。

杨司令的队伍是游击军新近收编的。杨司令本是土匪出身，队伍也就散漫无章，他给了孙犁一匹马，但队伍行进十分缓慢，晚上才赶到肃宁城外。游击军司令部传出命令，让杨队长的队伍暂住城外。孙犁只身一人进城，在城门口被站岗的士兵用刺刀格住，查验身份。

肃宁城内明亮喧哗，人来人往，不断有抗日队伍唱着歌曲从大街上走过，街两边的店铺酒馆灯火通明，家家客满，锅勺相击，借酒行令之声不绝于耳。

孙犁先是见到了政治部宣传科的刘科长，很晚，才见到侯世珍。侯世珍带着妻子和女儿住在一家地主的宅院里，身边放着上好子弹的盒子枪。侯世珍让孙犁到肃宁来，自然是想让他参加河北游击军。第二天，他对孙犁说：“这里很乱，你不太习惯。”正好有人民自卫军司令部的一辆卡车，要回安国，侯世珍就让孙犁搭车回去，并取了一件旧羊皮军大衣给他，让他路上御寒。

在安国下车后，孙犁直接到了父亲的店铺，父亲见他穿着军大衣，误以为他已经投了八路军，很是不安，等孙犁说明情况，才稍稍缓解。当时，吕正操的人民自卫军司令部就驻扎在安国，孙犁很快见到阎素、陈乔、李之琏等人，他们都在人民自卫军政治部工作，有的就住在父亲的店铺中。孙犁的父亲一直怕沾官事儿，很快把儿子带回了东辽城。

1938年1月，晋察冀省委和晋察冀军区决定：吕正操率人民自卫军返回冀中平原，配合地方党组织，开辟和创建冀中抗日根据地。人民自卫军改称“冀中人民自卫军”，孙志远任政治部主任，18日，人民自卫军返回冀中，分驻在安国、蠡县、深泽、安平一带。20日，人民自卫军司令部、政治部进驻安平县子文镇，在政治部工作的李之琏、陈乔到孙犁家中走访，动员孙犁参加抗日工作。这两人颇得孙犁父亲的信任，孙犁便跟随人民自卫军政治部，进行抗日宣传工作。

在子文镇街头，孙犁认识了王林。那天，子文镇有集，王林正忙于张贴广告，招收剧团的团员，他在人民自卫军政治部所属的火线剧团工作，担任团长。王林是河北衡水县人，出生于1909年，1931年入党，担任过国立青岛大学党支部书记，“九·一八”事变后，曾组织青岛大学学生请愿团到南京请愿。请愿失败，又通过“海鸥剧社”开展文艺活动来唤起民众，宣传抗日，王林和黄敬先后担任海鸥剧社社长，王东升、崔嵬、张福华和李云鹤等人是骨干成员。1935年12月，王林和黄敬一起参加了“一二·九运动”，1936年8月，到东北军学兵队作地下工作，亲身经历了西安事变，1937年回冀中参加抗战。

人民自卫军的司令部很快迁至安平县城，从2月至6月，安平县城成为冀中抗日根据地的指挥中心。孙犁穿着那件灰色的棉袍，频繁往返于东辽城和安平县城之间，他回忆道：

一九三八年春天，我在本县参加抗日工作，认识了人民自卫军政治部的宣传科长林扬。他是“七七”事变后，刚刚从北平监狱里出来，就参加了抗日武装部队的。他很弱，面色很不好，对人很和蔼。他介绍我去找路一，说路正在组织一个编辑室，需要我这样的人。路住在候町村，初见面，给我的印象太严肃了：他坐在一张太师椅上，冬天的军装外面，套了一件那时乡下人很少见到的风雨衣，腰系皮带，斜佩一把大盒子枪，加上他那黑而峻厉的面孔，颇使我望而生畏。我清楚地记得，第一次和诗人远千里见面，是在他那里，由他介绍的。[1]

路一是蠡县人，出生于1912年，十五岁在蠡县上高小时加入共产主义青年团，后加入中国共产党。高小毕业后，考入蠡县师范，按照党的指示，经常深入各村发展党员，建立支部。1930年，路一考入通县省立高等师范学校读书，领导了学校的学潮斗争。1931年，路一到泊镇第九师范工作，在当地开展建党工作。1932年秋，为了配合二师学潮和高蠡暴动，路一在泊镇组织和参加了罢工运动和学潮斗争，高蠡暴动失败后，路一回到蠡县，参与恢复党组织的工作，继而转移到北平，在北平参加左翼新文学运动，与远千里、梁斌等人在一个支部活动。抗战爆发后，蠡县成立了冀中第一支抗日武装——华北民众抗日自卫军蠡县第一大队，已经回到蠡县的路一担任了政治部主任，后到冀中区政治部任编辑主任。

见到孙犁时，路一正在筹划《红星》半月刊，急需人手和稿件。孙犁撰写了《现实主义文学论》，3月20日，发表在《红星》杂志第一期上，首次署名“孙犁”。这篇论文是孙犁学习社会科学和革命文学理论的札记，行文叙事之间，有一股难得的热情和泼辣之力，只是引文太多，王林客气地讽刺道：“你怎么把我读过的一些重要文章，都摘进去了？”路一却对这篇万言长文十分赞许，一再向朋友们推荐，并说：“我们冀中真有人才呀！”并给了孙犁一个称号：“冀中的吉尔波丁”。吉尔波丁是苏联一位著名的文学批评家，曾任联共（布）中央文学处处长。

受王林的邀请，4月，孙犁编写了一本《民族革命战争与戏剧》的小册子，

---

[1] 孙犁：《远的怀念》，《晚华集》，人民文学出版社2012年版，第85页。

政治部作为一个文件油印发行了。小册子通俗易懂，分为上下两篇，上篇的主要内容有：民族解放战争与艺术武器；戏剧的特殊性；中国劳动民众接近的戏剧；我们的口号。下篇的主要内容是：怎样组织剧团；怎样产生剧本；怎样演出。

1938 年 4 月 21 日，冀中区共产党第一次代表大会在安平县城召开，会议代表五百多人，代表着全区八千多名党员。会议整整开了十二天，5 月 2 日才正式结束。大会分析了冀中地区斗争形势，总结了建军和创建抗日根据地的经验，确定了坚持平原抗日游击战争的方针，选举黄敬、鲁贲、孟庆山、吕正操、张君、周小舟、孙志远等人为冀中区委委员，黄敬为书记，鲁贲为副书记。

在会议筹备期间，曾任人民自卫军政治部主任的李晓初在登记时，自称在陕西省担任过省委委员。大会对他这一段经历有所怀疑，便取消了他的代表资格。

就在李晓初被取消代表资格的同时，晋察冀军区军政干校学员刘庆瑞被捕，在审讯中，供出李晓初是“托派”。当时，“肃托”运动刚刚开始，很多人对什么是托派，托派有什么政治主张，他们的组织状况如何，托派和日本特务是不是一回事都不清楚，一听说出了“托派”就精神紧张。对于“肃托”运动，时任中共中央社会部部长、情报部部长的康生起了很坏的作用，他不断推波助澜，使运动不断扩大化。5 月，晋察冀军区锄奸部将李晓初逮捕，同时成立肃托小组，到冀中各部队、各军分区指导“肃托”运动，到 1939 年夏才基本结束。

李晓初出生于 1910 年，1934 年参加中国共产党。1937 年留在东北军 691 团，发展党的组织，开展兵运工作。691 团改编为人民自卫军时，担任政治部主任。1937 年底，李晓初留在冀中，在高阳、任邱一带，负责新建抗日武装的整训、改造、巩固工作，主持开办了“人民自卫军政训班”和“抗日青年团”，培养了不少抗日干部，为冀中抗日根据地的创建做出了贡献。

李晓初被捕后，经过审讯，承认自己是由北平托派头子吴志辛发展加入托派的，是托派头子张慕陶领导下的河北省托派负责人；他是西安托派总部派到东北军工作的。1939年，李晓初托派案移交北方分局社会部复查，1940年，李晓初由晋察冀边区公安局在曲阳县处决。[1]

根据李晓初的口供，对很多人以“托派问题”进行了审查。这些人中，有一部分是冀中地下党的老同志，有一部分是691团的老同志，有一部分是参加抗日工作较早，和李晓初接触过的知识分子，也有李晓初主持政训班、青年团的学员和工作人员。他们有的被处死，有的被审查，有的被怀疑和批判，牵扯了近二百人。侯平（侯士珍）在李晓初案发当月就被免去了职务，接替他的是红军干部黄兴义。1938年3月，北方局和晋察冀军区派遣黄兴义来冀中地区工作，担任冀中省委组织部部长，不到一个月，便改任河北游击军政治部主任。孙犁回忆道：

一九三八年春天，人民自卫军司令部，驻扎安平一带，我参加了抗日工作。一天，侯同家属、警卫，骑着肥壮高大的马匹来到安平，说是要调到山里学习，我尽地主之谊，请他们到家里吃了一顿饭。侯没有谈什么，他的妻子精神有些不佳。

一九三九年，我调到山里，不久就听说，侯因政治问题，已经不在人间。详细情形，谁也说不清楚。[2]

侯世珍等人的死去，给了孙犁很大刺激，1942年创作了短篇小说《爹娘留下琴和箫》，疏解了一下心中的情绪。

受李晓初案件牵连的还有刘亦瑜。1987年6月，孙犁写了“芸斋小说”

---

[1] 刘继堂：《冀中抗日根据地的“肃托”运动》，《党史博采》1998年第8期。

[2] 孙犁：《同口旧事——〈琴和箫〉代序》，《澹定集》，人民文学出版社2012年版，第166页。

《宴会》，回忆了抗日战争时期的青年战友，主要是侯、刘大和刘二。侯，即侯士珍；刘大，指刘亦瑜；刘二，指刘君达。其实，刘君达是兄长，战争年代，对同学和战友的家事只知大概，长幼顺去颠倒，也是正常的。《宴会》有如下记述：

一九三八年春天，军队整编，传说出了“托派”。牵连了很多干部，被送到路西审查。

一九三九年春天，我调到路西，分配在通讯社，听说侯已经不在人间。

刘二的哥哥也在通讯社，我叫他刘大。有一段时间，我们同住在城南庄村边一间房子里。炕上没有炕席。农家赤身的男女和小孩们，成年累月在上面滚爬，炕面变成了黑黑的，油光光的。每天晚上，我没有被褥，枕着一块砖头，听着野外的秋虫叫。

刘大神情有些不安。他曾经这样对我说：

“他不会把我杀掉吧？”

不久，真的不见他了。我那时不是党员，从来没有参加过政治活动，这些问题，无论如何牵连不到我的身上。但我过路以后，心情并不很好。生活苦，衣食不继，远离亲人，这些还都在其次，也是应该忍受的。主要是人地两生，互不了解，见到两个同学的这般遭遇，又不能向别人去问究竟，心里实在是纳闷。

抗日是神圣的事业，我还是努力工作着。我感情脆弱，没有受过任何锻炼。出来抗日，是锻炼的开始，不久，我写了一篇内容有些伤感的抗日小说，抒发了一下这种心情。

刘二在通讯社，工作也很卖力。按说，他管理过那宏大的家业，这点事，应该是不在话下，其实不然。每人每天的一斤四两小米，三钱油盐，来之甚为不易。他没有和我谈过侯和他哥哥的事，看来，他很乐观。侯的妻子和小女孩，还在山里，曾给我和刘二写过一封信，希望能帮她一些钱。我感到无能为力，也不记得这封信叫刘二看过没有？

我渐渐知道，他也是受案件的牵连，被审查了多日，才放出来做这个工作的。那时有问题的人，都派作这种用场，我常见村边山路上，有一个赶着毛驴给别的机关驮粮食的人，据说也是那个案子里的人。

不久，我调到边区文协工作，后来又去延安，就与刘二分别了。[1]

1985年4月，中共河北省委组织部发出通知，为李晓初平反昭雪，恢复名誉，并要求各地党组织对因李晓初“托派”问题受到株连的同志和家属进行复查，做出正确结论，并做好善后工作。这样才把历史上的这些冤案一一昭雪。

人民自卫军和河北游击军相继成立后，冀中地区的抗日形势发生了翻天覆地的变化，但是存在互相猜疑、互相摩擦，干部中本位主义严重及军阀主义、农民习气等问题，5月4日，八路军总部命令，冀中河北游击军和人民自卫军合编为八路军第三纵队，同时成立冀中军区，军区领导机关由纵队领导兼任。吕正操任司令，孟庆山任副司令，李英武任司令部参谋长，孙志远任政治部主任，熊大正任供给部部长。纵队下辖四个支队（军分区），每个支队下辖四个团。

冀中区各县农民、工人和青年抗日救国会，分别在安平县城召开代表会议，选举产生了冀中区抗日救国会的领导机构。不久，又成立了冀中人民抗日武装自卫委员会，史立德任主任，李英儒任秘书长，孙犁任宣传部长，任志远任组织部长。孙犁回忆说：

一九三八年，二十五岁。春，冀中成立人民武装自卫会，史立德主任，我任宣传部长。李之琏介绍，算是正式参加抗日工作。李原介绍我做政权工作，见到了当时在安平筹备冀中行署的仇友文。后又想叫我帮路一工作，我均不愿。至高阳等县组织分会，同行者有任志远、胡磊。[2]

---

[1] 孙犁：《芸斋小说·宴会》，《无为集》，人民文学出版社2012年版，第24–27页。
[2] 孙犁：《〈善闇室纪年〉摘抄》，《陋巷集》，人民文学出版社2012年版，第5–6页。

不久，孙犁和王林一起到蠡县的新世纪剧社去，第一次见到了梁斌。1932 年，梁斌参加了第二师范的学潮斗争，抗日战争爆发后，参加了蠡县组建的冀中第一支抗日武装——抗日自卫军的工作，1938 年，担任冀中区党委新世纪剧社社长。

早在 1934 年，梁斌曾到山东省立剧院学习，攻读过戏剧理论，研究过各种剧种。担任剧社社长后，他努力推进话剧的民族化、地方化，对话剧进行了大胆革新。冀中老百姓接受不了“撇京腔”的话剧语言，梁斌他们就采用国语与土话相结合的方式，用冀中语言表现冀中人民的抗日生活。孙犁和王林来到剧社，梁斌就话剧改革等问题和他们进行了热烈的讨论。

这一时期，孙犁还编了一本中外革命诗人的诗集，名叫《海燕之歌》，在安平县城铅印出版。协助他出版这部书的，是他在同口小学的同事阎素。阎素在人民自卫军宣传部任干事，他对孙犁编辑的这部诗歌集倾注了极大热情，不仅亲自设计封面，而且从一个县城内的印字店找到一架小型简单的铅印机，还有一些零零散散大大小小的铅字，又找来几个从事过印刷行业的工人，把这本《海燕之歌》印了出来，厚厚的一大本，紫红色的封面，因为印刷技术，留下一个螺丝钉头的花纹，意外地给阎素的封面设计，增加了一种有力的质感。

抗战学院

冀中人民抗日武装自卫委员会成立不久，就被“冀中各界抗战建设联合会”（简称“抗联会”）所替代，孙犁调到抗战学院担任教官。

1938 年 6 月 9 日，日本的飞机轰炸了安平县城，炸伤居民数人，此后冀中区党政军首脑机关从安平县迁至黄城村。8 月，冀中、冀西、冀南抗日根据地的党政领导机关在河北省深县县城联合创办了一所新型学校——河北抗战学院，杨秀峰任院长，谌厚慈任教育长，吴砚农任秘书主任。

抗战学院分军政、民众两院。军政院设在深县城里一家地主的宅院里，总队长阎九祥，教导主任刘亦瑜、吴立人。民众院设在深县第十中学，总队长邢仁杰，教导主任陈乔、甘春雷。抗战学院招收的学员大部分是河北省中南部地区的爱国青年学生、政权团体和部队选送的干部。到1938年底，一共办了两期，每期三个月，培养了地方和军队干部二千七百余人。

学员的报考年龄不加限制，有的十二三岁，有的三四十岁，文化程度也参差不齐，有大学生、中学生，也有小学生，还有少数农民和士绅，只要识字和要求抗日，就可以来报考。学院过的是军事化生活，常常夜间紧急集合，参加演习。刚入学的时候，有的男学员穿长衫，女学员穿旗袍或短裙，后来一律灰军装、打裹腿。在伙食方面，每人每天五分钱菜金，一斤半小米，学员们用北伐战歌“打倒列强”的调子，唱着自己编的顺口溜：“小米干饭，小米干饭，辣椒萝卜白菜，辣椒萝卜白菜，吃个饱，吃个饱。”

孙犁到抗战学院担任教官是陈乔动员来的，第一期在民众院讲授“抗战文艺”，第二期在军政院教授“中国近代革命史”。杨秀峰院长请孙犁为抗战学院写了一首校歌，谱曲后在学院里教唱，鼓舞了学生的革命斗志。校歌歌词如下：

同学们，

莫忘记那火热的战场就在前方。

我们的兄弟们，正和敌人拼，奋勇不顾身。

记起那，大好的河山，被敌人强占，

烧毁的房屋，荒芜的田园；

记起那，曾被鞭打的双肩，曾被奸污的衣衫。

前方在战斗，家乡在期望，

我们要加紧学习，努力锻炼，

把刀枪擦亮，叫智慧放光。

我们要在烈火里成长，

要掀起复仇的巨浪！

我们要在烈火里成长，

要掀起复仇的巨浪！[1]

尽管做了教官，孙犁依旧没有放弃写作。9月10日，冀中区党委机关报《导报》在任邱县创刊，这是一份日报，四开四版，社长彭椝，编辑朱子强。孙犁在《导报》上发表《鲁迅论》，占了一整版。到了11月，由于敌人对冀中地区根据地大举进攻，《导报》暂时停刊。

抗战学院的教学条件十分艰苦，在中学的操场搭了一个大席棚，可容五百人，横排一条条杉木，就是学生的座位。中间竖立一面小黑板，孙犁就站在那里讲课。这样空旷的大场面，讲课要大声喊叫，一堂课三个小时，上下来也是疲惫不堪。孙犁讲课没有讲义，每次上课前只是写一个简单的提纲，讲课内容完全凭借他日常的积累，他总是把文艺和抗战结合起来，浅显易懂，生动活泼，很受学员们的欢迎。

孙犁与教哲学的王晓楼住在一起，两位教官和学员们相处的十分融洽，学员们便送给他们一人一个外号，称王晓楼为“矛盾”，称孙犁为“典型”。王晓楼是深县人，深县的驻军首长送给他一匹又矮又小的青马，王晓楼每天亲自喂养。孙犁回忆道：“有一天，他约我去秋郊试马。在学院附近的庄稼大道上，他先跑了一趟。然后，他牵马坠镫，叫我上去。马固然跑得不是样子，我这个骑士，也实在不行，总是坐不稳，惹得围观的男女学生拍手大笑，高呼‘典型’。”[2]

陈乔一直在政治上关心孙犁，积极争取他入党，但孙犁对党组织还不甚了解，心存顾虑，表示不愿意参加组织，怕纪律严格，行动不自由，表示要学习鲁迅，做党外布尔什维克。这种思想，与他父亲的教育和影响密

---

[1] 孙犁：《冀中抗战学院校歌》，《孙犁全集》第10卷，人民文学出版社2004年版，第98页。

[2] 孙犁：《平原的觉醒》，《晚华集》，人民文学出版社2012年版，第4—5页。

不可分。陈乔对他说，你不参加党组织，也不一定很自由。

陈乔在学院组织了一个抗战剧团，请孙犁编写了一个独幕剧《鹰燕记》，把进步青年与后进青年进行了鲜明对比。因为日本鬼子进攻，这个独幕剧没来得及在学院演出，后来在部队演出多次，很受欢迎。

抗战学院所在的深泽县在东辽城的西边，两县相邻，相距不远，都是根据地，路上很安全，课余时间，孙犁经常回家看看，他的妻子正在怀孕，到了 11 月，生下了二女儿小森。由于兵荒马乱，加之经营理念不同，父亲也已经从永吉昌店铺返回老家。

1938 年 10 月 25 日，日军攻陷武汉，全国抗日战争由战略防御转入战略相持阶段，日军将进攻重点转向各抗日根据地。从 1938 年 11 月至 1939 年的 4 月，日军经过精心策划，集中优势兵力，采取"鲸吞"方式，对冀中平原抗日根据地连续进行了五次大规模的围攻，企图一举歼灭八路军主力部队，或将抗日武装逐出冀中，迅速结束平原作战，然后进攻冀西山区。

鉴于这种形势，中共中央决定派程子华带一部分干部到冀中，充实吕正操纵队领导力量，程子华任政治委员；贺龙、关向应率 120 师主力开到冀中，吕正操纵队归其指挥，但其建制系统仍属于晋察冀军区。

12 月 23 日，贺龙、关向应率领 120 师主力部队，由晋西北岚县出发，开赴冀中平原，同时电令活动在大青山地区的 120 师 358 旅 715 团迅速向冀中挺进。

1939 年 1 月上旬，程子华从延安经晋察冀军区来到冀中，就任八路军第三纵队政治委员，随同程子华到冀中的干部有四五十人，大部分担任了军分区和主力团的军政领导。1 月下旬，贺龙率领八路军 120 师直属队、教导团、716 团，独立第一支队，从冀西越过平汉铁路到达冀中河间县惠伯口，同冀中党政军民领导机关会合，帮助巩固冀中抗日根据地。

2 月，为了应对敌人的"扫荡"，抗战学院全体师生准备在饶阳和安平边界集合，化整为零，分散行动。孙犁回到东辽城，打点衣物。到家后得知，明天部队要用他们家的房子招待客人。第二天，来了一群抗战学院的男女学员，原来这就是部队要招待的“客人”。这些学员是来慰问120师的。孙犁问能否跟他们一起去，学员们说，部队的参谋长要给他们讲一讲目前的形势，可以一起去听听。

120师参谋长周士第就住在孙犁三祖父家的南屋里。那是两间破旧的土坯房，光线很暗，往常过年，是在这里供奉家谱的。孙犁走进去的时候发现，过去悬挂家谱那面墙壁上，已经挂上了一幅地图，周士第穿着一身灰色的棉军装，显得英俊从容，他指着地图，向大家简要说明了敌人的企图和我军的对策。

抗战学院的学员向周士第介绍了孙犁。周士第高兴地说：“啊，你是搞文艺的呀，好极了，我们这里有两位作家同志呢，我请他们来你们见见。”

周士第所说的两位作家，是何其芳和沙汀，他们都是四川人，1938年一起奔赴延安，并在鲁迅艺术学院文学系任教。11月，两人又随同贺龙的部队到晋西北和冀中一带体验生活。就在三祖父的院子里，孙犁见到两位青年作家，他们也穿着军装，好像有些拘谨，显得有些劳累，大概是长途行军的结果。由于素不相识，彼此没有过多交谈。[1]

回到抗战学院，学院已经开始疏散。孙犁带领一个流动剧团，到乡下演出了几次，他们自编自演，现编现演。由于敌人活动频繁，剧团常常是刚刚挂起幕布，就得解下转移，演员们往往带着满脸油彩行军。

敌人先后占领了深县、武强、安平、饶阳等县城，形势越来越紧张。孙犁带着这个流动剧团到了河间一带的冀中区总部，冀中抗联的史立德主任接收了他们，跟着120师行军。史立德指定孙犁当自行车车队队长，但是他夜晚的骑车技术实在不行，经常栽跤，引发了后面部属们的非议。

---

[1] 孙犁:《回忆何其芳同志》,《晚华集》,人民文学出版社2012年版，第99—100页。

夜间骑车终究不便，于是把车子坚壁起来，开始徒步行军。一般是白天进村隐蔽，黄昏集合出发，一天可以走七十公里。有时走在平坦的土路上，有时走在结了薄冰的河滩上。行走在队伍中，谁也不知道前边有多少人，后边有多少人。在黑夜中，大家不准吸烟，不准咳嗽，认准前边一个人绑在背包后面的白色标志，认准设在十字路口的白色路标，紧紧跟上。

很快，冀中区党委下令：非战斗团体就地疏散，不再随部队行动。孙犁和陈肇被指派南下，去一分区深县南部一带工作。

这天一大早，孙犁和陈肇骑上车子南行。初冬的冀中平原显得十分荒凉，只有一堆堆枯黄的柴草，远处的村庄，被一层薄薄的白雾笼罩着，路边的树枝和柴草上都挂着一层白霜。路上没有行人，四野一片寂静，充满了无声的恐怖。

孙犁和陈肇都是安平人，路过安平时，谁也没有提出回家看看。天快黑的时候，他们到了深县境内，茫然四顾，一时找不到落脚之地。陈肇说："我二兄弟国栋，在大陈村教武术，这里离大陈村不远了，要不我们去找他吧！"

陈肇毕业于天津河北省第一师范，毕业后在昌黎、庆云等地教书。"七七"事变后回到家乡抗日，在抗战学院任音乐教官。孙犁去过他家，并不富余，不过是个中农。他父亲很有过日子的远见，供陈肇念书，叫二儿子务农，三儿子当兵。在家务农的二儿子名叫陈国栋，孙犁也曾见过，是个楞小子，常跟人打架斗殴。老三在南方国民党军队里做事。

孙犁和陈肇赶到大陈村时，天已经黑透了。这是个大村子，两人顺南北大街往前走，没遇到一个人。他们不敢高声喊问。走到路西一家大梢门前，陈肇站住了，记得自己的弟弟就住在这个院子里，便上去敲门。

刚敲了两下门，就听得有几个人上了房，梢门上有像城墙垛口一样的建筑。

"什么人！"有人伸出头来问，同时听到拉枪栓的声音。

"我们找陈国栋，"老陈说，"我是他的大哥！"

听到房上的人嘀咕了几句，然后说：

“没有！”

紧接着就望天打了一枪。

我同老陈踉跄登上车子，弯腰往南逃跑，听到房上说：

“送送他们！”

接着就是一阵排枪，枪子从我们头上飞过去，不过打得比较高。我们骑到村南野外大道上，两旁都是荆子地，我倒在里面了。[1]

孙犁和陈肇只好连夜往深南赶，走到天亮的时候，在一个村庄前面，见到了八路军的哨兵，总算找到了一分区。他们被领到一个很好的宅院里，见到了一分区的司令员和政委，还见到了深县县长张孟旭。张孟旭也是安平人，和陈肇是同学。张孟旭交给他们一台收音机，让他们收听广播，收集有关新闻，并油印出来。两人便带着这台收音机在深县打游击，夜晚就在老乡的土炕上工作。孙犁喜欢听京剧，收听完新闻，陈肇已经睡下，他还要调低声音，听一段京剧。陈肇总是告诫他不要听，浪费电池。那时，我方还没有电台，收听国民党的电台，得到的消息，参考价值不大。孙犁认为，张孟旭把这台收音机交给他们，不过是让他们负责保管，不一定是为了收听和编辑新闻。

有一次，他们隐蔽在深县一大村庄地主家里，村长为他们做饭，吃得很好。地主的儿子心中有些怨气，讽刺道：“八路军在前方努力抗日，我们在后方努力碾米。”

深县北边就是安平县，打游击有时也会转到安平附近，出来时间久了，思念亲人，忍不住回去看望家人。孙犁回忆道：

曾冒险回家，敌人“扫荡”我村刚刚走，我先在店子头表姐家稍停留，夜晚到家睡下，又闻枪声，乃同妻子至一堂伯家躲避。这一夜，本村孙山

[1] 孙犁：《“古城会”》，《尺泽集》，人民文学出版社 2012 年版，第 33 页。

源被绑出枪毙，孙为前县教育局长，随张荫梧南逃，近又北来活动。[1]

看到孙犁他们没有固定的工作岗位，1939 年 5 月，王林与冀中区党委书记黄敬联系，送孙犁与陈肇到平汉路西晋察冀边区机关驻地阜平安排工作。到路西的手续是王林给办的，除开具介绍信之外，还为孙犁起草一封详细的推荐信，七地委书记张雪峰在上面签名。孙犁见信上对自己过多吹嘘，认为既是抗日，到处通行，何劳他人代为先容，路途之中，竟然把这封信撕掉了。

走到安平县的西南地区，孙犁和陈肇遇见了刁之安，当听说他是安平县的“特委”时，孙犁十分惊异，他一直以为“老刁”还在北平西郊的黑龙潭小学教书，不知他何时参加了党组织，又是如何弄到如此显赫的头衔的。那时，孙犁还不是党员，不好细问。因为路西是山地，孙犁和陈肇便把骑来的自行车交给他，他给了每人五元钱，可见他的手头并不宽裕。

孙犁印象最深的是“老刁”说了这样一句话：“游击队正在审人打人，我在那里坐不住。”孙犁想：敌人占了县城，可能是在审讯汉奸嫌疑犯吧！他没有想到，“肃反”还没有结束。

[1] 孙犁：《〈善闇室纪年〉摘抄》，《陋巷集》，人民文学出版社 2012 年版，第 6 页。

第六章　阜平山水

新闻工作

阜平县地处河北省西部边陲，太行山东麓。东与曲阳、唐县交界，东北与涞源为邻，西部和北部分别与山西省五台县、繁峙县、灵丘县交接，南与行唐县、灵寿县毗连；东距保定一百四十公里，西距五台山七十八公里。

“七七”事变之后，八路军115师、120师、129师先后开赴华北对日作战，开辟敌后战场。9月，八路军115师政治部主任罗荣桓率政治部机关从山西五台进驻阜平县城，稍后，王平、刘秀峰、赵振生赴阜平组建中共晋察冀省委。11月7日，根据中共中央军委和八路军总部的命令，晋察冀军区在五台成立，聂荣臻任军区司令员兼政治委员，唐延杰任参谋长，舒同任政治部主任。中共晋察冀省委在阜平成立后，黄敬任省委书记，晋察冀军区机关也随之由五台移驻阜平，以阜平为中心的晋察冀根据地初步创建起来。

1938年2月，彭真作为北方局的代表来到阜平。1939年1月，召开晋察冀边区第二次党代表大会，撤销晋察冀分局，成立中共中央北方分局。

从晋察冀根据地创建，一直到日本鬼子投降，日伪军多次对阜平进行“扫荡”，但是一次次失败，阜平成为晋察冀边区唯一未被敌人长期侵占的完整县。

1939 年 5 月中旬，孙犁、陈肇越过平汉铁路到达阜平山区，同行的还有《导报》的记者董逸峰，安平县一名到边区受训的安姓干部。出发前，孙犁脚上穿的是妻子为他做的千层底的布鞋。这种布鞋不耐磨，走平原的土路没问题，走山路很容易洞穿。一天夜里，下起了大雨，几个人冒雨爬了一夜的山，孙犁的鞋底磨出了一个大洞。

到达阜平后，孙犁他们住在一个小山村等待分配工作。在这里他遇到了育德中学的同学刘炳彦。刘炳彦是蠡县人，出生于 1915 年，1928 年考入育德中学。1931 年冬，加入中国左翼作家联盟，后考入北京大学数学系，参加过“一二·九”运动。1937 年 10 月，刘炳彦回到蠡县组建抗日武装，并加入人民自卫军。1937 年 12 月，刘炳彦加入中国共产党，被任命为独立一团的特派员，负责团里的情报和保卫工作，后任冀中军区第五军分区组织科长、政治部主任、团长。刘炳彦从中学时代就爱好文学，擅长诗词创作，对孙犁十分友好。这次见面，他送给了孙犁一只银白色的手枪。

不久，中共晋察冀中央分局委员、秘书长、组织部副部长刘仁骑马来到小山村，和过路每一位同志谈话，陈肇和刘仁相熟，很快分配了工作，孙犁却被搁置起来。每天饭后，他便爬到山头上，东迎朝霞，西送落日，颇有些惆怅之感。

后来，黄敬来到阜平，刘仁打听清楚了孙犁的情况，才把他分配到刚刚成立的晋察冀通讯社。孙犁这才知道介绍信的重要性，参加革命工作，还有组织审查这道手续，十分后悔把王林起草的那封介绍信撕掉。如果不是自己运气好，说不定会出“大事”，当时“肃反”还没有结束，很多“来路不明”的人被陆续送到边区接受审查，和他一同来的那位安姓干部，反复叮嘱孙犁，不要散布他在来的路上说过的那些话，因为他是党员。孙犁想了半天，也想不出他说了哪些党员不该说的话。

晋察冀通讯社是在 1939 年 5 月 14 日成立的，目的是培养一支能够适应敌后游击办报的新闻工作队伍，建立游击办报中灵活机动的新闻机构。通讯社设在阜平县城南庄百花湾村。社长刘平，分编辑科、采访科、总务科。编辑科科长罗夫（肖孟璞），编辑有孙犁、陈肇、罗夫、江涛、梅欧、董逸风、刘禹、应唯鲁、吴铭、李辉；采访科科长戴烨（肖毓岱）、戴孟迪，记者有田间、邓康、陈辉、丁原、米庚、夏风、张帆、雷行。这些人员多为刚从抗大毕业的学生，其中包括后来牺牲的青年诗人陈辉、仓夷、叶烨。通讯社编辑出版《通讯往来》《文艺通讯》《晋察冀通讯》等刊物。

社长刘平给孙犁留下了很好的印象，他刚从北平的监狱放出不久，好抽烟斗，尽管身材不高，但仪表文雅，能写胡风体的文艺论文。孙犁的顶头上司是罗夫，宁波人，抗大毕业生。

此人带有很大的洋场恶少成分，为人专横跋扈，记得一些革命和文艺的时髦名词，好给人戴大帽子。记得在边区记者协会成立时，我忘记说了一句什么话，他就说是周作人的理论。这种形左实右的人，在那时还真遇到不少，因为都是青年人。我置之不理。留下了非常不良的印象。他平时对我还算客气，这一是因为我年事较长，不与人争；二是因为我到社不久，就写了一本小册子，得到铅印，自己作品，封面上却写上集体创作，他以为我还算虚心，有可取之处。那时，因为伙食油水少，这位科长尤其嘴馋，我们在业余之暇，常到村外小河芦苇深处，掏些小沙鱼，回来用茶缸煮煮吃……每次掏鱼，他都是站在干岸上，很少下水，而且不断指手划脚，嘴里不三不四，使人生厌，兴趣索然。[1]

孙犁和罗夫睡在老乡家一条乌黑发亮、没有炕席、枕头和褥子的土炕上。孙犁睡眠不好，经常失眠，有时半夜里，借着窗外的月光，看见自己的上司睁大两只眼睛，并没有安睡。他正在和通讯社一位胖胖的女同志偷着谈恋爱，大概是为情所苦吧！后来，罗科长终于和意中人结了婚，一同

[1] 孙犁：《第一次当记者》，《尺泽集》，人民文学出版社 2012 年版，第 37–38 页。

调到阜平北部的游击区去工作。那里很残酷，一个礼拜六，罗夫骑马去接妻子，在路途遭遇敌人，中弹牺牲。

编辑科在一家店铺的大宅院里办公，孙犁的主要工作是通讯指导。每天，他要给各地新发展的通讯员写信联系、指导写作，最多时一天要写七八十封。他的退稿信，写得十分详尽，告诉通讯员来稿为什么不用、应当怎样写等等。同时，他还要编辑《通讯往来》《文艺通讯》。为了工作需要，他撰写了《论通讯员及通讯写作诸问题》，在当年的10月份铅印出版，供通讯员学习之用。这就是孙犁所说的署名“集体创作”的那本小册子，其实既没有集体讨论，其他人也没有写一个字，全部是孙犁一个人创作。

1939年冬天，孙犁意外见到了育德中学的同学黄振宗，他是作为秘书，随同李公朴到边区访问的。黄振宗骑着一匹瞎了一只眼的日本大洋马，走在李公仆的前面。

李公朴是中国民主同盟早期领导人，抗战全面爆发后，他积极投身于抗日民主运动，在中共中央的支持下，他组织了“抗战教学团”，到晋察冀边区进行抗战教育工作，并根据自己的亲身经历，撰写了《华北敌后——晋察冀》一书，客观公正地宣传共产党、八路军。

孙犁和黄振宗是在通讯社见的面。当时，对李公朴的来意不大清楚，大家很有戒心。对这些事情，黄振宗也没有多谈。孙犁见他口袋里插得的钢笔不错，便想要他的，以为他到了后方，钢笔有的是。黄振宗没舍得给。当时，物质条件十分艰苦，每一件东西都来之不易。孙犁并不为怪。下午，孙犁又到驻地去看他，黄振宗主动把钢笔拿出来给了他。

这是两人的最后一次见面，从此之后，孙犁再也没有见过他。新中国成立以后，只是在一个剧演出的广告上，见到过他的笔名，好像是编剧。[1]

[1] 孙犁:《同口旧事——〈琴和箫〉代序》,《澹定集》,人民文学出版社2012年版，第163–164页。

1939年底，晋察冀通讯社由城南庄的百花湾，转移到了平阳镇三将台。在孙犁的一些文章中，把这个村庄写为“鲜姜台”，这是一个只有三个姓氏、十几户人家的小村子。孙犁继续编辑油印《文艺通讯》，他既是编辑又是记者，刻写、印刷、折叠、装订、发行等工作，都是和一位姓梁的同志做的。梁同志是曲阳人，性格内向，很少说话，没事儿就坐在炕头抽烟斗。

晚上，孙犁还要帮助一位姓李的女同志办识字班，“她是一位热情、美丽、善良的青年，经过她的努力，把新的革命的文化，带给了这个偏僻落后的小村庄，并且因为我们的机关住在这里，它不久就成为边区文化的一个中心。”[1]孙犁回忆道。他还写过一篇散文《识字班》，专门记述了这段经历。

这年年底，著名诗人田间调入晋察冀通讯社，与孙犁相识。田间是安徽人无为县人，出生于1916年，1934年加入中国左翼作家联盟，1937年春到东京学日文。“七七”事变后，回上海写抗战诗歌。这年秋天去武汉，写成《给战斗者》一诗，表达了人民反抗侵略的决心，鼓舞了人民的战斗意志，是当时公认的优秀政治抒情诗。1937年底，到八路军领导的西北战地服务团当战地记者。1938年春奔赴延安，与文艺界同人共同发起街头诗运动日，他创作的《假使我们不去打仗》传遍全国，被闻一多称为“擂鼓诗人”“时代的鼓手”。1938年8月，田间加入中国共产党，到晋察冀边区当战地记者，后调入通讯社后和孙犁成为同事。那一时期，孙犁写诗的兴趣很浓厚，在很大程度上受了田间等人的影响。

雁北之行

每年的冬季，敌人都要集结兵力，兵分多路对抗日根据地进行“大扫

---

[1] 孙犁：《在阜平——〈白洋淀纪事〉重印散记》，《晚华集》，人民文学出版社2012年版，第9页。

荡”。八路军采取的策略是：避其锋芒，夜行昼伏，跳出敌人的合围圈，从侧后和交通线上袭击和伏击敌人，粉碎敌人的进攻。

“大扫荡”开始的时候，通讯社的人员都要疏散，一些人还要到各区去采访。罗夫在出操的农民场院里，传达了采访安排，孙犁和董逸峰，还有一位姓夏的同志一组到雁北去，主要是雁门关以北的应县和繁峙一带。董逸峰是南方人，皮肤白皙，戴眼镜，说话时喜欢紧闭嘴唇，好像在轻蔑什么。夏同志是党员，虽然未明确他是三人小组的组长，但明显更受通讯社的信任，他小有才气，能写长篇通讯，往往占据报纸的一个整版。

当时已经进入冬季，发下来的棉装是中式土布土染的袄裤，腰间系着一条布带。孙犁个子瘦高，棉装短小，手腕脚腕都裸露在外，再戴上一顶山西毡帽，显得有些寒酸和土气。

从阜平到雁北，都是崎岖的山路，登山涉水，几经跋涉，走了好几天，三个人才到达雁北行署所在地，令孙犁惊喜的是，雁北的行署主任竟然是他育德中学的老师王斐然。

王斐然是阜平广安村人，1925 年考入北京中法大学，大革命失败后到育德中学工作，接替安志诚先生做图书管理员。1937 年 10 月加入中国共产党，1939 年 9 月始，历任察南雁北办事处主任、晋察冀边区行政委员会候补委员、司法处处长、边区高等法院院长等职。

在孙犁的印象中，王斐然在育德中学工作的时候，总是穿一件不大干净的深蓝布大衫，走路有些蹒跚，给人一种潦倒的印象。上学期间，王斐然很关心他的成长，对他帮助很大。此时异地相逢，师生感慨万千。

孙犁等人先是跟着王震的部队活动。当时王震的部队正在雁北地区打游击，孙犁和董逸峰作为随军记者跟着部队行动。有一次部队集合，在山脚下，孙犁遇到了两个小同乡：一个是东邻的崔立国，他父亲是个商人；一个是同街道的孙建章，他父亲是个木匠。他们都是王震部队的战士。在采访中，孙犁切实感受到了大家对他的关爱：山脚下，朔风呼啸，董逸峰把自己穿的一件日本黄呢军大衣脱下来给他穿上；他跟随的那个团的政治部主任，每逢吃饭，总是把自己饭碗里的菜分一些给他。所有这些善意，都让他感念不已。

敌人的“扫荡”还在进行，孙犁回到雁北行署，跟着王斐然转移。有一天走到一个村庄，大家想改善一下伙食，就想吃顿羊肉，羊肉还没煮熟，就望见村外的山头上来了日本鬼子。大家放下碗筷往后山跑，翻过一座山，山下是一条小河，河面上只结了一层薄冰，不能行人，大家只好蹚水过河。王斐然穿着羊皮袍子，孙犁还是那身棉袄和棉裤，河水没腰深，上岸之后，半截身子都是水，立刻结成冰，哗哗作响。正值初冬，寒风刺骨，孙犁很快发起了高烧，王斐然找了担架，让人抬着他走。晚上，到了一处高山，孙犁被放在一家农户的外屋，王斐然与地委书记开会，地委书记要求高度疏散，问他还带着什么人。王斐然告诉他还带着一名记者。地委书记问：记者为什么不到前方去。王斐然回答说：他病了。

王斐然并没有丢下发烧的孙犁，而是一直带着他转移，虽然也曾有过烦言，但一直对他照顾有加。否则，在人地两生的荒凉之地，加上饥寒疾病，他可能会遇到意想不到的危险，甚至可能被野狼吃掉。

快过年的时候，三人回到晋察冀通讯社。关于这次记者团的采访，夏同志一个人向领导做了汇报。社长刘平在开会的时候，对他们这次采访，提出了批评。孙犁认为，这很可能是夏同志单独汇报的结果，因为夏这个人，对别人好造谣言，取悦领导，自己却散漫不守纪律。新中国成立后，夏同志因经济问题受到了组织处理。

通过这次采访，孙犁也认识到了自己的缺点，一是口讷，二是孤僻，不善言辞，不善交往，这种性格是不适合当记者的。

很快就过春节了。孙犁已经二十七岁，这是他第一次离开家乡过春节。他登上山丘，遥望东方，那里是硝烟弥漫的冀中平原，他思念家乡和亲人，加之刚刚受到批评，情绪低落，心情十分沉重。

大年三十晚上，我的房东，端了一个黑粗瓷饭碗，拿了一双荆树条做的筷子，到我住的屋里，恭恭敬敬地放在炕沿上，说：

“尝尝吧。”

那碗里是一方白豆腐，上面是一撮烂酸菜，再上面是一个窝窝头，还在冒热气。我以极其感动的心情，接受了他的馈送。[1]

碗里的酸菜是白萝卜缨子腌制的，在阜平山区，只有过年才能吃上这种东西。平时山区群众吃糠咽菜，积酸菜的大缸里泡满了几乎可以摘到的所有树叶，连杏树叶、杨树叶，甚至蓖麻的大叶子都泡到缸里。

到阜平之后，孙犁才真正体会到了饥饿的滋味，每天下午三四点中，便觉得饥肠辘辘。他和陈肇，有时到小河里去抓鱼，在茶缸里煮煮吃，更多的时候是到山上去转悠，捡那些掉下来的红枣、黑枣、核桃。残留在树梢上的那些果子，是最有吸引力的。孙犁经常捡起石块，投掷树尖儿上那些又红又大的果子，十下、百下，还是投不中，那些果子在空中不住地向他讪笑。“夜里，我又梦见了它。第二天黎明，集合行军了，每人发了半个冷窝窝头。要爬上前面一座高山，我把窝窝头吃光了。还没爬到山顶，我饿得晕倒在山路上。忽然我的手被刺伤了，我醒来一看，是一棵酸枣树。我饥不择食，一把捋去，把果子、叶子，树枝和刺针，都塞到嘴里。”[2]有一次，他和陈肇爬上一座山，山上有一座荒寺，一大群蝗虫在杂草丛生跳跃，两人各种抓了一大把，捡了一堆枯树枝，在台阶上点燃，把蝗虫烤了吃，居然吃了个肚饱。

生活虽然艰苦，但是大家都有着饱满的抗日激情，都能够全身心地投

[1] 孙犁：《在阜平——〈白洋淀纪事〉重印散记》，《晚华集》，人民文学出版社2012年版，第7–8页。

[2] 孙犁：《芸斋梦余·关于果》，《远道集》，人民文学出版社2012年版，第55–56页。

入工作。

在这一时期，孙犁写诗的兴趣比较大，因为“战争年代，文学就是宣传，而诗这种形式，最为简便、迅速”。“大家正在年轻，感情丰盛，热血沸腾，诗歌便于抒发。行军、休息，睡之前、醒之后，都可以写。”“那时候，可以说，诗占据着统治地位，文学界是诗歌的天下。”[1]在不到一年的时间里，孙犁写了三首叙事诗，依次是《儿童团长》《梨花湾的故事》和《白洋淀之曲》。

在阜平山区，孙犁想起了白洋淀，想起了白洋淀的抗日斗争，他创作了长达四百行的长诗《白洋淀之曲》，开篇便描写菱姑撑着冰床飞奔，急切地去看望负伤的丈夫水生。她和水生在白洋淀长大，从小就过着编织和捕鱼的生活，他们从相识到结婚，生活虽然贫困但是十分甜美。日本鬼子来了，水生领着游击小组转战在芦苇荡，很快就正式参加了八路军。等到菱姑赶回来，水生伤重已经牺牲，菱姑悲痛欲绝，跟着送葬的队伍把丈夫埋葬，战友们在坟前发下了复仇的誓言。送葬回来，菱姑昏倒过去，醒来之后，她拿过水生的枪，苦练射击本领，“枪一响，就是水生活的生命！”就这样，菱姑成长为一名坚强的战士。

这首诗写得激情澎湃，调子虽然悲壮，却也昂扬向上，这种激昂的调子，在孙犁以后的作品中很少出现。这是诗人对日本侵略者无比仇恨，对祖国、家乡和人民无限热爱所产生的爱国情感的强烈体现。

1940年3月，孙犁创作了短篇小说《邢兰》，这是他抗日小说的开始——稍早写出的《一天的工作》虽然后来被看作小说，但其实是篇通讯。邢兰是一个身材矮小，没有胡子，脸色枯黄，满脸皱纹的男人，他只有三十三岁，看上去却有四五十岁，说话不断喘气，像是害了痨病，但又像孩子一样年轻，手脚灵活，眯着眼睛笑，高声唱歌。

---

[1] 孙犁：《商展思的诗》，《远道集》，人民文学出版社2012年版，第84页。

“我”住的屋子,冬天很冷,邢兰每天拿来很贵的柴火给“我”烧火取暖。尽管生活很艰辛，但从没有看见他愁眉不展或是听见他唉声叹气，他积极参加抗日工作，发动组织了村里的代耕团和互助团，担任着这两个团的团长；反“扫荡”的时候，翻山越岭为八路军探路；村子附近有汉奸活动，自动作侦察的工作；尽管矮小体弱，但他依旧扛树干、打土坯。人们觉得他就像《水浒传》里的 “拚命三郎”。有时，又让人觉得是个“怪物”：他爬上一棵高大的榆树修理枝丫，停下来的时候，竟从怀里掏出一只耀眼的口琴吹奏……

孙犁的这篇抗日小说，类似于速写，从艺术上来讲，并非十分成熟，但是有着强大的生命力，因为他所描写的是现实生活中活生生的人物，他们的思想情感，与抗日斗争的需求是融为一体的。

抗敌报社

1940 年 4 月，晋察冀通讯社并入《抗敌报》社，但对外仍保留晋察冀通讯社的名义。

《抗敌报》于 1937 年 12 月 11 日创刊，是晋察冀军区成立后，军区政治部创办的一份三日报，向全边区发行。1938 年 4 月，《抗敌报》改组为中共晋察冀省委机关报。1939 年 1 月，中共中央北方分局成立后，北方局决定增设《抗敌报》的部门，增强办报力量，稍后，《抗敌报》社从平山土楼转移到阜平马兰村出版，5 月 14 日，在阜平百花湾成立的晋察冀通讯社，主要职能就是为《抗敌报》供稿和向领导机关反映情况，并向新华社发稿。因此，报社和通讯社的合并也是大势所趋。

田间、孙犁等二十多名编辑、记者随同机构一同并入。报社设立通讯部、部长是孙犁的老领导刘平,统一领导报社的通讯报道工作。下设编辑、采访、指导、总务等科，陈肇、王炜、林采等负责对外发稿。孙犁被调往通讯指导科，主要工作是发展通讯员，组织通讯网，编《通讯往来》。

1940年夏天，田间陪同西北战地服务团的邵子南来到通讯社。孙犁回忆道：“我正在高山坡上一间小屋里，帮着油印我们的刊物《文艺通讯》。他同田间同志来了，我带着两手油墨和他们握了手，田间同志照例只是笑笑，他却高声地说：‘久仰——真正的久仰！’”[1]那时的邵子南穿着一身军装，打着绑腿，赤脚穿着一双草鞋，全身挺直，走路矫健而敏捷。

邵子南在西北战地服务团工作。西北战地服务团简称“西战团”，是中共中央派往根据地的第一个文艺宣传团体，也是规模最大的综合性团体之一。“七七”事变爆发后，丁玲与吴奚如提议组织一个战地记者团，开赴抗日前线进行战地采访报道。消息传出以后，抗大很多学员找到丁玲，强烈要求加入战地记者团。他们的举动得到了中共中央的支持。8月12日，以宣传抗战为主的西北战地服务团正式诞生。该团的成员主要有周巍峙、邵子南、史轮、李劫夫、田间、曼晴、方冰、古塞、牧虹、凌子风、贾克、徐灵、朱星南、力军等三十多人。这些人大部分是抗大的学生，年龄在二十岁左右，有着极高的革命热情。其中，丁玲、吴奚如两位领导是“左联”时期的著名作家。

1937年9月22日，“西战团”离开延安，渡黄河进入山西境内。后来由于战局急剧变化，该团在山西太古分为两组，一组由丁玲带领向和顺、辽县东征，另一组由吴奚如率领向汾阳西进，从此团员们的足迹踏遍了晋察冀。1938年秋，“西战团”返回延安稍事休息，不久又重返前线，全团由周巍峙等率领，先后在华北前线坚持工作五年之久。1944年5月西战团返回延安，全团并入鲁迅艺术学院。

邵子南出生于1916年，四川资阳人。抗日战争爆发前在上海开始文学创作，1937年加入中国共产党，1938年4月到延安，受中共中央组织

---

[1] 孙犁：《清明随笔——忆邵子南同志》，《晚华集》，人民文学出版社2012年版，第79页。

部委派，任西北战地服务团党支部书记，与田间、柯仲平等发起“街头诗运动日”。1938年10月，随西北战地服务团到晋察冀边区，主持“西战团”战地社日常工作，主编《诗建设》，并任晋察冀边区文救会、文协、文联、诗会理事、常务理事，孙犁就是在这一时期和邵子南相识的。

1944年5月，邵子南随团回延安，在鲁迅艺术学院任教，当时，孙犁也在鲁艺任教，得到了邵子南的关心和帮助。当年8月，西战团组成创作组将邵子南在晋察冀边区收集的“白毛仙姑”的故事编成歌剧，邵子南执笔写出《白毛女》初稿，1945年初，鲁艺戏剧音乐系的贺敬之、丁毅参与修改并最后完成了新歌剧《白毛女》的创作。

“西战团”住在三将台三四里地之外的一个村庄。在孙犁的记忆中，到他们那里去，要沿着河滩沙路，逆着淙淙的溪流往上走。“西战团”文学组大约有三十余人，他们不仅成立了战地社，而且编辑《战地》小报和《诗建设》杂志。孙犁与“西战团”的文学青年关系密切，来往频繁。他回忆道：

我有时也到他们那里去，他们在团里是一个文学组。四五个人住在一间房子里，屋里只有一张桌子，放着钢板蜡纸，墙上整齐地挂着各人的书包、手榴弹。炕上除去打得整整齐齐准备随时行动的被包，还放着油印机，堆着刚刚印好还待折叠装订的诗刊。每逢我去了，同志们总是很热情地说：“孙犁来了，打饭去！”还要弄一些好吃的菜。他们都是这样热情，非常真挚，这不只对我，对谁也是这样。他们那个文学组，给我留下了非常好的印象。主要是，我看见他们生活和工作得非常紧张，有秩序，活泼团结。他们对团的领导人周巍峙同志很尊重，相互之间很亲切，简直使我看不出一点“诗人”“小说家”的自由散漫的迹象。并且，使我感到，在他们那里，有些部队上的组织纪律性——在抗日战争期间，我很喜欢这种味道。[1]

---

[1] 孙犁：《清明随笔——忆邵子南同志》，《晚华集》，人民文学出版社2012年版，第80页。

这年夏天，孙犁到易县南楼山，去看望在那里工作的魏巍、陈丹辉等人。易县南楼山是晋察冀军分区一分区的所在地，当时魏巍和陈丹辉主编《诗战线》，得到了孙犁的热情支持，这份刊物与邵子南主编的《诗建设》，在晋察冀边区影响很大，对晋察冀边区的诗歌创作，尤其是田间等人倡导的街头诗运动起到了很好的推动作用。

魏巍，本名魏鸿杰，抗日战争时期经常用的笔名是“红杨树”。1920年，魏巍出生于河南郑州一个城市贫民家庭，少年入平民小学，后就读于乡村简易师范，十五岁时父母双亡，靠誊写为生。1937年底，十七岁的魏巍只身赴山西赵城县八路军115师军政干部学校参加八路军。1938年，到延安抗日军政大学学习，同年加入中国共产党。抗大毕业后，参加了八路军总政治部组织的“前方战地记者团”，于1939年初奔赴晋西北抗日前线去采访。此后，他被分配到晋察冀军区政治部办的《抗敌三日刊》编《抗敌副刊》，不久，又被分配到驻扎在狼牙山区的一分区一团一营任教育干事，参加了著名的大龙华歼灭战、雁宿崖歼灭战和击毙“名将之花”阿部规秀的黄土岭围攻战，写下了数篇纪实性散文。1939年底，他调入一分区政治部任通讯干事，负责编写部队的小报，一直工作到1944年。

在晋察冀边区，魏巍以写诗为主，并以诗成为名家。他以红杨树为笔名，写了很多街头诗和抒情短诗，还写了四部长诗。他负责编辑的油印刊物就叫《诗建设》。孙犁对他的诗进行过热情的评论和推荐。

这次易县之行，孙犁第一次见到了石坚。石坚出生于1924年，比孙犁小了十余岁，原名马汉三，曾用名马非、赵前等，河北清苑人。十四岁投身革命，先后担任晋察冀军区一分区战线剧社社员、一分区政治部宣传科文印员。在魏巍等人的熏陶下，走上新闻写作道路。1939年冬，石坚由一分区政治部文印股调到宣传科部队小报《工作通讯》和诗刊《诗战线》工作，大他四岁的魏巍是他的直接领导。他帮助石坚迅速适应了工作，成为他学习办报的第一位启蒙老师。这年冬季反“扫荡”结束后，石坚向魏巍谈了自己的经历和感受，魏巍鼓励他写了一篇反映军民关系的通讯，发表在《子弟兵》报上。魏巍还教他写诗，发表在他和丹辉主编的《诗战线》上。经他介绍，石坚还认识了诗人田间、孙犁等人。对于与孙犁的第一次见面，石坚回忆道：

1940 年夏天，我们晋察冀一分区政治部住在河北易县南楼山。宣传科住在一家宽敞的四合院里。一天，我从外面回到驻地，刚进大门，就从院里传来一阵阵开心的大笑声，那笑声是那么动听，那么爽朗，具有音乐般的旋律。我怀着好奇心，急切地想看到此人，不由紧跑几步，只见院子里魏巍、丹辉等正和一位身材修长、清瘦、谈吐高雅的同志热烈交谈。魏巍告诉我，这位同志是晋察冀通讯社的孙犁，也是冀中人。我得知他的家乡是安平县，自然感到十分亲切。但我毕竟是小字辈，未多攀谈。这次短暂的见面，孙犁讲过什么话都不记得了，给我留下最深印象的是他不时发出发自内心的笑声。[1]

石坚是位身材短小、热情活泼的年轻人，在未来岁月里，他和孙犁相交六十二年。解放战争时期，石坚先后担任新华社冀中分社九支社代副社长，《冀中导报》编辑、电讯编辑科科长。1949 年 1 月天津解放后，参与创办《天津日报》，任报社编辑科副科长、科长。1949 年 11 月，调入新华社天津分社，历任记者、采编主任、副社长、社长等职务。“文革”前和“文革”后，他都是孙犁的顶头上司——《天津日报》总编辑。

边区文协

1940 年 7 月底，孙犁离开晋察冀通讯社，调入新成立的边区文协工作。边区文协全称为“中华全国文艺界抗敌协会晋察冀边区分会”，7 月 25 日召开成立大会，五十人参会，华北联合大学校长成仿吾、华北联合大

[1] 石坚：《悠悠岁月依依情——我相识孙犁 62 年》，《今晚报》2002 年 7 月 12 日。

学文艺部主任沙可夫分别做报告。大会推选沙可夫、田间、魏巍、邵子南、康濯等为常委，沙可夫为主任，田间为副主任，康濯兼任秘书。

华北联合大学于1939年7月成立于延安，由陕北公学、鲁迅艺术学院、延安工人学校、安吴堡战时青年训练班等四校合并而成，设立社会科学部、文艺部、青年部和工人部，成仿吾任校长，江隆基任教务长，沙可夫任文艺部部长。华北联大成立后，很快转移到晋察冀边区，在阜平办学长达六年之久。

调到边区文协驻会工作的人员有六位：田间、康濯、孙犁、邓康、曼晴、丁克辛。其中，孙犁、邓康是被田间由晋察冀通讯社调到边区文协的。

六人中，田间、邓康、曼晴来自“西战团”，邓康是战地记者，曼晴主编《诗建设》；康濯、丁克辛来自华北联大，康濯任联大文工团政治干事及文学组组长，丁克辛由联大到文协，半年后回联大教书，后来又回文协工作。孙犁来自晋察冀通讯社，他在文协的主要工作是编辑刊物、从事文学创作和文学评论。

孙犁和康濯是初次相识。康濯是湖南湘阴人，原名毛季常，出生于1920年，1938年到鲁迅艺术学院文学系第一期学习，同年11月加入中国共产党。毕业后，随沙汀、何其芳赴120师任随军记者，1939年3月回到鲁艺，在文学研究院当研究生。1939年7月随同华北联大到达晋察冀边区。他和沙可夫均出自鲁艺，沙可夫不仅是他的领导，还是他的老师，在华北联大，康濯工作并不如意，边区文协成立后，沙可夫把他调过来，也是想为他换一个工作环境。

田间、康濯、孙犁和曼晴几个人，经常找文协兼职主席沙可夫汇报工作。文协所在地距离华北联大五里路，不论来去，田间总是甩开胳膊迈开大步走在前面，还不停地和大家交换工作上的意见，回来的路上，更要把开会定下来的工作如何贯彻落实，一项项谈好。他走路很快，大家有些跟不上。有时，孙犁拉康濯一把，几个人不再紧跟，田间继续旁若无人地大声谈论，大步往前走。

边区文协的成立，把边区文艺界的力量汇聚在一起，乡村、工厂、军队、机关都建立起了文艺小组，积极发动和推广了墙头小说、英雄传说的写作，加强了街头诗的运动。当时几乎全部的村庄，全部的墙壁都被这种战斗的文艺作品所占领。孙犁专门写了《关于街头小说》文学短论，对街头小说这一文艺形式的来历、特点，应用这一文艺武器的意义都做了简明扼要的论述，具体回答了墙头小说写作运动中提出的许多理论问题。

10 月，华北联大正规化发展，所设立的各部改为学院。文艺部改为文艺学院，设戏剧、音乐、美术、文学四个系，还设有文工团和少年文艺队。孙犁和文艺学院的人较熟，有时被请去讲课，主要讲授“作品分析”。葛文回忆：“他细高个，往大树底下一立，好像凭空竖起一棵钻天杨。他一双大脚，又穿了一双特别长的妇救会做的鞋。黑粗布鞋面，圆口鞋帮上，一条筷子粗的白布条子，紧紧系在脚面上。他讲课时，把一只这样粗笨的大脚伸向前去，惹得同学们都忍住笑，听他细声慢语，分析《红楼梦》的结构，语言、技巧。不一会儿，林妹妹、宝兄弟、薛姐姐等书中人物，便被他描绘得活灵活现，同我们生活在一起了。”[1]

在这期间，孙犁认识了华北联大的侯金镜。侯金镜出生于 1920 年，北京人，1938 年到延安，入陕北公学分校学习，毕业后留校演戏并写作，曾将高尔基的小说《母亲》改编为话剧上演。1939 年华北联合大学组建时，侯金镜随分校剧团合并到联大文工团，奔赴晋察冀边区，他先是在文工团的文学组，后调到团部担任学习干事、艺术干事，除了参加合唱团的排练演出，在各种戏里扮演群众角色外，还要负责全团的学习，协助团长丁里领导全团的创作。孙犁回忆道：“他最初给我的印象是：老成稳重，说话

---

[1] 葛文：《土岸时期的文学系》，《晋察冀文艺研究》（内部刊物）1985 年第 2 期，第 32 页。

洪亮而短促。脸色不很好，黄而有些浮肿。和人谈话时，直直地站在那里，胸膛里的空气总好像不够用，时时在倒吸着一口凉气。”但“他绝不是未老先衰，他的精力很是充沛，工作也很热心”。[1]

1940年11月7日，《抗敌报》改为《晋察冀日报》，并由隔日刊改为日刊。

这年冬天，日军为报复在“百团大战”中遭受的重大打击，分十三路向晋察冀边区进行了为期五十多天的“冬季扫荡”。边区文协进行疏散，孙犁和曼晴一组，在平山、灵寿、阜平一带一面打游击，一面进行采访，负责给报社写战斗通讯。他们每人发了两枚手榴弹，挂在腰间的还有一瓶蓝墨水。

他们准备转到敌人外围去，天气很冷，山路冻冰，很滑，路上没有行人，老乡们也都转移了。第一天夜里，他们睡在一处背静山坳拦羊的圈里，两人并身坐在羊粪上避寒，但是夜风很冷，根本睡不着。第二天晚上，他们走到了一个高山坡上的小村庄，村里也没人，门子都开着。两人摸到一家炕上，虽说没有饭吃，却好好睡了一夜。

清早，我刚刚脱下用破军装改制成的裤衩，想捉捉里面的群虱，敌人的飞机就来了。小村庄下面是一条大山沟，河滩里横倒竖卧都是大顽石，我们跑下山，隐蔽在大石下面。飞机沿着山沟上空，来回轰炸。欺侮我们没有高射武器，它飞得那样低，好像擦着小村庄的屋顶和树木。事后传说，敌人从飞机的窗口，抓走了坐在炕上的一个小女孩。我把这一情节，写进一篇题为《冬天，战斗的外围》的通讯，编辑刻舟求剑，给我改得啼笑皆非。[2]

敌人的飞机走了后，孙犁在河滩上继续捉裤衩里的虱子，等他捉完，肚子也辘辘叫开了。他和曼晴爬上山坡，发现一小片没来得及收获的胡萝

[1] 孙犁：《伙伴的回忆》，《晚华集》，人民文学出版社2012年版，第89页。
[2] 孙犁：《吃粥有感》，《晚华集》，人民文学出版社2012年版，第16页。

卜地，两人用木棍挖出了几根胡萝卜，用手擦擦泥土，蹲在山坡上，大嚼起来。多年以后，胡萝卜的香美甜脆，还好像遗留在唇齿之间。

这次游击和采访，孙犁和曼晴联名发表了两篇战斗通信，一篇是《活跃在火线上的民兵》，一篇是《冬天，战斗的外围——这是我们报告于世界的》，分别发表在当年 12 月份的《晋察冀日报》上。[1]

1941 年春节，边区文协的办公地点迁往平山会口，住在会口西北的石鼓洞。孙犁撰写了《1940 年边区文艺活动琐记》，对 1940 年的边区文艺工作进行了全方位扫描，文章介绍了田间的长篇叙事诗《亲爱的土地》《铁的子弟兵》，评述了田间、周而复、韦明、夏风、邓康、林采、康濯、魏巍等人的报告文学，介绍了王隽闻和丁克辛创作的长篇小说，肯定了远千里、李英儒的诗以及路一、王林、梁斌的论文。边区文艺发展和创作的成绩在他的笔端流出，凸显了他敏锐的艺术感知力，显示了他高水平的综合概括能力和艺术理论水平。

在这一时期，孙犁和沙可夫、远千里、田间、周而复等人，组成了鲁迅研究会筹备委员会，完成了《鲁迅·鲁迅的故事》，写作了《少年鲁迅读本》。

1941 年 5 月 1 日，华北联大创办的校刊《五十年代》，以铅印的方式和读者见面，成仿吾写了发刊词，孙犁的短篇小说《邢兰》、田间的长诗《子弟兵》都发表在刊物的第一期。边区文协和华北联合大学再次转移，由平山迁移到了唐县，文协在张各庄，联大文艺学院在夏庄，相距两里，孙犁应邀为文艺学院的学员讲授《红楼梦》，一次两个小时，共讲了五六次。

6 月中旬，冀中、冀东、平北、平西、雁北、晋东北的文化界代表，边区文救会、各个协会和剧社的代表在平山县聚集一堂，召开晋察冀边区文化界第一次代表大会，决定成立晋察冀边区文化界抗日救国联合会，简

---

[1] 孙犁晚年所写《吃粥有感》一文，把这次游击和采访年份误记为 1942 年。

称“边区文联”，沙可夫为主任，成仿吾、邓拓、何干之、田间、陈山、沙可夫等二十三人为执委，孙犁、周而复、冯旭海、赵化风、汪洋等为候补执委。经过沙可夫的介绍和推荐，康濯当选为边区文联的宣传部长。边区文联作为晋察冀文化艺术界的领导机关，负责文学、音乐、美术、戏剧四个协会，以及文化俱乐部、文救会、文建会、新哲学会、新文化学会、新教育研究机会、自然科学研究会等文化团体的工作，全面领导边区文化运动。

由于生活条件艰苦，体质先天羸弱，孙犁的身体一直不大好，面黄肌瘦，睡眠不佳。1941 年夏天，他患了疟疾和失眠症，住进边区医院调养。8 月下旬，路一和傅铎要从边区回冀中，孙犁便请假和他们同行，回冀中探亲。

第七章　太行内外

冀中一日

路一作为冀中文建会代表，傅铎作为新世纪剧社代表，到平山参加晋察冀边区文化界第一次代表大会。但是在路途上遇到各种阻隔，到达平山时，大会已经闭幕。他们便留下来观摩正在举办的边区第二届文化节的戏剧演出，还参加了其他一些活动，足足待了两个月才准备回返。孙犁得知他们要返回冀中，便准备和他们同行。

返回冀中必须穿越平汉铁路。平汉铁路是华北的大动脉，当时控制在日寇手里，铁路两侧有两丈多深、两丈多宽的封锁沟，沿线布满了敌人的岗楼和据点，岗楼和据点的武器可以构成交叉火力网，因此穿越平汉铁路并非易事。

冀中区党委让路一、傅铎和孙犁三个人跟随一个战斗团过平汉路。出发那天，吃过午饭，有人领他们去见团长，团长笑着说，丢了三个大作家可赔不起。途中行军十分困难，孙犁营养不良，身体瘦弱，病体尚未康复，根本跑不动。路一有一条小驴，他让孙犁拉着驴尾巴走，孙犁死活不肯。傅铎开玩笑说，这是怕丢了书生的身份。过平汉路的时候，因为是封锁沟，战斗团和敌人互相射击，战斗中，三人走散。路一过路后，在一个小村子的西头，赶上了孙犁和傅铎，三人才喘口气，算是有惊无险。

走到定县孙村，三个人凑钱买了只鸡、四两枣酒，庆祝这次胜利。从定县到安平并不遥远，他们先到冀中军区总部所在地安平县郝村，见到了梁斌、远千里、王林等人。当日下午，王林、路一陪同孙犁回到东辽城，孙犁的妻子正在大门过道里吃饭，荆钗布裙，望见孙犁一行走来，迅速起身回屋。

此时，冀中文化界正在组织“冀中一日”文学创作活动。吕正操回忆道：

1941 年初，冀中区党政军主要负责同志，考虑到要更好地反映冀中人民抗日斗争的伟大史实，从高尔基主编《世界一日》、茅盾主编《中国的一日》受到启示，向冀中文化界明确提出组织写作《冀中一日》的要求……这年 4 月，冀中抗联所属群众团体和区党委、军区政治部、报社的代表，聚会在安平县彭家营村，成立了“冀中一日”筹委会。会议讨论“冀中一日”选择哪一天好，一致同意选在 5 月。鉴于 5 月即将到来，需要时间动员布置，就确定了 5 月 27 日。因为这是一个普通的日子，更能代表冀中军民的生活和斗争。

“冀中一日”写作运动的宣传动员搞得相当深入，各机关、团体通过自己的组织系统，一直把任务布置到各个村庄和连队。当时，各村的“街头识字牌”都写着“冀中一日”四个字。站岗放哨的儿童、妇女，见行人来往，查完“通行证”，都要叫你念“冀中一日”四个字，问“冀中一日”指的是哪一天？提醒你要写一篇“一日”的文章……到了 5 月 27 日这一天，能动笔的人都动笔写作，据统计，亲自动笔写稿者有十万人，不能动笔的请人代笔，许多不识字的老大爷、老大娘，也都热心参加了这一写作运动。各地送往“冀中一日”编委会的稿件，要用麻袋装，大车拉。打起仗来，还得用大车拉着打游击。[1]

[1] 吕正操：《冀中回忆录》，华岳文艺出版社 1989 年版，第 188–189 页。

孙犁在家期间，有一次听母亲说，她参加过一个由区干部召集的群众大会，动员人们写文章，区干部还将孙犁的一篇文章拿出来做示范，念给大家听。

《冀中一日》的写作活动主要由冀中文建会组织。冀中文建会的全称是“冀中文化界抗战建国联合会”，史立德任主任，王林、路一为副主任。当时征集上来的稿件有五万多件，装了好几麻袋。由于环境残酷，只能用大车拉着这些稿件打游击。后来环境好了些，才在安平县的彭家营、郝村和杨各庄一带进行编选工作。王林担任《冀中一日》编选委员会的主任，并负责第一辑和第三辑的编辑。第二辑原由部队的一位同志负责，由于战斗转移，该同志不能前来，王林便将孙犁留下来，负责第二辑的编辑。李英儒负责第四辑。同时还调来一批刻写人员，负责刻写和印刷。这一带的村庄距离敌人的据点不过十五六里，虽然冀中军区党政军首脑机关也在附近，但随时都处在反“扫荡”的状态下。他们把院门垒上，坐在屋里，守着麻袋阅读、讨论、编选，选一篇刻写一篇。

史立德曾经回忆过孙犁等人编辑《冀中一日》时的情形：“他（指孙犁）为《冀中一日》的出版付出了极大的心血。一天我和梁斌、齐岩、白力行、刘大风等同志去看他，只见他和王林、李英儒、路一等同志，都打着赤膊，肩上搭着毛巾，在一个庭院槐树下，围着炕桌，用砖头压着大堆稿件，在紧张地工作着。”[1] 王林提议史立德请客，史立德托人买了几只鸡，几斤面。于是大家放下手里的活儿，杀鸡的杀鸡，烙饼的烙饼，梁斌什么都不会，自告奋勇去烧火炖鸡，干得汗流浃背，大家都夸老梁风格高。吃饭的时候，梁斌只吃了一小块饼，几块鸡肉，就拿了一把蒲扇到院里乘凉去了。路一觉得蹊跷，到他烧火的灶台一看，发现了一大堆鸡骨头，于是大叫：老梁偷吃了鸡！梁斌笑着说：我只是在烧火时“尝”了一点。晚上，大家罚他

[1] 史立德：《历史的记忆》，民主出版社 1993 年版，第 113 页。

连夜改好了十篇稿子。

1941 年 10 月 19 日，用黄色麦秸纸油印的《冀中一日》初印本终于面世了。考虑到在广泛征求意见后再加工定稿，当时只印了二百本，由交通员们背着、挑着，穿越敌人封锁线，迅速传到冀中各地。有些人迫不及待地阅读，就将刚印好的散页拿跑了。《冀中一日》包含二百多篇作品，三十五万字，分做四辑。第一辑，鬼蜮魍魉，主要揭露日军的暴行；第二辑，铁的子弟兵，反映子弟兵的战斗和生活；第三辑，独立、自由、幸福，描写根据地的民主建设；第四辑，斗争中的人民，描写各行各业人民群众的生活和动人事迹。

1942 年春天，《冀中一日》编委会又根据各方面的意见，对书稿做了补写、补选和校正工作，王林还根据一些人提供的材料，撰写了吕正操在白洋淀的活动情况。当时，吕正操在白洋淀检查工作，遭遇敌人“拉网扫荡”，一天之内受到五次反复合击，最后朝敌伪据点冲去，才胜利突出敌人的合击圈。

补选和校正过的《冀中一日》还没来得及付印，就遇到了敌人发动的空前残酷的“五一大扫荡”。王林唯恐自己遭遇危险，使《冀中一日》同归于尽，就把它坚壁在堡垒户的夹壁墙中。令他没想到的是，堡垒户遭受袭击，夹壁墙和那些稿件也付之一炬。后来千方百计找到的，只是《冀中一日》的初印本。

编辑《冀中一日》，使孙犁结交了很多新的朋友，比如，一同参加编辑工作的李英儒。李英儒出生于 1914 年，河北保定清苑县李胡桥村人，十六岁考入保定志存中学，他阅读了《共产党宣言》等革命书籍，接受了革命思想，参加了学生运动，并开始了文学创作。1937 年参加全国联考，获河北省会考第一名的优异成绩，被保送到北平燕京大学（今北京大学）。但是“七七”事变彻底粉碎了他的读书梦，他毅然投笔从戎，受党组织委派，在家乡组织抗日武装——晋察冀军区北上抗日先遣支队独立团，并担任团长，在大清河及易县、涞水一带坚持游击战争，同时主编《火星报》，边打仗边创作文艺作品。1941 年他负责《冀中一日》的初审并主编第四卷《战斗的人民》。1942 年，在抗日战争最艰苦时期，奉上级指示，李英儒深入古城保定，以教师身份做掩护，在敌伪军中进行分化瓦解工作，并组织工人、市民和学生与日伪军进行各种形式的斗争，为长篇小说《野火春风斗古城》的创作积累了丰富的素材。

日后和孙犁来往较多的是时达。时达是河南人，1939 年随同抗大到华北抗日前线，任八路军晋察冀七分区司令部作战科长，后任七分区团长。他写的《阵地》一文，被孙犁编入《冀中一日》的第二辑《铁的子弟兵》。孙犁还认识了安平县游击大队的政委记张根生。张根生出生于 1923 年，河北安平人。1938 年 1 月参加革命，1938 年 9 月加入中国共产党。曾任安平县青年抗日救国会主任、县游击队政委兼县委军事部长，后任安平县委书记。

《冀中一日》的编辑工作告一段落，孙犁急于回阜平，9、10 月间，先后两次住在冀中二军分区文建会，等候过平汉铁路。但一时找不到过路的机会，正赶上反“扫荡”，在文建会的建议下，孙犁跟随梁斌的“新世纪剧社”，到深泽和安平等地打游击。冀中平原正在推广“地道斗争”，给他留下深刻印象。

“地道斗争”最早出现在蠡县。为了躲避敌人的袭击，蠡县近敌区村庄的干部、民兵和群众挖了很多的隐蔽洞。1941 年春天，蠡县的一些村庄把这些孤立的隐蔽洞修通，形成了村内村外相连的地道，并与武装斗争结合起来，群众和民兵可以利用地道隐蔽、转移和打击敌人，形成了一种新的斗争形式。在蠡县的带动下，高阳县、任邱县等地的地道也发展得很快。但是九地委和冀中区党委个别领导干部，批评蠡县的地道斗争是政治上的“退却路线”，是“逃跑主义”，强迫群众填埋地道。1941 年的 7 月，冀中军区政治委员程子华带领工作组到蠡县、高阳、清苑等地考察地道斗争情况，认为这是人民的伟大创举，是在敌强我弱的条件下，有效保存自己、打击敌人的手段。随后在冀中区党委书记黄敬主持下召开会议，研究了开展地道斗争的问题，统一了思想认识，冀中平原的地道很快恢复和推广，成为平原游击战争的重要战斗形式。

这年秋天，滹沱河发了大水，各机关、团体都在疏散，孙犁留在东辽城家中。看到孙犁不能回阜平，王林向他建议，根据编辑《冀中一日》的体会，针对稿件中存在的主要问题，撰写一本讲述创作基础知识的读物，从理论上通俗而准确地阐明文艺创作的原则、规律和技巧。孙犁觉得这是一个切实可行的建议，无论是采用或者未采用的稿件，都可以成为写这本书难得的素材。他下决心完成这项任务，并给自己定下了三条原则：一是通俗；二是不脱离边区实际；三是侧重“怎么做”，不写成“文学概论”。他希望这本书能够对群众写作发挥指导作用，希望有人在区村和连队讲解这本小册子，因此他为这本书定名为《区村和连队的文学写作课本》。

孙犁用了两三个月的时间完成了这本十几万字的著作，先是在三纵队的《连队文艺》上连载，1942 年春，由冀中文建会油印一千册正式发行。冀中区党政军领导对这部著作十分珍视，吕正操把这本油印的小册子带到山区，铅印出版，书名改为《怎样写作》。新中国成立后，这部著作更名为《文艺学习》再次出版。

编辑《冀中一日》，坚定了孙犁在文学创作上的自信。在这之后，他把更多的精力投入文学创作中。创作对他的文学批评也起到了反哺作用。由于深刻体会到了创作的甘苦，在以后的文学批评中，他很少再用那些尖刻的言辞，并且极力避免蛮横跋扈的态度。他深知，创作并不像批评家所要求的那样容易，它所需要的条件，也不像一般人所设想的那么简单。

光荣入党

1942 年 4 月，孙犁从冀中回到边区文协。5 月 1 日，日本侵略军调集5万余兵力，由华北派遣军司令冈村宁次指挥，开始对冀中进行毁灭性的“大扫荡”。这次“扫荡”历时两个多月，其规模之大，兵力之多都是空前的。敌人多路突袭，先从外面压缩，再对中心区反复“清剿”和“铁壁合围”，企图彻底摧毁冀中平原抗日根据地。

在敌人的反复“扫荡”下，从1941年春至1942年春，冀中抗日根据地缩小了三分之二以上，八路军的主力部队和党政军领导机关处于敌人的重重包围和封锁之中，处境十分险恶。在1942年的“五一大扫荡”中，冀中党政军领导机关和主力部队，被迫转移到冀西山区，冀中的抗日武装力量减少到万人以下，整个冀中平原暂时变成了游击区，冀中人民进行了不屈不挠的武装斗争，渡过了抗日战争时期最大的难关，粉碎了敌人消灭冀中平原抗日根据地的企图。

1942年5月底，孙犁的次子孙晓达出生。王林曾戏言，这是《冀中一日》另一副产品。6月21日至25日，边区文学、戏剧、美术、音乐各协会同时在唐县华北联合大学文艺学院驻地召开会员大会，讨论当前文艺创作中的各种问题。各协会分别通过新章程并改选理事。文协由沙可夫、肖克、成仿吾、田间、孙犁、邓康、邵子南、钱丹辉、王大刚等十七人当选理事，沙可夫为主任，田间为副主任。

1942年9月，边区文联创办了油印文艺刊物《山》，由孙犁负责编辑，共出版三期，1943年6月终刊。《山》的编辑部设在牛栏村东头，一间长不到一丈、宽不到四尺，堆满农具的小茅屋里，在一个只有一尺见方的小窗下，孙犁一人包揽了编辑和校对工作。第一期首发梁斌的小说《三个布尔什维克的爸爸》，这是长篇小说《红旗谱》的最初版本之一。

1942年11月，华北联合大学缩编，只剩下一个教育学院，文艺学院、文工团及其成员并入各剧社和文联各个协会。原来，边区文协归联大文艺学院领导，现在改属边区抗联会，办公地点转移到江里村，不久又到牛栏村。从12月1日开始，孙犁以晋察冀边区文协“鼓社”的名义编辑《晋察冀日报》文艺副刊《鼓》。《鼓》一共出了十二期，1943年4月18日终刊。

1942年8月，孙犁光荣加入中国共产党，介绍人是田间和陈山；同年11月转正。陈山于1941年至1943年任晋察冀边区文联秘书兼华北联大文学系教员、文学研究室研究员，文学系七队指导员，边区文联执委。

从育德中学时代，孙犁就开始接触马克思主义，也与很多已是秘密党员的同学关系密切，在上学期间，包括北平流浪和同口任教时期，这些同学都在政治上帮助他、影响他，有的同学还想发展他入党；抗日战争全面爆发之后，孙犁在侯世珍、李之琏、陈乔这些党员同学和同事的鼓励和介绍下，参加了革命工作。但是对于入党问题，他先是遵循父亲的嘱托，“不沾官事”，参加革命工作后，又觉得自己不够资格，对党内严肃的组织生活有所顾忌。王林在“文革”期间所写的交代材料中这样说道：“1939年间吴立人向我说过这样的话：‘孙犁自己不积极要求入党不行啊，共产党不能请他入党呀！’后来（具体时间忘了）我问过孙犁本人，他说：‘我觉得我很不够资格。’我批评他‘太谦虚’，那话不是‘肺腑之言’，后来他又解释，说：‘有错误，悄悄告诉我，我就改了。像你们那样，当面指着鼻子尖批评，我受不得！’他对共产党员的光荣称号，一向看得十分神圣的，可是他自己讨厌严格的组织生活和严肃的党内思想斗争，而宁愿当‘非党布尔什维克’，实际上想当超阶级的‘同路人’。”[1]如今，在残酷的战争环境中，孙犁申请加入中国共产党，表明他在政治上已经走向成熟。

在文学创作上，孙犁也逐渐形成了自己的鲜明风格。这一时期，他主要的作品是短篇小说《爹娘留下琴和箫》和《丈夫》。《爹娘留下琴和箫》创作于1942年8月25日，后来发表在1943年4月10日的《晋察冀日报》文艺副刊《鼓》上。《丈夫》创作于1942年9月24日，那天正好是中秋节，孙犁思念家人，便写下了这篇作品，稍后发表在1942年12月23日的《晋

[1] 王林：《王林的交代：关于梁斌、孙犁》，《新文学史料》2009年第2期，第133页。

察冀日报》文艺副刊《鼓》上。

《爹娘留下琴和箫》讲述的是具有音乐天赋的钱智修夫妇参加抗战的故事。钱智修在战斗中牺牲，妻子把两个女儿——大菱和小菱，陆续托付给他人，自己继续投入战斗。在一次转移途中，在白洋淀的小船上，两个可爱的女孩子被日本鬼子的机枪所射杀。

很多人认为,《爹娘留下琴和箫》是以侯世珍的遭遇为蓝本进行创作的，抒发了孙犁对这位同学不明不白死去的郁结。作品发表后，有的同志说它过于“伤感”。在抗日战争的大环境下，孙犁不愿意自己的作品给人以“伤感”的印象，因此就没有保存这篇作品。后来，在延安写作《芦花荡》和《白洋淀边一次小斗争》里，都采用了这篇作品里的一些场景，当然是变得“健康”了。1962年，这篇作品被重新发现，孙犁阅读旧作，觉得没有什么严重的“伤感”问题，同时觉得它里面所流露的情调很是单纯，它所包含的激情，也比后来的一些作品丰盛，反映了当时迫切的抗日要求。

在抗日文学中，孙犁是极力倡导英雄主义的，他本人也具有浓厚的英雄主义情结。1941年12月，孙犁在冀中《前线报》文艺小组座谈会上的发言，题目就叫《论战时的英雄文学》。他认为，文学与战争的关系是十分密切，战争文学应该成为英雄文学。他赞同高尔基的观点，文学在本质上就是战争的东西。他认为，英雄文学是适应人民需要的，人民喜欢英雄故事，并且对战士、英雄有着特有的崇敬。在抗日战争中，农民不仅能够成长为战士，而且也完全可以成长为抗日英雄。孙犁认为，英雄文学既需要悲壮，又需要浪漫。“我们要不要悲壮的东西？要。但不需要悲哀的。悲哀的作品可以挫伤我们的斗志，但悲壮的作品可以激发人们健康的战斗的情感。”英雄文学也需要浪漫主义的渲染。“渲染的目的是要加强人民的战斗意志。浪漫主义适合于战斗的时代，英雄的时代。这种时代，生活本身就带有浓烈的浪漫主义色彩。”[1]

在敌人残酷的“大扫荡”中，孙犁看到了战争的血腥，激发了他对敌人更为强烈的仇恨，他想起了壮志未酬的同学和战友，悲壮与悲伤交织在一起，激起了他的复杂情感，他创作了《爹娘留下琴和箫》，想用悲壮的而温婉的语言，唱出一曲英雄主义的赞歌。但是战争的残酷面目，悲壮中的柔情，终于使作品显露出了“伤感”的情调。

《丈夫》则完全是另外一种情调。作品描写的是一位青年妇女在中秋节这一天，怀念战斗在前线的丈夫的故事，从妻子的视角描绘了丈夫在抗日斗争中的成长，并用另一位丈夫——村镇上的一位浮浪汉进行了衬托；作品对妻子的描写，使读者看到了乡村妇女的进步痕迹，看到了群众抗敌意识的增强。这篇作品充分显示了作家的艺术情趣、文学气质和能力，发表之后，在读者中引起了强烈反响，晋察冀边区的干部、群众，凡是读过这篇作品的，都给予了很高评价。1943 年 1 月 12 日，《晋察冀日报》文艺副刊《鼓》发表了卓尔的评论《我读了〈丈夫〉之后》，认为“它从平凡的现实生活中产生，而又表现了现实的真实，不矫饰，不夸大，没有激烈的情感，没有美丽的言辞，一如生活似的朴素单纯，一切在平静的调子下进行着，给了我真实的恳挚的感受”。但这篇作品也有问题，虽然它“是反映了现实的，但不是反映了最尖锐的现实——对敌斗争！”在作者看来，“在今天对敌斗争的益趋尖锐的情况下，文艺工作者首先应从选取最尖锐的主题入手！”这应当是今后文学创作努力的方向。这自然是对孙犁提出了批评。[2]

---

[1] 孙犁：《论战时的英雄文学》，《孙犁全集》第 2 卷，人民文学出版社 2004 年版，第 448-449 页。

[2] 卓尔：《我读了〈丈夫〉之后》，《晋察冀日报》1943 年 1 月 12 日。

华北联大

1943年1月15日，晋察冀边区第一届参议会在阜平县城南庄温塘村召开，会期半个月。孙犁以记者身份对会议进行了采访。2月13日，他写了《二月通信——寄一个没有到会的参议员》一文，发表在1943年2月21日《晋察冀日报》文艺副刊《鼓》。

这篇通信是写给王林的。王林是冀中当选的参议员之一。“五一大扫荡”开始后，环境越来越残酷，冀中区党政军主要干部都转移到平汉铁路以西的太行山区，王林也在转移之列。可是他为了能够亲身体验这场战争，主动要求留在冀中。他表示：“冀中最后留下一个干部，那就是王林！最后剩下一个老百姓。那就是王林！日本鬼子要搞‘三光’，只要王林活着，冀中就不算‘光’。”后来经过冀中区党委宣传部长周小舟“特批”才留下来。冀中军区政治委员程子华发现王林没有转移出来，专门派了一个小分队，重返冀中寻找王林。此时的王林已经化装成老百姓，经常转移，小分队历经艰难，终于找到了他。但王林表示：“我是搞创作的，不能离开冀中的土地和冀中的人民。”仍然坚持留下来。他一直在冀中南部一带坚持反“扫荡”和反“清剿”，那里的斗争环境十分残酷，没有机会参加边区的参议会。

孙犁在这封信中，给这位不便透露姓名的参议员介绍了参议会召开的情况，其中有一段话，还向他传达了“爱情”的信息：

今年正月，我在这里参加了这个大会，当作一个记者参加了。你没有来，别人说你像孙悟空一样跳到妖魔的肚子里去了，你的工作是扭断敌人的肚肠，所以就不能放手来了。也好，来了你的女朋友，在讨论“双十纲领”时，她发了言，那样干脆而漂亮的发言，使一些老年人也为之鼓舞了。她能够代表冀中平原青年妇女们的那种可宝贵的活泼，又有些矜持的可亲爱的精神。我用从小在平原上长大的经历来评判，她的发言，使我的故乡的邻居姐妹们，在这个大会上扬眉吐气了。[1]

所谓女朋友，指的是刘毅。当时王林与刘毅尚未完全确立恋爱关系，孙犁这样写，是“为了巩固一下”他们的关系。最后两人也没有走到一起。

5月6日，边区文联召开了第二届代表大会，决定开展大众文化的新启蒙运动，实行文艺工作者下乡。这样一来，原来的晋察冀文联机关和各个协会，实际上不存在了，只有一个空壳，文艺干部几乎全到乡下去了。田间到了盂平县，兼任宣传部长；康濯到农会，邓康到合作社搞经济工作；孙犁却被分配到了《晋察冀日报》社，但他不乐意当编辑，愿意下乡。有一次在街上遇见文联负责人沙可夫，说出了自己的想法。一向宽以待人的沙可夫，这一次却很严肃，只说了三个字：“工作么！”孙犁二话没说，背上背包就去了报社。他依旧编副刊，主要栏目有《科学知识》《边区剪影》《敌伪透视》《读者信箱》等。

从1943年9月开始，一直到年底，日寇集中四万兵力对晋察冀边区进行了三个月的“大扫荡”。文艺工作者分散到部队、农村，和边区军民一起坚持反“扫荡”斗争。经华北联大教育学院院长李常青提议，孙犁从《晋察冀日报》调到了华北联合大学教育学院高中班任教。李常青出生于1904年，1930年考入北平民国大学，1938年，到晋察冀抗日根据地从事宣传教育工作。1939年孙犁到路西之后，一直在他的领导下工作，他对孙犁比较了解，也比较关心。

高中班的驻地在阜平县的一个山村，学员大多是从华北联大普通班的学员中挑选出来的，他们年纪较轻、文化程度较高，分为文理两科。教师也是从各学院挑选来的，还有一些从北平来到抗日根据地的教授、讲师。教员们有一个宿舍大院，孙犁性格较为内向，孤僻，不愿意住在里面，自

[1] 孙犁：《二月通信——寄一个没有到会的参议员》，《孙犁全集》第2卷，人民文学出版社2004年版，第457-458页。

己在村北找了一户人家住下，睡的是临时搭起的门板，每天清早到村边小河洗漱。正值晚秋，金风习习，河水已经很凉了。

一天，晋察冀军区七分区司令部代理参谋长时达给他捎来口信，说有家庭消息。孙犁从驻地到蠡县七分区司令部，往返六天，得到了却是一个非常不幸的消息：9月25日，他的长子孙晓普因盲肠炎夭折，年仅十二岁。孙晓普浓眉大眼，是一个聪明伶俐的孩子，他的夭折，让一家人陷于悲痛之中，对爷爷孙墨池的打击最大。

1943年冬天，为了反“扫荡”，孙犁和华北联大的师生向山西省繁峙县转移。繁峙县位于山西省东北部，北靠北岳恒山，与应县、浑源县相接，南依五台山，东邻灵丘县及河北省阜平县，西界代县。孙犁他们从阜平进入繁峙，这种转移，左转右转，并不走直线，不知走了多少天，他们来到深山里的一个小山村。

当时，孙犁的头发长得很长了，尽管是冬天，他还是想剪一剪，有人从老乡那里借了一把剪刀，为他剪了头发，他很快就开始发烧，脖颈和脊背上部长了很多水痘。孙犁主观认为，这是剪刀不干净引起的，当然也可能是天花，只不过他幼年种过牛痘，发病轻微。

领队傅大琳是物理教员，曾经是南开大学的助教，见孙犁病了，随大部队转移多有不便，况且反“扫荡”就应该尽量化整为零，于是派了康医生、刘护士，还有一位姓刘的学生，陪孙犁到一个隐蔽而安全的地方去养病。这样，孙犁一行四人来到了蒿儿梁。

在孙犁的回忆中，蒿儿梁在五台山的北台顶，其实是在北台顶北边另一座山的山顶。站在这座山的山顶向南遥望，虽然隔着几道沟，可以清晰地看到五台山北台顶上的积雪。

蒿儿梁这个小村虽然在山顶，但是站在这座山的最高峰，却发现不了这个村子，从山顶向北，走过一道高坎，才会赫然发现，突然倾斜下去的山坡上，居然还有一个小村庄。有一次，日本鬼子上到山顶也没有找到村子，后来在北面的山坡上，才发现这边的山顶上的蒿儿梁，如果“扫荡”这个小山村，必须先下山再上山，要爬一整天的山路。日本鬼子也懒得进村，向村子放了几枚追击炮弹便走了。

孙犁一行四人到达山顶上的这个小村子是很不容易的，他们走了很长时间。

在这之前，这个小山村还没住过队伍，现在来了四个服装不整的外人，没带武器，男女混杂，也没有地方领导机关的介绍信，村里的人对他们充满了戒心，自然十分冷淡，当他们向村干部要粮食的时候，很不顺利。正在发烧的孙犁听说之后，挣扎起来自己去找村干部，他腰间挂着刘炳彦送他的那只银色小手枪，加之又饥又乏又有病，情绪也很急躁，终于弄到了一点莜麦面。很快，最初的戒备没有了，他们和村干部熟悉起来，亲如一家。

孙犁、康医生，还有那个姓赵的学生，三个男人住在郭四家。女护士和村妇救会主任住在一起。郭四家的房子，类似于一个小四合院，有正房、东房、西房和南房，孙犁他们住在西屋。每天早晨，阳光射到纸窗上，给正在病中的孙犁无限的安慰和希望。屋子有一方丈大，土炕占去了三分之二。孙犁回忆道：“我经常坐在炕上，守着一个山西特有的白泥火盆。火盆里装满莜麦秸火灰，上面一层是白色的，用火筷一拨，下面就是火，像红杏一样的颜色，很能引起人的幻想。我把一个山药蛋按进灰里，山药蛋噗噗地响着，不一会就熟了，吃起来香得很。”[1]

说是养病，但他们随身带着的，只有一把剪刀，一把镊子，一瓶红药水。每天，护士在饭锅里，把剪刀镊子煮煮，把水痘的化脓处清理清理，然后用棉花蘸着红药水，在伤处擦一擦。最终，病虽然是好了，但在孙犁的颈部和后背，留下了一个个像铜钱大小的伤疤。

---

[1] 孙犁：《关于小说〈蒿儿梁〉的通信》，《远道集》，人民文学出版社 2012 年版，第 69 页。

四个人在蔄儿梁住得很舒适，过了阴历年才奉命返校。但是孙犁的“霉运”仿佛还没有走完，下山的时候又遭遇了一劫。

我们在那里，住了两三个月，过了阳历年，又过了阴历年，才奉命返校。去的时候，我们好像是走的西道，回来的时候，是从东边一条小道下山，整整走了一天，才到山根下，可以想象蔄儿梁是有多么高。天快黑了，我看到了村庄庙宇，看到了平地，心里一高兴，往前一跑。其实是一条小河，上面结着冰，盖着一层雪，一下滑倒，晕了过去，身后的人，才把我抬进成果庵。[1]

康医生和刘护士等人赶紧把孙犁抬进附近成果庵的热炕上，他才苏醒过来。幸亏伤得不重，晚饭吃了僧人做的莜麦粥，与僧人同床而眠，第二天参观了五台山上的寺庙，寺庙掩映在郁郁苍苍的重峦叠嶂之间，十分壮观。

---

[1] 孙犁：《关于小说〈蔄儿梁〉的通信》，《远道集》，人民文学出版社 2012 年版，第 71 页。

第八章　延安窑洞

走西南

1944 年 3 月，孙犁一行从繁峙县返回阜平华北联合大学教育学院。稍事休整，又到曲阳县采访了一周，从曲阳返回阜平，当晚就接到通知，立刻准备去延安。

已经是开春时节，学院发了一身单衣，要把棉衣换下。孙犁去得晚，衣服已经分发完毕，只剩下带大襟的女装，款式、大小都不适合，但是没有办法，只好领下来。拿回宿舍，面对这身女装，他十分犹豫，不知道自己穿上这身衣服会是什么样子。忽然进来两个女生，是他所教高中班的学生，她们知道自己的老师领到了女装，便过来帮忙改装。“她们带着剪刀针线，立即把这件女衣的大襟撕下，缝成一个翻领，然后把对襟部位缝好，变成了一件非常时髦的大翻领钻头衬衫。她们看着我穿在身上，然后拍手笑笑走了，也不知道是赞美她们的手艺，还是嘲笑我的形象。”[1]

这次去延安的队伍，有六七位教师和几十位学生。带队的是总支书记吕梁，教师有常智、邓德滋等人，还有那个校医康云，大家在枣树林里集

[1] 孙犁：《服装的故事》，《晚华集》，人民文学出版社 2012 年版，第 19 页。

合站队，然后就出发了。除了自己的行李外，每个人还背着三四小土布，为的是路上卖钱。队伍向西行进，越走离家乡越远，想到此次远行，路途遥远，归期不定，孙犁越发想念家人，脚步也有些沉重。

经过盂县，正在这里下乡的田间，得知消息，已经在一个要道口等他。正值初春的早晨，山里还很冷，路边的草木挂着霜雪，田间浓黑的鬓角挂着白霜，显然，已经在那里等了很久了。他是专门为孙犁来送行的，站在行进的队伍旁边，和孙犁握手告别。

在孙犁携带的行李中间，有田间的一件日本军用皮大衣，是他过去在部队工作时，获得的战利品。田间看到了，也没说什么。临出发前，孙犁收拾行装，在房东那里寻找妻子为自己缝制的狗皮袄，没有找到，却发现了田间坚壁在这里的皮大衣，他担心路上天冷，就把它带上了。这件皮大衣做得坚实讲究：皮领，雨布面，上身是丝绵，下身是羊皮，袖子是长毛绒。羊皮之上，还带着敌人的血迹。

由于是长途跋涉，他们走得并不是很急，日行六七十里，走几天就休息一天，由打前站的同志卖去一些土布，再买肉来改善伙食。

很快就到了山西的忻县。同蒲铁路从这里穿过，这是一条重要的南北铁路大动脉，由大同出发，经朔州、忻县、太原、晋中、临汾、运城至风陵渡过黄河至陕西境内；太原站以北称为北同蒲铁路，以南称为南同蒲铁路。由于这条铁路的存在，忻县的战略位置显得十分重要。1937 年 11 月，忻县被日寇占领。以北同蒲铁路为界，共产党建立了东西两个抗日民主政府，路西属晋绥边区六专署领导，路东属晋察冀边区二专署领导。

忻县一带离敌人的据点很近，孙犁他们走进一个小村子，村子里的人都转移出去了，他们进入一家宅院，放下背包，按照命令生火做饭，东锅焖小米饭，西锅煮菜汤，很快吃完饭，大家围在西锅那里，洗刷自己的饭碗。孙犁好静，什么事情都不愿往上挤。等大家洗完了，到院子里休息，他才过去，锅里的水已经很少了，也很脏，他正弯腰低头洗着，“嗡”的一声，铁锅飞了起来，屋里烟尘弥漫，院子里的人都惊呆了。孙犁回忆道：

我还不知道是怎么回事。拿着小洋瓷碗，木然地走到院里，同学们都围了上来。据事后他们告诉我，当时我的形象可怕极了。一脸血污，额上翻着两寸来长的一片肉。

当我自己用手一抹，那些可怕的东西，竟是污水和一片菜叶的时候，我不得不到村外的小河里去把脸洗一下。

在洗脸的时候，我和一个在下游洗菜的妇女争吵了起来。我刚刚受了惊，并断定这是村里有坏人，预先在灶下埋藏了一枚手榴弹，也可以说是一枚土制的定时炸弹。如果不是山西的锅铸得坚固，灶口垒得严实，则我一定早已魂飞天外了。

我非常气愤，和她吵了几句，悻悻然回到队上，马上就出发了。[1]

他们出了村子，村南是一条东西走向的大河，有二十米宽，那天晴空万里，没有一丝风，河面平静得像镜子一样。远处不断传来枪声，大家急促渡河，河水齐胸深，有些滑腻，在阳光的照射下还有些暖意，孙犁第一次感受到了水的温柔和魅力。

过河之后，马上要爬一座非常陡峭的高山，一位姓梅的女生，还在河边洗刷鞋里的沙子，孙犁过去招呼她跟上队伍，并给了她几个冷玉米面窝窝头，作为她爬山的口粮。直到天黑，他们才爬到山顶，白天过河的时候还是风和日丽，此时山顶却狂风大作，还下起了暴雨，冷得不能停留，大家只好冒雨下山。下山的路同样漫长，直到天亮，才进入一个村庄休息。大家美美睡了一觉，恢复了精力，想起昨天灶台旁惊险的场面，才有心思和孙犁开玩笑，都庆幸他命大。

孙犁后来想，假如当时把他炸死了，这种死亡，在那些年月也算不得

---

[1] 孙犁：《关于〈山地回忆〉的回忆》，《晚华集》，人民文学出版社 2012 年版，第 51 页。

什么，大家会把他埋在路旁、山脚或河边，然后继续赶路，也不会插上什么标志，别人再也找不见他。

从忻县西行，到达了山西西北部的兴县。兴县城西十五里的蔡家崖村，是晋绥军区司令部驻扎的地方。[1]晋绥军区是在1942年9月成立的，当时，军区机关仍由八路军120师机关兼，贺龙兼任司令员，关向应兼任政委。1943年8月，吕正操率领的八路军第三纵队，由冀中抗日根据地奉命到达晋绥，中共中央军委任命吕正操为晋绥军区司令员，林枫任政委，周士第任副司令员兼参谋长，张平化任政治部主任。那时的贺龙担任中共中央西北局常委、陕甘宁晋绥联防军司令员，直辖120师和晋绥军区，是吕正操的直接上级。

孙犁他们的队伍到达兴县后，队长到晋绥军区联系事情，很快带来了吕正操司令员的口信，让孙犁到司令部去一趟。晋绥边区政府和军区司令部所在地，原是开明绅士牛友兰的宅院和花园，坐北朝南分为两个相对独立的院落。抗日战争时期，牛友兰把宅院全部捐献给了抗日民主政府，东院是四合式小院，是晋绥行署的所在地，西院原是花园，北面依山建了六孔窑洞，是晋绥军区司令部的所在地。

孙犁穿着那身女装翻改的衣服，走进了吕正操庄严的司令部，在那里做客半天，并见到了贺龙同志。临别，孙犁把自己带去的一本线装的《孟子》送给了吕正操，事后，他也为自己的这一举动感到奇怪，不知道为什么要送给吕司令这样一部书。

从兴县渡过黄河便到达陕西，孙犁他们这支队伍，应该是从黑峪口渡

---

[1] 孙犁在《〈善闇室纪年〉摘抄》中记载："在绥德休息五天。晋绥军区司令部，设在附近。吕正操同志听说我在这里路过，捎信叫我去。我穿着那样的服装，到他那庄严的司令部做客，并见到了贺龙同志，自己甚觉不雅。"张占杰在《孙犁年谱》（内部资料）中认为，孙犁此段记述有误。此文后面孙犁依次记述的行军地点也不正确，正确的行军路线是：兴县、佳县、米脂、绥德、清涧、延川、延安。

过黄河的。黑峪口渡口位于兴县城西二十五公里处的黑峪口村，为晋陕通衢，军事要地。八路军120师进驻兴县，兴县成为晋绥边区的军事与政治中心，黑峪口也就成为沟通晋绥与陕甘宁边区往来和储运战略物资的重要渡口。

渡过黄河便是陕西葭县（今为佳县），继续前行就到了米脂。黄土高原沟壑纵横，山地与断谷、盆地相间分布，令人赞叹不已。米脂是陕北最富庶的地方，县城建在黄土高原上，建筑风格古朴、漂亮。城里有四座红漆牌坊，端庄大气，仿佛北平的四牌楼，这让从敌后深山沟来的孙犁十分感慨："我们从敌后来。敌后的县城，城墙，我们拆除了，房屋街道，都遭战争破坏；而此地的环境，还这样完整安静。我躺在米脂的牌坊下，睡了一觉，不知梦到何方。"[1]

终于到了绥德，大家心情放松了许多，队伍在这里休整了五天。孙犁跑到山沟里洗了个澡，他躺在河中间的一块大石板上，任凭温暖滑腻的河水从身上流过，他不断吐出冲倒嘴里的细小砂石，多日行军的疲惫被冲走，剩下的是难得的松弛和惬意，后来他又把那身翻改过的女装洗了洗，晾在石头上，等衣服晾干了他才回来。

从绥德南行便是清涧县。清涧县的美丽给孙犁留下了深刻印象，"那里的山，是一种青色的、湿润的、平滑的板石构成的。那里的房顶、墙壁、街道，甚至门窗、灶台、炕台、地下，都是用这种青石建筑或铺平的。县城在峭立的高山顶上，清晨黄昏，大西北的太阳照耀着这个山城，确实绮丽壮观。雨后新晴，全城如洗过，那种青色就像国画家用的石青一般沉着。"[2]

4月底，孙犁他们这支队伍，经过一个多月的长途跋涉，终于到达了延安。

---

[1] 孙犁：《〈善闇室纪年〉摘抄》，《秀露集》，人民文学出版社2012年版，第38页。

[2] 孙犁：《〈善闇室纪年〉摘抄》，《秀露集》，人民文学出版社2012年版，第38页。

在鲁艺

到了延安，孙犁被分配到鲁迅艺术文学院。“鲁艺”位于延安城东北五公里的桥儿沟，校舍利用的是原西班牙神父在桥儿沟修建的一座教堂和周围的一些窑洞。这座教堂是当时延安唯一的西式建筑。

鲁迅艺术文学院成立于1938年，原名“鲁迅艺术学院”，是抗日战争时期中国共产党为培养抗战文艺干部和文艺工作者而创办的一所综合性文学艺术学校。1939年夏，中共中央为加强华北敌后文化工作及文艺干部的培养，派沙可夫等人率领鲁艺部分干部奔赴晋察冀抗日根据地，联合陕北公学、工人学校、青训班，创办华北联合大学。1939年11月，根据中央的决定，留在延安的鲁艺部分师生恢复“鲁艺”，吴玉章任院长，周扬为副院长，学院正式更名为“鲁迅艺术文学院”。1943年3月，“鲁艺”并入延安大学，成为延安大学的文艺学院，由延大副校长周扬兼任文艺学院院长，但是由于“鲁艺”的巨大影响，她一直保留着自己独立的名称。

刚到“鲁艺”的时候，孙犁和新到的几位教员被临时安置在桥儿沟街上一家骡马店居住。一天傍晚，下起了大雨。孙犁和几个教员，坐在临街房子里的地铺上闲谈。孙犁说，这里是高原，下再大的雨也没事儿。话音未落，就听到流水之声，而且越来越近，越来越猛，站起身来往外一看，洪水已经涌到了窗台前，几个人赶紧拎起自己的包裹往外跑。

刚跑出门外，房子就被洪水冲垮，慌乱之间，听到对面山上有人喊：到这边来！几个人赶紧向山坡方向奔去。跑到骡马店大院，洪水已经从大门冲了进来，而且还是洪水的主流，院内水位迅猛增高。孙犁一下被洪水冲倒，手中的包裹不知去向，慌乱中，他抓住了一个拴马高桩，奋力攀爬了上去。大水冲击过来，十分凶猛，洪水中夹带的马桩、梁木、车辕，不断撞击着木桩，孙犁怕这些东西把木桩撞到，不停地用脚、腿把这些东西拨开，这样，他的脚和腿多处受伤。

几十分钟后，凶猛的洪水终于过去。孙犁从拴马桩上下来，看了一下周围的环境，十分后怕，骡马店就在延河边上，距离延河不到百米，如果洪水冲击的时间再长一些，把木桩冲倒，他就会被冲到延河里，葬身鱼腹。后来有人告诉他们，过去，延河边有一座石头垒起来的戏楼，有年夏天，一个中午，二十多人在戏楼上乘凉歇晌。洪水陡至，整个戏楼连同这些人，都被卷入了延河。

经过这场洪水，孙犁除了身上穿的，其他东西全被冲走了。第二天，他到骡马店的院子里去寻找，在一辆车的车脚下找到了自己的衣包，里面只有两套单衣，那件千里迢迢抱来的田间的皮大衣，和那根拿了几年的六道木棍，毫无踪影，可能被人捡去了，更大的可能是被洪水冲走了。他把那两套单衣拿到延河边洗干净收好。

这次洪水让他损失惨重，领导很快给他发了新服装，包括一套羊毛棉衣，但是棉衣里面絮的，不是北方常见的棉花，而是羊毛，羊毛在衣服里待不住，穿几天就会往下掉，全部堆积到衣服下面，上半身成了只有两层布的夹袄，下面变成了臃肿的羊毛团团。和孙犁一同来延安的华北联大教员邓德滋，要随王震的 359 旅南下，他们发的是絮棉花的棉衣，出发时，他告诉孙犁自己经过桥儿沟的时间，叫他披着那件羊毛棉衣在路口等他，当他经过的时候，两个人把衣服换了过来。因为越往南走，天气越热，棉衣没多大用处。

身边还留有一条羊毛棉裤。到了冬天，依旧是他教过的女学生，拆了他的一条棉褥子，把里面的棉花取出来，替换出棉裤里的羊毛，孙犁又有了一条名副其实的棉裤。几位女学生又用羊毛，给他打了一双羊毛线袜和一条很窄的围巾，使他温暖地过了一个冬天。

高中班的那些学生被分到延安大学各学院学习，孙犁被编入“鲁艺”文学系第六期学员班做研究生，先是住在桥儿沟北山阴土窑洞，与公木为邻，后来迁居到东山的一个小窑洞，与鲁藜、邵子南为邻。

公木出生于 1910 年，河北省辛集人，先后考入正定省立第七中学、北平大学第一师范学院国文系学习。1932 年冬，公木与同学一起拜访了在北平探亲的鲁迅先生，并为他们正准备筹办的《文学杂志》向鲁迅先生组稿，鲁迅为创刊号写了《听梦说》一文。学生时代，公木积极投身革命活动，曾两次被捕入狱。“七七”事变之后，他投笔从戎，奔赴晋绥前线，参加敌后游击队，任宣传股长。1938 年 8 月到延安抗日军政大学学习，并加入中国共产党。1939 年秋，在延安抗日军政大学政治部宣传科任时事政策教育干事，与同科的朝鲜籍音乐指导郑律成一起，创作谱写一部由八首歌曲组成的《八路军大合唱》，其中的《八路军进行曲》在各抗日根据地广泛流传。1942 年 9 月，公木调入“鲁艺”任教，得以和孙犁相识。

在东山，孙犁结识了诗人鲁藜和他的妻子王曼恬。鲁藜出生于 1914 年，福建同安人，三岁随家侨居越南，少年时期做过小工、小贩、流浪者。1932 年春，回国考入集美乡村师范实验学校，1933 年发表处女作《母亲》，并接触共产党地下组织。因纪念“五卅”运动而被捕。1934 年春到上海。1937 年到安徽从事教育工作。1938 年 7 月到延安，进入抗日军政大学，创作组诗《延河散歌》，在重庆《七月》杂志上发表，引起较大反响，由此成为“七月诗派”一位著名诗人。1942 年参加整风后在“鲁艺”任教。他的妻子王曼恬出生于 1913 年，湖南省湘乡县人，是毛泽东的表侄女，曾在上海新华艺专学习美术。抗日战争全面爆发后，开始参加革命活动，到达延安后，在延安边中一队担任美术教员。1938 年与鲁藜结婚，在很多人眼中，他们是令很多人羡慕的神仙眷侣。

邵子南和孙犁几乎同时到达延安。他是一个嘴里闲不住的人，整天呱呱叫，孙犁性格内向，往往一整天不说话。在东山，他们住的窑洞紧紧相邻。夜幕降临时，孙犁常常在窑洞门外，眺望远处的景色，有时一转身，望见邵子南那小小的窗户，被油灯照得通明，那是他一个人在写文章，有时来了客人，在窗外就能听到他的四川口音。

后来，文学系要合并宿舍，系主任舒群想让他们俩合住到山下一间很大的窑洞里，孙犁拒绝了，他好静，怕自己受不了邵子南整天的聒噪，依旧住在那个小小的土窑洞里。他在窑顶上种南瓜，破坏了走水沟，有一次下大雨，雨水倾泻不下，经过雨水浸泡，窑洞的前沿塌落下来，险些把他封在里面。

尽管邵子南的脾气秉性与孙犁差距很大，但有些地方让孙犁十分佩服，比如他那股子硬劲，那股子热情，那说干就干、干脆爽朗的性格。但是他的个性十分倔强。孙犁回忆道：

在延安我们相处的那一段日子里，他很好说这样两句话："你走你的阳关道，我走我的独木桥。"有时谈着谈着，甚至有时是什么也没谈，就忽然出现这么两句。邵子南同志是很少坐下来谈话的，即使是闲谈，他也总是在屋子里来回走动着。这两句话他说得总是那么斩钉截铁，说时的神气也总是那么趾高气扬。说完以后，两片薄薄的缺乏血色的嘴唇紧紧一闭，简直是自信到极点了。[1]

邵子南又是爽朗的、热情和可爱的。有一天，他从山沟里拾回一个庞大的牛头，在窑洞门口架起大块劈柴，安上一口大锅，把牛头原封不动地煮在里面，他说要煮上三天，就可以吃了。孙犁清楚地记得，在那黄昏时分，在那寒风凛冽的山头，在那熊熊的火焰旁边，邵子南那兴高采烈的神情，以及他那高谈阔论和爽朗的笑声。

在延安，孙犁见到了李之琏。早在1940年，李之琏就到了延安，他是作为"七大"代表到延安的，因"七大"延期，被安排到八路军军政学院和中央党校学习。李之琏经常到"鲁艺"来看孙犁，他知道孙犁喜欢吸烟，每次来，就带一本粉连纸印刷的军政杂志，既供他阅读，又供他卷烟。

尽管住的是一孔小窑洞，条件还是不错的，窑洞内有四根木桩，搭上

[1] 孙犁：《清明随笔——忆邵子南同志》，《晚华集》，人民文学出版社2012年版，第82页。

木板做床。冬季还能领到一大捆木炭，烧起来很暖和。在敌后，没享过这种福。配有青釉瓷罐一个，可以打开水，还有一个大砂锅，既可以热饭，也可以洗脸。水房和食堂都在山下，经常可以吃到牛羊肉。主食是糜子。平时，除了学习，孙犁他们还得经常参加生产劳动，从开荒到糊洋火盒，他都干过，修延安机场的时候，一顿能吃十四个小馒头，他的身体也逐渐强壮起来。

“鲁艺”文学系主任原是何其芳，但他与刘白羽等人，随林伯渠率领的中共代表团在重庆，宣讲毛泽东《在延安文艺座谈会上的讲话》，并做文艺方面的调查工作。文学系的工作由舒群代理。

舒群，又名李书堂，黑龙江哈尔滨人，1913年出生。“九·一八”事变后，在哈尔滨参加东北抗日义勇军。1932年8月加入中国共产党。1934年初，满洲省地下党组织遭到严重破坏，舒群与党组织失去联系，逃亡到青岛，与青岛地下党接上关系，并恢复党组织关系。同年，青岛市委又遭破坏，舒群等人被捕，在狱中坚决与敌斗争。1935年春被释放，立即前往上海，加入“左联”，并重新入党。1937年，“七七”事变后，舒群奔赴解放区任八路军总部随军记者，兼朱德总司令秘书，参加平型关战役。1938年2月，被八路军政治部主任任弼时派往武汉市工作，与丁玲共同主编《战地》文学杂志，创作《台儿庄》《总动员》等话剧剧本。1942年3月，舒群调任中央机关报《解放日报》文艺副刊主编。1943年秋，在延安整风“纯洁组织”的阶段，审查舒群在青岛坐牢这段历史时没有证明人，副总编辑怀疑他有叛变行为，被列为“特嫌”。不久，“特嫌”问题得到澄清，舒群正式出任“鲁艺”文学系主任。

舒群上任后，积极扩大教员队伍，除了原有的何其芳、周立波等名家外，又请了萧军、艾青、孙犁等人。其中，萧军、何其芳、周立波、公木等负责讲课，严文井负责创作实习，孙犁、邵子南、孔厥等分别辅导，进行作品讨论。舒群对《红楼梦》情有独钟，要求全系师生熟读这部文学经典，写出详细的心得笔记，开展全系大讨论。

孙犁发表短篇小说《荷花淀》等作品后，产生了巨大反响，由研究生提升为教员，改在“小灶”吃饭，为学员开设《红楼梦》课程。有一次，舒群前去听课，等到孙犁讲课完毕，他发表了一些不同意见。孙犁认为，《红楼梦》表现了贾宝玉的人生观，舒群则认为批判了贾宝玉的人生观，两人展开了争论。孙犁回忆道：

我讲《红楼梦》，舒群同志也去听了。课毕，他发表了一些意见，其中有些和我不合。我当时青年气盛，很不以为然。我想，你是系主任，我刚讲完，你就发表相反的意见，这岂不把我讲的东西否了吗？我给他提了意见。作为系主任，他包容了，并没有和我争论。我常常记起这一件事，并不是说舒群同志做得不对，而是我做得不对。学术问题，怎么能一人说了算数，多几种意见，互相商讨，岂不更好？青年时意气之争，常常使我在后来懊悔不已。[1]

转眼到了秋天，孙犁十分想念家人。家乡还被敌人占据着，寄信很危险，但他实在控制不住自己的思念之情，在延安的小窑洞里，从笔记本撕下的一片纸，写了一封万金家书。在这张纸的正面，他给父亲写了一封短信，在背面，又给妻子写了几句话。妻子虽然不认识字，但父亲会念给她听。这封信，孙犁寄给了在晋察冀工作的周小舟，烦他想办法转交到自己家里。后来孙犁得知，家里真的收到了他这封信，当时一家人正要吃午饭。父亲站在屋门口念了，一家人都哭了。

1944 年 11 月，孙犁还给田间写了一封信，谈了自己到延安后的生活和今后的打算：

九月获由方冰同志带来信收到，好音千里，倍增欣慰。方冰、陈陇均入党校学习，沙可夫同志亦在党校。

我随高中班来延，一路很是顺利，简直没遇到什么困难，游游荡荡而来，

[1] 孙犁：《读作品记（五）》，《澹定集》，人民文学出版社 2012 年版，第 27 页。

我也没闹病，从没掉过队，谢谢你关心我的身体。

高中班到此，即散并于延大各院。我在鲁艺研究室，邵子南也在这里。但不久我或转党校整风。此间艺术活动，音乐戏剧为秧歌戏，美术为年画剪纸，玩具。文艺似尚在尝试新方向，邵子南来了发表了一篇《李勇大摆地雷阵》为章回性质。

文艺界经过去年大整风。从前方来，我也想借此机会在政治上提高一步，并有意相机改行，学政治工作；来后，深感具体生活斗争经验见闻很差，单有写作环境，亦难产生好作。只写章回小说《五柳庄对敌斗争话本》十回，《中国小说传统》一篇，报告三篇，尚未卜能发表否。你留在敌后，兴奋工作，实在是好道路，老兄，从根本做起罢，今后文艺工作，没有大生活资本，不能发售！

……

延安，诗很少，盖已与秧歌运动结合。以后诗的方向，尚待研究。

我很愉快，身体如常，这里熟人也很多，党校一些做实际工作的同志很愿意和我合作，以后可以写些东西。

初来时，夜间曾遇一次山洪暴涨、大水没顶，赤身逃出，千里背来的兄之大衣，也不知漂到哪里去了，幸抱住一木桩，得不委身鱼腹，此也来延后一段趣闻也。

延安红火热闹，车马辐辏，飞机每天都来，我们的局面大大开展，已有许多同志去华中前方开辟工作，邓德兹来后，稍事休息，即去家乡一带工作了。初来时，在延干部，非常拥挤，现正往外倾注。李肖白同志也要走了。

此信，并致陈肇、张帆诸兄。并请陈肇，有便人给我家中捎一信，谓我在延安学习一个时期，即回冀中工作，以免老父之悬念也。切盼。[1]

---

[1] 葛文整理：《1944年孙犁在延安寄给晋察冀田间的信》，《新文学史料》2000年第2期。

或许是受到延安政治氛围的影响，孙犁想在政治上提高一步，转行做政治工作，而且由于熟人多，他已经参与党校的一些实际工作中，并有可能转到党校整风。但是由于种种原因，他的这些设想都没有实现。一方面，他毕竟是一个“书生”，政治工作并非所长。另外一方面，也是最重要的一点，就是抗日战争大的环境，为他文学才能的发挥提供了广阔的天地，他的才能和时代需求相契合，焕发出了巨大的创作能量，使他找到了真正的用武之地。

沙可夫也从晋察冀边区来到了延安。他依旧关心着孙犁。有一天，他找到“鲁艺”党组织负责人宋侃夫，专门把孙犁叫过去，把孙犁在敌后的工作情况详细向宋侃夫做了介绍。

宋侃夫是一位传奇式的人物。他出生于 1909 年，江西萍乡县人，1926 年入党，1931 年在中央特科学习无线电报务；后赴鄂豫皖苏区，在军委参谋部负责谍报和机要工作，随红四方面军参加了数次反“围剿”战斗和万里长征。1936 年 10 月，又随西路军西征宁夏，先后任电务处长、统管红军电台的三局局长。1938 年 7 月，到延安中央党校学习。1939 年毕业后，先后在陕北公学、延安工人学校、延安鲁迅艺术学院和延安大学，任组织科长、党总支书记、干部处长、政治处主任、秘书长等职务。1946 年底，他重返部队，到晋冀鲁豫根据地工作。

从宋侃夫的窑洞出来，沙可夫关切地询问孙犁：是不是把家眷接到延安来？或许是看到在那里工作的同志，差不多都有配偶，觉得孙犁的生活有些寂寞吧。但是，家里上有老下有小，妻子怎么能够离开呢？

寂寞是肯定的，打发寂寞的办法之一就是学唱京剧。孙犁所教的高中班里有一位叫“梅”的女学生，出身于京剧世家，能够唱京戏，而且受过名师指点。在晋察冀边区的时候，孙犁就对这位“梅”同学有好感，到了延安，生活相对安稳，便请“梅”到窑洞里教他学唱京剧。感情就在这种独处中滋生和蔓延，终于有一天，孙犁给这位“梅”同学写了封信，提出与她缔结良缘，“梅”马上回信答应了，但孙犁很快又反悔了。

在《〈善闇室纪年〉摘抄》“去延安”一节，孙犁曾对此事有所记载。后来在编辑散文集时，一位好心的女编辑认为，既然没有成为事实，还写它做什么，便把那几段文字删去了。孙犁认为，删掉这段文字，其实是不必的。删去的那几段文字如下：

然长期抗战，亦时感寂寞。在前方时，未有此想也。有同来女生，在外语学院，为人沉静，前些日子，还教过我京戏。写一封信吧。很快接到回信，所思相同。约于星期日去找她。

她的学校在城关。早晨，我从桥儿沟出发，头脑空空。到那里，她穿一件棉袄，正俯在校门前一块大石上，装作做功课。见到我，微笑起立，一同沿延河南岸，往东走。也没说几句话，而我归后，主意不定，遂成镜花水月。

战争时期，风云飘忽。爱情，得来轻易者，失去亦轻易。余之过也。[1]

1991年4月，孙犁写下了“芸斋小说”《忆梅读〈易〉》，并在文后注明：“时大病初愈，此作，颇不利于养生。”文中，他一再为自己的鲁莽和负心忏悔不已。“事实是，梅对我是有缘的，是我负了心。我给她写了一封信，她很快就回信，一口答应了。我很快又反悔，这对她的伤害太大了。我一生也不能原谅自己。”[2]

其实，孙犁和“梅”在延河边的散步并没有什么浪漫之举，更像是一次谈心。孙犁回忆道：“梅，是我的学生。就在她答应和我缔结同心之时，也只是在延河边上，共同散步十分钟。临别时，我还保持老师的严肃习惯，

---

[1] 孙犁：《〈善闇室纪年〉摘抄·去延安》，《江城》1979年第5、6期合刊。

[2] 孙犁：《芸斋小说·忆梅读〈易〉》，《孙犁全集》第9卷，人民文学出版社2004年版，第268—269页。

连她的手也没有握一下。”[1]

进城以后，由于机缘巧合，孙犁见过“梅”同学多次。当时“梅”已经结婚，她的丈夫有一位朋友，与孙犁同院居住，而且是近邻。有一段时间，“梅”不断陪同自己的丈夫，走进这个大院。他们不仅见过面，还倾心长谈过。孙犁的老伴去世后，“梅”想把失去丈夫的妹妹介绍给他，孙犁未能相中。“梅”的爱人去世后，她想与孙犁重续前缘，又一次被孙犁婉言相拒。孙犁认为：爱情和青春同在，尚且有时还靠不住。老了，就什么也谈不上了。

荷花淀

1945年5月15日，孙犁在《解放日报》文艺副刊上发表了短篇小说《荷花淀》，这篇作品使他名闻遐迩，在现代文学史上占有了一席之地。

孙犁在延安窑洞，听到了一个白洋淀游击队伏击日本大船的故事，让他产生了强烈的创作冲动。1938年11月，安新县委召集二十三家猎户开会，组建了水上游击队，这就是后来闻名中外的“雁翎队”。1939年9月，日本鬼子乘数艘汽艇到端村、圈头等地抢劫，雁翎队在王家寨至季庄子的河道两边设下埋伏，他们隐蔽在芦苇荡中，等敌人进入埋伏圈，素有“扫帚炮”之称的大抬杆一起开火，击毙敌人二十余人，俘虏日本鬼子两人，游击队无一人伤亡，这是雁翎队首次伏击敌人的汽艇，而且获得了巨大胜利。

听到这个故事之后，白洋淀秀美的风光又浮现在眼前，孙犁把对家乡和亲人的思念，以及对战争的必胜信心，融入这一故事中，在窑洞的油灯下写出了《荷花淀》，在抗击侵略、保家卫国宏大叙事背景下，重点描写了青年农民，尤其青年妇女的精神面貌，深情赞美了他们的人情美和人性

---

[1] 孙犁：《芸斋小说·忆梅读〈易〉》，《孙犁全集》第9卷，人民文学出版社2004年版，第268—269页。

美，在革命文学谱系中立起了一座新的高峰。

《荷花淀》是经过《解放日报》文艺副刊的编辑方纪编发的，他回忆说：

先说我读这小说的记忆。那时我正在延安《解放日报》当副刊编辑，读到《荷花淀》的原稿时，我差不多跳起来了。还记得当时在编辑部里的议论——大家把它看成一个将要产生好作品的信号。

那是延安文艺座谈会以后，又经过整风，不少人下去了，开始写新人——这是一个转折点；但多半还用旧的方法……这就使《荷花淀》无论从题材的新鲜，语言的新鲜和表现方法的新鲜上，在当时创作中显得别开生面。

……由于文艺座谈会议以前，大家长期学习外国、学习古典，特别是学习外国的古典，在语言上、方法上，所形成的那种欧化的、俄罗斯式的氛围中，——至少是一部分人当中，《荷花淀》的出现，就是从冀中平原上，从水淀里，刮来一阵清凉的风，带在乡音，带在水土的气息，使人头脑清醒。[1]

据丁玲回忆，毛泽东主席阅读了孙犁的这篇作品，并在发表《荷花淀》的那张《解放日报》边缘空白处写下了这样几个字：这是一个有风格的作家。丁玲马上找到孙犁，希望组织延安的文学作者传达这一评价，孙犁淡然一笑，委婉谢绝了她的好意。1985年3月，丁玲回湖南长沙，康濯接待了她，谈话中再次说到此事：

丁玲同志转过眼看了我一下，身子往沙发背一靠，默神、思虑似的不吭声。我也闭口无言，等着。后来她陡然抬起上半身靠近我，庄严而又止不住兴奋地轻声说道："也是在延安，一次我问主席，看过孙犁的《荷花淀》那几篇小说没有。那是1944（1945）年前后，延安《解放日报》发表的喽！主席说，看过的，又拿一个指头逗点着说，"孙犁，我看是个风格家呢！"

[1] 方纪：《一个有风格的作家——读孙犁的〈白洋淀纪事〉》，百花文艺出版社编《孙犁作品评论集》，百花文艺出版社1982年版，第53页。

她又说，“当然主席上面这些话都是闲谈中说的啰！不过总反映他的爱好，他的意见。”[1]

孙犁的文学创作，在延安引起了巨大反响，也引起了“鲁艺”领导的重视。孙犁晚年回忆道：“在延安时，我发表几篇小说后，周扬同志曾到我的窑洞看望我一次。也没有地方坐，站着和我说了几句话，就走了。当时我是鲁艺文学系的教员，他是院长。”[2]

到达延安后，孙犁眼界大开，从1945年开始，有了一些清晰的创作计划。开始，他想写一部中篇小说《五柳庄纪事》，先写了一个短篇《杀楼》，发表在“鲁艺”的墙报上，4月16日又登载在《解放日报》上。这篇小说塑造了柳英华这一革命军人的形象。柳英华的父亲被鬼子的乱刀砍死，七岁的幼子也被害死。柳英华没有过多安慰痛苦的妻子，更没有哭泣，而是深入敌人心脏，去消灭鬼子。当便衣队混进鬼子的炮楼后，孙犁用自己独特的文笔描写了复仇的场面：

一句话没了，只见提鸡的那个青年，不知道从什么地方抽出一把明亮亮、冷森森的宰猪刀来，左手揪住金田的衣领，右手一按一抹，金田的半个脖子已经下来。那青年一面轻轻把金田放倒，回头一看，只见他的三个伙伴也已经把四个鬼子杀倒在地，简直没有一点声音。[3]

这样场面虽然缺乏细节，但是干净的；虽然见不到血腥，但是比真正的鲜血还要残酷，还要有复仇的力量。这种创作主旨，依旧是要表现抗日战争中的英雄主义。两个月后，也就是1945年6月，孙犁又创作了短篇《村落战》，副题为《五柳庄纪事之二》。这篇小说描写了杀楼取得胜利之后，

---

[1] 康濯：《一颗乐观、开朗的心》，康濯、孙犁等著《真诚礼赞》，作家出版社2010年版，第106页。

[2] 孙犁：《文宗——文事琐谈之四》，《孙犁全集》第9卷，人民文学出版社2004年版，第331页。

[3] 孙犁：《杀楼》，《孙犁全集》第1卷，人民文学出版社2004年版，第326页。

敌人进行了疯狂反扑，两辆铁甲汽车，装着五十多个鬼子，配合着二十匹马队向五柳庄进犯，柳英华和他的战友们，和敌人展开村落战，让进犯的敌人遭到了惨败。

正是在创作《杀楼》和《村落战》之间的5月，孙犁创作了短篇小说《荷花淀》。谈到《荷花淀》的创作时，他说："我在延安的窑洞里一盏油灯下，用自制的墨水和草纸写成这篇小说。我离开家乡、父母、妻子，已经八年了。我很想念他们。也很想念冀中。打败日本帝国主义的信心是坚定的，但还难预料哪年哪月，才能重返故乡。"[1]

《荷花淀》充分展示了农民参加抗日战争所表现出来的爱国之心和民族自尊心，同时也充分展示了农民对家庭和亲人的情感。孙犁把两者有机结合在一起，实现了两者的有机统一，从而取得了创作上的成功。孙犁认为："农民抗日，完全出于自愿。他们热爱自己的家、自己的父母妻子。他们当兵打仗，正是为了保卫他们。暂时的分别，正是为了将来的团聚。父母妻子也是这样想。"[2] 因此，对《荷花淀》有着充分的把握："可以自信，我在写作这篇作品时的思想、感情，和我所处的时代，或人民对作者的要求，不会有任何不符节拍之处，完全是一致的。"[3]

《荷花淀》有一个副题——《白洋淀纪事之一》，这就是说，在《五柳庄纪事》之外，孙犁又开辟一个新的创作系列，以便在延安这一相对稳定的生活环境中，力求使自己的文学创作结出更多的硕果。

1945年8月，孙犁创作了《芦花荡》，标明为《白洋淀纪事之二》，

---

[1] 孙犁：《关于〈荷花淀〉的写作》，《孙犁全集》第5卷，人民文学出版社2004年版，第57页。

[2] 孙犁：《关于〈荷花淀〉的写作》，《孙犁全集》第5卷，人民文学出版社2004年版，第56页。

[3] 孙犁：《关于〈荷花淀〉的写作》，《孙犁全集》第5卷，人民文学出版社2004年版，第57页。

写的却是一个复仇故事。这个复仇故事，并非《荷花淀》诗意风格的延续和扩张，相反，是作家英雄情结的回归。这篇小说是1942年8月创作的《爹娘留下琴和箫》的变种之一，作品的主人公是淀上撑船捕鱼的老艄公，当他撑船护送两个烈士的孩子穿过白洋淀的时候，被敌人发觉，其中一个孩子被敌人的子弹打伤。第二天，老艄公事先下好捕鱼的钩子，然后引来了在淀中洗澡的鬼子，那些像毒蛇一样的钩子勾到了鬼子的大腿上。在敌人的惨叫声中，老艄公撑着船出现了，他举起竹篙狠狠敲击鬼子的脑袋，从而完成了自己的复仇壮举。由此可以看出，孙犁对英雄主义的情有独钟，使白洋淀纪事系列，从一开始就呈现出截然不同的艺术风格。

在《荷花淀》创作之初，孙犁并没有力求创作所谓的“诗意小说”，并形成一种独具个性的艺术风格，他还是比较钟情于英雄主义，还是渴望描写充满血腥和死亡的“战争”和“战争英雄”。但时势造英雄，他创作的《荷花淀》，把人情美、人性美和抗日战争有机交融，形成了鲜明的创作风格。正是因为这种创作风格十分符合孙犁本人的个性，也与时代要求相吻合，个性与时代找到了一个完美的结合点，从而成为革命文学一个全新的样板。

第九章 重返故地

回故乡

1945 年 8 月 15 日，日本宣布无条件投降。当天晚上，延安举办了庆祝抗战胜利的“火把之夜”活动，孙犁却早早睡下了。

抗战胜利后，鲁迅文学艺术院一分为三，一部分留在延安，其余组成东北文艺工作团和华北文艺工作团，奔赴东北和华北新解放的地区去工作。东北文艺工作团由舒群、田方率领，于 9 月 2 日出发，奔赴东北解放区，参加东北地区的解放战争和民主改革运动。之后，全体团员转入东北电影制片厂（现长春电影制片厂）。华北文艺工作团于 9 月 20 日中秋节出发，奔赴晋察冀解放区首府张家口。

孙犁被编入华北文艺工作团。出发那天的上午，全体团员汇聚在“鲁艺”门口合影留念，然后整队离开延安，桥儿沟街上站满了“鲁艺”师生，欢送华北文艺工作团远行。

华北文艺工作团一行五十六人，团长艾青，副团长周巍峙，政委江丰，军事队长彦涵，团员中有画家马达，诗人严辰（厂民）、贺敬之，演员陈强等人，孙犁和凌子风打前站。有很长一段时间，他的主要任务是为女同志们赶毛驴。他回忆道：“那些婴儿们，装在两个荆条筐里，挂在母亲们的两边。小毛驴一走一颠，母亲们的身体一摇一摆，孩子们像燕雏一样，从筐里探出头来，呼喊着，玩闹着，和母亲们爱抚的声音混在一起，震荡着漫长的欢乐的旅途。”[1]

文艺工作团走过清涧、绥德等地，10 月 5 日渡过黄河到达兴县。10 月 22 日，到达神池县同浦路附近，准备越过封锁线。在部队的掩护下，最终还是顺利通过。龟缩在据点里的敌人，看到这支队伍庞大，未敢轻举妄动。孙犁回忆道：

战争后期，我们从延安出发去华北，我当了很长时间的毛驴队长。骑毛驴的都是身体不好的女同志。一天夜晚，偷越同蒲路，因为一位女同志下驴到高粱地去小便，以致与前队失了联络，铁路没有过成，又退回来。第二天夜里再过，我宣布：凡是女同志小便，不准远离队列，即在驴边解手。解毕，由牵驴人立即抱之上驴，在驴背上再系腰带。由于我这一发明，此夜得以胜利通过敌人的封锁线，直到现在，想起来，还觉得有些得意。[2]

11 月初，文艺工作团路过北岳恒山，大家在庙门前驻足休整，进到浑源县城，才彻底放松休息。几天后，队伍经过永定河上游的桑干河，住在杨家店，这里离张家口已经很近了，当地很多人都在张家口做生意，文艺工作团的同志们吃上了炖羊肉和葱爆羊肉。第二天早晨，为了庆祝十月革命节，工作团早上聚餐，吃了炒鸡蛋、炖羊肉、炒茴子白三个菜。当晚住在天镇，天镇建在长城口，出城就是口外。

11 月 8 日，文艺工作团离开天镇，乘火车到达张家口。中共晋察冀中央局宣传部、晋察冀边区文联、《晋察冀日报》社召开了欢迎华北文艺工作团大会，邓拓致辞，华北文艺工作团演出了《夫妻识字》等短剧，演唱了十多首陕北民歌。

---

[1] 孙犁：《服装的故事》，《晚华集》，人民文学出版社 2012 年版，第 21 页。

[2] 孙犁：《牲口的故事》，《远道集》，人民文学出版社 2012 年版，第 31 页。

在张家口，孙犁见到了邓康、康濯等老友。当时已是初冬时节，天气日渐寒冷，孙犁身上还穿着一身很不合体的毛蓝粗布棉衣，显得有些狼狈，过去在边区文协工作的邓康，现在张家口从事财贸工作，见到孙犁这副模样，当天夜晚就把他带回自己的住处，烧了一池热水，让他洗了一个澡，又给了他一些钱，让他在集市上买一些衣物。第二天，孙犁到摊贩市场，买了一件绸纺衬衣、一条日本丝围巾、一顶口外特产狸皮冬帽，把自己武装了起来。然后，又去看望了晋察冀文艺界的老朋友。

到达张家口后，华北文艺工作团整体并入了华北联大。孙犁不愿再从事教学工作，向艾青等人提出回冀中搞创作，得到负责组织工作的姚依林、赵金声（李葆华）等人的支持。他先乘火车到达宣化，从战友王炜那里取了一件日本斗篷和一条军毯，然后步行回家。他从下花园奔逐鹿，经易县过平汉铁路，插入清苑西，然后南行，到达安平县境内，先是见了王林，由王林陪着回到东辽城，一共走了十四天。

走在家乡的土地上，孙犁的心情十分激动，离家已经多年，这里的一草一木都让他感到亲切。走近村边，已经接近黄昏，田野中飘浮着一层白雾，村子里那些破旧房屋的屋顶上飘着袅袅炊烟。孙犁披着那件黄呢斗篷走到家门口，正碰到老父亲出来关大门，看见自己的儿子突然站立在眼前，老人一下背过身子，不断用袖子擦抹流下的热泪。进了屋，妻子自然是惊喜，把怀里的孩子倾过来，对孩子说：这就是你爹！这个儿子就是“冀中一日”的副产品孙晓达，出生以后还没见过自己的父亲。王林在 1945 年 12 月 2 日的日记中写道：“孙犁从延安回来了！不但他父母妻子激动得抱头大哭，连我也激动得一时什么也干不下去。”[1]

孙犁告诉王林，延安那里十分缺乏描写敌后的东西，而且缺得要命，

---

[1] 王端阳、冉淮舟编：《王林日记辑录之一：我与孙犁四十年》，北岳文艺出版社 2019 年版，第 6 页。

为什么敌后没人管这些事情呢！尽管孙犁离开了张家口，但是作为从晋察冀走出的著名作家，他的归来还是引起了文艺界的广泛关注，《晋察冀日报》转载了他的《荷花淀》《芦花荡》《麦收》等作品，张家口电台每天也在广播他的这些小说。

这次回来，孙犁发现父亲苍老了许多，身体很是衰弱。这些年闹日本鬼子，父亲带着一家人东逃西奔，经常背着孙子在野地里奔跑，体力消耗大，饭食也跟不上。过去，他在店铺里当掌柜的，吃得好，在家过日子，战火纷飞，难以为继，舍不得吃，岁数一大，身体就不行了。

见到儿子回来，父亲很高兴。有一天晚上，一家人坐在炕上说闲话，孙犁絮絮叨叨说自己在外面受了好多苦，担了多少惊，父亲突然不高兴了，说："在家里，也不容易！"回到自己屋里，妻抱怨说："你应该先说爹这些年不容易！"[1]

有一天，父亲从地里回来，给孙犁说了一句对子的上联：丁香花，百头，千头，万头。说完，也没让孙犁去对，只是笑了笑。事后，孙犁揣测，那天，父亲下地劳动，看到地里的油菜长得好，心里高兴，才对儿子讲起这些的。但他对这副对联如何对法，没有兴趣，只是听着，没有说什么。后来才知道，父亲所说的，是一副对联的下联，上联是：冰冷酒，一点，两点，三点。"冰冷酒"三个字的左偏旁，分别是"一点水，两点水，三点水"——冰字，在古代书法中，是"水"字左边横撇上加一点。

妻子的脸上也留下了岁月的痕迹，皮肤变得粗糙，而且有了皱纹。她在娘家是老姑娘，从小有些娇生惯养，只会做些针线活，很少下地劳动，更不会织布。嫁到孙家后，孙犁的母亲好下地劳动，尤其好早起，麦秋两季，听见鸡叫，就让她起来做饭，她颇以为苦。婆婆知道她没有力气，常对她说："人的力气是使出来的，要伸懒筋。"有一天，带她到场院去摘北瓜，

[1] 孙犁：《父亲的记忆》，《老荒集》，人民文学出版社 2012 年版，第 108 页。

摘了满满一大筐。婆婆问她："试试，看你背得动吗？"她弯下腰，挎好筐系猛一立，因为北瓜太重，把她弄了个后仰，沾了满身的土，北瓜也滚了满地。她站起来哭了。婆婆倒笑了，自己把北瓜一个个捡起来，背到家里去了。

东辽城有织布的传统，妻子不会。后来孩子多了，穿衣困难，她就下决心学，从纺线到织布，都学会了。孙犁这次回来，看到她两个大拇指，因为织布，推机杼，顶得变了形，又粗、又短，指甲也短了。因为闹日本，家境越来越不好，孙犁又不在家，妻子带着孩子们下场下地。到了集日，自己去卖线卖布。有时和大女儿轮换着背上二斗高粱，走三里路，到集上去粜卖。从来没有叫过苦。[1]

去刘村

孙犁在家里待了四天，便到蠡县去找梁斌。梁斌在蠡县担任县委宣传部部长。这是12月上旬的一个早晨，他行走在冀中平原空旷的田野小路上，褐色的土地上浮动着白色的雾霭，干枯的树枝在晨风中颤动。

蠡县在安平的北边，两县接壤，路途并不远。傍晚，孙犁走进了蠡县县城。县委机关大院所在地原来是一家钱庄，在大院的东屋，孙犁见到梁斌。两人已经好几年不见了，1943年秋天，梁斌到路西，曾去边区文联找过孙犁，当时孙犁正在编辑油印刊物《山》，上面登载了梁斌的小说《父亲》，孙犁把这份刊物给了他。这年冬天，孙犁在山西繁峙县反"扫荡"，梁斌随西北战地服务团行军路过这里到太原去，孙犁得知消息，翻过几个山头去看他。

故友重逢，自然有说不完的话，梁斌建议孙犁到刘村去下乡。刘村在县城东北，离县城不到十里。梁斌还把在县委组织部工作的朱银花叫过来，

---

[1] 孙犁：《亡人逸事》，《尺泽集》，人民文学出版社2012年版，第28-29页。

介绍给孙犁。朱银花是刘村人，她有个妹妹，叫锡花，在村里当干部。梁斌认为她可以给孙犁一些照顾。

过了几天，孙犁到冀中区党委接组织关系。冀中区党委在河间，担任区党委宣传部长的闫子元是安平人，他对孙犁十分熟悉，同意孙犁在蠡县下乡。闫子元出生于 1909 年，是一个老资格的革命家。1923 年 4 月，李大钊在北平介绍安平学生弓仲韬加入中国共产党，弓仲韬回到安平县，在台城村建立了农村党支部，这是成立最早的农村党支部，直接受李大钊的领导。1928 年 1 月，闫子元在这个农村党支部加入了共产党。抗日战争爆发后，安平县成为冀中抗日根据地的中心，闫子元历任中共安平县区委书记、县委书记，冀中一、二地委组织部部长，八地委宣传部部长、地委副书记等职务，在平原游击战中，做出了很大贡献。

在河间招待所，孙犁遇到了“鲁艺”的潘之汀。潘之汀是河北泊头人，这次是带着妻子和孩子回老家去。他出生于 1913 年，1938 年到达陕北并加入中国共产党。先后在抗大、鲁艺学习，后在陕甘宁边区师范、抗大七分校任教。潘之汀待人谦和有礼，孙犁对他印象很好，他的妻子张云芳是延安有名的美人，后来成为著名的话剧演员。

从河间回到安平后，孙犁到黄城去找王林。当时，王林在黄城审查国民党特务暗杀闫俊卿的案件。闫俊卿是安平县南候町村人，1935 年加入中国共产党，抗战初期参加抗日武装，先后任安平县特务大队大队长，公安局敌工股股长，县公安局局长。1944 年的一个夜晚，闫俊卿独自一人去执行任务，从此失踪。后来查明，由于汉奸的出卖，闫俊卿被敌人勒死分尸，尸首无存。

王林见到孙犁到来，拉他去见安平县委书记张根生。张根生爱好写作，对孙犁十分热情。隔了一两天，闫子元也回到安平，当时，安平县正在建造纪念抗战烈士的碑塔，张根生为孙犁提供了李福来、何光耀、张建华三位抗日英烈的英雄事迹，让他撰写了一篇碑文，闫子元为他讲述了安平县革命斗争史。听完闫子元的讲述，阅读了英雄事迹，孙犁情感激荡，挥笔写下了《三烈士事略》。张根生又让孙犁为烈士亭的主碑写几个字，孙犁写了“英风永续”四个大字。负责刻碑的老工人，过去常去孙犁家干活，对孙犁写的这几个字，有的地方不大满意，在刻写的时候，对他的字有所加工。

1946 年 1 月，孙犁去刘村下乡，一个叫芒种的青年送他。平原上大雾弥漫，不见天地，严霜结衣，寒气逼人。走到滹沱河附近，才见到穿透薄雾的阳光。

孙犁到了刘村，先去找那个叫朱锡花的姑娘。锡花在村里担任党支部委员，看上去也就十六七岁，高高的个子，非常热情、爽快和懂事儿。她为孙犁准备了一顿可口的午饭：煮红薯、炒花生、玉茭饼子、杂面汤。朱家是一户中农，母亲早亡，家里只有父亲和爷爷。她的父亲打扮得像一个商人，脸上带着酒气，不好说话，见了人，总有羞愧的神情。在蠡县县城的时候，曾听说他不务正业。孙犁认为，这是他中年单身的缘故。她的爷爷十分活泼，不像是七十来岁的人，黑瘦而健康，笑容不断，好唱昆曲，吃完饭，拍着桌沿儿，给孙犁唱过一段《藏舟》，孙犁觉得，这是一个牲口经纪或者赌场过来的人。

孙犁被安排在村北头一座地主的宅院里。宅院的主人名叫郑志，参加了抗日，在外地工作，女主人到女儿家去了，家里只有一个叫白旦的长工看门。白旦四十多岁，一只眼睛不好，总是流眼泪，不住地用一块破布去擦。这是个外表看上去缺心眼，实际上十分精明的人，对主人忠心耿耿。平时没什么事儿，或者坐在椅子上，或者坐在台阶上静静地待着，有时陪孙犁说说话。夜晚，孙犁在屋里烧一些秫秸取暖，他蹲在一边取火抽烟。看到他，孙犁的心情很沉重，当时，像他这样孤身一人贫苦潦倒的农民太多了。

孙犁住在北屋的东间，是这个宅院最好的房间。有一天，叔父来看他，看见他蹲在炕沿儿下烧秫秸取暖，弓腰弯背，活像一个叫花子，就含着眼泪走了。

平时，白旦帮助他做饭，厨艺还是相当不错的。刘村有大集，孙犁买过一条白鲢，白旦给做了，味道甚佳。中间，孙犁把妻子和两个孩子接过来住了几天，白旦很不耐烦，孙犁只好把他们送回去。一家人坐在大车上，天气很冷，妻子把手插入孙犁棉衣的口袋里，她是多么依赖和信任这个男人啊！夕阳的余晖照在她的脸上，她满脸的幸福。抗战八年，他们分隔日久，转眼，妻子已经四十岁了。

梁斌时常以县委的名义对孙犁给予关照，村长有时便来看望一下，锡花也来过几次，村里的一些姑娘经常结伴来玩儿。村妇救会主任住在孙犁的对门儿，她的丈夫在外面做生意，家里只有她和婆婆。孙犁刚到村里的时候，村干部常来照看，那位颇有心计的黑胖婆母，以为来的什么大人物，便过来看看，热情地邀请孙犁到她家坐坐。

第二天我去了，是在平常人家吃罢早饭的时候。她正在院里打扫，这个庭院显得整齐富裕，门窗油饰还很新鲜。她叫我到儿媳屋里去，儿媳也在屋里招呼了。我走进西间里，看见妇救会主任还没有起床，盖着耀眼的红绫大被，两只白皙丰满的膀子露在被头外面，就像陈列在红绒衬布上的象牙雕刻一般。我被封建意识所拘束，急忙却步转身。她的婆母却在外间吃吃笑了起来，这给我的印象颇为不佳，以后也就再没到她家去过。[1]

婆媳行径如此不正经，实在出乎孙犁的意料，他只能避而远之。有时在街上遇到那位黑胖的婆母，对方也冷淡下来，对孙犁爱答不理。估计她也看出来了，孙犁不是什么大权在握的干部，没必要巴结。

在刘村，孙犁遇到了一位战友，也是郑家人，名叫郑松年，原来在冀中区印刷厂工作，后来调到阜平《晋察冀日报》印刷厂。郑松年脱离革命工作已经四五年了，他的父亲体弱多病，却续娶了一位年轻的继母，不知

---

[1] 孙犁：《某村旧事》，《晚华集》，人民文学出版社 2012 年版，第 42 页。

出于什么考虑，这位继母一定要儿子回家。开始，郑松年不答应，声言抗日为重。不料，这位继母足智多谋，很快为儿子说好一门亲事，让儿子成了亲。新媳妇的枕头风很见功效，新婚之后，郑松年就没再回阜平山地工作。

现在，谈起这些经历，郑松年已经没有了惭怍不安之情，反而有些嘲笑孙犁这种贫苦奔波的生活。孙犁多次劝他归队，他却听不进去，听到说起这种话头，便扬长而去。有一次，郑松年把孙犁带到自己家里做客，那也是一座很大的宅院，走进房间，郑松年那位有些肥胖的女人，从炕上出溜下来出去了。

屋子裱糊得如同雪洞一般，阳光照在洒过桐油的窗纸上，窗纸像玻璃一样明亮，上面贴着红色的剪纸，整个房间弥漫着温柔气息，荡漾着脂粉的气味儿……孙犁靠在折叠的很整齐的被摞上休息了一会儿，忽然不安起来，觉得这个温柔之乡完全可以消磨一个青年人的斗志。他立刻告辞出来，回到自己的冷屋冷炕上去了。他的服装并不齐整，炕上也没整齐的铺盖，只有郑家扔下的破被套，平时还要自己去要米，自己去烧饭，过的是一种近乎游僧的生活，他却乐而忘忧，有着坚定的生活方向。

《冀中导报》的秘书长杨循是旧相识，他的老家在隋东村。这个村子在刘村南边。空闲时，孙犁便到杨循家探望，家里只有杨循的老婆在炕上纺线。梁斌的家乡叫梁庄，离刘村更近，而且他的丈人家就在刘村。有一次，村里人说，梁斌的原配回娘家来了，怂恿他去看看，孙犁想了半天，没有去。当时梁斌正在闹离婚，他想把土地都给自己的老婆，结果被路一劝阻，告诉他无论如何要留下一些。

孙犁在刘村下乡的时候，正值《大公报》记者潘讷到冀中采访，他参观了火线剧社，采访了崔嵬、王林等人，还到刘村访问了孙犁。回去后出版了《冀中解放区漫记》一书，把《关于青年诗人孙犁先生》专列一节，对孙犁做了较为详尽的介绍，其中有这样的文字：

孙犁先生是一个三十岁上下的青年。他是冀中第七分区安平县人。

“七七”事变前，似曾在北平某大学里念过几年书，抗战爆发后即回到老家从事于抗战工作。他是一个天才的诗人，1940 年，曾去延安鲁艺（后并入联大）文艺系讲课，最近是打从张家口回家来，他现在是联大文艺工作团的一员。他曾写过《白洋淀纪事》《麦收》和《钟》《碑》等短篇。关于他的有名的《白洋淀纪事》，《晋察冀日报》文艺副刊的编者曾经作过这样的介绍：

“在敌后，八年的艰苦战争中，冀中白洋淀的人民是表现得非常英勇和顽强的。那里的渔夫组织了有名的‘雁翎队’，以轻舟快桨和具有近代水上装备的敌人周旋于绿苇白波之间；敌人在那里虽然用尽残暴的手段，可是那里的人民始终不屈，一直战斗到胜利的到来。现在特把描写白洋淀人民战斗生活的短篇《白洋淀纪事》介绍给读者。此稿曾发表于延安《解放日报》和重庆的《新华日报》，获得了不少读者的好评。并经张家口新华广播电台广播各地。”

孙犁先生，现在就在离蠡县城不远的刘村住着，到蠡县的当天我就曾去拜望过他。他那长长的瘦削的面孔，有着两颗大而莹亮的眼睛，说话时，头总略向后仰，他这是无时不在审思之中的。我读了他的作品，在我的想象中，就他是最适合于他的作品的作家了。新鲜、明快，而多少带有点埋在深处的脆弱。他常常不断地抽纸烟，我担心他的身体恐是并不十分健康的。

文中提到了《碑》《钟》，都是孙犁在刘村创作的短篇小说，另外还有一篇《藏》。

《碑》写于 1946 年春天。故事发生在抗日战争时期，赵庄的赵老金是一位洒脱乐观的父亲，赵大娘是一位热心肠的女人。赵老金一家常年住着八路军战士，一家人对八路军有着深厚感情。初冬一个寒冷的夜晚，李连长带领一个小分队执行任务时，中途遭遇敌人的伏击，由于寡不敌众，战士们边打边撤，最后撤到河边，全部跳河殉国，赵老金奋力救起两名幸存者，但是李连长和其他战士都牺牲了。从此，赵老金每天都要来到河边，敲开冰封的河面，在河中撒网。他不是打鱼，他是在打捞那些英雄的灵魂。站在河边的那位老人，犹如平原上的一幢纪念碑。

《钟》写于1946年3月，当年5月，孙犁托张庚带给在《晋察冀日报》工作的康濯，让他找地方发表，一时未能如愿。这篇抗战故事，孙犁写得十分“另类”，作品描写了青年女尼慧秀的爱情故事。十八岁的女尼慧秀爱上了麻绳铺里的工人大秋，很快有了身孕。慧秀临盆时，大秋因村里抗日组织开会没有去。小孩生下之后，被老尼姑丢到墙外的苇坑里。几年之后，老尼姑死了，慧秀还俗，分了地，也从事抗日工作。一天半夜，日寇包围了村子，汉奸逼慧秀指认抗日村长大秋，慧秀坚贞不屈，被敌人刺伤。伤好之后，慧秀和大秋结了婚，共同进行抗日斗争。

《藏》写于1946年5月。作品描写了一位青年妇女浅花对参加抗日的丈夫，由怀疑到坚决支持的转变过程。丈夫为了抗日工作，白天夜里都要出去工作，怀孕的妻子起了疑心，以为丈夫在外面有了人。一天，丈夫回来后，妻子死活不让他再离开家，丈夫只好半夜偷偷溜出去，妻子发现后悄悄跟踪他，这才知道丈夫一直在地道里从事抗日工作。惭惶之余，浅花坚决支持丈夫的工作，每天给他送饭。这天，鬼子来到了村庄，丈夫和村里的年轻人奋起抗击，浅花也在洞里生下了一个女孩。

短篇小说《碑》在发表于1946年4月16日《冀中导报》，张家口的《北方文化》第八期予以转载，使这篇作品广为人知，由此也召来了公开批评。

6月30日，白桦在《晋察冀日报》上发表《碑——孙犁作，载〈北方文化〉第八号》一文，对《碑》做了较为全面的评论。文章肯定了这篇小说的优点，同时也指出小说有不真实的一面，一是人物的变化缺乏足够的生活基础：“老金女人的转变，在心理上点描得仿佛不够充分。而且，将她的拥军行为的动机，仅偏重于她的家里‘常住八路军和工作人员’，她的‘熟人很多’，她很怀念她们——这一方面的解释，也是不够的。”再次，作品“使人深深感到对敌憎恶情绪（这是很重要的，没有这个，便衬托不出英勇战斗的重量）的稀薄。原因是，关于敌人的行动和压力，暗示的不足。”“又因为这种关系，便感不到全村的紧张，也感不到全村居民的脉搏和气息。”“对于在火线上挣扎的战士们抱着关心的，只是老金的一家。而其他村民，却在汲汲于自身的安危，却在‘张望’。”当战士们，都悲壮地“跳进结冰的河里”，冒着危险去抢救的，也仅是“老金他们”。这个“他们”，好像也并未包括其他村人在内，而只指老金及其妻女。以后，去打捞尸首的，也仅是老金一个，并没有任何村民过来帮助他。因此，作者不禁发问“这是真实的吗？”并得出结论：“在这里，显得过于单独理想化了的老金及其妻女的行动，因为没有群众做意志背景，无疑地，是减轻了许多力量。”

对这种批评，孙犁从内心是很难接受的，在给康濯的信中，提出了自己的看法：“我不是读者，我是作者，但是我可以说是真实的，因为事情就发生在离我家乡五里的地方。”“批评者或许对冀中当时的环境不甚了了”。因此说“使人感到绝望”“太寂寞了”云云，都是苛刻之词。

在河间

孙犁在刘村下乡三个月，期满之后，按照原计划，准备到白洋淀去。路过冀中区党委所在地河间，又被文协主席王林拦下。当时，冀中区正在推动开展“抗战八年写作运动”。冀中区党委书记兼军区政委林铁撰写了《开展“冀中抗战八年”写作运动》一文，号召文艺工作者和群众拿起笔来，书写八年抗战时期的英雄事迹，在残酷战争中的成就和建设，声讨敌人的罪恶。为此专门成立了“冀中八年抗战写作委员会”，王林、路一、秦兆阳、李湘洲、胡丹佛等人都是委员会成员，王林希望孙犁留在河间，参加委员会的活动。

参加写作运动后，孙犁吃住都在《冀中导报》。杨循在报社任秘书长，能够为他提供很多便利，孙犁在这里结识了报社的王亢之、李麦等人。

《冀中导报》是中共冀中区党委机关报，最初名叫《导报》，于1938年9月10日在任邱县出岸村创刊，社长彭槊，总编辑朱子强。1939年初，因日军不断围攻，冀中区党政机关不断转移，出报困难，《导报》一度停刊 1939年冬复刊，改称《冀中导报》，社长范瑾，副社长兼总编辑朱子强。1942年日军对冀中实行"大扫荡"，《冀中导报》再次停刊，直到1945年6月15日才再次复刊，社长由区党委书记林铁兼任，后由王亢之接任。

王亢之出生于1915年10月，河北省深泽县人。青年时期，参加过"一二·九"运动。1939年春，创办深泽县委机关报《号角报》，开始了他的办报生涯。1940年3月，调任冀中七地委宣传部副部长，并任七地委机关报《新民主报》社长。1944年冬，调冀中区党委宣传部工作。1945年《冀中导报》复刊后，王亢之任副社长，后接任社长。他对于来自各解放区、敌占区的作家杨朔、王林、方纪、孙犁、萧殷、袁静、柳溪以及画家李黑等人十分尊重和信任。孙犁并非报社成员，也常被他拉去当记者、到各地去采访。

在河间，孙犁见到了老朋友远千里。上次见他，还是在安平县的郝村。远千里在梁斌领导的剧社担任文学组组长，孙犁被王林留下编辑《冀中一日》，大家在一个食堂吃饭，经常见面。这次相见，远千里已经疾病缠身，由于行走困难，柱上了双拐。"五一大扫荡"后，他在冀中平原的地洞里坚持办报纸，只有每天清晨，才能出来透透气，在野外的井台上，呼吸寒冷新鲜的空气。地洞里空间狭小，憋闷不堪，如同活埋在在坟墓里，就是在这样的恶劣环境下，远千里就着萤火一样的油灯，刻写抗日宣传品，创作街头诗歌，年复一年。后来又转移到白洋淀的船上去工作，常年被水汽侵蚀，得了全身性的骨质增生病。最初是整个身子坏了，起不来，他很顽强，和疾病做斗争，居然可以借助双拐走路了。他的精神状态很好，十分乐观，经常和孙犁到大堤上散步。他的爱人在"五一大扫荡"后，秋夜蹚水，掉到旷野的一眼水井里牺牲了。后来，孙犁把这一情节写入自己的长篇小说

《风云初记》中，作为女县长李佩钟这一人物形象的终结。

5月4日，中共中央发出《关于土地问题的指示》（即“五四指示”），将抗战时期实行的减租减息政策，改变为没收地主土地分配给农民的政策。解放区各报社的很多编辑记者下放到农村参加土改运动。不久，方纪骑着毛驴从热河来到了河间。抗战胜利后，方纪担任了热河省文联主席，这次到冀中，为的是参加土改工作队，亲身经历土改运动。孙犁在黑马张庄的一家农舍里见到了方纪，方纪的爱人黄人晓正在为他上水洗脚。

孙犁在河间工作不久，家中突遭重大变故，父亲患病去世。1946年5月20日，在给康濯的信中，孙犁说道：“委员会工作刚刚开始，即以父病，遄返故里，侍奉不及一旬，父亲去世，家中生活，顿失轨道，于万分烦躁中，把后事及未来生活略为安顿了一下。”[1]

在《〈善闇室纪年〉摘抄》中，孙犁是这样记载的：

六月，在河间。父亲病，立增叔来叫我。到家，父亲病甚重，说是耩地傍耧，出汗受风。发烧，血尿，血痰。我到安国县，九地委代请一医生，也不高明，遂不起。

父亲自幼学徒，勤奋谨慎，在安国县城内一家店铺工作，直到老年。一生所得，除买地五十亩外，在村北盖新房一所。场院设备：牲口棚、草棚、磨棚俱全。为子孙置下产业，死而后已。这是他们这一代人的哲学。另，即供我读书，愿我能考上邮政局，我未能如命，父亲对我是很失望的。

父亲死后，我才感到我对家庭的责任。过去，我一直像母亲说的，是个“大松心”。

我有很多旧观念。父亲死后，还想给他立个碑。写信请陈肇写了一篇简朴的墓志，其中有“弦歌不断，卒以成名”等词句，并同李黑到店子头

---

[1] 孙犁：《书信·致康濯》，《孙犁文集（补订版）》（9），百花文艺出版社2013年版，第15页。

石匠家，看了一次石头。后因“土改”，遂成泡影。[1]

关于父亲去世的时间，孙犁在不同文稿中有不同记载，考虑到书信是即时写作，应该是准确的，也就是说，孙犁的父亲应该是4月底或5月初去世的，《〈善闇室纪年〉摘抄》中记述为“六月”并不准确。在《父亲的回忆》一文中，孙犁把父亲去世的年份写为1947年，也是误记。

父亲的去世，对孙犁打击很大，家中生活立刻失去了轨道。他在悲痛中处理完父亲的丧事，又开始为一家老小的生活操心。这本不是他的长项，但是养家糊口的责任不可推卸，伤感和郁闷的情绪交织在一起，一时难以排遣，身体状况越来越不好，但他努力使自己振作起来，以更大的精力投入工作，除去参加抗战八年写作运动外，还受冀中区党委的委托，创办《平原杂志》，并担任主编。

《平原杂志》编辑部，设在河间西街路南一个大梢门洞里，靠西墙放一块门板，便是床铺和座位，床前放一张小破桌，就是办公桌。一天下午，孙犁正在街上闲立，从西面来了一辆大车，后面跟着一个人，一瘸一拐的，定睛一看，居然是很久不见的老刁——刁之安。孙犁赶紧把他拦下，请他到梢门洞里坐下休息。1941年8月，孙犁从山地回到冀中探亲，并参加《冀中一日》编辑工作，第二年春天，在七地委招待所等待过路西时，他见过刁之安，当时觉得他很不得意，仿佛在接受什么审查，两人也没有细聊。这次相见，老刁依旧是一副消沉的样子，他告诉孙犁，自己正在寻找育德中学的安志诚先生，请他写个历史证明材料，问孙犁是否知道他的地址。孙犁并不知道安志诚先生现在何处，老刁有些失望，匆匆告辞赶路去了。孙犁没有问他到哪里去，同时又有些迷惑不解，难道他一直在接受审查吗？

对孙犁来说，编辑《平原杂志》驾轻就熟，他一个人几乎包揽了所有

---

[1] 孙犁：《〈善闇室纪年〉摘抄》，《陋巷集》，人民文学出版社2012年版，第13—14页。

事情，常常是上半个月到各地体验生活、从事创作，后半个月回到报社编排稿件。《平原杂志》每期十万字左右，编辑、排版、校对、发行全都要孙犁亲自动手。而且那些来稿，往往是各行各业的人们在战斗之余匆忙写就的，字迹潦草，难以辨认，审阅和编辑这样的稿子并非易事。领导考虑到孙犁一个人力量薄弱，于是决定给他增派一个助手——一位从北京来的女学生。孙犁回忆道：

不久，传说新从北京来了一位女学生，很洋气。又不久，传说区党委觉得我一个人办刊物太烦劳，要把这位女学生分配到这里来。这并非讹传，一天上午，女学生姗姗而来，坐在了我的门板上，这就是柳溪同志。

我和她作了简短的谈话。送走她以后，我想：从在山里时，我就是一个人编刊物，已经成了习惯。添一个人，反倒多一个人的麻烦。又是个女的，诸多不方便。我随即这样回复了上级。[1]

《平原杂志》共出刊七期。每一期都有一个中心，都有一篇很长的编后记。孙犁很注意吸收前人编刊物，尤其是鲁迅编刊物的经验，在对作者的态度、对读者的关心、对文字的严肃、对艺术的要求等方面，都努力向鲁迅学习。在编辑部所在的那个梢门洞里，他接待过往来冀中的一些文艺工作者，他们当中的很多人都成为知名作家。梁斌来看他的时候，送给了他一支手枪，孙犁看到梁斌的褂子太脏了，就送给他一件绿色衬衣，这件衬衣是邓康送给他的。

1946年10月中旬，冀中文协召开成立大会，大会以无记名投票的形式，选举王林、孙犁、李麦、王炎、崔嵬、傅铎、郭维、秦兆阳、远千里、路一、胡丹佛等十五人为执委，胡苏、梁斌为后补执委，孙犁、王林等人为常委，王林为主任，崔嵬为副主任。

---

[1] 孙犁：《〈柳溪短篇小说选集〉序》，《澹定集》，人民文学出版社2012年版，第81–82页。

1946年冬，为了落实“五四指示”，冀中的土地改革拉开了序幕。《冀中导报》社迁出河间，来到肃宁县管中堡村，孙犁住在村东头。一天，魏巍骑着马，携新婚妻子刘秋华来到村里，在《冀中导报》编辑石坚的陪同下来看望孙犁。

刘秋华和孙犁是同乡，她十六岁加入中国共产党，十九岁担任村妇女自卫队指导员。1944年，魏巍被安排住进了刘秋华家里。两个年轻人产生了爱意。魏巍离开后，刘秋华思念着魏巍，她带着弟弟参军了，被分配到《前线报》社做通联工作。日本投降后，魏巍被调任晋察冀七分区政治部宣传科长，七分区所在地正在安平县，恰好刘秋华也要回家，两人相约一起上路，在月色如水的秋夜走了整整一宿。魏巍后来回忆说：“那是我一生中最快乐的一夜，也是最美好的一夜。”1946年3月19日，他们举行了简朴的战地婚礼。

石坚是在1946年夏天调到《冀中导报》当编辑的。当时孙犁主编报纸的“平原”副刊，石坚写了稿子经常向他请教，在孙犁的指导下，他搞清楚了通讯和小说的区别。孙犁主编《平原杂志》的时候，也向石坚约稿，告诉他杂文应该怎样写，建议他先写一些科学小品。

那天晚上，石坚领着魏巍夫妇到了孙犁的住处，老友重逢，同乡相聚，几个人谈兴很高，一直聊到深夜才恋恋不舍地分手。

第十章　投身土改

白洋淀

1947年初，冀中区党委发动了大生产运动，支援解放战争，各村都成立了生产委员会。刚刚获得土地房屋的农民，努力生产，支援前方，整个农村呈现出了前所未有的蓬勃气象。孙犁作为《冀中导报》的记者，随同吴立人、孟庆山等人到安平一带检查工作，写出了《张金花纺织组》《曹蜜田和李素忍》《"帅府"巡礼》《小陈村访刘法文》《访问抗属》等通讯，发表在《冀中导报》上。接着，他踏上了重返白洋淀的路程。

在此之前，孙犁曾有过旧地重游。当时晋察冀边区第八专署为了培养人才，成立了第八中学，1946年夏天，八专署专员鹿一夫亲自邀请孙犁兼任八中六班的语文教师，但是到了秋天，第八中学就搬走，孙犁的这段教员生涯才随之结束。当时在第八中学就读的白昌文回忆说：

为了教我在课堂上学不到的本领，孙犁老师还利用一个星期日，邀我骑上自行车，去了一趟冀中安新县端村。进入这个莲藕成片、芦苇丛生、雁鸭成群、渔船穿梭的水乡，他和老乡们互相问候，问长问短非常熟悉。中午，我们登上一条木质渔船，兴奋、热烈地和船主人握手、聊天儿，主人还热情地以小米饭、炖活鱼款待我们。孙犁老师和主人边吃边谈，不断地发出爽朗的笑声。从他们的言谈话语中我才得知，原来面前这位穿着普通的船主人就是《芦花荡》主人公的原型，这让我兴奋不已，看来，精彩的故事就藏于平静的生活中，就看你如何去挖掘了。[1]

1947年春天，孙犁深入白洋淀水乡采访，写出了一组短文，陆续在《冀中导报》上发表。《织席记》《采蒲台的苇》《安新看卖席记》《新安游记》写于1947年3月，《一别十年同口镇》写于1947年5月，《渔民的生活》注明写于1947年春，都是这次集中采访的成果。在这组文章中，出现的地名有端村、同口镇、采蒲台，还有最容易被人们混淆的新安和安新，这是两个不同的地名。安新县的历史沿革十分复杂，抗战初期，这个县被划为安新和新安二县，后又被划为安新、白洋二县，抗日战争胜利后又合为安新县。

孙犁的这次集中采访，中间有过几次往返，路线也是随机而变。从河间到白洋淀，他先去的是端村，这里有他的一位老熟人刘纪，刘纪担任着冀中隆昌商店的经理，他热情地招待了孙犁，给他提供了很好的食宿。孙犁回忆道："到了安新县，就没有按照采访惯例，到县委宣传部报到，而是住在端村冀中隆昌商店……在他那里，我写了几篇关于席民生活的文章，因为是商店，吃得也比较好。"[2]孙犁未到县委宣传部报道，是因为他并非《冀中导报》的正式记者，只是一个客串的角色。这次采访，体验生活的成分更大些，所以直接找了自己的老朋友。正是这一疏漏，被别人抓住了把柄。

在白洋淀，孙犁走了许多村镇，亲身体验了抗战之后淀区人民的生活和斗争，他从不以干部和名家自居，总是以普通群众的身份和大家闲谈，从容获取了大量的生活素材，每隔一两天就能写出一篇作品，速度之快，

---

[1] 白昌文：《孙犁教我写文章》，《北京支部生活》2012年第5期。

[2] 孙犁：《同口旧事——〈琴和箫〉代序》，《孙犁全集》第6卷，人民文学出版社2004年版，第167页。

很让刘纪吃惊。

同口镇在端村的西边，相距不远，自然是要去的。在《同口旧事》这篇散文中，孙犁回忆说：

既然到了安新，我就想到同口去看看，说实在话，我想去那里，并不是基于什么怀旧之情。到了那里，也没有找过去的同事熟人，我知道很多人到外面工作去了。我投宿在老朋友陈乔的家里，这也是抗日战争期间养成的习惯，住在有些关系的户，在生活上可以得到一些特殊照顾。[1]

按照这段文字来理解，孙犁是先到安新，再到的同口镇，他住在端村，从那里坐船便可到达。但是在《一别十年同口镇》这篇散文中，孙犁又说自己是从高阳到达同口镇的。

我清晨从高阳出发，越过一条堤，便觉到天地和风云都起了变化，堤东地势低下，是大洼的边沿，云雾很低，风声很急，和堤西的高爽，正成一个对照。

顺堤走到同口村边，已经是水乡本色，凌皮已经有些地方解冻，水色清澈得发黑。有很多拖床正在绕道行走。村边村里房上地下，都是大大小小的苇垛，真是山堆海积。[2]

《一别十年同口镇》是当时写就的散文，明确叙述了自己的行进路线，《同口旧事》是晚年所写的回忆文章，对如何到达同口镇的并没有详细说明。因此从高阳到同口的记述应该是准确的，这也间接证明，孙犁对白洋淀的采访，来来回回有多次。

孙犁到了同口镇，看到街道房屋，还残留着战争的创伤。人民的生活

---

[1] 孙犁：《同口旧事——〈琴和箫〉代序》，《孙犁全集》第 6 卷，人民文学出版社 2004 年版，第 169 页。

[2] 孙犁：《一别十年同口镇》，《孙犁全集》第 2 卷，人民文学出版社 2004 年版，第 159 页。

还不富裕。表面看来变化不大，实际上却发生了极为深刻的变化。当初，同口镇上的“三元”是何等骄横！现在，他们有的逃到了南京、上海，有的困死在北平、天津，留在村里的也遭到了清算，代替他们在村里掌权的是那些撒网的渔民。

孙犁教过的学生，大都到外边工作去了。过去根本不能入内参观的陈调元庄园，已经分给了没有房屋的贫苦军属，孙犁能够随意走进这个庄园。他发现，那些贫穷的军属，都住在陈宅的厢房和下房，宽敞的正房都空着。他们住不惯那么大的房子，那里住起来太空也太冷。“穷人们把自家带来的破布门帘挂在那样华贵的门框上，用柴草堵上窗子。院里堆着苇子，在方砖和洋灰铺成的院子里，晒着太阳织席。他们按着他们多年的劳动生活的习惯，安置了他们的房间，利用了这个院子。”[1]

孙犁也看到，这里的土改还不够彻底，那些被清算的地主家中，仍然贴着形形色色美女的照片，仍旧铺着红红绿绿的绸缎被褥，那些过去的小姐和少妇，还是涂脂抹粉，那些昔日的“少爷”，照旧穿着长袍马褂，到处游逛……他们不仅没有学习和劳动，而且心怀怨言。

孙犁还到过采蒲台。采蒲台是安新县最东端一个四面环水的小岛，渔民们生活在淀水中的一个高台上，采撷淀里的蒲草，以编织为生。白洋淀中生长的那种“蒲草”用途很多，可以造纸、编织手工艺品、草垫子和帘子，盖房时还可以把它铺在房顶上，既防虫又保暖。采蒲台的蒲草长得最多，是蒲草的聚集地，采蒲台的芦苇也非常有名，是出产上好芦苇的水村之一。

从河间出发，一直正北，或者从端村往东南走，都可到达采蒲台。在这里，孙犁听到了很多抗日英雄的故事，写了《采蒲台的苇》。1949年，又创作了短篇小说《采蒲台》。

---

[1] 孙犁：《一别十年同口镇》，《孙犁全集》第2卷，人民文学出版社2004年版，第161页。

1947 年 5 月，为配合东北民主联军的夏季攻势，牵制华北之敌增援东北，解放津浦铁路沿线的青县和沧县，中央军委命令发起青沧战役。在冀中区党委召开的一次会议上，号召作家们上前线采访，大家都没吱声，孙犁却站起来报了名。他后来说："这并非由于我特别勇敢，或是觉悟比别人高。因为我脸皮薄，上级一提及作家，我首先沉不住气。"[1]

孙犁从河间骑自行车到了青县，在一个村庄找到了军部，军部的宣传部长又把他介绍到旅部。旅政治部有孙犁在抗战学院时教过的一个学生，这位学生又把自己的老师托付给了要去参加战斗的宣传科王科长。

1947 年 6 月 12 日，青沧战役正式打响。晋察冀野战军及渤海军区、冀中军区各参战部队对青沧沿线国民党军发起全面进攻。担任进攻唐官屯至青县段任务的是第三纵队，12 日 16 时，第八旅向唐官屯发起攻击，到 13 日拂晓，全歼河北保安第二总队一个大队五百余人。王科长带领孙犁参加了这次战斗。战斗结束后，孙犁写了通讯《光复唐官屯之战》，发表在 6 月 18 日的《冀中导报》。在这篇通讯中，孙犁描写了自己的参战见闻：

战斗开始后，王科长和我在唐官屯附近一个菜园里，菜园里有一间土屋，架有指挥部的电话。当战斗进行了十几分钟的时候，王科长带我去过河。河对岸的敌人碉堡，已经被摧毁。我不知道，战士们怎样过的河，很可能是涉水过去的。我们却要在河边等待撑过来的一只大笸箩。我看到河边有几具战士的尸体，被帆布掩盖起来。这时有一发炮弹落到河边，我在沙地上翻滚了几下，然后上到笸箩里，到了对岸。

到了对岸，天已经黑下来，王科长带我进了街。街的那一头还在战斗，他把我安置在一家店铺，就到前面做他的工作去了。

我一个人在店铺黑洞洞的屋里，整整坐了一夜，听着稀稀拉拉的枪炮声。黎明时，王科长才回来，他告诉我已经开仓济贫，叫我去看看市民们

---

[1] 孙犁：《唐官屯》，《老荒集》，人民文学出版社 2012 年版，第 118 页。

领取粮食的场面。

不到中午，这次战争就算胜利结束了，我们来时过的那条河上，已经搭起了浮桥，我从上面走了回来。[1]

在这次战斗中，孙犁丢了一条皮带、挂在皮带上的一只小洋瓷碗，还有一件毛背心。丢了毛背心，孙犁有些心疼，那是请一位女同志，用自己幼年时代的一条大围巾改织而成的。

孙犁这篇通讯中提到，“在路上，遇到一位也是来体验生活的同志，据说是茅盾的女婿，我和他一前一后走着。他牺牲在这次战斗里”。[2]这种说法是不确切的。茅盾的女婿名叫萧逸，1949 年牺牲在解放太原的战斗中。萧逸是江苏南通竹行镇人，出生于 1915 年。抗日战争开始后，投奔延安，是“鲁艺”文学系的第一期学员。毕业后曾担任周扬的秘书。1941 年延安大学成立，他考入延安大学俄文系。1944 年 10 月，经组织批准，萧逸与茅盾的女儿沈霞结婚。1945 年 7 月，大批青年结束在延安的学业，陆续奔赴东北、华北前线，正在此时，沈霞发现自己已经怀孕，毅然去延安白求恩国际和平医院做人流手术，却因手术感染而去世，年仅二十四岁。1946 年萧逸离开延安，担任《晋察冀日报》社和新华社晋察冀总分社记者。1947 年 4 月，新华社晋察冀前线分社成立，萧逸作为记者，随军转战华北各地，参加过保南、正太、清风店、涞水、石家庄、平津等战役的报道，采写了大量有影响的新闻和通讯。1949 年 4 月 15 日在解放太原的战斗中，萧逸在新占领的水泥碉堡里用扩音话筒向对面工事里的敌人喊话，敦促他们放下武器，向解放军投降。不料敌人诈降，一梭子冷枪打过来，萧逸壮烈牺牲，年仅三十四岁！

---

[1] 孙犁：《唐官屯》，《老荒集》，人民文学出版社 2012 年版，第 119-120 页。
[2] 孙犁：《唐官屯》，《老荒集》，人民文学出版社 2012 年版，第 119 页。

大西章

1947年夏天，冀中区从各部门抽调四百余人，分赴各区进行土改复查工作。王林、方纪、秦兆阳、孔厥、袁静等人与冀中火线剧社、冀中群众剧社分赴各地参加土改运动。

孙犁参加了博野县土改复查工作团，一行四人住在博野县大西章村。房东是一位中年寡妇，大儿子参了军，女儿小红和小儿子小金和她在家过日子，家里的房子和地都很少，生活并不富余。尽管如此，大娘还是把一条堆积杂物的土炕给他们扫出来。

孙犁早就知道博野县有一个大西章村，但是一直没有来过。这个村子出过一名三品大员，名叫尹嘉铨，是乾隆年间的一位道学先生，专门讲授《诸子集注》，官至大理寺卿。乾隆四十五年(1780年)，尹嘉铨告老还乡。第二年四月，乾隆西巡五台山，驻跸保定。尹嘉铨一心想拜见皇帝，竟然拿已经入土的老父亲尹会一做文章，向皇上上书并提出：（一）父亲曾经得到皇上的褒奖，请求皇帝赐给谥号。（二）让父亲与开国名臣范文程一起从祀文庙。乾隆皇帝看罢大为恼怒，当即下令革去尹嘉铨的顶戴，交给刑部审讯，指定官员前往抄家，而且特别嘱咐一定要留心搜索检查“狂妄字迹、诗册及书信”。在严刑逼供下，七十多岁的尹嘉铨不得不认罪：“只求皇上将我立置重典，以为天下后世之戒，这就是皇上的恩典。”乾隆皇帝亲自做出裁决，处以绞刑，销毁他的著作及有关书籍九十三种。

在大西章村，孙犁第一次见到了土改工作中对地主的“一打一拉”政策是如何执行的。打，是在会场上，用秫秸棍棒，围着地主斗争。拉，是他在柳林散步时偶尔碰到的。当时正是夏季，地主穿着棉袄棉裤，躺在地上，被一匹大骡子拉着走。骡子不听话，一个青年农民狠狠地控制着它，他很紧张，脸都涨红了，后面还跟着几个贫雇农。这种场面对孙犁刺激很大，他不知道是群众迫不得已才这样做，还是领导不得不这样去布置。他回忆道：

试点工作结束后，人们全撤离了。我走了几天，留恋这家人，骑车子又回来了。一进村，大街上空无一人，在路过地主家门时，那位被拉过的老头，正好走出来。他拄着拐杖，头上裹着一块白布。他用仇恨的目光注视着我。[1]

当时，王林也在博野县参加土改试点工作。有一次，两人骑车南行，孙犁要回家，王林却说："现在正土改试点，不知你为什么还老是回家？"言外之意是怀疑他通风报信。但是孙犁并无此意，只是因为父亲去世不久，妻子刚刚生下了小女儿，一家老小让他放心不下，只想回家看看。

在大西章村，工作组从麦收住到了秋收，孙犁与房东一家相处愉快，也产生了一些情感纠葛。这段情感经历，孙犁几篇文章中都有所涉及，但每次的描写重点都有所不同。在《〈善闇室纪年〉摘抄》中，他是这样记述的：

夏，随工作团，在博野县作土改试点。我在大西章村，住小红家，其母寡居，其弟名小金。一家人对我甚好。我搬到别人家住时，大娘还常叫小金，给我送些吃食，如烙白面饼，腊肉炒鸡蛋等，小红给我缝制花缎钢笔套一个。工作团结束，我对这一家恋恋不舍，又单独搬回她家住了几天。大娘似很为难，我即离去，据说，以后大娘曾带小金到某村找我，并带了一双新做的鞋，未遇而返。进城后，我到安国，曾徒步去博野访问过一次。不知何故，大娘对我已大非昔比，勉强吃了顿饭，还是我掏钱买的菜。归来，我写了一篇"访旧"，非记实也。农民在运动期间，对工作人员表示热情，要之不得尽往自己身上拉。工作组一撤，脸色有变，亦不得谓对自己有什么恶感。后数年，因小金教书，讲我写的课文，写信来，并寄赠大娘照片。我复信，并寄小说一册。自衡感情，已很淡漠，难责他人。不久，"文化

[1] 孙犁：《芸斋小说·石榴》，《如云集》，人民文学出版社2012年版，第13页。

大革命”起，与这一家人的联系，遂断。[1]

1953年1月，孙犁在安国县下乡，先住淤村，后在长仕。住在淤村的时候，这里离大西章村不远，一天，孙犁步行去看望房东大娘一家。但是这次探访令人不快，访问归来，他写了一篇《访旧》，却是“反”着写，写出了一团祥和快乐的氛围。

1988年7月17日，天气十分炎热，孙犁写了一篇“芸斋小说”，名为《石榴》。这篇小说道出了一段隐情。房东大娘的女儿小红，细高身材，皮肤白细，很聪明，好说笑，左眼角上，有一块麦粒大小的伤痕。这样的女孩子，正是孙犁喜欢的类型。在《石榴》中，小红化身为小花，有这样一段情节：

我走回小花家，家里人都去地里干活了，小花正在迎门的板床上歇晌。她穿一身自己织纺的浅色花格裤褂，躺得平平的，胸部鼓动着，嘴唇翕张着，眉上的那块小疤痕，微微地跳动着。她现在美极了，在我眼前，是一幅油画，一座铜雕，一尊玉佛。[2]

这种情感，房东大娘自然会察觉出来。她对孙犁，比对亲儿子还要亲。这种亲，隐含着一种明显的企图。小红早已是一位大姑娘，为了情感之事，跳过一次井，左眼角上的疤痕就是那次留下的。大娘渴望为她找一个合适的人家，尽快嫁出去。工作组撤离后，孙犁惦念着小红，又回到大娘家。走在街上，背后有人议论：怎么又回来了？准是住在小花家。见到大娘后，孙犁告辞，大娘并不挽留，而是说：“别人不知怎么说我们呢！”[3]大娘那种扭捏羞惭的态度，与其说是为难与责难，不如说是制造一种桑蚕破茧

---

[1] 孙犁：《〈善闇室纪年〉摘抄》，《陋巷集》，人民文学出版社2012年版，第14—15页。

[2] 孙犁：《芸斋小说·石榴》，《孙犁全集》第9卷，人民文学出版社2004年版，第12页。

[3] 孙犁：《芸斋小说·石榴》，《孙犁全集》第9卷，人民文学出版社2004年版，第12页。

而出的氛围，有一种引诱孙犁表态的意味儿。孙犁或许不解其意，或是临阵退缩，总之是立刻离开了。但是大娘并未死心，让女儿做了鞋，亲自给孙犁送去。但是未遇而返。不然，不知这段情感如何了断。

如果这是事情的真相，那么20世纪50年代初的那次访旧，对孙犁来讲则纯属多余。当年的小红已经出嫁了，情感的牵扯已经烟消云散，大娘的希冀不复存在，孙犁进了城，各自有各自的生活，在大娘看来，已经是天上地下。见到突然而至的孙犁，昔日的房东大娘，有的只怕是怨恨吧！对孙犁的冷淡，也是情理之中的事。

但是孙犁的情感仿佛受到了很大的打击，在很长一段时间里，对此事耿耿于怀，一直到晚年，在创作《石榴》的时候，在结尾之处，还写下了这样一段文字：

老年人，回顾早年的事，就像清风朗月，一切变得明净自然，任何感情的纠缠，也没有，什么迷惘和失望，也消失了。而当花被晨雾笼罩，月在云中穿度之时，它们的吸引力，是那样强烈，使人目不暇接，废寝忘食，甚至奋不顾身。[1]

孙犁处理情感问题优柔寡断，对于自己的工作，也一筹莫展。在相当长的一段时间里，他都在为自己的处境而烦恼，王林在日记中这样记述："孙犁只是给工作团整材料，做总结。苦恼，又不愿在报社工作。听方纪说东北如何好，哈尔滨十二个报纸等，想去。在冀中无事可做，当区干部当不了。我解释一番，又谈自己如何也离不开冀中。东北文化机关越多，去了越会在机关里下不去，那更写不出文章来。他又动摇了。"[2] 孙犁一直不愿意

[1] 孙犁：《芸斋小说·石榴》，《孙犁全集》第9卷，人民文学出版社2004年版，第12页。

[2] 王端阳、冉淮舟编：《王林日记辑录之一：我与孙犁四十年》，北岳文艺出版社2019年版，第27页。

当编辑，也不愿意当教师，他还是想从事一些行政工作，便于接触实际和体验生活，但是周围的同志都觉得他干不了。从内心来讲，孙犁心有不甘，一直想证明自己不光会写文章，还能统领一方，但苦于得不到大家的承认，这正是他内心苦恼的根源。

搬石头

1947 年 6 月，在晋绥分局领导下，《晋绥日报》率先发起反“客里空”运动，对在新闻采写过程中的失实之处，编辑人员不调查研究，毫无根据地任意删改文章等行为进行自我检查和自我批评。

“客里空”本是苏联话剧《前线》中一个人物的名字。此人是个新闻记者，惯于捕风捉影、制造假新闻，所以就被用来代指在新闻报道中虚构浮夸、爱讲假话、华而不实的人。

8 月 28 日，新华社发表署名总社编辑部的专论《锻炼我们的立场和作风——学〈晋绥日报〉检查工作》，将反“客里空”运动从晋绥解放区推广到其他解放区，由对新闻报道失实现象的纠查，深入对新闻工作者立场与作风的检查，反“客里空”运动开始激烈起来。

1947 年 7 月 17 日至 9 月 13 日，中共中央在河北省平山县西柏坡村召开全国土地会议。会议通过了《中国土地法大纲》共十六条，其根本目标是“废除封建性及半封建性剥削的土地制度，实行耕者有其田的土地制度”，确定了“平均分配一切土地”的方针。这次会议对深入发动农民群众，推动土地改革运动的全面开展，起到了重要的作用。

11 月 22 日至 12 月 8 日，冀中八分区在河间召开土地会议，学习《中国土地法大纲》，传达边区土地会议精神，在思想上和组织上整理干部队伍。会议开了二十天，前十天，查干部阶级成分，查阶级立场和群众观点；后十天，整理干部队伍，民主选举区级平分土地工委会。在此基础上，明确了土改的方法、步骤。会后，全体人员开赴农村，参加土改运动。

土地会议结束后，各支土改工作队分别进行整党，检讨自己的思想问题。孙犁在文联小组，王林为组长。会上，王林认为孙犁作品中所存在的“淡淡的哀愁”“伤感”“不敢描写最尖锐的斗争场面”等等，是“小资气质”的表现。张钧等人则将其提高到阶级观点上来看，认为今天伤感，就是没落阶级的感情！翻身的农民，不会伤感！对王林提出的孙犁“洁身自好、怕事哲学，跟他父亲一样”等问题，尹哲则认为是地主富农另一种思想意识的表现——在大革命时代怕事，还不是为了地富的利益？针对这些批评，孙犁并未进行过多的申辩，他关心自己的家庭成分如何划定，情绪有些激动，最终被“搬石头”。

冬，土改会议，气氛甚左。王林组长，本拟先谈孔厥。我以没有政治经验，不知此次会议的严重性，又急于想知道自己家庭是什么成分，要求先讨论自己，遂陷重围。有些意见，不能接受，说了些感情用事的话。会议僵持不下，遂被“搬石头”，静坐于他室，即隔离也。[1]

“搬石头”作为一个特定名词，指土改复查、重划成分期间批斗地富出身的党员，这类人被视为革命运动的障碍、压在贫雇农身上的“石头”。[2]孙犁虽然被“搬了石头”，但是并无大碍，冀中区党委一些领导同志对他还是肯定的。梁斌回忆道：

尹哲叫我到文联报社和文联去看看，我到了报社，支部书记是朱自强。我到了文联小组，有王林、孙犁、王钊、孔厥、方纪等人。王林的小组长。当我走进这间屋时，王林正在质询孙犁和孙舞阳的关系。孙犁他们村里，有个叫孙舞阳的，是张荫梧委任的县长，孙犁对此问题很觉为难。我带着这个问题回到秘书处，尹哲说“孙犁没有问题，你快去！”我回到文联小组，

[1] 孙犁：《〈善闇室纪年〉摘抄》，《陋巷集》，人民文学出版社2012年版，第15页。
[2] 罗平汉编：《土地改革运动史（1946−1948）》，人民出版社2018年版，第310−317页。

对孙犁的问题说了一些缓解的话。王林很为恼火，红着脖子脸，说："那，你当小组长吧，我不当了！"说着，拂袖而去。当下就是个冷场，我只好主持会议。但是，此事朱自强并不知道。[1]

其他人就没有孙犁这样幸运了。孙犁在《我的仗义》一文中补记道："写小说的孔君，夫妻俩来这里下乡、写作。土地会议时，三言两语，还没说清楚罪名，组长就宣布：开除孔的党籍。我坐在同一条炕上，没有说一句话。前几天，我已经被'搬了石头'。"[2]

这里的孔君是指孔厥。孔厥是江苏吴县人，出生于1914年。抗战爆发后，他在宜兴任《抗战日报》编辑，并参加上海文化界战地服务团。1938年夏来到延安，进入鲁迅艺术学院文学系学习。1939年至1945年，先后任"鲁艺"文学系研究员及助教，并开始文学创作。1947年，受党组织委派，和袁静一起到冀中工作。袁静和孔厥同龄，出身于官宦之家，1935年加入中国共产党。1937年投入抗日斗争，1940年春赴陕北公学学习。1945年，创作秦腔剧本《刘巧儿告状》，后来移植为评剧，产生了巨大影响。来到冀中后，袁静了解到自己的好友——妇联主任马淑芳参加革命的经过和奋斗经历，决心要塑造这样一种妇女典型。后来，她和孔厥合作，写出了章回体长篇小说《新儿女英雄传》。

孙犁家最终被划定为"富农"。父亲在世时，在村北盖起来的那座新院落，拆得只剩三间带耳房的北屋，妻子的两件红大衣柜嫁妆也被抬走；场院里的牲口棚、草棚、磨棚被瓜分，牲口被牵走，家里的五十亩地也被分了出去，一家老小的生活顿时陷入困顿。

很快，孙犁的作品就被作为"客里空"的典型受到批判。1948年1月10日《冀中导报》发表刘敏的《孙犁同志在写作上犯"客里空"错误

---

[1] 梁斌：《三十而立——回忆录之十九》，《新文学史料》1987年第3期，第130页。

[2] 孙犁：《庸庐闲话·我的仗义》，《曲终集》，人民文学出版社2012年版，第61页。

的具体事实》一文，指出“《冀中导报》发表的孙犁同志的《新安游记》《一别十年同口镇》《织席记》，是有严重的‘客里空’和没有立场的坏作风。”

文章首先批评了《织席记》。文中所写“织席的女孩子，本质是穷人，也许她们劳动是希望着一件花布褂”“穿得非常华丽，脸上擦着粉的妇女们，在劳作着，亦是穷人”。文章指出，“从他的写法上，和接触的人上，和体会的感情上，是没有深入真正劳苦的雇贫农妇女中，拿劳苦人的立场、情感、要求，去观察问题。”于是，给孙犁扣上了“侮辱青年妇女”的帽子。

接着批评《新安游记》。《新安游记》描写的是锄奸团的英雄事迹。批判者认为，《新安游记》与实际情况不大相符，作者所写的锄奸英雄姓氏有误，汉奸恶霸的宅院位置也写错了，因此孙犁被扣上了“客里空”的帽子。文章指出：《新安游记》上说，杀大汉奸熊万东的英雄故事，是“熊氏三杰”。但是，“新安从来没有‘熊氏三杰’。杀大汉奸熊万东，是在我锄奸队的领导掌握下，熊管、杜鹏、曹连生他们三个人做的，本是三人三姓，怎么说‘熊氏三杰’呢？那些人现在有的已经成了流氓，吃喝玩乐，群众也不认为他们是豪杰，我们也没有给过他们这样光荣的帽子。孙同志写成‘熊氏三杰’，完全是自造的吧！”又说：“孙同志游到新安城东北角，看到一片靠城邻水的毁灭了的庄基，就写成熊万东的旧宅子，那是完全不对的。那片宅子原是新安著名封建地主董家的，熊万东的宅子在小南街呢！孙同志把董家的宅子写成熊万东的，和事实完全不符，是欺骗群众的。”因此得出结论：“孙同志写材料是无中生有，望风捉影，不实事求是的坏作风，是有害于自己，有害于人民，有害于党报的威信。”

最后批评《一别十年同口镇》。孙犁在这篇文章结尾处写道：“进步了的富农，则在尽力转变着生活方式，陈乔同志的父亲母亲妹妹在昼夜不息地卷着纸烟，还自己成立了一个烟社，有了牌号，我吸了几支，的确不错。他家没有劳动力，卖出了一些地，干起这个营生，生活很是富裕。我想这种家庭生活的进步，很可告慰我那在远方工作的友人。”[1] 批评文章认为，这段话是为富农说话，作者的阶级立场存在问题，孙犁的描写代表了地主富农的思想和立场，在消灭封建剥削、消灭地主阶级的运动中，孙犁反倒赞扬该斗的富农，说他进步，那就是告诉了富农们：“你们赶快去地吧，改为工商业吧！一方面可以保持财产，另一方面可以得个进步的好名。”批评文章质问：“这不是直接代表富农保持财产，而苦害雇贫农的罪恶作品吗？我认为是这样的。”

这篇批评文章的作者刘敏就是安新县人，曾任安新县委组织部部长、区委书记，任邱县委宣传部部长，安新县委副书记，冀中《群众报》总编，《冀中导报》编辑科副科长。孙犁到白洋淀采访，没有到安新县宣传部门联系，而是直接找了自己的战友刘纪，引起了安新县宣传部门的不满；孙犁在土改工作中的表现，令土改工作组大为光火，觉得有必要对他进行适当的警示。因此，《冀中导报》发表的这篇文章是一次有目的、有组织的批判活动。

孙犁的心情很沉重，这是他参加革命以来，遭受的一次比较沉重的打击。一天下午，他去看望担任《前线报》副社长的秦兆阳。秦兆阳是湖北人，瘦高身材，文质彬彬，喜欢写小说，和孙犁是好友。两人走在空旷的田野上，谁也没有说话。秦兆阳十分理解孙犁的心情，但是又能说什么呢？但他还是打破了沉默，谈了自己一篇作品的构想，他想描写一个卖瓜人翻身后的喜悦，并讲了故事情节，孙犁淡淡地说：“那很肤浅，不要写。”临别之际，孙犁突然从口袋里掏出一支钢笔，说：“老秦，这支笔是我从延安带来的。送给你吧！”说完，把笔塞到秦兆阳手里，便匆匆离去了。秦兆阳捏着那支笔，望着孙犁远去的身影，心中五味杂陈。

孙犁也不清楚自己为什么那样做，那是他十分心爱的一支钢笔，许多

---

[1] 孙犁：《一别十年同口镇》，《孙犁全集》第 2 卷，人民文学出版社 2004 年版，第 162 页。

文章都是用它写出来的。但是，文章也是惹祸的根苗，现在把它送出去，潜意识中或许是要和这支笔一刀两断，再也不写文章了吧！

大官厅

土地工作会议结束后，孙犁被下放到饶阳县张岗村从事土改工作，这颇有些让他接触实际、改造思想的意图。

饶阳县北邻肃宁县和蠡县，西连安平县和博野县，东界武强县和献县，南接深县。到饶阳张岗村的时候，正遇上大风天气。冀中平原冬天的风是很猛烈的，飞沙扑面，难以睁眼，孙犁只能附身逆风而行。他先找了一家理发店，要求把头上的长发剪去。理发店的夫妇感到奇怪，不知道他为什么有这样大的火气，连头发都要剃掉。

时值严冬，张岗村的街道上满是冰雪。有一天集日，孙犁买了一双蒲草编织的大草鞋，向房东大娘要了两条破毡条垫在里面，加上新剃的头和一身家做的棉袄棉裤，看上去就是一个土生土长的庄稼汉了。

孙犁每天往返于张岗大街上，吃派饭，发动群众。在群众大会上，孙犁说："我来这里时带来一床白粗布被子，穿一身黑粗布棉衣。你们再看看我走的时候，多了一针一线，就算是贪污了你们的果实。"这番表白自然是有所指，当时很多工作队的干部，手脚不干净，群众意见很大。

在张岗村，孙犁工作了三个月，他认真执行党的土地政策，体现出了超人胆识和政策水平。很多人认为他缺乏行政能力，如果了解他在土改工作中的表现，就会改变这种先入为主的看法。

1950 年 1 月，孙犁写了短篇小说《秋千》，真实反映了这段工作经历。当时，在土改工作中，张岗镇面临着重新"划成分"，村里有人"追三代"，指认大娟的爷爷是一个地主，因此也要把大娟家划为地富阶级。实际上，大娟家在日本入侵时就破产了，爷爷落下半身不遂，她的爹娘早亡，全靠大娟这个十多岁的女孩一人支撑。大娟竭力说明自己没过过一天地主生活，有的人依旧不依不饶。一向活泼的女孩受到打击，变得沉默离群。主持土改工作的李同志抱着公正处事态度，仔细打听大娟爷爷早年的情况，终于帮助她家躲过了劫难——大娟家有过剥削，是老年间的事了，也没有连续三年，按新精神定成分，她还是农民。这篇小说是根据真人真实写成的，在现实生活中，“大娟”名叫边凤旗，李同志自然是孙犁本人。

《秋千》发表后，还是遭到了一些批评，主要理由是孙犁错划了那个女孩子的家庭成分，同情地主。在这些批评言论的影响下，中国青年出版社在印行《白洋淀纪事》时，两次建议他将这篇作品抽去，孙犁均婉言拒绝。

在饶阳的时候，他十分惦念家中的妻儿老小。正在这时，周而复托周扬带给他一笔钱，是在香港出版《荷花淀》作品集的稿费。孙犁托张岗村里的一个粮食小贩，籴了三斗小米，准备接济一下家里的生活。

周而复在20世纪30年代初便在上海参加“左联”活动，1938年到达延安，1939年8月作为八路军总政第五文艺小组组长，同鲁藜一起到达晋察冀边区，不久被选为晋察冀文协执行委员、创作委员会委员与边区文联候补执行委员，与孙犁熟悉。1942年夏，周而复奉命返回延安，1944年到重庆《新华日报》工作。1945年重庆谈判后，成立军调部，周而复作为新华社特派员，参加北平军调部的报道工作。1947年，周而复调入香港，参加文委工作，主编并出版了三辑共三十册的“北方文丛”，在香港与东南亚发行，扩大了解放区文艺在海外的影响力。这部丛书中，就有孙犁的《荷花淀》，列入“北方文丛”第二辑，于1947年4月由香港海洋书屋印行。

孙犁所在工作组受到县里和上级表扬。1948年春，孙犁又被调到三里地以外的大官厅村去“掌握”土改工作。大官厅是饶阳县有名的富村，有很多地主和财东，是封建势力十分强大的村子，有名的大班、二班，像虎狼一样鱼肉乡民，他们的宅院，占了半个村子，一律的青砖卧板。土改收缴的浮财很多，仅丝绵绸缎、单夹皮棉、整匹绢纺，就堆满了五间大屋子，间间顶着房梁。孙犁进驻大官厅时，就睡在堆放浮财的房子里，守着这些值钱的东西，孙犁毫不动心，一尘不染。

有一天，孙犁到一家被扫地出门的地主家里去检查，发现在正房满是灰尘的方桌上，放着一本竹纸印刷的《金瓶梅》，他拿起来翻了翻，又放回原处。那时纪律很严，是不能随便动胜利果实的。直到晚年，孙犁对此事还记忆犹新，“现在想来，可能是明版书，贫农团也不知注意，一定糟蹋了。”[1]

当时，有个工作队员拿了村里一个拇指大的小石猴，拴在烟荷包上，结果却被地主大做文章，四处传言说这个石猴是家里的镇宅之宝，现在被工作队贪污了。这件事给土改工作造成了很坏影响，不得不把这位同志调离。此事对孙犁触动很大，并据此写了一篇题为《石猴》的短篇小说。他在文中说：“兴妖作怪的不是猴儿，是我们的敌人。老侯同志作风不好，叫人家借尸还魂，受点处分也不冤枉。”[2]

大官厅有座小学校，每次贫农团开大会，都在小学校召开，经常一开就是半夜，散会时，已经是满天星斗了。孙犁和学校的老师们混得很熟，校长非常热情厚道，每逢集日改善伙食，总要请孙犁去一块儿解馋。一到开饭，校长总是喊一个名叫秀容的年轻女老师给他盛菜。这位女老师比学生大不了多少，总是甜甜脆脆地应答着，给孙犁捞一碗非常丰盛的肉菜，大大方方地端给他。1995年，已八十多岁的孙犁，还写下了一篇《记秀容》，回忆了当时的情景。

当时，方纪、王林、李克明等人都在饶阳县参加土改。一有时间，他们就来看望孙犁，尤其李克明，经常出现在大官厅的小学校里。小学校有

---

[1] 孙犁：《野味读书》，《曲终集》，人民文学出版社2012年版，第80页。
[2] 孙犁：《石猴——平分杂记》，《孙犁全集》第1卷，人民文学出版社2004年版，第278页。

一位姓许的老师，拉一手好胡琴。孙犁常常在悠扬的胡琴伴奏下，唱起他拿手的京剧唱段。他的唱腔引来不少文艺爱好者，甚至当地驻军医院里的一些同志也赶来欣赏。

给孙犁拉过胡琴的还有方纪，方纪当时正在构思长篇小说《老桑树下的故事》，一有闲暇就跑来看望孙犁，两人经常骑着自行车，在乡间土路驰骋。有时兴致所至，方纪就手操京胡，由孙犁亮开嗓子来段《失空斩》或《捉放曹》。

身在蠡县的梁斌有时也来看望，通过孙犁了解到不少张岗村和大官亭村的情况，对丰富他的创作素材起了很大作用。张岗村的农民为抵制强行摊派，联合起来和地主打官司，官司输了，很多穷人倾家荡产，有个穷人还气瞎了眼。这件事给梁斌留下了深刻的印象。《红旗谱》中朱老巩大闹柳树林的场景描写，借用的也是大官亭附近滹沱河大堤的百里柳林。

土地会议后，干部家庭成分不好者，必须回避，孙犁一直不能回家。到了麦收时节，需要更换夏衣，他一路西行，回到东辽城。土改后，衣物均被封存在自家的柜中，孙犁请贫农团派人监督，取出了自己的衣物。

1948 年夏天，滹沱河发了大水，土改工作也基本结束。中央工作团由康克清带领，对各区土改工作进行全面复查。重点检查三项内容：工作队和贫农团的关系为主的干群关系；错划成分问题；土地浮财分配问题。孙犁领导的张岗村和大官亭村，由于注意政策，工作过细，干部群众都比较满意。

在全县土改复查这段时间，孙犁相对空闲，他回到张岗村，找了个僻静的人家专心写作。7 月 10 日，创作了短篇小说《光荣》，这是根据饶阳县姚庄村尹玉芬的事迹创作的。“七七”事变之后，小姑娘秀梅和本村十五岁的小伙子原生卡了国民党逃兵的一支枪，原生在秀梅的鼓励下参加了八路军。原生的媳妇儿小五是一个落后分子，因为原生常年在外，经常和婆婆吵架。秀梅和本村的妇女们对她进行帮助和劝解，小五执意不听，与原生离了婚。原生家里只剩下两位老人，生活很是困难，秀梅经常来原生家帮忙，并决意不嫁，一心等待原生归来。后来，原生立下战功，回到家乡，全区为他召开庆功大会。返回部队时，母亲提出要原生与秀梅订婚，二人结下良缘。孙犁晚年曾说，《光荣》是他最喜欢的小说。“在这篇作品中，充满我童年时代的欢乐和幻想。”[1]

8 月 8 日，晋察冀边区文联和晋冀鲁豫边区文联在石家庄联合召开文艺工作会议，决定两边区文联合并，成立华北文艺界协会。薄一波、周扬等出席会议。孙犁与方纪、王林等人参加了这次会议，会上，有人对孙犁的作品提出了批评，也有人对孙犁表示同情，孙犁自己保持沉默。在这次会议上，他认识了诗人吕剑。

到深县

1948 年 9 月 7 日，孙犁在给康濯的信中说：“根据上级的意见和我们的要求，我将到深县做实际工作”。“到深县，不是做副宣传部长，就是做副教育科长，虽系副职，照顾‘创作’，但我倒是想学做一些文章以外的实际工作，借以锻炼自己一些能力。改变一下感情，脱离一个时期文墨生涯，对我日渐衰弱的身体，也有好处。其打算就不过如此。”[2]

孙犁到深县担任了县委宣传部副部长，分管国民教育、社会教育，包括乡村文艺活动，生活费用仍由冀中文联供给。刚到深县的时候，由于在土改会议上受过批判，孙犁觉得有些自卑，但很快就觉得自己多虑了，在这里工作的同志们都很好，对他也没什么歧视，大家对他都很谅解。他和县委书记、县长、公安局长、妇联主任都谈得来。他总结了自己的交往经验：一不过问工作，二烟酒不分，三平日说说笑笑。

---

[1] 孙犁：《答吴泰昌问》，《澹定集》，人民文学出版社 2012 年版，第 6 页。

[2] 孙犁：《孙犁致康濯信》，《陋巷集》，人民文学出版社 2012 年版，第 256–257 页。

深县离安平很近，由于惦记母亲和妻儿，孙犁经常回家，路过店子头村的时候，便去看望杜姓表姐。这位表姐母亲去世得早，从小在孙犁家长大，孙犁小时候得到她很多照顾。她嫁到店子头村，婆婆待她不好，生活很不如意。孙犁来到之后，她仍不能停下手中的活计，盘腿坐在炕上，一面手摇纺车，一面和他说话。两年之后，这位表姐死于难产。

在深县，孙犁去的最多的地方是深县中学。当初，抗战学院在深县中学办学，他曾在这里授课。在深县中学，孙犁和一位名叫康迈千的老师混得最熟，孙犁经常去找他。有一天，他忽然发现了自己有些异样：

1948年秋季，我到深县，任宣传部副部长，算是下乡。时父亲已去世，老区土改尚未结束，一家老小的生活前途，萦系我心。在深县结识了一位中学老师，叫康迈千。他住在一座小楼上。有一天我去看他，登完楼梯，在迎面挂着的大镜子里，看到我的头部，不断颤动。这是我第一次发现自己的病症，当时并未在意，以为是上楼梯走的太急了，随即忘去。[1]

孙犁没有想到，这种症候伴随了他的一生。出现这种症状，自然和幼年惊风疾留下的病根儿有关，更主要的是回到冀中以后，父亲去世，土改运动，加之作品遭受批判，一系列的挫折与打击接踵而至，使他身心交瘁，神经系统上的一些病症开始显现。

12月，冀中区党委托方纪打来电话，要求孙犁回河间，准备进天津。孙犁不想走，最终还是骑上车子回去了。在深县，孙犁只工作了半年，离开时，县委组织部长给他做了鉴定：知识分子与工人干部相结合的模范。

回到河间后，稍事休息，孙犁便与方纪、秦兆阳一同骑车去胜芳。胜芳据天津四十五公里，当时属河北霸县管辖，是一座始建于春秋末期的古镇。这座古镇位于白洋淀东部，与天津相邻。相传乾隆皇帝曾到这里微服

---

[1] 孙犁：《我的金石美术图画书·附记》，《孙犁全集》第8卷，人民文学出版社2004年版，第368页。

私访，留下了“胜水荷香，万世流芳”的批谕。胜芳的东北边，就是有名的杨柳青，平津战役前线指挥部就设在那里。

天津正面临着解放。黄松龄、王亢之、朱九思、范瑾、董东、邵红叶、王友唐等人组成《天津日报》社务委员会，为进驻天津做准备。

有一天，在一个狭长的瓦房院里，大家抄手坐在自己的行军背包上，听候领导宣布随军进城干部分配名单。其他系统都分配走了，最后，身披黄毛领灰大衣的王亢之，站到瓦门楼台阶上，宣布了分配到《天津日报》的名单，这些人来自华北的《人民日报》《冀中导报》、冀东《群众日报》《新保定报》，还有一些是从北平、天津出来投奔革命的大学生。

大家在胜芳等候打下天津。孙犁住在临河的一间房子里。夜里无事，他写了短篇小说《蒿儿梁》，此时已经是 1949 年 1 月 12 日。

在进入天津的前夜，孙犁想到了地处高山峻岭上的那个小小的村庄和生活在那里的人们。他或许意识到：过去的战斗生活已经渐渐远去，一种新的生活即将开始。

第十一章　踏入津门

文艺周刊

1949 年 1 月 15 日，天津解放。第二天，孙犁和方纪等人，从胜芳出发，经过西沽进城。王林是 1 月 21 日进城的，他在当天的日记中写道：“进入津市前，外围尚有地雷没有起完，西北城角街上热闹得很，小摊在马路上乱卖，电车行驶都很不容易。孙犁谈克服后翌日他们来津，道路更拥挤，几乎被马挤到水里，方纪就差一点儿踏在地雷上，叫担架大怒。道路那时挤得厉害，孙说从西沽挤到报社，几乎走了五个钟头。”[1]

1 月 17 日，《天津日报》正式创刊。班子成员包括：社长黄松龄，副社长王亢之；总编辑朱九思；副总编辑范瑾；编辑部部长董东；编辑部副部长郭小川；通讯部部长邵红叶；通讯部副部长李麦、林间；副刊科科长方纪，副刊科副科长孙犁；研究部部长鲁西良；研究部副部长张维冷；经理部经理王友唐。《天津日报》社、新华社天津分社、天津人民广播电台合署办公，后来才分开。黄松龄是市委宣传部部长，报社的日常工作由王

[1] 王端阳、冉淮舟编：《王林日记辑录之一：我与孙犁四十年》，北岳文艺出版社 2019 年版，第 33 页。

亢之负责。

天津解放后，孤守北平的二十五万国民党军队陷于绝境，国民党华北“剿总”总司令傅作义接受了解放军提出的和平条件，并于1月21日签订了《关于和平解决北平问题的协议》。31日，人民解放军进驻北平城，北平宣告和平解放。

孙犁不乐意做报纸编辑，而是热衷于文学创作。2月21日，他在写给康濯的信中，道出了自己的心曲：“日前，方纪回冀中去了，一月方归。我很累，编辑工作，我实不愿做，特别是在城市做报纸副刊，有些海派事，实不习惯。”“另外，我仍不死心，恋恋写作，春天冀中建政、大生产，我想回去写小说，不知能否成功。”[1]

3月18日，孙犁在给康濯的信中告知，自己回了趟冀中，带出来一个小孩。这次回家，带有春节探亲的意味。他回忆道：

一九四九年一月，我随《冀中导报》的人马，进入天津，在新办的《天津日报》工作。很多同志，都有眷属。过了春节，我也想回家去看看。还想像来时一样，骑那辆破自行车。可是没走出南市，我就退回来了。一是我骑车技术不行，街上人太多，一时出不了城。二是我方向也弄不清，怕走错了路。我到长途汽车站买了一张去河间的票，第二天清晨上车，天黑了才到河间。河间是熟地方，我投宿在新华书店，先去雇了一辆大车。第二天车夫又变了卦，不愿去了。我只好步行到肃宁，那里有一个熟识的纸厂，住了一宿，再坐纸厂去安国的大车，半路下车，走回老家。

这次回家，为了减轻家里的负担，把二女儿带出。先由她舅父用牛车把我们送到安国县，再买长途汽车票。那时的长途汽车，都是破旧的大卡车，卖票又没限制，路上不断抛锚。二女儿因为从小没有跟过我，一路上很规矩，

[1] 孙犁：《书信·致康濯》，《孙犁文集（补订版）》（9），百花文艺出版社2013年版，第33页。

她坐在车边，碰掉一个牙齿，也不敢哭。[1]

孙犁住在报社一间不到十平方米的小屋子里，一张桌子，两张单人床，就没有什么空余的地方了。孙犁很忙，白天到报社上班，屋子里只留下小淼一个人，她除了睡觉，没有其他的事情可干，离开家乡来到这座陌生的城市，关在这间小屋里，孤独得要死，她伤心地哭了。孙犁很心疼，觉得孩子很可怜，便带她去投考天津市实验小学，这是一所办得很好的寄宿学校。老师问了她几个问题，就接受了这个从农村来的孩子，孙犁终于松了一口气。

3 月 24 日，《天津日报》副刊“文艺周刊”正式创刊。当时，方纪是副刊科科长，孙犁是副科长，“文艺周刊”的编辑，主要是邹明和李牧歌夫妇，李牧歌看初稿，邹明二审，孙犁终审。

邹明出生于 1923 年，福建福安人，大学毕业，1947 年参加工作，曾给首长当过一段秘书，最后分派到报社工作。李牧歌出生于 1921 年，与邹明同乡，大学毕业，1947 年参加革命工作，历任冀察热辽军区司令部《后勤报》编辑，天津市军管会干部，《天津日报》副刊部编辑。

李牧歌回忆：“对于孙犁审定的可用稿子发回后，每次我都一页一页地翻阅，认真琢磨他的改动。有时仅仅一句话，或一个字，画龙点睛似的，把整篇作品点活了。可是他，是不轻易在作者的稿子上改动的。”“从解放初期至 1956 年，我的工作几乎都是在孙犁的严格领导下做的，孙犁不许随便改动作者的稿子，你改错了，他要在稿签上批评的。他也不允许在作者的稿子上做什么记号或沾上什么脏东西。”[2]

为了培养业余作者，孙犁还组建了业余写作小组，结合业余作者的具体作品讲课或写评论文章。张家珠回忆：“天津解放以后，人民群众的政

---

[1] 孙犁：《移家天津》，《老荒集》，人民文学出版社 2012 年版，第 122-123 页。
[2] 李牧歌：《秋天的回忆——记孙犁》，《天津日报》2004 年 12 月 16 日。

治热情很高，特别是一部分青年工人，基层干部和青年学生，他们把自己对新生活的感悟诉诸文章，‘文艺周刊’的出版，恰恰给他们提供了一个发表作品的园地。在这个历史背景下，《天津日报》文艺部所组织的以工人为主体的业余写作小组便应运而生。业余写作小组定期开会，根据报纸在一个时期宣传的要求，给小组成员出题目，发放写作提纲等。在召开业余作者座谈会之前，文艺部的同志都做了充分的准备，如开会的内容、涉及的问题、与会人员等，会议由部领导主持，然后是业余作者的自由发言，最后由孙犁同志做总结性的发言。”[1]

去意彷徨

4 月 2 日，孙犁在给康濯的信中说：“关于工作和生活，我在这里工作并不安心，此中有很多原因，另有一个小原因，就是我还想写东西。最近我要抽一定时间去工厂写些速写和报告，写关于工人的小说，一时不易做到，但速写是可以的。关于农村，一时恐怕是回不去了。”[2]

孙犁不仅要专注于文学创作，而且力求实现创作内容的转换，由农村转向工厂。在进入天津的前夜，就“如何组织起一支工人文艺队伍”这一问题，孙犁专门写了《谈工厂文艺》一文，发表在 1949 年 1 月 18 日的《天津日报》。文章提出，在天津，文艺工作主要是为工人服务，并在工厂、作坊，培养工人自己的文艺。文章以街头诗、“顺口溜”为例，谈其过去在农村、在战场所起到的重要作用和以后在城市、在工厂所可能起到的作用，强调应注重发挥其战斗性和现实功用。滕云认为，“这篇不显眼的文

---

[1] 张家珠：《孙犁同志和业余作者》，张建星主编《孙犁文集：天津日报珍藏版》（下），文汇出版社 2008 年版，第 1136 页。

[2] 孙犁：《书信·致康濯》，《孙犁文集（补订版）》，百花文艺出版社 2013 年版，第 36 页。

章，贮存着、释放着他的文学生涯将从此转折，文学道路将从此转轨的信息。他更不可能意识到，在文学史研究意义上，这篇文章作为新中国成立前获解放的这座大城市新文学建设的第一声，贮存着、释放着解放区文学向新中国文学转变的信息。”[1]

孙犁发表的一些作品，依旧受到某些人的责难，他为此苦恼，在给康濯的信中说道："关于《嘱咐》这里的反映也不一致，知识分子首先感到这篇东西感情不健康，而有的工农干部却说不错，这并非拉一下工人来给自己助威，但批评这个东西，在今天很难说，它常常是由'上'来个号召，就造成了群众的影响。因为写批评，就是代表工农甚至代表党来说话的，声威越大越好，叫群众服从，真正群众的意见，是湮没了。从冀中一来，我有了这么个认识，当然我写作上的缺点，我要克服。”[2]

对于一些批评，孙犁觉得无可奈何。他敏锐地意识到，当前的文学评论出现了一些不好的苗头，即便是一些内行领导也不能免俗。4 月 7 日，王林日记记载："晚饭后到《河北日报》社，同远千里谈了会儿。远说《私生子》写得严肃朴素，但不如《十八匹战马》《一头牛四条腿》写得好，感情上起波浪。又说孙犁同志将女人写得那么美，动人是动人，但有些病态（指作者的情感上）。”[3]

从 4 月份开始，孙犁开始创作中篇小说《互助组》，一直到 9 月完成。这部小说分山下两篇，共二十五节，上篇"互助组"十三节，主要描写解放区农村互助合作运动的历程。下篇"复查以后"共十二节，主要描写土改运动给农民带来的欢乐，以及为巩固胜利果实而进行的斗争。这部小说

---

[1] 滕云：《国初孙犁》，《中华读书报》2003 年 7 月 23 日。

[2] 孙犁：《书信·致康濯》，《孙犁文集（补订版）》（9），百花文艺出版社 2013 年版，第 36 页。

[3] 王端阳、冉淮舟编：《王林日记辑录之一：我与孙犁四十年》，北岳文艺出版社 2019 年版，第 34 页。

动用了孙犁在饶阳县进行土改运动的生活积累，是他当年与那里的农民紧密结合的真实写照。[1] 王林对这部作品评价甚高，在日记中写道：“孙犁同志《互助组》第一篇只看了一半，就感到踏实，人物也生动。”[2] 稍后，这部中篇小说出版了单行本，按照出版社的要求，改名为《村歌》。

北平和平解放后，康濯很快进京，参加筹备全国第一次文代会的工作，担任起草委员会的秘书。孙犁却一直劝他离开文艺圈，专心从事文学创作。5 月 26 日，在给康濯的信中谈道：“关于工作的事，我也会说不会做，如果单是从经验和认识讲，我希望你不要去做什么全国文协吧。我觉得离开文艺文化的圈子，才真正是文艺的天下，做实际工作，反而能写文章，反有兴趣写，这已经是经验证明了的。有稿子交出去，比什么都好，何必站在文坛之上，陪侍鞠躬行礼如仪？”“目前的情形，好像有两种办法：一是做文化工作，打起杂来，没有作品。一是决心改行，在行政上熬上去，心安理得。但在你，恐怕要不甘心这样的，做做实际工作，集中力量写写，再做工作，这不是你老早告诉过我的吗？”对于自己的情形，他再次说：“关于工作，我自己也在不安心，我在这里，倒不是没有时间写东西，但就是因为做着编辑，左支右绌，不得从容。”[3]

7 月 2 日至 19 日，中华全国文学艺术工作者第一次代表大会在北平召开。大会明确提出以毛泽东《在延安文艺座谈会上的讲话》为今后文艺的思想原则和指导方针，坚持文艺为人民大众首先是为工农兵服务的方向，坚持普及第一、在普及的基础上的提高，坚持文艺工作与工农大众相结合。会上还成立了中华全国文学艺术界联合会，郭沫若为主席，周扬等为副主

---

[1] 周申明、杨振喜：《孙犁评传》，百花文艺出版社 1990 年版，第 174 页。

[2] 王端阳、冉淮舟：《王林日记辑录之一：我与孙犁四十年》，北岳文艺出版社 2019 年版，第 34 页。

[3] 孙犁：《书信·致康濯》，《孙犁文集（补订版）》（9），百花文艺出版社 2013 年版，第 39 页。

席；还分别成立了中华全国文学、戏剧、电影艺术、音乐、美术、舞蹈工作者协会。

《天津日报》的孙犁、方纪、劳荣参加了大会，其他单位参会的有王林、马达、鲁藜等人。孙犁并没有随大部队提前到京，而是留在天津编报纸。7月2日举办大会开幕式，孙犁到京参会，当晚又回了天津，除了编辑报纸，还是专注于《互助组》的创作。

孙犁对自己的短篇小说《钟》十分看重，一直托康濯找地方发表，但屡屡受挫。1946年5月26日致信康濯："兹托张庚同志带去《钟》一篇，你看看是否可找地方发表，并来信提些意见，自觉其中小资情绪浓厚，不过既然产生，也有珍惜之念罢了。"[1]但作品发表不出来，孙犁并不死心，把作品又进行了一次较大的修改，1946年9月1日给康濯寄信："《钟》一篇不发表最好。但我又把它改了一次，小尼姑换成了一个流离失所寄居庙宇的妇女，徒弟改为女儿。此外删了一些伤感，剔除了一些'怨女征夫'的味道。我还想寄给你看看。"[2]一直到1949年，孙犁还在修改这篇作品，10月18日，在给康濯的信中说："《钟》已改好，原则上以第一次稿件为准，减少了她的徒儿和大秋的新媳妇，结束时叫大秋和她结了婚，这样完整一些。但尼姑这个东西，我总有些不安，但不叫她是尼姑，也实在不忍舍弃那当时的情调。"[3]10月29日，孙犁又一次发出了请求："《钟》寄给你，望你有精神再看一遍，看看是不是找个地方发表？如果你认为可以发表，则连同我存在你那里的几篇文章，是不是可以凑成一本小集？如

[1] 孙犁：《孙犁致康濯信》，《孙犁全集》第8卷，人民文学出版社2004年版，第236页。

[2] 孙犁：《孙犁致康濯信》，《孙犁全集》第8卷，人民文学出版社2004年版，第246页。

[3] 孙犁：《书信·致康濯》，《孙犁全集》第11卷，人民文学出版社2004版，第19页。

果你认为可以凑成，就请寄给周而复吧。上海书印得漂亮。”[1]经过康濯的推荐，《钟》最终发表在《文艺劳动》1949 年第六期上。

《钟》这篇作品可能触及了孙犁潜意识中的一些隐秘之处。在这篇小说中，有两个细节值得注意：一是尼姑，孙犁称之为难以割舍的情调。一是芦苇和弃儿。这两个细节，都和孙犁幼年的记忆有关。

1982 年，孙犁写了《母亲的记忆》一文，在这篇不到八百字的短文中，他却不惜笔墨，用了一百余字描写了幼年时期对两个年轻尼姑的印象：

有两个远村的尼姑，每年麦秋收成后，总到我们家化缘。母亲除给她们很多粮食外，还常留她们食宿。我记得有一个年轻的尼姑，长得眉清目秀。冬天住在我家，她怀揣一个蝈蝈葫芦，夜里叫得很好听，我很想要。第二天清早，母亲告诉她，小尼姑就把蝈蝈送给我了。[2]

和年轻尼姑的这种接触，对年幼的孙犁形成了强有力的刺激，给他留下了不可磨灭的印象。年轻漂亮的尼姑成为他幼年的一种深层记忆，构成其潜意识深处的一个情结。孙犁之所以选择尼姑为女主人公，正是在这种情结驱动下的必然结果，这或许就是孙犁“实在不忍舍弃那当时的情调”的原因吧！

1930 年，孙犁在《育德月刊》第二卷第十期上发表了短篇小说《弃儿》。这篇略显稚嫩的作品描写了一个举人家的大少奶奶，自从死了丈夫，守节不嫁，因此家里挂了很多贞节牌匾。就是这样一位贞节寡妇居然有了身孕，产下了一个私生子。私生子被抛弃在村外的苇坑边，引起了人们的围观和议论。事情败露后，大少奶奶在忧郁中一命而亡。[3]年轻孙犁在这篇作品

---

[1] 孙犁：《书信·致康濯》，《孙犁全集》第 11 卷，人民文学出版社 2004 版，第 19 页。

[2] 孙犁：《母亲的记忆》，《孙犁全集》第 7 卷，人民文学出版社 2004 年版，第 48 页。

[3] 孙犁：《弃儿》，《孙犁全集》第 10 卷，人民文学出版社 2004 年版，第 6—9 页。

中表达了封建礼教对人性的摧残，表达了对无辜小生命遭受残害的人道主义同情，体现了“五四”时期“为人生”的文学价值观。孙犁在创作这篇小说时，不过十七岁，这个故事，很可能是他幼年时听来的，但对他幼小的心灵产生了深刻影响。寡妇偷情并产下私生子，同样具有强烈的“犯禁”气息。这充分说明，孙犁在幼年时代就对两性关系保持着高度敏感，青少年时代涌动的那些冲破清规戒律的冲动，促成了他丰富的艺术想象，成为他艺术创作的一种强大动力。

电影脚本

进入大城市的孙犁，对一些陌生领域和新鲜事物十分感兴趣，都想尝试一下。11 月 9 日，在给康濯的信中说，他最近弄了一次广播，觉得很有意思。天津人民电台的台长鲁荻，是从晋察冀出来的干部，为了提高收听效果，他希望一些作家能够在电台亲自广播自己的作品。孙犁受到了邀请，拿着自己的稿子，走进一间空旷的屋子，屋里只有一位漂亮的女播音员在等他。孙犁坐在播音台上，照着稿子宣读，他念的是在 10 月 23 日写下的一篇广播稿《学习问题》，半个钟头要念完四千五百字，一边念，一边看钟表，以便调整播音的速度。自己发出的声音，在播音室里得不到任何反响，不知道是什么效果，更不可能看到听众的反应，不会因为在大庭广众之下，因为讲得好而受到鼓舞，也不会因为看到观众沮丧的表情而败兴。孙犁觉得，在一个大大的、静静的房间里，面对一个如花似玉的女士，宣读自己的大作，真是“灵感”得很。[1]

孙犁还弄过一次电影剧本。电影导演凌子风和孙犁十分熟悉，鼓励他写一个关于白洋淀的电影剧本。

---

[1] 孙犁：《书信·致康濯》，《孙犁文集（补订版）》（9），百花文艺出版社 2013 年版，第 49 页。

凌子风，原名凌风，1917 年出生于北京一个满族书香门第世家。1933 年考入北平国立艺术专科学校油画系，后转入雕塑系。1935 年成为南京国立戏剧学校舞台美术专业第一期学生。1940 年担任冀中军区火线剧社副社长。1944 年担任延安鲁迅艺术学院教员。1945 年担任华北联大艺术学院教员。1946 年担任延安电影厂演员、延安战地摄影队队长、西北电影工学队教学部部长。1949 年开始担任东北电影制片厂导演，北京电影制片厂导演。

受到凌子风的鼓动，孙犁有些跃跃欲试，把自己写过的一些小说、散文，重新编排了一下，形成一个较为完整的故事，为了丰富剧本的内容，还新写了一些篇章，弄好以后，剪贴抄录在一本旧公文纸簿上，很快寄给了凌子风。

过了好长时间，才接到凌子风的来信，说是脚本先送茅盾同志审阅，同意了；后又送给周扬同志审阅，否定了。现将脚本奉还。凌子风还把周扬的批示抄录在脚本封皮之后。脚本的封面之上，有茅盾亲自写的意见：“阅，意见在另纸。茅盾。”但另纸上的意见，孙犁没见到。周扬的指示大意为：这些故事，想象的成分多，还是以拍另外一部小说为好。

“另一部小说”指的是袁静、孔厥创作的《新儿女英雄传》，这是一部章回体长篇小说，也是描写白洋淀抗日斗争的。1949 年 5 月 25 日至 7 月 12 日，这部小说由《人民日报》文艺版连载，10 月由海燕书店出版了单行本。《新儿女英雄传》一经面世，便引起轰动，深受广大读者好评，并在全国第一次文代会上获得表彰。袁静和孔厥也因此蜚声文坛。

对这部作品，孙犁翻看了一下，却发现自己的一篇作品，也被改头换面采录在内。他肯定地说：“这是有书可查、有目共睹的事，绝不是出于我的‘想象’。”[1]

[1] 孙犁：《我写过的电影脚本》，《远道集》，人民文学出版社 2012 年版，第 158 页。

《新儿女英雄传》的故事情节是这样的：抗日战争初期，冀中白洋淀地区中共党员黑老蔡发动农民组织抗日自卫队，青年农民牛大水积极参加。黑老蔡的小姨杨小梅不堪丈夫张金龙的虐待，逃至姐夫处投身革命，被安排在县训练班，与同在一起学习的牛大水相处甚好。张金龙在小梅争取下，先是勉强顺从抗日，而后旧习不改，投奔汉奸何世雄。小梅因此与张金龙脱离关系。在反“扫荡”战斗中，牛大水与杨小梅被俘，小梅带伤逃脱。牛大水为救护民兵高屯儿，被何世雄、张金龙百般折磨。高屯儿脱险后俘获何世雄之子，将其做人质，换回牛大水。牛大水和杨小梅因养伤又相聚一起，两人感情倍增。伤愈后，他们在老蔡领导下投入战斗。后来牛大水带领抗日自卫队活捉了汉奸何世雄和张金龙。

如果熟悉孙犁的作品，从这些故事情节中，就不难看出孙犁的那篇作品被采录其中了。

对周扬的意见，孙犁感到不能接受，12 月 23 日在给康濯的信中说：

我的电影没有通过，凌风虽以沉痛心情告我，但在我这是意料中的事，前此并未存过多希望。但其中好像涉及《儿女英雄传》。但我想，好在那一本书里，也有《荷花淀》。然而，我不同意周扬同志的批语，以为我写的只是印象，而且是想象的印象有“许多”。老实讲，关于白洋淀人民的现实生活，凭别人怎样不是想象的吧，我以为它不能超过《荷花淀》的了，这点我是有自信的。

当然也有些懊恼之情，就是不知因为什么我给别人一个“想象”的“印象”。这是和那一年客里空有关的，然而今天证明客里空的不是我。且《荷花淀》在冀中人民及干部方面，任何时期也并没有遭到非难。我准备把其中一段改写为小说，以便保存民歌三支也。[1]

---

[1] 孙犁：《书信·致康濯》，《孙犁文集（补订版）》（9），百花文艺出版社 2013 年版，第 51 页。

12 月 25 日，王林在日记中记载：“他（孙犁）写的白洋淀电影脚本寄回来了。因为史东山以《新儿女英雄传》拍电影，其中有白洋淀。凌子风信上说以悲愤的心情给你寄回去。这种事真是很难叫人心平的。”[1]

1950 年 1 月 7 日，孙犁在给康濯的信中说：“关于那个电影，其实是无足轻重的，我已投之抽屉不愿再弄它，因为我无论如何也不善于编剧的，即便能拍，我们的意味能在影片上占怎样的分量，也很难说。因此我倒想有时间写一本人物集中、故事一贯的小说，就以这个电影为其前身吧。”[2]

后来，孙犁把电影脚本中新写的部分摘录出来，改成了一个短篇小说《采蒲台》。至于那个电影脚本，在“文革”中被抄走，发还之后，孙犁在清理旧稿之时，用它生火了。从此以后，他再也没有碰过电影文学脚本。

1949 年底，正在主编《文艺报》的丁玲，为了充实编辑部的力量，有意让孙犁到《文艺报》工作。但是孙犁婉言谢绝了。《文艺报》创刊于 1949 年 9 月 25 日，丁玲是第一任主编。孙犁不愿意到《文艺报》去工作，一是觉得《文艺报》这种地方容易招风，二是依旧不愿意做编辑。在 1 月 7 日给康濯的那封信中，孙犁也提到了此事：“丁玲他们有愿意我去《文艺报》工作的意思，我暂时不能离开这里，理由好像和你谈过，如扯到时，可同他们谈谈，我是很感激他们对我的关怀的。”[3]

茅盾对孙犁的文学创作一直认可并大加赞赏的。1950 年 1 月 14 日晚，王林见到天津市政府机关党委书记、天津市政府副秘书长张逢时，闲谈中，

---

[1] 王端阳、冉淮舟编：《王林日记辑录之一：我与孙犁四十年》，北岳文艺出版社 2019 年版，第 37 页。

[2] 孙犁：《书信·致康濯》，《孙犁文集（补订版）》（9），百花文艺出版社 2013 年版，第 53 页。

[3] 孙犁：《书信·致康濯》，《孙犁文集（补订版）》（9），百花文艺出版社 2013 年版，第 53 页。

张逢时说，有一次茅盾到天津来，谈到现在的一些作家，列举了几个人，首先说："孙犁，《王贵与李香香》的作者李季……"说完了他俩。才接上说了一句："当然还有赵树理，这些人都有了自己独自风格。"后来又添上"老作家丁玲"等人的名字。

孙犁对自己取得的成绩并不满足，在创作上，他急于实现转型，向博大精深方面努力。1 月 19 日，在给康濯的信中说："创作问题，我很久没想了，见到你的信，我也想了一下，有些愧痛，因为我之在生活上、人物上，实在是一条小道上来回跑，只是变些姿态罢了。写了一些女孩子的小品，而这些女孩子们在性格和生活上，实在没什么分别。""此后，我想有意识地不再写关于女孩子的故事了，我要向别的生活和别的心灵伸一伸我的笔触，试探试探。愿这是我写作生活的一个划界，以后或是能写得更多更广宽有力，或是不能再有所施为——这些决绝之辞——我想也只能对你讲讲。"[1]

移家天津

1949 年 9 月，孙犁回了趟老家，看到母亲十分健康，很是高兴，他用自己挣来的稿费，给家里买了一些小米。看到儿子居然还能"养家"，老母亲十分惊喜，觉得儿子很有"本事"。10 月，恰好有位亲戚要到上海去，老母亲便跟随这位亲戚到天津来看望儿子。孙犁有些无可奈何，在给康濯的信中说："我母亲忽然来了，他们采取了轮流赴津制来麻烦我，这几天不免要陪老人家逛逛，东西写不成了。"[2]老母亲还没有走，老婆孩子又要来，

[1] 孙犁：《书信·致康濯》，《孙犁文集（补订版）》（9），百花文艺出版社 2013 年版，第 54–55 页。

[2] 孙犁：《书信·致康濯》，《孙犁文集（补订版）》（9），百花文艺出版社 2013 年第 1 版，第 46 页。

孙犁感到有些焦头烂额，家庭负担对文学创作实在是一种拖累，11月9日，在给康濯的信说道："另外，人这个东西，如果没有家会是多么轻松？家人冬闲要来，因此给他们找了房子，买了炉子，打米称盐，忙了一阵，现在老母同在这里上学的一个女儿，搬到新居去住了，静候夫人及其他到来。我仍住编辑部，以求静养。老兄：思想起来，实在没有什么意思。"[1]

到了1950年春天，妻子才有机会来天津。孙犁事先写了一封信，嘱咐她坐火车，不要坐汽车。因为那时候的公共汽车都是大卡车，不仅颠簸，而且拥挤。妻子没有把他的嘱咐放在心上，正好有一位亲戚要来天津，她便带上两个孩子和这位亲戚同行，小孩的舅父大根套牛车把几个人送到安国，从安国上了长途汽车。结果，公共汽车上人很多，妻子怕把两个孩子挤坏，车到任邱，就带着孩子下了车了。

那位亲戚一个人到了天津，给孙犁的办公室打了一个电话，告诉他——你的家眷来了。孙犁赶紧问在哪里？他才说在任邱什么店里。

孙犁一听就急了，一边听电话，一边请身边的人把店名记下来。放下电话就去找报社的副经理杨循商量办法，杨循给了他一叠钞票，然后又派了一辆双套马车，让车夫老张和他去任邱。但是马车不可能当晚出发，只能等到明天。

孙犁焦躁不安，一夜没有睡好：妻子从来没出过远门。只是娘家到婆家，婆家到娘家，在乡村间几里远的小道上来回走过，况且还带着两个小孩子。最让人担心的是，她身上没有多少钱。那时家里已经不名一文，这次来得仓促，孙犁也没有寄钱给他们，他手里也没有多少钱。

第二天，车夫老张按部就班准备，等到开车，已经是上午九点钟了。孙犁心急如焚，在路上打尖的时候，迎住了一辆往南开的汽车，请司机带

---

[1] 孙犁：《书信·致康濯》，《孙犁文集（补订版）》（9），百花文艺出版社2013年第1版，第48页。

一个纸条，到任邱交给店里。后来才知道，人家也没照办。

下午三点，他们才赶到任邱，找到了那家店房。妻和两个孩子，住在店掌柜的家里。早有人送了信去，都过来了。孙犁要了几碗烩饼，叫他们饱吃了一顿。

妻子一见面就埋怨：为什么昨天还不来？孙犁没有说话。她大概连任邱到天津有多远都不知道。妻子说，已经有两顿不敢吃饭了，在街上买了一点棒子面，到野地去捡些树枝，给男孩子煮点粥。

妻子去和店家的女主人说了说，当晚，一家人住在了一起。

早晨，告别店主，一家人上车赶路。这天晚上，住在唐官屯村头一家破败的大车店中。对于唐官屯，孙犁有着深刻的记忆。1948 年初夏，他作为记者，亲临了攻取唐官屯战斗。唐官屯外有一条河，孙犁在河边等待过河的笸箩，他看到河边有几具战士的尸体，被帆布掩盖起来。这时有一发炮弹落到河边，他被气浪掀倒，在沙地上翻滚了几下，然后坐上撑过来的一只大笸箩到了对岸。

这次到了唐官屯，他又见到了那条河，想起了用帆布蒙盖着的战士尸体。天色已经很暗，远处的景物，已经看不清楚。虽然触景生情，但孙犁正在为一家七口人的生活操劳焦心，没有过多的感物伤情，甚至没有向家人提起，过去自己曾经跟着军队，在这里打过仗，差一点没被炸死在河边上。

这天夜晚，他们睡在大车店在只有一张破席的土炕上。后来孙犁在文章中说："荒村野店，也有爱情。"

天亮之后，他们又登程了。

妻子从老家出来的时候，只有一件她自己织的粗布小褂，也穿得半旧了，只好向邻家借了一件旧阴丹士林褂子。到了天津，孙犁买了两丈蓝布，妻子便在小屋里，为自己缝制了一身新衣。

孙犁每天上班，小屋里住了一家四五口人，不得安静。几口人吃公家的饭，也不合适，住了半个月，孙犁就让他们回去。原先打算跟报社一位同志坐火车走，孙犁把妻子和孩子送到车站，发现上车的人太多，太拥挤，怕她带不好孩子，又退票回来了。过了几天，有《河北日报》的汽车回去，孙犁让妻子跟着这辆汽车先到保定，再由在那里的熟人雇了一辆大车，回到安平老家，正好赶上麦收。

又过了半年，报社实行薪金制，孙犁的稿费收入也多些了，才又把妻子和两个孩子接出来。稍后又把母亲和大女儿接来，原来的小屋住不下，报社腾出一间十八平方米的房子，全家搬了过去，还用家具隔出一个小小的厨房，托报社的同乡老崔，买了米面炉灶，算是在天津安了家。孙犁感叹道：

我对故乡的感情很深。虽然从十二岁起，就经常外出，但每次回家，一望见自己家里屋顶上的炊烟，心里就升起一种难以表达难以抑制的幸福感情。我想：我一定老死故乡，不会流寓外地的。但终于离开了，并且终于携家带口地离开了。[1]

为了照顾孙犁的写作，报社又在多伦道216号大院里，另分了一间小房子给他，供孙犁创作之用。孙犁在五十年代的很多作品，就是在这间小房间里诞生的。

两天日记

1949年12月，孙犁创作了短篇小说《山地回忆》。这篇作品发表在上海的《小说》杂志。这份杂志的主编是茅盾和巴金。《山地回忆》的创作素材来自孙犁自己的一段亲身经历，即在奔赴延安的途中，在山西忻县的那次遇险。在忻县的一个村庄，孙犁在灶台洗碗时，灶膛里的一颗土炸弹爆炸，虽然有惊无险，但也弄了一脸的污水和菜叶，孙犁不得不到村外的河边去洗一下。洗脸的时候，和在下游洗菜的一位妇女发生了争吵，他

[1] 孙犁：《移家天津》，《老荒集》，人民文学出版社2012年版，第125页。

很气愤，悻悻然回到队伍，马上就出发了。时隔多年，孙犁对这件事记忆犹新，但《山地回忆》描写的，并不是那位吵架的妇女，那位妇女十分刁蛮，并不可爱，孙犁根本不想写她。孙犁要写的，是那些他认为可爱的人，这种人，在抗日斗争的大环境中占大多数，那次吵架，不过是引起这些美好回忆的楔子。换言之，《山地回忆》的创作，是由争吵联想到了“美好”和“可爱”。孙犁回忆道：“我虽然主张写人物最好有一个模特儿，但等到人物写出来，他就绝不是一个人的孤单摄影。《山地回忆》里的女孩子，是很多山地女孩子的化身。当然，我在写她们的时候，用的多是彩笔，热情地把她们推向阳光照射之下，春风吹拂之中。”[1]但孙犁的创作动机，不再是单纯地歌颂人性美和人情美，而是进城后人与人之间关系的变化，触动了他的情思：“进城以后，我已经感到：这种人物，这种生活，这种情感，越来越会珍贵了。因此，在写作中间，我不可抑制地表现了对她，对这些人物的深刻的爱。”[2]《山地回忆》所描绘的是一种曾经出现过的，与当前现实存在鲜明反差的人和事，通过对美好情感的呼唤与驻留，从而完成对现实生活的校正。应该承认，《山地回忆》是一个反向故事，但反向的对象不是那位吵架的刁蛮泼辣的农村妇女，而是进城后人与人之间关系的变化。对人与人之间关系，尤其是情感的变化，是孙犁进城后一直在忧虑和思考的问题，甚至成为他思想的一条主脉。1950 年 3 月，他写了一篇短文《两天日记》，进一步凸显了他思想上的冲突。

《两天日记》记述的是 3 月 25 日、26 日两天的一些活动。25 日是星期六，孙犁到滨江道光明影戏院电影院看《青灯怨》，票价是五千元（旧币），

---

[1] 孙犁：《关于〈山地回忆〉的回忆》，《孙犁全集》第 8 卷，人民文学出版社 2004 年版，第 53 页。

[2] 孙犁：《关于〈山地回忆〉的回忆》，《孙犁全集》第 8 卷，人民文学出版社 2004 年版，第 54 页。

而当日棒子面牌价是一千四百一斤元。坐在座位上，环顾四周，他发现，照农村的生活水平来看，周围的观众都是富裕者。他立刻想到，这是在跋山涉水、吃糠咽菜的时候所不能想象的。

正片开始前的新闻简报，播放的是皖南救灾的情形，农民劳苦而干瘦的脸、破烂的衣衫、黑暗的小屋等等，和电影院里这些人的生活，产生了很大的反差，这些场面刺痛了他的心，他为此感到难过，“难过不在于他们把我拉回灾难的农村生活里去，难过我同他们虽然共过一个长时期的忧患，但是今天我的生活已经提高了，而他们还不能，并且是短时间还不能过类似我今天的生活。”[1]

26 日是星期天，风和日丽。听说郊外的草树已经绿了，这天午后，孙犁约了张同志一起到北站外的宁园去游玩，公园里的游艇和衣着鲜亮的人群，又让孙犁想起昨晚电影上农民的生活，农民的生活离眼前的生活水准还相差很远。他忍不住把自己的感想和张同志谈了，张同志谈了自己的观点：“你有些观点是不正常的，落后的。玩玩耍耍，滑冰驳船，饮茶谈心，口红糖香，正是生活的正常现象，也就是我们战斗的理想。我们从青年就参加了游击战争的生活。习惯于山峦漠野，号角枪声，勺饮壶浆，行军热炕，其实这都是反常的，都不是我们生活的目的。我们生活的目的，就是要像眼前这个样子，康乐富强！”[2]

孙犁承认，张同志所谈的道理是对的，我们战斗的目的是全体人民的康乐富强。但眼前这样子还不够。例如昨天电影上的农民的生活，离眼前这个样子还很远。他坚信自己并不是无病呻吟：“如果有的同志有些牢骚，有些不开展，那只是说，从这些乡下来的人看，眼前这些人，很多还是过去那些不事生产的，而有时，他们乐的更没有道理，加强着他们的剥削的、

---

[1] 孙犁：《两天日记》，《孙犁全集》第 6 卷，人民文学出版社 2004 年版，第 184 页。
[2] 孙犁：《两天日记》，《孙犁全集》第 6 卷，人民文学出版社 2004 年版，第 184 页。

寄生的、丑恶的意识。”[1] 孙犁认为，不能满足眼前的生活，要为建设起全体劳动人民的新的康乐富强的生活而努力，并在建设中努力改造人们的思想、传统的优越感和剥削意识。

应该说，进城之后，孙犁过上了相对安定的生活，但是人际关系方面的隔膜感、冷漠感，却又困扰着他。这是生活转换频道后所产生的新的焦虑，这种焦虑可能是对新生活的不适应，更大程度上是一种远虑吧！

---

[1] 孙犁：《两天日记》，《孙犁全集》第6卷，人民文学出版社2004年版，第184页。

第十二章　安得奋飞

风云初记

1950 年 5 月 16 日，孙犁在给康濯的信中，谈了自己内心的一些苦恼：“弟近日颇有怀乡之思，以为长此以往，将不能写东西。熬一个编辑，亦非所愿，去当教员，也不见得有时间，而无生活则为大苦。”他念念不忘的还是自己的创作，要创作就得有生活，要生活就得要下乡，就得要有充裕的时间，他需要的是一个相对自由的生活状态，但目前是不可能实现的。没有生活便不能创作。当然，还有另外一条路可走：“不能创作，改做研究评论乎？也觉得无材料无心得，所得无益于大众。”文学评论虽然也是孙犁的长项，但又觉得作用发挥有限，不能畅意。[1]

孙犁要求下乡，一直未能如愿。有一次和王林聊起来，王林也劝他不能操之过急，下乡也会遇到很多困难。孙犁虽然不怕吃苦，但也需要做好准备。况且，《天津日报》副刊也面临着变动，他想看一看情况再说。

到了 6 月底，事情终于有了眉目。29 日，孙犁在给康濯的信中说：“我

[1] 孙犁：《书信·致康濯》，《孙犁文集（补订版）》（9），百花文艺出版社 2013 年版，第 65 页。

的‘变动’已经决定了，周扬同志给市委写了一封信，大意谓可不叫我长期做机关工作。报社也在调整机构，副刊部改‘组’，于是决定我下厂（市委同报社不愿我下乡），兼编文艺周刊。我考虑了一下，同意了这个决定，下星期就到此间中纺去，过一个时期再转重工业，并拟到唐山。我的工作法是写短东西，有收获就写，并不准备写长篇，就是写我那农村速写一类的东西。这一阶段过去，再从事关于农村历史题材的较长作品。”[1]

但这一计划并没有很好地实施，从7月开始，孙犁着手创作长篇小说《风云初记》。创作这部长篇小说，孙犁事先并没有什么详细的规划，也没有什么创作提纲，但是他所经历的抗日战争的斗争生活和人民在斗争中呈现出来的伟大品格和美好情感，点燃了他的创作激情，在写作的时候，“我只是起了一个朦胧的念头，任何计划，任何情节的安排也没有做，就一边写，一边在报纸上发表，而那一时期的情景，就像泉水一眼在我的笔下流开来了。”“大家开卷可以看到，小说的前二十章的情节可以说是自然形成的。它们完全是生活的再现，是关于那一时期我的家乡的人民的生活和情绪的真实记录。我没有做任何夸张，它很少虚构的成分，生活的印象、主流、组织，构成了小说的情节。”[2]

1950年9月22日，《天津日报》开始连载《风云初记》第一集，至1951年3月18日连载完毕，一共连载二十八章，印行单行本时，又加写了两章，共三十章。1951年1月29日，孙犁在给康濯的信中，详细谈了自己创作《风云初记》的情况：

此外大事，则为《风云初记》，上周奋力成四节，偶成一个局面，好

[1] 孙犁：《书信·致康濯》，《孙犁文集（补订版）》（9），百花文艺出版社2013年版，第68页。

[2] 孙犁：《为外文版〈风云初记〉写的序言》，《秀露集》，人民文学出版社2012年版，第211–212页。

像作为一个一部结束似的。自然，近来我颇具野心，拟把这书连续写下去，一直写到延安归来之时。而第一部就叫《风云初记》，共廿四节。过年后发表后寄上，如你觉得可以出书了，就先印一本，如认为不可以，我就再加上几节，反正我是在接着写。

弟此书恐于兄之谬加鼓励外难得好评，因非流行样式也。然弟不枉自信，认为并非一时热闹之作，颇有传之其人，证之历史的愤激之情。亦文人之通病，但没有这股劲，也就难以执笔了。故近来几部一流行式的批评稍馁己志，亦不为诸闺秀之喝彩，而略显飘飘。沉着应战，老兄之言甚是！

新成之四节，因接触一些具体政策，望兄看时留意。[1]

《风云初记》第一集（前三十回）出版以后，孙犁送给王林一册，扉页上写了这样几个字："王林同志索隐"。《风云初记》里面的故事和人物很多都是真实的，子午镇就是现实中的子文镇，孙犁的老家东辽城距此地半公里。五龙堂村是距离东辽城1.5公里左右的南、北郝村，孙犁编辑《冀中一日》时，在这儿工作了很长时间。在作品中，可以看到八路军将领孟庆山的身影，吕正操也在作品中出现，张教官几乎是孙犁自己的写照，变吉哥是孙犁认识的一个村文建会负责人，芒种是他一个亲戚的姓名。女县长李佩钟是以远千里的妻子李穆玲为模特的。李穆玲是冀中新世纪剧社的演员，后任任邱县妇救会主任。1944年冬季的一个夜晚，在转移过程中掉在水井里牺牲。[2]

1951年3月，孙犁开始写《风云初记》第二集，依旧在《天津日报》上连载。从4月15日开始，到9月9日结束，共连载二十节，剩余九节没有连载。6月23日，孙犁在给康濯的信中说："《风云初记》二集，弟已决定暂时停一下，此举亦并不无些好处，可以慎重和好好地组织酝酿

[1] 段华：《孙犁年谱》，人民出版社2022年3月版，第93–94页。
[2] 段华：《荷花的光影》，北方文艺出版社2018年版，第164–165页。

一下。所以如此，以弟近日实无创作情绪，散漫发展下去，失去中心，反不好收拾。且近日的要求，亦以配合当前任务为重，就坡下驴，休整一时，也是应该的。因此停了。”[1]

其实还有一些不为人知的原因。时任《天津日报》副总编辑邵红叶，在一次编委会上提出，孙犁写的长篇小说，占用版面太多，是否就不要在报纸上连载了。孙犁告诉他，小说就要登完了。邵红叶就没再说什么。这是孙犁和他第一次打交道，两人过去并不相识，虽在一家报社，也没什么来往。

邵红叶出生于 1912 年，上海人，1938 年在《文汇报》从事记者工作，写了不少反映抗日救亡的新闻报道，因此受到通缉。同年 6 月下旬，被迫离沪赴港，以《文汇报》特派记者名义进行采访活动。1939 年 8 月，邵红叶到达太行山区，曾任《新华日报》华北版编辑、编辑科科长。1943 年到延安，任《解放日报》编辑，新华通讯社总社编辑、编辑部副主任。1947 年冬任《晋察冀日报》编委兼采通部副部长。1948 年任华北《人民日报》采通部副部长，同年冬，任《新保定日报》副社长兼总编辑。《天津日报》创刊，他被抽调过来任采通部部长，后任副总编辑、副社长，最后升任总编辑。他是办报的行家里手，对下属要求极为严格，颇有些家长制作风。

当时，邵红叶的意思是想把《风云初记》转到正在商议筹办的《文艺月刊》上发表，但是这份刊物迟迟没有创刊，他的想法也没有办法落实。

整版批评

10 月 6 日，《光明日报》以整版篇幅，发表了两篇署名文章，一是《对孙犁创作的意见》，一是《对孙犁〈村歌〉的几点意见》，集中批判孙犁

---

[1] 孙犁：《书信·致康濯》，《孙犁文集（补订版）》（9），百花文艺出版社 2013 年版，第 72 页。

创作中的小资产阶级情调。这两篇批评文章出现，和当年 6 月份，席卷全国的批评萧也牧《我们夫妇之间》和《海河边上》有关。

《对孙犁创作的意见》指出：孙犁在创作上存在明显的不健康倾向，主要表现为："'依据小资产阶级的观点、趣味，来观察生活、表现生活'。因此，他的作品，除了《荷花淀》等少数几篇以外，很多是把正面人物的情感庸俗化，甚至，是把农村妇女的性格强行分裂，写成了有着无产阶级革命行动和小资产阶级感情、趣味的人物。最露骨的表现是《钟》和《嘱咐》。"[1]

作为批判靶子的《钟》和《嘱咐》，是孙犁在 1946 年完成的作品。《嘱咐》可以看作《荷花淀》的续篇，也可以看作作家的自传体小说。经过八年抗战，水生返回家乡和家人团聚，住了不到一夜，就在妻子的嘱咐声中奔赴前线了。《钟》描写的是青年女尼慧秀和同村青年大秋之间的爱情故事。《对孙犁创作的意见》对这篇小说评价道："作者企图通过这个故事，写出封建社会青年女尼遭受的侮辱和迫害及其坚强的反抗意志；并在这个人物身上，反映出两个社会的强烈对比，歌颂共产党八路军的解放事业。这原是有意义的主题。不过，作者所渲染的慧秀的性格，却是分裂的，是依据小资产阶级所倾心向往的女性而塑造的，所以这篇作品，就产生了许多不现实和令人不能惬意的地方。"[2]

《对孙犁〈村歌〉的几点意见》认为，《村歌》"错误地描写了当时党在张岗这个村子里的各方面的决定性的领导作用，和歪曲地塑造了几个新的人物典型形象"。现在看来，这种批评是根本站不住脚的，《村歌》

---

[1] 林志浩等：《对孙犁创作的意见》，刘金镛、房福贤：《孙犁研究专集》，江苏人民出版社 1983 年版，第 281 页。

[2] 林志浩等：《对孙犁创作的意见》，刘金镛、房福贤：《孙犁研究专集》，江苏人民出版社 1983 年版，第 282 页。

的意义就在于它突破了当时“左”的教条主义的“一个阶级一个典型”“英雄人物完美无缺”，用一个模式、一种色彩、一种调子来描写丰富多彩现实生活的创作模式，是孙犁文学创作上的新起点和新飞跃。

访苏行迹

《光明日报》发表两篇批评文章的时候，孙犁正准备出国，随中国作家代表团到苏联访问。代表团系中华全国文学艺术界联合会应苏联作家协会的邀请派出的，团长为曹靖华，副团长是陈荒煤，团员有柳青、魏巍、孙犁、康濯、李季、马加、徐光耀、陈企霞、菡子、胡可、陈登科、王希坚等人。

1951 年 10 月 15 日，孙犁到北京集中，代表团成立了临时党支部，聆听周扬关于文艺思想的性质问题报告，参观中共党史展览，参加纪念鲁迅逝世 15 周年大会，进行内部学习，为出国做好各方面的准备。[1]

22 日晚上 9 时，代表团登车启程，25 日到达满洲里，苏联来车接代表团。27 日早上，列车经过贝加尔湖，孙犁在车窗前一直观望秀丽的景色。接下来的三天都是雪天，列车继续在西伯利亚奔驰。31 日，过了乌拉尔山，进入欧洲，11 月 1 日，终于到达莫斯科。代表团入住莫斯科大旅馆。

11 月 3 号，代表团参观了高尔基博物馆。11 月 6 号，参观了马雅可夫斯基博物馆。11 月 14 号，代表团乘车走了四个多小时，到达距离莫斯科四百华里的列夫・托尔斯泰的故乡——雅思亚那・波利亚纳村，参观托尔斯泰故居。这是一个很大的庄园，是托尔斯泰母亲的陪嫁产业，托尔斯泰一生中的大部分时间，都是在这里度过的。在庄园里，孙犁吃了托尔斯泰最喜欢吃的腌苹果。

11 月 18 日晚上，代表团应邀到莫斯科大剧院观看《红罂粟》。《红

[1] 段华：《孙犁年谱》，人民出版社 2022 年版，第 100 页。

罂粟》是苏联第一部现代革命题材的芭蕾舞剧，创作于1927年。1949年12月30日，莫斯科大剧院把《红罂粟》重新上演，作为对新中国的献礼。这个剧虽然获得了斯大林奖金，但是歪曲和侮辱了中华民族和中国伟大的胜利，孙犁和代表团其他成员都认为这是一个很坏的剧。

11月22日，代表团坐飞机离开莫斯科，到达斯大林格勒，参观了斯大林博物馆、红十月工厂、文化宫和冶金工厂等，在伏尔加河沿岸观光。11月25日，沿着黑海海岸飞行两小时到达巴库。11月30日坐火车到达格鲁吉亚首都第比利斯，参观斯大林的故乡。12月6日，到达苏联著名的旅游和度假胜地索契，第二天，乘船到黑海观光。8日，坐飞机返回莫斯科，孙犁在飞机上不耐颠簸，呕吐。11日，代表团乘火车离开莫斯科前往列宁格勒，接下来几天，参观了打响十月革命第一炮的曙光号战舰、俄罗斯博物馆、普希金故居、冬宫等地，然后乘火车返回莫斯科。

12月18日是代表团启程回国的日子，但是莫斯科下起了大雪，飞机不能起飞，代表团到了机场，只好又返回酒店。12月19日，飞机终于起飞，第二天到达伊尔库斯克。21日大雪，不能起飞，代表团只能停留一天。22日大幅降温，气温低到零下33度，上飞机后，飞机发动不起来，代表团只好再次返回宾馆。23日一早，代表团返程，下午两点半到达首都机场，代表团成员被接到文学研究所休息。孙犁未在北京停留，24日回到天津。

代表团里年龄最小的是徐光耀，当时他在中央文学研究所学习，刚刚出版了长篇小说《平原烈火》，风头正劲。他是河北雄县段岗村人，生于1925年，十三岁就参加了八路军，由于表现出色，不满十四岁就被破格接收为中共党员。1942年，日本鬼子发动了空前残酷的“五一大扫荡”，当时，徐光耀正在区小队检查工作，无法追赶已经进山的分区机关，便被分配到宁晋县大队，担任特派员。就这样，他和宁晋县大队一起坚守在冀中南部地区，同日本鬼子进行了殊死斗争，这成为他日后创作《平原烈火》的力量源泉。1949年初，徐光耀的部队进驻天津，有了一段难得的闲暇时光，他每天写作十多个小时，很快创作出了《平原烈火》的初稿，并于1950年出版，成为新中国成立初期为数不多的几个长篇小说之一，当时，徐光耀只有二十四五岁。

访苏期间，徐光耀带上了一本《风云初记》，抽时间看完了，认为“孙犁比那些所谓诗人更诗人些，小说中的形象、语言，硬是比那些诗的感染力强烈得多。要写书就应该至少写成这样子。马马虎虎，自作聪明的写法，千万避免”。但是徐光耀不爱交际，孙犁性格内向，在两个月的活动中，两人并没什么深入的交往。徐光耀回忆道：“日后听人说，孙犁与人谈到我去前苏联时，只说了一句话：‘徐光耀这个小伙子啊，咳！’印象似乎并不怎么好。‘咳’些什么，我也不知道。”[1]

孙犁从苏联带回来很多用135胶卷拍的照片，照片很小，妻子看了半天，对人说：“人家照相都靠前站，他却总往后面躲，找不着他。”最高兴的还是家里的孩子，孙晓玲回忆说：“当父亲从苏联回来，我见到了父亲带给我的礼物——一件黑色熊皮小大衣。这是一件令我毕生难忘的礼物，上面有黑亮带花纹的大扣子，还有一顶月牙状的皮帽子，两端有细细的绸带。我第一天穿着这件大衣去我就读的宁夏路小学，发现有好几位老师站在楼上扶着木栏杆看我——父亲把一个‘小土妞’打扮成了俄罗斯小姑娘，反差实在太大了。更叫我雀跃的是父亲还给我和哥哥带回了两个儿童电影机，一个彩色，一个黑白，只要装好胶片，转动一侧的按钮，‘小红帽’‘渔夫和金鱼’‘两个朋友’这些童话故事的画面就展现在眼前。我知道父亲小时候就喜欢看拉洋片，这两件玩具也有些看洋片景致的意味，只不过更先进、更灵巧、更微型。”[2] 除了这些礼物，孙犁还为孩子们带回了一个

---

[1] 徐光耀：《纯粹的人，纯粹的作家》，《文艺报》2002年9月24日。

[2] 孙晓玲：《布衣：我的父亲孙犁》，生活·读书·新知三联书店2011年版，第174—175页。

俄罗斯特产——套娃，从外到里一共七个，最后一个还是橡皮做的，可爱极了。

1980年，孙犁在悼念李季的时候，又想起了这次出国之行，谈到自己真实的感受：

那时，我已经是中年了。对于出国之行，我既没有兴趣，并感到非常劳累。那种紧张，我曾比之于抗日战争时期的反扫荡。特别是一早起，团部传出：服装、礼节等等应注意事项。起床、盥洗、用饭，都很紧迫。我生性疏懒，动作迟缓，越紧张越慌乱。而李季同志，能从容不迫，好整以暇。他能利用蹲马桶时间：刷牙，刮脸，穿袜子，结鞋带。有一天，忽然通知：一律西服。我却不会结领带，早早起来，面对镜子，正在为难之际，李季同志忽然推门进来，衣冠楚楚，笑着说：

"怎么样，我就知道你弄不好这个。"

然后熟练地代我结好了，就像在战争时代，替一个新兵打好被包一样。

……有时不外出参观，他会把旅馆的门一关，向同伴们提议：请孙犁唱一段京戏。在这个代表团里，好像我是唯一能唱京戏的人。

每逢有人要我唱京戏，我就兴奋起来，也随之而激动起来。李季又说：

"不要激动，你把脸对着窗外。"

他如此郑重其事，真是欣赏我的唱腔吗？人要有自知之明，直到现在我也不敢这样相信。他不过是看着我，终日一言不发，落落寡合，找机会叫我高兴一下，大家也跟着欢笑一场而已。[1]

风荷正举

在孙犁的主持下，"文艺周刊"成为培育文学新人的苗圃，新人新作如雨后春笋般不断涌现，最为突出的是刘绍棠、从维熙、韩映山、房树民

---

[1] 孙犁：《悼念李季同志》，《秀露集》，人民文学出版社2012年版，第44–45页。

等人。

刘绍棠出生于1936年，河北通县（今北京通州区）人。上高小的时候，就对文学产生了浓厚兴趣，大量地阅读课外书。十岁时，第一次写作文，竟然创作了一部写满五册作文本的《西海子游记》，在全校引起轰动。1949年10月，刘绍棠在《北京青年报》发表了处女作——微型小说《邰宝林变了》，从此开始了文学创作。1950年，他一年写出了二十多篇小说，在多家刊物刊登，引起了文坛的关注。1951年初，河北省文联秘书长远千里，亲自写信邀请初中还没有毕业的刘绍棠到河北文联工作。就这样，刘绍棠到了河北省省会保定，在《河北文艺》编辑部当见习编辑，当年9月，他被保送到通州潞河中学读高中。刘绍棠回忆说：

我在河北省文联，最大的收获就是深深地热爱上了孙犁同志的作品，并且受到了孙犁同志作品的熏陶。我在接受孙犁同志的作品影响之前，虽然发表了十几个短篇小说，但是对于文学创作仍处于一种蒙昧的状态。孙犁同志的作品唤醒了我对生活强烈的美感，打开了我的美学的眼界，提高了我的审美观点，觉得文学里的美很重要。孙犁同志的作品就是美；文字美，人物美，读孙犁同志的作品，给人以高度美的享受。我从孙犁同志的作品中汲取了丰富的文学营养。[1]

1951年9月16日，刘绍棠的《晚秋》在《天津日报》“文艺周刊”发表，受孙犁赏识。1952年，他发表的小说《红花》，在青年中引起了强烈反响，团中央开始对他进行重点培养，时任团中央书记的胡耀邦鼓励他到东北农村去采访。在采访的两个多月内，刘绍棠开始构思小说《青枝绿叶》，把在东北得到的创作素材挪到自己的村子里，换上他所熟悉的人物原型。1952年9月5日，小说《青枝绿叶》在《中国青年报》发表，很快被叶圣陶编入高二语文课本。在这之前，8月12日，他的短篇小说《摆

---

[1] 郑恩波：《刘绍棠全传》，文化艺术出版社2006年版，第77页。

渡口》发表在《天津日报》“文艺周刊”上，《人民文学》主编邵荃麟看后，10月号的《人民文学》特别转载了这篇作品。12月1日，刘绍棠又在“文艺周刊”上发表了《大青骡子》。这些作品的发表使一个十六岁的中学生成为闻名全国的著名作家。

1954年，刘绍棠考入北京大学中文系，暑期发表了中篇小说《运河的桨声》，1955年发表《夏天》，并加入了中国作家协会，成为当时最年轻的会员。这年秋天，刘绍棠离开了北京大学，到中国作家协会主办的文学研究所学习，开始了专业创作的道路。

刘绍棠的早期作品描写了20世纪50年代初期农村农业合作化的新气象，字里行间充溢着清新优美的田野牧歌情趣，令人强烈地感受到50年代那个美好的时代风情，语言生动活泼，含蓄优美，擅长写景；描绘、讴歌走在时代前列的美好人物和事情，从跃动的日常生活入手折射时代的变迁。这些文章具有鲜明的时代烙印。例如小说《红花》和《修水库》讲述了50年代的运河大平原上，农村男青年去修水库以后，村中姑娘们克服旧思想的影响，晚上住在大堤上承担护苗保堤任务，塑造了以井兰子、白窗花为代表的农村新人的形象。《青枝绿叶》和《大青骡子》写的是农村成立互助合作社时新观念、新事物和旧观念、旧事物的碰撞和斗争。这些作品都留存蒸蒸日上的时代影像和人民奋发向前的历史情绪。[1]

从维熙出生于1933年，河北玉田县人。1950年考入北京师范学校，同年在《天津日报》“文艺周刊”发表处女作，此后，他在这块园地发表了很多作品。1953年，从维熙从北京师范学校毕业，分配到海淀区青龙桥做小学语文教师，每天上完课便投入创作，将作品寄到各个报社。《北京日报》文艺部编辑晏明、副总编辑周游，十分赏识从维熙的文学才华，1954年初，把他调到《北京日报》文艺部工作。从维熙申请到农村去采访，

[1] 苗时雨：《荷花淀派综论》，https://www.toutiao.com/article/6438676459660771841/

还两次远走北大荒，写下了大量的新闻报道。1955 年，他出版了小说散文集《七月雨》，1956 年又出版了短篇小说集《曙光升起的早晨》和长篇小说《南河春晓》，三本书让他获得了六千元稿费，为他日后渡过难关提供了物质基础。

从维熙的作品，主要以冀东广袤的乡土为背景，用农民熟悉的语言，讲述新中国成立后农民的新生活，农村的新气象。着重表现了合作化运动中，由于人与土地归属关系的变化，导致新的人与人、人与社会关系的调整，以及由此而生成的新的道德风尚。尤其是农村妇女的新面貌。她们从封建桎梏下解放出来，展现了一种自主、新生的精神状态。作品的语言纯朴、自然，带着泥土的芬芳和生活的气息。[1]

韩映山出生于 1933 年，河北高阳人。1950 年考入保定一中读初中，当时他已经十七岁了。他十分喜欢孙犁的作品，孙犁编辑的“文艺周刊”，也是每期必读。当时“文艺周刊”影响很大，而且推出了刘绍棠、从维熙等一批青年作者，给韩映山以很大鼓舞，他也尝试着创作。1952 年夏天，韩映山把其他刊物退回来的两篇小说——《鸭子》《苑苇和小芝》，壮着胆子寄给了“文艺周刊”，稿子经孙犁之手很快就发表了，这一成果坚定了韩映山在文学道路上跋涉的决心。

韩映山的作品，质朴、清新，比如，他在《苑苇和小芝》开篇写道：“三台村是白洋淀南的一个小村庄。村东是河套，种着满洼的红高粱；村西淀沿上，庄稼常常被水淹没。现在，水退下去，生了满地的三菱草和芦苇。草儿挨着水沿，拼命地长，水凌凌地有半人高”。

1953 年冬天，孙犁下乡路过河北省省会保定，省文联主任远千里在红星剧场为他组织了一个报告会，到会听讲的大多是青年学生，韩映山便是其中之一。孙犁主要谈了自己的创作体会，强调写作要写自己熟悉的生

---

[1] 苗时雨：《荷花淀派综论》，https://www.toutiao.com/article/6438676459660771841/。

活。这给韩映山很大的启示。报告会完了之后，许多年轻人围着孙犁讨教，当听说有保定一中的学生时，孙犁就问起了韩映山，同学们便把内向寡言、躲在人群后面的韩映山推到了孙犁跟前。

1953年初中毕业后，韩映山没有继续升学，而是回到了农村参加劳动。作出这种抉择，一方面是家庭困难，一方面也是想深入生活，积累创作素材，在文学上一试身手。

1955年10月，《水乡散记》由上海新文艺出版社出版。1956年3月，韩映山赴北京参加“全国青年文学创作会”。1956年秋天，河北省文联调韩映山到《蜜蜂》杂志任小说编辑。

房树民出生于1935年，河北省通县人。1949年至1956年，靠国家助学金在通县读完初中和师范，师范毕业后，到《中国青年报》文艺部当编辑。求学期间，他读了很多反映解放区生活的文学作品，萌发了写作念头，于是，尝试着创作。他回忆道：“我是1952年上初中时，给《天津日报》副刊投稿的，凭着少年的兴趣和热情，不料从那时起所写多以乡村为背景的习作，不断得以刊出。”到了1956年，“居然能够编一本小说，并由新文艺出版了”。“虽然知道我所崇敬的文艺周刊主编是孙犁同志，却从未给他写信，更谈不到拜望”，“第一次与孙犁同志见面，大约是1963年与冉维舟同去的，此前十年中，孙犁同志，不知耗心费眼地看了、退了和用了我多少稿子，而见面时我竟想不出用几句话感谢他”。而不论是作为作家，还是编辑，“孙犁同志都是默默耕耘，厌恶张扬，不求闻达，面对他是无需多话的”[1]。

房树民的小说，多以运河平原农村为背景，描写了新一代和老一代农民，在农村互助合作化运动中，旧的意识消退、新的思想风尚成长的故事，反映了时代脉动对农民精神面貌的重塑。例如，《一天夜里》，写儿子和

---

[1] 房树民：《熏陶》，《天津日报》2002年8月8日。

父亲对没入社的单干户生活陷入衰落和困难的不同态度，暗地里展开的思想交锋，没写结果，但结果已经自明；又如，《花花轿子房》，写新时代男女孩子们结婚已不再沿袭旧俗坐轿子，老轿工只能改弦更张，适应新的风俗；再如，《引力》，写一个老人因不同意入社与儿子、儿媳闹翻而出走他乡，但半年后的中秋月圆之日，被孙子接回家，一家人团聚的故事。这些小说，满含着对乡土的爱，文笔清新流畅，委婉细腻，带着浓郁的泥土气息。房树民从1954年到1964年，活跃于文坛，出版过四部小说集：《诞生》《九月的田园》《樱桃园村》《雪打灯》。此外，还写过一些报告文学，如《为了六十一个阶级兄弟》（合作）。但由于长期做编辑，为他人作嫁衣裳，后来自己的文学写作较少。[1]

文学界一直认为，孙犁以“文艺周刊”为阵地，培养了一批青年作家，而且以他为首领，形成了一个“荷花淀派”。但是孙犁一直不同意这种说法。他认为，“文艺周刊”一开始就办得生气勃勃，作者人才济济，并不是哪个人有多大本领，而是因为赶上了新中国成立初期那段好时候。至于“荷花淀派”之说，他也不大认同，对于自己参加编辑的刊物，他只是视为浮生的际会，过眼的云烟，并未曾把精力和情感胶滞在上面，恋恋不舍，“更没有想过在这片园地上，插上一面什么旗帜，培养一帮什么势力，形成一个什么流派，结成一个什么集团，为自己或为自己的嫡系，图谋点什么私利，得到点什么光荣”[2]。

[1] 苗时雨：《荷花淀派综论》，https://www.toutiao.com/article/6438676459660771841/。

[2] 孙犁：《我和〈文艺周刊〉》，《远道集》，人民文学出版社2012年版，第94–95页。

第十三章　斗争旋涡

下乡长仕

1953年1月4日，孙犁离开天津，到河北安国县下乡体验生活。先住在安国城北的淤村，房东是一位木匠，十几天后，转移到安国城南十二里的东长仕村。他在这个村子住了将近半年，在屋内与一头小驴为伴。

从淤村再往北走就是博野县。五年前，他在博野县的大西章村，做过土地复查工作，和房东大娘一家相处得十分融洽。淤村离大西章村不远，他便想去看一下房东大娘。

孙犁顺着安国通往保定的公路走，过了罗家营，就是大西章，一共十五里路。昨天夜里下了一场小雪，今天天放晴了，公路上到处是胶泥，又粘又滑。他走得很慢，想起了很多往事。

走到大西章村边，穿过菜园的畦径，沿着那个大水坑的边缘，就到了大娘的家里。院里很安静，还像几年前一样，阳光照满了小小的庭院。正在葫芦架下纳鞋底儿的小红，听见鸡叫，抬头见到他，惊喜地站起来，一下把鞋底扔了，跑着叫大娘去了。孙犁在《访旧》这篇散文中写道：

大娘把我当作天上掉下来的人，不知道抓什么好。

大娘还很健康。

她说大儿子早就来信了，现在新疆。不管多远吧，有信她就放心了。儿子在外边已经娶了媳妇，她摘下墙上的相片给我看。

她打开柜，抱出几个大包袱，解开说：

“这是我给小红制的陪送，一进腊月，就该娶了。你看看行不行。”

“行了，这衣服多好啊！”我说。

大娘又找出小红的未婚夫的相片，问我长得怎样。这时小红已经上了机子，这架用手顿的织布机，是那年复查的时候分到的。小红上到机子上，那只手顿得可有力量。大娘说：

“我叫她在出聘前，赶出十个布来，虽说洋布好买了，可是挂个门帘，做个被褥什么的，还是自己织的布结实。你知道，小红又会织花布。”

吃晌午饭的时候，小金从地里回来，小金也长大了，参加了互助组。现在，大娘是省心多了。[1]

真实情形和文章所描写的大相径庭。这次访旧，孙犁遭遇了冷脸，大娘见到孙犁，态度十分冷淡，甚至有些不理不睬，勉强吃了顿饭，还是孙犁掏钱买的菜。小红早经出嫁，并不在家里，孙犁并没有见到她。

孙犁深受刺激，又百思不得其解，回来以后，依旧像创作《山地回忆》一样，用彩笔写下了《访旧》一文。

不知是不是受这件事的影响，他很快就离开了淤村，转移到城南的东长仕村去了。这个村子，孙犁在小时候听母亲反复讲过，但他从来没有来过。选择这个村子下乡，仿佛是为了了结一桩心愿。

东长仕村，一般写作“长仕村”，四周都是沙岗，种植了很多果木和园圃，如果是夏季，这里的景色是相当可观的。孙犁来的时候已然是冬季，但这里的景致也比一般的平原村庄出色，颇有些大平原上小山林的韵味。

村子正中有座寺庙，当地俗称东长仕庙。孙犁小的时候，这个村子每

---

[1] 孙犁：《访旧》，《天津日报》1953 年 8 月 30 日。

年都有繁盛的庙会，庙里香火极盛。每逢庙会，孙犁的母亲和其他信佛的妇女，头一天晚上就煮好一包鸡蛋，从东辽城步行 50 里，到这里来参拜，她们会在寺院里听一夜的佛号。

这座寺庙最初叫“玉皇庙”，始建于西汉宣帝年间。据民间传说，西汉末年，刘秀与王莽作战不利，曾和“安国药王”邳彤在玉皇庙避难，并祈祷神灵护佑，后来刘秀登基做了皇帝，扩建玉皇庙，使其名声大震。唐朝贞观年间，净业法师在这里增建了佛殿，改名为“兴国寺”。后唐时期，李存续的三皇姑在此剃度出家，把这座寺庙更名为“太中山三教庵”。到了清代，这座寺庙经过数次重修和扩建，形成了祁州八景之一的“古刹朝霞”。

孙犁来的时候，不仅没有见到庙会，而且连寺庙都拆除了，据说是为了修建安国礼堂。庙里的尼姑都还了俗，最年轻、最漂亮的，成了村支书的媳妇。

孙犁住在村妇会主任家，家中往来的，都是村里的妇女。在淤村的时候，由于房东是光棍，见到的都是男人。孙犁来时已接近年关，农村一片过年的繁忙景象，妇女们忙着磨面做饭，男人们都在赶集采买，调研和开会都不好进行，孙犁只好暂时返回天津。

春节期间，杨朔到天津给学联作报告，住在国民饭店，晚上，鲁藜做东请他，王林、孙犁等人作陪。解放战争时期，杨朔在部队担任新华社特派记者和师政治部领导，转战于华北一带，与冀中文艺界十分熟悉。新中国成立后，他担任了中华全国总工会文艺部部长。1950 年 12 月，以《人民日报》特约记者身份赴朝鲜前线，创作了反映抗美援朝生活的长篇小说《三千里江山》。聚餐时，杨朔向大家讲述了自己在朝鲜前线的生活，谈了一些文艺界的动态。大家称赞他的《三千里江山》写得好，生活细节很真实。同席中有一位朝鲜青年翻译，说孙犁的《风云初记》已译成日文出版。

过了春节，孙犁返回东长仕村，他觉得只有在农村，和农民生活在一起，才会有创作素材和创作灵感。这次下乡，他写下了《杨国元》《婚俗》《家庭》《齐满花》等多篇散文。

在乡下住的时间长了，吃派饭有些不习惯，孙犁便自己做饭，每天买点馒头，煮点挂面，炒个鸡蛋。按说这是好饭食，时间长了也嫌麻烦，就三顿改为两顿，有时饿着肚子，到沙岗上去散步。偶尔到安国去一趟，买些点心、冰糖回来，放在房东家的橱柜里。房东家有两房儿媳妇，都在如花之年，每逢孙犁从外面回来，就一齐笑脸相迎，嬉笑道："老孙，我们又偷吃你的冰糖了。"这样，吃到孙犁肚子里的就很有限了。

老友康迈千经常来看他。1948 年，孙犁在深县担任县委宣传部副部长，康迈千是深县中学的老师，经常给《冀中导报》写些诗歌之类的稿子，并由此成为"特约通讯员"。深县县委和深县中学一墙之隔，孙犁经常到中学找康迈千聚谈。后来，康迈千从深县中学调到冀中新华书店做文字工作，1951 年初，调入河北人民出版社担任编辑。

1953 年，康迈千到安国县下乡，得知孙犁在东长仕村，有些喜出望外，他们有几年不见面了。清明节这天，他从自己下乡的地方，步行二十里，到东长仕村去看望孙犁。后来，他回忆说：

我在一个老乡的东厢房里找见了他。厢房两间他住内间。这个内间裱糊得雪洞一般，原是结婚不久的洞房，新娘子住娘家去了，他暂时住了进去。我问："就你一个人吗？有伴没有？"他说："有！是位马先生。"说罢哈哈哈哈哈哈爽朗地大笑起来，又一次听到了几年听不到的爽朗笑声。他说的"马先生"我错以为一定是一个年纪较大的读书人，不然为什么特别尊称他为"马先生"！时间不大，午饭时间到了，那时候是跟房东吃派饭的。房东见有客来，给送过来两份饭菜让我俩吃。孙犁同志把他爱人千里迢迢送来的红葡萄酒待客。我是不饮酒的，盛情难却，大有"但使主人能醉客，不知何处是他乡"之感。我说："等一等吧，马先生不会来吃吗？"他又是哈哈哈哈一阵爽朗的笑声，用手一指外屋："那不是，马先生早已进餐了。"

这时我才看到原来内间是洞房，外间便是马圈，一匹红马早在安静地吃草。这是安国县早些年的风俗“人畜同居”，他指的马先生，便是“它”了。不由得也使我大笑起来。

正是春风拂煦，杏花盛开的艳阳天气，吃完午饭，他先领我到一座大庙去观光，这座大庙在农村来说，确实规模够大的。共分三进，临街是一座牌坊，第一进已改成村中办公的地方，第二进已记不起是什么光景了。只记得最后一座建筑物是一座高楼，楼板已被拆除，只余几排高高的红柱子。据孙犁同志介绍：“安国县除了县城的药王庙就数东长仕这座大庙了，事变前年年庙会，真称得上人山人海，香火之盛，远近知名。一九二七年第一次大革命后，推倒了泥胎，现在已没有什么壁画、塑像一类的东西可欣赏，光剩个空壳子。”我俩没停留几分钟便抽身外走；这时从楼后转过一个老态龙钟、柱根拐杖的尼姑。颤颤巍巍地说：“这庙可不能拆呀！可灵验着呢！”孙犁听罢，又是一阵爽朗的笑声。我当时不理解他为什么发笑；我问老尼姑：“你多大年纪了？姓什么呀？”老尼姑说：“僧（佛教徒）不言姓，道（道教徒）不言庚（年龄）。你问到我，我只好说了。我俗家姓张，八十二了。”接着孙犁同志又是一阵爽朗的大笑。等我们走出庙来，我问他：“你刚才两次发笑，都把我笑糊涂了，你在笑什么？”他说：“第一次笑老尼姑错把咱俩当成踢她饭碗的拆庙‘指挥官’了，县里有口风要拆这庙，利用旧木材建礼堂；第二次笑是你触犯了人家的‘忌讳’，和尚、姑子（尼姑）只许问‘法名’（如《西游记》的悟空，《白蛇传》的法海）不喜欢问俗姓的。”[1]

这篇文章写得生动形象，饶有趣味，但也有很多疏漏。当时，和孙犁住在一起的不是一匹“马”，而是一头“驴”。康迈千这样一写，真是“驴

---

[1] 康迈千：《爽朗笑声响耳畔——记孙犁同志二三事》，《天津日报·文艺增刊》1980年第2期。

唇不对马嘴”了。另外，和老尼姑的那番对话，也有很多演绎的成分。后来，李克明通过采访康迈千，把孙犁这段经历写成文章发表，疏漏之处越发明显，引起了孙犁的不满，在其晚年所写的《朋友的彩笔》中大加鞭笞。

铁木前传

1953 年 4 月，《风云初记》第二集由人民文学出版社出版。5 月 15 日，王林在日记中记下了自己阅读后的感想："读完孙犁同志《风云初记》二集。头集很有气势，愈后愈松。二集可以说是一章一章地凑了。不乏很有诗意的章段。但总的企图和计划是看不出来的。他自己也说写一段想一段地写。"[1]

5 月，孙犁结束了在长仕的下乡，返回天津后开始创作《风云初记》第三集。第三集的创作用了整整一年的时间，到 1954 年 5 月基本完成。1962 年春，孙犁大病初愈，对第三集进行了收尾，编排章节，重写尾声。

第三集的发表也十分琐碎，再不是随写随在"文艺周刊"上刊登。1953 年 7 月 9 日，《天津日报》发表了第三集开头的五节。1955 年第 6 期《人民文学》以《蒋家父子》为题，发表了第二十一节至第二十五节。1956 年 7 月 15 日，《天津日报》以《家乡的土地》为题，发表了第六节至第十节。1956 年第 11 期《新港》以《离别》为题，发表了第十节至第十五节。1962 年第四期《新港》以《山路》为题，发表了第十六节至第十七节；在第五期上，以《河源》为题，发表了第十八节至第二十节。《新港》又从这一年的第七期开始，连续五期，发表了除《山路》《河源》以外的第三集的二十五节。[2]

---

[1] 王端阳、冉淮舟编：《王林日记辑录之一：我与孙犁四十年》，北岳文艺出版社 2019 年版，第 55 页。

[2] 段华：《孙犁年谱》，人民出版社 2022 年版，第 115–116 页。

在创作《风云初记》第三集的同时，从1953年初夏开始，孙犁着手创作中篇小说《铁木前传》，一直到1956年初夏才算完成。这样一部不到五万字的中篇小说，竟然用了整整三年时间。孙犁曾言，《铁木前传》这部小说，当时他可以通篇背诵下来，书中的每句话、每个字都是精心推敲和锤炼过的。

1979年，为了回答著名文学评论家阎纲提出的关于这部小说创作的一些问题，孙犁给他写了一封信，题为《关于〈铁木前传〉的通信》，在信中，他首先申明："这本书，从表面看，是我1953年下乡的产物。其实不然，它是我有关童年的回忆，也是我当时思想感情的体现。""创作是作家体验过的生活的综合再现。即使一个短篇，也很难说就是写的一时一地。这里面也不会有个人的恩怨的，它是通过创作，表现了对作为社会现象的人与事的爱憎。"[1]《铁木前传》所写的，绝不局限于东长仕村，很多人物，很多场景，是从孙犁的家乡借过来的。在东长仕村，他既没遇到木匠，也没遇到铁匠。接着，孙犁在这封信中准确道出了自己的创作动机和目的：

《铁木前传》的写作也是如此。它的起因，好像是由于一种思想。这种思想，是我进城以后产生的，过去是从来没有的。这就是：进城以后，人和人的关系，因为地位，或因为别的，发生了在艰难环境中意想不到的变化。我很为这种变化所苦恼。

确实是这样，因为这种思想，使我想到了朋友，因为朋友，使我想到了铁匠和木匠，因为二匠使我回忆了童年，这就是《铁木前传》的开始。[2]

[1] 孙犁：《关于〈铁木前传〉的通信》，《孙犁全集》第5卷，人民文学出版社2004年版，第369页。

[2] 孙犁：《关于〈铁木前传〉的通信》，《孙犁全集》第5卷，人民文学出版社2004年版，第369页。

有了创作动机和创作目的，还要找到现实生活的结合点，找到艺术表现的土壤，生活永远是创作的源泉。孙犁说道：

小说进一步明确了主题，它要接触并着重表现的，是当前的合作化运动。

一种思想，特别是经过亲身体验，有内心感受的思想，可以引起创作的冲动。但是必须有丰富的现实生活，作为它的血肉。

如果这种思想只是抽象的概念，没有足够的生活基础，只能放弃这个思想。为了表达这种思想，我选择了我最熟悉的生活，选择了最了解的人物，并赋予全部感情。如此，在故事发展中，它具备了真实的场景和真诚的激情。[1]

如果对《铁木前传》进行时代解读，自然就有了“进步”和“落后”两大阵营，两大阵营又包含年老和年轻两代人。年老一代主要描写了木匠黎老东和铁匠傅老刚的友情，以及由于地位差异导致友情破裂的悲剧；年轻一代，进步阵营以四儿、九儿和锅灶的集体生活来营造，落后阵营以六儿、小满的爱情主线来构建。两代人和两大阵营的矛盾，交织成为农村合作化运动的一幅真实图景。但是，孙犁并没有过多描写合作化运动本身，也没有过多描写人物外在的生活方式，而是重点描写了人物内在的思想情感。因此，孙犁描写了时代，但是时代的烙印并不十分清晰，这反而成为作品具有长久生命力的一个重要因素。

《铁木前传》还有一个显著特点，就是集中描写了一批非主流人物。作品以六儿和小满为核心，塑造了黎大傻夫妇、杨卯儿、黎七儿和黎老东等落后分子的形象，消极人物达七人之多，而进步人物只有四儿、九儿、锅灶、傅老刚和干部等五人，这在孙犁的文学作品中是一种少见的现象。

---

[1] 孙犁：《关于〈铁木前传〉的通信》，《孙犁全集》第 5 卷，人民文学出版社 2004 年版，第 370 页。

孙犁以往的文学作品，大多以歌颂正面人物为主，个别或少量的落后与消极人物，是为了衬托正面人物而服务的，例如短篇小说《光荣》中的小五的落后，是为了衬托秀梅的进步和高大。之所以说是衬托，是因为这些落后人物的塑造都很概念化，没有深入挖掘其内心世界，人物形象不是很丰满。但是在《铁木前传》中，写得最出色的人物却是小满。

孙犁在塑造小满这一人物形象时，几乎动用了自己全部的生活库存，把自己相关的阅历、思想和情感熔铸于这一艺术形象，使之成为别具一格的中国农村妇女典型形象，为整部作品的成功提供了强有力的支撑。孙犁对《聊斋志异》的创作方法十分欣赏，曾做过很深入的研究，并在自己的创作中吸收了这部小说的营养。他对《聊斋志异》中很多女性形象十分喜爱，认为蒲松龄所写的狐鬼，多数是可爱可亲近的。小满就像《聊斋志异》中那些狐鬼，多情、可爱、狡黠，在作品的表层意义上，她是一个落后分子，但是在作家的潜意识中，她或许是一个象征，更多是本能意义上的一种象征：

无论在娘家或是在姐姐家，她好一个人绕到村外去。夜晚，对于她，像对于那些喜欢在夜晚出来活动的飞禽走兽一样。炎夏的夜晚，她像萤火虫儿一样四处飘荡着，难以抑止那时时腾起的幻想和冲动。她拖着沉醉的身子在村庄的围墙外面、在离村很远的沙岗上的丛林里徘徊着……在冬天，狂暴的风，鼓舞着她的奔流的感情，雪片飘落在她的脸上，就像是飘落在烧热烧红的铁片上。[1]

在孙犁眼中，这是一个被本能所支配的充满热情、幻想、冲动、矛盾的人物："她的青春是无限的，抛费着这样宝贵的年华，她在危险的崖岸上回荡着。"[2]

---

[1] 孙犁：《铁木前传》，《孙犁全集》第2卷，人民文学出版社2004年版，第127页。
[2] 孙犁：《铁木前传》，《孙犁全集》第2卷，人民文学出版社2004年版，第127页。

在《铁木前传》中，干部对小满的教育也颇具象征意义，充分反映了作家头脑中道德力量和生命力量的胶着与对抗。如果说干部在某种程度上说是孙犁的化身，代表着理性，那么小满就是欲望的载体，实际上承载着作家自身的欲望。小满对干部有意无意的暧昧、挑逗和捉弄，都是作家这种欲望的枝叶："干部长久失眠，醒来的时候，天还很早，小满儿跑了进来。她好像正在洗脸，只穿一件红毛绒衣，挽着领子和袖口，脸上脖子上都带着水珠，她俯着身子在干部头起翻腾着，她的胸部时时摩贴在干部的脸上，一阵阵发散着温暖的香气。然后，抓起她那胰子盒儿跑出去了。"[1]面对这种挑逗，尽管干部无所作为，但是读者分明能够感受到了他的挣扎。从小满身上，可以窥见作家潜意识冰山的一角。

助力梁斌

其实,《风云初记》和《铁木前传》的创作并不是很顺利,前者越写越散,后者进展缓慢,这在很大程度上加剧了孙犁内心的矛盾。1953年8月6日,在给田间信中，又提到了转换工作的问题："我在报社，因无多少工作，所写又系历史小说，时间长了，有些沉闷。我想转移一下。但我又不意专门当作家（因近感才力不足）。你看像我这样的情形，应该采取一种什么工作方式为宜？俟康濯回京，你们可以代我思考思考，并望不要和其他方面谈及。"[2]他一直找不到一种合适的生活和工作方式，这令他十分苦恼。

1953年9月1日，孙犁写信告知田间："我约于9月9日到京参加文代大会，如得允许，我并想住在你那里，以我近来身体不大好，招待所

[1] 孙犁：《铁木前传》，《孙犁全集》第2卷，人民文学出版社2004年版，第133—134页。

[2] 孙犁：《书信·致田间》，《孙犁全集》第11卷，人民文学出版社2004年版，第60—61页。

人多不得休息也。届时，可从中谈谈转移工作之事。”[1]这里所说的文代大会指的是第二次文代会，即中国文学艺术工作者第二次代表大会。

田间等人还是希望他到北京工作，并鼓励他在北京买房。虽然北京的房屋很便宜，但是孙犁的老伴不同意，土改中房屋被拆的惨痛经历让她胆战心惊。9月12日，孙犁给田间写信说道：“所谈买房一节，弟虽亦有此想法，然就目前经济情况，实措办不到。总计近年所蓄存版税，尚不足五千万元，而每月家中消费，除我应领之供给外，尚需补贴百万元，全出在这部存款之内。而就目前创作情况观之，后继颇为乏望。故需留些钱供他们衣食。房之一说，似可留待《风云初记》第三集完成之后再看。”[2]

9月22下午，孙犁在文化部礼堂听取第二次文代会会前报告，胡乔木传达了毛主席、周总理等关于文艺的历史评价问题、新英雄人物问题、文联组织问题、批评问题等方面的指示。晚上，丁玲请客，宴请晋察冀出来的一些作家，诸如孙犁、康濯、方冰、邵子南、魏巍、徐光耀等人，饭吃得很好，有六种水果、一份核桃脑、一份西红柿汤。孙犁第一次吃到了哈密瓜。

9月23日至10月6日，第二次文代会在北京召开。这次大会将中华全国文学艺术界联合会更名为中国文学艺术界联合会，主席郭沫若。接着，全国文协召开第二次会员代表大会，并将协会正式更名为中国作家协会，主席茅盾。孙犁当选为中国作家协会理事。

1954年，孙犁的大女儿孙香平十九岁，在棉六上班，她技术过硬，还当上了工段长。当时要抽调一些纺纱女工支援石家庄的棉纺厂，同班组

---

[1] 孙犁：《书信·致田间》，《孙犁全集》第11卷，人民文学出版社2004年版，第61页。

[2] 孙犁：《书信·致田间》，《孙犁全集》第11卷，人民文学出版社2004年版，第62页。

一位女工被选中，但她不乐意去，吃饭时不住地哭。孙香平问清原因，安慰道："别难过，快吃饭吧，你不愿意去我去。"结果下午车间值班长就正式找她谈话，改调她去石家庄了。回到家，孙香平扑在床上哭。在母亲的催问下，说明了事情的原委，孙犁既没生气也没着急，而是坦然地对女儿说："去吧！那儿不错，都是咱们那儿的人。"

其实，孙犁完全有能力把女儿留在身边。当时，纺织局的局长就是王亢之的爱人许明，他们夫妇就住在多伦道大院的前院。但是，孙犁没有开口。就这样，他的大女儿在石家庄扎了根。

孙犁想继续下乡，但是报社一直不同意，这令他十分苦恼，不愿长此下去。他感觉，都市生活确比农村多了不少麻烦，心思烦乱，产生不了什么创作灵感。报社工作虽然不是太忙，但每天碰上两桩"人事"，就无法执笔。1954 年 6 月 16 日，他给田间写信，述说了自己的烦恼，而且说到近来身体不好，迫切需要下乡，很需要换换田野的新鲜空气。[1]

1954 年 10 月，梁斌写完《红旗谱》（当时名为《七月》）初稿，把稿件用包袱皮裹上，带到天津找孙犁，请他先看看，提提意见。这部小说从1953年6月开始创作，只用了一年便完成了初稿，并在《北京日报》和《天津日报》发表了部分章节。

应该说，《红旗谱》这部作品与孙犁有着不解的渊源。1941 年春，孙犁在晋察冀文联编辑文艺刊物《山》，梁斌的短篇小说《三个布尔什维克的爸爸》，就发表在这个刊物上。在这篇小说中，梁斌塑造了朱老忠这一艺术形象的最初原型，故事从"四·一二"反革命政变、高蠡暴动，一直写到抗日战争，基本上确定了《红旗谱》中朱老忠的活动脉络。1942 年反"扫荡"后，梁斌住在边区文联，把《三个布尔什维克的爸爸》拓展

[1] 孙犁：《书信·致田间》，《孙犁全集》第 11 卷，人民文学出版社 2004 年版，第 62 页。

成中篇，改名为《父亲》在《晋察冀文艺》发表。在这部中篇小说中，朱老忠的形象发生了很大变化，还增加了严知孝这个人物。

解放战争中，梁斌随人民解放军渡江南下，先后在湖北襄阳和武汉工作。但他一直没有放弃自己的文学之梦，为了集中精力创作《红旗谱》，他辞官不做，主动申请调到中央文学研究所，担任了机关支部书记，全身心进行《红旗谱》的创作。

孙犁很快看完《红旗谱》的初稿，对梁斌说："为了看你这三十万字的稿子，一夜没睡觉！"梁斌说："你慢慢看，着什么急？"孙犁说："我放不下呀……人物有了，语言不一般，就是有一样，倒卷帘太长了，不合乎中国的民族风格，不合乎读者的阅读习惯……"

《红旗谱》的初稿，开头便写抗日战争，即后来《战寇图》的内容，把《红旗谱》的内容作为倒叙的一部分插进去，有六七万字。这样，整个作品的结构就出现了较大的问题。梁斌问："那可怎么办？我为了写成朱老忠这个典型人物，才回叙到高蠡暴动、二师学潮……"孙犁说："你看《水浒传》《三国演义》《红楼梦》都是从头说起……"孙犁坐在椅子上说。听了孙犁的意见，梁斌一时也拿不准主意，如果按照孙犁的意见修改，作品就要做出较大的调整，不会是小修小补。一天，梁斌在中国作协遇到康濯，说起孙犁对稿子的看法和意见。康濯说："孙犁是冀中人，又是著名作家、著名编辑，他的意见我完全同意，老梁你别犹豫了，就按他的意见改吧！"康濯这样一说，最后坚定了梁斌修改的信心。

1955 年 3 月，梁斌从文研所调到河北省文联任副主席，以专业作家的身份专心致志地修改这部作品。他回忆说：

写完这部书以后，觉得倒叙部分太多，与全部小说不相称，而且写得不够周密，考虑的结果，决定把倒叙部分割下来，写成第一部，这样原来的第一部就成了第二部。第一部一写起来，故事就充分发展开了。不过那时的第一部和现在的仍有不同，那是从朱严两家的友情写起，朱老忠由关东回来，严志和一家担负两家人的生活，等等。这样便于写出严志和这个人物，同时把朱大贵的事情分给了运涛，增加了第二部书里没有的吴老拔、朱老星。第二部书里的严知孝写成了开明绅士，在这部书里则以“左”倾的知识分子出场，性格上不完全一样……这样，第一部写了大革命时代，写了反割头税运动和二师学潮，高蠡起义等事件，共有五十多万字。我觉得一部书写五十多万字太长了，所以又把高蠡暴动的部分割下来，写成第二部《播火记》。这个原来的第二部就变成第三部了。[1]

应该说，这就是梁斌《红旗谱》《播火记》《战寇图》（后定名《烽烟图》）的由来。可以说，没有孙犁的意见，梁斌的《红旗谱》绝不会是现在这个样子。但是孙犁对自己的这一巨大贡献从来不曾言及。

两场整肃

1955 年，文艺界发生了两件惊天动地的大事：一是批判“胡风反革命集团”；一是批判“丁玲、陈企霞反党小集团”。

1955 年的 2 月 28 日，孙犁给已调任《文艺报》常务编委的康濯写信，谈到了批胡风的问题：“关于批判胡风思想，天津虽有些文章，但总觉得不够有力，上期露布两篇，也是颇为单薄，望兄能在此问题上有专题指示为祷。”[2]

对这种原因错综复杂的批判运动，康濯也不见得了解内情。1955 年 5 月 13 日，《人民日报》公布了《关于胡风反革命集团的一些材料》。当天，天津的阿垅、卢甸被逮捕。这两个人事先将与胡风来往信件全部销毁。5 月 18 日，胡风夫妇被捕。鲁藜把他与胡风来往的二十多封信件整理好，准备上交。很快，鲁藜被带走，请他到天津文联机关住，实际是隔离检查。

[1] 唐文斌、周海波：《梁斌评传》，百花文艺出版社 1992 年版，第 125–126 页。
[2] 段华：《孙犁年谱》，人民出版社 2022 年版，第 126 页。

5月24日，《人民日报》发表第二批胡风的材料，公安人员才把鲁藜从文联机关带走，最终他被判定为“胡风集团”的“骨干分子”。

青年时代，鲁藜的一些诗曾在胡风主编的《七月》等刊物发表，受到胡风赞赏，是文学界公认的“七月派诗人”，但他和胡风只见过一面，之间的来往似乎也仅限于写作上的交流，最终却使他受“胡风案件”的牵连而入狱。

孙犁一开始不太了解鲁藜被批判的内情，因此在文联的批判会上还为他“仗义执言”，什么很有才能呀、老同志呀。过了两天，才知道问题的严重，公安局来人，把鲁藜正式逮捕。回到家中，孙犁依旧气愤难平，遭到老婆的斥责：“你总是好拉横车！”后来他才知道，这一案件，近似封建社会的“钦定”大案，如果主持会议的不是熟人，他在会上说了那些不合时宜的话，肯定会被牵连进去。

鲁藜与妻子王曼恬在1938年结婚。王曼恬是毛泽东表兄王星臣的女儿。鲁藜也是通天人物。20世纪30年代初，他与蓝苹有过交往，当时，蓝苹因扮演俄罗斯戏剧家奥斯特罗夫斯基《大雷雨》中的角色而蜚声上海文艺界，同时也成为国民党特务盯梢的目标。鲁藜接受党组织指派，多次护送江青从住地闸北到剧场去参加演出。这段不平常的交往历程，使鲁藜对蓝苹的品质有着深刻了解。因此，当她和毛泽东结婚的时候，鲁藜和很多人讲过，这是一个不幸的事件。鲁藜被捕后，毛泽东问了周扬一句，鲁藜怎么样？周扬说：“恐怕挽救不了了。”1957年，王曼恬和鲁藜离婚。

鲁藜被关了一年，没有查出他和胡风有什么特殊的关系。鲁藜参加革命很早，也无其他政治历史问题，就被释放了。组织要他写一篇检讨文章发表，就可以不开除党籍。鲁藜却加以拒绝，于是被分配到南郊任合作办公室副主任，后又到天津拖拉机厂和农场劳动。“文革”中再次受到冲击，直到1979年恢复工作。

稍早一些时候，文艺界还开始了另外一场批判运动，这就是批判“丁玲、陈企霞反党小集团”。这一事件因《文艺报》处理李希凡等人的文章不当而引起，又与“胡风案件”有一定牵连。

1953年5月，《文艺报》第九期“新书刊”专栏里，介绍了俞平伯的《红楼梦研究》一书，说这本书对《红楼梦》做了细密的考证、校勘，扫除了过去“红学”的一切梦呓，这是很大的功绩。1954年3月，《新建设》杂志又发表了俞平伯的《红楼梦简论》一文，对其研究《红楼梦》的成果进行了扼要总结。不久，刚从山东大学中文系毕业的李希凡、蓝翎两位青年，合写了一篇批评俞平伯的文章，题为《关于〈红楼梦简论〉及其他》，《文艺报》却没有发表这篇文章，对作者的问询也没有答复。于是他们把稿件寄给母校主办的《文史哲》杂志。该杂志于1954年第九期发表了他们的论文。这篇文章引起了高层关注，《文艺报》作为压制“小人物”的罪魁祸首，遭到猛烈的批判。

1952年春天以前，《文艺报》由丁玲、陈企霞负责，1952年春天以后，由冯雪峰、陈企霞负责。很快，冯雪峰和陈企霞被撤职。

冯雪峰参加过二万五千里长征，在上海和鲁迅并肩战斗，领导过左翼文学运动。新中国成立后曾担任中国作协第一任党组书记，后担任《文艺报》主编。陈企霞于1933年入党，也是“左联”的一名老战士，曾两次被国民党逮捕。20世纪40年代到延安，曾在《解放日报》工作。1945年担任华北联合大学文学系主任。新中国成立后，任中国文协副秘书长、《文艺报》副主编。

1954年11月5日，天津市委宣传部副部长郑季翘召集孙犁、方纪、王林等人参加《红楼梦》批评小组。不久，天津市文化艺术界举办关于《红楼梦》研究的座谈会，孙犁在会上做了发言。11月12日，王林日记记载："昨日晚七时在文化局开讨论会，响应中央对俞平伯资产阶级思想批评。孙犁同志发言甚精辟。我这和孙犁交游十七八年中第一次见他在大庭广众之下（不算在课堂上讲书）说那么长的话。”[1] 孙犁的这个发言登载在11月26日《天津日报》。

接踵而至的对“胡风反革命集团”的批判使丁玲等人雪上加霜。在整理胡风材料时，发现胡风把丁玲称为“凤姐”，并视之为“可以合作”的实力派。1955年6月底，关于胡风的第三批材料公布后不久，《文艺报》常务编委，中国作协书记处书记、党组成员康濯写信“揭发”了丁玲、陈企霞等人的问题，使批判运动得到升级。从1955年8月3日到9月6日，中国作协党组主持召开了十六次会议，对“丁、陈反党小集团”进行批判。批判会议以后，中国作家协会写出《中国作家协会党组关于丁玲、陈企霞等进行反党小集团活动及对他们的处理意见的报告》，认为丁玲和陈企霞结成了“反党小集团”。

1955年12月24日，孙犁和王林等人到了北京，参加中宣部召开的会议，会议介绍了“丁、陈反党小集团”的主要活动情况，深刻总结了教训。与会者进行了分组讨论，在确定大会发言人选时，有人提出了孙犁，在中宣部工作的林默涵却说：“他有病，就算了。”算是给他解了围。孙犁回忆道：

又过了几年，北京召开批判丁、陈的大会，天津也去了几个人，我在内。大家都很紧张。在小组会上确定谁在大会发言时，有人推我。我想：你对他们更熟悉、更了解，为什么不上？我以有病辞。当时中宣部一位负责人说：

“他身体不好，就算了吧。”

直到现在，我还记得这句为我排忧解难的好话。[2]

小组讨论结束之后进行大会发言，周扬做了总结讲话，林默涵谈落实

---

[1] 王端阳、冉淮舟编：《王林日记辑录之一：我与孙犁四十年》，北岳文艺出版社2019年版，第66页。

[2] 孙犁：《关于丁玲》，《孙犁全集》第8卷，人民文学出版社2004年版，第62页。

意见。会议一直开到深夜十二时才宣布闭会。

第二天一早，大家准备上火车回天津，王林起得晚，鲍昌等人对他说，孙犁这几日晚上睡得很晚，早晨却起得很早。王林听了，当即暗中一惊，觉得他因丁、陈案精神受震荡一定较大。在王林看来，孙犁并不是不相信党的处理，也不会再对丁玲等人有何同情，而是觉得人事沧桑变化莫测——多少是唯心主义的嗟叹。王林很快向方纪谈到孙犁的事儿，让他注意一下，选择恰当的时机做做疏导工作，但是不能把话挑明。方纪也同意王林的看法。

孙犁的确感受到了从未有过的紧张和焦虑。在某次批判会上，当时还没有被牵扯进来的冯雪峰，在一次发言中涉及了孙犁。他在发言中认定，丁玲虽然离开了《文艺报》，但是《文艺报》的许多问题仍然与她有关。其中一个典型例证就是有一篇评孙犁的文章，因为丁玲的意见抽去没有发表，实际是袒护了孙犁。韩映山在《孙犁与丁玲》一文中谈到此事：

> 那时，文艺界正批判萧也牧的《我们夫妇之间》，说是小资产阶级情调；后来《光明日报》也开始批了孙犁的《钟》，也说是小资产阶级情调。据说丁玲不同意，出面制止了对孙犁的批判。不久丁玲曾给孙犁写过一封长达八页的信，肯定了孙犁的创作，并大力鼓励了孙犁，劝他不要消沉，要鼓起勇气，继续写作。[1]

对萧也牧《我们夫妇之间》的批判发生在1951年。同时被批判的还有白刃的《战斗到明天》、碧野的《我们的力量是无敌的》，以及电影《关连长》等。1951年10月6日，《光明日报》用了整版篇幅，批判孙犁的“小资产阶级的恶劣情趣”，批判的靶子是短篇小说《钟》《嘱咐》和《村歌》。丁玲制止的，应该是《文艺报》对孙犁的后续批判，时间可能是1952年春天，冯雪峰开始负责《文艺报》以后。

---

[1] 韩映山：《孙犁的人品和作品》，大众文艺出版社1995年版，第179页。

另外一些事件也给孙犁造成了极大刺激。在丁玲主持中央文学研究所时，田间和康濯担任研究所的正、副秘书长，是丁玲的主要助手。冯雪峰被撤职后，康濯成为《文艺报》的主要负责人之一。“丁玲、陈企霞反党小集团”被定性，康濯起了推波助澜的作用，他主动提供了丁玲、陈企霞在《文艺报》搞“独立王国”的材料，因为有悔改和立功表现，他没有被列为“集团”分子。

田间却是另外一种情况。田间作为一名诗人，经常在《七月》等刊物上发表作品，深受胡风的赞扬和器重。在批判“胡风反革命集团”运动中，田间被停职审查，很快，又让他交代和丁玲的关系。他实在没办法讲清楚，心理压力很大，1955 年 7 月 6 日，他跳进了后海，但是被人救了上来。对他审查了很久，最后得出了这样的结论：田间和胡风的确没有任何组织或结盟性的联系，和丁玲也只是上下级关系。这样，他才得以解脱。

在 1957 年的反右运动中，冯雪峰、丁玲、艾青、陈企霞、李又然等都成了右派分子，他们被说成是一个早已存在的“反党集团”成员。在 1957 年的批判中，不仅“揭露”了他们的现实表现，还将一些旧案一并翻出。包括：丁玲 30 年代初被国民党逮捕时如何“自首变节”；鲁迅如何受胡风、冯雪峰的欺骗而错怪了周扬；胡风、冯雪峰怎样勾结在一起分裂左翼文艺运动等。[1]

1958 年，丁玲被下放到北大荒劳动改造，“文化大革命”期间被投入监狱五年之久。1975 年释放后，被下放到山西农村，1978 年才返回北京。陈企霞也被下放到基层，先在河北省滦县国营柏各庄农场三分场劳动改造，后调杭州大学工作。冯雪峰 1966 年被关进牛棚，1976 年患肺癌去世。

孙犁和鲁藜虽然交情深厚，但两人在文学创作上并没有过多交集，孙犁虽然为他说了一些好话，但终究是认识问题，很难再找出什么“罪证”

[1] 洪子诚：《中国当代文学概论》，北京大学出版社 2010 年版，第 43 页。

来。对孙犁而言，与丁玲、康濯和田间等人的关系，则具有更大的危险性。如果当事人想把他扯进来，那是轻而易举的事情。在晋察冀时期和新中国成立前后，孙犁和康濯通信频繁，和田间的通信也为数不少，加上丁玲对孙犁的爱惜和眷顾，这些材料，如果被别有用心的人利用，完全可以把孙犁推向深渊。

第十四章　中年大病

周扬点名

1956年元旦过后，孙犁和文艺界的同志们一同到天津市委大礼堂开会，听传达作协党组关于反“丁、陈反党集团”斗争的中央批示。接着，联系天津文艺界的实际，大家进行了讨论，市委常委、宣传部部长王亢之在发言中批评了王林和孙犁，认为他们的主要问题是社会主义积极性不够。鲍昌认为，天津市的文艺落后于实际生活，是文艺工作者阶级情感不强，社会主义积极性不够。作者不愿意接近群众就是社会主义积极性不够的表现。

2月27日至3月6日，中国作家协会第二次理事会扩大会议在北京召开，孙犁到京参加会议，周扬在《建设社会主义文学的任务——在中国作家协会第二次理事会会议（扩大）上的报告》中，点名批评了孙犁《风云初记》第二部、第三部：

孙犁在他的《风云初记》第一部中生动地描绘了抗日战争爆发，冀中平原儿女纷起抗敌的真实的图画，但当读者正盼望在第二、第三部看到冀中人民如何英勇地坚持斗争和开辟游击战争根据地的时候，作者却把我们带到离开了斗争旋涡的中心而流连在一种多少有些情致缠绵的生活气氛里，这就使第二部中的描写成为软弱无力了。[1]

周扬是中宣部副部长，文艺界的最高领导者，他的批评还是很有分量和杀伤力的。多年来，孙犁的作品一直以“浓厚的小资情调”为人诟病，现在周扬说他的作品“离开了斗争旋涡的中心”，描写的却是“情致缠绵的生活”，在某种程度上是对批评孙犁作品“浓厚小资情调”的肯定。尤其是在刚刚处理了“胡风反革命集团”“丁、陈反党小集团”之后，这种批评更加令人胆战心惊。那时，《风云初记》第三集已基本完成，并且分别在《天津日报》《新港》和《人民文学》发表了二十节。周扬讲话后，孙犁不敢再发表后面的章节，也不好出版《风云初记》第三集，或者一、二、三集的合订本。

3 月 2 日下午，参加作协第二次理事会议的与会人员到怀仁堂照相。那天，大雪纷飞，毛主席与其他中央领导冒雪参加合影，但这张照片没有照好。晚年，孙犁在《谈照像》一文中回忆了当时的情形，但是他记错了年份，事情发生的时间并非 1952 年，是 1956 年。

1952 年吧，中国作家协会召开大会。临结束那一天，通知到中南海照像。我虽然不愿在人多的场合照像，但这是不能不去的。记得穿过几个过道，到了一个空场。凳子都摆好了，我照例往后面跑。忽然有人喊：

“理事坐前面！”

我是个理事，只好回到前面坐下，旁边是田间同志。这时，有几位中央首长，已经说笑着来到面前，和一些作家打招呼。我因为谁也不认识，就低头坐在那里。忽然听到鼓起掌来，毛主席穿着黄色大衣，单独出来，却不奔我们这里，一直缓步向前走。走到一定的地方，一转身，正面对我们。

---

[1] 周扬：《建设社会主义文学的任务——在中国作家协会第二次理事会会议（扩大）上的报告》，《中国作家协会第二次理事会会议（扩大）报告、发言集》，人民文学出版社 1956 年版，第 22 页。

人们鼓掌更热烈了。

我也没看清毛主席怎样落座，距离多远。只听田间小声说：

“你怎么一动也不动？”

我那时，真是紧张到了屏息呼吸，不敢仰视的地步。

人们安静下来，能转动的大照像机也摆布好了。天不作美，忽然飘起雪花来，像虽然照了，第二天却未能见报，大概没有照好吧。一生只有这样一次机会，也没能弄到一张值得纪念的照片。[1]

会议结束后回到天津，孙犁加紧《铁木前传》的写作，他几乎是怀着一种伤感的心情来进行创作的，写到第十九节，铁匠傅老刚和木匠黎老东决裂了，数年来，萦绕孙犁内心的那个人与人之间关系变迁的心结，终于以艺术的形式表现出来，他又一次深刻体验了那种刻骨铭心的苦痛。

3月29日中午，孙犁午睡后起身小解，下床的时候突发眩晕，一下栽倒，左腮磕在书橱的把手上，划开一个很大的口子，家人和报社同事把他送到医院缝了五针。当时，并未检查出患有什么病症，医生只是推测，发生眩晕，可能是贫血，也可能是煤气中毒。孙犁的屋子里生有煤火炉子，虽然有烟筒，但也不排除煤气泄漏。

1956年4月，天津市文协改名为中国作家协会天津分会，召开了第一次会员代表大会。大会选举方纪担任主席，李霁野、孙犁、王林、李何林担任副主席，秘书长由艾文会担任，决定创办作协机关刊物《新港》，方纪任主编，孙犁担任了编委。

孙犁患病后，王亢之十分关心他的身体健康，《天津日报》社领导和同事们都劝他外出散散心，调整一下心态。孙犁想了一些自己想去的地方，

---

[1] 孙犁：《芸斋琐谈·谈照像》，《陋巷集》，人民文学出版社2012年版，第87—88页。

天津市委宣传部为他开具了介绍信，5 月 11 日，孙犁离开天津外出云游。

南下旅行

孙犁选择的第一站是济南。这是他青年时代就十分向往的地方，在育德中学读书时，国文老师为他们讲过《老残游记》，并谈了自己一段亲身经历，说自己从小就和父亲在济南生活，那里不仅风景优美，还有很多美食，其中有一种好吃的东西，叫作小豆腐。这段话，深深印在孙犁的脑海里。在北平流浪期间，他先是在工务局当小职员，后在象鼻子中坑小学当事务员。他很不适应那里的工作，也不适应那种腐朽的人际关系。他感到绝望，想自己出去闯一条路，第一个想去的地方就是济南，因为那里的小豆腐好吃。当然，他没有去成，只是回老家种地去了。

下午一二点到了济南。孙犁雇了一辆三轮车，到了山东省文联找负责人王希坚。王希坚出生于 1918 年，父亲王翔千是中国最早的五十八名共产党员之一，也是山东党组织的创建者和早期领导人。王希坚的大姐黄秀珍（王辩）是山东省最早的女共产党员。王希坚与作家王统照、王愿坚是同族叔侄、兄弟。

这是孙犁第一次来济南，和他印象中的旧日省城没多少区别，古老的砖瓦房，古老的石铺街道。他回忆道："文联附近，是游览区，更热闹一些，有不少小商小贩，摆摊叫卖。文联大院，就是名胜所在，有泉水，种植着荷花，每天清晨，人们就在清流旁盥洗。"[1]

王希坚了解孙犁的性格，也知道他身体不好，给他找了一间清静的房子，并告诉他，吃饭，愿意在食堂吃也可，愿意出去吃小馆，也方便。因为距离很近，当天，孙犁就参观了珍珠泉、趵突泉、黑虎泉。

趵突泉为济南七十二名泉之首，有"天下第一泉"的美誉，那时趵突

---

[1] 孙犁：《一九五六年的旅行》，《老荒集》，人民文学出版社 2012 年版，第 93 页。

泉的水系还没遭到破坏，泉水还能涌起三尺来高。珍珠泉位于过去的济南巡抚衙门内，是济南的第三大名泉，池中一串串白色气泡自底部冒出，仿佛飘洒的万颗珍珠。黑虎泉的泉水，出于深凹形洞穴，通过三个石雕虎头喷出，很是壮观。

第二天，由文联的吕日生陪同，孙犁游览了大明湖和千佛山。

大明湖在旧城区的北部，由众多的泉水汇集而成。吕日生陪同孙犁乘坐画舫游览，湖中建有很多的亭台楼榭，湖水清澈见底，莲荷叠翠，让人心旷神怡。从大明湖出来，他们赶到千佛山，这里几乎没遇到什么游人，就像游荒山野寺一样。站在千佛山的山顶，眺望山下整齐的田野，突兀的小山，颇有些脱离红尘之感。

孙犁经常到文联附近小馆吃饭，但没有吃到老师说的那种小豆腐。他知道，济南的古书不少，而且比北京、天津便宜很多。他四处寻觅，也没有找到古旧书店，感到十分遗憾。

5 月 10 日，孙犁到达南京，下车时已经是傍晚。在南京，他没有熟人，先是赶到江苏省文联。文联与文化局合署办公，文联的同志与文化局电话联系，说来了一位客人，想找个住处。文化局那边好像推托了一阵子，最后说是可以去住安乐酒家。

安乐酒家即江苏饭店，坐落在南京市太平南路，是当时南京著名的饭店之一，以经营粤菜知名。入住之后，孙犁到餐厅去吃饭，遇到了王任叔。王任叔，笔名巴人，出生于 1901 年，浙江奉化人。1925 年加入共产党。孙犁与他并不熟悉，他当时是人民文学出版社的副社长、总编辑，带着几个人到这里出差，南京市文化局局长随侍左右。

第二天吃过早饭，孙犁独自一人逛了明孝陵。陵很高很陡，在上面看到了朱元璋的一幅画像，躯体高大，前额特别突出，像扣上一个小瓢似的。脸上有一连串黑痣。这种异相，史书上好像也描写过。真实面目是否如此，难以说清。

从孝陵下来，又去游览了中山陵，顺便又游了附近一处名胜灵谷寺。路上栽满了梧桐树，枝叶交接如连理，一路林荫，使人叫绝。

下午游了雨花台、玄武湖、鸡鸣寺、夫子庙。这种突袭式游览，自然是走马看花。尽管如此，莫愁湖和秦淮河还没来得及看。孙犁对旧书兴趣浓厚，很有兴致地逛了南京古旧书店。书店内外，都很安静，好书也多，排列很是齐整。可惜天色已晚，没来得及细看就回了宾馆。后来，孙犁通过函购，从这家旧书店购买了不少旧书，还有一些珍本。

南京是龙盘虎踞的形胜之地，又有雄厚的历史底蕴，六朝烟粉、王谢风流、潮打空城、天国悲剧……种种动人的历史传说，并没有引起孙犁的丝毫感慨。他的确是病了，对一切变得都很漠然。在孙犁看来，这次外出旅行也不过是为了安慰一下自己：我一生一世，毕竟到过这些有名的地方了。

离开南京到上海，住在市中心的国际饭店，环境嘈杂不说，就是那种灵活得像孩子们手中玩具似的电梯，也让孙犁心惊不已——踏上电梯，心还没有定下来，就已经到了他所住的十楼。在国际饭店又遇到了王任叔一行。当时周而复在上海，任上海市委宣传部副部长，主管文艺工作。他邀请大家同游黄浦江，王任叔当即应允，孙犁却以身体疲劳未去。或许他知道，自己不过是一个陪衬。

休息了一晚，第二天上午，雇了一辆三轮，去逛书店，结果一转弯就到了。幸好赶上古籍书店开张，琳琅满目，随即买了几种旧书，其中有仰慕已久的戚蓼生序小字本《红楼梦》。

孙犁不习惯大城市的喧哗，迫不及待地要离开上海，第二天中午到了杭州。浙江省文联也没有熟人，安顿好之后，随便吃了一碗面条，一个人就到西湖去了。

面对湖光山色，他的第一个感觉是：这就是西湖。因为旅途劳顿，接连几夜睡眠不好，忽然觉得精神不能支持，脚下也没有准头，随便转了转，买了些甜食，就回来了。

睡了一夜，文联通知孙犁，让他住到灵隐寺去。文联在灵隐寺新买到一处资本家的别墅，作为创作之家，但是还没有人去住过，正好让他到那里去试试。文联的同志雇了一辆三轮车，带上一些生活用具，便把他送了过去。

灵隐寺地处杭州西湖以西，背靠北高峰，面朝飞来峰，两峰夹峙，云烟万状。灵隐寺始建于东晋咸和元年（326年）。南朝梁武帝将佛教奉为国教，赐田扩建，香火渐盛。宋宁宗嘉定年间，灵隐寺被誉为江南禅宗“五山”之一。清顺治年间，禅宗巨匠具德和尚筹资重建，规模宏伟，跃居“东南之冠”。清康熙二十八年（1689年），康熙帝南巡时，赐名“云林禅寺”。

浙江省文联买下的那栋资本家的别墅，就在飞来峰的山脚下。当时，灵隐寺里的僧人很少，离别墅也很远，太阳落山后，四周漆黑一片，孙犁忽然恐怖起来：“这样大的一个灵隐寺，周围是百里湖山，寺内是密林荒野，不用说别的，就是进来一条狼，我也受不了。”[1]别墅很大，门窗很多，孙犁费了很大劲儿才把它们关好，躺在临时搭好的简易木板床上，就着头顶上微弱的灯光，翻看新买的一本杭州旅行指南。

孙犁一贯好静，每到嘈杂的环境中便心烦意乱，现在置身山林，且系名刹，万籁无声，按理说最合他的心意，但是他变得更加焦虑和惶恐。“青年时，我也想过出世，当和尚。现在想，即使有人封我为这里的住持，我也坚决不干。我现在需要的是一个伴侣。”[2]孙犁在这一唯一一次提及自己在青年时代有过当和尚的想法，推测起来，大概在古城保定初恋结束之后，或者是在北平流浪时期吧！前者，对爱情绝望，后者，对社会绝望，绝望中最容易产生出世的念头。

---

[1] 孙犁：《一九五六年的旅行》，《老荒集》，人民文学出版社2012年版，第97页。

[2] 孙犁：《一九五六年的旅行》，《老荒集》，人民文学出版社2012年版，第97页。

一夜没有睡好。第二天清晨起来，在溪流中洗了洗脸，提上从文联带来的热水瓶，到门口饭店去吃饭。吃完饭，又到茶馆打一瓶开水提回来。

在这里住了两三天，灵隐寺的大小庙宇都走遍了，这里的庙宇宏美丰丽，在北方是很难见到的，殿内的楹联牌匾，更是让他流连忘返。西湖有名处所，也都去过了，他在西湖边的小市，买了一只象牙烟嘴，在岳坟给孩子们买了两对竹节制的小水桶，然后离开了杭州，取道上海，5 月 21 日回到了天津。

这次南下旅行，花了半个月的时间，马不停蹄，日夜奔袭，身体透支，加之环境陌生，休息不好，精神更加萎靡，回到天津之后，失眠的症状反而加重。想到《铁木前传》还没有完成，他封锁消息，关起门来续写了最后一个小节，草草完成了这部小说，把初稿交王亢之审阅。到了初夏时节，小说正式定稿。

作品完成之后，孙犁首先把这部新作交给了《新港》。他是《新港》杂志的编委，把稿子给它，主要是想支持这份刊物。对孙犁的这部呕心沥血之作，负责编辑部日常工作的鲍昌和张学新却不以为然，认为这部作品没有凸显阶级斗争。发表这样的作品，对孙犁的声望不利。而且孙犁固有的文学风格，在这部作品中也没有得到很好的体现。两人竟然对《铁木前传》做了退稿处理。

孙犁便将《铁木前传》交给了《人民文学》。担任《人民文学》主编的秦兆阳一口气读完，击节赞赏，立刻决定刊用此稿。最终，《铁木前传》以头条位置，在《人民文学》1956 年第十二期发表。秦兆阳向康濯说，小说中的女主人小满写得比肖洛霍夫的路希卡还要美！方纪在《人民文学》12 月号上看到这部作品，说这是孙犁的创作最高峰。王林也觉是孙犁的杰作，不光是小满这个反面人物写得好，正面人物六儿写得也好。青年的朝气写出来了，而且对童年生活写得那样富有诗意！

病中反击

1956 年夏天，孙犁的病症并不见好转。在天津市海运局工作的老战友李湘洲陪他到大连小住。孙犁在海滩上吹着海风，迷恋上了捡石子，他整天低头寻觅，把那些五颜六色的石子捡起来，带回住处，用海水养起来。李湘洲出生于 1917 年，江苏宜兴人。1938 年从延安到晋察冀边区，曾在华北联合大学文艺学院文学系学习，后为冀中火线剧社创作组编剧、文学教员，《冀中导报》记者。进城以后，在天津市海运局工作，后任天津人民艺术剧院编剧。

从大连回来后，孙犁依然感到心绪难平，周扬对《风云初记》的批评，让他久久不能释怀。1956 年 8 月 13 日，他拖着病体，写下了《左批评右创作论》一文，大力抨击文艺批评中的武断行为。

这篇文章开宗明义地指出："譬之古人左图右书的读书方式，我建议人们在阅读文艺作品的时候，采取左批评右创作的做法，就是把批评文章和它所批评的那篇（部）创作放在一起，进行一番独立思考的比较、分析、判断。"接着他反问，究竟在这几年里，批评是否粗暴了？以及这种批评是否对创作发生了种种不良的影响——就是所谓障碍？

为什么现在有些作者竟然说起批评者粗暴来了呢？孙犁给出了答案："我们还是不妨引证契诃夫对批评家——这当然指的是不好的批评家的一个看法，他说有些批评家对于作家的工作来说，就像正在耕作的马的肚皮上飞拢的虻蝇。"

之所以会产生这种粗暴的批评，主要原因是：它常常并不是群众的意见，而是从来也不理解作品的生活实际，只会板"正确"面孔的个人的武断。[1]

这篇文章写完后，孙犁把他交给王亢之审阅，由于言辞十分激烈，被

---

[1] 孙犁：《左批评右创作论》，《天津日报》1979 年 2 月 4 日。

王亢之劝阻，没有刊发。直至1979年2月4日才在《天津日报》上发表，署名耕堂。发表前，孙犁在文章后面写了一段“附记”：“此系旧稿，写于一九五六年，未能发表。运动期间，家中文字荡然，此稿因为一青年友人取去，幸未遗失。运动过后，彼知我爱惜羽毛，将此连同其他一些稿件，送还我手，完整无损。深感保存此等物件之不易，现略加订正，表而出之。目前，文艺界之民主及实事求是作风，提倡甚力，已有成效。此文议论，作为历史经验教训观之可也。”[1]

保存这篇手稿的青年友人名叫冉淮舟。据冉淮舟证实，发表时，孙犁还是对文稿做了一定修改，消除了文章中的一些“火气”，最主要的修改，是将原稿中“它常常并不是群众的意见，而是来自党委宣传部门”这句话，修改为“它常常并不是群众的意见，而是从来也不理解作品的生活实际，只会板‘正确’面孔的个人的武断”。[2]

孙犁写这篇文章的时候，身体已经坏到了极点，他应该是拼着最后一点脑力，努力挣扎着写下这篇反击文章。

神经衰弱

南下旅行对孙犁的身体十分有害，回到天津不久，终于大病。孙犁在晚年回忆道：

一九五六年秋天，我的病显得很重，就像一个突然撒了气的皮球一样，人一点精神也没有了，天地的颜色，在我的眼里也变暗了，感到自己就要死亡，悲观得很。其实这是长期失眠，神经衰弱到了极点的表现。家里人和同事们，都为我的身体担心，也都觉得我活不长了。康濯同志来天津看我，

[1] 孙犁：《左批评右创作论》，《天津日报》1979年2月4日。

[2] 冉淮舟：《孙犁：一九六二》，铁凝、贾平凹等著：《百年孙犁》，百花文艺出版社2013年版，第49—50页。

就很伤感地说："我给你编个集子，还要写一篇长一些的后记。唉，恐怕你是看不到了。"

在天津的医院，胡乱看了几个月，中药西药吃得也不少，并不见效。那时王亢之同志管文教，介绍的都是天津的名医。

为了静养，又从家里搬到睦南道招待所，住了几个月，也不见效。[1]

一直到1957年初，孙犁的病依然不见起色。经王亢之安排，孙犁到接待高级领导干部的睦南道市委招待所住了几个月。这里条件很好，很适合静养，他的病情反反复复，时好时坏。1月21日，王林看望孙犁，日记中言其身体"还不见好。服赵寄风名医的药，反倒闹了个整夜失眠，真是穷汉子反倒碰见了闰月年。好在服安眠药尚可睡四小时，也应当说不太严重。但他精神很紧张。今天去了有说有笑，却比上一次好多了。"[2]

2月13日下午，王林再次来到招待所，孙犁正与天津卫生局副局长李奕聊天，孙犁的老婆和老友杨循也在。王林感觉孙犁对他的态度十分冷淡，猜想是对自己传出他的病情有反感。过了三四天，王林又来，孙犁说，已三晚不再用安眠药，每天可睡六七个小时。看来病情有所缓解。到了3月17日，王林与孙犁晤谈一上午，觉得孙犁看问题钻牛角尖，而且陷入其中不能自拔，对于别人的劝解听不进去，病情又有些吃紧。3月25日，杨循见到王林，告诉他，孙犁最近几天情绪坏极了，光说自己没有希望了，连医生和李奕副局长规定他遛弯的信心都没有了，光在屋里瞎想。当时，大家都在怀疑：孙犁能不能挺过去？

孙犁患的究竟什么病？他自己说是极度的神经衰弱。神经衰弱是一

[1] 孙犁《红十字医院——病期经历之一》，《老荒集》，人民文学出版社2012年版，第126页。

[2] 王端阳、冉淮舟编：《王林日记辑录之一：我与孙犁四十年》，北岳文艺出版社2019年版，第77页。

种心理疾病。导致这种疾病的原因，不是器质性的病变，而是人的心理因素，具体来说主要是认知和情感出现了障碍，主观和客观的对应关系出现了问题。

心理疾病一般分为三个等级，最轻的是性格障碍，患者完全过着正常人生活，与正常人无异，只有与他密切接近的人，才会领教他的怪癖，觉得他难以相处。中等程度的心理疾病是神经症，一般没有可以查明的器质性病变，但又确实存在心理异常，甚至表现比较严重，呈现比较明显的病态，正常生活受到严重干扰。最严重的是精神病，人的精神系统全面崩溃，与客观外界失去了正常反应与反馈。

神经症主要有焦虑症、强迫症、恐怖症、癔症、抑郁症等类型。“神经衰弱”这一概念是在1869年确立的，一度成为神经症的主体，后来随着诊断标准的变化，这一疾病名称从神经症中剔除。

如果按照新的诊断标准来判定，孙犁所患病症，不是什么神经衰弱，而是抑郁症。有些研究者甚至认为是重度抑郁症：“孙犁对自己的病多有提及，通过他的文字，我们大致可以感知他的病痛体验，归纳起来主要是：精神不好、不振作、不能集中精力工作、易怒、不能控制情绪，等等。对于造成这些病痛的原因，主要是长期的心理压抑和几次强烈的精神刺激。假使现在请一位美国医生根据这些病因病症来诊断孙犁的病，那他就会给出另一个诊断：重性抑郁障碍。也就是比较严重的抑郁症。”[1]

孙犁的确是病了，至于给这种病戴上什么帽子，说是神经衰弱也好，说是抑郁症也好，似乎并不那么重要，没必要为此争论不休。从研究角度出发，照顾到历史，称之为神经衰弱也未尝不可；为了对孙犁所患病症进行更加深入的研究，采用现行诊断标准，称之为抑郁症也并非耸人听闻。

---

[1] 程桂婷：《也论孙犁的病》，《文艺争鸣》2009年第6期。

但是，有一个不争的事实必须承认，就是这种疾病，虽然时轻时重，但一直困扰着孙犁，对他的生活和创作产生了重大影响。孙犁从小患有惊风疾，神经系统受到了一定损伤，一直不大健康，长期患有失眠症，情绪也不大稳定，控制能力差，情感的两极化较为突出，爱美如狂，疾恶如仇。在深县的时候，又增加了"摇头晃脑"的毛病。1956年这场大病绵延了十年之久。此后，抑郁之疾一直伴随着他。如果仔细研读孙犁的著作，可以发现孙犁对自己的病症有过多次描述。

至于得病的原因，应该是不良情绪长期累积的结果。1987年，孙犁在《小同窗》一文中记述，他生病后，在医院和疗养院治疗，很多是同学李之琏安排的，"他并私下里询问天津的熟人，我的病是怎样得的。被询问的人说，是因为夫妻不和，他就说，那样就不必叫他爱人来看他了。后来又听人说，我和妻子感情很好，他又笑着说，那就让她常常来看看他吧。"[1]无论如何，夫妻情感问题不会成为孙犁得病的原因。《天津日报》的李夫在回忆文章中，透露过这样一个细节：

就在这一年，孙犁严重失眠。我奉总编辑之命，陪他邀一中心医院院长、内科专家刘绍武看病。但他寡言不语。经过仔细诊查，刘绍武大夫把我叫到一边说："没有器质性病变，需从精神方面慢慢加以调养。会好！"然后，问孙犁："最近，你有什么不顺心的事吗？或者，着急生气了吗？"孙犁只答了八个字："为家里事，着了点急。"刘绍武大夫讲了些疗养意见，孙犁不久就到青岛海边养病去了。[2]

孙犁回答的这八个字，最大的可能是避讳实情的应对之言。况且，"家里事"具有广义性和模糊性，让人不得要领。对于友人，孙犁有一个更加明确的说法，据冉淮舟回忆：

[1] 孙犁：《小同窗》，《孙犁全集》第8卷，人民文学出版社2004年版，第323页。
[2] 李夫：《孙犁同志，您走好》，《今晚报》2002年7月14日。

孙犁曾对我说，他这次得的是神经官能症，忧郁型的，严重的时候，在遇上阴雨天气，就产生一种不想活了的很坏的情绪。他的老伴儿对我说，这个人，门台阶上的花，落下花瓣，明明是猫跑过蹭掉的，他也发一顿脾气，问是谁弄掉的。[1]

这就是说，孙犁本人知道自己得的是忧郁型的神经官能症。这一结论不会是他自我揣测或者杜撰出来的，只能来自医生的诊断。因此，他所患病症是抑郁症无疑，只不过采取了当时流行的说法，对外宣称为神经衰弱罢了。

[1] 冉淮舟：《孙犁三讲》，《平原文学论稿》（上），天马出版有限公司 2007 年版，第 228 页。

第十五章　黄鹂之鸣

红十字

1957年春天，孙犁住进了新建的北京红十字医院。他回忆道："经郭春元同志介绍，在该院任总务处长的董廷璧同志给我办了住院手续。董同志是蠡县人，为人慷慨热情，他的很多同乡，包括郭春元同志，都是我的朋友，所以对我照顾得很周到。"[1]

郭春元出生于1915年，河北省蠡县西百尺村人。抗日战争爆发后，担任过蠡县县委组织部部长、县委书记，孙犁参加革命后和他相识。1942年5月起，郭春元担任冀中区第九地委常委、宣传部部长。解放战争时期，担任过张家口市委宣传部副部长、冀中区第十分区土改工作团党支部书记、正定市委书记等职务。1956年7月起，担任天津市委常委、市委工业交通部部长。他通过同乡董廷璧，安排孙犁到北京红十字医院治疗。

北京红十字医院，全称为"北京苏联红十字医院"。抗美援朝期间，斯大林建议在鸭绿江一带建一个野战医院，由苏联援助。最终这个医院建

---

[1] 孙犁：《红十字医院——病期经历之一》，《老荒集》，人民文学出版社2012年版，第126页。

在了北京，1952 年 6 月 19 日，在西城区鼓楼西大街甘水桥 23 号院（现 113 号）正式成立。1954 年 2 月，红十字医院的新院在西城区永安路落成。1957 年 3 月，苏联政府将医院正式移交我国，更名为“北京中苏友谊医院”。1970 年定名为“北京友谊医院”。

从建院到 1957 年 3 月移交，苏联共派援华专家一百二十余名，各科医生齐全。这些专家不仅出诊，还为我国培养了一大批高水平的医生，加之从苏联引进的先进医疗技术和管理制度，使医院很快跻身全国一流水平。医生对病人十分友好，到病房查房时，如果看到病人在睡觉，马上会把皮鞋脱掉，光脚走到病人身边，检查病情和睡眠。

孙犁住在楼上靠边的一间单人病房里，里面有洗澡间，陈设也很讲究。医院的伙食很好，饭菜由护士端来，坐在一边看着他吃，总是劝他多吃些。但他没什么胃口，什么也吃不下。

医院里的这些护士，都是从苏杭一带招来的南方姑娘，身穿丝绸白衣，戴着有披肩的护士帽，走起路来，轻盈敏捷，真像天使一般。白天，医生让他到理疗室做水疗。有时，又让他去做体疗，每个病人拿一根金箍棒似的棍子，在手里摆动着，大家围成一个圈，走一阵就完事。晚上，医生让他做松节油浴。每当他睡下，床头柜上依旧会亮着一盏小灯，散发出的蓝色灯光，照在白色的墙壁和下垂的窗帘上，让人仿佛置身梦境一般。很多情况下，他只能在吃过烈性安眠药以后才能入睡。每次服药以后，护士还会站在床边，为他做按摩，听着他呼吸匀称了，才轻轻地离去。其实，孙犁并没有睡着。

有两位朋友经常来看他，一是担任中宣部秘书长的李之琏，一是担任北京市委宣传部、卫生体育部副部长的张青季。两人都是蠡县人。李之琏是孙犁育德中学的同学。张青季曾任《冀中导报》记者，冀中文艺教育工作者抗日救国会文艺部长。

李之琏和张青季介绍了很多名医为孙犁会诊。丁玲那时处境已经不好，还通过田间的夫人葛文带信来问候他，为他介绍湖南医学院的李大夫为他看病。李大夫研究心理学，是哲学家、经济学家李达教授的儿子，他来到病房，对孙犁进行心理疏导，普及一些心理健康的基本知识，例如神经系统怎样容易得病呀，应该如何医治呀，第一信号、第二信号呀，等等。他讲话的声音很高，有时脸涨得通红。李大夫给他讲了两三次，然后让他吃一种药，据说是一种兴奋药，外国学生考试时常吃的。吃过以后，孙犁觉得精神好了一些。

后来，红十字医院认为这种病不宜长期住在医院。李之琏认识卫生部的一位负责人，正在小汤山疗养院管事。到了7月，孙犁就转到那里去了。

在北京苏联红十字医院，孙犁总共待了三个多月的时间，却有很深的感触：

我从来没住过医院，没有住过这样好的房间，没有吃过这样好的饭食。这次住进了这样高级的医院，还有这么多的人关心和服侍。在我病好以后，我常常想，这也是我跟着革命队伍跑了几年的结果，同志们给了我优惠的待遇；那时人和人的关系，也深深刻印在我的记忆中了。[1]

小汤山

离开北京红十字医院之后，孙犁先回了趟天津，然后动身到小汤山去。他回忆道：

一九五六年，我在天津，得了大病，要到外地去疗养。那时母亲已经八十多岁，当我走出屋来，她站在廊子里，对我说：

“别人病了往家里走，你怎么病了往外走呢！”

---

[1] 孙犁:《红十字医院——病期经历之一》,《老荒集》, 人民文学出版社2012年版，第128页。

这是我同母亲的永诀。我在外养病期间，母亲去世了，享年八十四岁。[1]

报社派了一位原来在传达室工作的老同志来照顾他。这位老同志是个光棍汉，没什么牵挂，走的时候，他租了一辆车，在后座放了一捆比牛腰还粗的行李，余下的地方让孙犁坐。

出了天津，车在两旁都是高粱地的狭窄不平的公路上慢行。正值七月份，天气干燥闷热，路上没什么行人和车辆。没走多远，迎面来了一辆马车，车上放着一具棺材，一群苍蝇追逐而行。孙犁神经敏感，心生厌恶，一路上心情不佳。

小汤山在北京昌平的东南部，正处在北京的中轴线上，位于故宫正北三十公里处，那里有三座并排的山，西面的叫大汤山、中间的叫小汤山，东面的叫后山。三座山都不高，小汤山海拔仅五十余米。山麓有温泉，古人称热水为“汤”，所以名为“小汤山”。小汤山地热资源十分丰富，据说随便挖个坑，就能冒出热水来。温泉水中含有多种矿物质和微量元素，有很高的医疗价值。

20世纪50年代初，在汤山饭店和汤山公园的旧址上，建起了华北军区疗养院。后来又将这里的几所疗养院合并，统称为“北京小汤山疗养院”。疗养院内有东、西二泉：东泉水温较高，称沸泉；西泉水温适中，称温泉。泉水形成了一个不小的湖泊，周围还有小河石桥等景致。在湖的西边，有一块像一座小平房似的黑色巨石，人们可以上到顶上眺望。

孙犁住进来的时候，疗养院只有一排两层的楼房，头起有两处高级房间，带有会客室和温泉浴室。孙犁受到额外的关照，占据了其中的一间。房间浴室里的温泉是从外面引进来的，有时，朋友们来看他，孙犁都请他们洗个澡。当然这是对男同志而言，对于女同志，他还是恪守男女授受不亲那一套。一次，一位女同志来看他，主动提出要洗个澡，这让他大为惊异。

---

[1] 孙犁：《母亲的记忆》，《远道集》，人民文学出版社2012年版，第46页。

在小汤山，除了治疗之外，更多的是休养，他学会了很多技能。

在小汤山，我学会了钓鱼和划船。每天从早到晚，呼吸从西北高山上吹来的，掠过湖面，就变成一种潮湿的、带有硫磺气味的新鲜空气。钓鱼的技术虽然不高，也偶然能从水面上钓起一条大鲢鱼，或从水底钓起一条大鲫鱼。

划船的技术也不高，姿态更不好，但在这个湖里划船，不会有什么风浪的危险，可以随心所欲，而且有穿过桥洞、绕过山脚的种种乐趣。温泉湖里的草，长得特别翠绿柔嫩，它们在水边水底摇曳，多情和妩媚，诱惑人的力量，在我现在的心目中，甚于西施贵妃。[1]

1957 年 8 月 2 日，王林到北京开会，抽时间到小汤山看望孙犁。见面之后，觉得他的病情有所好转。孙犁也感觉好了许多，他的情感在慢慢回归，开始想念人，又有了追思和羡慕。北京红十字医院那位细心照料他的女护士就要结婚了，孙犁托田间的夫人葛文，专门送去了一份礼物。他又有了读书的欲望，在疗养院附近的书店里，买了《初刻拍案惊奇》《唐才子传》等书。他把这些书郑重地保存起来，不愿意让随他来的那位老同志乱翻。

那位老同志原来是赶大车的，经常陪孙犁坐在小山上谈天，讲了不少车夫进店的故事。两人还经常到疗养院附近的野地里去玩，野地里有很多坟丘，有的地方称为公主坟。游玩回来，孙犁就想看《聊斋志异》这种书。疗养院的医生知道了，把那位老同志说了一顿，让他不要带孙犁去野外那些地方，也不要让他看那些专讲狐仙鬼怪的书。孙犁觉得有些可笑：神经衰弱是人间世界的疾病，不是狐鬼世界的疾病。

转眼到了 11 月，天气渐凉，湖里的水草，也不再像过去那样翠绿。清晨黄昏，总有一层蒸汽样的浓雾，罩在湖面上，孙犁和那位老同志已经

---

[1] 孙犁：《病期经历·小汤山》，《陋巷集》，人民文学出版社 2012 年版，第 20 页。

很少到小山顶上去闲谈了。

疗养院里安装有广播喇叭，声音很大，每天都在广播新闻，人们在湖边散心，就可以听到这些广播。当时正在进行反右斗争，到处都在大张旗鼓地批判右派。有一天，孙犁听到了丁玲的名字。

过了阳历年，孙犁决定从小汤山转到青岛去。他在北京住了一晚，李之琏坐着一辆小车来看他。孙犁觉得他的精神不佳，心情很沉重，但是也没有说什么。不久，孙犁就听说他也牵连到丁玲等人的右派案件中去了。

李之琏原是中宣部的秘书长，兼任机关党委书记。1956 年夏天，中宣部成立了以常务副部长张际春为组长的审查丁玲历史问题的专门小组，专门负责审查丁玲被捕等历史问题，李之琏参与了小组的工作。调查结论认为：作协党组 1955 年《关于丁玲、陈企霞等进行反党集团活动以及对他们的处理意见的报告》所揭发的丁玲反党事实、主要问题都与事实不相符，绝大部分属子虚乌有。1957 年反右斗争开始后，丁玲等人被划为右派分子，张际春、李之琏主持的那个审查报告被彻底推翻。1958 年，李之琏被划定为极右分子，开除党籍、撤销一切职务。同年 12 月，下放到河北省青龙县劳动改造。1961 年 10 月，又被派到新疆生产建设兵团农林牧科学研究所任副所长。临行前，他来了一趟天津，那时孙犁已经从外地休养回来。老同学的这种遭遇，让人不胜唏嘘。孙犁给了他一些钱作为路费。

李之琏的全家都去了新疆，大女儿病死在了途中。

在青岛

1958 年 1 月，孙犁从北京小汤山疗养院转到青岛疗养院，这次送他的，是《天津日报》社的小何。青岛疗养院始建于 1950 年，是新中国成立后最早的四大疗养基地之一。青岛疗养院地处八大关风景区。这里的八条道路，均以中国古代军事关隘命名，纵向的有紫荆关路、宁武关路和韶关路，横向交织的有嘉峪关路、函谷关路、正阳关路、临淮关路、居庸关路。这里也是著名的别墅区，有二百多栋建筑，囊括了俄、英、法、德、美、日等二十多个国家的建筑风格，红瓦绿树、碧海蓝天，令人心旷神怡。

到达青岛不久，孙犁听到了黄敬逝世的消息。1958 年 1 月中旬，黄敬参加了在南宁召开的会议，在从南宁飞往广州途中，突然旧病复发。飞机抵达广州后，急送医院治疗，2 月 10 日，黄敬在广州去世。

得到消息的这天夜里，孙犁无论如何睡不着，起身打开窗子，望着黑黝黝的大海，泪流满面。他的思绪飞出去很远，在一张二寸照片的背面，写了一首五言四句的悼亡诗，寄托自己对这位老领导的哀思。可惜这些东西没能保存下来。

青岛疗养院里的病人很多，有著名的学者教授，也有领导干部，身体上都没有什么大病，但或多或少带一点政治上的不如意。当时，反右斗争进入了高潮，有些人是戴着帽子进来的。生病后南下旅行时，在南京见过的那位文化局长，也住到了这里。他是个精明强干的人，现在得了病，精神沉郁，烦躁不安，竟然不认识孙犁了。陪着他的，是新婚不久的爱人，一位漂亮的东北姑娘，每天穿着耀眼的红毛衣，和他并肩坐在临海向阳的大岩石上。他终日不说一句话，有谁去看他，就瞪着眼睛问人家："你说，我是右派吗？"别人不好回答，只好应酬两句离去。只有医生敢说话，对他说："你不是右派，你是左派。"这位局长的脸上立刻露出了一丝笑容。医生的保证，并没有把他的病治好。批判右派的调子越来越高，他的病也越来越严重。不久，在海边，再也见不到他和他那穿红毛衣的夫人了。[1]

住在孙犁隔壁的是一位哲学教授，他喜欢听贝多芬的交响乐，而且带来了一台大型的留声机，把全楼的病友都召集来共同欣赏，孙犁对西洋音乐一窍不通，每天受邀去听贝多芬，令他十分苦恼。好在这位教授很快回北京去了，才免除了这个负担。

---

[1] 孙犁：《病期经历·青岛》，《陋巷集》，人民文学出版社 2012 年版，第 22—23 页。

孙犁没什么业余爱好，不会打扑克，也不会跳舞，唯一的消遣就是捡石子。天气晴朗的时候，他漫步在海边，踩着细沙和海水低头寻觅，遇到刮风下雨的天气，不能到海边，心便会空荡荡的，好像丢失了什么。

开始的时候，他只是捡些小巧圆滑杂色的小石子，回来之后养在水里，五颜六色还有些看头。如果晾干，这些石子就会颜色尽失，显出粗糙的质地，一无可观。后来，他在第二浴场发现了一种质地细腻、色泽如同美玉的小石子，就加意寻找。这种石子并不好找，春夏之际，海滩的沙子很厚，见不到这种石子。只有到了秋冬季节，海水下落，沙积减少，轻涛击岸，这些石子才会露出头来，“当潮水落到一定的地方，沿着水边来回走，看到一点点亮晶晶的苗头，跑过去捡起来，大小不等，有时还残留着一些杂质，像玉之有瑕一样。这种石子一定是包藏在一种岩石之中，经过多年的潮激汐荡，乱石撞击，细沙研磨，才形成现在这种可爱的样式”[1]。

为了捡这些石子，孙犁不避风雨，不问寒暑，有时要到距离很远的海滩去寻找。但也要潮水和季节适当，才有收获。无论如何，他的兴致很高，每天从海滩回来，口袋里总是沉甸甸的，房间里到处堆放着他捡来的这些石子。

慢慢地，他对石子也失去了兴趣，虽然照样出去，但只是在海边散步。晴天也去，雨天也去，甚至夜晚也去。夜晚，走在海岸上倾听海涛的声浪，很雄壮也很恐怖。忽然想道：身与海浪咫尺之隔，稍一失足，就会掉下去。等到别人知道了，早已不知漂到何处。想到这里，夜晚他就很少出来了。

孙犁住的那栋小楼，离海边很近，中间只隔着一片杨树林。清晨和黄昏，孙犁喜欢到杨树林里散步，有一天，他发现树林里飞来了两只黄鹂，它们好像喜爱这里的林木深密幽静，也好像是要在这里产卵孵雏，大有在这里安家落户的意思。每天天一亮，孙犁就能听到它们的叫声，轻轻打开窗帘，

---

[1] 孙犁《石子——病期琐事》，《秀露集》，人民文学出版社2012年版，第25页。

就能看到黄鹂在林中互相追逐，互相逗闹。他就这样看着，有时会看很长时间。

小时候，孙犁喜欢捕鸟，但他没有见过黄鹂。第一次见到这种鸟，是在阜平的山村，有时清晨起来，在茅屋后面或是山脚下的丛林里，就能听到它的啼叫，它们飞起来的时候，迅若流星，在密密的树枝树叶里忽隐忽现，常常是在人的眼前一闪而过，金黄的羽毛上映照着阳光，美丽极了，但这种美丽转瞬即逝，想多看一眼都很困难。

观赏黄鹂成了他的一种日课。一听到它们叫唤，孙犁的心里就高兴，视线也就转到杨树上，他很担心这些鸟受到惊吓飞离而去，有时又自我安慰：这里是很安静的，甚至有些近于荒凉，这些黄鹂鸟也许会安心居住下去的。他在树林里徘徊着，仰望着，有时坐在小石凳上谛听着，但总找不到它们的窠巢所在，它们是怎样安排自己的住室和产房的呢？

一天清晨，我又到树林里散步，和我患同一种病症的史同志手里拿着一支猎枪，正在瞄准树上。

“打什么鸟儿？”我赶紧过去问。

“打黄鹂！”老史兴致勃勃地说，“你看看我的枪法。”

这时候，我不想欣赏他的枪技，我但愿他的枪法不准。他瞄了一会儿，黄鹂发觉飞走了。乘此机会，我以老病友的资格，请他不要射击黄鹂，因为我很喜欢这种鸟儿。

我很感激老史同志对友谊的尊重。他立刻答应了我的要求，没有丝毫不平之气。并且说：

“养病么，喜欢什么就多看看，多听听。”

这是真诚的同病相怜。他玩猎枪，也是为了养病，能在兴头儿上照顾旁人，这种品质不是很难得吗？[1]

令人惋惜的是，两只黄鹂受到惊吓，一去不返。清晨起来，白杨萧萧，再也听不到那种清脆的叫声。

有一天，孙犁去逛鸟市。在一处转角地方，有一个卖鸟笼的老头儿，坐在一条板凳上，手里玩弄着一只黄鹂。黄鹂系在一根木棍上，一会儿悬空吊着，一会儿被拉上来。孙犁站住了，他望着黄鹂，忽然觉得它的焦黄羽毛，它的嘴眼和爪子，都带有一种凄惨的神气。

"你要吗？多好玩儿！"老头儿望望他问了。

"我不要。"孙犁转身走开了。

他想，这种鸟儿是不能饲养的，它不久会被折磨死去。

这种鸟儿，即使在动物园里，也不能从容地生活下去吧，它需要的天地太宽阔了。

由这几只黄鹂，孙犁想到了很多，想到了黄鹂命运，想到了美，甚至想到了艺术创作：

是的，这里的湖光山色，密柳长堤；这里的茂林修竹，桑田苇泊；这里的乍雨乍晴的天气，使我看到了黄鹂的全部美丽，这是一种极致。

是的，它们的啼叫，是要伴着春雨、宿露，它们的飞翔，是要伴着朝霞和彩虹的。这里才是它们真正的家乡，安居乐业的所在。

各种事物都有它的极致。虎啸深山，鱼游潭底，驼走大漠，雁排长空，这就是它们的极致。

在一定的环境里，才能发挥这种极致。这就是形色神态和环境的自然结合和相互发挥，这就是景物一体。典型环境中的典型性格，也可以从这

---

[1] 孙犁：《黄鹂——病期琐事》，《晚华集》，人民文学出版社 2012 年版，第 47—48 页。

个角度来理解吧。这正是在艺术上不容易遇到的一种境界。[1]

孙犁的病房在三楼，在正面窗台上，他摆了一个鱼缸，放满了水，里面养着他最得意的石子。二楼住着他的一位女学生，她十七岁出来抗日，曾在华北联合大学读书，她对孙犁的讲课印象很深，当时，她总是坐在第一排听讲。后来，她的父亲在土改中死亡，她怎么也想不通，得了病，到这里来疗养。她已进入中年，穿一件黑大衣，围一条黑色大围巾，像外国的贵妇人一样。她好到公园去看猴子，有一次拉了孙犁去，带了水果和食物，站在草丛里，一看就是一上午。

女学生觉得老师的生活太单调了，对养病很不利。看见老师的房间里堆着很多石子，就劝他丢掉，像她那样养海葵花。她很喜欢海葵花，在她的房间里，饲养着两缸。

一天下午，这位女学生借了铁钩水桶，带着自己的老师，到海边退潮后的岩石上，去掏取这种动物。她的手还被附着在石面上的小蛤蜊擦破了。回到房间，女学生替他倒出了石子，换上海水，养上了海葵花。她对自己的杰作很满意，问自己的老师是否喜欢这种东西。孙犁木木的，不置可否。“晚上，我一个人坐在灯光下，面对着我的学生为我新陈设的景物。我实在不喜欢这种东西，从捉到养，整个过程，都不能使我发生兴味。它的生活史和生活方式，在我的头脑里，体现了过去和现在的强盗和女妖的全部伎俩和全部形象。我写了一首《海葵赋》。”[2] 最终，孙犁把海葵花送还了女学生，在缸里又养上了自己的石子。那首《海葵赋》颇有些微言大义的意味：

东海有动物，名曰海葵花。

---

[1] 孙犁：《黄鹂——病期琐事》，《晚华集》，人民文学出版社 2012 年版，第 49 页。

[2] 孙犁：《石子——病期琐事》，《秀露集》，人民文学出版社 2012 年版，第 26–27 页。

打扮如秋菊，艳丽胜朝霞。
荡漾碧水中，美人着轻纱。
突然一收缩，阴森似毒蛇。
其体滑而腻，其味腥且臊。
颜色诱浮生，触之不能逃。
陷阱何足论，网罗不堪比。
世事多变态，无如此诡谲。
不堪陈几案，弃之不可惜，
还养我贞石，清空明月里。[1]

夏天，每天上午，孙犁跟着人们下海去游泳，他的游泳技术一般，不敢到深处去。有一天，一位少年倜傥的“九级工程师”，慢慢把他引到了深水，他差一点呛了水，赶紧退了回来。这位年轻的工程师是一位跳舞高手，而且喜欢独舞，每逢舞会，总是先下场，看到众人围观，扬扬自得。

经过海风的吹拂，孙犁的身体真的好了起来，他感到了寂寞，闲暇之余，便去游览青岛的名胜古迹。他喜欢去青岛的中山公园。公园很大，很幽静，几乎看不到什么游人，走进来就像走入幽林静谷一样。公园里有很大的花房，桂花、茶花、枇杷果，都长得很好，公园还有一个鹿苑，他常常坐在长椅上，看小鹿在林中奔跑。

那时青岛市区规模尚小，八大关已近野外，疗养院每星期有车进市里，让大家去游玩和购物。孙犁专逛书店，在中山路的新华书店、古旧书店，选购自己喜欢的图书，买了不少丛书集成的零本，看完后用心包扎好，寄回家中。

这年夏天，他还陪到青岛疗养院休养的刘仙洲教授去过一次崂山。刘仙洲是保定育德中学的董事，孙犁上学的时候，他的大幅照片便悬挂在校

---

[1] 孙犁：《海葵赋》，《孙犁全集》第10卷，人民文学出版社2014年版，第188页。

长室的墙壁上，同学们对他很是敬仰。刘仙洲是河北省完县（今顺平县）人，出生于 1890 年，来青岛的时候已经六十八岁，但走起路来比孙犁还快。

疗养院派的一辆吉普车送他们去崂山。车在崂山顶上行驶，从左边车窗可以看到万丈峭壁，下临大海，空中弥漫着大雾，让人提心吊胆。如果司机稍一失手，车就会翻下去。好在司机经验丰富，一路上平安无事。

在崂山，给孙犁印象最深的，是那两棵壮观的白果树。《聊斋志异》中有一篇《香玉》，写的就是发生在崂山的故事。在蒲松龄叙述的那个故事里，“胶州黄生”的魂魄所化的那棵“高数尺、大拱把、但不花”的不知名的植物，被小道士砍去，生于旁边的两株花魂所寄的白牡丹和耐冬也都憔悴而死。“看了蒲松龄描写过的地方，牡丹是重新种过的，耐冬也是。这篇小说，原是我最爱读的，现在身临其境，他所写的环境，变化并不太大。”[1]

崂山南面的太清宫是著名的道教圣地。中午，他们在那里吃了午饭，饭是疗养院带来的面包、茶鸡蛋、酱肝之类，喝的也是带来的开水。把食物放在大石头上，大家围着，一边吃，一边闲话。闲谈中，刘仙洲和孙犁谈起了去世不久的育德中学老校长郝仲青先生。

郝仲青出生于 1879 年，河北霸县人。

远在天津的老伴，十分挂念孙犁的病情。夏天曾带着小女儿来看他，见他的病情比以前好了许多，一家人很高兴。到了冬天，老伴再来的时候，疗养院的护士就搬来一张床，让他们同住，还让老伴和他一起吃饭。老伴儿不仅大开洋荤，还学会了一些烹饪技艺。她笑道：我算知道高汤是怎么个做法了，就是清汤上面再放几片菜叶。

老伴给他带来了一本新出版的《白洋淀纪事》，这是康濯为他编辑的散文小说集，1958 年 4 月，由中国青年出版社出版。王林到天津劝业场

---

[1] 孙犁：《病期经历·青岛》，《陋巷集》，人民文学出版社 2012 年版，第 27–28 页。

的新华书店，专门购买了《白洋淀纪事》，他在5月4日的日记中写道：“这本书纪念两个人，一是病中的孙犁同志，二是为搜集此稿成集的（多年来就搜集着）康濯同志。”他认真阅读了这部作品集，写下了两篇评论文章：一篇是《介绍孙犁的〈白洋淀纪事〉》，一篇是《〈白洋淀纪事〉的艺术风格》，在这两篇文章中，王林对孙犁的作品及其艺术特色做了详尽的评述，其中有这样的句子：“（《白洋淀纪事》）一共有五十四篇，篇篇像女人头饰上的珠花，珠珠放光。”[1] 后来，孙犁读到了这些文章，对王林的这种说法十分不满，尤其是对“女人头上的珠花”的比喻十分反感，曾在一些文章中加以辩白，甚至提出严厉批评。

无花果

青岛疗养院的干部、医生和护理人员都是山东人，他们很朴实，对病人十分热情，王医生和崔医生等人负责孙犁的治疗，对他照顾得很周到。

到了冬天，疗养院来了一位女护理员，二十来岁，个子不高，梳两条小辫，长得也不俊，面孔却白皙，眼神和说话，都给人以妩媚感，叫人喜欢。她负责烧锅炉，夜里又要去炼钢铁。慢慢熟识了，她送给孙犁一副鞋垫，说是她母亲绣的，给她捎了几双来，叫她送给要好的“首长们”。鞋垫用蓝色的线，绣成了一株牡丹花，很精致，孙犁收下了。他觉得这是一份情意，农村姑娘的情意，像过去战争年代老百姓对八路军一样的情意。孙犁把这份情意看得很重，见她还没有穿棉袄，就给了她一些钱，叫她去买些布和棉花做一件棉衣，她也收下了。

1987年，孙犁写了《芸斋小说·无花果》，叙述了和这位姑娘之间所产生的那种美好情感。

---

[1] 王林：《介绍孙犁的〈白洋淀纪事〉》，刘金镛、方福贤编《孙犁研究专集》，江苏人民出版社1983年版，第355页。

天气渐渐凉了，有些为了来避暑的轻病号都走了。小楼就剩我一个人。有一个护理员照料这里的卫生。她是山东蓬莱县人，刚离家不久，还带有乡村姑娘的朴实羞怯味道。虽然不管楼房以外的卫生，却把小花园看做她的管理范围，或者说是她的经济特区。花，她可以随便摘了送人，现在又把无花果的果实，都摘下来，放在楼下一间小房里。

我因为有病，不思饮食，平日有了水果，都是请她吃。有一天，她捧了一把无花果，送到我的房间，放在桌子上说："我也请你吃水果！"

我说："你知道，我不爱吃水果。"

她说："这水果不同一般，能治百病，比崔大夫给你开的药还有效！"

我笑了笑说："我不相信，没听说无花果可以治神经衰弱。"

她说："到这里来的人，都说是神经衰弱。表面看来，又不像有病。究竟什么是神经衰弱？为什么我就不神经衰弱？"

我说："因为你不神经衰弱，所以也没法和你说清楚。"……

她听了，笑了起来，说："那样，无花果治不了你的病。不过它还可以开胃口，补肚子。你也别不给我面子，好歹吃一个。"

她说着从桌子上捡了一个熟透了的深紫色的无花果，给我递过来。正当我伸手去接的时候，她又说："要不，我们分吃一个吧。你先尝尝，我不是骗你，更不会害你。"

她把果子轻轻掰开，把一半送进我的口中，然后把另一半放进自己的嘴内。这时，我突然看到她那皓齿红唇，嫣然一笑。

这种果子，面面的，有些甜味，有些涩味，又有些辣味。[1]

1959年，过了春节，孙犁离开青岛转到太湖去。《天津日报》社派张翔来给他办转院手续。他给孙犁买来一包点心，说是在路上吃。孙犁困

---

[1] 孙犁：《芸斋小说·无花果》，《无为集》，人民文学出版社2012年版，第17–18页。

居疗养院一年，对外面的事情不大了解，天真地认为：路上还愁没饭吃？要点心干什么！于是把点心送给了那位护理员。她正在患感冒，自己住在一座空楼里。

临别的那天晚上，她还陪我到海边去转了转，并上到冷冷清清的观海小亭上。她对我说：

“人家都是在夏天晚上来这里玩，我们却在冬天。”

亭子上风很大，我催她赶紧下来了。

……半夜，疗养院的同志们，把我送上开往济南的火车。[1]

孙犁认为，这是云烟往事，是病期故事，是萍水相逢。萍水相逢，就是当水停滞的时候，萍也需要水，水也离不开萍。水一流动，一切就成为过去了。

离开青岛前，得知老友康濯下放到河北文联工作，1959 年 1 月 19 日，孙犁给他写了封信，谈了一下自己的近况。

康濯同志：

接兄来信，知兄近况，甚慰。旧体诗亦甚佳。弟病中偶尔为之，但多不健康，亦不谐音律，既索之，就抄奉两章：

高楼空自赋去归，小园春色意迷离。

少女蹀躞花径过，黄蜂误向头上飞。（偶忆）

削岩独面海潮来，大地盈亏信有时。

金刚譬说如梦幻，此情只应浮鸟知。（无题）

弟之身体情况，去夏经过三个月游泳，颇有好转，冬季又以情绪不好，略为变坏，但总的说来，比在小汤山时好多了，希勿念。

去年一年，见到你写的不少文章，报道徐水公社，我以为写得很好，可谓洋洋洒洒矣。

---

[1] 孙犁：《病期经历·青岛》，《陋巷集》，人民文学出版社 2012 年版，第 28 页。

保定系我旧游之地，唐家胡同，印象尤深，有时机能在那里见面，吃吃马家鸡铺的烧鸡，是很好得了。望见到在河北的朋友们，特别是田间、葛文等，望代问候。勉思同志好。[1]

这封信并未收录到《孙犁全集》和《孙犁文集（补订版）》中，信中所抄录的两首旧体诗，并未公开发表，记述的应该是孙犁与青岛疗养院那位年轻女看护之间的情感故事，表达了自己为情所迷、为情所困、如梦如幻的矛盾心理。

到太湖

从青岛到无锡，要在济南换车。在济南下车后，孙犁和张翔到《大众日报》的招待所去休息。在街头，看见凡是饭铺门前，都排着很长的队，孙犁感到有些奇怪，于是问张翔：

“那是买什么？”

“买菜团子。”张翔笑着，并抱怨说，“你既然看见了，我也就不再瞒你。我事先给你买了一盒点心，你却拿去送了人。”

中午，张翔到报社，弄来一把挂面，给孙犁煮了煮，他自己到街上，随便吃了点什么。半夜里，他们上了开往无锡的火车。

张翔给孙犁买的是软卧。服务员把他带进车室的时候，对面一边的上下铺，已经有人睡下了，孙犁在这一边的下铺，对面下铺，睡的是个外国男人，上面是个中国女人。外国人有五十来岁，女人也有四十来岁了，脸上擦着粉，并戴着金耳环。

孙犁安顿着自己的行李，他一向动作很慢，很久，才关灯睡下。过了一会儿，对面的灯开了。女人要下来，她先把脚垂下，轻轻点着男人的肚子。女人好像是去厕所，回来又踩着那个男人上去了。男人用英语向女人说：“他

[1] 段华：《孙犁年谱》，人民出版社 2022 年版，第 140 页。

没有睡着！”

天亮以后，那位女人和孙犁谈了几句，知道那个外国男人是记者，要到上海工作，女的是机关派来做翻译的。

男人又给倚在铺上的女人点眼药水。孙犁对他们很厌恶，不愿在车室内待着，便走到车廊里坐着。后来张翔告诉孙犁，那女人曾打听孙犁会不会英语。

张翔把孙犁安排在太湖疗养院，又去上海办了一些事，回来和孙犁告别。两人坐在太湖边上。不知为什么，孙犁忽然感到特别的空虚和难以忍受的孤独。

太湖工人疗养院位于无锡的中犊山上，那是一座主峰不到四十米的小岛，面积约三百亩，四面环水，东南以桥与鼋头渚公园相通，北面隔湖为管社山、小箕山、大箕山等景点。这里山清水秀，美景如画，孙犁来的时候，疗养院内共有三座楼，还有职工宿舍、厨房、水泵房、锅炉房等附属建筑，绕山分布，依山就势而筑，与湖光山色融为一体。

在太湖，孙犁很不适应。最初，他只是在附近的山头转，在松树林里捡些蘑菇，有时也到湖边钓鱼。太湖的水面很大，鱼却不好钓。有时，他就坐在湖边一块大平石上，把腿盘起来，闭着眼睛，倾听太湖的波浪声。

他的心安静不下来，总是思念青岛，他在那里住得太久了，熟人也多。在那里，虽然也感到过寂寞，但没有像现在这样可怕。

那位青岛女孩时常浮现在眼前，孙犁非常思念她，虽然他知道，这谈不上什么爱情。他固执地认为，人在青春，才能有爱情，中年以后，有的只是情欲。两人分别的时候，女孩子对他说：“到了南方，给我买一件丝绸衬衫寄来吧。”或许是希望这件衬衫能承载一些他们的感情吧！

孙犁在情感的泥潭里挣扎。有时，理智占了上风，他便不断地反思，不断地说服自己：在这样的年纪，陷入这样的情欲之网，应该及时觉悟和解脱。他想斩断这段情思，想从情欲之网中挣脱出来，他下定了决心，把女孩子送自己的一张半身照片，还有一幅手帕，从口袋里掏出来，捡了一块石头，包裹在一起，站在岩石上，用力向太湖深处抛去。他以为这样一来，就可以把所有的烦恼、所有的苦闷、所有的思念与纠缠、所有的忏悔和痛苦，统统扔了出去。但他很快就发现：情意的线，却不是那么好一刀两断的。夜里决定了的事，白天可能又起变化。断了的蛛丝，遇到什么风，可能又吹在一起，衔接上了。

在太湖，孙犁遇到了一位同乡，他也是从青岛转来的，在铁路上做政治工作多年。孙犁和他说了在火车上的见闻。他只是笑了笑，没有回答。他一定在暗笑孙犁是一个书呆子，少见多怪。这位同乡，看过他写的小说，有五个字的评语：“不会写恋爱。”这和另一位同志的评语——“不会写战争”，正好成为一副对子。

疗养院曾经组织他们游览蠡园和善卷洞。有时，孙犁会花几毛钱雇一只小船，在湖里胡乱转转。他去过无数次鼋头渚。撑船的都是中年妇女。他曾作《无题》一首，记述这段经历：

箕山倚杖待日出，老妪扶棹泛五湖；

只身病废轻一苇，不知何日见故庐。[1]

有三次，孙犁一个人雇了一只小船，去无锡的梅园去访梅。看到梅花，他想起了那位叫“梅”的女学生。有一次，遇到下雨，他一个人在园中，流连了一个上午，在梅园后院一间放农具的大房子里，惆怅地望着满园落泪一样的梅花，追索往事。

1959年6月，孙犁从太湖返回天津。报社派张翔去接他，火车快到天津的时候，张翔才把母亲病逝的消息告诉他。他这才知道，自己的母亲已经于1958年12月12日病故，终年八十四岁。母亲病逝后，考虑到他

[1] 孙犁：《无题》，《孙犁全集》第10卷，人民文学出版社2014年版，第189页。

病情，妻子没有将这一重大变故告诉他，自作主张，花八百元购置棺木一副，在自己妹妹的帮助下，带着孩子们扶灵回安平县东辽城下葬。

孙犁久久没有说话，眼里一下涌出了泪水。

回到天津后，最初的几天，睡眠很好，时间不长，又开始失眠。

转眼就是夏天，孙犁去北戴河休养。一天黄昏，正在海边散步，忽然看见沙可夫正站在一块岩石上钓鱼，便跑了过去。沙可夫见到他，一边钓鱼，一边询问他得病的情形。在他脚下有处水宕，里面浮动着两只海蟹。沙可夫说话很少，没有多谈，孙犁只好告辞，心想：或许是因为他正在集中精神钓鱼，或许是因为他知道自己的病情，不愿意多说话耗费精神。

新中国成立后，沙可夫担任过北平市文化接管委员会副主任，第一次全国文代会常务主席团成员兼大会秘书长，当选为全国文联秘书长、中国作家协会常务理事。后任中央文委委员、文化部党组成员、机关党委书记、文化部办公厅主任。1953 年任中央戏剧学院党委书记、副院长。

海边一别，孙犁和他就再没见过面。1961 年 9 月 1 日，沙可夫因患脑溢血，病逝于山东青岛，享年五十六岁。

第十六章　病中落寞

高阳才俊

经过津外三年的休养，又在北戴河待了一段时间，孙犁的脑力还没有完全恢复，不能多看书，更不能写作。这一时期，有两位高阳人走进了他的生活，给了他很大的助力和慰藉。

对于高阳县，孙犁是熟悉的，抗日战争时期，他曾经多次去过那里。从高阳县城一路向东，走出十五里，路南有一个很大的村子，名叫旧城，这里是高阳古县城的所在地，冉淮舟就出生在这里。从旧城村北口一路向北走出十五里，与安新县交界处，有一个村子名叫大教台村，这个村子在白洋淀的最南端，村西和村北都是淀水，韩映山就在这里长大。韩映山是高阳县城人，教台孙是他姥姥家。在他四岁的时候，为了躲避水灾和战火，全家逃到了这里。这个村子还有一位文化名人，这就是作家、编辑家苑纪久。

冉淮舟出生于 1937 年。1951 年十三岁时插班考入保定一中读书。韩映山出生于 1933 年，上学比较晚，他是在 1950 年秋天考入保定一中的。两个人在一个年级，但不在一个班。苑纪久年龄最大，出生于 1932 年，1945 年就参加了革命，由于年纪小，工作一段时间后，被送到安国中学读书，当时他发表了很多作品，诗歌、散文、小说、快板、鼓词都能写。

1950 年从安国中学毕业后，被分配到河北省文联工作。

在中学时代，冉淮舟就十分喜欢孙犁的作品。1956 年，他考入南开大学中文系，系统学习了文艺理论，对孙犁作品的体会更加深刻。他偷偷进行孙犁作品的研究，而且尝试着写了一些东西，把自己对孙犁作品的理解记录下来。业余时间，他几乎全部泡在学校的图书馆里查阅资料，同时他十分渴望买到一些孙犁的著作，供自己研究之用。1957 年，他看到天津和平路新华书店的书架上，摆着天津人民出版社出版的《铁木前传》，定价两角六分。他很想买下来，但是手头紧巴，没有多余的钱。后来，他参加的校篮球队到南开体育场比赛，比赛结束的较晚，老师发给每个队员三角钱的晚餐费，拿到钱后，冉淮舟毫不犹豫地直奔新华书店，买下了那本《铁木前传》，然后步行回到学校。尽管没有吃晚饭，但是他一点都不觉得饿。

很快，冉淮舟就写出了几篇研究孙犁作品的文章，他的毕业论文也是以孙犁作品的研究为选题。1959 年 12 月，他鼓足勇气，给孙犁写了一封信，汇报了自己学习孙犁作品的体会，希望得到孙犁的指教。孙犁很快给他写了回信，对他给予鼓励，同时告诉他："我身体还不好，不能读书，也不能作长时间的谈话，等病好后，一定找你谈谈。"[1]

12 月 8 日召开的全国文化工作会议认为：修正主义、资产阶级思想影响仍是文学艺术上的主要危险，其主要表现是以人性论反对阶级论，以人道主义反对革命斗争；并强调指出，19 世纪欧洲资产阶级文学艺术在当前文艺创作中起到了消极作用，因此必须开展一个彻底批判资产阶级文学艺术的运动，批判修正主义，批判 19 世纪欧洲文学。

12 月 14 日，王林在日记中记载：张学新同志从北京文化会议上来信说，这次会议主要是总结文化工作经验，反对修正主义。反对修正主义是件大

---

[1] 孙犁：《幸存的信件：给冉淮舟的信》，长征出版社 2003 年版，第 2 页。

事，是有国际意义的。与会者看了《第四十一个》《一个人的遭遇》《雁南飞》等作品，感觉确实问题不少……周扬在报告中指出了一些有“不良倾向的作品”，有孙谦、海默、李古北、郭小川、刘真等人的作品，方纪的《来访者》也名列其中。修正主义和资产阶级世界观，在知识分子中容易找到市场……因此，需要站在党的立场自觉地、认真地回忆和考虑解决一些问题。不然，就会落在时代的后面。

方纪的《来访者》发表于1958年第3期的《收获》，描写的是某大学助教康敏夫和一个女曲艺演员相爱的故事。由于女演员的养母和地方恶棍王掌柜，对于他们的恋爱横加破坏，加上康敏夫自身存在严重的个人主义，致使两人感情破裂，最后女演员离开了养母和康敏夫。康敏夫经不住打击，两次服毒自杀，造成悲剧。在作品的具体描写中，对主人公康敏夫有批判，也有同情，对女演员则是热情讴歌和赞颂，对那个养母和王掌柜，予以了无情的鞭挞。作品通过这个故事意在指出，在社会主义新中国依然存在封建势力，它阻碍着社会前进，毒化着人民光明的生活，必须予以清除。至于资产阶级个人主义，则为万恶之源，它不仅使人迷失正确的政治方向，甚至可能毁灭个人的幸福生活。《来访者》发表后，立刻遭到姚文元的批判，指控《来访者》是一篇有毒的作品，断言“作者的政治立场有错误”，又具有严重的资产阶级人性论观点，《来访者》同情“右派分子”康敏夫，“美化了康敏夫这个坏蛋”，同时也丑化了社会主义社会。[1]

河北省委宣传部部长远千里在全国文化工作会议的小组讨论会上，对孙犁的中篇小说《铁木前传》和王林的短篇小说《十八匹战马》提出了批评。文化工作会议结束后，在全国开展了一个彻底批判资产阶级文学艺术的运动。1959年底，百花文艺出版社对《铁木前传》进行研讨，有人认为是“香花”，大部分人认为是“毒草”，宣扬了资产阶级人性论，

---

[1] 盛英、高维稀：《重评〈来访者〉》，《河北大学学报》1980年第1期。

严重歪曲了我国农村的合作化运动。王林的《十八匹战马》继续受到批判。《十八匹战马》是根据一则真实故事创作的短篇小说，故事围绕着对十八匹战马的杀与不杀而展开：敌人正在疯狂“扫荡”，十八匹战马是敌人搜查的重点对象。为了避免战马落到敌人手里，必须把马杀掉。围绕杀马，战士和村民都陷入了强烈的情感冲突中。这篇作品凸显了人性与人情，受到批判也就不足为奇了。

1959 年，韩映山随河北省会迁到天津，在《新港》任小说编辑。虽然和孙犁同在一座城市，但他没有马上和孙犁取得联系，他知道孙犁病了，一直在外地疗养。一次，他到北戴河组稿，在餐厅遇到了王林，王林告诉他，孙犁前一段时间在这里疗养，现在已经回去了。在北戴河的时候，他也很少和人交往，一早一晚，常在海边散步，在沙滩上捡石子。回天津后，韩映山几次到多伦道大院造访，都未能相遇，门房说他整天去钓鱼。

有一次，女作家葛文和司仃从北京来天津，要去看望孙犁，韩映山跟着她们，才第一次走进孙犁的家。葛文是田间的夫人，也是孙犁的学生，1942 年毕业于华北联大文学系，曾任《冀晋日报》记者、中共雁北灵丘四区区委书记、中共浑源县委宣传部部长、张家口市图书馆馆长、河北省作家协会专职作家、河北省文联委员。司仃与孙犁也有师生之谊，她是陕西米脂人，1939 年在“鲁艺”文学系学习，同年奔赴晋察冀边区，历任晋察冀妇联宣传部长、华北联大文工团文学组长、抗敌剧社文艺组长、抗联会宣传部长、中央文学研究所学员、通县县委宣传部长、河北文联专业创作员、中国作协干部。

那天去的时候已经是晚上，孙犁正坐在家门前的台阶上，发现来人是看他时，立刻站了起来，他一下认出了葛文和司仃，见到韩映山，稍微愣了一下，接着朗声笑道：“映山长这么高了，在保定见面时，你还那么小。”说着，用手比画了一下，领着几个人进了屋。他的住房只有两大间，外屋是一大间，摆着一张单人床，几个书橱，窗前有一张八仙桌，两把藤椅。

孙犁的老伴从里间走出来，拉着葛文和司仃的手，让座，倒茶。孙犁端着一个圆形的糖盒，一块一块地给大家分糖。坐下后，孙犁说："病了这几年，看不了书报。你们写了什么作品，我也不知道。"他关切地看着韩映山，"听说你调到《新港》来了，以后有空常来玩儿吧！"他叮嘱韩映山，趁着年轻，还是要多写，熟能生巧，不能停下来。就跟拉胡琴一样，老得拉，不能停手，一不拉，手就生疏了。

几天后，韩映山又去看望梁斌。梁斌嘱咐他，要经常回家住些日子，可别断了这个线儿。这是一辈子的基础，本村子的人和事，一合眼就想象得出来，这段生活最重要了。梁斌认为，搞创作，单凭下乡体验几个月，根本不行。要有长久的生活积累。谈到孙犁，梁斌赞叹道："老孙这家伙写得好，真是自然，一点勉强的地方也没有。《铁木前传》多好啊！叙情叙得好。"他说他问过孙犁：你进城十多年了，怎么不写写街道？孙犁说："我不理解他们！"

金镜之约

1960年7月22日至8月14日，中华全国文学艺术工作者第三次代表大会在北京召开，党和国家领导人周恩来、朱德、宋庆龄、邓小平等出席了开幕式。郭沫若致开幕词，陆定一代表党中央和国务院致祝词，周恩来总理在大会上作了国内外形势的报告，陈毅、李富春副总理分别作了国际形势和国家经济建设问题的报告，周扬作《我国社会主义文学艺术的道路》报告。

7月24日，茅盾在大会上作《反映社会主义跃进的时代，推动社会主义时代的跃进》的工作报告，在第二部分"民族形式和个人风格"中，对孙犁及其作品予以高度评价：

孙犁有他自己的一贯的风格。《风云初记》等作品，显示了他的发展的轨迹。他的散文富于抒情味，他的小说好像不讲究篇章结构，然而绝不枝蔓；他是用谈笑从容的态度来描摹风云变幻的，好处在于虽多风趣而不落轻佻。[1]

由于病情没有完全恢复，孙犁未到京参加大会，但他再次当选中国作协理事会理事。

会后不久，孙犁到京，在侯金镜的陪同下，到中国作协休养地西山八大处的证果寺、颐和园的云松巢作短期休养。抗日战争胜利后，侯金镜任晋察冀军区抗敌剧社副社长、华北军区文工团副团长、华北军区政治部文化部文艺科长。新中国成立初期，在华北军区政治部文化部做领导工作。1954 年冬季调任《文艺报》副主编。

侯金镜老成持重，他知道孙犁大病未愈，对他照顾得很好，陪他在八大处休养所住了几天，又到颐和园的休养所住了几天，还约了一些人到香山游玩。

八大处的证果寺建于隋仁寿年间，是八大处最古老的一座寺院。寺中有一株黄连木树，树龄在六百年以上，为京城所独有。这里环境优雅，寂静幽深，是休养的好地方。侯金镜有时热情地坐在孙犁的房间，想和他攀谈，但孙犁总是提不起精神来，只好走开。

几天后，他们又搬到颐和园去住。中国作家协会在颐和园修建了一个休养所，在靠近排云殿西边的山腰上，平常游人走不到的地方，周围环境十分安静。这个休养所有三四座房子，分为里院和外院，站在里院的平台上，可以瞭望昆明湖的全景。平台下面有一片竹林，一股泉水穿流而过。这里除去上下山不便，还真是个写作和休息的好地方。休养所请了一位厨师，他带着老婆孩子住在里院的一间小房子里。每天伺候三四个人的伙食，

---

[1] 茅盾：《反映社会主义跃进的时代，推动社会主义时代的跃进！——一九六〇年七月二十四日在中华全国文学艺术工作者第三次代表大会上的报告》，人民文学出版社 1960 年版，第 37–38 页。

工作不累，到了冬天，休养所没有人来，只剩下他们一家人看守房子，过的是“神仙日子”。

别的机关也在园里修建了休养所，平时不常有人来住，很多房子的大门紧闭，为了阻止游人，有的在墙上写上“宿舍”字样。有些人好寻幽探胜，到这里吃了闭门羹，气愤之余，就会捡起地上的粉块，在“宿舍”旁边写上“狗窝”二字，也没有人擦去。

由于地处偏僻，还会有人到这里行苟且之事。作家协会休养所的围栏很低，孙犁住在外院，有一天午睡，忽然听见从后山跳进两个人来，到窗前一看，见一男一女，衣服都没穿好，想是在后面的山洞里苟合，被人发觉，慌乱之中跳进院子里。两人喘气稍定，见没有人追赶过来，赶紧穿好衣服，迈过栅栏，从容离去。

住进颐和园的第一天，吃过晚饭，天还亮着，侯金镜陪孙犁外出散步，两人爬上一个山顶，并肩坐在草地上，夕阳的余晖落在他们的身上，西边玉泉山一带的山峦和树林，也沐浴在柔和的金光中。他们想起了太行山麓，想起了他们的战斗青春，有时吃过晚饭，也会爬上山顶极目远望，那时的情景和现在是一模一样的，但是心境却有了很大不同。那时，虽然条件艰苦，但是充满了希望和幸福；现在，孙犁病后虚弱不堪，几乎不能执笔为文，侯金镜身体也不是很好，工作任务很重，说是陪孙犁到这里来休养，其实担负着更重要的任务，他要给报刊写一篇指导当前思想斗争的社论。

闲谈中，孙犁对侯金镜的过去有了一个更加详尽的了解，知道他原是天津的中学生，因为爱好文艺参加革命。他在文学事业上的初步尝试比孙犁还要早。另外，他好像很受“五四”初期启蒙运动的影响，把文化看得很重。他向孙犁谈了这几年中，中央几个文艺刊物的主编、副主编，有几人犯了错误。孙犁觉得，他的心理压力很大，因为他是《文艺报》的副主编，身在风暴的中心，弄不好就会被卷走。但是，孙犁觉得他有些多虑，侯金镜一向慎重老练，又在部队做过政治工作，应该不会出什么漏子。

侯金镜问了问孙犁得病的原因和近况。孙犁只是简单说了一下，并没有敞开心扉。自从胜利后，每个人在生活和情感上遭到的变故、挫折和苦恼，即使在朋友和至交面前，都谈论得很少，大家都已经不太习惯谈论自己的私事。

侯金镜住在里院，工作很忙，除去吃饭，两人交谈的机会并不多。孙犁感到很寂寞，便给红十字医院的那位护士写信。她在休息的时候，就会买了吃食来颐和园看他。这位女护士是江苏常熟人，长得娇小玲珑，是红十字医院建院时，从苏杭一带选来的漂亮姑娘。侯金镜遇到过几次，没有说什么。知道女护士爱吃糖葫芦，有时从颐和园外回来，买回几支，送到孙犁的房间。每逢天晚，孙犁送女护士回去，侯金镜总是陪着他，三人一同走过颐和园曲曲折折的道路，把女护士送到公共汽车站。孙犁猜想，侯金镜这是关心他吧！怕他一时冲动，在天黑路暗，四处无人之时，做出什么骇人的举动来。其实，这又是他多虑了，那时，孙犁的身体并未痊愈，确实没那种精力和魄力，去干那种犯禁的事情。

但他的情感是丰富的。他依旧想念青岛，在那里投入了太多的情感。他写了一首《无题》，回忆了过去的时光：

曾在青岛困病居，黄昏晨起寂寞时，
长椅沉思对兽苑，小鹿奔跃喜多姿，
紫薇不记青春梦，素菊摧折观赏迟，
如今只留栏栅在，天南地北难相知。[1]

侯金镜的书包里，一直装着一本《白洋淀纪事》，好几次对孙犁讲："我要再看看。"他是想写一篇关于这本书的评论，或是把读后的意见和孙犁当面谈谈。他每次这样说，孙犁总是点头笑笑。因为他知道，对于朋友的作品，是不好写也不好谈的。正如他所料，侯金镜没有再和他谈论这本书。

在徐光耀看来，侯金镜和孙犁在颐和园的日子，是一个"谜"。侯金

[1] 孙犁：《无题》，《孙犁全集》第10卷，人民文学出版社2014年版，第190页。

镜原任华北军区文化部副部长，是徐光耀的老上级。徐光耀认为，孙犁的这次北京之行，是受侯金镜之邀而来。两人在颐和园盘桓了相当一段日子，然而却无果而终。徐光耀认为，“侯金镜是个工作节奏很紧凑又很严肃正直的文艺评论家，他不会把孙犁邀来北京只为游山玩水，或扯扯‘老婆舌头’吧，他应该是有使命的，但他们有过哪些交流、切磋，甚至交锋，应是有篇大文章的。但二人都没有文字发表，这很奇怪。”这段经历最终成为无头佚事，“但正因其‘无头’，才更耐人寻味”。[1]如果单从孙犁的个性来说，他和侯金镜之间应该不会有什么“谜”的。侯金镜身居要职，成熟谨慎，深知孙犁的脾气秉性，更不会有什么其他的想法。

淮舟论稿

1961 年 4 月 11 日，冉淮舟再一次给孙犁写信，报告了自己的近况：他已经写完有关孙犁的论著，上海文艺出版社“中国现代文学研究丛书规划”已经把它纳入出版选题，但是自己最近下乡四个月之久，参加整风整社刚刚回到天津，毕业在即，没有时间修改这部稿件了。冉淮舟表示，虽然不知道自己大学毕业分配在哪里，研究孙犁作品的工作还是要做，因此他还是希望当面聆听指教。

在写这封信的同时，冉淮舟已经把《论孙犁的文学道路》这部著作寄给《新港》编辑部，主持编辑部工作的万力看后，决定选发关于《铁木前传》的章节。文章排出了清样，却未能发表，因为当时对《铁木前传》的批评一直没有断绝，市委宣传部主管文艺的副部长方纪，不同意发表这篇文章。他创作的《来访者》正在遭受批判，难免心有余悸，担心发表为《铁木前传》叫好的文章会惹来麻烦。

文章虽然没有发表，冉淮舟毕业后的去向却有了新的着落。万力直接

---

[1] 徐光耀：《纯粹的人 纯粹的作家》，《文艺报》2002 年 9 月 24 日。

找冉淮舟谈话，问他想不想到天津作协工作。当时，毕业分配方案基本敲定，冉淮舟被分配到了河北广播电台文艺部。万力爱才心切，叮嘱冉淮舟先不要到河北去报到，他通过各种办法，把冉淮舟留在了天津，在《新港》编辑部评论组做编辑。

1961 年 10 月，在万力的安排下，《新港》编辑部副主任劳荣带着冉淮舟和几位青年编辑，到多伦道大院拜访了孙犁。劳荣曾在《天津日报》和孙犁共事多年，是孙犁的老朋友。冉淮舟尽管和孙犁通信数次，这却是第一次和他见面。在冉淮舟的印象中，孙犁已经恢复得相当不错，但是看上去还是不大健康，面容比较憔悴，精神依旧有些萎靡，眼神也有些发直。

闲聊中，大家都希望看到孙犁的新作，这使他有些黯然，由于身体原因，一旦停止了自己热爱的工作，心里是十分痛苦的，人总是不甘寂寞，尤其是得病之初，当意识到不能写作时，他甚至有些绝望了。外出休养三年，他渐渐习惯了这种与世隔绝的生活，远离文坛，几乎忘了写作这回事儿。

冉淮舟谈到，在南开大学图书馆查阅有关资料的时候，看到《天津日报》上署名纪普、孙芸夫、纵耕、少达、石纺的一些文章，他推断，这些文章都是孙犁生病以前，以笔名刊发的。孙犁微笑着认可。这时冉淮舟提出，可以把这些文章编辑在一起，而且他已经在笔记本上记下了篇目。听他这样说，孙犁起身，找出一个大信封交给他，冉淮舟一看，里面装着的正是那几篇文章的剪报。

这次见面之后，冉淮舟把《论孙犁的文学道路》这部书稿送给孙犁求教。尽管孙犁的脑力还很差，不能长时间谈话，更不能写作，但他还是断断续续把书稿看完，1961 年 11 月 14 日，提笔给冉淮舟写了一封信，对这部书稿的修改提出了中肯的意见：

一、把小引大加删削，因空泛，据作品分析太远。

二、按年代对作品进行介绍和分析。——成为这部论文的基本框架。

三、把论风格的一节移到最后。并把其他章节中与此节重复之字句删除。

四、各节中空泛政治说明，可更简要。

五、引用我的《文学短论》或《文艺学习》之处，可尽量删除。

六、引用作品原文，或情节叙述，越少越好。

七、你对当时环境的咏叹歌颂，也可以删一些。

八、别人论文的意见可少引用，对不同意见的批判则有助于论文的泼辣。

九、最后与其他作家相比较之处，我以为作品创造的形象，不能比较哪个高大哪个渺小，因为如果都高大了，名著岂不汗牛充栋，还有何独特之处？可以不这样比，只论述我的缺点就可以了。[1]

冉淮舟把孙犁的这几条意见读了好几遍，感觉这些意见十分正确，自己的这部书稿，的确还存在一些毛病。但他觉得自己的学识和能力有限，一下达到孙犁提出的要求还比较困难，因此准备暂时搁置这部书稿的修改，进一步积累资料，提高自己的学识和水平。同时，他把书稿中的部分内容，整理成一些文章，陆续在报刊上发表。直到 1982 年，《论孙犁的文学道路》才正式出版。

坐在书房里，见到了热爱文学的青年，看到自己的那些未写完的文稿，孙犁那颗枯寂的心，渐渐活跃起来，写作的念头蠢蠢欲动，甚至有点跃跃欲试了。风雪天不能外出，便打开那些封存了多年的稿件，想继续写下去。但是，要想写《铁木前传》，需要重新下乡，要想整理《风云初记》三集，需要很强的脑力，这两条路都走不通。而且，就是这样面对稿本发呆了两天，也还加重了病症。孙犁叹了口气，只好把稿件束之高阁。

他终于意识到：人不能与病争。但还是想写一些短文，在艺术的园林中，做短时间的散步，可是周围环境又十分嘈杂，不断干扰他的文思：

我的左邻有四个小孩子正在地板上跑步，跑步停止是踢毽子，毽子踢完是打乒乓球……好吧，等他们的运动节目表演完毕再写吧。外面天气好，

[1] 冉淮舟：《论孙犁的文学道路》，陕西人民出版社 1982 年版，第 138 页。

孩子们终于出去了，然而还有一位保姆留在屋里。她的特点是当主人在家的时候，她是很沉默的，而当主人睡眠的时候，她走到远离她家住室八丈远的后院，说起话来，还是轻轻地，甚至用手把嘴掩起来。可惜的是，主人是双职工，在家的时候很少，这样，即便屋里没有人，她也是大声喊叫，喊叫得四邻八舍不得安宁。她的调门特别高，秉自天赋，音量特别大，像乐器声中之有高嗓音，这原是无可非难的，问题是她竟终日滔滔，无稍停息。我不得不抱起笔砚，迁移到外间，而外间里，我的老婆正在给鸡们剁菜，我叫她停止，她说有实际需要。我很了解，在她那心目之中，我写一段乱弹琴的文章，远不及母鸡抱一大蛋之有实际功利，而对我的身体来说，一个鸡蛋也实在不能等闲视之。

于是，烦躁起来，短文也写不成了。写作这件事，竟这样困难重重，而作者的神经，竟脆弱到这种程度了吗？这叫神经健全的批评家看来，岂不又是笑谈？

我终于平静下来了，甚至感到左邻的保姆，外间的内人，她们的言动，未必不是对我有益。她们阻止我写作，使我得以休息神经，岂非好事？[1]

有时，一些事情加重了他的心理阴影，尤其是李牧歌的来访，让他心情格外沉重。

李牧歌是邹明的爱人，也是“文艺周刊”的编辑，他们夫妇二人都在孙犁的指导下工作，是编辑“文艺周刊”的核心力量。1956年生病之后，孙犁就不再看“文艺周刊”的大样了，邹明提升为副组长，主编“文艺周刊”。

邹明是一个文人气息很重的人，他曾给首长当过一段时间的秘书，干的时间不长，转到报社当编辑。他脾气不好，爱发怒，人际关系有些紧张，唯独对孙犁非常尊敬，孙犁对他也十分器重和信任，他的私人图章、样稿

---

[1] 孙犁：《书信·致冉淮舟》，《孙犁全集》第11卷，人民文学出版社2004年版，第69–70页。

什么的，一直放在邹明手里。在报社，很多人私下议论：大家都不喜欢邹明，只有孙犁喜欢他。孙犁养病归来，邹明已经下放农村劳动改造。李牧歌才把孙犁寄存的那些东西完璧归赵。

孙犁在青岛养病期间，给邹明写过不少的信，寄来很多他在海边拍摄的照片，他头戴鸭舌帽，身穿呢子大衣，独自坐在海边，脸上带着沉思意味……看到这些照片，邹明和李牧歌都很高兴。

1957年，掀起了反右斗争，邹明并没有被网罗进去。接着又来了一场反右倾，这次，邹明在劫难逃了，十余年来的辛勤耕耘，全被抹黑，强加给他所谓罪名，就是在“文艺周刊”上发表了当时被错划为右派分子的从维熙、刘绍棠、董廼相以及“胡风分子”鲁藜等人的作品。为此，对他展开了批斗，批到最后，找不出其他更加确凿的罪证，于是用了最简单的办法，给他带上了一顶“反党分子”的帽子。1958年，邹明戴着这顶帽子，一个人到农村劳动改造去了。

孙犁养病回来，一天，李牧歌走进多伦道216号大院去看他。她看到孙犁的身体很好，只是吹过海风的脸有些黑。看见李牧歌到来，身边却少了一个人，孙犁的额头立刻皱了起来，脸上没有了笑容。李牧歌想，邹明的情况他可能是知道的，她随孙犁走进迎门的那间书房兼客厅的大房间，孙犁坐在自己那把旧藤椅上，她坐在一张木板凳上，两人沉默了一会儿，没有别的话题，也不好说别的话题，李牧歌慢慢地、一五一十地向他叙述了在反右倾中，邹明如何被揪出来，如何挨整，如何被扣上“反党分子”的帽子，开除党籍和降职，如何下放到农村去劳改……李牧歌讲得很细，孙犁静静地听，这样过了大约一个小时，他没有说一句话。他明白，这是继反右之后的又一场劫难！他了解邹明的性格和他的工作岗位，知道他是难以躲过去的。经过长久的沉默，李牧歌告辞，孙犁轻轻叹了口气，把她送出来，嘱咐她多多保重。

第十七章　“六二”现象

京城偶遇

1962年春节，冉淮舟没有回家探亲，利用春节假期，收集整理孙犁发表在《天津日报》上的文章，在孙犁给他那些剪报的基础之上，编辑了一部散文集，孙犁看到书稿之后，十分激动，把这部散文集定名为《津门小集》，1962年9月，由百花文艺出版社出版。

就在编辑《津门小集》的过程中，冉淮舟还着手编辑《风云初记》第三集。《风云初记》第一集，写于1950年7月至1951年3月，在《天津日报》连载，由人民文学出版社出版了单行本；第二集写于1951年3月至1952年3月，《天津日报》连载了大部分，由人民文学出版社出版了单行本。并且，该社还出了第一、第二集合本。第三集写于1953年5月至1954年5月，《天津日报》发表了十节，《人民文学》发表了五节，《新港》发表了五节，还有十节尚未发表。现在，有了冉淮舟做助手，病中的孙犁开始着手第三集的修改。

1962年2月的一天下午，韩映山和冉淮舟一起去看望孙犁。进屋之后，看到孙犁正在靠在床上休息，身上盖一条毯子。冉淮舟拿出抄好的《风云初记》最后几章，请他看，并建议他重新再发表一下。他摇摇头，不大同意。

谈到韩映山的创作，孙犁说，因为身体不好，看他的作品很少，他愿意找来看看。印象中，以为他写得还算明丽，但含蓄不够。孙犁认为，文章应该有弦外之音，文学应该弄点幽默，要有点俏皮和哲理的味道。

他一再强调要多读古典作品，喜欢谁的，多读读。不要光看当前的杂志。他嘱咐两位年轻人："你们已经有了点小名声，各报刊也容易发表，如果自己满足这一点，不肯努力写，就很不容易提高。写一篇东西，要花大气力，把它当成一种艺术品，调子要高一点，要有所抱负！"谈到"文艺周刊"培养起来的一些青年作者，孙犁有些感慨："到什么时候也别骄傲，这几年毁了不少人，如绍棠，他是河北比较有才能的青年作家。"

两位年轻人觉得写作要从容，孙犁很同意。他说，"从容很重要，写的时候，不要着急。"但他也强调作品形式的严谨，他始终推崇鲁迅的作品。他说，在中国，鲁迅是首屈一指的，别人还不行。并说，有些作家，他也很佩服，但比起鲁迅的作品还差不少。

韩映山问他看了萧霍洛夫《被开垦的处女地》第二部没有，孙犁说看过了，"我是从后往前看的，可以看出，书的结尾很草率，可能改了，否则，它的结尾会是很好的"。

谈到冉淮舟创作的散文等作品时，孙犁认为写得散了些，并说这是个生活问题，生活不足，言不由衷，就容易写散。因此，要想写好作品，一是要充实生活，生活对创作来说是基本的，是首要的。二是多读书，多修改，尤其要在语言上下功夫，但不能犯雕琢与生硬的毛病。[1]

这次谈话后不久，孙犁去了北京，住在地安门内大街黄化门街锥把胡一号河北办事处，修改《风云初记》，重写第九十节。

2 月 22 日，孙犁到北京友谊医院看望老战友杨循，遇见了在这里住院的王林。王林的爱人刘燕瑾在北京工作，王林经常两地跑。刘燕瑾出生

---

[1] 韩映山：《孙犁的人品和作品》，大众文艺出版社 1995 年版，第 215-216 页。

于1925年，抗日战争时期在冀中军区火线剧社任演员，得以和王林相识。1949年随部队进入天津，任天津市总工会工人文工团副团长。1950年考入中央戏剧学院第一届本科话剧系学习，毕业后调入天津人民艺术剧院，任副院长。1954年调到中央戏剧学院表训班跟苏联专家学习。1956年毕业后，任中央实验话剧院演员。最近，王林身患浮肿，便到友谊医院住院检查。

在友谊医院，孙犁意外遇见了晋察冀通讯社时的老战友刘君达，听到周围人称呼他“刘书记”，孙犁就知道他发达了。当时，刘君达任中国人民银行北京分行副行长、党组副书记。见到孙犁，刘君达十分高兴，立刻和孙犁约定，第二天晚上，在前门外一家饭店请他小聚。

第二天吃过早饭，曾在青岛疗养院工作的那位护理员来找孙犁，她已经调到人民大会堂工作。孙犁陪她到附近景山去玩，然后又到北海，还一起吃了晚饭，把刘君达的邀请置之脑后。事后，这件事让他十分自责，在晚年文字中多有提及。

医院相见，已经是二十五年以后，他眼力很好，一下就认出我，还是很热情。从他的服装、言谈，以及别人对他的态度，我看出他发了迹。医生们叫他刘书记。

没时间多谈，他说，明天是星期日，在前门外一家饭店请我。

我很少进京，这次住在东城一个办事处。办事处是一所旧式大宅院，设备很好。主任是我在深县下乡时认识的。他告诉我，按规定，什么人应该住什么房，什么人应该坐什么车，对于我，可以灵活些。

星期日那天，吃过早饭，有一位从山东来的姑娘找我。我和她到附近景山去玩，然后又到北海。心里虽然惦记着刘二请我吃饭的事，但还是陪那位姑娘，在一处小馆吃了晚饭。回到办事处，主任告诉我，刘书记打来三次电话。我听了，才觉得很对不起人家。我想，他那次准备的宴席，一定很丰盛，很阔气吧。他退掉饭菜，不会有过多的周折吧？

第二年，“文革”开始，听说他就自杀了，详情不明。想到不能再见面，就更悔恨那次的失约了。[1]

孙犁在“芸斋小说”《宴会》中，把两人相遇的时间定为1965年春天，但是，这年春天，孙犁并未到北京，也没有到友谊医院，显然是误记。

3月11日，孙犁在北京河北办事处撰写了散文《回忆沙可夫同志——晋察冀生活断片》。对这位老领导，孙犁“大者不知，小者不详”，只是“整理几点印象”，写成了这样一篇短文。“我对沙可夫同志有两点鲜明印象：第一，他的作风非常和蔼可亲，从来没有对他领导的这些文艺干部疾言厉色；第二，他很了解每个文艺干部的长处，并能从各方面鼓励他发挥这个专长。遇到有人不了解这个同志的优点所在的时候，他就尽心尽力地替这个干部进行解释。”他的领导作风是民主的，允许大家争论，包容不同意见，支持大家的工作，发挥每个人的长处。[2]孙犁之所以这样写，自然有自己的言外之意。大病之后，写这种怀念故人的文章，融入了作者更加真挚和沉郁的情感，更加深刻的生命体验，文章显得格外厚重，开始呈现独特的艺术风格。

2月28日清晨，孙犁游览了承光寺。承光殿是团城景区的主要建筑，元代称仪天殿。康熙时期重建，改称承光殿。大殿内供奉着用整块玉雕琢的白色玉佛像一尊，高一米五，此佛面容颐静慈祥，顶冠和袈裟饰金箔，并嵌有红绿晶石，端坐在朱红佛龛中，其妙相之庄重给人以静心之美。这尊白色玉佛是在清光绪二十四年（1898年），由玉佛寺一位名叫明宽的僧人，从缅甸募化而来献给慈禧的，后来被供奉在承光殿。1900年八国联军入侵北京时，抢劫北海公园珍宝，看到这尊玉佛当然不肯放过，然而玉佛太重，难以搬移，气急败坏的侵略者就在玉佛左臂砍了一刀，至今刀

[1] 孙犁：《芸斋小说·宴会》，《无为集》，人民文学出版社2012年版，第27页。
[2] 孙犁：《回忆沙可夫同志》，《晚华集》，人民文学出版社2012年版，第71页。

迹犹存。

游览归来后，孙犁作诗三首。

一

眉用金描唇渥丹，
面像慈悲体庄严，
右臂袒露丰无骨，
匠人造意已登天。

二

玉洁冰清此第一，
千年曾不染微尘，
眸凝眉低唇欲启，
发愿涤净儿女心。

三

玉桥车马万丈尘，
水生松涛两失闻，
团城应不似闺阁，
高空明月未眠人。[1]

3 月底，孙犁从北京回到天津。4 月 1 日，冉淮舟登门拜访，两人商定了《风云初记》的修改与《津门小集》出版等事宜。冉淮舟走后，孙犁开始写《忆邵子南同志》，这是他大病之后撰写的第二篇怀念故人的文章，虽然身体颇感不适，但是到了晚上，居然写了五千字，基本完稿。

在延安，邵子南参与创作了《白毛女》。孙犁离开延安后，两人未再相见。1947 年以后，邵子南参加解放战争，转战南北，后来一直在重庆工作。

---

[1] 孙犁：《一九六二年二月二十八日晨承光殿看玉佛》，《孙犁全集》第 11 卷，人民文学出版社 2014 年版，第 76 页。

1955年12月24日，白血病夺走了他宝贵的生命。

4月5日,《天津日报》“文艺周刊”发表《清明随笔——忆邵子南同志》。接着，他又一鼓作气写出了《石子和海葵花》《黄鹂》两篇散文，回忆了自己在青岛养病期间的一些经历。

改稿撤稿

5月2日，孙犁致信冉淮舟，附上散文《石子和海葵花》和《忆邵子南同志》需要增加的两段文字。在这之前，冉淮舟来信，征求孙犁意见，意将回忆沙可夫及邵子南两篇散文在《新港》第六期再次发表。

《石子和海葵花》描写的是孙犁在青岛疗养院期间的一段经历。

在描写海葵花的时候，孙犁下笔是比较谨慎的，甚至有些瞻前顾后。为了避免一些不必要的误解，他对这篇散文做了一些重大修改。在给冉淮舟的信中，要求补入一段文字，补接之处在“整个的采捕过程，都不能引起我的兴趣”之后。补入的文字如下：

它的生活史和生活方式，在我的头脑里，体现了过去和现在的帝国主义强盗的全部伎俩和全部形象。

青岛，这是世界上少有的风光绮丽的地方。在过去很长一段时间，凡是祖国美丽富饶的地区，有很多都曾经处在帝国主义的铁蹄蹂躏之下。每逢我站在太平角的高大的岩石上，四下眺望，脚下滔滔飞溅的海潮，就会自然地使我联想起这里的悲惨的历史，我的心情总有一阵沉痛之感，一阵激奋之情。

因为就是目前的青岛，也还残留侵略者在她丰丽的胸膛上所加的疮痍。在这里，曾经有人民低沉的呻吟喘息，志士仁人的肝脑涂地，蜂起反抗的暴风雨。

付出了多大的代价，忍受了多少年的苦痛，祖国的心才得以像今天这样的舒畅！更加珍重，更加珍爱我们的新生的祖国吧，更加发奋图强来维护它的独立自由吧！[1]

这几段添加的文字在整篇文章中显得十分突兀。之所以添加这样几段文字，可能是作者启动了心理上的“自我保护机制”。孙犁对海葵花的描述带有强烈的象征意味，容易引起读者的广泛联想，作者最为担心的是这种联想和当时的各种政治运动挂钩。

“文革”结束后，这篇散文改名为《石子——病期琐事》，发表在《北京文艺》1979年第十期，文章内容也做了修改，对上述添加的那些内容，删掉第一段中的“帝国主义强盗”几个字以及最后两个自然段，现在我们看到文字的是这样：

它的生活史和生活方式，在我的头脑里，体现了过去和现在的强盗和女妖的全部伎俩和全部形象。我写了一首《海葵赋》。

青岛，这是世界上少有的风光绮丽的地方。在过去很长一段时间，祖国美丽富饶的地区，有很多都曾经处在帝国主义的铁蹄蹂躏之下。每逢我站在太平角高大的岩石上，四下眺望，脚下澎湃飞溅的海潮，就会自然地使我联想起这里的悲惨的历史。我的心里总有一种沉痛之感，一种激愤之情。[2]

《清明随笔——忆邵子南同志》一文，原题为《回忆邵子南同志》，最初发表于1962年4月5日的《天津日报》。稍后，《新港》编辑部征得孙犁的同意，想把此文与《回忆沙可夫同志》一同发表，于是孙犁对已经发表的这篇散文进行了修改，补入了一大段文字，补接之处为：“他的为人，表现得很单纯——他从来也没有对同志或对同志写的文章，运用过虚构情节或绕弯暗示的‘文艺’手法。”补入的文字如下：

---

[1] 孙犁：《书信·致冉淮舟》，《孙犁文集（补订版）》（9），百花文艺出版社2013年版，第111页。

[2] 孙犁：《石子——病期琐事》，《秀露集》，人民文学出版社2012年版，第27页。

在延安我们相处的那一段日子里，他很好说这样两句话："你走你的阳关道，我走我的独木桥。"有时谈着谈着，甚至有时是什么也没谈，就忽然出现这么两句。邵子南同志是很少坐下来谈话的，即便是闲谈，他也总是在屋子里来回走动着。这两句话，他说得总是那么斩钉截铁，说时的神气也总是那么趾高气扬，说完以后，两片薄薄的缺乏血色的嘴唇紧紧一闭，简直是自信到极点了。

我不知道他为什么好说这样两句话，有时甚至猜不出他又想什么或指的是什么。我孤陋寡闻，直到今天，还不确切知道这两句话的出典——来自什么曲文，或者是他那家乡的谚语。作为警譬的文学语言，我也很喜欢这两句话。是如果作为座右铭或行动的指南，我就不能和邵子南同达到同一的见解。我这也许是一种庸俗的看法。我没有看过严格的体操训练，记得在山地，每逢走过在河流上浮动的独木桥，总是战战兢兢，深恐失足落水。如果有平坦的道路，可达同一的目的，我一定是不在这上面一显身手的。在一个问题上，独抒己见是好的，在一种事业上，敢于尝试也是的，但如果要处处标新立异，事事要与众不同，那也会成为一种虚无。邵子南同志特别喜爱这两句话，大概是因为它十分符合他那一种倔强的性格。[1]

1946年，邵子南离开解放区到重庆《新华日报》工作，后来撤回延安。1949年，回到重庆，在市文联筹委会担任副主任，由于个别人对他有意见，他又被调离，先是闲置了一段时间，后来下厂和下乡体验生活。1953年，他当选重庆市文联委员和副主席。1954年，他写了一些文学短论，受到上纲上线的批判。1955年，在批判"胡风反革命集团"的过程中卧病不起，12月逝世。

孙犁病体稍愈，便写文章怀念这位命运坎坷的旧友，补入的那两大段

[1] 孙犁：《书信·致冉淮舟》，《孙犁文集（补订版）》（9），百花文艺出版社2013年版，第112页。

文字，力求强化邵子南的独特性格，有性格即命运的寓意在其中。“文革”后，孙犁把此文收录《晚华集》时，对补入的两大段文字，主要是第二自然段，又进行了删节，最终定稿是这个样子：

我不知道他为什么好说这样两句话，有时甚至猜不出他又想到什么或指的是什么。作为警辟的文学语言，我也很喜欢这两句话。在一个问题上，独抒己见是好的，在一种事业上，勇于尝试也是好的。但如果要处处标新立异，事事与众不同，那也会成为一种虚无吧。邵子南同志特别喜爱这两句话，大概是因为它十分符合他那一种倔强的性格。[1]

5月6日，孙犁致信冉淮舟，要求把《津门小集》三百元稿费分一半给冉淮舟，让他自己买一些书来看，并且声明，这是他作为责编应得的报酬，让他万勿推辞。同时告诉冉淮舟，自己所写散文《忆沙可夫》《忆邵子南》如同时在《新港》杂志发，大标题可用《回忆二则》，小标题为：一、《忆沙可夫同志》；二、《忆邵子南同志》。[2]

但仅仅过了十天，不知出于何种考虑，孙犁决定不再发表这两篇散文。5月17日，孙犁先是把两篇散文的校样寄还冉淮舟，附信写道：“此次排样较乱，改动又较多，望改时注意。清样出来，望再寄我一阅。”[3]稍后又直接给《新港》杂志编辑部主任万力写信：“近日我考虑结果，以为《病期琐事》两篇散文，颇为琐碎，想在以后纳入一篇关于青岛的小说之中，因此，决定不发表这两篇散文了”；“同样原因，七月份之纪念文章两篇（忆

---

[1] 孙犁：《清明随笔——忆邵子南同志》，《晚华集》，人民文学出版社 2012 年版，第 82–83 页。

[2] 孙犁：《书信·致冉淮舟》，《孙犁文集（补订版）》（9），百花文艺出版社 2013 年版，第 113 页。

[3] 孙犁：《书信·致冉淮舟》，《孙犁文集（补订版）》（9），百花文艺出版社 2013 年版，第 113 页。

沙、忆邵），亦决定不再发表”。[1]这种理由自然是牵强附会的，如果说《病期琐事》所涉及的内容可以写进小说之中，两篇回忆文章与小说是完全不相干的，撤回稿件又有什么充足的理由呢？唯一合理的解释是作者可能意识到了这几篇文章中所蕴含的“危险”信息，所以果断中止了。

一般认为，《黄鹂》这篇散文，是对美的极致的赞颂。这自然是不错的，但更为主要的，是描写了对“美的极致”的扼杀，以及由此产生的对美的极致的眷恋和渴望。因此，这是一篇充满牢骚的散文，也是一篇充满希冀的散文。

在散文中，作者明确提出：“因为职业的关系，对于美的事物的追求，真是有些奇怪，有时简直近于一种狂热。”大病之后，作家来到了青岛，在灰暗的心境中，他发现了两只美丽的黄鹂。从此，观赏黄鹂，竟成了作者的一种日课。接着，作者描写了一次残酷的猎杀行为：

有一次，在东海岸的长堤上，一位穿皮大衣戴皮帽的中年人，只是为了讨取身边女朋友的一笑，就开枪射死了一只回翔在天空的海鸥。一群海鸥受惊远飏，被射死的海鸥落在海面上，被怒涛拍击漂卷。胜利品无法取到，那位女人请在海面上操作的海带培养工人帮助打捞，工人们愤怒地掉头划船而去。[2]

作者的怨气仿佛没有散尽，事情也远远没有结束。有一次，作者在鸟市上发现了一只失去自由的黄鹂：

在一处转角地方，有一个卖鸟笼的老头儿，坐在一条板凳上，手里玩弄着一只黄鹂。黄鹂系在一根木棍上，一会儿悬空吊着，一会儿被拉上来。我站住了，我望着黄鹂，忽然觉得它的焦黄的羽毛，它的嘴眼和爪子，都

[1] 孙犁：《书信·致万力》，《孙犁文集（补订版）》（9），百花文艺出版社2013年版，第184页。

[2] 孙犁：《黄鹂——病期琐事》，《晚华集》，人民文学出版社2012年版，第48页。

带有一种凄惨的神气。[1]

作者断然拒绝了卖鸟人要他买鸟的要求，转身离去。大自然中的黄鹂和海鸥，无疑是美的象征。只有在一定的环境中，美才会发挥到极致。惊弓之鸟也好，笼中鸟也好，包括被猎杀的海鸥，都是一种美的毁灭。

1962年夏天，为了纪念《在延安文艺座谈会上的讲话》发表二十周年，《新港》编辑部决定刊发两篇重头文章，一篇评论孙犁的作品，一篇评论梁斌的作品。评论孙犁作品的任务落到了冉淮舟头上。冉淮舟写了一篇万余字的论文《美的颂歌——孙犁作品学习笔记》，着重阐述了孙犁作品巨大的艺术力量，来源于其作品所表现出来的劳动人民的人情美和人性美。这篇文章，后来为作者招来了一场大祸。

从1964年4月开始，《新港》分两次发表了《风云初记》第三集十六至二十节、二十六至三十节，在读者中反映良好，万力决定将《风云初记》第三集在其他报刊发表的部分，重新在《新港》发表，形成一个完整的稿本。于是，《新港》从第七期开始连载《风云初记》第三集，至第十一期结束。人民文学出版社也联系孙犁，准备出版《风云初记》第三集单行本和一、二、三集的合集，并约定第三集以《新港》连载文字为底本并经孙犁审定出版。

伤感情怀

1962年7月，冉淮舟回到冀中平原体验生活，在肃宁县文化馆，发现了几张1943年的《晋察冀日报》，令人惊喜的是：4月10日的文艺副刊《鼓》上，居然刊登着孙犁的短篇小说《爹娘留下琴和箫》，这是他从未见过的作品！冉淮舟怀着急切的心情把小说读了一遍，认为这是一篇难

---

[1] 孙犁：《黄鹂——病期琐事》，《晚华集》，人民文学出版社2012年版，第48–49页。

得的佳作，便用了半天时间，把这篇五千字左右的小说抄录下来。

除了残破的《晋察冀日报》外，冉淮舟还看到了《冀中导报》《平原杂志》，除去《爹娘留下的琴和箫》外，还发现了散文《二月通信》、诗歌《翻身十二唱》和《〈平原杂志〉第三期编辑后记》。

回到天津后，冉淮舟把这组抄录的作品送给孙犁看，并提出了自己的疑问：《爹娘留下的琴和箫》这样一篇好作品，为什么没有收进后来的作品集中？当天晚上，孙犁重读了一遍这篇作品，并提笔写下了一篇附记，他致信冉淮舟，“想把旧作四篇，联为一组，加以前言，各附后记，找一地方发表之”。并说：“其中《琴和箫》一篇，我以为并无伤感之弊，其中激情，较后为胜”。[1]

1962年8月7日晚上下了大雨，雨停之后，孙犁提笔写下了《〈琴和箫〉后记》：

这一篇原名《爹娘留下琴和箫》，发表在一九四三年《晋察冀日报》的文艺副刊《鼓》上。在我现存的创作里，它是写作较早的一篇。但是，在后来我编的集子里，都没有这一篇，一九五七年，我病了以后，由康濯同志给我编辑的《白洋淀纪事》里，也没有收进去。

这一篇文章，我并没有忘记它，好像是有意把它放弃了。原因是：从它发表以后，有些同志说它过于“伤感”。有很长一个时期，我是很不愿意作品给人以“伤感”的印象的，因此，就没有保存它。后来，在延安写作的《芦花荡》和《白洋淀边一次小斗争》里，好像都采用了这篇作品里提到的一些场景，当然是改变得“健康”了，这三篇文章，如果读者有兴趣，可以参照来看。

现在淮舟同志又把它抄了来，我重读了一遍，觉得并没有什么严重的

---

[1] 孙犁：《书信·致冉淮舟》，《孙犁文集（补订版）》（9），百花文艺出版社2013年版，第113–114页。

伤感问题，同时觉得它里面所流露的情调很是单纯，它所包含的激情，也比后来的一些作品丰盛。这当然是事过境迁和久病以后的近于保守的感觉。

它存在的弱点是：这种激情，虽然基于作者当时迫切的抗日要求，但还没有多方面和广大群众的伟大的复杂的抗日生活融会贯通。在战争年代，同志们觉得它有些伤感，也是有道理的。

因此，我竟想到了创作上的一些问题。真正的激情，就是在反映现实生活时所流露的激情，恐怕是构成现实主义文学作品的重要因素。在历史著作里，在政治经济学著作里，成就大小的分别，道理也是一样。应该发扬这一点，并向现实生活突进。但理论问题是很复杂的，非目前脑力所能及。现在，只是把这篇作品的来历，简述如上。[1]

“文化大革命”中，孙犁数次被抄家，这篇稿件丢失。冉淮舟先后到天津人民图书馆、北京图书馆、北京大学图书馆，检阅所存《晋察冀日报》残卷，却再也没有见到这篇作品。直到“文化大革命”结束后，才在《人民日报》资料室寻到这篇小说，又抄给了孙犁。1979 年，孙犁把这篇作品交给《新港》重新发表，篇名改为《琴和箫》，11 月 28 日早晨，他专门写了一段附记，其中有这样的句子：“今重印于此，是青春之旅，次于晚途；朝露之花，见于秋圃。文事逸趣，亦读者喜闻乐见乎！”[2]

1962 年 7 月，冉淮舟在《冀中导报》上看到孙犁的《翻身十二唱》，便想到协助孙犁编一本诗集。不久，他从晋察冀通讯社编印的《文学通讯》上，看到了孙犁 1939 年 12 月 2 日写于阜平东湾的叙事诗《白洋淀之曲》，立即给他写信说：“看了《白洋淀之曲》，对于编诗集，我是充满信心的。”[3]

---

[1] 孙犁：《〈琴和箫〉后记》，《琴和箫》，花山文艺出版社 1982 年版，第 154—155 页。

[2] 孙犁：《〈琴和箫〉后记》，《琴和箫》，花山文艺出版社 1982 年版，第 155 页。

[3] 冉淮舟：《津门书简》，华龄出版社 2003 年版，第 42 页。

孙犁在回信中说；“如果我们真的能编一个诗集，是我也得有诗问世，真是不错。我们是要编一个诗集的。”[1]孙犁在看过《白洋淀之曲》抄稿后，又给冉淮舟写信说：“《白洋淀之曲》似尚可用，第三部颇为激动，这种调子，在我以后的作品中少见。编辑诗拟用为首篇。”[2]于是冉淮舟整理好稿本，孙犁订正后，1963年8月10日写了后记，定书名为《白洋淀之曲》。这本诗集，1964年4月由百花文艺出版社出版。

再次撤稿

病中对往事的回忆，好像成为孙犁的一种情结。1962年8月，孙犁用了两天的时间，写了散文《某村旧事》，回忆了自己从延安回到冀中之后，在蠡县刘村下乡时的一段经历。如果说这篇散文与以往作品有什么不同，就是文中所描写的人物，几乎都带有某种消极色彩，有对他进行“色诱”的妇救会主任和她那颇为势利的婆婆，有从革命队伍开小差的郑松年，给他做饭的白旦，虽然是一位苦大仇深的农民，但也不乏农民式的精明与狡猾。在孙犁的笔下，生活所呈现出来的原生态是彤云低锁、雾气昭昭的原野，文章的结尾，作者在努力寻找冲破云层的阳光，力求给了读者带来一股云开雾散的力量。

对这篇文章，孙犁很重视，原想寄给《人民文学》，但是《河北文学》的张庆田和刘怀章来约稿，文章被他们拿走。

这一时期，和孙犁接触比较多的，除了冉淮舟之外，就是在创作上崭露头角的韩映山。河北省把他列为重点培养对象，省委宣传部副部长远千

[1] 孙犁：《书信·致冉淮舟》，《孙犁文集（补订版）》（9），百花文艺出版社2013年版，第131页。
[2] 孙犁：《书信·致冉淮舟》，《孙犁文集（补订版）》（9），百花文艺出版社2013年版，第133页。

里经常找他谈话，对他进行鼓励。远千里为人厚道，平易近人，从不拉帮结伙搞宗派。1962 年春天，远千里把韩映山约到家里谈心，他知道韩映山在学习孙犁，便问他孙犁的小说有什么特点。韩映山不假思索地说：“亲切，朴素，自然……”

远千里笑着说，“读老孙的文章，能读到作者，读别人的作品，只是读个故事，故事读完了，印象也就完了，孙犁小说里有作者的声音，这也许就是风格吧。他的小说，不拘一种形式，形式和内容是一致的，有的极短小，如《懒马的故事》，只三百字。这正如鲁迅说的，适合什么形式就写什么，不要勉强拉成小说。老孙的小说，篇篇不一样，就是《女保管》与《石猴》有点近似。”韩映山深有感触：远千里身为部长，工作那么忙，对孙犁的小说，却研究得那么细，分析得这样透彻！

远千里又说，孙犁的语言，是诗的语言，土洋结合，简练明快。他指出，韩映山的散文《作画》，写得朴素、清新，白描生活。但是缺少孙犁作品里的议论。说着，他打开台灯，拿出《白洋淀纪事》，翻到《天灯》那个短篇，他念了起来：“她大声地说着，夹着爽朗的笑。使我立刻觉到：如果那天灯是穷人翻身的标志，她的话语就是人民胜利的宣言。”远千里说，类似这样的议论还很多，这就使人听到了作者的声音，也看见作者的模样了。

1962 年 4 月的一天上午，阳光明丽。韩映山和阿凤、劳荣等人，去看望孙犁。谈到生活积累，孙犁说，“在一个地方待熟了，可以到各地去走走，这样会扩大视野，感觉新鲜。比如你老逛百货公司，有好多女人，都很好看，但就是留不下什么印象；如果在乡间小路上碰见一个，却能留下很深的印象。两口子熟了，有时也留不下什么影子，熟视无睹。又比如在画店里看画，叫人眼花缭乱。有时在一个农家屋里看了一张画儿，却觉得很美。”谈到如何发现美，孙犁说，“作家首先要陶冶自己心灵美，然后才能印证和吻合生活中的美，如果一个作家的心灵不美，他能发现和反映生活中的美吗？”谈到刻画人物，他说，写人物要把感情放进去，要有同情心，鲁迅、契科夫都是如此。没有真情实感的作品，不会感动人的。

7 月 17 日，韩映山再次拜访孙犁，继续向他请教创作问题。孙犁说：“要多写。古人云：著作等身。相比之下，我们写的东西太少了。在身体条件允许的情况下，要多写。写完了放一放，多改改。”并说，“屠格涅夫的六部中篇小说很好，尤其是结尾，太好了。”

韩映山说，自己正看果戈理的《鼻子》，看不大懂。孙犁说，“我也看不太懂，他的《死魂灵》第一部好。梁斌喜欢托尔斯泰。喜欢谁的作品，跟自己的气质有关。”

1962 年 8 月，上海文艺出版社将出版韩映山的散文集《作画》。韩映山把书稿送给孙犁请教，正赶上孙犁发烧，一时没有看完，他托人转达了自己的意见：“作品的优点很多，写得自然、明丽，但容量不大。写成这样已经不易。作者的胆子小了点，我不是叫你们去犯错误，只要别出大格，个别地方，还应放开点儿写。我写《秋千》，当时有人批评我的阶级界限模糊，其实不是那么回事。我主要是写女孩子的纯洁，要离开点写，有了怀念再写。我的那些短篇，都是这么写的，好像树的影子，投到水中就好看。《作画》的语言基本还好，只是个别词句不太规范。”又鼓励说，“年轻，阅历少，太单纯，这得慢慢来。”

1962 年 8 月 24 日，孙犁写了《读〈作画〉后记》。几天后，韩映山去看他，孙犁说：“读《作画》的稿子已写好，让《人民文学》的编辑拿走了。稿子写好后，本来想请你和淮舟看看，但是《人民文学》编辑部有人坐等，只好让他们带走了。”这篇稿子《人民文学》没有登出来，直到 1963 年 3 月 14 日，才在《天津日报》“文艺周刊”发表。

韩映山请教如何写“人民内部矛盾”。孙犁说，“不要赶那个浪头。前些天某某来，说写了《请愿》，我听他念叨了一下，那不是开玩笑吗？人民生活是多种多样的，你不是没有看到，是不敢写。创作的事，我知道。

这不怨你。还是多学习，多读书，多掌握几种形式。”谈到语言，孙犁说：“语言得下大功夫，如‘喂脑袋’，不好。‘鞋透窟窿拉了，挂拉着’，不如说，‘趿拉着鞋’。”

在《读〈作画〉后记》一文中，孙犁认为“韩映山的散文，写得很是轻松，愉快，流畅，活泼”。“作者把这一带农民的劳动和生活、思想和情绪、写得太单纯了。他只是用力‘捕捉’着所谓‘美’的或有‘诗意’的东西，他所注意的只是一些自然景色，或是一些劳动场面。自然景色是很美丽的，劳动场面是很欢腾的，但是读过以后，那天边的晚霞很容易消逝，欢笑的声浪，也跟着工作的结束停止了。就是说，这些作品给人的感觉是轻淡的，不能长久存留的。”同时，孙犁借题发挥，对文学评论中的一种倾向的现象进行了批评。

曾经有一个时期，有些评论家在一些人的作品里，发现了所谓“独具风格”“诗情画意”“抒情诗”“风景画”，甚至“女人头上的珠花”。我读了这些评论，有时感到很是茫然。按说，什么作家都是有他自己的风格的，这里所谓“独具风格”，究竟是些什么内容？有些评论，不是从作品的全部内容和它的全部感染力量着眼，不是从作品反映的现实、所表现的时代精神，以及人民在某一时期的思想感情着眼，而仅仅从作品的某些章节和文字着眼，使得一些读者在阅读这些作品的时候，就只是去“捕捉”美丽的字句、诗意的情调。在他们开始写作的时候，就单纯地去模仿这种写法。

产生这种结果，我想是作为评论家的崇高的职责还没完全尽到。不妨打这样一个比喻：有一只鸟，凌空飞翔或是在森林里啼叫，这可以说是美的，也可以说富有诗情画意。但这种飞翔和啼叫，是和鸟的全部生活史相关联的，是和整个大自然相关联的。这也许关联着晴空丽日，也许关联着风暴迅雷。

如果我们把这些联系都给它割断，把这只鸟“捕捉”了来，窒其生机，剖除内脏，填以茅草，当作一个标本，放在漂亮的玻璃匣子里，仍然说这就是那只鸟的“美”，这就是它的“诗情画意”。这只鸟未免就太冤枉，因为这不合乎实际。[1]

“女人头上的珠花”之语出自王林对《白洋淀纪事》的评论。孙犁之所以发出这样的责难，主要是因为王林等人对他的作品产生了误读，单单以为他的作品是“美”的，没有看到他作品中所蕴含的时代风云，这一点令孙犁十分不满。

1962年9月14日晚，孙犁致信冉淮舟，告知明天去北京，并说自己近来身体不好，失眠，头痛，不能再校改文章，因此，他让冉淮舟通知《河北文学》，把《某村旧事》撤回来，而且《读〈作画〉后记》暂不发表。孙犁提出的这几点理由明显不能成立，身体不好，不能校对稿件，与撤回稿件之间不存在什么必然联系。况且，他到北京，就是为了校改《风云初记》。他一定是感到文艺界的气氛开始紧张起来，及时采取了应对策略。

这种紧张的气氛是有迹可循的。1962年8月，中国作协在大连召开农村题材短篇小说创作座谈会（又称“大连会议”），邵荃麟在会上强调“现实主义深化”，提倡人物形象的多样化，认为除了正反两类人物形象外，还要大写“中间人物”。这篇讲话，对于克服农村题材小说创作的浮浅单调现象起了积极作用。起草这篇讲话稿的就是侯金镜。但是大连会议之后不到两个月，阶级斗争被强化，大连会议受到批判，与会者几乎人人做检查，主持会议的邵荃麟丢了乌纱帽，并调离作家协会另行安排工作。在日后的批判中，侯金镜作为邵荃麟的主要助手，也是要被调离岗位并逐出作协的，后因“文革”爆发，未及调走，在“十年动乱”中，大连会议被定性为“反党黑会”，并成为侯金镜的一个重大罪行。

---

[1] 孙犁：《读〈作画〉后记》，《天津日报》1963年3月14日。

孙犁一定是从侯金镜等人那里听到了一些风声，及时采取了刹车行动。

二次进京

1962年9月15日，孙犁到北京，依旧住在地安门内大街黄化门街锥把胡同一号河北办事处。他写信给冉淮舟，告知来京后睡眠仍不好；人民文学出版社已经将《风云初记》样稿全部排出，待校对，并再一次声明：今年，不打算再写、发表文章了，给《新港》和《河北文学》的稿件要全部停下来。

得知孙犁来京，李季和侯金镜夫妇约了孙犁畅游香山，饱观红叶。李季在香山饭店请客，大家饱醉而归。李季是著名诗人，1945年底，在《解放日报》上连续刊登了优秀长篇叙事诗《王贵与李香香》，1962年后，任《人民文学》副主编、主编。侯金镜的夫人胡海珠也是一位作家，1938年参加革命，曾在华北联合大学文工团、冀中军区火线剧社、晋察冀军区抗敌剧社担任演员及创作员，后在《华北解放军报》文艺副刊任编辑，并担任过《人民文学》编辑部副主任、主任，北京电影制片厂编导室副主任、主任。

孙犁所住的河北省驻京办事处开办甚早，选址时征用了东北军阀吴俊升的旧宅，有六个大四合院的规模。“文革”前，这里只接待河北省十三级以上来京的干部，孙犁刚刚够线。但孙犁不太喜欢这里，嫌室内光线昏暗，白天看书都要开灯，还有些潮湿。而且这里来往的人太多，环境杂乱。在侯金镜等人的安排下，孙犁决定搬到颐和园云松巢中国作家协会休养所，那里环境幽静，孙犁准备好好休息一下，把睡眠恢复到去年的程度。

孙犁住在云松巢东院的绍窝殿，室内遗存着清朝的字画，但是粉柱剥落，蛛丝满梁，夜间老鼠乱窜，一个人独居此处，颇有恐怖之感，每晚严闭门户，闭关自守。但此地风光很好，坐在桌前，窗明几净，还可以望见昆明湖面。屋子的后面即为佛香阁，白天游人不断，踢踏有声，中午不能入睡。但总的来说比河北办事处要好很多。这几天，正是北京秋天的黄金季节，孙犁每天上午在昆明湖泛船，如果不是星期天，园内游人寥寥无几，一个人荡漾在湖面，倒有些孤寂之感。

孙犁给冉淮舟写信，希望他来京帮他校对稿件。11月初，冉淮舟来到颐和园云松巢，协助孙犁校对《风云初记》一、二、三合集。到颐和园的那天晚上，冉淮舟和孙犁、侯金镜等人吃了一次晚餐，第一次吃到了炸带鱼，孙犁还向他演示了吃带鱼的方法。对于书稿的校对，孙犁有一个完美的计划：每天上午，冉淮舟念稿，孙犁听，随时修改。下午两人在昆明湖划船，晚上看情况决定是否工作。工作正式开始了，但只校对了半天工夫，孙犁便感觉脑力不行，担心这样校对下去，他的精神受不住。于是冉淮舟提出，自己到人民文学出版社去校稿，孙犁在颐和园休养。孙犁同意了这一建议。

这一次短暂的同住，使冉淮舟深切感受到了孙犁深厚的文学修养。他回忆说：

记得1962年秋天，在颐和园云松巢，我协助孙犁校阅《风云初记》，休息时谈起《红楼梦》，讲到晴雯这一人物，孙犁在谈话中竟然大段引用原文，背诵了晴雯补裘这一情节。他向我谈起鲁迅翻译的果戈理的《死魂灵》，非常称赞，在这部书里，果戈理把自己对俄罗斯祖国的热烈希望，就是作为一个忠实儿子的情感，写进去了，并且向我背诵了那架旧式的马车，在俄国风雪的道路上奔驰，果戈理的赞叹之词。孙犁崇拜鲁迅，对鲁迅的作品，更是非常熟悉。有一次，我向他谈起姚文元的父亲姚篷子的一件事，他当即说出，在鲁迅某年某月的日记有记载。他还对我说过，鲁迅的《朝花夕拾》，他是一生都放在案头的，尽管他对这本书非常熟悉，一些段落和篇章都能背诵，但是还要经常翻看、阅读和体味。[1]

冉淮舟离开颐和园的时候，孙犁把他送到园门，塞给他十元钱，让冉淮舟替他买一些糖果带回天津。冉淮舟回到天津后，到孙犁家看望，并把在北京买的糖果交给了孙犁的老伴。

冉淮舟离京后，侯金镜和冯牧搬来和孙犁同住，绍窝殿一下热闹起来。天气渐凉，室内升起了炉火，原准备回天津的孙犁，一下又多住了十几天。

1963年3月，人民文学出版社以作家出版社的名义，出版了《风云初记》第一、二、三集合本，同年6月，出版了第三集的单行本。

孙犁从外地养病回来后，病症得到了很大缓解，但还是不能多用脑。1960年，除去一首诗歌外，没有其他创作；1961年，只是写了一些信件，创作也无从谈起；1962年，孙犁一下写出了十七篇文章，既包括诗歌（含旧体诗）、散文，也包括作品后记、文学评论和理论文章。到了1963年，写作势头有所减弱，但还是写出了七篇文章，大多是作品后记和序言；1964年尚有三篇作品，多是谈文学创作的讲话稿。1965年以后创作几乎就很少了。

在1962年发表的十七篇文章中，创作性的文学作品只有五篇：《石子——病期琐事》《黄鹂——病期琐事》《回忆沙可夫同志》《清明随笔——回忆邵子南同志》《某村旧事》。对这些文章的创作、修改、保存和发表情况比较了解的是冉淮舟。1963年，冉淮舟曾协助孙犁编辑了一部名为《旧篇新缀》书稿，他回忆道：

这部书稿的最后几篇，即《某村旧事》《病期琐事》和《回忆二则》，是未发稿。《回忆二则》中《忆邵子南同志》一篇，虽然在《天津日报》上发表过，但不久孙犁同志又增加了很长一段文字。原来《某村旧事》要

---

[1] 冉淮舟：《孙犁三讲》，《平原文学论稿》（上），天马出版有限公司2009年版，第218–219页。

在《河北文学》发表，《病期琐事》和《回忆二则》要在《新港》发表，后来都被孙犁同志抽下。这些文章都排了清样，我是保存了一份的，而且保存了它们的原稿。我把它们都交给了孙犁同志。《某村旧事》收入《晚华集》。《病期琐事》之一《黄鹂》，在《运河》发表后收入《晚华集》；之二《石子和海葵花》，改题《石子》在《北京文艺》发表后收入《秀露集》。《回忆二则》分为两篇即《回忆沙可夫同志》和《清明随笔——忆邵子南同志》，都收入了《晚华集》了。[1]

许多论者认为，孙犁在 1962 年出现了一个创作的小高峰，甚至称之为“1962 年现象”，并对这一现象进行了诸多解析。这些解析大多从当时的政治气候和文坛现状出发，赋予了“1962 年现象”更多的政治色彩，认为孙犁之所以能够在 1962 年出现创作的小高峰，是因为当时政治氛围十分宽松，赶上了文学艺术界的“小阳春”。再把这一观点加以延伸，就得出了这样一个结论：孙犁当初所患病症，一部分是心病，一部分是政治病，而且主要是政治病，他不是不能创作，而是出于自保动机，不愿意创作。因此，当政治气候宽松的时候，他便迸发出了创作热情；当政治气候紧张的时候，他立刻偃旗息鼓。甚至认为，这是孙犁坚守自身立场和清正人格的策略性选择。

这些观点自然是过度解读。首先应该承认，孙犁是真的病了，并非什么“策略性选择”。其次，关注孙犁病后的文学创作，不应仅仅统计作品的数量，更应关注作品的质量，尤其是创作风格的变化。孙犁晚年的文学风格发生了重大变化——由歌颂转入了批判，由清新明丽转为沉郁幽愤。绝大多数人认为，这种风格的变化产生于“文革”之后。但是，如果仔细阅读孙犁在 1962 年创作的这些作品，自然会得出一个结论：孙犁创作风

---

[1] 冉淮舟：《孙犁〈旧篇新缀〉编后记》，《平原文学论稿》（上），天马出版有限公司 2009 年版，第 27 页。

格的变化发生在其大病之后，恢复创作的1962年。

1962年之后，孙犁把整理好的一大包东西交给冉淮舟保管。这包东西中，有他的旧稿、他的一些著作、三十几张照片，还有冉淮舟写给他的信件。当时，孙犁总是担心自己活不长，此举有托付身后之事的意味。为了保存这些稿子，冉淮舟费了很多心思，也付出了一定代价。他回忆说：

我是1963年底受机关指派参加天津郊区“四清”运动，孙犁同志交我保存的那些著作、文稿、书信、照片等，我担心放在纸箱中丢失损毁，便都放在了保定我爱人那里。她在一央企大厂子弟学校教书，也住单身宿舍，“文革”开始后，保定武斗严重，她所住的单身宿舍楼，成为两派攻防的重点。我叮嘱过她，无论丢失损毁什么物品，也要保住孙犁同志这些东西。因为当时孙犁同志和我，都处于运动的旋涡之中，命运不测，保住这些东西，运动后期可以证明孙犁同志和我在“文革”前那些年，都做了些什么。1967年4月间，我爱人怀着身孕，背着那些东西，从保定逃往天津，在北京永定门火车站换车时流产。直到1979年我调离天津前，把孙犁同志写给我的信件抄出装订成册，送给他留作纪念时，才把这些情况告诉了他。孙犁同志随即把这些情况写进了《幸存的信件序》一文中。尽管有着这样一些遭遇，《左批评右创作论》、《回忆沙可夫同志》、《清明随笔——忆邵子南同志》（增补稿）、《黄鹂——病期琐事》、《石子——病期琐事》、《某村旧事》、《关于〈荷花淀〉被删节复读者信》、《为外文版〈风云初记〉写的序言》、《关于儿童文学》、《进修二题》等文稿，终于保存下来了。[1]

[1] 冉淮舟：《孙犁：一九六二》，铁凝、贾平凹等著：《百年孙犁》，百花文艺出版社2013年版，第60-61页。

第十八章　天命何在

小川陪伴

1963 年，孙犁五十岁，已经到了知天命之年。1 月 27 日，大年初三，王亢之、梁斌、张雨时、王林等人来看他。冉淮舟也来拜年，他带来一个消息，《铁木前传》已被苏联《文学报》全文译载。孙犁一下紧张起来。[1]当时中苏交恶，《铁木前传》被译成俄文发表，自然是一件令人心惊肉跳的事情。

2 月 17 日，韩映山来访。这一时期，他的创作热情十分高涨，新近由百花文艺出版社出版了散文集《一天云锦》。业余时间，他还到南开大学中文系进修，学习古汉语及中外文学史等课程。谈到创作问题，孙犁说："格调问题，是思想修养问题。""永远要保持谦虚谨慎。当有人说你好的时候，你应当冷静，不要飘飘然；当有人批评你的时候，也要经得住，不要颓丧。""要多写，多读书。"[2]

---

[1] 王端阳、冉淮舟编：《王林日记辑录之一：我与孙犁四十年》，北岳文艺出版社 2019 年版，第 94 页。

[2] 韩映山：《孙犁的人品与作品》，大众文艺出版社 1995 年版，第 220 页。

18日晚，孙犁到北京，住在河北办事处。作家出版社的韦君宜拿来《文学短论》稿本，就编辑体例等问题征求他的意见。孙犁把稿本留下，翻了一下，觉得没什么意思，又不想印这本集子了。3月1日，冉淮舟给他写信："关于《文学短论》，怎么又不想印了？我曾估量过出版它的价值，不但对当前评论的文风会产生良好的影响，就是对于创作，也仍不失其切实的指导意义。还是出吧！选本，我意最多抽掉四分之一，保留十万字以上。"[1]

北京的春天，风很大，很多时候不能出门，这令孙犁有些郁闷。老伴儿到石家庄去看大女儿，家里没人做饭，只好在北京多住些日子，他利用这段时间拜访了黄秋耘、侯金镜、冯牧、康濯等人。2月24日，看望了在中国历史博物馆任馆长的陈乔。进城之后，两人分隔两地，虽然书信不断，但难得见面。孙犁大病之后前来看望，令陈乔百感交集。这天晚上，家中晚辈争相传阅孙犁所赠的《白洋淀纪事》，陈乔夜不能寐，感赋七律一首赠予孙犁：

君爱白洋如乡子，我生白洋情更深。
荷花淀香常入梦，雁翎队影最怡心。
芦苇荡涌仇寇血，采蒲台记翻身人。
一别十年同口镇，柳堤渔岸景长春。[2]

孙犁读后十分感动，立刻唱和一首：

碧水晴天柳色新，小镇危楼异乡人。
曾蒙枉驾相砥砺，又同戎马走烟尘。
白洋战绩著青史，我艺雕虫少奇文。

---

[1] 冉淮舟：《津门书简》，华龄出版社2003年版，第35页。
[2] 刘宗武：《孙犁的生活与创作》，天津教育出版社2003年版，第156—157页。

京师再会白鬓发，围炉话旧暖如春。[1]

从北京回到天津后，孙犁依旧以休养为主。5月初，感觉身体不好，再次到京静养，他写信告诉冉淮舟："我于十五日下午来京，现住在颐和园。李季、张光年同住此。我仍住在原屋，颇安静，精神亦好。现值春末，游园人如云。"他十分享受这里幽静："蛙鸣于塘，鸟噪于树，较之津门汽车嚣声，殆有天籁矣。"[2]

得知孙犁来京，郭小川专门抽出时间，陪他住了一段时间。每天清晨，两人在昆明湖划船，他们从石舫上船，过五龙亭，绕昆明湖一周，再回住处吃早饭。晚饭前，郭小川则翻山越岭，到中央党校接在那里学习的妻子，夫妻感情之好，令孙犁羡慕。

后来，郭小川有事先走了，嘱咐厨师好好照顾孙犁。孙犁照例每天早上划船，但他的划船技术不高，是在小汤山的浅水中学的，昆明湖的水却很深。清晨没有游客，整个昆明湖只有孙犁一个人，如果遇到风浪，还是很危险的，但是孙犁经不住湖水的诱惑，烟波荡漾，静寂无声，卧在水中的小铜牛，倾头凝视，每逢划到它附近时，孙犁都从心里向它祝福。

郭小川担任过王震的机要秘书。20世纪40年代初，主要从事马列主义政治理论和文艺理论研究。1948年夏转到新闻战线，先后任冀察热辽《群众日报》副总编兼《大众日报》负责人。《天津日报》成立后，郭小川是编辑部副主任，正好分工领导副刊科。但是，他在《天津日报》的工作时间很短，1949年5月，就随军南下了。1955年，郭小川调回北京，任中国作协党组副书记、作协书记处书记兼秘书长、《诗刊》编委。

---

[1] 孙犁：《一九六三年二月二十四晚访陈乔》，《孙犁全集》第5卷，人民文学出版社2004年版，第90页。

[2] 孙犁：《书信·致冉淮舟》，《孙犁文集（补订版）》（9），百花文艺出版社2013年版，第129页。

只要来北京，孙犁总是要和郭小川见面的，郭的职位能够为他提供种种便利。这次来京，情况已经大不相同。经过文艺界一系列的批判运动，郭小川的内心十分痛苦，正处在迷茫之中。当初，在批判“丁、陈反党集团”时，他一度十分积极，后来在复查中，发现实际情况并不像当年批斗大会上说的那么严重。他开始冷静、理智地思考问题，主张慎重处理丁、陈二人的问题。1959年，作协党组对他进行重点批判。罪名是：在复查“丁、陈反党集团”中“经不起考验”，“形势发生变化时，由摇摆不定走向右倾”。郭小川被迫做出检查。1962年，在胡乔木等人的协调下，调到《人民日报》任特约记者。

1963年5月22日，孙犁致信冉淮舟，告知中国文联文艺整风运动已开始，在颐和园休养的李季已经回去参加整风；《〈红楼梦〉杂说》一文被《人民文学》退稿，并声称“支援”《文艺报》。孙犁告知，文章写得不好，不用就退还，不必转让。孙犁不由得感叹：“两次投稿《人民文学》都被否定，看来，我实在是写不好了”；“但吃饭还是很多，今晚吃炒面，四两迅速而下”。[1]

6月5日，孙犁回到天津。当时，和他做邻居的是《天津日报》总编辑石坚。石坚虽然年龄小，但是职务晋升得很快。进城之初，石坚在通讯部编辑科，孙犁在编辑部副刊科，后来石坚被调到新华社天津分社工作，两人见面就很少了。1960年，石坚调回《天津日报》社担任总编辑，1961年搬到多伦道大院。1963年夏天，石坚的小儿子小五患了重病，抢救时花了大量的医药费，石坚和妻子在医院守护了几天，回家还没进门，孙犁的老伴儿就从家里迎出来，把八十元钱交给他们，说：“估计你们得用钱，我早准备出来了，以后有困难就说话。”后来小五痊愈，觉得没什么报答老人的，看到孙犁理发不方便，小五就自告奋勇地为孙犁理发，坚

---

[1] 孙犁：《书信·致冉淮舟》，《孙犁文集（补订版）》（9），百花文艺出版社2013年版，第130页。

持了十四年之久，一直到他结婚搬家。[1]

河北发难

1963年第八期的《河北文学》，刊登了河北文联理论研究室楚白纯所写的《评〈风云初记〉》一文，对《风云初记》提出了批评。楚白纯，原名白村，出生于1920年，山东德平人。1946年赴延安，先是在延安子长中学、延安大学当教师，后到北京大学文学研究室做研究生。进城后，历任《文艺报》助理编辑，《北京晚报》文艺编辑、组长，中国人民大学教师，《剧本月刊》理论批评组组长，河北省文联文艺理论研究室研究员、副主任，河北省社会科学研究所文学研究室负责人，《文艺报》编辑等。

8月27日，冉淮舟在给孙犁的信中写道："回到天津，一些同志问我，读没读过发在《河北文学》上的一篇评论《风云初记》的文章，希望我写篇文章反驳。反驳的文章不一定写，那篇文章我还是认真拜读了。此文冗长，也乱，基本观点是错误的，在谈到春儿这一形象塑造时，甚至说，这不是现实主义的描写，是不真实的。对李佩钟的意见，也是老调重弹，几年前就开始批判的庸俗社会学，又在这里出现了"。[2]

孙犁很快到了北京，一是校对《文学短论》，二是找侯金镜、黄秋耘等人了解一下文坛动向。8月29日，在给冉淮舟的信中说："《文学短论》又抽掉《契科夫》一篇，另改动数处，均依出版社意见。我对此书已不大感兴味（尚有八万余字），后记我已删得只剩一百字。"又说："《评〈风云初记〉》，不要写反驳文章，更不要激动。"[3]

---

[1] 石坚：《悠悠岁月依依情——我相识孙犁62年》，《今晚报》2002年7月12日。

[2] 冉淮舟：《津门书简》，华龄出版社2003年版，第57页。

[3] 孙犁：《书信·致冉淮舟》，《孙犁全集》第11卷，人民文学出版社2004年版，第106页。

楚白纯所写的《评〈风云初记〉》一文认为，尽管《风云初记》存在一定的缺点，但仍不失为一部好作品，闪耀着作家的才能光辉。这篇文章详细分析了《风云初记》的人物形象，认为作品对春儿、李佩钟、秋分、高四海以及芒种、老常、老温等人物缺点的描写明显不合理，不符合人物的身份和历史的发展过程。当描写这些人物的缺点时，没有很好地考虑这些缺点所应该产生的具体环境。就是由于这些原因，对这些人物的艺术创造才产生了缺陷，在不同程度上失去了真实性。对艺术描写的真实性起决定性作用的，当然是作家的世界观。在这些人物创造中所产生的艺术缺点，也是由于作家对于现实的认识所产生的。

楚白纯认为，《风云初记》的一些章节，如果和一些精彩章节比较起来，就显得弱了些，而且这些章节，多是描写敌人活动的场面。出现这种问题并不是作者艺术才能不够，而是由于作家生活基础所造成的。《风云初记》的结构不够严谨，也是由于生活基础的根源。生活基础的不雄厚，使作家的创作才能不能得到很好的表现。

总之，在《风云初记》里，对于正面人物写得不够深厚，在一些正面人物的描写中所产生的缺点，结构上的不够严谨，以及一些不甚成功的章节，就构成了这部长篇小说的缺点。这些缺点的产生，一个是生活基础的原因，一个是创作思想和对现实的认识问题。这两种原因，有时交织在一起，相互作用，但有时也看得很清楚。也由于这两种原因，在这部长篇小说中，对生活的反映，还不能达到应有的深度和广度。[1]

在京期间，孙犁到故宫观看了文化部、中国文联、中国作协主办的“纪念曹雪芹逝世二百周年展览会”，见到黄秋耘并在一起吃了饭。因为河北办事处的房子潮湿，不敢久住，9 月 5 日便返回了天津。

9 月 12 日，冉淮舟在信中提及：“听说北京对《河北文学》那篇文章

[1] 楚白纯：《评〈风云初记〉》，《河北文学》1962 年第 8 期。

很有意见，但愿那里有人写篇文章，不见得批评那篇东西，倒可以着力批判那种‘研究’方法。”[1]孙犁在回信中表示：关于那篇文章，忘掉它吧，没什么意思。[2]王林读了楚白纯评论后认为：“楚提出了一些弱点，还是值得考虑的，但是那么大的帽子，是否合适？”[3]

这次在北京和侯金镜见面后，孙犁和他联系就很少了。“文革”之初，侯金镜受到冲击，经常被揪斗。一次，在机关和冯牧一道打扫房间卫生，看见墙上挂着林彪的画像，突然说了句：“政治小丑！”一年多以后，冯牧到王昆、周巍峙家做客，不小心把这句把话说了出来，被家里的孩子们听到，在同学中传开来，被学校红卫兵告发。为此，侯金镜在单位不断被批斗，还挨了打。1969 年 9 月，侯金镜戴着“现行反革命”的帽子，下放到咸宁干校。咸宁炎热多雨，夏季高温闷热，干校的劳动强度很大，侯金镜每天都要下湖插秧、放鸭子，发了高烧，还要去挑粪浇菜地。同时，还要不断接受批判，侯金镜十分抑郁，不仅患有高血压，心绞痛也频频发作，多次去向阳湖卫生所看病。1971 年 8 月 8 日，劳累过度的侯金镜脑溢血猝发，悄然病逝，终年五十一岁。

同病相怜

1964 年 4 月 7 日，孙犁去了次保定，在原育德中学校址参加河北省业余创作座谈会，他在会上做了发言。这个发言以《业余创作三题》为题，刊发于 4 月 16 日的《天津日报》“文艺周刊”，《新港》《萌芽》《河

---

[1] 冉淮舟：《津门书简》，华龄出版社 2003 年版，第 58 页。

[2] 孙犁：《书信·致冉淮舟》，《孙犁全集》第 11 卷，人民文学出版社 2004 年版，第 107 页。

[3] 王端阳、冉淮舟编：《王林日记辑录之一：我与孙犁四十年》，北岳文艺出版社 2019 年版，第 94 页。

北文学》刊物均进行了转载。冉淮舟协助编辑的诗集《白洋淀之曲》，也由百花文艺出版社出版。

一天，孙犁收到了一封没有发信地址的信。拆开来一看，才知道发信人是从维熙。1957 年，从维熙被错划为“右派”，在劳改农场、矿山做过各种苦工，终日与流氓、小偷，甚至杀人犯在一起。1963 年秋天，出于对孙犁的思念，他从自己劳改的地方，给孙犁写了封信，因为怕威胁到孙犁的生存，隐去了发信的地址，还在信中叮嘱孙犁不要寻找发信的地点，并且不要给他写回信。十多年后，在给从维熙的作品集撰写序言的时候，孙犁回忆了这段往事：

那时我正在家里养病，看过信后，我心里很乱。夜晚，我对也已经患了重病的老伴说：

“你还记得从维熙这个名字吗？”

“记得，不是一个青年作家吗？”老伴回答。

我把信念了一遍，说：

“他人很老实，我看还有点腼腆。现在竟落到了这步田地！”

“你们这一行，怎么这样不成全人？”老伴叹息地说，“和你年纪相当的，东一个西一个倒了，从维熙不是一个小孩子吗？”[1]

1964 年春天，韩映山患上慢性肝炎。当时，他仗着年轻，白天在编辑部看一天稿子，晚上或清晨，还坚持写作，节假日都很少休息。再加上生活不富裕，营养不良，劳累过度，因此患了肝病。在他心情沉重、困病交加的时候，孙犁给他写信，安慰他好好养病，不要让病魔吓住，吃点好的，注意休息，先不要急于写作。

一天，他向报社要了一辆车，从多伦道到尖山，边走边问，终于找

---

[1] 孙犁：《〈从维熙小说选〉序》，《秀露集》，人民文学出版社 2012 年版，第 207-208 页。

到了韩映山的家。那天，正赶上韩映山骑车要去看他，恰好遇到他的车，他又惊又喜，调转车头，推车引路，把孙犁领到家里。韩映山的住处十分狭窄，五口人挤在一间屋子里。孙犁拿出一部用报纸包着的书籍，说："把这部《聊斋志异》送给你吧！这书我有好几部呢！"韩映山打开来，那是一部线装书，古铜色的木夹，十分整洁。孙犁在屋里坐了一下，站起身，饶有兴致地看了看墙上的照片，又看了看南窗，说："这小屋很向阳，冬天一定很暖和。"

后来，孙犁又写信安慰他说："……心情好是最重要的，就像一个人走在路上，遇到一片树荫，一潭清泉，也是非常高兴的；假如心情不好，即使到了名山大泽，广厦高堂，也不会感到舒畅……"韩映山把这段话抄写下来，贴在墙上，当成"陋室铭"，反复诵念。

尽管得了肝炎，韩映山每隔一周都要到孙犁家去一次。孙犁也不怕他传染。每逢去了，总是给他倒一杯水，放在桌上。可是，每次韩映山都不喝。后来，孙犁改变了策略，当他再去时，便拿出一个小苹果给他吃。

孙犁对他说："肝病，没什么可怕的，我们这大院里得这病的人不少，都好了。不过，一定要记住，一次把它养好，不要老犯病。"

梁斌也十分关心韩映山的病情，写了介绍信，介绍他到柳林疗养院住院。柳林疗养院坐落在天津东郊海河之滨，是由市总工会与纺织工会、交通工会及铁路工会联建的。疗养院的东边，有一条河堤，韩映山喜欢到大堤上散步，认识了一些当地的农民，写了几篇散文，发表在《天津晚报》上，署名苑秧芋，意思是愿养愈。"苑"是韩映山母亲的姓。孙犁读了这些文章，看出是韩映山写的，就写信劝他别着急创作，可以多读些书。

韩映山住院期间，孙犁经常写信来，几乎三两天一封，有的谈读书，有的谈书法，也有的教他如何钓鱼："你把漂儿扔在水面上，当鱼吃食儿时，漂儿就嘟、嘟、嘟（并非吹笛也），你就赶忙提竿……"他信上说，"钓鱼，确实对养病有益，你可以排除杂念，全神贯注，忘记病痛。"只有患过病的人，才如此细微地体察病人的心情。

1964年4月13日，孙犁专门从报社要了辆车，到疗养院看望了韩映山。韩映山在日记中记述了当时的情形：

孙犁同志是四月十三日上午八时三十五分来疗养院看我的。我很感动。

那天，我正到淋浴室灌暖水袋，在走廊里，忽然看见一个高个子人穿个土黄色的风衣，张望地走来，那走道的样子，让我一下看出是孙犁同志，我立刻喊了一句："孙犁同志。"

我领他到房间，他坐在我的床上，我坐椅子上，我们谈了起来。谈到他去杨柳青住的疗养所，他说："听说病人太多，怕有传染病。"

"现在我每隔一天到小站那里去，已经去了一趟了，上次说来看你，一下走过了。"他看了看窗外说："哎，我可以在这一敲你就行了，呦，不行，有铁丝网。"

他说我胖了，我看模样也很好。他说到保定去了一趟，讲了点话，已经在"文艺周刊"发表了。

待了十分钟，我送他出去。他问我缺什么？缺钱吗？我说什么也不缺。

同屋的人进来，他问这位同志是什么病？别人一说话，他就站起来，招呼一下。

他上了汽车，说："多通信吧！"

我送到大门前，目送着好远好远。[1]

有一次，疗养院放假，韩映山回到家中，和同住一个单元的刘怀章去看望孙犁。刘怀章是《新港》文学编辑部的负责人，出生于1934年，毕业于中国人民大学新闻系。曾任《河北文学》编辑组组长、编辑部负责人。他们走进多伦道大院的时候，孙犁正在台阶上弄花盆，手上满是泥土，他的老伴儿站在一旁帮忙。

---

[1] 韩映山日记手稿。

屋外的阳光很好，进了屋却很阴凉，孙犁穿上个棉背褡，刘怀章走热了，解开了衣服，孙犁说："快穿上。这屋里凉。"

看上去，孙犁的精神状态很好。他说：最近经常到市郊下乡，已去了七八趟，先是吃派饭，但太费事，后来就自己带点面包。如果时间允许，还想去承德去转一转。他说：最近想写点东西，写了个开头怎么也写不下去。以前写《津门小集》，跑一天回来就能写一篇。现在不行。还是赵树理说得对，长久离开生活，乍一写不行。

谈到即将出版的《文艺学习》，孙犁说："北京把《文艺学习》校样寄来了，校起来很费劲。有的地方对初学写作者批评得过火，这不好，批评，应当恰如其分。我把那些地方都改了。"《文艺学习》是根据《区村和连队的文学写作课本》原本整理的，基本上恢复了这本书的旧观，又略有调整，1964 年 8 月由作家出版社出版。

韩映山的主治医生林芳，是一位二十二岁的未婚姑娘，对韩映山照顾得十分周到。韩映山在疗养院一住半年，与林芳产生了朦胧情感，他在日记中写道：

她总是那么微笑，她一笑，眼睛就眯起，眉也弯下来，前额留着发帘，圆圆的脸，下巴很丰满。她说话慢慢的，非常和蔼。我从未看她急躁过。她走路稳重而灵巧。每次查房，都极仔细、认真，静静地听病人讲述。她在天津长大，却未沾染上大城市庸俗的市民气息，不娇不媚，有着农家淳朴的素质。我常想，一个人的性格，是怎样形成的？

林大夫上周回家了，听说她病了。那天，风很大，天气骤冷。她平常穿穿得很单薄，不知她受冷了没有。[1]

当时，韩映山已经结婚生子，为了斩断情愫，他下决心提前出院。此后二人再未联系。

---

[1] 韩映山日记手稿。

心归故乡

对于下乡，孙犁是持之以恒的。有一次，远千里、方纪和李夫等人，随周扬在天津南郊北闸口乡一个村子蹲点，当时，孙犁在北闸口乡吕坨子村体验生活。一天傍晚，在村外散步，李夫遥指吕坨子村，对周扬他们说："您看那个村，孙犁每天去那里。"周扬惊讶地说："多年没见他了，找一天我去看看他。"几天后，李夫陪同周扬到多伦道大院看望了孙犁。

暑假到来后，多伦道大院里孩子增多，环境愈加杂乱，孙犁的精神不好，又好生气，很想到外面走一走，但一时不能成行，只好继续在天津周围下乡。有一次到胜芳，赶上大风天气，带的水凉了，喝了之后不舒服，回来之后就发烧、腹泻。家人和报社都很紧张，好在只是泻了一次，但是体温一直不退，只要一闭眼睛，就觉得身心无主，魂魄欲飞。孙犁再一次感到，自己的身体已经没有本钱，经不起折腾，在给王林的信中说道："此次发烧出现一症状，不能不引起警惕。有一晚上，一合眼即觉灵魂要飞走，怕他不辞而别，只好睁大眼睛。"[1]

这次得病，很长时间恢复不上来。领导和同事都很关心，请了一位中医为他诊治。孙犁遵医嘱，吃了三剂中药，很见效，有了食欲，体力也有所加强，于是继续服药，并到医院普查了一次身体。报社的领导为他在昆明路找了一处更加宽敞的住房，与画家马达为邻。孙犁去看了一次，发现附近有一处小学，他畏惧嘈杂，虽然马达一再邀请，但还是没有搬家。

1964 年 10 月 16 日下午，已经出院的韩映山去看望孙犁。他正在屋子里整理书籍，谈起老伴的病情，很是忧心。孙犁的老伴是在春天生病的，主要是糖尿病，前后住过几次医院，中西医都试过，治疗效果不太明显。

谈到写作，孙犁对他说："要按照生活里的事写，不要投机取巧，不

---

[1] 王端阳、冉淮舟编：《王林日记辑录之一：我与孙犁四十年》，北岳文艺出版社 2019 年版，第 96 页。

要迎合一时。过去，我在张岗村，写了三篇小说。《光荣》写得好，在张岗，有的作家也在写，当时挺轰动，可过后却是错误的。”孙犁一再强调：“写东西别投机，按生活面貌写，糟蹋的东西不多，都能编入集子。”

韩映山说，有的人，只凭材料就能写小说。孙犁说，路子不一样，《李自成》好几百万字，也是凭材料写，我不行，路子不同。[1]

10月28日下午，孙犁和韩映山谈起生活与创作，再一次强调要到生活里去。“当然，光有生活也不行。”他说，“主要是对生活的感受和态度，也就是对艺术的态度，不能投机。马列主义那几个原则，什么时候也不能忘记……还有高尔基那些关于现实主义的观点，也要牢记在心。对生活、艺术，自己要永远有个基本的观念。”他又提到《光荣》那篇小说，以为比《荷花淀》好。“《荷花淀》，人们有点好奇。当时，我听到一位同志讲的那个故事，写了那篇东西，当时很轰动。后来还想写个中篇，没写成。”[2]

11月15日，韩映山陪同三姐夫郑智拜见孙犁。郑智在八一电影制片厂工作，搞编剧，他计划写一个关于雁翎队的电影剧本。孙犁说：“好好写写，后来者居上。作家写东西，都有这个毛病，只从自己知道一面写。如果访问访问，就会好很多。白洋淀今年干了，可以到别处拍，其实白洋淀之所以出名，并不是风景美丽——比白洋淀美的地方还很多，是因为抗日战争时期，这里有过火热的斗争。”

谈到自己写的文章，孙犁笑道：“我那点底，映山知道，我对白洋淀并不熟，只在同口教过一年书。”谈到写剧本，孙犁说：“映山也可以学着写点，各式各样的形式都试试。我在延安时，认真读过曹禺的剧本，那语言真好，精雕细刻。对作家，要从一个方面去学习，不能求全责备。”[3]

---

[1] 韩映山：《孙犁的人品与作品》，大众文艺出版社1995年版，第222页。
[2] 韩映山：《孙犁的人品与作品》，大众文艺出版社1995年版，第223页。
[3] 韩映山：《孙犁的人品与作品》，大众文艺出版社1995年版，第223—224页。

几天后，孙犁启程回了故乡。自从母亲去世之后，他还未曾回去过，现在妻子正在病中，自己很想到老家去看一看。报社派了一辆吉普车送他。他先到白洋淀看了看，未做停留，接着到了保定，保定文联派了徐光耀接待他。1958年，徐光耀被打成了右派，下放到保定农场劳动改造。1959年，从保定农场摘“帽儿”，分到保定文联，当了一名普通的工作人员，连干部都不是。得知孙犁到保定来，文联的领导问谁认识孙犁，徐光耀见无人回答，便说自己认识。于是文联就派他去接待。就要和孙犁见面了，徐光耀有些忐忑不安。当初，大家并肩比齐，如今自己成了“孙子”，孙犁会拿什么眼光看自己呢？谁知一见面，孙犁喊了声“光耀”，就亲切地拉住了他的手，完全没有嫌弃他的意思。

在以后的几天里，徐光耀陪同孙犁看望了在抗洪中涌现出来的女劳模李桂芳；又到满城的一亩泉和抱阳山游览，并在抱阳山的托山树下合影留念。从那张照片上可以看出，孙犁穿着中式上衣，戴着一顶帽子，徐光耀的衣襟上还打着补丁。

离开保定，孙犁到了安国，这是父亲的经商之地，也是他读高级小学的地方。睹物思人，心情很是沉重。到了东辽城村外，孙犁在村头下了车，让吉普车从大街上开进去，自己从村边小道绕回叔父家。村边的场院上，有几个农民正在打场，孙犁和他们打招呼，一位老人问一同干活的年轻人：“你们认识他吗？”没有人搭话。孙犁离开故乡的时间太久了，年轻一点的已经不知道他是谁。当他走进村里的时候，大街上已经站满了人，大人孩子，熙熙攘攘，场面令人感动。孙犁想，这可能是村子小，人们第一次看见吉普车，感到新鲜而已。

他在老家住了一天。本打算去下过乡的长仕、淤村去看看，犹豫再三，没有成行。

从老家回来后，孙犁读了浩然的长篇小说《艳阳天》，大加赞赏。在给冉淮舟的信中说：“近读浩然长篇《艳阳天》（新出单行本），我觉得很好，有人物、有情节、有艺术、有政策。该同志在《红旗》工作，得有机会全面领会政策，并在农村工作一时期，似颇为努力。他的短篇我读得很少，得读此作，惊叹不已，也许是我自己少见而多怪吧”。[1]

1965年初，孙犁老伴的病更加严重了，由糖尿病转成尿毒症，经远千里介绍，住进了位于河西区尖山的河北省医院。王林来访，询问孙犁妻子的病情。孙犁告诉他，老伴儿高血压、糖尿病，已进入危险期，入院总算控制住了。

2月19日，孙犁写作“书衣文录”《明清藏书家尺牍》，记录当时心情：

一九六五年二月，时妻病入医院，心情颇痛。京中寄此残书来，每晚修整数页，十余日方毕。年过五旬，入此情景，以前梦中，无此遭际。

雨水

时有所感：青春远离，曾无怨言，携幼奉老，时值乱年。亲友无憾，邻闾无间。晚年相随，我性不柔，操持家务，一如初娶。知足乐命，安于淡素。

1965年2月19日晚[2]

1965年9月中旬，孙犁的妻子再次住院，腹泻不止，病情有急转直下的危险，大女儿从石家庄赶来，见到这种情形只是哭泣，孙犁也大受刺激。内弟大根也来看姐姐。大根是孙犁岳父小妾生的儿子，从小在孙犁家生活。抗日战争时期，他只有七八岁，每天黎明，牵着他喂的一只山羊，从他们村出来，走到东辽城，黄昏时再回去。每逢逃难，孙犁的父亲带着一大家子人，还有大根和他的山羊。平时，大根跟着孙犁家的长工学习农活，十几岁的时候就成了一个好劳力，耕种自家的那几亩土地。孙犁的老伴儿生

---

[1] 孙犁：《书信·致冉淮舟》，《孙犁全集》第11卷，人民文学出版社2004年版，第119页。

[2] 孙犁：《书衣文录·明清藏书家尺牍》，海燕出版社2017年版，第17页。

病之后，他常来天津帮忙照看姐姐。

一天，王林来看望孙犁，孙犁谈到，这次老伴住院，医院的护士给他留下了很不好的印象。他拿出过去写的关于护士的两篇文章重新看了看，说今天无论如何写不出来。写文章的时候，对护士生活其实并没有多么接近和了解，凭着一股子热情写了。现在知道得多了，这种文章再也写不出来了。

在省医院门外，王林遇见百花出版社社长林呐，林呐告诉他：前不久有人写了一篇批评文章，批评孙犁的全部作品，几乎全部否定，投寄《红旗》。《红旗》编辑部准备发表，浩然知道后提出缓登，说作者患病多年，恐怕接受不了。后来，大概又经过更高级的领导批准，这篇文章就没有刊登出来。林呐担心早晚会有一天要发表出来的。[1]

10 月 3 日，妻子的病情日渐危重，孙犁开始后事安排，有意为妻子购置八百元的棺木并送回老家安葬。报社总编石坚很为难，觉得这样做会有不良影响，打电话叫杨循代为劝阻。王林等人听说这件事后，主张以老友名义组织治丧委员会，替孙犁处理此事，决不能让孙犁那样做，以免成为“典型”。杨循找石坚说明情况，石坚也表示认可。下午，王林来访，找长女孙晓平暗示，母病没办法挽救了，不要再把父亲弄倒，叫她想法安慰父亲。晚上，王林又到市文教书记王亢之处商量此事，都认为更应注意影响，不能使这件事成为孙犁的包袱。王林认为，王亢之为孙犁老伴的事以及孙犁的生活，都用了很大心思。孙犁已经病了十年，如果没有王亢之的照顾，是不堪设想的。[2]

---

[1] 王端阳、冉淮舟编：《王林日记辑录之一：我与孙犁四十年》，北岳文艺出版社 2019 年版，第 98 页。

[2] 王端阳、冉淮舟编：《王林日记辑录之一：我与孙犁四十年》，北岳文艺出版社 2019 年版，第 98 页。

11 月 25 日，远千里与王林一同看望孙犁，又去医院看望了孙犁的老伴儿。

半个月前，姚文元撰写的《评新编历史剧〈海瑞罢官〉》一文发表于上海《文汇报》。谁也没有料到，一场翻天覆地的风暴即将来临。

第十九章 十年遭逢

风雨来袭

1966年初，在“突出政治大讨论”中，冉淮舟刊登在1962年5月号《新港》上的《美的颂歌——孙犁作品学习笔记》一文被作为“毒草”批判。冉淮舟把孙犁作品的巨大的艺术力量，归结为作家写出了劳动人民的人情美和人性美。这种观点被认为“打着纪念《讲话》的红旗，公然宣传了资产阶级唯美主义和修正主义人情味、人性论”，因此被定为“毒草”。

当时，孙犁尚未感觉异常，依旧在南窗之下，整理自己的旧书。他自幼喜爱古书，1954年以后，他用积攒的稿费，开始购置成套的古典书籍，并有了当藏书家的想法。他是按照《鲁迅日记》后面的“书账”来选购书籍的。疗养回来之后，为了陶冶身心，他开始大量购置古书，门前的台阶上，经常堆满他从各地邮购来的书籍。他把这些书籍小心翼翼地打开，展平，对破损的地方进行修补，既像渔民织网，又像大娘缝补衣裳。修补这些书籍，已经成为医治他心病的一剂良药。

妻子虽然不识字，却很体贴和理解丈夫，看到孙犁把钱花在这些破旧的古书上，没有丝毫怨言，倒有几分欣慰。有一次，孙犁问她：“你看我买的这些书好吗？”

她笑了，停了一下才说："喜欢什么，什么就好。"

有时，她会陪着丈夫到旧书店去。有一次，买回一册宣纸印的《陈老莲水浒叶子》，孙犁翻着对她说："这就是我们老家玩的纸牌上的老千、老万。不过，画法有些不一样。"妻子笑着站在他身边，陪他看了一会儿。这是她第一次，也是仅有的一次，同孙犁一起欣赏书籍。平时，她知道孙犁的毛病，从来也不动他的书。

有时，孙犁也会参照书店寄给他的书目邮购，他把这种买书方式称之为"布袋里买猫"，难得善本。他的版本知识又差，遇见好书，很容易失之交臂。他自嘲道，人弃我取，为书店清理货底，是自己买书的一个特色。

在整理破旧书籍的时候，他会给这些书包上书皮，在书皮上写上书名和作者，再随手写下一些文字，记录自己彼时的所思所想、所见所闻。这些十分简短、不拘一格的文字被他称作"书衣文"。

1966年2月15日，他整修《群芳清玩》，在书衣上写下了这样的文字："近年以整理旧书残籍休息脑力，有时购书太多，每日擦磨贴补，亦大苦事。近日忽想不购新货，橱中旧有者整理之，有瘾可过，而不太累，亦良法也。"藏书多为古籍，容易陷入其中，因此他告诫自己："阅旧书多，易养成无病呻吟之恶习，此可戒也。期清新扬励的句子，还是应该从时代的作品中求之。"[1]

在《金陵琐事》的书衣文中，孙犁对自己的读书生涯做了回顾："余今年五十四岁，忆鼓捣旧书残籍，自十四岁起，则此种生涯，已四十年，青灯黄卷，寂寥有加，长进无尺寸可谈，愧当如何？"[2]

5月23日，文联机关开展学习，传达了"五·一六通知"精神，政治气氛顿时紧张起来。6月1日，《人民日报》刊发了《横扫一切牛鬼蛇神》

[1] 孙犁：《书衣文录·群芳清玩》，海燕出版社2017年版，第21页。
[2] 孙犁：《书衣文录·金陵琐事》，海燕出版社2017年版，第22页。

的社论，接连几天，《天津日报》社没什么反应，值班的两位中层干部便写一张大字报张贴出去，反对这种死气沉沉的局面。一两天后，大字报就贴满了报社大楼的三楼。

很快，《天津日报》社以党支部为单位召开鸣放会，不分上下，点名批评，把一些过去存在的问题也都点出来了，还写了不少大字报张贴出去，一般是第一天鸣放会上提了哪个人的问题，第二天就有大字报来批评他，有时还能抖出不少新鲜的材料。很多人对孙犁的《铁木前传》提出批判。

周扬被定为30年代文艺黑线的祖师爷，而且是一切文艺黑线的“大红伞”。天津文艺界连续开会，揭露和批判周扬黑帮。孙犁和大家一起到第一工人文化宫听文件传达，走出会场，立刻发现人们的神情、举止和言谈都变了。第二天，大家集中到干部俱乐部学习，一位在大会工作的女同志看到孙犁来了，有些吃惊，神秘地说：“你也来了？一进来，可就出不去了。”学习一开始，那种非常的气氛使孙犁很不适应，又是在炎热的夏季，他很快就上吐下泻起来，终于请假出来了。

孙犁被叫去单位的次数越来越多，他感到了从未有过的压力，吃不好，睡不安，老伴为他担忧，总是给他做挂面卧鸡蛋，加强他的营养，尽量不让他到院子里去接水、倒水，这些活儿都由她和小女儿去做。她还悄悄嘱咐孙犁，能不去单位就尽量别去，少受侮辱，少受刺激。

随着运动的发展，《天津日报》社也出现了造反派，这些造反派以经理部的一些干部和工厂工人为主，鸣放的矛头直指报社编委会领导。8月25日，在造反派的威逼之下，报社编委会被迫召开大会，宣布罢免校对组组长张延和，造反派制作了纸衣高帽，让张延和戴帽游街。在这次大会上，孙犁也被点名批判。

1966年8月，孙犁被打成“周扬文艺黑线包庇和重用的黑作家”，与报社中层以上干部一起，集中在《天津日报》社大院中，接受批斗和劳动改造。这座大院过去叫作张园，是一所很有名的园子，坐落在鞍山道。

每天早晨六点半，孙犁就要赶到单位扫地、刷厕所，干了一天活，晚上还得交代、学习，熬到十一点左右才能回家。

随着红卫兵运动在全国迅猛兴起，随之掀起一股扫“四旧”的狂潮。在报社机关，孙犁是以第一个被查封“四旧”的人。1976 年，孙犁在《鲁迅全集》书衣上写下了这样一些文字，回忆了当时的情形：

那时，我每天出去参加学习。家人认为：我存有这些书，不是好事。正好小孩舅父在此，就请他把线装书抱到后面屋子里，前屋装新书的橱子，玻璃门都用白纸罩盖。这真是欲盖弥彰，不过两天，我正在外面开会，机关的“文革”会，就派红卫兵来，把所有的书橱，加上了封条。

我回到家来，内弟以为我平日爱惜这些东西，还特别安慰了我几句。其实，当时我已顾不上这些。因为，国家民族的命运，尚不知如何也。[1]

多伦道大院的传达室，有一个姓钱的老头，新中国成立前是一名古董商人，新中国成立后混入报社。“文革”爆发后，这位传达一改过去谦恭的态度，起来造反，向上级谎报孙犁家有二十多件古董，于是这些所谓的古董等物件都被抄走。其实那些坛坛罐罐根本算不上古董，都是孙犁出于个人爱好，低价从南市买来的。南市在孙犁居住的大院后面，是天津有名的旧货市场。孙犁珍藏的一些画作也被抄走。他在《画的梦》一文中记述道：

1961 年，黄胄同志送给我一张画，我托人拿去裱好了，挂在房间里，上面是一个维吾尔少女牵着一匹毛驴，下面还有一头大些的驴，和一头驴驹。1962 年，我又转请吴作人同志给我画了三头骆驼，一头是近景，两头是远景，题曰《大漠》。也托人裱好，珍藏起来。

1966 年，运动一开始，黄胄同志就受到“批判”。因为他的作品，家喻户晓，他的“罪名”，也就妇孺皆知。家里人把画摘下来了。一天，我

[1] 孙犁：《书衣文录·鲁迅全集》，《孙犁全集》第 2 卷，人民文学出版社 2004 年版，第 378–379 页。

出去参加学习，机关的造反人员来抄家，一见黄胄的毛驴不在墙上了，就大怒，到处搜索。搜到一张画，展开不到半截，就摔在地下，喊："黑画有了！"其实，那不是毛驴，而是骆驼，真是驴唇不对马嘴。就这样把吴作人同志画的三头骆驼牵走了，三匹小毛驴仍留在家中。[1]

经过抄家，家中的文字稿件全部遗失。为了自保，家人又自抄了一次，孙犁回忆说：

我的家被抄若干次，其中一次是由南开大学红卫兵执行，尤其严重，文字稿件都失去了。当然也剩下一些，他们走后，家里人又自抄一次，这样文字就真正在我的住所绝迹了。

那时，正值严冬，住室的暖气被拆毁。一天黎明，我的重病老伴，把一些本子、信件，甚至朋友的照片，投进了火炉。她并不认识字，但她好像明白：在目前，就是一个无关紧要的字纸片，比如之乎者也，也会引起意想不到的大灾祸。

于是按照旧社会"敬惜字纸"的办法，把它们化为灰烬。[2]

在报社，首先起来造反的是报社传达室一位传达，当孙犁被揪到机关学习的时候，就看到这位传达正在张贴从房顶垂到地上的大幅标语，上面写着："老爷太太们，少爷奶奶们，把你们手里的金银财宝、首饰金条，都献出来吧！"

一天晚上，这位传达组织了一场批斗大会。当他出现时，孙犁大吃一惊，只见他头戴水獭皮帽，身穿呢面貂皮大衣，威风凛凛，不可一世，与往昔的形象相差十万八千里，差点认不出来。那天晚上，为了应付批斗，孙犁穿的是一身破烂不堪的棉衣，与这位传达形成了鲜明对照。批斗会开始的

---

[1] 孙犁：《画的梦》，《孙犁全集》第 5 卷，人民文学出版社 2004 年版，第 175 页。

[2] 孙犁：《〈幸存的信件〉序》，《孙犁全集》第 6 卷，人民文学出版社 2004 年版，第 79 页。

时候，孙犁和一群“牛鬼蛇神”排队站好，每个人被两个红卫兵架着胳膊，疾步推入会场。批斗会上，这些“牛鬼蛇神”被百般凌辱，造反派还把市委文教书记王亢之叫到会场，一边凌辱孙犁，一边问王亢之，为什么特别“照顾”这位反动文人？

孙犁认为这是奇耻大辱，晚上回到家，躺在床上，将床头的灯泡拧下来，把手指伸进灯口，但是被弹了回来。他回忆说：

一天晚上，批斗大会下来之后，我支开家人，就关灯躺下了。我睡的是一张钢丝床，木架。床头有一盏小台灯。我躺下以后，心无二念，从容不迫地把灯泡拧下来，然后用手指去触电，手臂一下子被打回来，竟没有死。第二天早上，把灯泡上好，又按时去机关劳动，只是觉得头有些痛。

我想死得舒服一些，但没有做到。我对电没有知识，不知道为什么竟没有死。[1]

即便是在这样严酷的政治环境中，在遭受前所未有磨难的时候，孙犁仍然感受到了温情和善良，依然有着对美的渴望。孙犁大病之后，到北京疗养，侯金镜派了机关的一位女同志到车站去接他，把他送到休养所，还带来了一条干净的棉被。这位爽朗热情的女同志给孙犁留下了深刻的印象。当他被集中在大院学习的时候，这位女同志找到他，她是奉命来搞外调的，调查的正是侯金镜。

一天下午，管带我们的那个小个子，通知我有“外调”。这是我第一次接待外调。我向传达室走去，很远就望见，有一位女同志靠在大门旁的墙壁上，也在观望着我。我很快就认出是北京那位女同志。

我在她眼里变成了什么样子，我没有去想。她很削瘦，风尘仆仆，看见我走近，就转身往传达室走，那脚步已经很不像我们在公园的甬路上漫步时的样子了。同她来的还有一位男同志。

---

[1] 孙犁：《谈自裁》，《孙犁全集》第 8 卷，人民文学出版社 2004 年版，第 325 页。

传达室里间，放着很多车子，有一张破桌，我们对面坐下来。她低着头，打开笔记本，用一只手托着脸，好像还怕我认出来。

他们调查的是侯。问我在和侯谈话的时候，侯说过哪些反党的话。我说，他没有说过反党的话，他为什么要反党呢？

不知是为什么情绪所激动，我回答问题的时候，竟然慷慨激昂起来。在以后，我才体会到：如果不是她对我客气，人家会立刻叫我站起来，甚至会进行武斗。几个月以后，我在郊区干校，就遇到两个穿军服的非军人，调查田的材料，因为我抄着手站着，不回答他们提出的问题，就把我的手抓破了，不得不到医务室进行包扎。

现在，她只是默默地听着，然后把本子一合，望望那个男的，轻声对我说：

“那么，你回去吧。”

当天下午，在楼房走道上，又遇到她一次，她大概是到专案组去，谁也没有说话。

在天津，我和她就这样见了一面，不能尽地主之谊。这可以说是近年来一件大憾事。她同别人一起来，能这样宽恕地对待我，是使我难忘的，她大概还记得我的不健康吧。[1]

后来，他又接待过一位搞外调的，是位只有十七八岁的歌舞团女演员，不只面貌秀丽，而且声音动听。她是来调查方纪的。孙犁和她谈了很久，在她要走的时候，他竟恋恋不舍，禁不住问：

“你下午还来吗？”

回答自然是否定的。在那种非常时期，年轻姑娘从内心到外表，依然保持着纯真和美好，让孙犁感到十分欣慰，久久不能忘怀。

---

[1] 孙犁：《删去的文字》，《孙犁全集》第5卷，人民文学出版社2004年版，第61–63页。

不祥之作

到冬天，情形越来越不好，每天，孙犁很晚才能回到家，老伴一个人坐在灯下等他，先安排他吃饭，看到丈夫茶饭无心，非常颓废的样子，总想安慰他，又怕说错话，惹他生气。

当时，在报社大院管理这些中层干部的是一位名叫小D的工人，原是报社的一名清洁工，在澡堂和厕所工作，后来也在传达室值班。小D个子矮小，脸色干黄，老公嘴，是一个典型的天津青皮、流氓、无赖。运动开始后，他看到传达室的那位传达起来造反，而且当了头头，就紧随其后，经过那个头头的介绍，军管组委以重任，派他监督报社中层干部的劳动。

小D每天在五楼顶上的一间房间里，先领导这些中层干部念一段语录，然后分配他们去擦地板，清理厕所和浴室。最初他还能够和这些中层一起劳动，给他们做个样子，叫他们学习。他做这些工作的确熟练，使那些中层干部深为叹服。后来随着政策越来越"左"，对干部的迫害越来越重，小D就不再参加劳动，只是发号施令，甚至打人骂人。在接连斗过几个干部之后，小D的心毒手狠，已经在机关内外传开，名声大噪。一些人不敢再以轻佻的口吻叫他小D，而是改称他D司令。至于那些被审查的中层，已经有亲身的体验，对他更是恭敬和惧怕了。小D的装束也随着他声势在改变，他不知道从哪儿弄来了一顶鸭舌帽，手里提着一个书包，像一个真正的干部模样，每天大摇大摆地走进机关大院。对这些中层干部，他想尽一些办法捉弄他们，虐待他们，往死的边缘挤兑他们。除了打骂开始抄一些人的家，翻箱倒柜，为所欲为，派人跟梢，制造一些冤案，他感到非常得意。

1967年1月，天津市由河北省省辖市恢复为中央直辖市，解学恭任市委第一书记。在上海"一月风暴"的影响下，天津造反派也掀起了夺权浪潮，许多单位和大中学校相继被造反派夺权。中央"文革"点了天津市部分领导的名，主管宣传文教的市委书记处书记王亢之服安眠药自杀。王亢之被认为一贯右倾，执行的是陆定一、周扬那一套黑线，包庇右派，是方纪的黑后台，对孙犁等作家保护有加，阻止过对《铁木前传》的批判。

造反派多次来抄家，主要是查抄所谓的《铁木后传》。造反派认为，既然有“前传”，必然会有“后传”。他们非要找出这部“后传”不可。孙犁回忆道：

在“文化大革命”期间，我家前后被抄六次，其中至少有三次，是借口查抄《铁木后传》的。造反派如此器重这部莫须有的文稿，使我一家人，百口莫辩。直到现在，我的书柜的抽屉还存在被铁器撬开的裂痕。这些人是为了判决我的罪名来找这部文稿的。在当时，一本《前传》，已经迫使我几乎丧生，全家惶惶。我想，如果我真的写出了《后传》，完成了它，得到了创作的满足，虽死无怨，早已经双手献出，何劳兴师动众呢？[1]

在抄家过程中，造反派还是有所斩获，他们搜出了中苏友好协会给孙犁的一封信。《铁木前传》被翻译成了俄文出版，现在又有这封信件佐证，于是孙犁被扣上了“特务”和“里通外国”的罪名。孙犁感叹：“此四万五千字小书，余既以写至末章，得大病。后十年，又以此书，几至丧生。则此书于余，不祥之甚矣。”[2]

1967年夏末，《天津日报》社“八·二五”事件一周年之际，造反派把众多老干部揪到会场主席台进行批斗，并把批斗照片印到造反派的小报上。孙犁回忆道：“有一次批斗大会，被斗者站立一排，都低头弯腰，我因为有病，被允许低头坐在地上。不知谁出的主意，把摄影记者叫了来，要给我们摄影留念。立着的还好办，到我面前，我想要坏。还好，摄影记者把机子放在地上，镜头朝上，一次完成任务。第二天见报，当然是造反

[1] 孙犁：《答吴泰昌问》，《孙犁全集》第6卷，人民文学出版社2004年版，第9页。
[2] 孙犁：《书衣文录·铁木前传》，《孙犁全集》第2卷，人民文学出版社2004年版，第390页。

小报，我的形象还很清楚。”[1]

到了这年9月，对《铁木前传》的批判依旧如火如荼。第十号《红旗战报》、第二号《海河》都在第四版用了五分之四的篇幅，发表了天津工人业余文学社锣鼓评论组的批判文章，题目是《〈铁木前传〉鼓吹的是资本主义道路》，认为："孙犁在这株大毒草中借着反映农业合作化初期社会主义和资本主义两条道路的斗争，大肆鼓吹富农经济，宣扬资本主义，为新富农树碑立传，为复辟资本主义鸣锣开道。"在合作化高潮前夕，作为党内最大的走资本主义道路的当权派的吹鼓手孙犁，企图通过这篇小说，"达到否定群众走社会主义道路的积极性，阻止运动的迅速开展，这真是痴心妄想！"文章认为孙犁这个吹鼓手"终究是螳螂挡道，白费力气，社会主义的列车依旧轰轰烈烈地向前疾驶！"[2]

谪居佟楼

1968年初，原为报社领导干部建的上海道宿舍大楼竣工，新建宿舍由报社造反派总部负责分配，大部分分配给原住佟楼新闻里平房的工人。同时，造反总部命令当时的"走资派"石坚、李克简、孙犁等人搬出多伦道216号大院，移居河西区佟楼新闻里。分给孙犁的是十四排一间十三平方米的平房。

那天，孙犁正在大楼打扫卫生，来人通知他几天之内搬家。他赶回家中，才知道是勒令马上搬家。家里已经乱作一团，连晚饭都没顾上吃。报社造反派不仅派人监督，还派了几名"牛鬼蛇神"来"帮忙"。原来三大间屋子的书籍家具，一间小屋子哪能容得下！尽管书籍已经被查封，但是剩下的家具也有一大堆。大家问孙犁怎么办，孙犁蜷缩在一个角落里，半晌才

---

[1] 孙犁：《芸斋琐谈》，《孙犁全集》第8卷，人民文学出版社2004年版，第86页。
[2] 段华：《孙犁年谱》，人民出版社2022年版，第184页。

喃喃地吐出一句话来："到这个时候了，就随便搬吧！"

孙犁的老伴一直患有糖尿病，身体不好，原来是个皮肤白皙、长相富态的人，这次搬家，很多人见到她，几乎认不出来了，不仅皮肤黑了，身子瘦了，而且满脸刻满了深深的皱纹。本来她就怕抄家，把一些日常用的钱，藏在了一堆破烂里，小女儿不知道，把这堆破烂倒了出去，急忙去找，总算找了回来。在一片慌乱中，胡乱搬了些家具、衣物，装满了一卡车，运到新的住处，已经夜间十一点了。

那是一间小南屋，孙犁一家搬进去的时候，有人在西墙上凿开了一个大洞，有脸盆那么大。还没等他们把东西安置一下，又有人把屋顶上唯一的一个小灯泡摘走了。他们来得匆忙，并没有带灯泡来。老伴这才伤心了，问道："人家为什么要在墙上凿个洞呢？"孙犁只好告诉她，那是要监视我们。老伴找出一个包袱，把那个洞堵上，简单收拾了一下，先凑合着睡下了。

小房子十分逼仄，靠西一张大床，靠南墙搭一张小床，搬来的东西放不下，只好堆放在院子里，任人践踏。东邻老马也是报社的职工，过去在日本人办的报馆里做过事，被定为日本特务，和孙犁一起在报社大院学习。他有三个儿子，大马和二马，都因为父亲的问题找不到对象，进了精神病院，家里那个十几岁的孩子叫三马，看起来聪明伶俐，对孙犁一家十分友好，帮了不少忙。

当时，孙犁的大女儿和二女儿，先后支援外地建设离开了天津，儿子孙晓达因为家中狭窄，只好住在工厂里，小女儿孙晓玲和母亲睡在那张大床上，孙犁偶尔回来，睡在靠小窗的铁床上。屋里堆满了东西，挤得没有走道的地方，吃饭就在铁床上摆张小桌，切菜、做饭也全在上面。

孙犁依然在报社集中学习，偶然回家取几件衣服，吃顿饭就又得回去。只要他一进小屋，老伴儿马上就到对面砖搭的小厨房内，在煤球炉子上做碗挂面汤端给他。孙犁喝着热汤，和老伴小声讲几句触目惊心的见闻。

后来，孙犁被管制在大院不能回家，和老马住在一处。老马是老问题，和造反派很熟，于是他便成了造反派的帮手，负责监视孙犁，但是他拿捏得很好，从容不迫，若无其事，又显得迫不得已。

1968年国庆节后，一部分中层干部解放，分配工作，孙犁和很多人还留在学习班，一面劳动，一面写材料，每天可以回家。说是学习班，其实除早上一小时学习，晚上两小时学习外，其余时间都要劳动，主要清扫大楼的卫生，十几个人管几个厕所与楼道，每天洗刷三次，走道与浴室也要经常擦洗。孙犁每天在大楼搞卫生，手里提着小铁桶，上下楼层，在五层的转折处，往下一看，像一个深深的天井，他想跳下去，但总是迟疑一下，就又走了过去。

一天晚上，他站在楼顶的围墙边往下看，马路上，车水马龙，行人不断。如果纵身一跳，一定粉身碎骨，血肉模糊。正在胡思乱想，围墙上的电灯忽然亮了，有人在冷冷地监视着他，他只好离开了。

有一次，孙犁被管事的派到食堂去劳动，帮助师傅们磨豆腐。推磨棍的一端，应该有一块重东西——一块石头或几块砖头坠着。有一位师傅提议，叫孙犁坐到磨棍上去。这位师傅和孙犁很熟，并且知道他有病。过去，孙犁到食堂用饭，他总是微笑着把孙犁请到上座，品尝他做的饭菜。孙犁赞美他的厨艺，他照例会说：首长吃好了，身体健康，就是我们的幸福！现在，他叫孙犁坐到磨棍上去，是想和他开个玩笑，还是希望他从上面摔下来，闹出一个大笑话？又有一次，孙犁被派到招待所去砸煤。砸煤本来应该是在地上，监视他的人，却叫他到煤堆顶上去砸，也不知道出于什么用心了。

郊外干校

1968年底，报社与电台共同在北郊赵庄成立了干校。12月17日，在机关大楼里集中学习了几个月的中层干部们，被送往干校，石坚、鲁思、李夫、孙犁等人都在其中。

孙犁他们先是打草帘，修缮了一间车棚作为宿舍，他们的主要工作是为食品三厂代养二百头牛，牛粪归干校所有，为农田积肥。这批牛放在干校的一块广场上，就在孙犁他们住的牛棚前，场中间是两排牛的饲料槽，周围钉有木柱，用绳子围起来。他们的任务是喂牛，清粪积肥，同时要看住牛，不让它跑了。一天喂三次饲料，喂时先要拌饲料，然后放到饲料槽内，把牛解开，牵到饲料槽边，再把缰绳结好。然后，开始清理牛粪，用独轮小车把牛粪运到积肥点。等牛吃饱后，还得把它们牵回去，把缰绳拴好，这道工序最难，因为牛到饲料槽边，吃上饲料，比较老实，容易拴住。当它们吃饱后，把它们牵回来拴住，它们不愿意，不听话，很容易发生跑牛事件。

孙犁他们每天顶着星星起来，给牲口添草料，扫除牛粪，夜晚星星出来，再回到屋里去。他穿着一件薄棉袄，腰里束着一条腰带，手里拿着一把铁粪铲，本来就颤抖的头颅，在寒风中更加摇动。这种形象，颇有些屈原行吟泽畔的样子。

刚到干校时，大棚还没修好，孙犁被分到厨房附近的一间小棚休息。有一天，他睡得比较早，有一个原来很要好同事进来说："我把这镰刀和绳子，放在你床铺下面。"孙犁以为他去劳动，回来得晚了，急着去吃饭，把东西先放在这里，就说："好吧。"

第二天早起，照例是专政室的头头集合训话。这位头头就是小 D，他有专门的办公室，门口挂着一个木牌：群众专政室。他履职很尽心，每天都要给这些被专政的人训话，嘴边最常说的一句话就是：你们这些人过去也当过领导，今天我来领导你们……

这天，他先是批判孙犁，孙犁正在低头听着，忽听那位同事说："刚才，我从他床铺下，找到一把镰刀和一条绳子。"

孙犁非常愤怒，大声喝道："那是你昨天晚上放下的！"

那位同事没有说话。小 D 威风凛凛地往前冲了一步，但马上又退回去了。

那时，镰刀和绳子，在孙犁这些人手里，会被看作凶器，不是企图自杀，就是妄想暴动，如不当场揭发，后果很危险。当时排队的数十人，对孙犁这种非凡气概十分佩服，称快一时。[1]

孙犁住的牛棚是由柴草棚和车棚改造的，里面放了三排铺板，住了三十多个人，每个人的铺位只有一尺多一点，翻身都很困难。好在是冬天，大家挤在一起暖和些。每天晚上，牛棚里两只一百度的大灯泡通宵不灭，门口放着两只大洋铁桶，那是撒尿用的，不让他们出去小便，不是怕他们感冒，而是怕他们逃走。

孙犁的身上带着一包安眠药片，大约有四五十片，装在破棉袄上边的口袋里，是多日积攒起来准备自杀用的。每天晚上，他都要倒一小玻璃杯水，放在枕边，准备吞服。但是，躺下以后，不容他再思考一下，就疲劳地睡去了。有一次，他不小心把杯子打翻，把褥子弄湿了，第二天拿出去晾晒，引起"造反"头头的质问，孙犁只好说是夜里咳嗽。

当时，鲁思紧挨着孙犁睡。日子长了，发现孙犁总不换衣服，即使是内衣内裤也不换。一问才知道，从单位监禁的地方送来干校的时候，没有通知家属捎来换洗衣服，只好老虎下山一张皮。鲁思给他出主意，让他把套在外面的单裤穿到里面，把内裤换下来洗一洗。但他懒得换。有一天起床，他突然站在床上把刚穿了一半的裤子退下来，裸露出下身，冲着鲁思喊道："你看，没有衣服换，这是不是真的！"鲁思被他这种意外举动惊呆了。从来没见过他这么激动，也从来没有听他这么大嗓门嚷过。[2]

---

[1] 孙犁：《芸斋琐谈·谈迁》，《远道集》，人民文学出版社 2012 年版，第 131-132 页。

[2] 钱照：《人淡如菊——从另一角度看孙犁》，《天津日报》1991 年 2 月 28 日。

多伦道大院的传达室，有一位姓钱的工人，是一个长年穿黑布衣服的老头。这次，他是作为“革命群众”到干校的，主要是管理这些“牛鬼蛇神”。他指挥孙犁几个人弄煤，态度恶劣，专横跋扈。有一天，一个人站起来斥责他：“姓钱的，你是什么人？你原来是劝业场二楼的一个古董商，专门坑害人，隐瞒身份，混入机关。你和我们一样是牛鬼蛇神，不要在那里指手画脚了，快脱了大衣，和我们一起干活。”这个姓钱的听了以后，脸色惨白，立刻一转身，灰溜溜钻到屋子里去了，以后再也没有领导这些“牛鬼蛇神”。

一天，孙犁刚刚劳动回来，就被造反派的头头叫去，说是有外调。他来到接待室，见两个穿绿衣裳的人坐在椅子上等他。他们是来调查方纪的。对方纪，孙犁是了解的，当即答应给他们写个材料。

材料很快就写好了。那两位看完后，彼此对视了一下，质问道：“你写的这是材料吗？”

孙犁站在那里，抄着手，洗耳恭听。

“你没有按照我们的题目写。”

“我只能按照我所了解的情况写呀！”孙犁说，“你们出的那些题我不知道，没法写。”

“你写的这个材料，用处不大。”一个胖子有点儿生气地说，“你没用心写！”

“我是实事求是地写的。”孙犁倔强地说，仍然抄着手站在那里。

“你不了解我们的意图！”胖子站起来，虎视眈眈地说，“你得照我们的意图去写。”

孙犁沉默着。

“实话告诉你吧！这个人是叛徒、特务，是专政对象。”

孙犁仍旧沉默。

胖子大怒，推开椅子走近孙犁，“刺啦”一声，把孙犁抄着的手拽了出来，吼叫道:“太放肆了！抄着手一言不发,你眼里还有我们吗？你给我立好！”

孙犁的手被抓破了，滴滴答答流着血，他怒声说道：“你们武斗，材料我不能写了，得先上药去。”说着，走了出去。

胖子还要发作,被同伴劝住。这个地方毕竟不是机关,还是要忍耐一下,取得证据为好。他们把材料重新看了一遍，把觉得有用的个别词摘抄下来，让孙犁签名。孙犁一见是他们摘抄的，凛然说道：“这是你们写的，只能签你们的名。”断然拒绝，让那两个人大出意外，却也无可奈何。[1]

有一段时间,孙犁被调到铡草棚工作。每天,他都要用一把锋利的镰刀,割断捆草的粗绳子。他常常掂着这把镰刀想：如果不是割断草绳，而是割断自己的脖颈，一切烦恼痛苦就可以迎刃而解了。但他终于没有这样去做。

等到食堂买了大批白菜，孙犁又被派到菜窖去了。这自然是有人动了恻隐之心,有心照顾他。因为在菜窖工作,可以躲避风雷,工作也轻松很多。一天，孙犁正在菜窖里整理白菜，听到了远千里死去的噩耗。

运动开始不久，远千里就被作为“反革命修正主义分子”和“文艺黑线的代表人物”揪了出来。1968年初春，河北和天津的造反派，穷追远千里和周扬的关系，断定他是“周扬文艺黑线”在河北的代理人，并与周扬在天津的代理人方纪、王亢之、孙振（雪克）等人结成了“一个又大又宽的黑网”。对这些无中生有的罪名，远千里难以辩白，他患有严重的风湿性关节炎、骨质增生症，穿着钢制背心，每次批斗会，他都紧咬嘴唇，勉强支撑着身躯，几乎都要晕倒……在他告别人世的那天傍晚，案头上还放着没有写完的造反派逼他交代与周扬、方纪关系的材料。

在菜窖和孙犁一起工作的是两位女同志，其中一位名叫杨秀玉，湖南长沙人，当初在机关的托儿所工作。新中国成立前是一位有名的相士，据说很是神准，赚来的钱，在长沙盖起了两座小洋楼。还有一位女同志，是

---

[1] 韩映山：《孙犁的人品与作品》，大众文艺出版社1995年版，第29–31页。

孙犁过去的同事，现在是菜窖负责人，对孙犁和杨秀玉负有监督责任，只有在她出去的时候，孙犁才能和杨秀玉畅谈。

他们每天的工作就是倒放那一垛垛的白菜，把它们抱出去通风，扒掉上面的烂菜叶子。对孙犁来说，菜窖就是一个避难所，可以躲避革命群众和当地农场工人对他的侮辱和恐吓，还有儿童投掷的砖头瓦块。

有时，无聊至极，孙犁便请杨秀玉谈一谈她的生活经历。杨秀玉也不避讳，谈了自己的相面是如何成名，辗转各地赚大钱的。这样的谈话，有时会被那位女同志听到几句，夜晚回到宿舍，便开始审问杨秀玉："你和孙某，在菜窖里谈了什么？"杨秀玉告诉他，只是谈了一些闲话。"谈闲话？为什么我一进去，你们就不谈了！有什么背人的事？我看你和他，关系不正常！"两个人吵了起来，而且传了出去，使得革命群众又察觉到了一件"反动"阶级的新动向。但是人们并没有深究。孙犁坦言，当时那种情景，能够苟活就已经万幸，根本没有其他的念头。

在牛棚，睡在孙犁身边的，还有一位刻字工人，名叫李槐，他会刻字模，却不大会写字，有一次签名，竟把槐字的木旁丢掉了，因此，人们又叫他李鬼。早年间，因为字模刻得好，自己开了一个小作坊，因此成了"资本家"。每次批判他，他总是重复那几句话："开了一年作坊，雇了一个徒弟，赚了三百元钱，就解放了，这就是罪，这就是罪……"很快，有人揭发他到过日本，见过日本天皇。这样问题就严重了，构成了"里通外国"罪。他患有心脏病，不久就病倒了，不能起床。最初，棚长还强迫他起来，后来不再管他，任他一个人躺着。夜晚，他总是睡不好，不断翻身和叹气。有时坐起来，乱摸身下铺着的稻草。孙犁劳动一天，十分疲惫，不得安睡，见他这样，吓出了一身冷汗。他听老人们说过，人要死的时候，总是要摸炕席和衣边的。这样一折腾，第二天，孙犁也病了，发高烧。棚长准许他休息一天，同时还交给他一项任务：照顾李槐。

牛棚里只有他们两个人，阳光从南窗照射进来，洒在南边的那一排铺上，让人心中有了几丝暖意。这时，孙犁问李槐，他是哪年到日本去的？李槐告诉他，就是日本人占领天津的那些年。他从小就会踩高跷，技艺高超，天津每年春节都有花会，自己很能出风头，也就有了名气。那年天皇要过生日，要调花会去献艺，这样他就到了日本。在日本，他们表演《水漫金山》，远远地见过天皇。在表演的过程中，他要踩着三尺高跷翻跟头。说着，李槐竟然从铺上爬起来，站在两排铺板之间，拿好架势要给孙犁表演，他的眼睛里放射出一种奇异多彩的光芒，饱含青春、热情、得意和自负，充满荣誉之感。孙犁怕他真的要翻，赶紧扶他到铺上去。过了不多两天，他就死去了。

眼看就要过元旦了，在干校的这些人都想知道能不能回家。终于来了消息，一般学员新年放假两天，而且传说以后两个礼拜休假一次，一次休两天。但是“重点”对象不能放假，只能在干校老老实实劳动。一个周末的晚上，孙犁光着脚，从通铺上迈到李夫的铺位，悄悄对他说：“你回去，打听打听我老伴死了没有？”李夫说：“怎么会呢？”孙犁说：“你不知道，我来的时候，她病得已经够呛了。”几天后，李夫回来告诉他，家里一切平安。

到了 1969 年，形势有所缓和，周日，孙犁终于可以回家了。韩映山打听到孙犁的住处，就贸然去看他。在一间小南屋里，他找到了孙犁。他的老伴糖尿病很重，靠西边儿的床上躺着，更不爱说话了，孙犁坐在靠南墙的小铁床上，女儿晓玲在做饭，她失学了，在家伺候生病的母亲。小屋挤挤插插，叫人转不过身来。孙犁让韩映山坐在他的床上。他们都有许多话要说，但都不说什么，就那样默默地坐着。韩映山发现，孙犁憔悴了许多，眼角多了几条深深的皱纹，包含着忧虑和不幸，但那一双眼睛还是那样明亮，透着善良和沉思，沉思的成分比以前更多了。

过了好长时间，孙犁说道：“映山，不要太固执吧，以后要圆通些……”他的目光中充满了痛苦和忧伤，接着说：“这几天，让我跟着报社的记者去采访，我看见一些女工，守着车床干活儿，我觉得他们的工作很切实。一个人，不一定要写东西……”

妻子去世

1969 年 10 月，干校结束，牛棚解散，孙犁等人都回到了报社。

但是，忧愁并未散去，老伴儿的病，由于没有得到及时治疗，越发严重了，再次住进了医院。当时医院的服务态度十分恶劣，经过运动，医生护士的水平也大为降低。住院之后，老伴就因为输液不对劲，浑身发冷和发抖，看护母亲的孙晓玲去找大夫，那位女大夫坐在椅子上一动也不动，在孙晓玲的再三哀求下，才到病房去处理。

在石家庄工作的大女儿也回来了，兄弟姐妹在医院轮流看护着母亲，希望她早点好起来。家里只剩孙犁一个人，韩映山和李克明有时间就去陪他坐坐，想尽力给他带去一些宽慰。闲谈中，孙犁和他们说了“文革”中的种种遭遇，说到他数次想自杀，韩映山和李克明都默默地含着热泪。

1970 年 4 月 15 日清晨，老伴儿在医院去世，孙犁劝住孩子们不要哭。几个孩子没有什么经验，置备的装裹比较简单，老伴儿长时间露面躺在停尸板上，她的脸上很平静，仿佛解除了生前的一切痛苦。孙犁从口袋里掏出一块旧手绢，蒙在她的脸上，算是向自己的妻子做最后的诀别。

报社革委会派了一个人来帮着办丧事，但是这个人抄过孙犁的家，孙犁不愿意叫他，而是找了石坚、杨循、马野等几位老同志帮忙。

1982 年 2 月 12 日，妻子去世七年之后，孙犁写下了《亡人逸事》一文。

第二十章 “解放”之后

回归生活

1970夏天，孙犁被允许到文艺组上班。过去的“文艺周刊”，此时已经改名为“尽朝晖”。经过几年风雨，报社大楼的里里外外，变得破烂、凌乱、拥挤。但人们的精神状态好像已经从前几年的狂乱、疑忌、歇斯底里中逐渐恢复过来。

文艺组组长李夫向全组宣布了孙犁的工作：登记来稿，复信。并郑重地说：不要把好稿退走了。李夫说这话，并非对孙犁有什么成见，只是担心他中“封资修”的毒很深，不能很好把握选稿的标准，而把他们珍视的好稿遗漏。

对于编辑工作，孙犁是内行，他知道自己充当的是“见习编辑”的角色。和孙犁一起工作的是达生和董存章，达生、董存章的桌子对在一起，孙犁的桌子打横。一开始，两位年轻人让孙犁把桌子摆在靠窗的位置，他不肯，并让大家不要再谦让。

他在新闻里的住处也进行了调整，由十四排单间改到了五排两间向阳的屋子。生活逐渐回归正常，并得到了一些改善，只是老伴已经去世，生活无人照料，慢慢地，他想再找个人。

最初，他属意于食堂里的一位中年妇女，她是顶替已经去世的丈夫来食堂工作的，四十来岁的年纪，中等身材，皮肤白皙，胸前很丰满，脸上有些雀斑，但无碍观瞻。孙犁在食堂劳动的时候，这位妇女对他很好。她家也在佟楼，每天晚上下班，两人经常乘坐一辆公交车回家。这段心思，孙犁没敢向人透露过，他们不属于一个阶级，孙犁怕高攀不上。

听说他想找老伴，一位女同志愿意给他介绍，女方是在她那里帮忙的姨母。约好了在梁斌家见面。孙犁按照约定时间去了，一见面，梁斌的妻子散帼英就说：“衣服也不换一下，大好天，你戴个破草帽来干什么？”令他诧异的是，女方竟然来了四个亲属，包括女方的母亲，这位母亲上来就问他的住房是不是很小。孙犁回答说：“也很低。有个蚊子臭虫什么的在房顶上，一伸手就能摸到。”听了这话，大家都很尴尬，全场漠然。孙犁告辞出来，他没有看上女方——长得太黑，也太胖了，还有些势利。

散帼英又给他介绍了一个会计，说是苏州人，这令孙犁有些神往。还是在梁家见面，这次，孙犁换了一身干净的衣服，也没有戴草帽。见面谈过之后，女方对他评价很好，对介绍人说：“不好说话，不是缺点，他是个作家么！”孙犁却认为女方太矮了。

王林也把这件事放在心上。8月底，他到北京探亲，30日到西山的北京军区，为孙犁找老伴的事，找魏巍帮忙。魏巍的夫人张秋华是安平县人，和孙犁是老乡，他们物色的人选是张保真。

张保真1952年毕业于北京大学中文系，毕业后进入丁玲主持的文学所学习。1952年秋天，研究所招收研究生二十四人，北京大学推荐了九名同学进入这个研究生班，张保真是其中之一，她的同学白榕回忆道：

> 1952年9月3日，也就是我们入所的第三天，所主任丁玲在张天翼的陪同下，第一次到宿舍来看望我们，那年她四十八岁……她告诉我，我和另一位北大女同学张保真原来是分配到《人民文学》编辑部的，以后我们还要回去。

……不久，我便接到所部的通知，和张保真速到《人民文学》编辑部报到。1953年4月3日是我和张保真报到的日子，我方知道丁玲已兼任《人民文学》的主编，至此，我们和丁玲的接触更加密切了。

我们在丁玲、张天翼和严文井的领导下，开始了最初的文学编辑生涯，我和张保真都被分配在小说、散文组，这是编辑部最大的一个组，每天来自全国的成麻袋的稿件要处理，工作量相当大。另外我还兼任了戏剧戏曲和电影文学剧本、政论等稿件的处理和与各地专家的联系，张保真则兼任了翻译作品和儿童文学的处理。[1]

1970年9月1日，王林从北京回到天津，第二天，约孙犁到家，把张保真的情况介绍给他。孙犁进来的时候，王林正拿着一块能当放大镜用的有机玻璃片，仔细端详张保真的照片。孙犁走过去一看，果然不错。张保真小孙犁十六岁，容貌秀丽，孙犁很是中意。王林在这天的日记中写道："午间请孙犁同志来，把魏巍夫妇物色的张保真同志转达给他。孙犁同志考虑结果认为值得进行，因此复魏一信表了态。张（保真），我认识，1957年（？）与张桂同志结婚时见过。"[2]

张保真的前夫张桂，原名桂本宙，又名桂屈。笔名屈曲夫。1911年出生，安徽繁昌县横山镇人，中共党员。1931年毕业于上海中国公学院文学系，抗战前在北平开始文学创作，结识巴金、严文井等作家。1940年后任延安鲁迅艺术学院教师，曾参加延安文艺座谈会。新中国成立后，任《解放军文艺》副主编，后调解放军总政创作室工作，后离京赴江西，任宜春军分区副政委、副书记。"文革"结束后，任安徽日报社副主任，安徽省委视察室视察员。

---

[1] 白榕：《京城往事（五）》，《江淮文史》2004年第6期。

[2] 王端阳、冉淮舟编：《王林日记辑录之一：我与孙犁四十年》，北岳文艺出版社2019年版，第107页。

张保真的婚姻并不幸福，张桂是个文人，后来在部队工作，官阶不低，但是两人生活不大和谐，最终离异。据说，这段婚姻是组织安排的结果。

此时，主政天津的是王曼恬，鲁藜的前妻，毛泽东的表侄女。“文革”开始后，王曼恬受到冲击，她到北京，但未获召见，想不开，想卧轨自杀，幸亏被人及时发现，才没有死成。王曼恬在“文革”中迅速崛起，与天津1968年发生的“二·二一”事件有关。在此之前，王曼恬写信给江青，说天津出现了“黑会”和“黑戏”。所谓“黑会”，是指1967年在天津召开的“全国工农兵文艺战士座谈会”，王曼恬认为这个会是要在文艺界夺权，代表人物是方纪。所谓“黑戏”，是指1967年天津人民话剧院的一个造反队，根据陈里宁的《狂人日记》改编了话剧《新时代的“狂人”》，在北京、天津等地演出多场，《天津日报》刊登了一组赞扬文章。陈里宁原是反刘少奇的典型，后来发现，这位“狂人”的日记里也有反对毛主席的内容，于是，“狂人”由一个正面典型变成了“反革命”，这出话剧也就成了“黑戏”。

1968年2月21日，天津一千多人被拉到北京京西宾馆开会。这些人中，有革委会的领导、部队首长以及大大小小造反组织的头头。江青主持会议，点了方纪的名，还点了王亢之的名，说他是“深泽叛徒集团的头子、日本特务、反革命修正主义集团骨干”。从北京回天津后，当天夜晚，王亢之在招待所服安眠药自杀身死。

王曼恬成为天津“文革”的“有功之臣”，很快担任了天津市革命委员会核心小组成员、市革命委员会副主任，成立市委后又担任市委书记。

王曼恬主政天津后，由于是旧相识，王林能够出入她的府邸。1970年9月5日，王林再次去找王曼恬，在那里遇到了冉淮舟，日记中这样记载：“淮舟同志此时正在王处，谈起孙犁同志的情况，乃约定明日下午三时召孙来谈谈。”[1]当时，冉淮舟正在河北涉县天津钢铁建设基地深入生活，劳动锻炼，接受再教育，回天津后向王曼恬汇报有关情况，同时在为孙犁境遇的改善做努力。他和王林的观点一致，就是要动员孙犁主动和王曼恬接触。

9月6日，王林在日记中写道：“下午三时同淮舟同志到孙犁同志处，孙从三日就发烧卧床，到今日尚未上班。”“同淮舟同志到王曼恬同志处谈孙犁同志近状和今后安排问题。王答应与政治部考虑。”[2]

9月13日，王林在日记中记载：“晚饭后到孙犁同志处，十几天的感冒和泄肚子，好了，今天精神很活泼，也爱说话了，着急魏巍同志为什么还没有回信。我说我考虑这个问题了，回信慢可能是好事，因为对方在矛盾和考虑了。如果对方一听就拒绝了，那倒可能回答得快。或者是在交换意见——魏巍夫妇和张对此事，总得事先交换几次意见才能明确回答老孙的。”[3]从感冒和泄肚中复原的孙犁不仅爱说爱笑，而且为爱情而苦恼了。隔了几天，打发孙晓玲给王林送了一条鲤鱼。

很快来了好消息，张保真同意联系。自此，两人开始鱼雁传书，孙犁回忆道：“1970年10月起，至1972年4月，经人介绍，我与远在江西的一位女同志通信。发信频繁，一天一封，或两天一封或一天两封。查记录：1971年8月，我寄出去的信，已达一百一十二封。信，本来保存得很好，并由我装订成册，共为五册。后因变故，我都用来升火炉了。”[4]

当时，张保真在江西永修县的公社研究组工作。永修县位于江西省北

---

[1] 王端阳提供：《王林日记》（内部资料）。

[2] 王端阳、冉淮舟编：《王林日记辑录之一：我与孙犁四十年》，北岳文艺出版社2019年版，第108页。

[3] 王端阳、冉淮舟编：《王林日记辑录之一：我与孙犁四十年》，北岳文艺出版社2019年版，第108-109页。

[4] 孙犁：《书信》，《孙犁全集》第7卷，人民文学出版社2004年版，第263页。

部，修水下游。修河、潦河自西向东流经县境注入鄱阳湖。这里山川秀美，历史悠久，有很多的名胜古迹，白居易、苏东坡、黄庭坚、朱熹、文天祥等著名文人都到过这里，并留有诗文墨迹。

10月26日，妻子去世半年后，孙犁写了一首诗，题为《悼内子》。一段新的情感就在眼前，此时怀念结发之妻，他的内心一定是复杂的。全诗如下：

一落黄泉两渺茫，魂魄当念归家乡。

三沽烟水笼残梦，廿年嚣尘压素裳。

秀质曾同兰菊茂，慧心常映星月光。

老屋榆柳今尚在，摇曳秋风遗念长。[1]

12月17日晚上，王林到王曼恬那里去，她正看《天津日报》“尽朝晖”的清样，大赞工人蒋子龙写的《胸怀朝阳攀高峰》。王林看后，也感到此文昂扬着工人阶级英雄气概。王林走后，《天津日报》一把手王亭带着副刊的一位编辑到王曼恬处聆听指示。王曼恬对蒋子龙的文章做了高度评价。第二天，文章正式见报，作者由“工人蒋子龙”改署名为“田重”，意即“天津重型机械厂”。

1941年，蒋子龙出生于河北省沧县，后来父母把他送到天津读初中。1957年，正在读初中的蒋子龙，因为同情被打成“右派”的老师，被批判和处分，恰在此时，他的一篇投稿又被退回，遭到同学们的耻笑，这反而激起他要当一名作家的志向。初中毕业后，由于他是“坏学生”，不能继续升学读普通高中，便报考了铸锻中心技术学校，1960年毕业后，到天津重型机械厂工作。刚拿了一个月的工资，海军来天津招兵，蒋子龙报了名，出身富农家庭的他，居然通过了政审，应征入伍，在海军部队搞技术工作，同时继续练习写作，并在《光明日报》上发表了处女作《新

---

[1] 孙犁：《悼内子》，《孙犁全集》第10卷，人民文学出版社2004年版，第194页。

站长》。服役期满，由于出身问题，蒋子龙不能提干，于1965年转业回到重型机械厂，先是当锻工，后被提拔为厂长秘书、车间主任；那一时期，他对文学的痴迷已经到了废寝忘食的地步，没日没夜地写作，不断向报刊杂志投稿。

1970年12月21日，王林日记中有这样的记载：

孙犁同志的令郎昨天结婚，预先特通知我这一天不要去。今午打发令郎约我去小饮，席间谈到"工人蒋子龙"（发表时改署"田重"），倒是真姓名，不过不是"工人"，而是转业军人、干部，家庭出身富农，过去曾犯过错误，现在重型机械厂当工人劳动。石坚同志约来的稿。[1]

从此时开始，蒋子龙在天津文坛崭露头角，并很快崛起。

结伴还乡

1971年春夏时节，远在江西的张保真坐火车来到天津，与孙犁见面。这次见面，虽然有不和谐的地方，但是彼此都是满意的。王林回忆道：

在天津第一次见面，张回江西后，孙到我处说："要上火车啦，又闹了场别扭。我说：'你这次来没有别的，我几百块钱没有啦！'她立刻气得不上火车了，跟我一笔笔地算起账来，闹了半天，都是给我买东西花的，她连一条小手绢也没有给自己买！"我听了当即说："好家伙，你们'乐莫乐兮新相知'，怎么能那样说！我和大刘老夫老妻，大孩子都近三十啦，我要是那样说，她也得发火。她母亲住在我这里，给我们当家过日子，我有时候无意中说句：'工资没觉得花，怎么没啦！'岳母都受不了，就得

[1] 王端阳、冉淮舟编：《王林日记辑录之一：我与孙犁四十年》，北岳文艺出版社2019年版，第111页。

跟我一笔一笔地算账。”孙大笑几声，也感到歉意。[1]

两人的结合遇到了不小的阻力，子女们听说父亲要和张保真结婚，都不大同意，张保真的父亲是台湾一所大学的教授，在那个年代，有这种海外关系，会被认为社会历史背景复杂，甚至有通敌嫌疑，在政治上不被信任。因此，子女们竭力反对他们结合，还动员了父亲的几位老友前来劝说。孙犁听不进去，高卧破床，一语不发，一副破罐破摔的样子。看到孙犁态度如此坚决，其他人也无可奈何。

1971 年 8 月 30 日，王林找魏巍谈孙犁准备结婚的情况。魏巍希望孙犁出去走走，可以到江西去看看。但是，孙犁好静不好动，总是画地为牢，别人的劝说是不起作用的。既然要结婚，就不能长期分居两地，还得想办法把张保真从江西永修县调过来。但是，张保真的身份是“五七战士”，按照政策规定是不能进大城市的。魏巍给孙犁出主意，让他先把张保真安排在安平县工作，再从安平往天津调。孙犁觉得这样颇费周折，但也是个可行的办法。魏巍给安平县领导写了介绍信，让孙犁前去接洽。

10 月，张保真来到天津，孙犁和她先到河北省省会石家庄举办婚礼，然后回安平县商谈调动事宜。他们晚上到了县城，在车站雇了一辆驮东西的自行车，直接去县里的招待所。招待所的办公室里有三个人：一位很神气的中年妇女，好像是主任；一位文静和气的老年人，好像是会计；还有一位嬉笑的小姑娘，应该是服务员。

他们的到来，引得那位主任侧目而视。孙犁和张保真虽然是新婚，但两人的穿着很不讲究，孙犁年岁大些，一路风尘，邋遢得像个农民，张保真年轻些，但一直在下放劳动，衣着也很不入时。住宿需要单位的介绍信，孙犁的介绍信，身份是记者，张保真的介绍信，身份是“五七战士”。这

---

[1] 王端阳、冉淮舟编：《王林日记辑录之一：我与孙犁四十年》，北岳文艺出版社 2019 年版，第 133 页。

两个名称，对那位主任而言，好像都很陌生，给张保真开介绍信的地方又在那么偏远的一个地方，让人生疑。

看到招待所几个人冷漠和疑惑的样子，孙犁赶紧说，自己是本县人，大家是老乡。一直冷冷站在那里的中年女人说道："现在谈不上这个。"孙犁有些冒火，说道："那我们到街上去找旅馆吧！"中年女人断然说道："去吧！"还是张保真圆通些，请求给县政府打个电话。电话居然打通了，县政府那边发了话，孙犁他们才被允许住了下来。

女孩带他们去房间，住宿的地方在二楼，说是县城招待所，其实是粮食局的仓库改建的，楼梯很直，也很窄，仿佛是从楼上垂下来似的。张保真先把行李放上去，再下来搀扶孙犁。

房间很宽敞，一条大通铺，摆着十几床被褥，没有其他客人，他们靠南墙睡了。孙犁一肚子不高兴，满腹感慨，翻来覆去睡不着，不断唉声叹气。这真是人事无常，抗日战争时期，自己在这里活动的时候，每逢进城，总是县委书记亲自招待他，县长、公安局长经常陪他吃饭。现在，这样一个中年女人，竟然差一点对他下逐客令。他估计，这个女人，很可能是县里什么大人物的夫人，没准就是什么局长的老婆，不然，怎么会具备如此专横的神气？

一夜没睡好。天一亮，孙犁就一个人起来到街上去散步。现在的县城和他印象中的完全不一样了，和他见过的其他地方的县城没什么区别，新建了一座二层楼的百货商店，一座消费合作社，一家饭店，都是红砖平房，毫无风格，粗制滥造。

张保真追了上来。看见路边的饭店开门了，拉着孙犁进去吃饭。饭店的厅堂很大，方桌板凳摆了不少，没有一个客人，空空荡荡，就像招待所的宿舍一样。桌上蒙着一层灰尘，地上到处是垃圾。

他们找了一张比较干净的桌子坐下来，张保真到小窗口那里买饭，端回来两碗酱油汤，上面飘着几片生葱，还有几个昨天或前天蒸出来的玉米面窝头，完全是凉的。孙犁用筷子搅了搅那碗汤，浮起来几片白肉，放在嘴里一嚼，也是凉的。他只好把凉窝头弄碎泡在汤里，简单吃了两口就放下了筷子。

上班之后，他们到了县政府。凭着魏巍的介绍信，一位副县长接待了他们，答应给他们办一办，但是不能过急。从县政府出来之后，孙犁带着张保真去参观抗日烈士碑，找了半天，问了好多人，才在一片沼泽之地找到了，而且只剩下一个主碑，别的都埋在泥里了。孙犁指着碑正面的四个大字，有些自负地说："我写的。"张保真并没有注意去看，催他抓紧时间回老家。

调动很不顺利。1971 年 12 月 2 日，孙犁在给冉淮舟的信中说："张保真调动，遇到困难。永修县不让走，理由是这样情况的人很多。原以为那里放没问题，结果问题很大。我已托报社致函江西组织部转永修，说明情况，恐一时不好办。"[1] 1972 年 1 月 22 日，在致潘之汀的信中说："张保真仍在江西，原想调来河北，看来尚有困难。她现在那里公社研究组工作。春节她可能来津小住。"[2]

最终，张保真没有去河北安平县，而是直接调入了天津市和平区文化馆。如何调入的，孙犁本人没有说明，旁人好像也没有过多提及。郭志刚这样描述："后来，张同志并没有到安平县去工作，报社帮她在天津和平区文化馆安排了工作。"[3] 当时，孙犁处境不佳，报社能够做出如此安排，必定有其他原因。冉淮舟证实，还是主管天津文教工作的王曼恬说了话。当时，王曼恬炙手可热。1971 年的 11 月，经吴德推荐，她兼任了国务院文化组党组成员，分管全国的美术工作。

---

[1] 孙犁：《书信·致冉淮舟》，《孙犁全集》第 11 卷，人民文学出版社 2004 年版，第 119 页。

[2] 孙犁：《书信·致潘之汀》，《孙犁全集》第 11 卷，人民文学出版社 2004 年版，第 211 页。

[3] 郭志刚、章无忌：《孙犁传》，北京十月文艺出版社 1990 年版，第 377 页。

联系作者

1971年12月2日，孙犁在致冉淮舟的信中，谈到了自己的近况："报社很忙，每天很晚回家，近日所抄书籍发还，要整理。"[1]在《装书小记》中，孙犁回忆了自己修整发还书籍时的情形：

……当我的书籍发还以后，我发见其中现代和当代文艺作品，《辞源》和各种大辞典全部不见了，这是可以理解的。而有关书目的书，也全部丢失，这就使我颇为奇怪。难道在执事诸公中间，竟有人发思古之幽情，对这门冷僻的学科，忽然发生了学习的兴趣，想借此机会加以研究和探讨吗？据一位当事人员对我说：你是书籍的大户，所以还能保留下这么多。那些零星小户，想找回一本也困难了。

对这些残存的书，我差不多无例外地给它们包裹了新装，也是利用一些旧封套。这种工作，几乎持续了两年之久。因为书籍在外播迁日久，不只蒙受了风尘，而且因为搬来运去，大部分也损伤了肌体。把它们修整修整，换件新衣，也是纪念它们经历一番风雨之后，面貌一新的意思。

每逢我坐在桌子前面，包裹书籍的时候，我的心情是非常平静，很是愉快的。一个女同志曾说，看见我专心致志地修补破书的样子，就和她织毛活、补旧衣一样，确实是很好的休息脑子的工作。

是这样。我对书有一种强烈的，长期积累的，职业性的爱好。一接触书，我把一切都会忘记；把它弄得整整齐齐，干干净净，我觉得是至上的愉快。现在，面对的是久别重逢的旧友，虽然也有石兄久违之叹，苦无绛芸警辟之辞，只是包书皮而已。[2]

---

[1] 孙犁：《书信·致冉淮舟》，《孙犁文集（补订版）》（9），百花文艺出版社2013年版，第151页。

[2] 孙犁：《装书小记——关于〈子夜〉的回忆》，《晚华集》，人民文学出版社2012年版，第11–12页。

虽然是见习编辑，任务还是很繁重的，他要拆开那些来稿，进行登记，然后阅读。在他看来，来稿的质量较之前些年大大降低了，这些稿子文字潦草，内容雷同，语言都是从报上抄来的。对于不满意的稿子，他把退稿信写好后，连同稿件推给旁边的达生，请他复审。

组里几个人的关系还算融洽。孙犁的工资高，常为大家买点儿糖豆儿之类的吃食，他的烟也比较好，两位年轻编辑没少抽他的。孙犁爱吃粗粮，尤其爱吃棒子面窝窝头，爱喝棒子面面粥。有一次，他说他们前院种的豆角没长好。董存章住的小院里的豆角长势很旺，就答应给他摘点。回家之后，董存章却发现扁豆角都被邻家的小孩儿拔光了。一连几天，孙犁见他面有难色，就说扁豆角自己已经买着了，别为难。董存章只好以实相告，大家大笑了一场。

每逢无事，孙犁便坐在窗前一张破旧肮脏的沙发上休息，主任进来了，就会向他怒目而视，并加以睥睨。对于这一切，孙犁早已无动于衷，麻木不仁，仍旧坐在那里。可以说既无戚容，亦无喜色。

组里有一位女同志，是过去的熟人，有一次把孙犁叫到自己的桌前，和蔼地说：“你很长时间在乡下劳动，对于当前的文艺精神、文艺动态，不太了解吧？这会给工作带来很大困难。”孙犁不置可否地“唔唔”几声。那位女同志的桌子上放着一个小木匣，里面整整齐齐装着厚厚的一叠卡片。她谈着谈着，就拿出一张卡片念起来，都是林彪和江青的语录。等她讲解完了，孙犁又淡漠地回到自己的座位上去。

中午，在食堂吃过饭，他回到办公室，摆好几张椅子，枕着一捆报纸小睡一会儿。在干校，他一直过着非人的生活，现在有一个休息之地，觉得这是一种难得的享受。天气转凉之后，他找出那件抗日战争时期的战利品——日本军官的黄呢斗篷盖在身上，仿佛又回到了火热的抗日斗争中。

孙犁对工作的一丝不苟是出名的。在报社工作的柳岸回忆，他经常看到孙犁拿着给通讯员的退稿信，亲自送到收发室。经过运动，把文书给取消了，有信只好自己送。当时收发室的头叫张宏岭，对孙犁的信件很是重视，不许别人摸。柳岸想钻进收发室看一看孙犁写在信封上的字，都被他数落走了。有一次，他看到文艺组的王佩娟拿着一摞信往收发室走，一看是毛笔写的信封，就知道是孙犁写的。柳岸便拦住她，要过孙犁给通讯员写的信封看。王佩娟是一个热情的人，很好说话，她对柳岸说，孙犁对待通讯员来稿来信可认真了，他就是这样培养了一批又一批的年轻作家。有的人接到孙犁的信珍藏起来，有的还装裱起来。[1]

对天津文艺界的作家，尤其是年轻作家，孙犁心里是有谱的，千方百计创造条件让他们露面。1971 年秋天，他建议达生去找柴德森约稿。达生对柴德森说："孙犁老师嘱托，让我来找你约稿，为的是让你先发一些文章便于出来工作！"就这样，柴德森写了一篇散文《满天云霞映旗红》，文章发表出来，他发现有很大的改动，后来才知道，这篇文章是孙犁一字一句修改的，后来孙犁告诉他："你的手已经很生疏了，是我逐字逐句修改后才得以发表的啊！"

1971 年底，孙犁写过这样一封很有意思的信：

曾伏虎创作组：

寄来的两篇小说都通过了，写得不错，正在组内传阅。你们能对自己的作品反复修改，艺术上精益求精，这种精神是难能可贵的。希望多读多写，创作出更多更好的作品来。

盼多联系。致

礼

天津日报文艺组

一九七一年十二月三日[2]

---

[1] 柳岸：《孙犁掠影》，《天津老年时报》2002 年 7 月 16 日。

[2] 孙犁：《书信·致曾伏虎创作组》，《孙犁全集》第 11 卷，人民文学出版社 2004 年版，第 210 页。

当时，孙犁从堆积如山的稿件里，发现了两篇写得不错的短篇小说——《鞭声清脆》和《团结开花》。这两篇小说是写在巴掌大的小学生作文本子上的，字迹七扭八歪。孙犁认真读完了这两篇作品，觉得格调清新，语言活泼跳动。他被打动了，立即送审，并给署名“曾伏虎创作组”的作者写了一封信。

其实，“曾伏虎创作组”是一个名叫张荣春的人，是河北束鹿县（今晋县）一位业余作者。他十分喜欢文学创作，虽然困居在束鹿县一个贫困的山村里，顶着一顶富农的帽子，但坚持不懈地进行文学创作，给各地报刊投稿。投出的稿子可谓车载斗量，也接到过《河北农民报》《天津日报》《人民文学》等刊物的来稿备用通知，可是到头来一篇作品都没发表。因为当时的报刊采用来稿，首先要政审，过不了这一关，稿子写得再好也只能忍痛割爱。鉴于这个原因，张荣春在把《鞭声清脆》和《团结开花》投给《天津日报》的时候，为自己起了一个颇有造反派意味的署名——曾伏虎创作组。

等到正式发稿的时候，张荣春又接到孙犁写的一封信，还是属名“天津日报文艺组”。信中说，由于“曾伏虎创作组”太像一个造反组织的名字，希望能改一个像样一点儿的笔名作为署名。张荣春便为自己取了“飞雁”二字，是从“望断南飞雁”中摘出来的。

1972 年，飞雁在天津赶写小说。有一天，写出一个短篇，他非常得意，于是到报社去看望孙犁，不想孙犁正在患感冒，不在单位。在达生的陪同下，两人来到孙犁家中。那天，他们聊得非常愉快，不时哈哈大笑。告辞的时候，却发生了意外，飞雁想到孙犁正在患感冒，不想让他着风，在关门的时候用力过猛，一下把门上的玻璃震掉了。当时，孙犁和张保真刚开始新生活不久。按照冀中的风俗，这是非常不吉利的。望着地上的碎玻璃，飞雁的脸都吓白了。看到他惶恐的样子，孙犁宽厚地笑了，说：“不要紧，没关系！”飞雁走过去，要打扫碎玻璃，孙犁说：“你们走吧，我来收拾。”

第二天，飞雁给孙犁写了一封道歉信，托达生转交。几天后，飞雁到报社去，达生从抽屉里拿出一个包得方方整整的纸包，笑着说：“这是孙犁同志对你那封道歉信的回答。”飞雁打开一看，是一部线装书《随园诗话》，他第一次去孙犁那里，就看上了这部书，细心的孙犁察觉到了他的心思。达生说：“这是孙犁同志送给你的，并让我转告你，不要为那天的事小心眼儿了，好好写你的小说比什么都重要。”

第二十一章　京剧之梦

文教书记

1972年4月初，孙犁回到了故乡东辽城。这次回乡，是履行了正式手续的，他给报社打了报告，请求回乡体验生活，准备写作，得到领导的批准。回到故乡后，孙犁住在侄子家，除去迎接前来看望的乡亲，偶尔也走走亲戚，平时就背上一个柳条筐，到野地里去砍些青草，或是拣些柴棒。这样的日子还算舒畅。孙犁充满感情地回忆道："又听到了那些小鸟叫；又听到了那些草虫叫；又在柳林里拣到了鸡腿蘑菇；又看到了那些黄色紫色的野花。"[1]

正在保定深入生活的冉淮舟，写信邀请他到白洋淀看看。4月7日，孙犁回信说："我到安平后，这里的情况，需要多住一个时期。另外，我犯了痔疮，比较重，不能远行。因此打算：这回下来，不到白洋淀去了，以后有机会再去。预先写信给你，请你原谅，并感谢你对我的热情关心。

[1] 孙犁：《戏的梦》，《孙犁全集》第5卷，人民文学出版社2004年版，第156页。

余后面谈。”[1]

但是，很快从天津来了一辆吉普车，报社文艺组组长李夫从车上下来，要接孙犁回市里。原来，王曼恬点名孙犁参加一出京剧样板戏剧本的创作。谈话间，组长的脸上流露出一种神情，好像在为孙犁庆幸。

革命样板戏是“文革”时期的产物，“样板戏”一词源于1967年第6期《红旗》杂志的社论《欢呼京剧革命的伟大胜利》。1967年5月31日《人民日报》社论《革命文艺的优秀样板》，第一次开列了“八个革命样板戏”名单——京剧《红灯记》《沙家浜》《智取威虎山》《海港》《奇袭白虎团》，芭蕾舞剧《红色娘子军》《白毛女》，交响音乐《沙家浜》，并号召全国各地“普及革命样板戏，推动文艺革命的发展”。王曼恬主管天津文教工作，急于搞出样板戏的实绩来，从1970年开始，她抓了一出名为《芦花寨》的样板戏（后改名《芦花淀》），编剧是赵大民、林彦、张文轩等人，反映的是抗日战争期间，白洋淀地区芦花淀人民抗击日寇的故事。

赵大民是满族人，1926年出生于河北省乐亭县；1944年投身革命，任河北乐亭知识分子救国会“七月剧社”编剧；1947年，冀东十三地委成立“路南文工团”时，赵大民和朱燕合作创作了歌曲《歌唱毛主席》，由冀东十三地委文工团演出，后由“上海人民唱片厂”制成唱片，唱遍祖国大江南北。1953年3月，赵大民从秦皇岛文工团调入天津人民艺术剧院，剧院分话剧、歌舞两团，赵大民任话剧团办公室主任、副团长、党支部书记。1959年，根据他的特长和本人要求，转为专业创作人员，主要从事编剧和导演工作。

孙犁回到天津后，王曼恬很快就接见了他。孙犁回忆道：

在一间不大不小的会议室里，我坐了下来。先进来一位穿军装的，不

---

[1] 孙犁：《书信·致冉淮舟》，《孙犁文集（补订版）》（9），百花文艺出版社2013年版，第151－152页。

久女书记进来了。我和她在延安做过邻居，过去很熟，现在地位如此悬殊，我既不便放肆，也不便巴结。她好像也有点矛盾，架子拿得太大，固然不好意思，如果一点架子也不拿，则对于旁观者，起码有失威信。

总之，谈话很简单，希望我帮忙搞搞这个剧本。我说，我没有写过剧本。

“那些样板戏，都看了吗？”她问。

“唔。”我回答。其实，罪该万死，虽然在这些年，样板戏以独霸中夏的势焰，充斥在文、音、美、剧各个方面，直到目前，我还没有正式看过一出、一次。因为我已经有十几年不到剧场去了，我有一个收音机，也常常不开。这些年，我特别节电。[1]

王曼恬还是念旧的，掌权之后，曾想到孙犁的住处探望，但周围的人提醒她，孙犁还在被群众专政，这时去看他，恐怕影响不好。她这才打消了念头。王曼恬自然了解孙犁在文学创作方面的才能，所以才请他出山来搞这出戏。

在稍后创作的“芸斋小说”《王婉》中，孙犁对这次召见的记述略有不同：

但随着整个形势的变化，我也算是“解放”了。有一次，王婉召见我，在市委办公大楼。那是个庄严的地方，过去我也很少去。在那里，我见到了王婉的权威。一位高级军官，全市文化口的领导，在她面前，唯唯诺诺，她说一句，他就赶紧在本子上记一句。另一位文官，是宣传口的负责人，在她身边转来转去，斟茶倒水，如同厮役。

我呆呆地坐在一边。

她问了我几句话。我也问了她一句话：

“王婉同志，你今年多大岁数了？”

她可能以为我问的是一句傻话，或者是在女人面前不大礼貌的话，她

---

[1] 孙犁：《戏的梦》，《孙犁全集》第5卷，人民文学出版社2004年版，第157–158页。

没有答声。

她叫我当了京剧团的顾问。[1]

毕竟冠以“小说”之名，自然可以写得自由些，王曼恬的形象有了变化，有些不可一世了，而自己却“呆若木鸡”，“京剧团的顾问”这一头衔也有了强加于人的味道。在一些人看来，这是个“好兆头”，人们开始谈论孙犁和王曼恬的旧谊，谈论孙犁未来的发展趋向，都觉得他要“发达”了。一位处境不妙的老朋友，竟然怂恿刚刚死去老伴的孙犁，到寡居的王曼恬那里去试试运气。但这件事又经不住推敲，孙犁充任京剧团顾问的时候，张保真已经在他身边。如果真有此事，也只能是在孙犁刚刚恢复工作的时候。

1972 年 4 月 20 日，孙犁和创作组的成员一起观看了天津市京剧团演出的《芦花寨》，剧中主人公何华由李莉饰演，芦老庆由邓沐玮饰演。何华这个角色文武并重，既有成套唱段，又有高难度的武功技巧和繁重的开打。孙犁回忆说：“戏剧演完，我记不住整个故事的情节，因为它的情节非常支离；也唤不起我有关抗日战争的回忆，因为它所写的抗日战争，完全不是那么回事，甚至可以说是不着边际。整个戏锣鼓喧天，枪炮齐鸣，人出人进，乱乱哄哄。不知其何以开始，也不知其何以告终。”[2]

第二天，王曼恬亲自主持召开了一个座谈会，创作组的成员、主要演员、剧团负责人、文化局负责人、文化口军管负责人都参加了座谈会。孙犁作了发言，谈了对这个戏的印象和修改意见，并详细说明当时冀中区和白洋淀一带抗日斗争的形势、人民斗争的特点，以及敌人对这一地区残酷“扫荡”的情况。听了这些意见，大家没有表示不同意见，王曼恬做了一些指示就散会了。

---

[1] 孙犁：《芸斋小说·王婉》，《孙犁全集》第 7 卷，人民文学出版社 2004 年版，第 187–188 页。

[2] 孙犁：《戏的梦》，《孙犁全集》第 5 卷，人民文学出版社 2004 年版，第 159 页。

后来才知道，大家在会上没有发表不同意见，并不意味着同意孙犁的观点。在稍后召开的只有创作人员参加的研讨会上，原来的创作人员开始提出反对意见，他们为这个剧本付出了很长的时间和很大的精力，如果按照孙犁的意见来修改，就会伤筋动骨，等于是对前一段工作成绩的否定。至于孙犁，是刚刚受过批判的人物，能算老几？4 月 29 日，王林在日记中写道：

上午京剧《芦花寨》修改小组开会时，我把《火烧军火船》的故事梗概讲了讲，孙犁同志说还是当时写的这种剧本，合情合理，现在对当时的事有点儿忘了。其他的同志在听的时候也很集中情绪，看来印象较深。

4 月 10 日在创评组谈意见时曾以此故事表示了自己的态度。在王莘同志通知我参加此创作修改组前，我曾多次听说领导上基本上肯定了这个剧本，并说改时不要伤筋动骨。而在 21 日王曼恬同志指定孙犁同志负责将此剧改好之后，我们几次开会，也是在不“伤筋动骨”之下谈修改。昨天孙犁同志提出有点儿伤筋动骨的意见，原剧作者即表示了不同意，一连问：“什么叫领导上肯定的基础是好？……”意即不要大动，修改得合理一些就行了。[1]

孙犁主张大动，原来的编剧主张小改，双方有些僵持不下。王曼恬和军管会的人倾向于孙犁的观点。为了让创作组和演员更加了解白洋淀的实际生活，进一步统一思想，市里决定创作组和整个剧团到白洋淀体验生活。

体验生活

王林作为天津文联的领导，一直参加了《芦花寨》讨论，创作组和剧团到白洋淀体验生活，他也一同前往，对这次白洋淀之行，在他的日记中，

---

[1] 王端阳、冉淮舟编：《王林日记辑录之一：我与孙犁四十年》，北岳文艺出版社 2019 年版，第 114-115 页。

有一个大概的记述，是在当年6月20日追记的：

5月24日孙犁、赵大民同志乘汽车来到安新县。

25日乘船到寨南村临河新房内。

这些日子访问了新安除奸三杰之一的熊管、新安地下党支部负责人刘诚、专做敌工的曹阳、南六村当年的区委书记马仲秋（当时化名刘刚）的叔叔（马家祖、父、叔三人被汉奸、地主进行阶级报复杀害，我除奸团也对他们进行了镇压，斗争情况很典型）。

又访问了雁翎队当年的老战士、班长赵大珠（南刘庄）、郭里口堡垒户、当年的儿童团长、文工团员张小霞。

到寨南后访问的对象更多。寨南是雁翎队三小队郑少臣（郑勇）队长的故乡，当年参加三小队者最多。

6月1日同何健雄、谢国祥等去保定访问开拓安新县的县委书记侯卓甫烈士的爱人韩风（真姓车，高阳人，其兄也是烈士）、老党员鲁志均（女）、老区长李仁等。顺便看了看大刘参加演出的《烽火松林》。

6月3日返安新。4日访问三小队当年的政治指导员槐泽民。5日开始讨论剧本提纲。11日转住王家寨大队。

6月20日跟着冯爱奎局长的吉普车返回天津。[1]

这些活动，孙犁不见得全部参加。转到王家寨后，孙犁就生了病，他在王家寨待了不长的时间，便被一个热心人接到郭里口村住了一些日子。

寨南在安新县城东南部，从寨南往东北走，就是王家寨和郭里口。这里离孙犁曾经教过书的同口镇很远。同口镇在安新县的西南部，接近高阳县的地方。所以，这次下来体验生活，孙犁并没有到同口镇旧地重游。

出发去白洋淀的那天早晨，孙犁还和张保真吵了一架，他带着一肚子

[1] 王端阳、冉淮舟编：《王林日记辑录之一：我与孙犁四十年》，北岳文艺出版社2019年版，第115–116页。

气上了一辆吉普车，坐在他右手的是这出戏的主演李莉。

从幼年时代，孙犁就喜欢京剧，他回忆说："过去，我是很爱好京剧的，在北京当小职员时，经常节衣缩食，去听富连成小班。有些年，也很喜欢唱。"这是指他高中毕业后，在北平流浪时的事，他不仅到戏园子看了大量的未出科小演员的戏，还到天桥等地看过"地台戏"。[1] 在另外一篇文章中，孙犁回忆道："我十二岁的时候，父亲给我买了一本《京剧大观》，使我对京剧有了一些知识。在我流浪时、从军时，一个人苦闷或悲愤，徘徊或跋涉时，我都喊过几句京戏。在延安窑洞里，我曾请一位经过名师传授的同志去教我唱，因此对她产生了爱慕之情，并终于形成了痛苦的结果。在农村工作时，我常请一些民间乐手为我操琴，其实我唱得并不好。后来终于有机会和这个剧团的内行专家们，共同生活了几个月，虽然时候赶得不好，但也平平安安，相安无事。"[2]

孙犁对京剧女演员一直很羡慕，对她们的生活充满了好奇。现在，坐在他身边的这位女主演却很矜持："我上车来，她几乎没有任何表示，头一直望着窗外。我也没有说话，车就开动了。"[3]

车到保定，孙犁请大家吃了顿饭。那个时候，也没什么好吃的，一人一份炒饼，一碗木樨汤。到了安新县城，天还早，在招待所休息了一下，大家又绕着城墙转了一圈，孙犁不记得李莉说过什么。她很沉默，穿着也很普通，谁也看不出她是一个演员。她刚休完产假，把孩子放在家里，有些不放心。

李莉出生于 1947 年，是天津戏曲学校京剧班第一届学生，是尚小云的学生杨荣环的徒弟。上学期间，学过多个行当，花旦、青衣、小生都能演，技艺十分全面，尚未从戏校毕业，便被借调到天津市京剧团，担任《江姐》

[1] 孙犁：《戏的梦》，《孙犁全集》第 5 卷，人民文学出版社 2004 年版，第 158 页。
[2] 孙犁：《戏的续梦》，《孙犁全集》第 7 卷，人民文学出版社 2004 年版，第 277 页。
[3] 孙犁：《戏的续梦》，《孙犁全集》第 7 卷，人民文学出版社 2004 年版，第 276 页。

的主演，一炮而红。从戏校毕业后，成为天津市京剧团的主要演员。当时古装戏已在全国禁演，各地舞台是清一色的现代戏，李莉在《沙家浜》《海港》《平原作战》等多出现代戏里扮演主要角色，积累了丰富的舞台经验。在《芦花寨》这出戏中，她又一次担任主演，唱段和武打都很繁重，很不好演，压力也大，但她很投入，表演也很出色。

芦老庆的扮演者邓沐玮是一位出色的裘派花脸演员，出生于1948年，1959年考入天津市戏曲学校，学演了四十余出京剧、昆曲剧目，1969年分配到天津京剧团工作。他有一条浑厚宽亮、韵味醇厚的好嗓子，表演凝重深沉，洒脱大方。

在寨南村，尽管住得很宽敞，也很干净，但乡间饮食不大卫生，孙犁很快就得了痢疾。两位女演员曾到他住的地方探望，并提出要给他洗衣服。孙犁婉拒。

他们常常到村外体验生活，都是坐船去。有一次回来，天已很晚，烟雾笼罩着水淀，孙犁和李莉坐在船头，他穿着单衣，身上有些冷，便从书包里拿出一件棉背心穿上，无精打采地蜷缩在那里。或许要提提精神，驱除寒意，李莉忽然用小生的腔调，啊哈，啊哈，啊——哈哈哈——笑了几声，声音是那样的富有穿透力，整个水淀都震荡起来，还惊起了几只水鸟。

在寨南村，孙犁认识了一位外号叫“老瞎架”的人。孙犁回忆说：“在这个村庄，我还认识了一位姓魏的干部。他是专门被派来招呼剧团的，在这一带是有名的‘瞎架’。起先，我不知道这个词儿，后来才体会到，就是好摊事管事的人。凡是大些的村庄，要见世面，总离不开这种人。因为村子里的猪到处跑，苍蝇到处飞，我很快就拉起痢来，他对我照顾得很周到。”[1] 后来，韩映山到白洋淀，专门访问过“老瞎架”，并以他为模特，写了小说《夏加大伯》。在孙犁的文章中，这个村子写作王家寨，而韩映

[1] 孙犁：《戏的梦》，《孙犁全集》第5卷，人民文学出版社2004年版，第161页。

山却说是寨南。考虑到韩映山进行过实地采访，而孙犁是凭借记忆写的回忆文章，因此发生误记的可能性大。

从寨南转到王家寨后，孙犁认识了郭里口村的宣传委员刘双库。刘双库是到王家寨开会时见到孙犁的，他回忆道："孙犁说，到这里后，可能是饮食卫生的原因，总拉肚子。我说：'孙先生，如果觉得这里不合适，不妨到我们村去，我们会照顾好你的。'他说得向领导请假。我说：'你们领导是谁？'他说：'叫王林。'于是我找到王林同志，向他说明情况。王林同意后，孙犁就随我来到郭里口村。"

到郭里口村后，刘双库把孙犁安排到临街的一个院子里住，还特意找了一个烹调不错的中年妇女给他做饭，又找村保健室的医生给他调治。平时忙完工作，刘双库常找孙犁来聊天。在一些人的提议下，孙犁又把张保真接来，一同住了一段时间。

孙犁在郭里口村住了二十多天，回天津后给刘双库写了一封信，表达了对郭里口村干部、村民的感激之情。随信还寄来了一些粮票。1979 年，刘双库调到县文化馆工作，与孙犁还有书信来往。

孙犁经常到淀里转转。当时，淀水已经很浅了，水面越来越小，芦苇长得也不景气。"造反派"夺了村里的政权，大搞"围堤造田"，孙犁对这种做法不以为然，"围堤造田"只会使湖面越来越小，鱼和水禽的活动范围越来越小，而且粮食收入比不上苇田收入，得不偿失。

孙犁采访了一些抗日时期的村妇救会成员，逐个找她们聊天，了解她们的现实生活和抗日战争时期的斗争经历。其中有一个叫曹真的，给他留下了深刻印象。她的穿着打扮，还是 20 世纪 30 年代的式样，白夏布短衫，长发用卡子拢住，搭在背后。她原来的丈夫是雁翎队员，早已牺牲了。她从十八九岁就入了党，当通讯员，救护八路军伤员，曾用嘴喂伤员鸡蛋。全国胜利以后，她进入中年，才和村里的一个人结了婚。

曹真告诉孙犁，胜利以后，村里的宗派斗争一直很厉害，在"三反"

中，她被开除了党籍。这个村子，共有二十六名老党员被开除党籍。现在，她最关心的，是什么时候才能解决他们的组织问题。

寻访葛尧

在郭里口村，孙犁见到了他的老战友、诗人葛尧。

对很多人来讲，葛尧的人生选择无异于一个谜。1919 年，葛尧出生于安徽省萧县一个贫农家庭，自幼酷爱文学。1938 年 5 月，他来到延安，被编入抗大一大队学习，毕业后在抗大政治部文工团工作，后到鲁迅艺术学院学习。1935 年，葛尧离开延安，到晋察冀军区七月剧社任文学教员。1945 年 1 月，葛尧调到冀中军区工作，当时抗日战争形势发生变化，解放区日益扩大，抗战军民做好了对日寇大反攻的准备，葛尧响应党关于“文艺工作者要体验生活”的号召，向组织提出申请，离开部队，到冀中农村去。他立志从事文学事业，而且有一个宏大的设想，计划在冀中农村住十年，写一部反映冀中八路军和老百姓抗战生活的长篇小说《亲爱的土地》；然后到他的家乡萧县，即新四军转战的地方再住十年，创作一部长篇小说《勇敢的人》；而后重返延安住十年，创作一部长篇小说《一切源于此》。

1945 年春，他告别战友，来到了郭里口村。进村之后，葛尧看到，全村的房子都被日本鬼子烧了，人们用芦苇搭棚遮挡风雨；几百户人家的水乡，从未有过学校。看到这些，他心里受到极大震动，向区政府提出，要在村里办一所小学校。村东有座奶奶庙，留有几间残破的庙屋，葛尧就在那里办起了郭里口村第一所小学。从此，他开始了在郭里口村的教书生涯，一干就是四十余年，再也没有离开过。

孙犁之所以到郭里口村，也是想寻找一下自己的这位战友。在“芸斋小说”《葛覃》中，葛尧化身葛覃，孙犁详尽描述了两人相见时的情形：

到那里的第二天早晨，我就去找葛覃，小学在村庄的南头，面对水淀。校舍很宽敞，现在正是麦收季节，校门前的大操场，已经变成了打麦场。

到学校一问，现在放假，葛老师到区上开会去了。

这个村庄街道很窄，每天早晨，我到操场去散步。有一次，看到一个农民穿戴的中年人，从学校出来，手里提了一个木水桶，上到淀边的船上，用一根竹竿，慢慢把船划到水深处，悠然自得，旁若无人。然后打了一桶水，又划回来，望了我一眼，没有任何表情，提着水桶到学校去了。我看这个人的身影，有些像葛覃，就赶快跟了进去。他正在厨房门口往饭锅里添水，我喊了一声：

"葛覃！"

他冷漠地看了看我，说：

"听说你们来了。"

我随他走进屋里，这是他的厨房兼备课室，饭桌上零散地放着一些书籍报纸，书架上也放着一些碗筷，瓶罐。

我看着他做熟了饭——一碗青菜汤；又看着他吃完了饭——把一个玉米饼子，泡在热汤里，他差不多一句话也没有说。没有问我现在的工作，这些年的经历，"文化大革命"的遭遇；也没有谈他在这里的生活和经历。比如说土改、四清，他有没有问题，和老家有没有联系。

在这种气氛下，我也没有多谈，只是翻看他桌上的书报，临走向他借了一本范文澜的《中国通史简编》，拿回住处去看。

过了几天，村干部们在小学里请一位来参观的军官吃饭，把我拉去陪客。我去应付了一下，就托辞出来，去看葛覃。这次他把我让进了卧室。那是由一间教室的走廊，改造而成。临院子的一面，用牛皮纸糊得严严的，阳光也射不进来。一副木床板上，放着他的铺盖卷，此外什么也没有。室内昏暗，空气也不佳，我又把他叫出来，在院里站着谈话。

他好像有了一点兴致。

他说：

"张春桥现在做什么官儿？"

“政治局常委，国务院副总理。”我说，“看来还不满足，还想往上爬哩！”

“你记得吗？”葛覃脸上忽然闪过一丝笑意，“我们在华北联大开会时，他只能当当司仪，带着鼓掌喊口号，此外就什么也不会干了。”

在庭院里，我觉得不应该议论这种人物，尤其是眼下，不远的地方正在有宴会进行，我没有把话接下去。这时剧团里的两位女演员跑来叫我去开会，我就走了，他也没有送我出来。[1]

葛覃的冷漠和怪癖，他所过的苦行僧式的生活，都让人感到大惑不解。与他一起工作过的那些战友，有的成了著名作家、艺术家，有的成为高级官员。多少年来，他断绝了与这些战友的往来，只是在这个小渔村里默默地生活下去。对自己的历史，也很少向村里人提及，人们不知道村里这位落落寡合的教书先生，曾在延安“鲁艺”学习过，曾在晋察冀边区工作过，更不了解他曾经是个热情奔放的诗人。

在这个村子，他结过两次婚，都没有维持住，也没有子嗣。很长时间，他都是一个人生活。春节，村里给他点白面包饺子，他是南方人，不会包，便将面疙瘩和猪肉白菜一起放在锅里煮，还幽默地说：“让它们到肚里去包吧！”平时，下课后，他便拿起耙子去村外搂柴禾做饭。生产队想给他补助点煤，他坚决不收。他的衣服洗得发白，起了毛边，但很整洁。他从来不进理发馆，一方旧布，包着一把剪刀，一把梳子，半面小镜，头发长了，他自己会把头发胡须打理干净。

一位抗日战士，为什么长期隐居在这个渔村，为什么做出这样一种人生抉择？是什么力量使他放弃了对功名利禄的渴望，甚至放弃了自己的文学理想？他的思想上究竟发生了怎样的震颤？有一位作家，向孙犁发出了

---

[1] 孙犁：《芸斋小说·葛覃》，《孙犁全集》第7卷，人民文学出版社2004年版，第168—170页。

这样的疑问。孙犁一时难以回答，只能这样解释：

因为你是一个作家，所以才想得这样多。我在那个村庄的时候，农民就没有这些想法。他们早把葛老师看成是本乡本土的人了。他不愿再写诗，可能是觉得写诗没有什么用，是茶余酒后的玩艺儿。他一字一句地教学生读书，朗朗的书声，就像春天的雨水，滴落在地下，能生菽粟，于人生有实际好处。他不是我们这个时代的隐士，他是一名名副其实的战士。他的行为，是符合他参加革命时的初志的。白洋淀的那个小村庄，不会忘记他，即使他日后长眠在那里，白洋淀的烟水，也会永远笼罩他的坟墓。人之一生，能够被一个村庄，哪怕是异乡的水土所记忆、所怀念，也就算不错了。当然，葛覃的内心，也可能埋藏着什么痛苦，他的灵魂，也可能受到过什么创伤，他对人生，也可能有自己特殊的感受和看法，这也是人间常情，不足为怪，也不必深究了。[1]

这也是泛泛而论，并没有触及问题的实质，也缺乏针对性，很难解答人们的困惑。

葛尧是在1992年故去的，郭里口村为他开了隆重的追悼会，为他送葬。1995年全村捐款为他修建了墓碑。

这次在白洋淀体验生活，前后有一个月左右的时间。回到天津后，孙犁起草了一个剧本提纲交上去，但是未被采用。

另起炉灶

1972年夏天，韩映山想离开天津到保定工作。他征询了一些人的意见，有的赞成，人挪活，树挪死。有的反对，大家都往大城市跑，你偏偏往中小城市走，岂不迂哉！韩映山的妻子对于搬家也兴趣不大，但她知道，韩映山在“文革”中当了逍遥派，天津文联造反派的头头早就对他侧目而视，

---

[1] 孙犁：《芸斋小说·葛覃》，《孙犁全集》第7卷，人民文学出版社2004年版，第170–171页。

先是把他下放干校劳动，后来又弄到工厂劳动，在他们眼皮子底下，出气是不痛快的，所以妻子也不反对到保定。

韩映山一时拿不定主意，便去征求孙犁的意见。那天晚上，已经快十点了，他按捺不住心中的焦虑，骑车到新闻里孙犁的小屋前，看到屋里亮着灯，就轻轻叩了几下门，张保真给他开了门，热情地招呼他进屋。

孙犁半躺在床上，欠起身子问他有什么急事？韩映山说，想和他商量一下，自己想离开天津到保定群众艺术馆工作。那边已经来人洽谈了，让他去搞创作。

孙犁点上一支烟，一边吸一边说："我看可以。保定这个地方不错，人不能老在一个地方……"听孙犁这样一讲，韩映山终于下定了决心。

离开天津前，韩映山到孙犁那里辞行，他坐在椅子上，什么话也没说，孙犁也没说什么，找来一些镜框，不断在那里擦拭。坐了大约一顿饭的工夫，两个人仍旧没有说话，韩映山站起来告辞，孙犁送他出了屋门……

到保定的时候，正是炎热的夏季，家还没有搬来，韩映山一个人住在古莲花池内一个小楼里，带着荷叶清香的风，从窗户吹了进来，他顿时感到心旷神怡。

很快，全家也搬来了，住在莲池东南角两间简陋、低矮而潮湿的平房里，房子的一侧有一片竹林，房子的西面是一座假山，假山前面就是铺满荷花的莲池。

1972 年 8 月 6 日，孙犁在致韩映山的信中说："我近来一切如常，参加学习。剧本，白洋淀所拟提纲，已否定。现林、赵再拟，尚未见稿。最近，我仍在京剧团参加此事，恐需至年终。"[1] 到了 22 日，事情有了新进展，孙犁告诉韩映山："学习即将结束，剧本事又将紧张。新提纲已经拟出，明天开始讨论。但我近日感冒，关节痛，恐不能参加。"[2]

---

[1] 孙犁：《孙犁书札：致韩映山》，百花文艺出版社 2016 年版，第 4 页。
[2] 孙犁：《孙犁书札：致韩映山》，百花文艺出版社 2016 年版，第 5 页。

到了1973年，这段公案还没有了结。3月7日，孙犁致信韩映山："王曼恬同志又叫改剧本，报社也不给任务了，剧本就要上演，实在插不进手去，不知怎样了此一段公案。"[1]

剧本的修改插不上手，王曼恬又让他参与，孙犁左右为难，终于想出一个办法：完全按照自己的思路，自己动手写了一个剧本，然后上交了事。5月13日，在给韩映山的信中，他这样说："我自己尝试写了一个京剧本，现整理出了三场，当然很不像样子，只是供给剧组同志们参考，假如人家愿意参考的话。"[2] 但他写的东西，实在不像样板戏，因此没有被采用。

这个名为《莲花淀》的剧本，孙犁并没有舍去，后来发表在保定文联主办的一份文学刊物《莲池》上。《莲池》创办于1979年，是一份双月刊，一共办了五年，开始是内部发行，从1981年起正式公开发行。在《莲池》创刊号上，刊出了一组《孙犁书简》，第二期刊发了孙犁创作的京剧脚本《莲花淀》，同时刊发了《京剧脚本〈莲花淀〉自序》，这篇序文在收入《秀露集》时，改题为《戏的梦》。

孙犁创作的《莲花淀》，女主角叫"曹莲花"，是一位抗日区长，是以曹真为原型创作的，在塑造这一人物的时候，孙犁并没有使她每场都出现，因为《芦花寨》那个剧本，女主角的唱念做打的任务十分繁重，因此有意识地削减了一些女主角的戏份。现在看来，孙犁在塑造曹莲花这一人物时，也不可避免地带上了一些"革命样板戏"的色彩，由下面这段唱可以略窥一斑：

曹莲花：

（内唱）县委会领任务急往回赶，

（上，唱）乘小舟遇顺风似箭离弦。

穿芦塘过苇丛又来到莲花淀，

[1] 孙犁：《孙犁书札：致韩映山》，百花文艺出版社2016年版，第17页。

[2] 孙犁：《孙犁书札：致韩映山》，百花文艺出版社2016年版，第19页。

心情激动就好比波滚浪翻。

……

民族战已到了相持阶段，

黎明前还要有相当困难。

我军民团结紧冲破黑暗，

在水淀打敌人把边区支援。

……

我不能单纯的军事观点，

回村庄把群众紧急动员。

工作中一定把政策体现，

把青春奉献给这大好河山。[1]

在塑造反面人物时，由于没有那么多条条框框的限制，反而写得真实可信。一些唱段还揭示了他们的内心世界。例如伪军贾六的一段唱：

为人不要当伪军，

每天伺候外国人。

当汉奸最可怜，

每月为的几块钱，

……

主要是名声不好听，

亲戚朋友都"膈应"

回家更是不好看，

老婆孩子不待见。

当汉奸如同做噩梦，

[1] 孙犁：《莲花淀》，《孙犁全集》第10卷，人民文学出版社2004年版，第238—239页。

遇见八路就要送命。

死后留下臭名声，

历史问题弄不清。

这些全不去管它，

脚下留神别把地雷碰。[1]

在对日军头目的描写上，孙犁也是十分“细腻”。日军队长三木，乘汽艇“扫荡”莲花淀时，有这样一段唱：

出发前行敬礼面向扶桑，

我三木在海外效忠天皇。

护身符紧紧地挂在身上，

要为那武士道精神增光。

我衷心祈求那神灵下降，

此一去保平安胜利返航。[2]

孙犁还为这个敌军头子设计了这样一段内心独白：

（登舟，站立船头）自离三岛，很少看到水乡景色，见此碧水晴天，红霞白鹭，不免引动乡思，黯然神伤。离家已经六载，圣战终无了期，久别妻女，只能相见于睡梦之中。[3]

如此富有“人情味儿”的伪军和日本鬼子，自然是不合时宜，甚至是大煞风景的。这样的剧本不可能通过，更不会采用。

至于那个名为《芦花淀》样板戏，也并非一无是处。1974 年初，天津市文化局革委会组成的演出代表团，参加了在北京举行的“华北地区文艺调演”，《芦花淀》获得优秀剧目奖。这出戏一直到 1977 年仍在演出，

[1] 孙犁：《莲花淀》，《孙犁全集》第 10 卷，人民文学出版社 2004 年版，第 240 页。
[2] 孙犁：《莲花淀》，《孙犁全集》第 10 卷，人民文学出版社 2004 年版，第 248 页。
[3] 孙犁：《莲花淀》，《孙犁全集》第 10 卷，人民文学出版社 2004 年版，第 248 页。

1978 年还由上海电影制片厂拍成了电影，由于时代变迁，影片虽然没有公映，但有电影海报留存下来，还灌制过唱片。按当时样板戏的标准，这出戏还是有些亮点的。

《芦花淀》剧本署名为集体创作，赵大民执笔。此剧的创作，几乎贯穿整个 70 年代，孙犁参与顾问，不过两年时间，所留下的《莲花淀》剧本与《芦花淀》没有什么关系。

孙犁在《戏的梦》这篇回忆文章中，并没有提及赵大民的名字，仿佛在有意回避。

孙犁逝世后，赵大民将《铁木前传》改变成了舞台剧。他在《走进孙犁的心灵世界——〈铁木前传〉改编手记》中，回忆了自己和孙犁的交往：

1972 年“文革”后期，由于一次特殊的机缘，使我有一段较长时间与先生接触。从天津到白洋淀，至少有两三个月时间朝夕相处。没有采访任务的时候，也聊聊天儿，天南海北，谈诗论世，从“文革”遭遇到家庭琐事，无所不谈。通过那一段生活，使我对先生有了进一步的了解，也可以说建立了一定的友情。我觉得先生平易近人，性格开朗，不乏幽默，高兴时不拘行迹，有时哈哈大笑，同王林（老作家，长篇小说《腹地》的作者）两个老战友之间经常开玩笑。这使我想到先生在小说里的若干幽默笔墨，原来是作家天性里本来就有的。[1]

或许是与孙犁的交往，使赵大民从 1972 年开始，便萌生了把《铁木前传》改编成舞台剧的想法，他对《铁木前传》情有独钟，从最初阅读那天起，便觉得这篇小说非常适合改编成舞台剧。2013 年，孙犁百年诞辰到来之际，他终于拿起笔来，实现了多年的夙愿。

---

[1] 赵大民：《走进孙犁的心灵世界——〈铁木前传〉改编手记》，《天津日报》2013 年 5 月 2 日。

第二十二章　梦中挣扎

花甲之年

1972年11月，孙犁终于搬回多伦道宿舍，那是一栋苏州园林式的别墅，两间给孙犁、两间给了文艺组组长李夫。据说，搬回来之前，报社已经对房屋进行过大修，只是门窗的玻璃，就用了好几箱。由此可以推断，这座房屋，在运动期间，门窗全部被损坏了。搬回来之后，孙犁和张保真对房屋内部做了彻底的修整和清扫，扫除地板上的垃圾，清理厕所的粪便，刷洗墙上的标语，很是费了一番周折。好在经过劳动改造，这些活计倒是驾轻就熟了。

除去到报社上班，孙犁恢复了修补旧书的生活，他为那些书籍包上书衣，并在上面写上一些文字，形成他独有的“书衣文”。此时，他与张保真正处于柔情蜜意之时，在给韩映山的书信中，落款都是孙犁和张保真两个人。

1973年，孙犁已经六十岁，正式步入花甲之年，身体也越来越不好。1月31日，致信韩映山，谈自己最近犯病情况：“一天下午去上班，觉精神很不好，夜晚归来，即发现头晕目眩，还是不愿到医院，耽误一天，经保真和报社同志催促，方至医院诊查。经内、脑、耳三科会诊，断定为脑血管硬化及痉挛所致，后又到海光寺军医院做一脑血流图，证实脑血管失去弹性，硬化且较严重。告知注意事项，并云发展下去，易致偏瘫。”他十分关心韩映山的创作，希望他认真坚持不懈地写，如果有打印稿，仍希寄给他看看。[1]

1972年，《天津文艺》开始试刊。1973年，《天津文艺》正式创刊，张继尧任主编，李霁野、孙犁、蒋子龙任编委，刘怀章、冉淮舟为具体负责人。

刘怀章与孙犁相识于20世纪60年代初，当时，他在《河北文学》任编辑，河北省省会尚在天津，因此与孙犁交往较多。《河北文学》每年都举办青年作者创作班，每次办班，刘怀章都要带领几位青年作者去拜访孙犁，请他指导。到“文革”前，刘怀章带领不下二十几位青年作者拜访过孙犁，很多人都成了知名作家。“文革”初，河北省省会迁到保定，两人几乎没有见面。1972年，刘怀章调入天津文艺创作评论室，又有了和孙犁见面的机会。

1968年，“文革”进入斗、批、改阶段，冉淮舟主动要求去了白洋淀、保定棉纺厂劳动锻炼；1969年，到天津在河北涉县正在筹建的钢铁基地瓦工班，与工人同吃同住同劳动，将近三年时间。劳动之余，他创作了讴歌抗日小英雄的中篇小说《小侦察员》，反映经济建设的长篇小说《建设者》。1972年，天津开始创办《天津文艺》，冉淮舟回到天津，协助刘怀章工作。他和刘怀章经常去看望孙犁，当时孙犁还住在佟楼新闻里潮湿的小平房里。

但是两人都没有想到，在《天津文艺》这段工作经历，差点成为两人的“滑铁卢”，而且使他们与孙犁的友情受到了极大伤害。

《天津文艺》第一期试刊中“小说散文”栏目，占据头条的是蒋子龙的短篇小说《三个起重工》，而且标明了蒋子龙的身份——天津重型机械

[1] 孙犁：《书信·致韩映山》，《孙犁全集》第11卷，人民文学出版社2004年版，第159—160页。

厂工人。这篇小说引起了王曼恬的注意，她做出批示，要报社和文联、作协，组织文艺家对蒋子龙的作品进行评论。在两个月的时间内，关于这篇作品的评论文章发表了几十篇，王曼恬在全市宣传系统大会上，称蒋子龙是最有前途的工人作家，并要求文联和作协对他重点培养。

1973 年 2 月，《天津文艺》出版了创刊号，占据头条的依然是蒋子龙，选载了他的中篇小说《弧光灿烂》，创刊号上还发表了天津工人业余文艺评论学习班金隋功的评论文章《谈〈三个起重工〉人物性格的塑造》。

当初，“天津日报”社的革委会主任王亭，要孙犁担任报社文艺组的顾问，孙犁一笑置之。过了一段时间，又让他担任报社的顾问，孙犁还是拒绝。最后，市里给孙犁落实政策，当了《天津文艺》的编委。

当时很多人都积极写稿，在报刊上亮相，但是孙犁一篇文章都不写。他回忆说：“在‘四人帮’还没被揭露之前，有人几次对我说：写点东西吧，亮亮相吧。我说，不想写了，至于相，不是早已亮过了吗？在运动期间，我们不只身受凌辱，而且画影图形，传檄各地。老实讲，在这一时期，我不仅没有和那些帮派文人一较短长的想法，甚至耻于和他们共同使用那些铅字，在同一个版面上出现。”[1]

冉淮舟在劳动锻炼期间，创作了长篇小说《建设者》。1973 年 6 月 9 日，孙犁给他写了封信，谈自己对刊物登载的小说《建设者》片段《绿水青山》的印象：“行文流畅，语言精练，感情激动，人物鲜明。以上是优点所在。好像也有些缺点，提一些参考意见如下：一、小说主要矛盾，要具有时代和生活的典型性，它所联系的生活幅度要广泛，它和主要人物的性格典型化要统一。二、你写小说，景物描写在行文中占的比例太大，叙述多于刻画。三、每章应该有一个中心，有一个结构，现在的松散了一些。所谈是理论，

[1] 孙犁：《文字生涯》，《孙犁全集》第 5 卷，人民文学出版社 2004 年版，第 67-68 页。

实际上这几点是我做不到的。”[1]

7月一天，孙犁把刘怀章叫到家里，请他为小女儿孙晓玲物色对象。孙犁说，玲子都二十五岁了，婚姻问题该解决了。近来为这事我睡不着觉，她母亲不在了，孩子大了，你们创评室年轻人多，看看有没有合适的，帮着物色物色。刘怀章想了想，提出了两个人。一个是部队转业下来的，搞版画的，三十刚出头，人很耿直，长得也不错，就是脾气不好，有些暴躁。孙犁当即把这个否定了，认为脾气不好，怕女儿受气。另外一个南开大学中文系毕业，二十六岁，做文学编辑工作，孙犁对这个青年感兴趣，说让他先看看，如果行，再和人家透露透露。第二天，刘怀章带着这位青年以拜访孙犁为名，和孙犁见了面。事后孙犁和刘怀章说，这个青年哪儿都好，就是“娃娃脸”，缺少男性气质，结果也给否了。后来在别人的帮助下，孙晓玲找了一个人品、事业都很好的摄影师。

张保真是个性格外向的人，喜欢在外面跑，孙犁虽然不好动，有时也随着她外出游览，算是调剂一下枯燥的生活。这年秋天，两人到盘山游览。盘山在蓟县西北十五公里处，距离天津市区一百一十公里，是有名的风景胜地。当时蓟县刚刚由河北省划归天津管辖，盘山还是一个穷山区。这次游览，给张保真留下了很好的印象，过了一段时间，便申请到蓟县体验生活。孙犁的手在夏天受了伤，缝了五针，虽然还不大灵活，但是还要自己学做饭。

王曼恬兼任国务院文化组党组成员后，分管全国美术工作，每星期到文化部一两次。她提出“美术创作也要搞‘三突出’”，并组织了一个改画小组，把所有参加全国美展的作品改得符合当时的“艺术标准”，她还组织策划了一场声势浩大的批“黑画”运动。

1974年2月15日，批“黑画”展览在中国美术馆举办，后又移至人

---

[1] 孙犁：《书信·致冉淮舟》，《孙犁文集（补订版）》（9），百花文艺出版社2013年版，第153页。

民大会堂展出，共展出了十八位画家的二百余幅“黑画”，其中有黄永玉、李苦禅、关山月、石鲁、潘天寿、丰子恺、黄胄、彦涵等人的作品。1974年4月初，孙犁和《天津日报》的鲁思、石坚、李夫等人，被要求到北京参观“黑画展览”，他回忆道：

机关的一些领导人，要去参观，也通知我去看看，说有车，当天可以回来。

我有十二年没有到北京去了，很长时间也看不到美术作品，就答应了。

在路上停车休息时，同去的我的组长，轻声对我说：“听说彦涵的画展出的不少哩！”我没有答话。他这是知道我房间里挂有彦涵的木刻，对我提出的善意警告。

到了北京美术馆门前，真是和当年的小靳庄一样，车水马龙，人山人海。“四人帮”别无能为，但善于巧立名目，用“示众”的方式蛊惑人心。人们像一窝蜂一样往里面拥挤。这种场合，这种气氛，我都不能适应。我进去了五分种，只是看了看彦涵同志那些作品，就声称头痛，钻到车里去休息了。[1]

孙犁藏有彦涵一幅木刻作品，就挂在自家的书房里，上面刻的是一位陕北牧羊老人，手里抱着一只羊羔，身边站立着一只老山羊。从北京回到天津后，他并没有把这幅画取下来。他意识到，过去，我们太怯弱了，太驯服了。

这次北京之行，并非如孙犁所言“我有十二年没有到北京去了”。一年前，孙犁有过一次北京之行。1973年5月17日，孙犁写给冉淮舟的信中说：“月前去北京一次，看了几个老同志，并乘兴游览了长城及十三陵，我有十多年没去北京了。”[2] 这次去北京，是和张保真一起去的，有感谢

---

[1] 孙犁：《画的梦》，《孙犁全集》第5卷，人民文学出版社2004年版，第176页。
[2] 孙犁：《书信·致冉淮舟》，《孙犁全集》第11卷，人民文学出版社2004年版，第121页。

魏巍等人的意思，至于游览风景区，则是兴致所至之事。

一到夏季，孙犁所住的房子开始漏雨，每到雨天，几乎每间屋子都要漏水。天晴以后，给房管站打电话，没人理会。孙犁只好亲自上门去请，来人登记了一下就没了下文。有人告诉他，要想房管站给你修房，必须送礼。又有人说，点心和香烟之类的东西不顶用，必须要送手表、大衣柜之类的东西才行。可是这些东西，孙犁自己都买不起，只好死了修房的念头。房管站却又不断派人来，登记漏房户。孙犁明白他们的意思，只要他们一问房子漏不漏，就赶紧说：不漏。连屋子都不想让这些人进来。

张保真总是嫌他吝啬。当初在佟楼居住的时候，查抄的书籍发还了，但是无处安放，孙犁便择无关紧要者，分赠尚有来往的那些年轻人，韩映山、艾文会、李克明等人都得到过他的赠书。张保真喜欢交往，便把其中的一些小说分赠朋友，孙犁存有很多字帖，张保真的朋友喜欢书法，于是这些字帖又不见了。

有一天，她竟然要把孙犁四木箱的三希堂贴送人。孙犁舍不得，有些为难地说："听说这些东西，现在很值钱呢，日本人用一台彩色电视机，还换不去呢！真可以说是价值连城呢！"

"你呢呢嘛？吝啬！"对方大声斥责道。

他们在佟楼居住的时候，经常受到周围人的欺辱、侵占、扰乱和破坏。"解放"之后，情况有所好转，还是经常发生不愉快，院子里的人都不愿意和他说话，就是小孩子也经常使坏。王林送他一棵小香椿树，他栽在窗台下，一天夜里被人拔走了。发还了收音机，开开试听了一下，就从墙外飞来一块砖头，几乎把窗玻璃砸碎。孙犁有一只大鱼缸，因为屋里没地放，就放在了自己搭盖的小厨房里，一天夜里，被人撬开门偷走了。造成这种局面，张保真认为是吝啬所致，如果能够仗义疏财，广交朋友，处境就会好很多。她责怪孙犁：大难临头，把稿费上交国库，谁会领情？为什么不分赠各位革命群众，特别是造反派的头头？

为了验证自己的正确，她上街买了很多好吃的东西，招呼院中的孩子们过来，一人一个苹果，一大把糖。然后对孙犁说："你明天再弄一棵香椿树，看还有人给你拔走不？"孙犁虽然心怀不满，但只能隐忍。[1]

1974年7月2日，冉淮舟将"文革"前孙犁送他的《风云初记》带来。此前，孙犁曾让他代为寻找此书，冉淮舟一时找不到，只好将孙犁的赠书回赠。见到这部长篇小说，孙犁感慨万千，在书衣上写了如下文字：

展读之下，如于隔世，再见故人。此情此景，甚难言矣。著作飘散，如失手足，余曾请淮舟代觅一册，彼竟以自存者回赠，书页题字，宛如晨星。余于所为小说，向不甚重视珍惜。然念进入晚境，亦拟稍作收拾，借慰暮年。所有底本，今全不知去向，出版社再版，亦苦无依据，文字之劫，可谓浩矣。尚不如古旧书籍，能如春燕返回桂梁也。

当时批判者持去，并不检阅内容，只于大会发言时，宣布书名，即告有罪。且重字数，字数多者罪愈重。以其字多则钱多，钱多则为资产阶级。以此激起群众之"义愤"，作为"阶级斗争"之手段。尚何言哉。随后即不知抛掷于何所。今落实政策，亦无明确规定，盖将石沉大海矣。

呜呼！人琴两亡，今之习见，余斤斤于斯，亦迂愚之甚者矣。收之箱底，愿人我均遗忘之。[2]

就在同一天，在整修《战争与和平》一书时，孙犁在书衣上写下了这样的文字："余幼年，从文学见人生，青年从人生见文学。今老矣，文学人生，两相茫然，无动于衷，甚可哀也。"[3]

随着相互了解的加深，孙犁与张保真性格等方面的差异越来越明显，

---

[1] 孙犁：《芸斋小说·幻觉》，《孙犁全集》第7卷，人民文学出版社2004年版，第6–7页。

[2] 孙犁：《书衣文录·风云初记》，海燕出版社2017年版，第41–42页。

[3] 孙犁：《书衣文录·战争与和平》，海燕出版社2017年版，第42页。

不和谐音符越来越多，他开始反思自己的这段姻缘。7月12日，整修《东坡逸事》，反思自己："余性犹豫，虽片纸秃毫，亦有留恋。值大事，恐受不能决断之害。"[1]

7月13日，整修《天方夜谭》（文言译本）并记下当日感慨："此次阅读数篇，人生怪事，何必天方？年老不愿读小说，非必认小说为谎言也。人陷于情欲，即如痴如盲，孽海翻腾，尚以为风流韵事也。"[2]

8月17日，整修《历代诗话》《脂砚斋红楼梦辑评》，以书衣文记下自己的情状与反思："一、二年中，风波时起。猜疑深匿心中，遇机即爆发，恐终至于决裂。处事：明而后决，不留疑窦；行之而疑，我之大过。""自寻烦恼，不能尤人。又不能达，又不能忍，痛苦将来怠愈深。"[3]"深念情欲惑人，踏入时，直如黑白不辨，是非颠倒。及至脚下感到泥泞，则又愈拔愈陷，灭裂而后已。"[4]

8月30日，致信韩映山，告知自己将于9月2日去保定，想看看一些熟人，希望给他找一个能够吃饭睡觉的地方，并且言明，自己是经保定回老家，只有他一个人。[5]

9月2日，孙犁回安平老家。本想经保定，但因修路，便直接改去安平，在安平住了将近一个月，身体有所好转，但后来患胃病，到石家庄休息数日，见到田间、李满天以及暂时在《河北文艺》工作的吴泰昌。因担心节日迫近，火车拥挤，便返回了天津。

---

[1] 孙犁：《书衣文录·东坡逸事》，海燕出版社2017年版，第43页。

[2] 孙犁：《书衣文录·天方夜谭》，海燕出版社2017年版，第43页。

[3] 孙犁：《书衣文录·历代诗话》，海燕出版社2017年版，第44页。

[4] 孙犁：《书衣文录·脂砚斋红楼梦辑评》，海燕出版社2017年版，第44页。

[5] 孙犁：《书信·致韩映山》，《孙犁文集（补订版）》（9），百花文艺出版社2013年版，第196页。

决心离异

1975年1月16日，张保真早起外出，至晚八时方回。孙犁询问，张保真出言不逊，而声音颇怪。孙犁大怒，立即请邻居李夫来，“声明离异，所言多伤感情，彻夜未眠，念念要下决心。而此等事，决心实甚难，晚年处此，实非幸也”[1]。李夫是孙犁的行政组长，党支部书记。1月18日，整修《全宋词》（三），以书衣文记下当下感慨：“人知珍惜自身名声，即知珍惜他人感情，亦能知珍惜万物。然亦不必尽如此。”[2]

2月6日，在家整修《本草纲目》，感慨道：“余修书以排遣烦恼，而根源不除，烦恼将长期纠缠于我身。”[3] 2月7日，在家整修《全宋词》，在书衣上写道：“王林评我：多思而寡断。此余之大病也。一生痛苦，半由人事，半由劣根，思之自恨不已。今年春节恐难平度也。”[4]

1975年3月8日，在给韩映山的信中，孙犁谈到了自己和张保真的关系：“收到来信很久了，破例延迟了复信。其原因是家事，我与张保真基本上已经决裂。这你或不致惊异，当初基础不牢，故甚易垮台也。”“现我一个人生活，有一人帮忙做饭。以后如不行，想把小玲接来同住，她已有小孩，我又怕吵闹，看看再说。”[5] 写这封信的时候，张保真已经赌气搬离了孙犁那里，到工作单位住宿了。这位做饭的人，还不是杨玉珍。虽然杨玉珍也是在1975年走进孙犁家当保姆的，但在这之前，还有一两个人，待的时间都不长。

3月11日，孙犁从摄影部索求旧封套，在家整修《京师坊巷志稿》《明

---

[1] 孙犁：《书衣文录·全宋词（二）》，海燕出版社2017年版，第55页。

[2] 孙犁：《书衣文录·全宋词（三）》，海燕出版社2017年版，第55页。

[3] 孙犁：《书衣文录·本草纲目》，海燕出版社2017年版，第63页。

[4] 孙犁：《书衣文录·全宋词（四）》，海燕出版社2017年版，第63页。

[5] 孙犁：《书信·致韩映山》，《孙犁文集（补订版）》（9），百花文艺出版社2013年版，第197页。

宫史》及《晏子春秋集释》（上）等书，“时只闻壶水沸声，其他情景，不可知也”[1]。这天中午，他给韩映山写了一封信，信中说道：

这样快，就收到了你劝慰我的信，甚为感谢。

约略言之，结婚数年以来，我对此人的印象是：不地道，不可靠，不懂事。婚前即有所察觉，你也知道一些，但当时感情用事，不能明断，即如与其前夫关系，此已非常情所能容忍，但我竟原谅之，但屡教不改，毫无廉耻，因此今年来，我心中颇有受骗的想法，在钱的问题上，警惕颇深，她很不满。今年春节因小事发，屡次吵闹，且甚为嚣张，似有步骤，有背景，有离异决心，要求到干校去了。

最近一次交锋，我大愤怒，险些没出大事，细思这样一个人，会把我弄到这种地步，因此决心与她离婚，已通知她的单位。

这种遭遇，当非晚年幸事，咎由自取，与老魏无关，但此人今日所表现，完全是和她第一次结婚后的路子相同，与我结婚不过是为了进天津当干部而已。[2]

这封信不仅仅是说了一些赌气的话，而且涉及两人矛盾的焦点。应该说，在孙犁看来，张保真品行有问题——不地道、不可靠、不懂事，对她做出了彻底的否定。对于这些问题，孙犁在“婚前即有所察觉”，究竟察觉多少，不大好说。冉淮舟回忆说：

与张保真的结合，从一开始就不太祥和。未同居时，有一次孙犁同志赞扬张信的文字——“我可能像是流星一样，在你的眼前划过。”同居不久，即发生纠葛，孙犁同志对我说：“结婚四天后，就想和她分开。”没说具

[1] 孙犁：《书衣文录·京师坊巷志稿》，海燕出版社 2017 年版，第 67 页。
[2] 孙犁：《书信·致韩映山》，《孙犁文集（补订版）》（9），百花文艺出版社 2013 年版，第 197–198 页。

体原因，我也不便问，估计是年龄差距，性格不合，生活不适。[1]

孙犁和张保真年龄差距较大，相差十六岁。对这一点，双方都很清楚，应该有充分的思想准备。性格差异可能是导致两人产生隔阂的更为主要的原因。过去，孙犁一直生活在一种传统的旧式婚姻模式下，习惯了男人为一家之主，女人夫唱妇随的生活状态，由此形成的思想观念和生活习惯，是根深蒂固的。张保真是新式女性，也是知识女性，男女平等和独立意识都很强烈，与孙犁产生冲突是不可避免的。

这封信令人吃惊的是孙犁讲到了张保真与其前夫的关系。孙犁用了"非常情所能容忍""屡教不改，毫无廉耻"等词语，不仅说明事情的严重性，而且也令人浮想联翩。但是了解内情的冉淮舟等人认为，张保真与前夫保持性关系的可能性不大。在那种年代，生活作风问题是天大的问题，两人是离异关系，张桂又是一名军人，没有必要触碰红线。最大的可能，是与其前夫所生的女儿有关。

张保真和前夫育有一个女儿，离婚时判给了男方。张保真和孙犁结婚后，把女儿带到天津上学，自然要和孙犁生活在一起。孙晓玲回忆说："张姨的女儿叫小青，不太白可五官精致，戴一副黄边眼镜，特别爱看书，见了我总是'小玲姐''小玲姐'地叫。父亲并不是愿意家里老有亲朋住，可也克服着，对她很和气。"[2]

孙犁对于别人住在家里十分不习惯，多年来都是如此。不论何种出身、何种地位的亲朋好友来访，孙犁很少留饭，更不会留宿。结婚后，与性格差异较大的张保真都难以适应，如果再加上个孩子，会让他更加难以容忍，

---

[1] 冉淮舟：《致金梅（六四）》，《平原文学信稿》（上），天马出版有限公司2009年版，第321页。

[2] 孙晓玲：《断肠一曲"怀妻篇"——记我的父亲孙犁之十六》，《天津日报》2010年7月8日。

由此所累积的负面情绪肯定是胀满胸膛的。

由于女儿这一中介，张保真自然要和前夫保持某种联系，这种联系至少是物质层面的——主要是在金钱方面，所以孙犁才会说自己“在钱的问题上，警惕颇深”，他可能感觉自己要当“冤大头”。如果双方再有一些情感上的交流，那么这种关系就会变得有些微妙和复杂。

另外，孙犁对张保真与其结婚的动机是十分怀疑的，认为她结婚的目的，就是为了调入天津这样的大城市当干部。目的达到后，便开始吵闹离婚，而且有步骤、有背景、有决心。孙犁断言，张保真的做法“完全是和她第一次结婚后的路子相同”。

虽然下决心离异，但是情感之事丝丝缕缕，很难一下理清，更不易斩断。

张保真赌气搬出去住，在别人的劝说下，还是搬回来住。3月12日晚上，又与孙犁又发生了纷争。孙犁感到疑惑不解，感言“近日情状，颇似一篇《聊斋》故事”[1]。3月17日，一边修书，一边考虑与张保真关系，“有晚离不如早离之想”[2]。

个人情感让他心乱如麻，文坛现状也令他失望愤懑。3月30日，孙犁整修《河海昆仑录（上）》，自拟小标题《今日文化》，然后写下了下面一段文字：

这是和平环境，这是各色人等，自然就有排挤竞争。人事纷纭，毁誉交至。红帽与黑帽齐飞，赞歌与咒骂迭唱。严霜所加，百花凋零；网罗所向，群鸟声噤。避祸尚恐不及，谁肯自投陷阱？遂至文坛荒芜，成了真正无声的中国。他们把持的文艺，已经不是为工农兵服务，是为少数野心家的政治赌博服务。戏剧只有样板，诗歌专会吹牛，绘图人体变形，歌曲胡叫乱喊。书店无书，售货员袖手睡去。青年无书，大好年光虚度。出版的东西，

---

[1] 孙犁：《书衣文录·七修类稿（上）》，海燕出版社2017年版，第68页。

[2] 孙犁：《书衣文录·现存元人杂剧书录》，海燕出版社2017年版，第69页。

没人愿看。家家架上无自购之书，唯有机关发放之本。转日破烂回收，重新返回纸厂。如此轮回，空劳人力。[1]

这段简短的文字，反映了孙犁犀利的政治眼光和深刻的思想。经过数年的政治运动，孙犁已经把这一切看透，在“四人帮”横行的岁月里，发出了促人警醒的呐喊！

4月2日，孙犁在《郑板桥集》上题：“三月末，家来客，二位小姐。余心不靖，意态有烦。而张以为慢，遂强打精神应付之。今日下午，二客外出，乃裁纸包书，而心中甚不平。此病态也，余当戒之。”[2] 虽然不时自省自警，告诫自己戒除病态心理，但是很多事情难以自控。这天下午，他在《梨园按试乐府新声》书衣上题：“送走二位女客，正要清净，晚上又有小伙子前来探问，实令人烦。”[3]

孙犁的这种态度，自然让张保真不满，很可能一赌气，又住到单位去了。4月7日，孙犁写下了这样几句书衣文：“其来也不意，其去也不解，如花如露，如影如幻。晚年脆弱，非幸遇也。”[4] 第二天上午，写下了这样几句：“粘连破纸，窗外春光，映射桌案，追怀近事，心实感之。”[5] 孙犁善于写女孩子，但是并不善于处理自己与女性之间的情感问题，遇到张保真这样富有主见和个性的知识女性，他感到无所适从，困惑和苦恼是在所难免的。对这段感情，孙犁还是很珍惜的，不断进行自我反省，力求纠正自己性格上的缺陷，在整修《海日楼札丛》时，他这样警示自己：“晚年多病，当谨言慎行，以免懊悔。余感情用事，易冲动，不明后果，当切戒之。”[6]

---

[1] 孙犁：《书衣文录·河海昆仑录（上）》，海燕出版社 2017 年版，第 72—73 页。
[2] 孙犁：《书衣文录·郑板桥集》，海燕出版社 2017 年版，第 73 页。
[3] 孙犁：《书衣文录·梨园按试乐府新声》，海燕出版社 2017 年版，第 73 页。
[4] 孙犁：《书衣文录·许庼学林》，海燕出版社 2017 年版，第 74 页。
[5] 孙犁：《书衣文录·唐代长安与西域文明》，海燕出版社 2017 年版，第 74 页。
[6] 孙犁：《书衣文录·海日楼札丛》，海燕出版社 2017 年版，第 78 页。

情感不顺，也就容易感伤自己的人生际遇。4月12日，他在《铁木前传》的书衣上写下了一段文字：

此四万五千字小书，余既以写至末章，得大病。后十年，又以此书，几至丧生。则此书于余，不祥甚矣。然近年又以此书不存，颇思得之。春节时，见到林呐同志，为致此意。昨日，林以此交人带来，并附函喻之以久别之游子，“当他突然返回家乡时，虽属满面灰尘，周身疮痍，也不会遭遇嫌弃的吧”。呜呼，书耳，无知之物。遭际于彼并无觉怨，而常以非常反响作者，而作者非谓无知也。世代多士，恋恋于此，亦可哀矣。[1]

总是被消极情感和愤懑情绪所困扰，身体也开始出现一些不良的征兆。4月14日早晨起来，孙犁打扫卫生，因为不断弯腰，直立时忽然眩晕起来，脚下绵软，几乎站立不住。上班后到医务室看病，量了一下血压，倒还正常，脉搏稍快，但是心脏主动脉第二音亢进，这是血管硬化的结果。检查完身体回来，想到明天是老伴的忌日，便在《营造法式(二)》的书衣上写道：“忆明日为亡妻忌日，泉壤永隔，已五年矣。余衰病如此，不堪回首之思矣。”[2]

但是，两人之间的冲突不断，可以想见，张保真不想再维系这段感情了。5月14日，孙犁在《七种后汉书》上题：“十四日晚，余已睡下。因事激动。及起身小解，全身寒战不已，过去无此现象也。时时有伤身之忧，而又不能断然处置，后患正无穷也。”[3]到了16日，孙犁在《全唐诗》十一册上题：“阴历四月初六也，为余生日，与小女共食面。年六十三岁，身德不修，遭逢如此，聊装旧籍，以遣心怀。”[4]也就是说，14日晚吵架之后，张保真再次负气出走了。同日，整修冯梦龙著《古今谭概》，读之有所顿悟：

---

[1] 孙犁：《书衣文录·铁木前传》，海燕出版社2017年版，第75页。
[2] 孙犁：《书衣文录·营造法式（二）》，海燕出版社2017年版，第76页。
[3] 孙犁：《书衣文录·七种后汉书》，海燕出版社2017年版，第85页。
[4] 孙犁：《书衣文录·全唐诗》，海燕出版社2017年版，第80页。

“此书开卷，谈决裂耽误之因，使余两月来大惑不解之迷，顿然觉悟。所有过失，皆因迂与怯耳。”[1]这是孙犁自己对两人情感破裂的解读。为此，他给自己起了一个别号“善闇”。

在这种情感危机中，孙犁有马上再找一位老伴的冲动。因此，在情感上有过新的追寻。5月27日，他一整天都在整修旧书，既厌且疲，在《六朝墓志菁英》的书衣上记下了自己的一个梦：

昨夜乱梦，晨五时半起，沿多伦道向海河方向行，过嫩江路再一横路，折而右行，至鞍山道口。门牌鲜明，门户未启，仰视楼上，窗帘花丽。主人未醒，往返徘徊。至家，共历一小时。[2]

对这段文字如何解读，历来众说纷纭。冉淮舟给出了比较合理的解释。他说：“兴安路与鞍山道交叉口处，那里可能住着《天津日报》社的一位女同志，长得很漂亮，有人给孙犁同志介绍过（他曾在一文中提及）。”[3]和孙犁在同一单位工作，而且孙犁在作品中提起过，那么人选只有一个，就是孙犁最初属意的机关食堂里的那位中年妇女。

这种情感的追寻可能不止一次。这一年，孙犁在书衣之上，写下了很多富有个人情感色彩的句子。例如，孙犁在《续古文苑》第四册上题字：“在短短的三个月中，你在我的感情的园林里，形成一棵大树。你独承阳光，浓阴布地，俯视小草。”[4]这则文字，孙犁没有标明写作日期，在发表时，附在了1975年之后。有人认为，这段文字描写的是孙犁和张保真新婚后的情感。但是从时间上来讲是很难对应的。最大的可能是孙犁在与张保真发生情感危机后，追寻新情感的印迹。

[1] 孙犁：《书衣文录·古今谭概》，海燕出版社2017年版，第80页。

[2] 孙犁：《书衣文录·六朝墓志菁英》，海燕出版社2017年版，第83页。

[3] 冉淮舟：《致金梅（六四）》，《平原文学信稿》（上），天马出版有限公司2009年版，第321页。

[4] 孙犁：《书衣文录·续古文苑（第四册）》，海燕出版社2017年版，第80页。

1976年1月21日，整修《寒夜丛谈》，他在书衣上回忆了自己的一段感情经历："去年此时，一小鸟扑入室内，方思永伴，又受惊一逝不返。余在青岛时，伫立海滨，见海鸥忽下浴于海水，忽上隐于云端，其赴如恋，其决如割。痴心相系，情思为断。小钟嘀嗒，永志此缘。"[1]看来，他的情感并非波澜不兴。

张保真离家而去，对新情感的追寻也没有什么结果，孙犁只有感叹和遐想了。1975年5月29日晚上，他在《湖海诗传》上题："人之相逢，如萍与水。水流萍滞，遂失其侣。水不念萍，萍徒生悲。一动一静，苦乐不同。"[2]同一天的晚上，在《元文类》上题："一人在室，高烛并肩，庭院无声，挂钟声朗，伏案修书，任其遐想。"[3]

在寂寞和挫折中，他回想了自己的大半生，胸中有诸多感慨，忽然萌生了自订年谱的想法。5月31日，他在《乐府诗集（二）》中，写下了如下文字："昨夜忽有拟自订年谱，然又怯于回忆往事。不能展望未来，不能抒写现实，不能追思过去。如此，则真不能执笔为文矣。"[4]第二天，他就写了《〈善闇室纪年〉序》，这篇序言无异于一幅惟妙惟肖的自画像：

在天津这个城市，住了二十五年。常常想离开，直到目前还不能走；住的这个宿舍，常常想换换，直到目前还不能搬家。中间虽然被迫迁移一次，出去三年，终于又回来了。我不知道要在这个地方，住到什么时候。

街上太乱太脏，我很少出门。近年来也很少有人来我这里。说门可罗雀是夸张的，闭门却扫却是不必要的。虽然好弄书，但很少能安心看书。有些人不愿去接近，有些语言不愿去听。我并不感到寂寞、苦闷，有时却

---

[1] 孙犁：《书衣文录·寒夜丛谈》，海燕出版社2017年版，第123页。
[2] 孙犁：《书衣文录·湖海诗传》，海燕出版社2017年版，第83–84页。
[3] 孙犁：《书衣文录·元文类》，海燕出版社2017年版，第84页。
[4] 孙犁：《书衣文录·乐府诗集（二）》，海燕出版社2017年版，第84页。

也觉得时间空过得可惜，无可奈何。

我很久、很久不写东西了。对于未来，我缺乏先见之明，不能展示其图景。对于现实，我固步自封，见闻寡陋，无法描述。对于过去，虽也懒于回忆，但究竟便于寻绎。因此想起了写个自传什么的，再向后退一步，就想订个年谱什么的，又觉得这个名称太堂皇，就改用了纪年的形式。这是轻车熟路，向回走的路，但愿顺利一些。

我自幼年，体弱多病。表现在性格方面，优柔寡断。多年从事文字生活，对现实环境，对人事关系，既缺乏应有的知识，更没有应付的能力。在各方面都是失败多，成绩少。声音将与形体同时消失，没有什么可以遗留于后人或后世的。

一生平平，确实无可取鉴。一生行止，都是被时代所推移，顺潮流而动作。在群众面前，从来不能发表独特的见解，表现超人的才略；在行动方面，更没有起过先锋的作用，建树较大的功劳。那么，这一年谱，就只能是记录：一己的履历，时代的流波，同行者的影子与声音，群众的帮助与爱护。

其中，有个人的兴起振奋，也有自己的悲欢离合。有崎岖，也有坦途。由于愚闇，有时也曾蹈不测的深渊；由于憨诚，也常常为朋友们所谅宥。认真记录下去，也可能有超出个人范围的一个时代的步伐，一个队伍的感情吧。

总之，在过去的几十年中，跟在队伍的后面，还幸而没有落荒。虽然缺少扬厉的姿态，所迈的步子，现在听起来，还是坚定有力的。对于伙伴，虽少临险舍身之勇，也无落井下石之咎。循迹反顾，无愧于心。

1975年6月1日，善闇记。

昨晚暴风雨，花未受损。今晨五时起床，为玉树换盆，并剪海棠一枝，插于小盏，验其活否。[1]

---

[1] 孙犁：《〈善闇室纪年〉序》，《秀露集》，人民文学出版社2012年版，第195—196页。

6月7日，整修《曲海总目提要》，在书衣文中提到："昨日，清理旧存原稿，凡有排样者，一律弃之。过去存这些烂纸，并委托淮舟保存，不知是何想法也。甚可笑。此封套，系淮舟保存稿件所用。"过去，孙犁对自己的稿件，颇有些敝帚自珍的意味，现在却都扔掉了。这种对过去创作的否定，实际是对文坛一种绝望情绪的反应。接着，他又写道："人恒喜他人吹捧，然如每日每时，有人轮流吹捧之，吹捧之词调，越来越高，就会使自己失去良知，会做出可笑甚至危险的事来。败时，吹捧者一笑散去，如小孩吹气球然。炮仗之燃放，亦同此理。"[1] 对文坛上的吹捧之风，他历来是深恶痛绝的。

对张保真的离开，孙犁还是耿耿于怀的。有一天，他把刘怀章和冉淮舟叫去，让去找找张保真，看看她到底是什么想法。刘怀章回忆：

这天下午，我二人与张某某约好了时间，晚上七点到和平区文化馆与张某某见了面，直谈到深夜十一点半。张某某铁了心要与孙犁分手。主要原因是两个人性格差异太大，生活习惯也不一样。我和淮舟分析，上面这两个因素是主要的，不可调和。孙犁从不喜欢出头露面，甘于寂寞，每日坐在屋内读书、写作，生活粗茶布衣，不贪美味；而张某某喜欢社交活动，愿意过热热闹闹的日子。时间长了，不和谐的矛盾自然就出来了。

我和淮舟把张某某的想法如实告诉了孙犁同志，同时也将张某某对分手的态度说了。张说，我和老孙这一段缘分是很可贵的，他永远是我的老师，我们分手后还是朋友。孙犁同志听完我们的汇报，凝神想了一会儿，接着右手拍了一下大腿，说："我明白了，那就分手吧！"然后微笑着说了两句对我和淮舟很满意的话。时间不久，张某某离开了孙犁同志。[2]

6月13日，整修《建炎以来系年要录》，孙犁写下了这样一则带有寓

[1] 孙犁：《书衣文录·曲海总目提要》，海燕出版社2017年版，第85–86页。
[2] 刘怀章：《无尽的思念》，《天津老年时报》2002年9月23日。

言性质的文字："昨晚台上坐，闻树上鸟声甚美。起而觅之，仰望甚久。引来儿童，遂踊跃以弹弓射之。鸟不知远引，中二弹落地，伤头及腹。乃一虎皮鹦哥，甚可伤惜。此必人家所养逸出者。只嫌笼中天地小，不知外界有弹弓。鸟以声亡，虽不死我手，亦甚不怡。"[1]如果把张保真说成是"逸出者"并不为过，"只嫌笼中天地小，不知外界有弹弓"既有气愤、斥责，更多的则是无奈吧！

6 月 24 日，致信韩映山：

我有很多缺点，你知道一些，有些不知道，其中最重要的是寡识和寡断。由于这种性格，我想等事情有个最后结果再告诉你，现在总算有了个结果：终于离开了。

这件事，只能作为我个人的痛苦而严重的经验教训结束。[2]

这里的终于离开，应该是指双方亮明了自己对这段婚姻的态度，在离异问题上达成了一致。也有人对这封信的时间质疑，认为这封信并非写于 1975 年，而是写于 1976 年，如果这样，也是说得通的，因为结局只有一个。

丢盔卸甲

1975 年的夏天雨水很大，孙犁所住的房子漏雨更加严重，庭院积水，一片汪洋。8 月 8 日，他在信中告知陈乔，新近有一个同口的学生到家里来，叫陈季衡，已经四十八岁，上学时十岁。他是 1946 年参军的，现在天津"支左"。一见面，很觉难得。[3]

---

[1] 孙犁：《书衣文录·建炎以来系年要录》，海燕出版社 2017 年版，第 86 页。

[2] 孙犁：《书信·致韩映山》，《孙犁全集》第 11 卷，人民文学出版社 2004 年版，第 164 页。

[3] 孙犁：《书信·致陈乔》，《孙犁全集》第 11 卷，人民文学出版社 2004 年版，第 215 页。

陈季衡是孙犁在同口小学任教时的学生。他的爱人梁执礼在天津市委政策研究室工作，有机会打听到孙犁的地址，陈季衡的三叔叫陈叔衡，“七七”事变后参加革命，先后在安新、第四军分区和蠡县工作过，1941年8月27日，陈叔衡领导的蠡县县大队被日寇包围，在激战中，陈叔衡牺牲。当时，他唯一的儿子陈建民出生不到两个月。孙犁曾写过《塔记——蠡县抗战烈士塔纪念碑》，但是把陈叔衡的名字写成了陈志恒，后来在陈季衡和陈建民的要求下，孙犁在自己的文集中，把名字改了过来。

经过一场浩劫，很多故友已经去世。1975年9月8日晚，孙犁重装远千里《三唱集》，追忆二人友谊，记下如下文字：“重装于一九七五年九月八日晚，再为此册题字，不禁泫然。我的字写得多难看！可是当时千里一定叫我写，我也竟写了。千里重友情，虽知我的字不好，还是要我写。”这是孙犁第二次在《三唱集》上题字，早在1975年4月13日晚，他修补《三唱集》时，就有过一篇较长的题记：

此系远的诗集，他在抗日期间，还写些歌词。书面题字是我写的。今天整理残书，去其污染，粘其破裂，装以薄纸，题记数语。

余于友朋，情分甚薄。无金兰之契结，无酒食之征逐，无肝胆之言语，无密昵之过从。因之无深交，多不详其家世、学历、年龄。

他是20年代书生模样，文质彬彬，风度很好，对我关心。数十年来，相与之间，无言语之龃龉，无道义之遗憾。

他写的诗，明白畅晓，我所喜爱。

人之一生，欢乐痛苦，随身逝而消息全亡。虽父母妻子，亦只能讲述其断片。此后，或有说者，或无听者；或念者少而忘者多。或知者不言，或言者不知。其见证较久远者，其为遗书。能引起我对远的全部回忆的，就是他这本诗集了。故珍重记述如上，以备身体较好，能有较详细的关于他的记述。[1]

书写这些文字之时，依然是冰天雪地，远千里等人尚未平反，孙犁却敢于写出这些文字，不仅需要勇气，更需要常人所不具备的远见卓识。

9月22日，孙犁在《郑堂读书记》书衣上记载两件事：一是《天津日报》女记者，1949年一同进城的周沱逝世，哀其才女命薄；二是行政科为半间房在佟楼新闻里打人，致一青年名三马者当场服毒而死。[2]

20世纪60年代，周沱任《天津日报》文艺部副主任，是一位才华横溢并且兢兢业业的优秀记者。她的丈夫名叫林青，是《天津日报》副总编辑，"文革"前夕调到《北京日报》任副总编辑，在"文革"中遭到迫害身亡。周沱没有随丈夫到北京去，仍旧在《天津日报》工作，受到丈夫事件的牵连，终因精神折磨，于1975年患癌症去世。

当初被赶到佟楼居住时，孙犁曾与三马为邻。孙犁搬走之后，三马那两个患精神病的哥哥回来了，他不愿意和两个疯人住在一起，偷偷住到了孙犁留下的那一小间空房里。很快被管房的人知道，带领一群人逼他搬出来。三马只是恳求，不肯搬家，几个人见他不搬，动手打了他，三马就从口袋里掏出一瓶敌敌畏，当场喝下去死掉了。听到这个消息，孙犁干枯已久的眼眶，突然充满了泪水。

与张保真的事依然没有了结。1975年9月28日，孙犁《扈从东巡日录》书衣上记载："向阳院号召修路，张出差。今日院中大兴土木，徭役恐从此繁重。洋灰走私户，较用于公益者为多。"[3]孙犁和张保真虽然决裂，但并未正式分手，大院修路，每家都要出工，张保真自然名列其中，她只好以出差搪塞。

---

[1] 孙犁：《书衣文录·三唱集》，海燕出版社2017年版，第91—92页。
[2] 孙犁：《书衣文录·郑堂读书记》，海燕出版社2017年版，第92页。
[3] 孙犁：《书衣文录·扈从东巡日录》，海燕出版社2017年版，第95页。

10月1日国庆节，庭院如市，街上人如潮涌。晚上，李之琏来探访。“文革”期间，李之琏受到了冲击，持续被批判，不过，他为人乐观，凭借顽强的毅力熬过了那段苦难岁月。1974年，在上级的关怀下，李之琏复出工作，并且官复原职。闲谈中，李之琏了解到孙犁的生活状况，尤其是和张保真的矛盾，便想写信给她，挽回他们的关系。李之琏与张保真十分熟悉，如果由他去做工作，事情可能会有转机。但是，孙犁劝阻了他。当时，张保真已经把自己的东西都搬走了，孙犁认为没有必要再多此一举。

孙犁开始清除与张保真有关的物品，张保真去农场的时候，买回来一只鸟，孙犁决定把它放掉。1975年11月23日，他在《茶香室丛钞》书衣上写道：“张去农场，用五角钱买得一只大山雀。捕鸟者谎之曰：此名为‘美鸟’，乃捕来‘出口’者。张请其选一善鸣者。而此鸟殊不能鸣。其声‘吱吱’如鼠叫，性且不驯，抛费粮食，余故放之。”并以散文笔法，写下了这样一段文字：

昨日清晨，将所养小鸟释放。彼将奋翅飞去，不失方向，觅得同类乎，或将遭遇强暴，冻死中途乎，余不得而知矣。总之，彼已结束此一次网罗之祸、笼牢之怨矣。笼居，虽日有饮食，且免危难，彼固不愿也。同群之思，山林之想，无时不萦于怀。一旦自由，虽死不顾。余知其必能归至旧巢，啾啾而鸣也。[1]

1975年12月18日，孙犁梦到了远千里。第二天，他在《清稗类钞》书衣上记载了此事：“余既于前夜哭骂出声，昨夜又梦辞职迁居等事。而慷慨助我者，则为千里。千里平头，扬扬如常日。此盖近日感寡助之痛，而使故人出现于梦境也。此小事，而纷萦心中如此之深，余所见太短小矣。”[2]

1975年12月30日上午，整修《陈老莲水浒叶子》，又想起了结发之妻：

---

[1] 孙犁：《书衣文录·茶香室丛钞（二）》，海燕出版社2017年版，第105页。
[2] 孙犁：《书衣文录·清稗类钞（三十六）》，海燕出版社2017年版，第109页。

此册系亡者伴我，于和平路古籍门市部购得。自我病后，她伴我至公园，至古董店、书店，顺我之素好，期有助我病速愈。当我疗养期间，她只身数度往返小汤山、青岛。她系农村家庭妇女，并不识字，幼年教养，婚后感情，有以致之。我于她有惭德。呜呼！死别已五载，偶有梦中之会，无只字悼亡之言，情思两竭，亡者当谅我乎！[1]

1976 年 1 月 7 日，他为《全唐诗乐府》包上书衣，睹物思人，想起了与杨朔的一段交往，在书衣上写下了怀念杨朔的文字：

此内府刻本系纪晓岚家物。土改时，杨朔同志到河间，住《冀中导报》，将《全唐诗》携至宿舍，书内红铅笔圈，疑即杨阅读时所作。当时战争未止，杨虽有马一匹，此等长物，仍不便携带。彼走后，书堆置地下，余检出乐府部分，共四册。曾存于方纪处，曾被抄走，曾寄往江西，终归手下。今富于纸，为之包装，百感交集。

杨朔同志已不在世上，前接其弟杨玉玮来信，谓杨已有正确结论，遍告各地友好。家属对死者结论，重视如此，甚可痛也。余与杨无深交，然自晋察冀边区熟识以来，观其为人，举止言论，一如书生。在河间时，余晚间路过其住处，见其盘腿坐于炕上，小饭桌放一盏油灯，聚精会神，展览刀布。盖亦土改时所收故家之物。能于动荡中，安静治学，印象颇深。[2]

1976 年春节，张保真还是回家过的，孙晓玲回忆：“1976 年春节，我生完女儿后，父亲亲自给起了带‘玉’字旁的名字，又嘱咐张姨去看我，张姨还给我煮了四个猪蹄。那时我与父亲住得非常近，有一回，张姨一边做饭一边跟我说：‘你魏巍伯伯说，抗战小说，数你爸爸写得最多，也数

[1] 孙犁：《书衣文录·陈老莲水浒叶子》，海燕出版社 2017 年版，第 112 页。
[2] 孙犁：《书衣文录·全唐诗乐府》，海燕出版社 2017 年版，第 117 页。

你爸爸写得最好。’我听后心里挺激动。”[1]但是，该文在收入书稿时，上述文字被删掉了。这样，在孙晓玲等家属的回忆文字中，再也见不到张保真的有关记述了。

孙晓玲的回忆可以和《书衣文录》相关条目印证。1976年2月1日，孙犁在《李文忠公外部函稿》上题：“初一晚为小孩起名，仍为玉旁字。春节无外出，来人较去年少。今晨有花枝招展二人见访，顿为寒舍增辉。”“今日内纷稍靖，余得题书。”[2]这说明，孙犁和张保真的离异事宜已基本谈妥。

1976年2月14日，孙犁在《使西日记》书衣上题：“因炊事忙，此事遂废。此数日间，亦不得安静，何处可求镇静之术，余不惜刀山火海求之。”[3]孙犁居然感叹“炊事忙”，自然是张保真已经彻底离开，而自己的生活陷入了混乱，情感也掀起了波澜，因此千方百计要求得“镇静之术”。

2月24日，他在《牡丹亭》书衣上题：“今日余心烦甚。中午，儿子来接大女儿去佟楼住两天，余谓女儿：父安静安静。女不欢。今家庭各有愁闷事，自顾不暇，不能为他人宽心解闷也。手头有此纸，觅一书包装之。”[4]这自然是被离婚所造成的消极情绪所缠绕，尚未完全平静下来。

3月4日，在家整修《春秋左传》：“余每于夤夜醒来，所思甚为明断。然至白昼，则为诸情困，犹豫不决，甚至反其正而行之，以致言动时有错误，临险履危，不能自返，甚可叹也。余如能坚持夜间之明，消除白昼之暗，则过失或可稍减欤。”[5]

自此之后，《书衣文录》中关于婚姻纠葛的文字就很少见了，孙犁与

---

[1] 孙晓玲：《断肠一曲“怀妻篇”——记我的父亲孙犁之十六》，《天津日报》2010年7月8日。

[2] 孙犁：《书衣文录·李文忠公外部函稿》，海燕出版社2017年版，第126页。

[3] 孙犁：《书衣文录·使西日记》，海燕出版社2017年版，第127页。

[4] 孙犁：《书衣文录·牡丹亭》，海燕出版社2017年版，第128页。

[5] 孙犁：《书衣文录·春秋左传》，海燕出版社2017年版，第128页。

张保真之间的情感也画上了句号。对于最终分手的原因，孙犁是这样判断的：“最后终于离异，我总以为是政治的原因。她背着包袱，想找一个更可靠的靠山，在当时，我的处境，确是不很保险的。”[1]

孙犁在谈到这次失败的婚姻时曾说：“有些人认为，孙犁很重感情，这样大的打击，好像受不了。也不是那么回事，这都是人生可能遇到的事情，我也不把它看得那么重。”[2]但是，实际情况并非如此。这件事对孙犁的打击还是很大的，很长一段时间，他都懒于对外交往，离异的信息是在几个月之后才透露出去的。1976 年 8 月 21 日，在给老友陈乔的信中，孙犁这样写道：“另，于数月前，已与张氏离异。因系老友，附告。前此，写信甚少，亦因此故。”[3]

多年后，孙犁回首往事的时候，认为自己在爱情上是一个彻头彻尾的失败者，他曾经这样说：“我这个人对于家庭里的那些事，也不善于处理，不善于处理这种关系……我觉得，只有我那个天作之合并主张从一而终的老伴，才能坚忍不拔，勉勉强强地跟我度过一生，换个别人，是一定早就拜拜了。”[4]

与张保真婚姻上的失败成为孙犁晚年的一块心病。与张保真的沉默无语相反，孙犁对这件事却反复提及，在一些诗作中，抒发自己对这种残破爱情的伤感，一次次揭开自己的伤疤，看着它在流血。1983 年，他在一

---

[1] 孙犁：《芸斋小说·续弦》，《孙犁全集》第 9 卷，人民文学出版社 2004 年版，第 10 页。

[2] 孙犁：《和郭志刚的一次谈话》，《孙犁全集》第 9 卷，人民文学出版社 2004 年版，第 103 页。

[3] 孙犁：《书信·致陈乔》，《孙犁全集》第 11 卷，人民文学出版社 2004 年版，第 217 页。

[4] 孙犁：《和郭志刚的一次谈话》，《孙犁全集》第 9 卷，人民文学出版社 2004 年版，第 88 页。

首诗中这样写道：

我在爱情上的收获

是最失败不过了

我直观看人

感情用事

没有远见

不明后果

我常常从爱情的阵地上

丢盔卸甲

大败而归

甚至还没有了

重整旗鼓的勇气[1]

离开孙犁后，张保真很快和前夫张桂复婚，并且回到了安徽，在安徽文艺出版社工作。1982年春天，只是初中生的安徽桐城人李成，在一次文艺研讨会上见到了张保真，李成是这样描绘她的形象的：

我从会场出来后，也在院子里停留了一会儿，这就得以近距离悄悄地打量她。只见她身材比较高大，脸庞浑圆饱满，肤色白皙而有光泽；头发挽起，似乎还梳着一个罗髻，因到中年，体型略显丰满、富态，总之一看就令人感受到一种比较明显的“高贵”气质，其仪表，其风度，让少年的我不自觉地想起宋庆龄那样一些不凡的女性，当然她还不及宋之完美、漂亮；也有点像我从照片上看到的出生在我们县的新月派著名作家方令孺——面貌端庄、大气，眉宇间自有一种奕奕的神采，不管在哪里都会显

[1] 孙犁：《灵魂的拯救》，《孙犁全集》第10卷，人民文学出版社2004年版，第146页。

得卓尔不群。[1]

地动山摇

随着“反击右倾翻案风”的兴起，孙犁感觉自己的处境越来越不妙。有人认为，他能活着回来，而且能住原来的房子，就是“翻案”。孙犁只能在屋子里躲着。报社政工组的人不断到家里来查看，催促孙犁去学习“反击右倾翻案风”的文件。这些年，孙犁一听到“学习”就有些害怕，讨论就更不用谈起了，一会儿批林批孔，一会儿评法批儒，一会儿在晁盖、宋江身上做文章，一会儿又在晴雯、柳五儿身上做文章。让人无所适从，也胆战心惊。每次孙犁都以生病为借口推脱不去。这时，天津发生了一起匿名信案件，一时查不出结果，于是让全市几百万人去验证手迹，还是查不出，便尝试着缩小包围圈，有人认为，这封匿名信，一定是有文化、有空余时间、有宽裕住房的人写的，最大的嫌疑自然是知识分子和老干部，户籍警不断到孙犁家里来窥探。

1976 年 7 月，天气奇热，政治空气也压得人透不过气来。孙犁每天脱光上衣，搬一把木椅，坐在屋子的北窗下吹吹凉风，院子里是轻易不敢去的。

7 月 28 日，唐山丰南一带发生七点八级地震，波及天津一带。那天晚上，家里来了客人，还带着一个孩子。客人是过去在报社工作的老崔，安平县人，和孙犁是同乡。抗日战争时期，老崔是一个赶集上庙做吃食的生意人，后来被王亢之看中，参加了工作，在机关做了炊事员。进城之后，不知为什么，把他分到了报社的裁纸房，结果让大铁板砸伤了腿，1962 年，机关把他动员回了老家。

老崔这次来天津，是想看看能不能让孩子顶替自己到报社来工作。孙

[1] 李成：《据说我见到的是孙犁夫人》，《美文》（上半月）2012 年第 3 期。

犁告诉他，像他这种情况很难，又说：“好在还有几个熟人，你去找找他们吧。我还黑着，一点也帮不了你。今天晚上，你到对过招待所去睡吧，那里的人，你都认识。”

送走老崔，已经十点多了，孙犁关好门，却怎么也睡不着，他的床在北墙根，床上还挂着解放区发的一顶蚊帐，蚊帐外的小桌上，有一盏台灯和一只闹表。这些日子，每天晚上，钻进蚊帐后，他都要读一篇《昭明文选》上的文章。那天晚上，无论如何读不下去。他同老崔说的话太多了，心里很烦乱，他想老崔的遭遇，想王亢之的自杀身死，翻来覆去睡不着。当他撩开蚊帐，抓起闹表，想看一看时间，记得是三点四十分，就在此时，地震来了。最初，他以为是刮风下雨，当意识到是地震时，便从蚊帐钻出来，慌乱中把蚊帐拉倒了。他跑到前屋南墙下，钻在了写字台下面。

他的房屋内部没有倒塌，屋顶上的附属建筑倒了下来，屋门口堆满了砖瓦石块，如果他向外跑，一定砸死了。

此时，院子里已经乱成了一团，他听到外面下着大雨，便摸黑穿好雨衣、雨鞋，戴上破草帽，开门走了出去。走下台阶，看到老崔正在找他。老崔告诉他，招待所的前墙山倒了，他从楼梯上下来，也不知道怎么下来的。老崔说：“你看我挑的日子多好，十四年没来天津呀！天津也变了，人心也变了。我今天就买车票回去了。”[1]

地震后，大院里的人们忙着抢占有利地形，搭建防震窝棚。孙犁所住的这个大院，一向具有园林之美，经过“文革”浩劫已经面目全非，现在人们更加疯狂地掠夺，院里那些能够拆下来的砖头木料，都化为私有。有人甚至用大板斧砍拆走廊，就地取材。孙犁没有能力去争抢，他只是在院里的小山坡上搭了一个塑料薄膜的帐篷。在给韩映山的信中，他这样说道：“我的帐篷搭在院内小山上，虽说只有一席之地，而且寄人檐下，但很严密。

---

[1] 孙犁：《芸斋小说·地震》，《远道集》，人民文学出版社2012年版，第8–13页。

其形式也很像咱家乡的窝棚。睡在这里面，我不看天空的星月，也梦不见任何的情景。”[1]

很快就进入了秋雨连绵的季节。白天，他看着同院的人们在那里抢砖头、偷木料，去盖小屋，做衣柜，斧凿之声不断。夜里他听着风声雨声，说梦话做噩梦，大喊大叫……

在外露宿近一个月后，孙犁住回了屋里。1976 年 8 月 21 日，在给韩映山的信中说：“因受风雨侵袭，有些感冒，昨天夜里偷偷回到屋里来睡了，所以现在能坐在写字桌前，给你写信。”[2]

每天早晨起来，他也去捡些砖头，想搭一个盛煤球的池子。有时，他也捡些木料，这里的住宅正进行排险改建，院子里的木料是很多的。最初，他只捡那些边角料，渐渐地，也会拿些较大的木料。他觉得这变成了一种生活乐趣，就像童年捕鸟钓鱼一样。

经过地震，他的住房受损，每逢阴雨天气，漏雨更厉害了。实在没有办法，只好又找报社机关，机关抽调了一些人，组织了一个修房小组，又从街道上请了两个退休的老工人做师傅。修房师傅们每天干两三个小时的活儿，其余时间就是坐在那里喝茶、吸烟，有时还会说：你的茶太难喝！你的烟太次了！然后就是谈今说古，说他们小时候学徒如何规矩，如何受苦，吹嘘自己那些过五关斩六将的英雄事迹。

真正给他干活的是他的同事，也是他的难友王瑞兴。从干校回来之后，王瑞兴到报社的瓦工组修房，继续劳动改造。1972 年，他摘掉了现行反革命的帽子，在瓦工组领着一些老建筑工人修房。

---

[1] 孙犁：《书信·致韩映山》，《孙犁全集》第 11 卷，人民文学出版社 2004 年版，第 167 页。

[2] 孙犁：《书信·致韩映山》，《孙犁全集》第 11 卷，人民文学出版社 2004 年版，第 166 页。

王瑞兴干活的时候不言不语，处处为孙犁着想，比如，怎样叫人们多干点活儿，怎样找好一点的木料，怎样把活做得细致一点、坚固一点等等。孙犁的屋子高大，在修天花板的时候，室内搭了脚手架。王瑞兴不只是泥瓦匠，而且是熟练的架子工，那么高的竹竿，他能像猿猴一样攀缘走跳。

1976年10月6日，“四人帮”被粉碎。对那些造反起家的人无异于又一次地震。形势立刻发生了变化，首先是机关的军管组长，对孙犁表示了前所未有的客气。消息传到大院，正赶上一个造反派的头头，在院里监督排查，看到正在自己家门口垒鸡窝的孙犁，对身边的几个革命群众说：“他听了那个消息一定高兴。”孙犁站起来，对造反派的头头说：“对，你说得对，我听了很高兴！”

唐山还在不断发生余震，天津震感比较强烈，人们的恐慌心理依旧没有消除，大家急于避难，在院子里疯狂地大改临建，整个大院挤塞得无路可走。孙犁既没有人力，也没有物力，更不愿操心，就一直睡在屋里，床上也打了一点掩护，不过是自欺欺人而已。他在整修《庐近墨第一集》时，记录了当时的情形：

向阳大院，两妇女为盖小屋，争地闹不休。余今日挂老缶篆联于室，又包装此旧书。余囿居此院，二十有五年。初进院时，房屋庄严，院中清整，小河石山，花木繁盛，后住户日多，不爱公房公物，室内院中，渐呈破败，然尚未大坏。1966年，南市氓童，成群结队，上屋顶，入地下，凡有铜铁可偷走卖钱者，大事掠劫。屋瓦颓破，顶生茅草，院中花树，攀折刨损，一株不留。然假山小河，以其坚固，尚未动也。今年地震两次，兴造临建，遂移山倒海，断笋石为台阶，碎太湖石填地基，顿时河平山削。各式小屋堆砌连结，掩影曲折，几无行人之路。而原有住房，漏雨透风，无人修理。地虽已不震，而争地盗料，大事扩充，损公肥私，如入魔途，不知其返。向阳大院之委员、主任，表现尤甚。呜呼，名为向阳，其实向阴，此世界之所以不得安宁欤？[1]

“文革”这场灾难，不仅造成了人们身体上的痛苦，而且是对人们精神的巨大折磨，最为可悲的是，它摧毁了人们头脑中对真善美的追寻，人性之恶得以肆虐横行。孙犁一直是性善论的鼓吹者，但是“文革”让他充分认识到了人性之“恶”，虽然他从情感上对“恶”有一种天然的排斥，但是作家的责任感，使他最大限度地压抑了自己的这种情感，利用“书衣文录”这种特殊的体裁，对人性之恶进行了毫不留情的批判，凸显了他知识分子的独立人格和超人的胆识。

[1] 孙犁：《书衣文录·庐近墨第一集》，海燕出版社 2017 年版，第 131–132 页。

第二十三章　晚华初放

再度执笔

1977年1月3日，孙犁将散文《伙伴的回忆》改讫，内文分为两部分：一、忆侯金镜；二、忆郭小川。在这之前，围绕这篇散文的发表和修改，发生过一段很不愉快的事情。

这篇散文初写于粉碎“四人帮”之后，投给《天津文艺》。当时，这份刊物的编辑部负责人是刘怀章和冉淮舟，文章在编辑部传阅一遍，大家觉得，回忆侯金镜和郭小川的两部分内容，没有任何联系，内容都比较单薄。刘、冉二人，还有工人作家阿凤都觉得有些为难，三人商量了一下，决定让阿凤到孙犁那里去一趟，说明编辑部的意见：建议分成两篇，增加一些内容，独立成篇。如果不想改，编辑部照发。

时间不长，阿凤就从孙犁家里回来了，神色惊恐，把刘、冉二人叫到一起，低声说：“惹祸了！”据阿凤讲，到了孙犁家，还没等阿凤把话讲完，孙犁就火了，拍着桌子叫喊道：过去我怎么对待你们的稿子的，你们现在怎么对待我的稿子的！吓得阿凤不知所措，赶紧回来了。冉淮舟安慰了阿凤几句，说下午自己去向孙犁同志负荆请罪。

下午，冉淮舟到了孙犁那里，一进门就说，稿子的事情不怪阿凤，都是自己处理不当……没等他把话说完，孙犁便打断了他："淮舟，不说这些了，过去了。"冉淮舟说："那我还得把稿子拿走。"孙犁说："稿子就不要拿走了。回头再给你们写新的。"冉淮舟说："那您可要尽快写，不然大家以为还生我们的气呢……"孙犁笑了起来。[1]

这次，孙犁对《伙伴的回忆》进行了修改，在很大程度上汲取了《天津文艺》编辑部的意见。其中纪念郭小川的部分，曾寄给《人民文学》，后来又把文章后面的那首诗歌摘出来，寄给《诗刊》，但都被退了回来。这让孙犁有些气馁，在给韩映山的信中感叹道：几经修改过的稿子还这样，这说明，多年不写，确实不行。[2] 后来，《伙伴的回忆》发表在《上海文艺》1978 年第二期上。

当初，《天津文艺》编辑部，认为孙犁这篇散文写得比较单薄，可能是一时没有理解孙犁在散文创作上的追求。孙犁在散文写作上，是向古人学习的，是在短小精悍，微言大义，弦外之音上下功夫的，这是他多年阅读和学习古文的一种必然结果，但是按照那个年代所形成的创作习惯和评判标准，可能觉得这样的文章有些言不及义吧！

1977 年 7 月，《人民文学》编辑部来了两位编辑向他约稿，孙犁写了《关于短篇小说》一文，发表在当年第八期的《人民文学》，这是粉碎"四人帮"之后，孙犁发表的第一篇文章。文章强调，短篇小说要"短"字当头。文章讲究短小，这是中国文学的传统，短小精悍是文学艺术的一种高度境界，也是艺术功力的体现。把文章拉长，一是"四人帮"横行时期所形成的集体创作的方法；二是作家缺乏生活，创作不是从生活，而是从概念出发，

---

[1] 冉淮舟：《书信·致苑纪久（一四）》，《平原文学信稿》，国际文化出版公司 2017 年版，第 66 页。

[2] 孙犁：《书信·致韩映山》，《孙犁全集》第 11 卷，人民文学出版社 2004 年版，第 169 页。

硬性编造；三是作家读作品太少、借鉴太少等等。

孙犁的这些观点，针对性很强，很多问题他有着切身感悟，也有着切肤之痛，写起来便是一针见血，振聋发聩。应编辑部之约，他很快又写出了《关于中篇小说》《关于长篇小说》，这两篇文章都发表于《人民文学》，另外他还写了《关于散文》等文章。

中国青年出版社要重印《白洋淀纪事》。这本书是孙犁大病之后，好友康濯替他编辑的。康濯编辑文集有一个习惯，就是喜欢倒排，即把最后写作的排在前面，先写的排在后面。对这种编排方法，孙犁并未拒绝，认为也是朋友的好意，但是他还是有些不习惯，趁这次重印，便把顺序颠倒了过来。他觉得，顺着写作年月看下去，好比把过去的路重新走了一边，重新旅行了一次。

《白洋淀纪事》最早出版于1958年，收录了孙犁1939年至1950年创作的五十四篇作品。在最初编辑的时候，是由过去的几本小书合成的，而那些小书依据的原件，又都是过去战争年月的油印、石印或抄写本，不够清晰，错字也多。当时，孙犁正在病中，未能亲自校对。这次重印，他把文字认真校对了一遍，改正了很多错误和疏漏，阅读着这些青春时代的文字，孙犁感慨颇多，于9月18日，写了散文《忆晋察冀的火热斗争生活——〈白洋淀纪事〉重印散记》，这个题目，还带有鲜明的时代烙印，收入《晚华集》时，题目改为《在阜平——〈白洋淀纪事〉重印散记》。同年11月，他写了《晋察冀生活片段——回忆何其芳同志》，收入《晚华集》时，副题改为了正题，变为《回忆何其芳同志》，这说明，孙犁刚刚恢复创作之时，也在努力从一种程式化的语言环境中摆脱出来。

1978年4月，《白洋淀纪事》由中国青年出版社再版，增加了《女保管》一篇，并遵照编辑部的建议，抽去《钟》《懒马的故事》《一别十年同口镇》三篇。编辑部这样建议，或许认为这三篇作品存在一定的争议，做了规避风险的处理。孙犁对编辑部的建议是持保留态度的，在《重版后记》中特别做了说明。

调到保定文联工作的韩映山，也焕发创作热情，他把自己过去写的一些短篇小说，编选为一个集子出版，请孙犁写一篇序。在给韩映山的信中，孙犁说道："我没有想到会给人写序。但你的作品，我是可以自不量力地试一试，就是恐怕写不好，或文不对题。"[1]1978年1月23日，他写成了《韩映山〈紫苇集〉小引》，这大概是孙犁最早为别人作品集写的序言，可以说是孙犁为他人作序之始。

韩映山看到孙犁的序言，十分高兴，但对序言的第一节有些不同意见。序言的开头，孙犁谈到了杜牧给李贺写的序言，韩映山误认为这是把他比作李贺，觉得愧不敢当，就建议孙犁把这一节删去。孙犁给他回信，同意了。后来百花文艺出版社社长林呐看了这篇序言，觉得删去不妥，就又保留了下来。这段文字是这样的：

最近，因为学习李贺的诗，也读了杜牧写的序言。我的古文底子很差，反复诵习这篇序，才好像有所领会：古人对于为别人写序，是看得很重的，是非常负责的。杜牧谦让再三，但还是写了。他的序文，对李贺来说，我以为是最确切不过的评价。他用了很长的排偶句子，歌颂了李诗的优长之处，但也指出了他的缺点不足。这篇序文写得极有情致，极有分寸。[2]

这段文字，孙犁以杜牧的序言为例，说明古人对为别人写序，是看得很重的，是非常负责的，写序言要把握好火候，实事求是，注意情致和分寸。韩映山之所以觉得第一节不好，不会是对文字内容持有异议，估计是李贺不寿，只活了二十七岁，让他产生了不好的联想。

---

[1] 孙犁：《书信·致韩映山》，《孙犁全集》第11卷，人民文学出版社2004年版，第170页。

[2] 孙犁：《韩映山〈紫苇集〉小引》，《晚华集》，人民文学出版社2012年版，第121页。

1978年6月2日下午，韩映山来到天津，约上李克明，一起去看孙犁。韩映山发现，尽管几年没见面，孙犁的面容没有多大变化，思路仍像当年那样敏捷、清晰，语声笑声，仍很响亮。

他说：自己的脑子还行，情绪上来，一天能写一篇，第二天再改改，一遍成稿。“不过，多么短的文章，我也很认真，一个字一个字地写，《纪念沙可夫》那篇稿，前前后后，改了不下二十遍，有的段落，都能背过。”

沉了沉，他又说：“自古以来，好的作品，经得住时间检验的，能够流传下来的，几乎都是写自己的经历和遭遇，作品溶解着作家真实的思想和情感，比如《红楼梦》就是这样。”

“写东西不能投机。”他吸着烟说：“文如其人。”

谈到他写的文学短论，孙犁说：“引起不少的反应，有的说好，也有人质疑：《红楼梦》有人说第四回是总纲，你为什么说是第五回呢？我说，前者是从政治上说的，我是从艺术结构上谈的。《水浒》，我也是从艺术上谈，学术问题，应百家争鸣。”

谈到最近写的一些回忆友人的文章，孙犁说：“一些人不理解，这不是写悼词，我写的是散文，《远的回忆》，《解放军文艺》退了回来，情况很复杂。”对这篇文章，远千里的夫人于雁军就不大满意，觉得评价没有上去，声言要找大人物写文章，一时还没找到。

对其他的回忆散文，大家也有这样的微词。4月22日，孙犁写了《悼画家马达》，发表在27日的《天津日报》，这是“文革”后，孙犁在《天津日报》发表的第一篇作品。孙犁告诉韩映山，这篇文章也令一些人不大满意。有人说，只是写了些生活小事，应该写他在政治上如何如何，给个高的评价。孙犁说：“实际上那是我的自悼，是文艺作品，并不是祭文。”

他计划写篇长点的小说，题目叫《初醒的平原》。孙犁说：“我经历过这段生活，试了试还行，已经写了五六节。”又笑着说：“最近辞了两件事。一件是让去开会，我不去，还让梁斌来动员；一是让我拍电视，那光线一照，我怕血管崩了，没去。”

大家都笑了，他有些兴奋起来，说：“前些天，《北京文艺》《光明日报》发表了评我的文章，写得不错，倒不是因为吹咱，就说不错，这文章确实有水平。”

韩映山带来了长子韩大星为孙犁刻的图章：孙氏藏书。孙犁非常高兴，接在手里把玩很久。他说：“在延安的时候，我也喜欢篆刻，但刻不好。”他摩挲着那块石料说，“这石头太硬，刻着一定费劲。等我找点石头给他。以前，我还刻过木头，也不易刻好。”

过了一会儿，他又带上老花镜，仔细观察那方印章，说：“自然，初学乍练，刻成这样，就不易了。但要严格要求，差距还是不小的，有的刀痕，还嫌稚嫩。一定告诉他多多练习写字。书法和篆刻是相辅相成的。要向名家学习，这跟写作一样，要取法乎上。”

“文化大革命”结束后，天津市开展了“揭批查”运动，在全市及各个系统揭批“四人帮”及其在天津的帮派分子的罪行，开展“自身清理”，清查与“四人帮”篡党夺权阴谋活动有牵连的人和事，惩处在“文化大革命”中进行打、砸、抢的首恶分子，平反冤假错案，受到迫害的一些老干部陆续恢复工作。

从 1976 年 12 月开始，天津市委开始清理自身的问题，王曼恬对于清查她的问题思想抵触很大。1977 年 1 月 4 日下午，她在办公室服安眠药自杀，警卫人员及时发现，把她送医院抢救了过来。

为了防止王曼恬再次自杀，市委对王曼恬实行隔离审查，市直机关党委和市委警卫处负责人组成了二十多人的看护小组，对她采取保护性措施。1977 年 1 月 10 日，市委正式成立王曼恬问题调查小组，1 月 18 日至 26 日，经市委批准，文化局、市直机关、文教系统、天大、南大等五个单位召开大会，对王曼恬进行面对面的揭发批判，王曼恬感到精神压力很大。1月27日晚王曼恬死亡，是用一条毛巾和床单边缘布条勒在脖子上自缢身死的。[1]

《天津文艺》编辑部负责人冉淮舟和刘怀章也被停职审查。刘怀章回忆说：

1972年，我从河北调到天津，担任创评室的副主任兼党支部书记，和冉淮舟一起主持《天津文艺》杂志的工作。“四人帮”倒台后，我们两个人面临着“说清楚”，接受批判。批判会一个接着一个，没完没了。开这些会时，创评室六十个人都得参加，发言人有的实事求是，有的无限上纲，王林同志坐在会议室的角落里，始终闭口不说话，看得出他对这种做法有不满情绪。因为他是一位革命的老作家，主持会议的人拿他没办法。有一次散了会，已经夜晚十点了，他在我背后伸手捅了一下，我跟他到旁边一个小院里，他说：“怀章，你和淮舟不要有压力，政治运动都这样，闹一阵子就过去了。”他还和别人说：“他俩（指我和淮舟）有什么事，没完没了的！发小靳庄诗专页，江青来了要树小靳庄，他们不配合行吗？[2]

1979年初，天津的“揭批查”运动基本结束。冉淮舟和刘怀章也迎来了曙光。刘怀章回忆说：“清查折腾了两年，文化系统召开群众大会，宣布我和淮舟‘说清楚’了，都是执行路线，没有问题。之后不久，传出一首快板诗：‘天津二怀（淮），大戏一台；清查二年，一清二白。’后来得知，这是出自王林同志之口，他开玩笑说的，讽刺一个接一个的批判会。”[3]

孙犁也用自己的方式表明了态度。1979年10月11日，他在《天津日报》以整版的篇幅发表了总标题为《文字之路》的一组文章，多处写到和冉淮舟的交往。

---

[1] 王辉：《天津文革中的“二二一”事件》，《炎黄春秋》2011年第4期。

[2] 刘怀章：《王林同志的品格》，王端阳编《被遗忘的王林》（内部资料），第39页。

[3] 刘怀章：《王林同志的品格》，王端阳编《被遗忘的王林》（内部资料），第39页。

这组文章包括：《幸存的信件序》《旧篇新缀序》《〈琴和箫〉后记》《〈平原杂志〉第三期编后的后记》《〈翻身十二唱〉后记》《〈二月通讯〉后记》《〈三烈士事略〉后记》《〈文学短论〉新版后记原稿》《为外文版〈风云初记〉写的序言》《关于〈荷花淀〉被删节复读者信》等。

《幸存的信件序》写于 1979 年 9 月 10 日。经过“文化大革命”，冉淮舟把孙犁写给他的信件编辑成册，定名为《幸存的信件》，孙犁欣然作序。《旧篇新缀序》写于 1962 年 8 月，是为冉淮舟编辑的一本孙犁的作品集写的序言。《〈琴和箫〉后记》也写于 1962 年 8 月，《琴和箫》原名为《爹娘留下琴和箫》，发表在 1943 年的《晋察冀日报》上，是一篇佚文，冉淮舟在《晋察冀日报》上发现了这篇作品，同时发现的还有《〈平原杂志〉第三期编后》，孙犁看到这些作品，都写下了“后记”。《三烈士事略》也是冉淮舟抄录的，《文学短论》由冉淮舟搜集整理，《风云初记》第三集的完成和全书的编辑出版，冉淮舟都做出了突出贡献。

孙犁发表的《文字之路》这组文章，在天津造成了极大的影响。一位作家对冉淮舟说，这组文章，比天津市委下发一个平反文件都管用。

应邀赴京

1978 年 10 月，担任《人民文学》主编的张光年决定以《人民文学》的名义，召开一个“短篇小说创作座谈会”，他精心选择了新老两类小说家。沙汀、周立波、孙犁、马烽、林雨、蒋子龙及刚刚在《人民文学》崭露头角的业余作者叶文玲、邹志安等人，都在这个小型座谈会上，谈了自己对当前短篇小说创作的思考和意见。会议召开前，张光年上调，李季接替他担任了《人民文学》主编。

为了能够让孙犁参会，李季亲自到天津邀请，他对孙犁说：“非我来，你是不肯出山的！”对于开会，孙犁一向不热心，但是面对热情诗人的邀请，孙犁慨然应允，而且在北京坚持了一周，把会开完。

“短篇小说创作座谈会”是在前门外的“远东旅社”召开的。孙犁在一些文章中，把会议地点写作“虎坊桥旅社”。这是因为“远东旅社”位于一个胡同之内，从多个路口皆能进入，孙犁的方向感一向不强。

孙犁到达远东旅社的时候，已经是晚上八点多了。他和著名作家曹靖华同住一屋,还没进入房间,就听到李季在狭窄嘈杂的楼道里大声说道:“我把孙犁请来了，不能叫他守空房啊，我来和他做伴！”他穿着一件又脏又旧的军大衣，右腿好像有了些毛病，但是走路很快，谈笑风生。

开会期间，李季做了一次发言，他很激动，好像和人争论什么，忽然，他脸色苍白，要倒下去，他有心脏病，吞服了两片药，坚持着把话讲完了。第二天就病倒了。

李季鼓励孙犁在会上发言。他对孙犁说：“你不常参加这种场合，人家不知道你是什么观点，讲一讲吧。”孙犁的发言十分简短，十来分钟，开头就规劝李季要节制感情，大激动，大悲伤，大兴奋，大欢乐，都是对身体不利的。

在发言中，孙犁批判了“四人帮”的愚民政策，强调要从思想意识、道德观念、人生理想等诸多精神领域，清除“四人帮”流毒的影响。他强调作家要说些真诚的话。如果没有真诚，还算什么作家？还有什么艺术？他指出：“我们要坚强起来，也要诚实起来。我们要把丢掉了的现实主义再拾起来，充分地发挥它的作用。”[1]

听说孙犁来京，已经返回京城的刘绍棠十分激动，他马上找到好友从维熙，赶到远东饭店，拜会他们常常思念的孙犁。

1957年，刘绍棠因发表《我对当前文艺问题的一些浅见》等文章被错划为右派，受到全国范围的批判，下放到北京郊区的铁路工地和水利工地参加劳动。1963年，刘绍棠被摘去右派帽子，不久，“文化大革命”

[1] 孙犁：《奋勇地前进、战斗》，《晚华集》，人民文学出版社2012年版，第128页。

爆发，他主动要求回通州老家儒林村务农，在劳动之余坚持创作。

1957年，从维熙与刘绍棠合写了《写真实——社会主义现实主义的生命核心》一文，明确表态支持王蒙的《组织部新来的青年人》，稍后，他又写了一篇小说《并不愉快的故事》，批评官僚主义作风。在反右运动中，这些作品成为从维熙的罪证，他被下放到农村强制劳动。后来由于他对“三面红旗”表示不满，被当成极右处理，对其实行劳动教养。他辗转于京津一带，以劳改犯的身份接受改造。1969年底，从维熙被押上火车，转往山西劳改场。粉碎“四人帮”后，他才迎来了新的生机。

孙犁与他们不能见面已经有二十多年了。当初两位朝气蓬勃的年轻人，如今变成了成熟稳健的中年人，岁月的风霜和运动的磨难，并没有打垮他们，两个人依旧乐观，对文学事业充满憧憬。孙犁回忆道：“现在，他们站在我的面前，挺拔而俊秀，沉着而深思，似乎并不带有风雨袭击的痕迹。风雨对于他们，只能成为磨砺，锤炼，助长和完成，促使他们成为一代有用之材。”孙犁对他们说了很多心里话，又格外叮嘱了刘绍棠几点：

见到他们，我很激动，同他们说了很多话。其中对绍棠说了：一、不要再骄傲；二、不要赶浪头；三、要保持自己的风格——等等率直的话。[1]

刘绍棠对孙犁提出的三点要求很感激，也很重视，把它当作鞭策自己前进的动力。有一次，他为黑龙江省青年文学创作积极分子授课，把这些内容再一次公布出来。他说：“1978年10月，孙犁同志又见到我，久别重逢，跟我谈了很多。其中有三点，我认为是我今后做人作文的指南。第一不要再骄傲了。我应该承认，1957年我在政治上没有反党、反社会主义，但是我有骄傲情绪。对我的批判，某种意义上是好的。我要感谢的。孙犁

---

[1] 孙犁：《〈刘绍棠小说选〉序》，《秀露集》，人民文学出版社2012年版，第204页。

同志说的这句话是对的，所以我不要再骄傲了。第二不要赶浪头。第三要坚持自己的风格。”[1]

在孙犁离京的前一天晚上，李季拖着病体到食堂和孙犁话别，孙犁又嘱咐他多注意身体。这是他们的最后一次见面。1980 年 3 月 10 日，忽然又飘起雪来，孙犁正在为柴米油盐作季节性调度，一封电报送来了李季去世的消息。

玉兰花开

1978 年 11 月 11 日，孙犁写了散文《谈赵树理》。1979 年 1 月 4 日，《天津日报》“文艺周刊”复刊，发表的第一篇文章就是孙犁的《谈赵树理》。

孙犁和赵树理并没有深交，只见过一面。孙犁回忆道：“进城不久，是一九五〇年的冬季吧，有一天清晨，赵树理来到了我在天津的狭小的住所。我们是初次见面，谈话的内容，现在完全忘记了，但他留给我的印象是很清楚的。他恂恂如农村老夫子，我认为他是一个典型的农民作家。”[2]

孙犁认为，赵树理的小说创作，是敌后抗日根据地，在炮火烽烟中，绽放了一枝奇异的花。他的《小二黑结婚》《李有才板话》和《李家庄的变迁》等小说，突破了前此一直很难解决的，文学大众化的难关。“这一作家的陡然兴起，是应大时代的需要产生的，是应运而生，时势造英雄。”[3]

进城之后的赵树理，从山西来到北京，离开了原来培养他的土壤，被移置到了另一处地方，另一种气候、环境和土壤里。他有些不适应政治斗

[1] 郑恩波：《刘绍棠全传》，文化艺术出版社 2006 年版，第 256 页。
[2] 孙犁：《谈赵树理》，《晚华集》，人民文学出版社 2012 年版，第 115 页。
[3] 孙犁：《谈赵树理》，《晚华集》，人民文学出版社 2012 年版，第 112 页。

争形势和上层建筑领域的变化，赵树理的创作迟缓了，拘束了，严密了，慎重了。因此，就多少失去了当年的青春泼辣的力量。他指出："赵树理中后期的小说，读者一眼看出，渊源于宋人话本及后来的拟话本。作者对形式好像越来越执着，其表现特点为：故事行进缓慢，波澜激动幅度不广，且因过多罗列生活细节，有时近于卖弄生活知识。遂使整个故事铺摊琐碎，有刻而不深的感觉。中国古典小说的白描手法，原非完全如此。"[1]就是这样一位人民的作家，这样一位爱惜自己羽毛的作家，在"文革"中也不能逃脱厄运，在批斗中死亡。孙犁深有感触地说道：

经济、政治、文艺，自古以来，就形成了一种非常固定，非常自然的关系。任何改动其位置，或变乱其关系的企图，对文艺的自然生成，都是一种灾难。

文艺的自然土壤，只能是人民的现实生活和斗争，植根于这种土壤，文艺才能有饱满的生机。使它离开这个土壤，插进多么华贵的瓶子里，对它也只能是伤害。[2]

1979年3月20日，韩映山再次来到天津，和李克明去看望孙犁。谈到《谈赵树理》这篇文章，孙犁说："主要是谈政治和艺术的关系，别人看不出这一点。"

韩映山谈到，一些时髦的作品，艺术生命总是很短暂。孙犁说，"我多年的经验就是写东西别投机，别媚世，别图解政策，艺术离'政治'远一点，但又不脱离'政治'。某某写了部长篇，一会儿改成反左，一会儿又改成反右，改来改去，改没了。要按照生活的面目写，看准了，不要变来变去。《风云初记》再版，出版社问我改不改，我说不改。"

韩映山告诉孙犁，天津要他回来搞创作，自己是不想来了。孙犁说，"这

---

[1] 孙犁：《谈赵树理》，《晚华集》，人民文学出版社2012年版，第115页。
[2] 孙犁：《谈赵树理》，《晚华集》，人民文学出版社2012年版，第116页。

是上策。”

孙犁说：“从维熙来信，征求我对《大墙下的红玉兰》的意见，他想弄点儿浪漫主义，我说还是弄现实主义吧，前些年，有的人把浪漫主义歪曲了，以为浮夸、说大话、骂大街就是浪漫主义。”

《大墙下的红玉兰》以头条位置发表于1979年第二期的《收获》杂志。这是从维熙获得平反后，创作的第一部中篇小说，他把这部小说投给了刚刚复刊的《收获》杂志，当时年近八旬的主编巴金，顶住压力，亲自拍板，不顾可能会带来的麻烦，坚决支持这部作品的发表，编辑部以最快的速度把小说刊发出来。

收到从维熙的来信后，孙犁翻开杂志看了一下，发现是写监狱生活的，而老干部的遭遇又很不幸，他便惘然地合上了书本。不久，从维熙来信催促，孙犁便一字一句把这部作品读完。4月27日下午，提笔给从维熙写回信：

你的小说能一下子就把我吸引住。它的生活的真实背景，情节的紧凑衔接，人物的矛盾冲突，都证明你近来在小说艺术探索方面的努力和成就，是非同一般，非同小可的。我一直兴奋地高兴地读下去，欲罢不能，中间有些朋友来访，我拿着书本对他们说：“从维熙这些年进步很快。小说写得真好！”

你反应的是一个时代的、生活方面的真实面貌。对那两个运动员的描写，使我深深感动，并认为他们的生活遭遇、思想感情是典型化了的，是美的灵魂，是美的形象。

但是，你的终篇，却是一个悲剧。我看到最后，心情很沉重。我不反对写悲剧结局，其实，这篇作品完全可以跳出这个悲剧结局。也许这个写法，更符合当时的现实和要求。我想，就是当时，也完全可以叫善与美的力量，当场击败那邪恶的力量的。战胜他们，并不减低小说的感染力，而可以使读者掩卷后，情绪更昂扬。

我不是对你进行说教。也不反对任何真实地反映我们时代悲剧的作品。这只是因为老年人容易感伤，在现实生活中见到的，或亲身体验的不幸，已经很不少，不愿再在文学艺术上去重读它。这一点，我想是不能为你所理解的吧？[1]

接到孙犁的信之后，从维熙给孙犁又写了回信，十分婉转地谈到自己生命脚印与前辈人履痕之间的差异，因而也在审美追求上产生了距离。实际上是不大接受孙犁所提出的观点。

《大墙下的红玉兰》发表后，很快引来猛烈的批判，认为这篇小说名曰批“四人帮”，其实质是向人民散播对社会主义制度的不满情绪，搞乱人们的思想。从维熙曾经所在的某劳改单位的一位政委，对号入座，指责小说丑化了他的形象，并上书中央有关部门，要求对作者严肃处理。在强大的压力下，从维熙甚至做好了重回劳改队的思想准备。

当时主持《文艺报》工作的冯牧委托谢永旺、陈丹晨等人组织了对作品的讨论，并将讨论文章在1979年第七期和第八期发表。应从维熙的要求，在第十一、十二期合刊上，发表了从维熙与孙犁关于《大墙下的红玉兰》的交流信件，此外《文艺报》编辑部还从全国参加讨论的四十多封读者来信中，选取代表性的观点予以刊登。当时正值第四次文代会召开期间，《文艺报》这两期几乎是文代会的专号，但关于《大墙下的红玉兰》的讨论仍在其中占了六个页码，可见社会关注的热度。[2]孙犁写给从维熙的这封信，是对《大墙下的红玉兰》最为深刻的评论，在我文坛上产生了重大影响。

---

[1] 孙犁：《关于〈大墙下的红玉兰〉的通信》，《秀露集》，人民文学出版社2012年版，第226–227页。

[2] 翟永明：《〈大墙下的红玉兰〉故事原型及其他》，《文艺争鸣》2020年第2期。

津门文坛

1979年5月，《人民文学》派一位女编辑来天津找作家蒋子龙，她讲述了当初《机电局长的一天》被打成大毒草的过程，代表编辑部正式向他赔礼道歉，请求他的谅解，希望他再给《人民文学》写篇小说。

蒋子龙应允下来，很快就向编辑部提交了短篇小说《老厂长的新事》。编辑经过审读，把作品改名为《乔厂长上任记》，在《人民文学》1979年7月号刊出。这部作品讲述的是某重型机电厂长乔光朴在工厂进行改革的故事。乔光朴是一位五十六岁的留苏电机专家，“文革”期间蹲过“牛棚”。粉碎“四人帮”以后，他主动放弃机电局电器公司经理的“美缺”，到已经两年零六个月没有完成生产任务的电机厂去担任厂长。通过对生产流程的调查研究，他找到了电机厂的问题症结所在，果断地采取大考核、大评议的方式，提高了劳动生产率；他不计前嫌，重用“文革”时造反派的头头郗望北，做到任人唯贤，量才录用。在他的主导下，电机厂的营运出现了新的转机。

作品刊出后，首先获得《新港》编辑部的支持。1979年8月22日，《新港》编辑部召集部分业余作者座谈小说《乔厂长上任记》，并在第十期发表了题为《一篇深受读者欢迎的小说》的座谈会纪要，指出：“这篇作品就是用鲜明的艺术形象生动而真实地反映了生活，写出了人民要求实现‘四化’的强烈愿望和迫切心情，揭示了党的工作重心转移以来现实生活中新的矛盾，使人们看到了希望，受到了鼓舞。”

《天津日报》却连续发表四篇评论文章，对《乔厂长上任记》提出批评。

9月12日发表了召珂的文章。这篇文章否定了乔光朴这个人物，认为作者依然保持着“文革”时期的创作思路：“这种按照‘帮式文艺’创造的所谓‘第一号英雄人物’，我们并不陌生。”文章认为，《乔厂长上任记》是反对“揭批查”和思想解放运动的，蒋子龙所塑造的郗望北这个形象，“是当前社会上出现的那股企图翻‘揭批查’运动的案的逆流在文艺创作中的表现”。“小说涉及的问题……是一个关于‘揭批查’运动是否采用了‘四人帮’整人的方法，犯了扩大化错误的问题。”作者通过小说中人物的言论，对“揭批查”运动所作的总评价，看了令人“毛骨悚然，不寒而栗”，“仿佛是林彪、‘四人帮’的阴魂又被召唤到战场上来，给我国人民造成了新的灾难！”[1]

9月19日发表了宋乃谦和滑富强的文章，再一次对乔光朴这个人物予以否定，认为这一人物是脱离现实的：“乔光朴是一个被神化了的人物，是一个游离生活，无可效仿的‘圣人’，是一个专横跋扈，不可一世的‘英雄’，是形而上学，唯心主义世界观的拟人化。”同时认为：乔厂长对“揭批查”运动“大泼冷水”，“充当了不光彩的消防队员”，“把‘四人帮’诬陷老干部，和我们的‘揭批查’运动混为一谈”。[2]

10月5日发表了刘志武的文章，认为小说完全脱离了现实生活：“小说造神，文章捧神。这哪里是在写小说，这哪里是在写文章，这分明又在宣扬迷信。若是人间真有此神，为何不办‘造神大学’，培养几千个乔光朴，中国的现代化岂不是唾手可得？”[3]

10月10日发表了王昌定的文章。文章认为蒋子龙沿袭了“文革”时期的创作方法，创作出了乔光朴这样一个被神化的人物：“这篇小说，从创作方法上来看，病根正在于‘三突出’，在于英雄人物的‘神化’：一到许多具体问题上，他都能迎刃而解，势不可挡，先知先觉，超凡入圣，成为脱离现实的神乎其神的人物……一切人在乔厂长面前都成了可方可圆的木偶泥胎，除了乔厂长而外，都是群氓。”与前几篇文章一样，这篇评

---

[1] 召珂：《评小说〈乔厂长上任记〉》，《天津日报》1979年9月12日。

[2] 宋乃谦、滑富强：《乔厂长能领导工人实现四化吗？——评小说〈乔厂长上任记〉》，《天津日报》1979年9月19日。

[3] 刘志武：《文学应是生活、时代的一面镜子——评小说〈乔厂长上任记〉》，《天津日报》1979年10月5日。

论文章同样指出了《乔厂长上任记》所存在的政治错误：“作品从始到终缺乏对林彪、‘四人帮’的深仇大恨，反倒充满了对‘揭批查’运动的不满和诋毁。”乔光朴是一个“披着老干部‘外衣’的造反派，老干部的外衣，‘造反派’的脾气”。有朝一日郗望北一类的人物重新上了台，就可能“再一次出现十年浩劫的局面”。[1]

北京方面却力挺蒋子龙。10月10日，陈荒煤负责的《文学评论》编辑部联合《工人日报》召开座谈会，讨论《乔厂长上任记》，蒋子龙应邀与会。与会的大多数作家、文艺评论家，以及工厂的工人对这篇小说褒扬有加，对蒋子龙在天津所遭受的批判“表示气愤”。但也有少数人认为，《乔厂长上任记》的创作倾向有严重问题，并对作者和作品进行了批判。

天津市委宣传部召开部务会议，讨论了围绕《乔厂长上任记》所展开的争论，认为无论从政治标准还是从艺术标准看，作品是好作品，虽然有些缺点，但属于艺术和技术性的。《天津日报》发表的几篇批评文章，否定小说的理由不够实事求是。戴帽子、打棍子的做法是错误的，应当把是非分清楚。

但是当时市委分管宣传文教工作的刘刚却支持《天津日报》。按照市委要求，刘刚邀请《天津日报》编委和文艺部负责同志到宣传部谈话，要求《天津日报》发表一篇有检讨意味的文章。《天津日报》主编石坚当场拒绝，石坚说：“我们什么都不怕，打成反革命也不怕！‘文化大革命’我蹲过牛棚，没蹲过监狱，还可以尝尝监狱的味道。”在这种情况下，刘刚直接上书中宣部，指出“小说有严重的政治错误”，其主要表现是，阻碍了“揭批查”运动。

1979年12月，时任中宣部部长胡耀邦，针对《乔厂长上任记》展开

---

[1] 王昌定：《让争鸣的空气更浓一些——也谈〈乔厂长上任记〉》，《天津日报》1979年10月10日。

的争论以及刘刚的上书，做出批示，认为《乔厂长上任记》不是一部坏作品，并且指出，现在还有一些人，本领不大，又不发奋图强，占了领导岗位，但又不虚心向人请教，反而拿棍子打人，这是不能容许的。

1979 年 12 月 20 日，王林日记中记载："见到艾文会同志，他说万力同志前些天把胡耀邦同志十月二十三日关于蒋子龙同志小说《乔厂长上任记》的批语，念给孙犁同志，引起误会。"[1]

万力主持的《新港》则是力挺蒋子龙的。"文革"期间，万力曾经下放天津重型机械厂，在蒋子龙担任主任的车间劳动。但是，由万力向孙犁传达胡耀邦的批示却有悖常理，这种做法容易让人产生联想：一方面会大家会认为，《天津日报》对蒋子龙的批判与孙犁有关，甚至认为孙犁是幕后策划者；另一方面让大家认为，《新港》拿到了尚方宝剑，想让持反对意见的《天津日报》偃旗息鼓。见到万力如此行事，孙犁勃然大怒也在情理之中。

1979 年 12 月 20 日，王林日记中还有如下记载："蒋子龙同志十月间在《中国青年报》上发表一篇小说《祝你们幸福》，有读者揭发是抄袭苏联的电影剧本《高空》，引起了一场小小风波。我想找此报读读，没有找到……晚上到林呐同志处，不久，柴德森同志到，他说蒋子龙同志《乔》小说，也有'套用'痕迹。"[2]

1979 年 12 月 21 日，孙犁在写给韩映山的一封信中，写过这样几段话：

……前数日为团市委刊物写一新年祝词之类的文章，又为刘绍棠作一序，均千余字，然甚感吃力，心神交瘁，现在想休息一下了。

[1] 王端阳、冉淮舟编：《王林日记辑录之一：我与孙犁四十年》，北岳文艺出版社 2019 年版，第 119–120 页。

[2] 王端阳、冉淮舟编：《王林日记辑录之一：我与孙犁四十年》，北岳文艺出版社 2019 年版，第 120 页。

此外，为《散文》第二期写《耕堂读书记》共五章。近期《鸭绿江》载有《关于〈铁木前传〉的通信》，不知你能找到看看吗?

文坛事，尤令人烦恼，前不久我曾大动肝火，细想甚不必要。然现在竟有人大胆妄为，不只把报刊编辑视为有眼无珠，把评论家看作无知低能，且把九亿人民视若文盲。公然抄窃，得跻高位，此真得未尝有之古今奇观，海外奇谈。如此次再有人为之打掩护，则中国之文艺，实不可谈矣。

文艺之事，能力有高低，成就有大小，但当本分从事，自有佳果。近年不正之风，直接影响文坛，而有人反因此得意忘形，恬不知耻，故我忍不住，当场斥之。

我已提出辞去天津作协职务，决不与此辈为伍，以辱晚年。[1]

信中所说“为团市委刊物写一新年祝词”，指的是1979年12月18日所写的杂文《和青年谈谈文学和创作问题》，收入《秀露集》时，改题为《新年，为〈天津团讯〉作》，这篇杂文中，孙犁郑重强调，在文学创作中不能抄袭。他认为：“抄袭现象的增多，是道德观念、道德标准在文坛上的反应。前些年，林彪、‘四人帮’把我们民族的道德风尚，大大地污染了。社会上的小偷小摸，人们不以为怪；反映到文坛上，也把抄袭别人的东西，不算一回事。这是很危险的，任其泛滥，还叫什么作者，什么文坛？”[2]

他指出，对青年作家不要溺爱，凡是溺爱都不会有好结果，“过去，鲁迅先生指出，毁灭作者有两条路：捧杀和骂杀。现在提倡文艺民主，骂杀的机会少了。但是胡乱吹捧，尤其容易毁掉一个青年。”又说：“凡是

---

[1] 孙犁：《书信·致韩映山》，《孙犁文集（补订版）》（9），百花文艺出版社2013年版，第219-210页。

[2] 孙犁：《新年，为〈天津团讯〉作》，《孙犁全集》第5卷，人民文学出版社2004年版，第284页。

吹捧，都对文学创作不利。至于出于私心的，群起而哄之的吹捧，对创作之危害，我们是不旋踵就可以看到的。”[1]

1980年3月25日，1979年度全国优秀短篇小说评选揭晓，蒋子龙的《乔厂长上任记》以二万七千多张票数当选。由此，围绕这篇小说的争论才慢慢平息下来。

[1] 孙犁：《新年，为〈天津团讯〉作》，《孙犁全集》第5卷，人民文学出版社2004年版，第284页。

第二十四章　秀露晨光

夜路明灯

铁凝第一次见到孙犁是在 1979 年 10 月的一个下午。临行前，保定文联的韩映山给她写了介绍信，百花文艺出版社的李克明把她带到了多伦道大院。

铁凝是河北赵县人，高中毕业后，放弃了当文艺兵和留在城里的机会，主动申请到博野县当了插队知青。做出这种选择，是因为她有一个自己的文学之梦，她要把根扎在农村，积累生活。劳动之余，她勤奋写作，虚心向保定的文学前辈学习，很快小有成就。

1978 年 7 月，她把自己写作和发表的十来篇小说编成一个集子，起名为《不受欢迎的礼物》，在韩映山的推荐下，寄到了百花文艺出版社。

韩映山在推荐信中写道："她是一位女知识青年，今年刚刚二十岁。这些作品是她在下乡锻炼的业余时间里写成的……我不想过多地去评赞她的作品的优点，这些，凭着你们丰富的编辑经验会从中发现。我觉得最可喜的是，她一开始写作就走上了一条正确的路，从生活出发，从人物出发。按说，她有多一半年龄是在林彪、"四人帮"文化专制下度过的。可是，她却没有沾染上那种帮八股的气味，没有被四面八方的烟尘所蒙蔽。她选择了一条继承前辈优秀作家创作的路……”

对这位新作者的书稿，出版社很重视，让顾传菁、邢凤藻和李克明三个人共同审读。几个人对铁凝的作品充分肯定，对这样一位年轻作者而言，写出这样水平的作品实属不易。然而，从出版的高质量要求来看，这十个短篇还显得单薄了一些。他们希望铁凝补充一些新的作品来。[1]

1979年春天，铁凝从插队的农村回到保定，在《花山》杂志当文学编辑。她将新写的五个短篇寄给百花文艺出版社，顾传菁等三人审读后，还是觉得“集子的分量轻了些”。他们商量后，决定说服铁凝，请她再写出几篇类似《夜路》那样水平的短篇小说后再结集出版。他们给铁凝写了信，请她来津面谈一次。铁凝回忆说：

1979年，我从插队的乡村回到城市，在一家杂志做小说编辑。业余写小说。秋天，百花文艺出版社准备为我出版第一本小说集，我被李克明、顾传菁二位热情请去天津面谈出版的事。行前作家韩映山嘱我带封信给孙犁先生。这就是我的机会，而我却面露难色。可以说这是我没有见过世面的本能反应；也因为我听人说起过，孙犁的房间高大幽暗，人很严厉，少言寡语，连他养的鸟在笼子里都不敢乱叫。向我介绍孙犁的同志很注意细节的渲染，而细节是最能给人以印象的。我无法忘记这一点：连孙犁的鸟都怕孙犁。韩映山看出了我的为难，指着他家镜框里的孙犁的照片说：“孙犁同志……你一见面就知道了。”

我带了信。在秋日的一个下午，由李克明同志陪同，终于走进了孙犁先生的“高墙大院”。这是一座已经失去规矩和章法的大院，孙犁先生曾在文章里多次提及，并详细描述过它的衰败经过。如今各种凹凸不平的土堆、土坑在院子里自由地起伏着，稍显平整的一块土，一户人家还种了一小片黄豆。那天黄豆刚刚收过，一位老人蹲在拔了豆秸的地里聚精会神地

[1] 顾传菁：《铁凝小说集〈夜路〉出版琐记》，《中国编辑》2008年第3期。

捡豆子。我看到他的侧面，已猜出那是谁。看见来人，他站起来，把手里的黄豆亮给我们，微笑着说："别人收了豆子，剩下几粒儿不要了。我捡起来，可以给花施肥。丢了怪可惜的。"

他身材很高，面容温厚，语音洪亮，夹杂着淡淡的乡音。说话时眼睛很少朝你直视，你却时时能感觉到他的关注或说观察。他穿一身普通的灰色衣裤，当他腾出手来和我握手时，我发现他带着一副青色棉布套袖。接着他引我们进屋，高声询问我的写作、工作情况。我很快就如释重负。我相信戴套袖的作家是不会不苟言笑的。戴着套袖的作家给了我一种亲近感。这是我与孙犁先生的第一次见面。[1]

铁凝回到保定后，把自己的一些作品寄给孙犁请他指教。10月9日下午，孙犁给铁凝写了封信，对她的创作给予了充分肯定。他在信中说，《丧事》一篇最见功夫，在浓重之中，能作淡远之想，这在小说创作上，是非常重要的。《夜路》一篇，只是写出了一个女孩子的性格，对于她的生活环境，写得少了一些。《排戏》一篇，好像一篇散文，很喜爱它的单纯的情调。

在这封信中，孙犁再次强调了现实主义，指出"创作的命脉，在于真实。这指的是生活的真实，和作者思想意态的真实。这是现实主义的起码起点"。他大力抨击了假现实主义："他们以为这种作品，反映了当前时代之急务，以功利主义代替现实主义。这就是我所说的假现实主义。这种作品所反映的现实情况，是经不起推敲的，作者的思想意态，是虚伪的。""作品是反映时代的，但不能投时代之机。凡是投机的作品，都不能存在长久。"[2]

当时，铁凝写了一个短篇小说《灶火的故事》，初稿写于1979年，完成于1980年。对这篇小说，铁凝很是看重，拿给河北的几位文学前辈看，

---

[1] 铁凝：《怀念孙犁先生》，《人民文学》2002年第11期。

[2] 孙犁：《致铁凝信》，《秀露集》，人民文学出版社2012年版，第233页。

担任河北省作家协会副主席兼秘书长的张庆田，好心劝她不要这样写了，说这样写“路子”有问题。他对铁凝一直爱护有加，为了扩大她在全国的影响，把铁凝投给《河北文艺》的力作《夜路》，主动推荐给《上海文艺》发表。因此，他不想铁凝在创作道路上出现任何“闪失”。铁凝懂得这些长辈对自己的厚爱，但她更尊重自己的艺术感觉，她斗胆将小说寄给了孙犁，征询他的意见。孙犁很快把稿子在《天津日报》的《文艺》增刊上发了出来，《小说月报》也很快作了转载。

虽然得到孙犁的力挺，但是围绕《灶火的故事》的争论并没有停息，顾传菁回忆道：“那年（1980年）夏天，河北省文联在石家庄举办文学讲习班，铁凝被邀参加。在讲习班上，《灶火的故事》作为一篇习作供大家讨论……6月9日至14日，李克明与我，冒着酷热去石家庄与铁凝面谈《夜路》的出版事宜。省文联领导对我们的到来很重视，请我们在讲习班上发言。我则旗帜鲜明地支持了铁凝，赞赏她在《灶火的故事》中所表现出来的可贵的探索精神。”[1]

铁凝的小说集几经补稿、修改，终于达到了令人满意的程度，最终以《夜路》为名出版，这是铁凝出版的第一部小说集。

阎纲致信

1979年6月，在《文艺报》工作的阎纲患了胃底平滑肌肉瘤，很快做了手术，恢复了正常。9月24日，他给孙犁写了封信，指出中篇小说的创作最近很活跃。在住院期间，为了研究一下中篇创作的问题，如人物刻画的特点、情节结构的特点以及这种形式独特奥妙之处，他学习了《阿Q正传》《铁木前传》和孙犁所写的《关于中篇小说》。阎纲在信中说：

为了思考中篇写作问题，阅读了《铁木前传》。但读完之后，它教给

---

[1] 顾传菁：《铁凝小说集〈夜路〉出版琐记》，《中国编辑》2008年第3期。

我的东西还要多些。读这种作品，一点不吃力，因为它是那样诚挚、率直、多情和富于奇异的表现力。我进入一个生活境界、艺术境界、作者和读者完全平等的境界，远离“政治”却不知不觉透出爱憎的境界。然而，它绝不是“轻音乐”。它是风云的时代中人情世故的生动写真。如音乐之悦耳，却非一味的轻松。当一部文学作品，它的作者的政治与艺术高度融合之后，人们看到的既不是政治，也不是艺术，而是生活，生活的美。[1]

10月1日，孙犁给阎纲写了回信，这就是《关于〈铁木前传〉的通信》，孙犁在这封信中，回顾了《铁木前传》的创作起因和过程，以及表现途径，重点强调了现实主义传统。

我国文学艺术的现实主义传统，是非常丰富，非常值得学习、值得珍贵的。这个传统的特点之一，就是真诚，就是文格与人格的统一和相互提高。

投机取巧，虚伪造作，是现实主义之大敌。不幸的是，这样的作品，常常能以其哗众取宠之卑态，轰动一时。但文学艺术的规律无情，其结果，当然是昙花一现。

我们目前应该特别强调真正的现实主义，至于技法云云，是其次的。批评家们应该着重分析作品的现实意义及其力量，教给初学者为文之法的同时，教给他们为文之道。[2]

阎纲认为，《铁木前传》的语言和风格是迷人的，它像蜜，香、甜、粘人，像春风拂面，富有生气，受之通体舒畅。然而《铁木前传》的主要成就不表现在语言风格上，而在处理文艺与政治、与生活的关系上，在巧妙地、曲折地、侧面地、偶然地、形象地、非政治式地反映生活的面貌上。孙犁以这部薄薄的杰作告诫人们：艺术不是政治，太直、太露、太硬、太

---

[1] 阎纲：《阎纲致孙犁信》，《秀露集》，人民文学出版社2012年版，第224页。
[2] 孙犁：《关于〈铁木前传〉的通信》，《秀露集》，人民文学出版社2012年版，第222页。

凶都不好，要学会写个别、写偶然、写意象，甚至写侧面，“言不及义”，不然，于艺术之道根本没有入门，被阴谋家的政治所裹挟。

1979 年 10 月 30 日至 11 月 16 日，中国文学艺术工作者第四次全国代表大会召开，邓小平代表党中央、国务院向大会致祝辞，重申了党的各项文艺方针和政策，特别强调文艺的“双百”方针和“二为”方向。与会代表印象最深的是这样几句话：“文艺这种复杂的精神劳动，非常需要文艺家发挥个人的创造精神。写什么和怎样写，只能由文艺家在艺术实践中去探索和逐步求得解决。在这方面，不要横加干涉。”

孙犁因为身体原因，没有到京开会，但他再次当选为中国作协第三届理事会理事。

泰昌来访

1980 年春节期间，在《文艺报》工作的吴泰昌，向副主编唐因提出到天津采访孙犁的想法。他说了几点理由：一是孙犁的创作有生命力，而且读者也喜欢；二是孙犁既是创作家又是创作理论家，理论功底深厚；三是孙犁大病之后，经过“文革”磨难，现在身心均好，已经恢复创作。唐因支持了他的想法，觉得文艺创作上，有很多问题需要拨乱反正，让一些有经验、有胆识的作家谈出自己的看法是十分必要的。

吴泰昌和孙犁只见过一面。那是 1974 年夏天，吴泰昌从湖北“五・七”干校，被借调到《河北文艺》杂志社工作。有一天，田间派人把他叫到办公室，原来孙犁从天津回老家，顺路到石家庄看望朋友，田间向孙犁介绍了吴泰昌。当时他记得孙犁风趣地说，有人说他有出世思想，搁笔不写了，简直是笑话，我入世还不够，还要写，多写。在吴泰昌的印象中，孙犁是一个记性好，又善于调节气氛的人。

吴泰昌给孙犁写了两封信，又请天津几位熟悉的编辑促进，孙犁终于同意接受《文艺报》的采访。他认为不能叫采访，而是与《文艺报》的同志进行一次对话。

3月27日下午，吴泰昌在百花文艺出版社一位编辑陪同下，准时来到了孙犁的寓所。孙犁已经在门口等候，进屋后，见方桌上放着几张谈话提纲纸，一碟水果糖，一盒天津出产的恒大牌香烟，他递给吴泰昌一颗糖，谈话就这样开始了。已经六十八岁的孙犁，没有用提纲，有条不紊地一口气谈了三个小时。就这样，吴泰昌连着采访了三次，经过整理，写成文稿，送孙犁审定，孙犁认真改了几处，吴泰昌才算完成了任务，他在天津总共待了七天。

吴泰昌的稿子写好后，在《文艺报》压了很长一段时间，推迟到6月份才发表。孙犁有些郁闷，在给韩映山的信中说："白叫我着急上火，牙痛了很久。"[1]

1980年第六、七期的《文艺报》连载了孙犁《文学和生活的路——同〈文艺报〉记者谈话》。这篇稿子长达一万五千字，孙犁结合自己的文学创作，从古今中外，就文学与时代、文学如何艺术地反映生活、文学与政治、文学的主题与题材、创作的艺术准备、风格流派的形成、文学与人道主义等方面，发表了许多深刻而富有卓识的意见。孙犁对这篇文章比较满意，事后在不同场合谈到，这篇文章是他自己阐述创作理论比较充实、表达比较充分的一篇。[2]

1980年秋天，吴泰昌对孙犁进行了第二次采访。这次参访是以笔谈的方式进行的。

《文学和生活的路》发表后，上海《文汇增刊》的编者对人道主义这一敏感话题十分感兴趣，委托吴泰昌就这一问题请孙犁进一步展开谈。吴

---

[1] 孙犁：《书信·致韩映山》，《孙犁文集（补订版）》（9），百花文艺出版社2013年版，第222页。

[2] 吴泰昌：《和文学大家》，学林出版社2009年版，第138页。

泰昌有些为难，他知道孙犁是不愿多谈的人。经过通信，有感于《文汇增刊》的诚意，孙犁表示可以考虑，但是不要局限在人道主义问题上。他让吴泰昌事先列出所提问题，等他看过，再做决定。吴泰昌根据《文汇增刊》的要求和自己的理解，列了十二个问题寄给他。9月末，吴泰昌接到孙犁寄来的厚厚的一个信封，里面是孙犁对他所提问题的回答，或繁或简，回答了十一个问题，对人道主义、人性、人情等问题做了更深一步的论述。

孙犁为这篇文章拟定的标题为《答吴泰昌问》,《文汇增刊》发表的时候，将题目修改为：《人道主义·创作·流派——作家孙犁答问》。关于文章标题的修改，《文汇增刊》的责任编辑委托吴泰昌向孙犁进行解释。孙犁回答说，编者在标题处理上，有权在不违背文章内容的基础上，做某些方面的强调，作者与编者应该相互理解和尊重，愿望只有一个，拿出好作品。[1]

实际上，孙犁对标题的修改很不满意。在给韩映山的信中说："我近来也没写什么，心气不高，投稿也遇到一些不愉快的事，例如《文汇增刊》上登的，最后一节，给删去了好多。另外，那本来是我写给吴泰昌的，这样一登，就好像是吴记录的了。"[2] 后来，此文收入《澹定集》时，孙犁又恢复了原题。

在这篇问答中，孙犁不仅否认了"荷花淀派"的存在，而且对长篇小说《风云初记》、中篇小说《铁木前传》为何没能写完，做出了坦率的回答。他说："实事求是地说，《风云初记》没有写完，是因为我才情有限，生活不足。你看这部作品的后面，不是越写越散了吗？我也缺乏驾驭长篇的经验。《铁木前传》则是因为当我写到第十九节时，跌了一跤，随即得了一场大病，住疗养院二、三年。在病中只补写了简短的第二十节，草草

[1] 吴泰昌：《和文学大家》，学林出版社2009年版，第140页。

[2] 孙犁：《书信·致韩映山》，《孙犁文集（补订版）》（9），百花文艺出版社2013年版，第234页。

结束了事。”[1] 当问及为什么不把《铁木后传》写出来这一问题的时候，孙犁答道：

人在青年，对待生活，充满热情、憧憬、幻想，他们所苦苦追求的，是没有实现的事物。就像男女初恋时一样，是执着的，是如胶似漆的，赴汤蹈火的。待到晚年，艰辛历尽，风尘压身，回头一望，则常常对自己有云散雪消，花残月落之感。我说得可能消极低沉了一些。缺乏热情，缺乏献身的追求精神，就写不成小说。

与其写不好，就不如不写。所以，《铁木后传》一书，是写不出来了。

我现在经常写一些散文、杂文。我认为这是一种老年人的文体，不需要过多情感，靠理智就可以写成。青年人爱好文学，老年人爱好哲学。[2]

荷花淀派

1980 年河北省准备召开一个“荷花淀派”讨论会，著名文学评论家鲍昌接到《河北文学》编辑部的请柬后，于 9 月 12 日下午，到孙犁家中征求意见。晚上，孙犁撰写了杂文《成活的树苗》，从树苗的成活规律，谈到作家的培养问题，文中写道：

下午，鲍君来访。他要去石家庄开文艺座谈会，到那里将见到刘、从二君，我托他代为致问候之意，并向他们约稿。

谈话间，我说：

“近些日子，我常想这样一个问题：近几年，人们常说，什么刊物，什么人，培养出了什么成名的作家，这是不合事实的。比如刘、从二君，当初，人家稿子一来就好，就能用。刊物和编者，只能说起了一些帮忙助兴的作用，说是培养，恐怕是过重了些，是贪天之功，掠人之美。我过去

[1] 孙犁：《答吴泰昌问》，《澹定集》，人民文学出版社 2012 年版，第 7 页。
[2] 孙犁：《答吴泰昌问》，《澹定集》，人民文学出版社 2012 年版，第 8 页。

写了一篇《论培养》，我想写一篇《再论培养》，说明我经历了几十年风尘，在觉悟方面的这一点微微的提高。”

鲍君说：

“我看你还是不要说得太绝对了。那样，人家会说你不想再干这方面的工作了，是撂挑子的话。”

鲍君聪颖，应对敏捷，他的话常常是一针见血的。[1]

1980年9月18、19日，《河北文学》编辑部邀请本省及京津等地部分作家和文学理论批评工作者，召开了有关“荷花淀派”问题的小型学术讨论会，主要讨论在当代文学史上，是否形成了一个以孙犁为代表的“荷花淀派”。讨论会很具规模，几乎聚齐了所有孙犁作品的研究者，师承孙犁的一批中青年作家，如刘绍棠、从维熙、韩映山、铁凝等人也来参会。

在“荷花淀派”讨论会开幕的当天，孙犁让《天津日报》刊登了《成活的树苗》一文，这无异于向讨论会递交了一个书面发言，表明了自己的态度。

谈论会开得十分热烈，围绕“在当代文学史上是否形成了一个以孙犁为代表的‘荷花淀派’”这一主题，形成了肯定派、展望派、否定派三种观点。肯定派以孙犁的弟子和河北省的一些文艺评论家为主；展望派以一些著名的文学评论家为主，认为这一文学流派目前没有形成，但是具备了进一步发展的基础，将来大有希望；否定派以孙犁本人为代表。

肯定派的代表人物是韩映山等人。他们认为，“荷花淀”文学流派发端于20世纪40年代，形成于50年代。40年代，孙犁在抗日战争中，写出了《荷花淀》等著名作品，形成了独特的风格和清新的韵味。到了50年代，孙犁的创作更上层楼，写出了长篇小说《风云初记》、中篇小说《铁木前传》等一大批优秀作品，形成了较为成熟的文学风格；同时他以《天津日报》“文

[1] 孙犁：《成活的树苗》，《澹定集》，人民文学出版社2012年版，第157页。

艺周刊”为园地，培养了一大批青年作家，在他周围形成了一个具有相似文学风格的作家群，标志着“荷花淀”文学流派的诞生。

展望派的代表人物是阎纲和鲍昌等人。他们认为，“荷花淀派”目前没有形成，未来可能会出现较大的发展。从现实来看，在孙犁周围，并没有形成一个真正的文学流派。一是由于文艺思想上的偏差，新中国成立后相当长的一段时间里，孙犁的创作和艺术，在主流价值体系内，并没有得到充分认可，相反一直处于被排挤和被批判的地位。因此在那个特定的历史时期，孙犁及其周围作家对中国当代文学的影响是十分有限的。二是在20世纪50年代，虽然有一批青年作家追随孙犁，但是只是对孙犁作品的学习和模仿，艺术风格并没有形成，所取得的艺术成就远远在孙犁之下，与孙犁相比，并没有形成相互映衬、相互生发的状态。三是很多青年作家，经过政治磨难，重返文坛后，创作风格已经发生了重大变化，作家群的概念已经不复存在。因此，荷花淀文学流派，在更多意义上只是一个称谓而已。

阎纲认为，尽管在孙犁周围聚集了一批青年作家，但是他们没有共同的明确的艺术主张，没有共同的鲜明的艺术追求，甚至连共同的艺术宣言都没有，因此作为艺术流派来讲，还是不自觉的。进入新时期，孙犁不再写小说，其他的盟友和弟子，写得也不够多，典型的“荷花”之作更少，所以它是不健全的流派。

阎纲认为，孙犁的艺术存在一定的局限性，主要表现在两方面，即人物立体感不够强，概括时代面貌还不够广阔。在新的时代面前，孙犁式的婉约派、阴柔派，如何扬长避短，迅速发展起来，这是一个重大的课题。太拘泥了，单纯一味地模仿，不敢越出雷池一步，断然是没有前途的。

鲍昌认为，“荷花淀派”，名号是有的，流派实际上不存在。“荷花淀派”存在一个作家群，从创作风格来看，这一作家群在开始阶段，都是模仿并且接近孙犁风格的。但是经过“文化大革命”，每位作家的命运不同，各位作家，包括孙犁在内，在创作风格方面发生了重大变化。实际上，这个作家群已经不复存在了。鲍昌提出，在新的历史时期，应该创立“荷花淀”流派，进一步发扬现实主义的传统。

冯健男对“荷花淀派”是否存在这一问题的回答显得模棱两可：“对于这个问题，我的回答是‘江流天地外，山色有无中’。前一句是说，以孙犁同志为代表的、具有独创艺术风格的、以描写冀中人民的革命斗争生活为中心的文学创作，其影响力早已超出了‘白洋淀’四周的范围，而遍及于大河上下，长江南北；后一句是说，文学上的‘白洋淀’派可以说‘有’，也可以说是‘无’，可以说是形成了，也可以说是并未确实形成。”[1]

但是，仅仅过了两年，冯健男又编选了《荷花淀派作品选》，为这部书写了一篇分量很重的序言，而且一改座谈会上的观点，变成肯定派：“作为一个文学流派，‘荷派’是在建国初期，由孙犁作品对于一些文学青年的吸引力和影响力所促成的，同时，这又是和孙犁作为一个文学园丁对于这些青年作者热情和辛勤的培养与扶植分不开的。”[2]

孙犁是明确否认这一流派存在的。尽管在不同的场合，对于不同的人，孙犁对“荷花淀派”存在与否的表述有差异，但是核心观点是一贯和明确的，即“并没有那么一个流派”。1980 年 9 月 16 日，在《答吴泰昌问》中，孙犁集中谈了自己对“荷花淀派”这一问题的看法。

首先，否认了这一文学流派的存在。“但是，以我看，这个所谓流派，至少是目前还没有形成。将来能不能形成？我看希望也不会很大的。”[3]孙犁坦言，自己不会狂妄到，以自己那么浅薄的作品，那么一点点成就，

[1] 冯健男：《漫谈“白洋淀”派》，刘金镛、方福贤编《孙犁研究专集》，江苏人民出版社 1983 年版，第 296 页。

[2] 冯健男：《〈荷花淀派作品选〉序》，滕云、张学正、刘宗武编《孙犁作品评论续编》，百花文艺出版社 1991 年版，第 84 页。

[3] 孙犁：《答吴泰昌问》，《孙犁全集》第 6 卷，人民文学出版社 2004 年版，第 5–8 页。

就大言不惭地承认有了一个什么派。在“文化大革命”以前，有人提出这个问题时，他极力制止。原因是怕招风，怕批判，怕犯错误。“文化大革命”后，不愿意给大家泼冷水，主要是为了活跃学术氛围。

其次，以他个人的成就，不可能形成“荷花淀派”。在中国文学史上，以某人形成一个流派的史实很少。流派可能促进文学的发展，也可能阻碍文学的发展。文学史上的一些大家，如李白、杜甫，在当时也没有流派之说。唐宋八家，也是各自为战，未立门墙。“五四”以后，鲁迅及其他几位大作家，星斗悬天，风靡一代，也没听说哪一个曾有流派产生。虽也有时集会结社，但多为期不长，即行分化。以地区命名的江西诗派，公安、竟陵以及桐城，这些流派，虽然带有明显的区域特性，但其本质上是以文学上的共同主张为纽带的。孙犁强调，对流派的两面性必须有清醒的认识。上述一些文学流派的出现，对于当时文学发展的作用，也不大好说。中国人不习惯流派，一有流派，即易被认为门户，而门户对内是局限，对外是隔阂。所以，不见得能促进文学的发展。

第三，学习模仿某个人是正常的，但是和流派无关。对文学而言，学习模仿主要是创作方法、创作技巧上的学习，文学风格是不能模仿的。风格的形成要尽快从学习模仿这种幼稚状态摆脱出来，发挥自己的特点，形成自己的风格，从而使自己的作品，获得更多的生命的活力，不能死抱住一个人或一种作品不放。

第四，流派的形成，最根本的是风格的相近或一致。文学作品风格的形成，主要取决于两方面：一是时代的特征，包括时代的思想主潮，时代的生活样式，时代的观念形态。二是作家的特征，包括个人的生活经历，个人性格的特征，个人的艺术师承爱好。两者较为完美的结合，才能形成一个作家的风格。时代不同，作家特征不同，两者不同的组合，都可以形成不同的风格。因此，风格是不能模仿的。如只追求貌似，那只能对创作起束缚作用。

郭志刚也是否定派。他的观点很明确："要问有没有'荷花淀派'？我的回答是没有。因为缺少足够的反映着同一气质、同一命脉的荷花组成这个流派。"[1]既然气质不同，命脉各异，为什么又出现了"荷花淀派"这一称号呢？郭志刚认为这是追随者的和读者共同努力的结果："于是，在追求者的向心力和读者的愿望之间，便有了一个'荷花淀派'的产生。"[2]

1982年1月，孙犁写下了《再论流派》一文，等于给这场争论做了一个总结。《再论流派》是写给冯健男的一封信，写这封信的起因是冯健男编选了一部《荷花淀派作品选》，并写了篇序言，他把这篇序言寄给孙犁求教。孙犁看完这篇序言后，通过这封回信，进一步阐述了自己对文学流派的看法：

关于流派之说，弟去岁曾有专题论及。荷派云云，社会虽有此议论，弟实愧不敢当。自顾不暇，何言领带？回顾则成就甚微，瞻前则补救无力。名不副实，必增罪行。每念及此，未尝不惭怍交加，徒叹奈何也。

鲁迅所言，文学团体非豆荚之说，乃至理名言。即使为豆荚，能总体一时，豆熟则荚裂，命运亦各不同。本身充实，得天独厚者，坠入土壤，则生发无穷，另生新荚。其不得水土者，或至腐朽湮灭。况于荚内之时，即志趣不同，有所变异，甚或其豆相煎者乎。

此因流派一词，即含有不固定及易变化之义。有为之士，所关心者，为本身之利益及创作之前程，非必关心流派之发展与前途也。于己有利时，则同派而同流，于己无益时，则异派而自流矣。

故流派之说，虽为近人所乐于称道，然甚难言矣。固执者视而有之，

---

[1] 郭志刚：《论孙犁作品的艺术风格》，滕云、张学正、刘宗武：《孙犁作品评论续编》，百花文艺出版社1991年版，第77页。

[2] 郭志刚：《论孙犁作品的艺术风格》，滕云、张学正、刘宗武：《孙犁作品评论续编》，百花文艺出版社1991年版，第80页。

达观者疏而略之。必拘泥之，而定形命名，甚无谓也。[1]

在这封信中，孙犁再一次申明，自己没有资格充当荷花淀派的首领。接着引用了鲁迅关于文学团体的说法，即文学团体不是豆荚，包含在里面的，始终都是豆。大约集成时本已各个不同，后来更各有种种的变化。孙犁对这一观点进行了发挥，即使豆荚里都是豆，豆子熟了，豆荚裂开，也是各自散落，命运各不相同。况且在某些情况下，这种变异，有时在豆荚内就已经产生了。正因为如此，形成一致或相近的风格，实在是难上加难的事情，所谓流派也就无从谈起了。

一篇访谈

“揭批查”结束后，冉淮舟觉得再在天津待下去，是一件很痛苦的事情，他决定调离。离开之前，他准备送给孙犁一份特殊的礼物。1979 年 8 月 30 日，他在给孙犁的信中说：

我的工作还在办着，这类事情，办起来往往很麻烦，很费时间。还是要争取去北京，实在不行，就回河北教书。总之，是要离开天津的。离开之前，我总想对您应该有所表示，感谢您多年来对我的关怀和培养。我准备把您寄给我的信件誊写清楚，装订成册，送您留念。这是一些很有文学价值的信件，字数也相当可观：（一）可为您写作提供很多材料，其中有不少诗歌，和一些书稿的序言、后记；（二）隐去我的名字，少许改动，写一前言出版，可谓是一本极为别致的散文集。[2]

对“文革”前的这些信件，孙犁是十分看重的，称之为“幸存的信件”，他为这些信件写了序言，一些信件也陆续在报刊上发表出来。

从 1979 年六七月份，冉淮舟开始跑调动的事情，中间经历了很多波折，

---

[1] 孙犁：《再论流派》，《孙犁全集》第 6 卷，人民文学出版社 2004 年版，第 340 页。
[2] 冉淮舟：《津门书简》，华龄出版社 2003 年版，第 63 页。

王林向吕正操的夫人刘沙说明了有关的情况，1981年的1月，冉淮舟正式调入了铁道兵文化部。他不仅穿上了军装，而且涨了工资，心情十分愉快。报到不久，他就深入部队一线采访：东北黑土地、西北黄土高原、青藏线上、引滦入津工地，都留下了他辛勤而坚实的足迹。通过采访，他集中发表了几十篇散文。

1980年8月3日，冉淮舟写信告诉孙犁，北京军区的刘绳、刘波两位同志正在创作《作家与冀中》一书，河北人民出版社已经决定出版这部著作，准备请吕正操同志撰写序言。两位同志已经写了八九位作家，保定的《莲池》已经发表了五六篇，反响不错。他们准备采访一下孙犁，争取把孙犁这一篇写得更好。[1]

10月20日上午，在冉淮舟的陪同下，刘绳和刘波到天津访问孙犁。刚一进大院，就看到孙犁正迎着阳光，站在院中的甬道上等着他们。进屋后，孙犁点上一支烟，然后开始了谈话，刘绳对这次谈话专门进行了整理。

你们写的几篇访问记，我看到了。我们这些人过去在一起工作，彼此熟悉。

关于写我的，谈不了多少，许多东西都写过了。最近我写的一些回忆文章，多是自传体的。有一篇《我的童年》，寄给了南京，还有一篇《童年漫忆》。至于作品方面，你们自己去看。我的作品，也是自传的成分多。

可以看看金梅写的那个材料。你们要写得朴实一些，不要过长，以材料决定写法。不要一个路子，更不要雷同。总的希望是朴实些。溢美之词用的少一些。溢美，读者不喜欢。介绍作家，主要是用事实、用作品说话，不要许多空洞的文字。

写作《作家与冀中》，注意不要给作家排名次，可按照发表的时间或者访问的顺序排列。出书时要注意这一点。

---

[1] 冉淮舟：《津门书简》，华龄出版社2003年版，第86–87页。

山东师院编的《孙犁专辑》，可以参考。你们写好后，多找几位同志看看。写关于我的类似文章比较多。淮舟写过，河北的同志写过，克明还有一篇，郑法清有一篇，金梅整理了不少材料，鲍昌也写过一个东西。能够找到手的，都找来看一看，吸收其中好的东西。材料是需要相互对证的。

总的来说，写这类文章要考虑对读者的作用。或是着重介绍作家经历对作品的影响，或是着重整理和保存一些文学史料，或是写一种文学评传，着重对作家的分析。写时，要注意运用文学的眼光。这几种写法，你们研究一下，选取比较合适的写法。写完之后，交淮舟看一看，也抄一份给我看一下。

《作家与冀中》一书，出版前，要把书的内容平衡一下，一定要讲究质量。写的东西比较新颖，有内容，比较朴实，才能站得住脚。只有写出特点来，才能让人家值得一看。要注意，把时间、地点、环境、背景搞准确，淮舟这方面的鉴定能力很强，让他给你们把把关。要特别注意准确性，历史是不能想当然的。

昨天看到《河北日报》一篇文章（指关于“荷花淀派”的讨论文章），提到三中全会以后，文学才被召回艺术的殿堂。是这样，现在的文艺政策放宽了，文学才繁荣起来，热闹起来。

鲍昌同志问我，你的写作风格有什么特点？我想，《白洋淀纪事》《风云初记》《文艺学习》《文学短论》《铁木前传》，不管作品也好，理论也好，从第一次出版到现在，我一直没有改过。《风云初记》一个字也没改过，《铁木前传》也没改过，《文艺学习》根据他们编辑的意见改了一个人的名字。你对生活看不准，你就不要去写。你既然写了，就不要随着运动改来改去。要看准生活，观察准生活，反应准的生活。

正如对一些运动，“左”的东西，“左”的现象。文学怎么反映？你是去推波助澜，搞那种作品。这个不好，那是煽动群众的情绪。我没搞过这样的东西。土改时，有的同志写“血尸案”。《白洋淀纪事》里有不少篇是反映土改斗争的，我不那样写。

文艺工作不是很好做的。其中，有正面的经验，也有反面的教训，要总结一下。要经常回过头来看自己的作品。

有的作家在一定的时候拿不准，说的严重一点，有点投机。我想，在文艺工作上要总结一下反面的教训，比如文联和刊物的衙门作风。有些人不同意这样的要求。现在《人民日报》的文章中有这种提法了，大家开始注意这个问题了。

对一个观点，要经过反复考虑的，要搞得有准确性，有科学性。[1]

这次访谈之后，刘绳和冉淮舟反复讨论一个问题：介绍孙犁文学和生活之路的文章不少，怎样才能写出与这些文章的不同来？而这个不同，又是孙犁本身存在但尚未挖掘的特点？在他们完成赴太行山和白洋淀两次寻踪之后，对孙犁的认识升华了。过去，大家往往注重孙犁是著名作家、文学大师、文化名人，对他人生历程中更为重要的华章——抗日救国的热血男儿、民族解放的英勇战士、农村变革的工作队员，则提及较少。在那场抵御外寇、保家卫国的伟大斗争中，孙犁的足迹是与战火硝烟连在一起的，他饱尝血与火的洗礼，经受生与死的考验，不愧为一名浴血奋战的抗日健儿。战火锻炼了孙犁，战火给他开拓了创作源泉，战火陶冶了他的艺术风格。孙犁生活和文学之路最为鲜明的一个特点就是从战火中走来，倾注满腔感情，讴歌保家卫国的一代儿女。基于这种认识，访问记最终定格在“战火中的孙犁”上。

这篇《战火中的孙犁》访问记，经过冉淮舟的修改，送给孙犁审阅。孙犁阅后，在稿子上方写了“很好”两个字，并签了名。文章很快在当年的《莲池》和《河北文学》上发表。

---

[1] 刘绳：《记孙犁的一次谈话》，《敌后抗战与平原文学》（第二卷），国际文化出版公司 2017 年版，第 29-30 页。

第二十五章　澹定于心

作品点评

刘绍棠的中篇小说《蒲柳人家》在《十月》1980 年第三期发表后，签字寄给孙犁，请他点评。

《蒲柳人家》勾勒了 20 世纪 30 年代中期，抗日救亡运动在冀东北农村深入开展的历史画卷，生动叙述了一批中国农民在运河滩这块土地上英勇斗争的事迹。

孙犁用了两天时间，把这部作品读完。8 月 7 日，写下了自己的观感，虽然对作品多有褒奖，但也直言无讳地指出了作品的不足之处："绍棠对其故乡，京东通县一带，风土人物，均甚熟悉，亦富感情，这是他创作的深厚基础。然今天读到的多系他童年印象，人物、环境比较单纯，对于人物的各种命运，人生的难言奥秘，似尚未用心地思考与发掘。人物必与社会风貌关联，才能写出真正时代色彩。绍棠的作品，当代色彩并不凝重。""此中篇，几个主要人物，都写得有声有色，然结构稍松，总体无力，其原因在此。"[1]

---

[1] 孙犁：《读〈蒲柳人家〉》，《秀露集》，人民文学出版社 2012 年版，第 191 页。

他指出："绍棠写爱情，时有新意，然亦有蹈故辙处。不以自己的偏爱写文章，不迁就世俗的喜好写文章，而以时代和社会的需要写文章。这是我年近七十才得出的结论。"在创作方法上，"绍棠不尚新奇突异，力求按生活实状，自然描述，是其风格之长。然于现实主义的师法继承，似应再为专笃"。在文学语言上，孙犁认为他的语言功力很深，"但在语言运行上，有泛滥之处。词句排比过长，有失于含蓄。有所长必有所短也。读书似亦甚杂，吸收未加精选。即如卿卿我我的文风，有时也在他的文章中，约略可见"[1]。

写下这些文字后，又怕刘绍棠心生抵触，孙犁特地在文章最后为自己预留了一条退路：年岁相差，时代先后，自己所写都是一些老的见解，常常是保守落后的。[2]

对孙犁的意见，刘绍棠历来十分尊重，但他也是固执的。1980 年冬天，刘绍棠到天津面见孙犁时，说自己要给一个刊物编辑一个特辑，名叫"乡土文学"，让孙犁给这个特辑写几句话。对于"乡土文学"一词，孙犁一直不得要领，更不知道刘绍棠想让他说什么，只好揣摩着写。这样就拖了好长时间，1982 年 2 月 18 日，他写出了《关于"乡土文学"》一文。

孙犁在文章中说，联想到这些年，刘绍棠的一些言论和主张，他多次自称是"一个土著"，他所写的是"乡土文学"，是田园牧歌。而且还说，他写得越"土"，外国人看起来就越"洋"，等等。他觉得刘绍棠好像在和别人赌什么不忿，自己要树一个与众不同的标榜。孙犁觉得这是没必要的。他规劝道："我以为绍棠深入乡土，努力反映那一带人民的生活和斗争、风俗和习惯，这种创作道路，是完全可以自信的，是无可非议的。自己认

---

[1] 孙犁：《读〈蒲柳人家〉》，《秀露集》，人民文学出版社 2012 年版，第 192—194 页。

[2] 孙犁：《读〈蒲柳人家〉》，《秀露集》，人民文学出版社 2012 年版，第 194 页。

真做去就可以了，何必因为别人另有选择，自己就划地为牢，限制自己？”[1]

1980年10月20日，作家刘心武给孙犁写了封信：“今年《十月》第三期的小中篇《如意》，是我用力较多的一篇；另《新港》九月号上有我一篇《写在不谢的花瓣上》，也力图在写爱情上体现出我的个人的观念，似与当前很多这方面的小说所表达的观念相悖，显得‘保守’……请浏览一下。”

刘心武出生于1942年，1961年毕业于北京师范专科学校中文系，后任中学教员十五年。1976年后任北京出版社编辑，参与创办《十月》文学杂志并任编辑。1977年发表短篇小说《班主任》，被视为伤痕文学的发轫之作。

11月1日，孙犁为刘心武的两篇作品写了点评文章，认为刘心武的文字表现能力很强，功力很深，语言具备敏感性，读书也多，这一切都会增强作品的表现力和感染力。但也指出，他的语言如果不深加凝练，就会容易流于油滑一途。同时，文人生活可以自嘲，但是也要有所节制，不能流于浮浅。

孙犁认为，文学创作的基础是生活，生活积累越多，理解越深刻，则生活可以完全包容概念，作品表面的概念越少，其内在观念的感染力越大；反之则成为“概念化”的作品，失败的作品，使读者掩卷废读。两篇小说成功之处，正是作家生活积累雄厚的地方，失败的地方，正是作家就地取材，对生活理解不深不透的地方。

孙犁认为，小说中一些卖关子的地方，没有必要那样写；结尾的感叹语句也有些画蛇添足。至于爱情描写创造出一种新的观念，是很困难的。

每个作家都有自己的起点。刘心武的起点是《班主任》。每个作家不

---

[1] 孙犁：《关于“乡土文学”》，《澹定集》，人民文学出版社2012年版，第46—47页。

要轻易抛弃自己基本的东西，应该时时回顾自己的起点，并设法充实它。如此开拓自己的前进道路，形成自己的艺术风格。[1]

12月2日下午，刘绍棠带着林斤澜、刘心武，前来拜访孙犁，几个人谈了一个下午，十分愉快。刘绍棠是熟人，刘心武虽然是初次见面，前些日子已有书信往来，并读过他作品，林斤澜则比较陌生，所以孙犁格外注意他的文学见解。

林斤澜出生于1923年，1950年到北京市文联工作，任文学创作组成员，创作小说、剧本等多种，曾参加全国第一次青年作家代表大会，参加北京作协的筹建工作。“文革”后任北京作协驻会作家。

谈话中，林斤澜提出创作规律这个问题，并询问孙犁，是否可以概括为“真情实感”四个字。孙犁认为这四个字很重要，但还不能包容创作规律的全部。他认为，创作规律包括作家的人生观、生活积累、文字表现能力等要素。

刘心武提出：人物对话，似乎有章可循，但叙述语言比较难办。孙犁认为，语言是文学的基本要素，与作家的生活、认识密切相关，语言应该以民族语言为主，同时要兼收并蓄。语言的运用，应该自然，一拿架子，装腔作势，就失败了一半。

现在的吹捧风气很严重。孙犁对刘绍棠和刘心武说，如果有人给你们抬轿子，希望你们能够坐稳一些。

这次会见之后，孙犁阅读了林斤澜赠送的他的小说选集，一共看了五篇。首先注意了他的师承，主要师承鲁迅，他的小说有些冷僻，运用的白描手法，冷隽有余，神韵不足。在创作上，林斤澜有意倾向客观，排除作品中作家的主观倾向，甚至作品中一些关键问题，也要留给读者自己去理解，自己去回答。孙犁认为，在创作中，完全排除主观是不可能的。有意排除主观，

[1] 孙犁：《读作品记（二）》，《澹定集》，人民文学出版社2012年版，第16页。

容易使作品流于晦暗。林斤澜的语言有幽默的成分，而且刻画较深。

孙犁深切感受到，林斤澜是一位严肃的作家，是真正有所探索，有所主张，有所向往的。他是执着的甘于寂寞的，而且顽强地工作着，奋发地开拓着，犹如采石场的一位老石匠不断地用锤子、凿子在地上敲打。[1]

1981 年初，北京的宗璞给谢大光打来电话，想专程到天津拜会孙犁，又听说老人不愿接受来访，问他是否属实。谢大光告诉他，孙犁不像外界传的那样不近人情，你来了，他一定欢迎。时隔不久，谢大光陪同她走进了多伦道大院。

谢大光出生于 1943 年，大学时代学的是工科，1962 年大学毕业后应征入伍，历任总后勤部某部战士、文书、文工队创作员，1968 年复员后，在天津人民出版社工作，1980 年开始发表作品，并调入《散文》月刊任编辑。

宗璞是著名哲学家冯友兰的女儿，出生于 1928 年，抗日战争爆发时，随父赴昆明，就读西南联大附属中学。1945 年回北京，1946 年入南开大学外文系，1948 年转入清华大学外文系，并开始文学创作。1951 年毕业分配在政务院宗教事务委员会工作，年末调入中国文联研究部。1956 年至 1958 年在《文艺报》任外国文学编辑。1957 年出版童话集《寻月集》，并在《人民文学》发表短篇小说《红豆》，引起文坛瞩目。在反右斗争中遭到批判。1959 年下放河北省农村。1960 年调入《世界文学》编辑部，主要撰写散文和小说，“文革”中被迫中断创作。1978 年重新发表作品，后调入北京外国文学研究所工作。

孙犁之前没有读过宗璞的小说，但知道她做外国文学研究，因此，他们的谈话一直围绕近年读的一些翻译作品展开。孙犁说，在《儿童文学》上，重新读了安徒生的童话《丑小鸭》，心里好几天不能平静。这才是真正的文学。《丑小鸭》好就好在声东击西，有弦外之音。这样的作品不多。

---

[1] 孙犁：《读作品记（三）》，《澹定集》，人民文学出版社 2012 年版，第 20—22 页。

又说到俄国作家库普林的两个短篇小说，每一个细节，每一个行动，都给人留下很深的印象。这是很厉害的。还有普希金的《驿站长》《茨冈》。

宗璞回北京不久，给孙犁寄来了自己的短篇小说《鲁鲁》。孙犁阅读后，于1981年2月11日写下作品点评，对宗璞的作品高度赞扬，他认为，宗璞的文字，明朗而又含蓄，流畅而有余韵，于细腻之中，注意调节。每一句的组织，无文法的疏略，每一段的组织，无浪费或蔓枝。这样美的文字，对他而言，有相见恨晚之感。至于《鲁鲁》，写的是一只小犬的故事，宗璞写动物，用的是鲁迅的笔意，动物与人，宾主不分，表面是动物的悲鸣，内含是人性的呼喊。[1]

当孙犁收到1981年第四期《人民文学》时，发现上面刊载有舒群的一篇小说，名字也很别致：《少年chén女》。舒群是他的老领导，《少年chén女》引起了他对老友和延安岁月的怀念。晚上，他一口气读完了这篇小说，在4月26日，写下了一篇评论。

孙犁认为，这是一篇现实主义的小说，有着特殊的表现技巧，是一篇有生活、有感受、有见解的作品。小说描写的并不是什么重大题材，也不是奇特的惊人案件，只是随处可见的日常生活。它的结构严谨自然，语言的风格非常特异，长段排比，上下骈偶，新旧词汇并用，寓庄于谐，寓谐于庄，声东击西，真假相伴，抑扬顿挫，变化无穷。孙犁认为，这种语言手法，兼并中西，熔冶古今，形成一种富有生活内容和奇妙思路，感染力很强的语言艺术。孙犁读这篇作品的时候，有时眼含热泪，更多的时候是迸发出内心的笑声。

在这篇评论文章中，孙犁对当前文艺界的一些现状进行了严肃的批评：有时翻翻刊物，里面的插图，男女相依相偎的画面多了，女身裸露突出的部分多了。有些画面，惊险奇怪，或人头倒置，或刀剑乱飞，或飞天抱月，

---

[1] 孙犁：《读作品记（四）》，《澹定集》，人民文学出版社2012年版，第24-26页。

或潜海求珠。也时常感叹，时代到底不同了。有时翻翻评论，有些文章，吹捧的调子越来越高，今天一个探索，明天一个突破。又是里程碑，又是时代英雄的典型。反复高歌，年复一年。仔细算算，如果每唱属实，探索到的东西，突破的点，已经不计其数。有时找来那些所谓探索的作品来读一读，发现并不新鲜，不仅古今中外，早已有之，而且没有任何进展之处，只是抄袭了一些别人身上脱落的皮毛。[1]

5 月 11 日，孙犁对李准的短篇小说《王结实》进行了点评。这篇小说发表在 1981 年第一期的《莽原》上。孙犁认为，李准的幽默来自对生活的观察认识。认识的面广，认识得深刻。他认为：对一个时代的生活风习，理解得深了，作家有痛切的感觉，而不愿以大声疾呼的态度反映它，也不愿以委委曲曲的办法表现它。在沉默了许久之后，终于含着眼泪，用冷静的嘲讽手法来表现它。这就是幽默艺术。对生活的浮光掠影，不会产生幽默；对生活的淡漠，也不会产生幽默。幽默是现实主义文学的一个方面，一种表现手法。凡是伟大的作品，都有幽默感。幽默，是文学的一种要素。

从 1980 年 8 月 7 日至 1981 年 5 月 11 日，孙犁一共写了六篇《读作品记》，对文学刊物上的一些作品进行了点评。与此同时，他还通过散文、通信等方式，对一些青年作家的作品进行了评说，这些文章写得坦诚无私，切中要害，犹如一位苗圃里的园丁，在那里修枝剪叉，松土施肥。他所希望的，是这些树木茁壮成长，硕果累累。他在动剪刀的时候，没有顾及树木的疼痛，没有惧怕在树枝上留下伤痕，他想到的只是满园春色。

文集问世

1981 年 2 月 5 日是春节，天津市出版局局长孙五川、百花文艺出版社社长林呐前来拜年，向孙犁提出，由百花文艺出版社编辑出版《孙犁文

---

[1] 孙犁：《读作品记（五）》，《澹定集》，人民文学出版社 2012 年版，第 29-30 页。

集》。这一提议，得到孙犁的赞同。

经过一番准备，《孙犁文集》的编辑队伍建立起来。随着文集编辑工作的开展，编辑队伍也在不断补充和扩大，最完备的阵容是：林呐总负责，出版社的负责编辑为李克明、曾秀苍、张雪杉、顾传菁。在讨论篇目和文字校勘时，又特别邀请了邹明、冉淮舟、阿凤、沈金梅、郑法清等人参加。

4月2日，孙犁在给冉淮舟的信中说："文集事，春节时天津定下来，后四川也想出，我已谢绝。我初拟五卷：短篇、中篇、长篇、散文、理论。如有可能再编一本杂著（包括诗）。此事将慢慢进行，结果如何，尚不可知。你有暇，可帮我想想，提些方案。"[1]

5月4日，冉淮舟给孙犁写信，提出"文集"应出七卷或八卷。七卷：短篇、中篇、长篇、散文、杂文、诗歌、理论。八卷，即再增补一卷书信。字数初步估计在一百五十万字以上。他觉得，诗歌应该单独编一卷，《猴戏》《海鸥》等作品写得非常深刻，让人激动不已。这一卷，要收入鼓词，也可以附上剧本。杂文之所以单出一卷，是因为这些文章编入散文，字数太多，应该独立出来。书信也是很重要的，当然，编这一卷，可能困难些。[2]

5月6日晚上，孙犁给冉淮舟写了一封较长的信，详细谈了自己对文集编辑的想法：

文集事，"百花"已组成班子：李克明负责，其他为曾秀苍、顾传菁，另有一小女孩。林呐责成他们三月编出。

克明热情有余，而记忆力差，杂学亦少；曾是知识广，但身体弱，精力亦不在此；其余二位，经验少。所以，我这些天很为此事担心，怕弄不太好。

---

[1] 孙犁：《书信·致冉淮舟》，《孙犁文集（补订版）》（9），百花文艺出版社2013年版，第165—166页。

[2] 冉淮舟：《津门书简》，华龄出版社2003年版，第110页。

因此，我想请你帮忙开列三个方面的篇目，即短篇小说、散文及理论，其中散文、理论较难开列，因文章处在散放状态中。

你开的这个篇目，算是代我开，他们也在进行，我准备这样一份目录，到时和他们对照。我估计他们弄不太妥帖，而且要旷日持久（三个月的主要目标）。

文集编辑原则仍以严格为主，不贪大求多。但也要编出一些新的内容。（篇目可尽可能开列详尽。）

不知你那里材料够用不？有多少先编出多少，以后再补充也可。此事不急，也以三月为度吧。

篇目，以写作年月为序。每篇之下顺手记下写作年月，以后有用处。

你关于文集的想法，都是很好的。我可以提供他们参考。但不知道为什么，我对此事并不太乐观似的。以前办事效率之低，效果之差，关系之难测与复杂，此集繁琐费工，困难与波折一定不会少。但对我关系较重，不能不操心的。[1]

5月6日上午10点，韩映山到天津看望到孙犁，远千里的女儿远山眉在。远山眉走后，保姆杨玉珍包饺子。吃着饭，孙犁对韩映山说："以后的创作，可向博大精深的方向努力。你的作品，总是束手束脚，放不开，拘谨。"他以鲁迅的作品为例，如《孔乙己》《一件小事》等，都是博大精深的。"你给铁凝写的评论文章，也是放不开。"孙犁说，"另外，为人要圆通些。不要太固执。"

谈起自己最近写的一些"读作品记"，孙犁有些无可奈何："我跟绍棠提的要求，他有意见，跟李牧歌说，他自己做不到，要我做。"李牧歌是邹明的爱人，《天津日报》"文艺周刊"的编辑。刘绍棠的意见，让孙

[1] 孙犁：《书信·致冉淮舟》，《孙犁文集（补订版）》（9），百花文艺出版社2013年版，第166—167页。

犁很受触动，觉得自己的一些意见，是要得罪人的。当天晚上，孙犁在写给冉淮舟的信中，让他把《〈论孙犁的文学道路〉后记》中，记录自己在颐和园谈论刘绍棠的一段文字删去。

谈起当前一篇十分红火的作品，孙犁不以为然："看了半篇乔厂长，没什么了不起。有人要领他来，我说，这院可都是《天津日报》的人。"《天津日报》曾经是批判"乔厂长"的主阵地，这个大院居住的都是《天津日报》的职工。当时，《乔厂长上任记》已经获得了全国优秀短篇小说奖，围绕这篇作品的论争也已基本平息，但是孙犁依然对这篇作品持消极的评价。蒋子龙登门拜访还需要他人引领，说明两人的关系十分微妙。

谈到文艺和政治的关系，孙犁说："离政治远一点，你还说是一句名言。你是小孩儿，不懂，现在有人歪曲这句话了。"当时有人说，孙犁认为文艺可以"脱离"政治，可以不讲政治。韩映山说，可以写篇文章批驳一下。孙犁说，不写了，我已在《文艺报》那篇文章中阐释了这个问题。现在我也不怕了。我在一篇文章写那些人是"西崽"。

谈到新近出版的《秀露集》，孙犁既有几分无奈，也有几分愤慨："《秀露集》这本书出得晚。一拖再拖。编辑居然说，现在出书，一要有权势，二要搞交换。"文艺界的现状如此，令他十分不满。

谈到韩大星给他刻的印章，孙犁说："给别人写字，盖上三枚大印。都是大星刻的。我想给梁斌要点石头，又怕他不给。听说他有一小口袋哩！"韩映山笑了起来。

冉淮舟对孙犁的作品十分熟悉，很快就编写好了三万字的《〈孙犁文集〉拟目》。文末自注：1981 年 3 月 15 日记于保定；5 月 17 日改于北京；5 月 25 日再改于天津。

保定市文联的《莲池》副主编苑纪久看过这份材料之后表示：《莲池》虽然是小刊物，但是愿意不惜版面，配合文集的出版，予以宣传，希望首先发表《〈孙犁文集〉拟目》。冉淮舟到天津后，把苑纪久的想法告诉了孙犁，孙犁很高兴，说："刊物不能以大小区分，而是要以好不好来区分。大刊物不一定是好刊物，小刊物不一定是不好的刊物。《莲池》是办得好的地方刊物。《莲池》的水清纯明净，莲花丽质淡雅，我愿把最好的作品交给《莲池》发表。"

他看过《〈孙犁文集〉拟目》之后说："这是一份资料，近于学术性的文字，要占用不少篇幅。"5月27日，他写了杂文《书淮舟所拟文集目录后》，和《〈孙犁文集〉拟目》一起，发表在1981年第5期的《莲池》上。

在《书淮舟所拟文集目录后》中，孙犁写道："《莲池》编辑部，愿意提供宝贵篇幅，发表这样近于学术性的文字，乡土之情意，同道之爱助，使我十分感动。"[1]

1981年9月，冉淮舟又撰写了《孙犁著作年表》《孙犁作品单行、结集、版本沿革年表》，形成了研究孙犁文学创作较为完整的资料。

《孙犁文集》的编辑工作，比预想的要顺利，很快就大体齐备了。1981年8月5日，孙犁为这部著作写了《文集自序》。这是一篇十分重要的文章，它以条目式的结构，系统介绍了自己所处的时代、创作道路、性格气质、文学事业上师承，并就现实主义文学、中国新文学道路、文艺与政治的关系、文学语言等一系列重大问题，阐释了自己的观点。

《孙犁文集》于1981年9月编定付梓，至1982年陆续出版，辑录的作品，上起抗日战争初期，下迄文集定稿之时，共为五册七卷。第一卷为短篇小说，第二卷为中篇小说，第三卷为长篇小说，第四卷为散文，第五卷为新诗，第六卷为文艺理论，第七卷为杂著。为了提供读者和研究者的参考，集末附录了冉淮舟所著《孙犁著作年表》和《孙犁作品单行、结集、

[1] 冉淮舟：《想起〈莲池〉》，苑纪久著《在雁翎队的故乡》，国际文化出版公司2017年版，第158页。

版本沿革年表》。

莲池荷韵

从1979年到1984年,孙犁的很多文章,发表在一份地级的文学刊物上,这就是保定市文联主办的文学双月刊《莲池》。《莲池》创办于1979年,一开始是内部刊物,1981年起正式公开发行。主要创办者和支持者,是一位资深编辑苑纪久。

创办之初,为了办好《莲池》,在冉淮舟的陪同下,苑纪久到天津拜会了孙犁,征求他对办好这份刊物的意见。孙犁很高兴地谈了自己的想法。几天后,冉淮舟到孙犁那里取他为《莲池》写的稿子,他对冉淮舟说:“那天你带纪久来看我,因为多年不见,不是你介绍,我还以为是你带来一位老家的农民,淳朴实在。做事踏实认真,不张扬,不浮躁,我愿和这样的人交往。”

1979年的《莲池》创刊号,刊登了孙犁的七封信,冠以《孙犁书简》总标题,而且加了编者按:“本刊选发了孙犁同志的几封书信。这些信写得亲切感人,使我们看到作家的工作、生活情况,以及对青年作者的关怀。信中谈到的创作问题,虽只三言两语,却是见解独到、精辟,给人教益颇深。”

《莲池》第二期,刊发了孙犁所写的京剧脚本《莲花淀》,同时刊发了《京剧脚本〈莲花淀〉自序》,这篇序言收入《秀露集》时,改名《戏的梦》,该文长达六千余字,是孙犁的一篇散文力作,这时的《莲池》还是一份内部刊物,孙犁把这样重要的文章拿来发表,足以看出他对《莲池》的厚爱。

1980年,孙犁连续在《莲池》上发表了《谈校对工作》《三烈士事略》《〈三烈士事略〉的后记》等文章。1981年起,《莲池》公开发行,在第一期上,刊登了孙犁的《〈善闇室纪年〉摘抄》,这是他所写的自传,《莲池》发表了其中的两节:在安国、在北平。

第三期上,刊发了孙犁写的《读冉淮舟近作散文》,对冉淮舟到铁道兵文化部后，下部队体验生活所写的一组散文进行了评论，讲了一些鼓励的话，也指出了创作中的不足。在第四期上，刊发了孙犁的《生辰自述》，这是一篇四言韵文，叙述了自己的大半生经历，融入了作家对人生、对社会、对文学的深刻感悟。

第六期上，刊登了孙犁的回忆散文《同口旧事》，这也是孙犁的一篇散文力作，约有五千字，是为《琴和箫》一书写的代序。《琴和箫》是孙犁关于白洋淀的作品集，由冉淮舟编辑，就在这一期的《莲池》上，还刊发了冉淮舟为这本集子撰写的编后记《白洋淀的歌》。

1983 年的《莲池》第三期上，刊登了孙犁的《芸斋短简》，是分别写给三位业余作者的三封信，对他们的作品进行了点评。

除了刊发孙犁本人的作品外，《莲池》还格外注意组织对孙犁作品的评论文章。冉淮舟在南开大学读书期间，写过一部《论孙犁的文学道路》的书稿，后来几经润色，尤其是经过孙犁本人亲自审阅后，冉淮舟又做出了重大修改，即将付梓出版。《莲池》选发了其中的若干章节。在 1980 年的第一期上，以《孙犁的文学道路》为题，发表了这部书稿的“小引”和第一章“通往艺术殿堂的路——孙犁生平和文学活动概述”。在第三期上，发表了金梅撰写的《学习孙犁散文札记》；在五、六期合刊上，发表了飞燕的《精心培育幼苗的人——记老作家孙犁对我的关怀》。在 1981 年的第一期上，发表了冉淮舟那部书稿的第四章“新生活的颂歌——关于《村歌》”，发表时题目修改为《略论〈村歌〉——兼评对孙犁作品的评价问题》。在 1982 年的第三期，刊发了张东焱的《极有情致 极有分寸——读孙犁为别人写的序言》；在第六期，刊发了冉淮舟的《关于〈平原杂志〉的通信》。那年秋天，冉淮舟在保定，意外发现了孙犁 1946 年在河间主编的《平原杂志》，而且是完整的六期，上面刊登了孙犁的多篇文字，他立刻给《天津日报》社的邹明写了一封信。

2004 年，莫言曾写过一篇文章：《我是从〈莲池〉里扑腾出来的》。

他最早的五篇小说，都是在《莲池》上发表的，也正是通过《莲池》，孙犁发现并评论了莫言的创作，对莫言的文学道路发生了重大的影响。

1979 年秋天，莫言从渤海湾调到狼牙山下，在一个训练大队里担任政治教员。业余时间写小说，写完了就往《莲池》编辑部寄，寄了退，退了寄，终于有一天，接到《莲池》的来信，让他到编辑部谈谈。第二天一大早，莫言坐上长途汽车，赶到了保定，接待他的是文学编辑毛兆晃，他说稿子有一定的基础，让他回去再改一改。莫言感到稿子不好改，就另写了一篇送到编辑部，毛兆晃看了，觉得还不如第一稿。莫言很受打击，但是决心继续改，他把两篇稿子合成一篇，写出了《春夜雨霏霏》，苑纪久看过这篇作品，大加赞赏，于是，莫言的处女作以头条刊发于 1981 年第五期《莲池》上，编辑部还按最高标准给莫言发了稿酬。莫言的这篇作品长达万言，描写了一位守卫海岛的边防军战士的年轻妻子，新婚二十天便和丈夫分别，转眼过了两年，在一个春雨霏霏之夜，这位年轻的妻子思念起了在海岛驻防的丈夫。整篇作品没有离奇的情节和冲突，但洋溢着一种荡人心扉的人情美和人性美。

苑纪久看到了莫言的文学才华，嘱咐毛兆晃加强和莫言的联系，鼓励他多写多寄。紧接着，莫言又寄来了自己的《丑兵》，作品描写了一位参加对越自卫反击战的战士，这位战士爱好文学创作，出发前，他把创作的小说投到出版社，等出版社发出约他面谈的信件时，这位战士已经牺牲在前线了。这篇作品在 1982 年第一期的《莲池》上刊出，苑纪久特意加了一个“编者附记”，向读者推荐了莫言和他的作品：

作者莫言，是驻军某部的一位年轻战士，本刊去年第五期发表了他的处女作《春夜雨霏霏》得到读者的好评。这一期的《丑兵》写得也不错。作者熟悉兵的生活，对解放军战士洋溢着深情厚爱。其作品的特点是：感情真挚，笔调细腻，语言明快。写作技巧虽还不很成熟，但态度是认真的，用力的。如果不懈地坚持下去，定会写出佳作。[1]

毛兆晃专门到部队看望了莫言，对他进行鼓励，后来又带他到白洋淀体验生活。1982年第五期《莲池》，刊发了莫言的第三篇小说《因为孩子》，描写了农村邻居两家因为孩子打架，又因为孩子而和好，写出了淳朴的民风民俗，写出了孩子的童真童趣。

在1983年第三期《莲池》上，头条刊发了莫言的《售棉大路》，同时配发了对这篇作品的评论文章《努力开掘生活》，指出小说塑造了一组鲜活丰富的农村男女青年形象，性格各异，绝不雷同。天津的《小说月报》转载了这篇小说。

同年第五期的《莲池》，再次以头条刊发莫言的第五篇小说《民间音乐》。这篇作品引起了孙犁的注意，1984年4月14日，他在《读小说札记》中点评了这篇小说：

去年的一期《莲池》，登了莫言作的一篇小说，题为《民间音乐》。我读过后，觉得写得不错。他写一个小瞎子，好乐器，天黑到达一个小镇，为一女店主收留。女店主想利用他的音乐天才，作为店堂一种生财之道。小瞎子不愿意，很悲哀，一个人又向远方走去了。事情虽不甚典型，但也反映了当前农村集镇的一些生活风貌，以及从事商业的人们的一些心理变化。小说的写法，有些欧化，基本上还是现实主义的。主题有些艺术至上的味道，小说的气氛，还是不同一般的，小瞎子的形象，有些飘飘欲仙的空灵之感。[2]

有一次，毛兆晃下部队回来，带来一个不好的消息，说莫言有可能要

---

[1] 冉淮舟：《想起〈莲池〉》，苑纪久著《在雁翎队的故乡》，国际文化出版公司2017年版，第158页。

[2] 孙犁：《小说杂谈·读小说札记》，《老荒集》，人民文学出版社2012年版，第73页。

从部队复员，回山东老家去。苑纪久一听很着急，让毛兆晃把莫言在《莲池》发表的五篇作品都带上，把孙犁的评论也带上，让毛兆晃到部队去说情。毛兆晃坐上开往山区的长途汽车，找到部队领导，请他们重视和保留人才。或许是这次造访起了一定作用，后来，莫言不仅没有退伍，还被提拔为干部。

1984 年，解放军艺术学院开设了作家班，莫言得知军艺招生消息，报名已经结束。在军艺，他没有认识的人，只能把随身携带的《莲池》和孙犁的评论文章，通过工作人员，留给了文学系主任徐怀中，徐怀中慧眼识珠，为莫言组织了专门的一场考试，并最终录取了他，使他成为军艺文学系第一届学生。

也就是在这一年，由于铁道兵撤销，冉淮舟调入解放军艺术学院参与组建文学系的工作，并教授文学理论课。军艺的这届学员共有三十五名，学习两年，莫言的毕业作品就是那部尽人皆知的《红高粱》。

将军一夕

冉淮舟编辑的《琴和箫》，涵盖了孙犁几乎所有描写白洋淀的作品，为这部作品集，孙犁还专门写了《同口旧事》一文作为代序。刘绳、刘波采访撰写的《作家与冀中》一书，几乎涵盖了战争年代活跃在冀中这片土地上的作家群。这两部书稿，本来是河北一家出版社组的稿，结果到正式出版时却遇了麻烦，出版社居然要退稿。当时，冉淮舟正在参加《孙犁文集》的编辑校对工作，接到责任编辑李屏锦的来信，得知书稿出版遇到困难，便于 1981 年 10 月 27 日赶到了石家庄。

到了出版社，分管负责人不在，冉淮舟便找到了出版社的主要领导。这位主要领导霸气十足，牛气冲天，面对冉淮舟的问询，态度十分恶劣，说：我们出版社愿出什么就出什么，不愿什么就不出什么；想出什么就出什么，不想出什么就不出什么。冉淮舟忍住气，希望他能就两部书稿谈一些具体意见，这样也好向孙犁、向刘绳和刘波有所交代。他说：你愿意怎么交代就怎么交代，想怎么交代那是你自己的事，反正我们就是不出。这样的谈话没办法继续进行下去，冉淮舟压住怒火走了出来，他甚至想，是不是宣传了孙犁、梁斌、王林等人，而没有宣传这位主要领导，才导致他这么大火气？

当时，李屏锦正在生病住院。中午冉淮舟看了他，下午又赶回出版社，去见分管负责人。这位分管负责人尽管态度很好，但是也不谈具体意见。冉淮舟说："这不是自投稿，是你们组稿，不能随便说退就退，想退就退，要讲道理，要指出书稿的问题，说出服人的理由。这是一点。再一点，这不是你们个人的出版社，如果是你们个人的出版社，我拿起稿子就走了；这是国家的出版社，你们不能掌握着国家给予的权力，抱着个人的目的，为所欲为。因此，我拒绝你们的退稿，我要向有关部门反映。"这位分管负责人见他态度强硬，说完就走，赶紧拉住他，说是去请示主要领导。隔了一会儿，回来说：退稿是经过研究的，要反映意见就反映吧！这自然是那位主管领导的意思。出版社的行为令冉淮舟百思不得其解：《琴和箫》是著名作家孙犁的著作，《作家与冀中》记述的都是冀中成长起来的著名作家，而且由吕正操将军亲自作序，河北没有理由不出版这样两部书稿。

冉淮舟便去找省委宣传部文艺处的领导。上午他已经和文艺处的处长通了电话，处长说："这两本书不出怎么能行，先解决《琴和箫》。"下午见了面，这位处长让冉淮舟写个材料给省委宣传部转李尔重同志，也让刘绳和刘波写一个《作家与冀中》的材料，请李尔重同志一同解决。[1] 李尔重时任河北省委书记，被毛泽东同志誉为"我们的作家和才子"。他既是一位老红军、老干部，也是一位和睦博学的长者，在文学创作方面卓有成就。在他的过问下，两本著作终于出版。

---

[1] 冉淮舟：《致刘绳（二六）》，《平原文学信稿》（一），国际文化出版公司2017年版，第22页。

1981年11月，吕正操将军因公来天津，住在天津迎宾馆。21日，《天津日报》总编辑、社长石坚接到通知，吕正操想见一见孙犁，约定明天晚上七点半见面。

22日晚七时，石坚陪孙犁前往迎宾馆。上车后，石坚问孙犁："抗日战争初期，吕将军招贤纳士，用小毛驴把您请去的？"孙犁笑道："那是吕正操派李之琏、陈乔把我找去的。"石坚又问："你们多长时间没见面了？"孙犁沉思了一会儿说："还是在1944年，我们在绥德见过一面，以后就再没见过。"石坚算了算，两人已经三十七年没见面了。经过这样漫长的岁月，将军还惦记作家，可见在战争年代凝结下的友情不会随着岁月的流逝而淡漠。

走进吕正操住处的客厅，他立刻高兴地站起来迎接孙犁。

"老孙，怎么样？"将军上下打量着孙犁问。

"吕司令员"——孙犁还用老习惯称呼吕正操，"进天津以来，我一直在工作。我已经经历了五任总编辑，是五朝元老了。"孙犁诙谐地说，引得将军哈哈大笑。"第一任是王亢之，第二任是范瑾，这你都认识，其他几位，你就不认识了。"

两个人都没有客套，立刻热烈地交谈起来，宽大的客厅里，充满了欢声笑语。

吕正操说："我从《人民日报》上看到你的文章，写得很好，我完全赞成你的看法。"

吕正操说的是孙犁发表在《人民日报》上的"小说杂谈"系列文章，当时已经发表了五篇，10月20日发表《小说与伦理》，10月30日发表《叫人记得住的小说》，11月6日发表《小说成功不易》，11月13日发表《小说是美育的一种》，11月20日发表《小说的欧风东渐》。这组文章从1981年10月8日开始撰写的，一直延续到了1985年5月11日，一共写了二十六篇。

孙犁平静地说："我现在只能写些短小的文章。我的身体不太好。但是，解放区的老传统我还保持着。"

将军十分关切地询问天津文艺界的情况。孙犁告诉他，天津文艺界的情况总体是好的，比较健康，小的毛病在所难免，对一些作品，大家有不同的看法，也是正常的。

话题转到全国，吕正操颇有些感慨："有些作家没有生活，不了解工人，不了解农民，也不了解知识分子，怎么能写出好作品呢！"

孙犁也有同感："在战争年代，解放区出了多少好的作品呢！"

"反映'四化'建设的作品还是太少。一个生活，一个知识面，缺少这些，是写不出东西来的。即使写出来，面目也是苍白无力，叫人看了很不舒服。"吕正操发表了自己的看法。

孙犁说："作家的思想基础很有关系。有些年轻人特别欣赏意识流的东西，那用不着什么生活。"

这时电视屏幕上开始放映外国名剧。吕正操见景生情，说："莎士比亚的剧本一翻成中文，原剧本里含有深刻哲理的对话没有了，许多含有哲理的话，对人启发是很深的。"

"特别是翻译的诗，更走了样子。"孙犁补充说。

吕正操接着说："《王子复仇记》里的很多对话，诗味很浓，哲理很深，但翻译过来都没有了。"孙犁说："主要是哲理方面，它的语言真是千锤百炼的。"吕正操说："那是一个时代的产物啊！"

孙犁把自己用心血写成的《风云初记》送给将军作为纪念，他说："这本书是记述冀中人民斗争的。"吕正操小心地把书收起来，像接受一件珍贵的礼品一样。在那本书里，记述了党领导的冀中人民伟大的抗日斗争，当然也有他一生中难以忘怀的战斗生活。

将军和作家热烈交谈一直到九点多，吕正操把孙犁送到大门外，才招手告别。这次会见，让石坚有些出乎意料，他原来以为，老同志多年不见，一定要叙叙别情，特别要讲一讲“文革”期间的遭遇，因为他们两位在“十年动乱”期间，都遭受了迫害。但是他们一句都没讲。讲的都是文学艺术问题。回去的路上，石坚说：“真没想到他谈那么多文艺问题。”孙犁说：“你不知道，他可是个内行哩！”[1]

在抗日战争时期，吕正操就十分关注文艺工作，他不仅熟悉孙犁、王林、梁斌、李英儒、杨沫等作家，而且熟悉他们的作品。进入改革开放新时期，他极力倡导平原文学。他一直认为，冀中的土地是片神奇的土地，冀中的人民是英雄的人民，冀中军民在抗日战争时期是做出了重大牺牲、独特贡献的。过去，虽然已经产生了不少反映冀中平原抗日战争生活的文学作品，有一些作品也是相当优秀的，但远远不够，还有必要更多、更好、更深入地去反映和表现。1980年1月，冉淮舟到铁道兵创作组报到的时候，吕正操和他整整谈了一个晚上，主要谈抗日战争和冀中平原文学问题。他嘱咐冉淮舟，要投入相当多的时间，抓一抓关于冀中平原文学的创作，下大气力推动冀中平原文学事业的发展和繁荣。

---

[1] 石坚：《悠悠岁月依依情——我相识孙犁62年》，《今晚报》2002年7月12日。

第二十六章　尺泽江海

芸斋小说

1981年12月4日晚，孙犁给韩映山写了一封长信，重点谈了朋友之道，谈到了“芸斋小说”的创作：

朋友之道，今日甚难言矣，也只能以忠厚之心待人，至于别人如何待己，就只能看得开一些。我之为人，你是知道的，一向怕得罪人，但有时也得罪人。在报社几十年，也不管事，总以为对人小心谨慎。有一次去报社洗澡，有一人在传达室值班，我并不认识他，我问他今天有热水没有，他说没有。随着他就问道：

“听说你们作家写了东西，在报纸上登有钱，出了书又有钱。编成戏又有钱，改成电影又有钱，是吗？”

我不知他是何意，只是感觉他羡慕这一行，就随口说：“是的，你也写吧！”

就这么一句话，“文化大革命”，此人起来造反，并是头头，是批斗会的组织者，而且跟着我到了干校，当专政队长。对我这句话怀恨在心，以为是挖苦了他。其用心之毒，手段之辣，几乎使我丧生。而他借此，突击入了党，离开报社，到别的工厂去开汽车了。

清朝人戴震说，他一生力求无憾于人，然终不能远耻辱，就是这个道理。中国有句俗话："宁可得罪君子，不要得罪小人。"是听起来很平常，是经验之谈，况今日小人之众乎？况你并不以为是得罪他乎？

我近来写了三篇小说，是写我在"文化大革命"中遭遇的。本来是不想写这些东西了，但有时想，我如不写，别人是不会知道这些细节。为后世计，我还是写一点吧！[1]

孙犁所写的三篇小说，就是"芸斋小说"的最初三篇：《鸡缸》《女相士》《高跷能手》。1981年12月18日，他在给《人民日报》文艺部姜德明的信中，谈到了这组作品："我近日写了三篇所谓小说，总题为《芸斋杂记》，白话小说而后系以文言跋尾，就像《聊斋志异》的'异史氏（公）曰'，已投寄一家刊物，如能登出，希望你能看看，但也很有可能登不出来。"[2]这说明，最初，孙犁为这组小说起的名字是"芸斋杂记"。

孙犁认为，他的一生经历了美好的极致，这就是抗日战争。"看到真善美的极致，我写了一些作品。"[3]这些作品，像荷花一样清新而高洁，构成了孙犁前期作品的基调和特色。他的作品来自火热的抗日生活，没有任何虚假之感，而且呈现出人人赞叹的"诗意"来。

孙犁也经历了邪恶的极致，这就是十年"文革"。孙犁由被人人尊敬的作家，变为遭人唾弃的人，孙犁所信奉的性善论，在残酷的现实面前，被击得粉碎。"文革"结束后，孙犁还是尽量回避这些邪恶的东西，"看到邪恶的极致，我不愿意写。这些东西，我体验很深，可以说是镂心刻骨的，

[1] 孙犁：《书信·致韩映山》，《孙犁全集》第11卷，人民文学出版社2004年版，第184页。

[2] 孙犁：《书信·致姜德明》，《孙犁文集（补订版）》（9），百花文艺出版社2013年版，第415页。

[3] 孙犁：《文学和生活的路》，《孙犁全集》第5卷，人民文学出版社2004年版，第241页。

可是我不愿意去写这些东西，我也不愿意回忆它”[1]。

最终，他还是改变了自己的想法。在“芸斋小说”《三马》的结尾，他这样写道：“鲁迅先生有言，真正的勇士，能面对惨淡的人生，正视淋漓的鲜血。余可谓过来人矣，然绝非勇士，乃懦夫之苟且偷生耳。然终于得见国家拨乱反正，‘四人帮’之受审于万民。痛定思痛，乃悼亡者。终以彼等死于暗无天日，未得共享政治清明之福为恨事，此所以于昏眊之年，仍有芸斋小说之作也。”[2] 孙犁由过去单纯的性善论的坚守者变为性恶论的接受者，对人性、对人生的思考更加客观，也更加深化；由过去单一的、清纯的讴歌者变为对恶的鞭挞者。

但是，很多人对孙犁创作的这组作品缺乏深刻的认识。1981 年 11 月 29 日，百花文艺出版社负责《孙犁文集》编辑工作的张雪杉，到孙犁家汇报文集出版事宜。孙犁当即拿出刚刚写完的三篇“芸斋小说”让他阅读，等他读完，便急切地问：这像小说不？张雪杉说，这当然是小说。孙犁又问，能拿出去在刊物上发表吗？有没有什么妨碍？张雪杉告诉他，当然能够发表，能有什么妨碍呢！孙犁略加思忖问：寄给那个刊物好呢？张雪杉说，影响最大的当然是《人民文学》，发表速度快的是《×× 文学》，最近这份文学刊物发表的小说还是不错的。于是孙犁让张雪杉把稿子复印一下。然后把稿子寄给了自己的一位学生，他是《×× 文学》的编委。

隔了二十多天，已经是冬天了，一天午后，张雪杉再次去孙犁家，孙犁午睡起来不久，刚刚吃完在煤球炉子上烤好的馒头片，走到桌前，慢慢地对张雪杉说，某某写小说那么多年，怎么还不懂得什么是小说呢？张雪

---

[1] 孙犁：《文学和生活的路》，《孙犁全集》第 5 卷，人民文学出版社 2004 年版，第 241 页。

[2] 孙犁：《芸斋小说·三马》，《孙犁全集》第 6 卷，人民文学出版社 2004 年版，第 211—212 页。

杉忙问怎么回事，孙犁明显不快地说，某某来信了，让我把三篇小说合成一篇再寄给他。你说那三篇小说能合成一篇吗？张雪杉听后有些吃惊，感到迷惑不解：三篇小说的人物、故事情节及其所蕴含的思想完全不同，怎么能合成一篇呢！不知道某某是怎么考虑的，是对作品缺乏认识，还是另有其他的原因。孙犁回信，告诉某某，自己删改有困难，让他把稿子转给张志民，让他看后寄回。

不久，张雪杉因事到北京去见张志民。张志民出生于 1926 年，1938 年参加八路军，1947 年参加农村土改运动，1949 年调华北军区文化部创作组，1951 年参加志愿军赴朝鲜前线，1950 年到 1954 年，在中央文学研究所学习，1956 年离开部队从事专业创作，他也是《×× 文学》编委，他的夫人傅雅雯正好负责《×× 文学》的小说编辑工作。

张志民是在抗日战争时期开始文学创作的。进城之后，时常在《天津日报》的“文艺周刊”上发表作品。后来，张志民转向诗歌创作，并以诗成为名家。

见到张雪杉，张志民夫妇关切地询问孙犁的近况。张雪杉便把孙犁给《×× 文学》投稿的遭遇讲给他们听。他们有些惊讶，根本不知道这回事。当初，孙犁是把稿件寄给某某和张志民两个人的。毫无疑问，稿件压在了某某手里。傅雅雯说，回头要问一问某某。

1982 年 1 月的一天，张雪杉去孙犁那里，孙犁欣喜地告诉他，上海《收获》杂志得知他写了新东西，编辑部立刻以主编巴金的名义，给他拍来电报约稿。孙犁把原先写好的三篇，加上新写的《言戒》《三马》，一共五篇，寄给《收获》，很快就会发表。

或许是傅雅雯催问和提醒，引起了某某对孙犁这组小说的重新认识，他忽然转变了态度，不久《×× 文学》编辑部通知孙犁，那几篇小说即将刊用。孙犁告诉他们，作品已经给了《收获》，很快就要刊出。《×× 文学》听到这一消息，火速派人来到天津，寻到孙犁的寓所，以某某的名义，交涉这几篇小说的首发权，并说，小说已经排校，甚至语带威胁，声言如果撤稿，会涉及经济损失赔偿云云。孙犁大为恼火，当即让邹明过来，把人领走。

几天后，张雪杉带人到孙犁那里去谈《孙犁文集》校对事宜，孙犁正坐在炉子旁边取暖，他对张雪杉等人说，今天不能和你们多谈了，这两天我生了一个大气。说着，他从炉子傍边走到书桌前，怒不可遏地跳着脚大声说：还说要赔偿什么经济损失，你有本事告我去！张雪杉一直觉得孙犁十分谦和，从未见过他如此激动，如此怒气冲天！赶紧从座位上站起来问，您这是跟谁生气呀？究竟为什么？孙犁依然怒气难平，大声回答说，我跟某某！张雪杉立刻猜出了原因，赶紧劝慰道：他不是你学生吗？你还不了解他？何必跟他生那么大气呢！来人说话不妥，这能谈得上赔偿什么经济损失吗？[1]

1982年8月，孙犁写了《关于编辑工作的通信》，文中对这桩公案旧事重提，心中仍有不平之气："我心里想，当初你们给我投稿，我对你们的稿件，是什么态度？对你们是如何尊重？现在，你们对待我的稿件，对待我，又是如何的不严肃，近于胡闹？其实，这都是不必要的，后悔不已。"[2]

"芸斋小说"在文体上的模糊性，在一定程度上影响了人们对它的认知。孙犁自己把"芸斋小说"归为纪事和小品。"芸斋小说"虽然标有小说之名，但作者本人否认它是小说。他曾就汪曾祺的《故里三陈》和自己晚年小说做过明确的区分："我晚年所作小说，多用真人真事，真见闻，真感情。平铺直叙，从无意编故事，造情节。但我这种小说，却是纪事，不是小说。强加小说之名，为的是避免无谓纠纷。"[3]

---

[1] 张雪杉：《孙犁先生二三事》，《天津日报》2003年7月11日。

[2] 孙犁：《关于编辑工作的通信》，《远道集》，人民文学出版社2012年版，第63-64页。

[3] 孙犁：《小说杂谈·读小说札记》，《孙犁全集》第7卷，人民文学出版社2004年版，第238页。

丁玲来访

1982年1月5日，中国作协天津分会召开第二次会员大会，孙犁虽然是主席，但并未出席大会，大会的工作报告，是由大会筹备领导小组成员鲍昌代读的。上午选举理事，下午召开理事会议，选举孙犁为主席。第二天，作协继续开会，中国作协党组书记张光年到会讲话，会后张光年到多伦道大院看望了孙犁。

孙犁虽然是作协天津分会的主席，但编制始终在《天津日报》社，几乎不到作协去。作协便安排王家斌帮助孙犁处理作协的书信和资料等事宜。一天，王家斌收到了著名作家丁玲寄给孙犁的信，赶紧给孙犁送去。

丁玲在信中说，复出之后，她最想见天津的一些朋友，希望能得到孙犁的帮助。她想到天津来，但提出了三项要求：不住宾馆——随便在哪位老朋友家里都可以；不作报告；不吃宴请。

得知丁玲想要来津，孙犁很是激动，随手从写字台上摸到一支铅笔，给负责作协日常工作的副秘书长周骥良写信：

骥良同志：

丁玲同志要来天津，我们极表欢迎。可叫家斌去一趟北京，表示欢迎之意。她的“要求”，我们当然可以照办。但恐怕人们听见了，讲讲也是免不了的。家斌到京，也可这样说。

来后，按照招待规格，妥善照顾。

王愿坚同志，另作邀请，不要搅在一起。愿坚同志来，是我们请人家来讲一讲的。招待也要好。

祝

好！

孙犁

（一九八二年）七月五日

通知万力、鲍昌等同志[1]

写完信，孙犁叹息道："经过十年浩劫，谁家还有地方待客？宾馆还是要安排的，要对丁玲同志讲清楚。第二天，王家斌把孙犁的信转给周骥良，周骥良立刻给市委写报告。经过主管文教的市委副书记陈冰过目，市委宣传部副部长孙福田当天就作了批示。对迎接丁玲到来做出了安排。

1978 年，丁玲被摘掉了右派帽子，1980 年 1 月，中央批准中国作协关于丁玲右派问题的复查改正意见，恢复其党籍和政治名誉。为了办好"文艺周刊"和《文艺增刊》，孙犁先后两次给丁玲写信约稿。1980 年 10 月 30 日，丁玲给孙犁写了回信，认为他所从事的工作很有意义，编一个副刊，在一小块园地里辛勤耕耘，扎扎实实做点事情是十分有益的。"不学庙堂里的千手佛，手多，手长，什么都要抓，什么也抓不好。""我祝愿你们的小园地是一块丰收的园地。"

谈到创作问题，丁玲希望一些老作家要有所作为，他们生长在战争年代，在火热的斗争中成熟，曾经与人民一道滚过几身泥土，吞过几次烈火浓烟，他们熟悉人民、热爱人民、忠于人民。她希望这些老作家积蓄力量，再上战场，为党、为人民，为社会主义磨炼出一部部辉煌的史诗来。"我认为现在写动乱，写伤痕，写特权，写腐化，写黑暗，可是也要写新生的，写希望，写光明。不管你怎样写，总要从生活出发，写得深，写得热，写得细，写得豪迈。不管怎样令人愤怒，发指，但终究要给人以力量，给人以爱，给人以前途，令人深思，促人奋进！要让全世界都看到，中国人民、中华民族是不可侮的，是了不起的。我现在就等着读这样一本书，我相信

[1] 孙犁：《书信·致周骥良》，《孙犁文集（补订版）》（10），百花文艺出版社 2013 年版，第 36 页。

一定会产生的。”[1]

谈到文学批评，丁玲认为，现在读一些理论宏文时，反倒有些糊涂了。她完全不理解那些冠有各种名词的、空对空的理论，“我希望你们的园地不要赶这样的浪头，凑热闹，而是扎扎实实用马列主义观点分析几篇当代和过去的作品，给作家以启发，给读者以享受就好了”[2]。

11月2日，孙犁给丁玲写了回信：“刚刚邹明同志带来了您的信，我读了之后，热泪盈眶。”“我们小小的编辑部，可以说是举国若狂，奔走相告。您的信又写得这样富有感情，有很好的见解。您的想法，我是完全赞同的，我们这些年龄相仿的人，都会响应您号召的。”[3]孙犁在信中，回忆了自己青少年时代对丁玲狂热的崇拜。接着说：

我有很多缺点，不够勤奋，在文学事业上成就很小。又因为多年患病，使我在写作大部书的方面，遇到不少的困难。我还有容易消沉的毛病，这也是您很了解的，并时常规诫我。但是，这些年来，我的遭际虽然也够得上是残酷的了，可我并没有完全灰心丧志。文学事业不断鼓励我，使我做了力所能及的工作……

成绩虽然小，但在说实话、做实事方面，我觉得是可以问心无愧，也不辜负您对我们的教导的。对于创作，我是坚信生活是主宰，作家的品质决定作品的风格的。在我写的一些短小评论中，都贯彻着我这些信念。[4]

这次丁玲来天津，孙犁和天津市委高度重视，做出了妥善安排。1982年5月11日，王家斌坐最早的一班火车赶到北京，到丁玲家时，还不到

---

[1] 孙犁：《芸斋书简·丁玲给孙犁的信》，《澹定集》，人民文学出版社2012年版，第107–108页。

[2] 孙犁：《芸斋书简·丁玲给孙犁的信》，《澹定集》，人民文学出版社2012年版，第107–108页。

[3] 孙犁：《芸斋书简·致丁玲》，《澹定集》，人民文学出版社2012年版，第104页。

[4] 孙犁：《芸斋书简·致丁玲》，《澹定集》，人民文学出版社2012年版，第105页。

八点半。丁玲正在阳台门边的躺椅上晒太阳，前两天和小孙女打羽毛球时扭了腰。她关切地询问孙犁的身体状况，王家斌说，孙犁身体还好，整天喝粥。丁玲哈哈大笑，说她和陈明也喜欢喝小米粥和东北大渣子粥。谈起过去那段不堪回首的岁月，丁玲很是伤感，她说：到北大荒时，下了火车，那么多人围着看，指指点点——这就是那个丁玲！就像看猴子。再就是手铐、闷车，死囚般押往监狱……

离开北京前，王家斌到车站为丁玲他们购买火车票，这才发现自己忘了带软席购票的证明信。他找了车站有关部门，也没得到通融，一个年轻的营业员居然还不难烦地问："丁玲，她还活着？"几经交涉，才卖给了他几张硬座票。当时，铁路运输紧张，能买到站票就不容易了。

事情办成这样，王家斌只好硬着头皮给丁玲解释。丁玲说："也好，这样更接近群众！"王家斌连夜返回天津，向孙犁汇报了北京之行。孙犁说：硬座就硬座，只要丁玲同志高兴就行。但是他对谁去接站很重视，得知市委宣传部副部长孙福田将代表市委去迎接，他才放下心来。

5月20日，丁玲到达天津。21日上午，阳光明媚，是一个难得的好天气，丁玲在王家斌的陪同下，前往多伦道看望孙犁。孙犁早已在门前迎候，满脸的谦恭喜悦。身材相对矮小的丁玲，扬起面孔亲切地注视着孙犁，两人的手紧紧地握在一起。

进屋之后，丁玲就问孙犁，哪是卧室，你在哪写作？就这么两间屋子？冬天冷不冷？随后，颇有兴趣地欣赏墙上的字画和书橱中的各种藏书。然后在方桌前的一把藤椅上坐了下来。孙犁准备了一杯清茶，一碟儿切开的脐橙来招待她。整个的谈话过程并不长，没有谈文坛上的是非和个人的恩怨，孙犁兴奋得就像一个年轻人，他对丁玲说，自己年轻时如何喜爱她的小说《韦护》，丁玲也感动得不知道说什么好。

很快就过了两个小时。丁玲走时，孙犁握着她的手，搀扶着她，直到院门外。这是他从未有过的送客礼节。到了门外。从未给过王家斌冷脸的孙犁却发了火，质问他汽车为什么没停在门口？为什么有的人来，门口就能停车，丁玲同志来就不行？等到丁玲上车之后，他又嘱咐王家斌，找一个好大夫给丁玲看看牙。在刚才的谈话中，丁玲说自己的牙一直不好。

天津市委对此事很重视，让总医院把在家的牙科主任请来给丁玲看病。治疗时，曾经是天津市副市长的周叔弢也来就诊，询问牙科主任在给谁看病，主任说：丁玲。出于礼貌，丁玲已经站起来了，王家斌赶紧介绍："丁玲同志，这是周叔弢同志；周老，这就是著名作家丁玲。""谁？"周叔弢又问。本来，丁玲已经向他微笑了，听他这样问，突然转身向外走。王家斌赶上来给丁玲解释，周叔弢年近九旬，听觉肯定有问题。丁玲却默默无言，到了车上，才重重叹了口气："唉，我离开人世太久啦！"[1]

丁玲在津期间，孙犁曾到她住的宾馆回访，并委托邹明买了一盒很好的茶叶作为礼物。这次见面之后，两人一直保持着书信联系，丁玲始终关心着孙犁的写作，她在给孙犁的一封信中曾经这样说：你的文章，我是喜欢的，含蓄、精练、自然、流畅，人物、生活如同一幅优美的风景画，带着淡淡的颜色摆在读者面前。

柳青嘱托

1982年7月的一天，谢大光到孙犁那里聊天。孙犁兴致很高，从抽屉里拿出两张稿纸，让谢大光看看，那是他刚刚写完的《尺泽集·后记》。谢大光很快就看完了，感慨地说："写一篇序跋，您都这么动感情！"孙犁突然说："嗨，我最动感情的文字，你没看到呢！"谢大光十分意外，孙犁看了看他，沉吟了半晌才说："我最动感情的是写给张保真的信，有二百多封，后来分手时她还给了我，我一时气不过，投进炉子里，一把火烧了。"谢大光连连说："太可惜了！太可惜了！"孙犁说："是呀！事

---

[1] 王家斌：《文坛巨擘双星会》，《天津日报》2002年8月22日。

后也有些后悔。那几年通信密，常常是她的回信还没到，我的信又寄出了。两个人的信在空中交汇。”说着，他还做了个手势。谢大光问：“您知道张保真现在的情况吗？”孙犁说：“听说到国外去了。和前夫又在一起了。”谢大光打趣道：“看来您还是惦记人家。”孙犁不再说话。[1]

这年夏天，《羊城晚报》副刊主编关国栋到天津约稿，拜见了孙犁，建立了孙犁与《羊城晚报》的沟通渠道。关国栋也找了在《天津日报》农村部的记者王道生。不久，王道生写了篇散文《初会与永别》，很快在《羊城晚报》发了出来。这篇散文记述了王道生与著名作家柳青的一次见面，以及柳青对孙犁等天津作家的问候。

王道生出生于1940年，1963年大学毕业后，任天津塘沽五中教师。他在中学时代就创作了长篇小说《在高中的日子里》，“文革”中因此受冲击达十二年。1978年落实政策后，他恢复了文学创作。1980年，王道生调入《天津日报》农村部任记者。

《初会与永别》回忆了1978年6月，他和著名作家柳青相见的情形。当时，王道生正在中国青年出版社修改自己将要出版的第一部长篇小说《园丁》，著名作家柳青病重，由西安送到北京治疗，护送他来京的陕西省出版局的南云端和一位大夫，住到了他的房间。闲聊中，得知王道生在修改长篇小说，南云端便说：“明天我们领你去医院认识一下柳青同志吧！”

柳青出生于1916年，陕西吴堡县人。他几十年如一日，生活在农村，创作了长篇小说《创业史》，是闻名全国的著名作家。第二天，王道生见到柳青时，大吃一惊：“这位躺在病床上的短小枯瘦的老人，肌肉已经萎缩，全身只占病床的多半截长度，头上戴着一顶农民们常戴的毡帽头，鼻子下面留着一条粗短的黑胡子。一根胶管正在给他输氧，一根胶管正在静脉滴注大蒜液，他被病魔折磨的面容憔悴，呼吸困难，双手在胸前抱着一本精

[1] 谢大光：《孙犁教我当编辑》，天津人民出版社2022年版，第114页。

装的英文版《创业史》。”

见到王道生，听完南云端的介绍，柳青让人扶他起来，往嗓子眼里喷了一些药，才笑眯眯地和王道生攀谈：认识不认识孙犁？回答：不认识。又问：认识不认识梁斌？回答：不认识。再问：认识不认识王林？回答：不认识。柳青有些失望，接着问：你听到他们的一些情况吗？王道生便把自己知道的一些情况告诉了病榻上的柳青。

王道生告辞的时候，柳青嘱咐他：“你回天津后，替我去看看孙犁，看看梁斌，看看王林，就说我问候他们。把你的书送给他们一人一本。”王道生痛快地答应了。但他回到天津后，没有立刻去办这件事。当时，他只是天津塘沽五中一名普通的教师，到哪里去找这些大作家呀！没过几天，他就从报刊上得知柳青逝世的消息，内心十分悲痛，觉得对不起柳青。

1979 年夏天，王道生的长篇小说《园丁》由中国青年出版社出版，天津作协秘书长艾文会专程到塘沽找到他，说是代表天津作协主席孙犁来看望他的，并告诉他，孙犁对他这部书很重视，要求作家协会发一个书面文件，对天津市近期出版的几部作品展开讨论，除了《园丁》以外，还有冯骥才的《铺花的歧路》、蒋子龙的《乔厂长上任记》和张铁珊的《在非洲密林中》。

孙犁这样关心他，使王道生十分感动，又想起了柳青临终时委托，便请艾文会见到孙犁时，转达柳青对孙犁、梁斌和王林的问候。艾文会了解事情的来龙去脉之后，很诚恳地对他说，这件事，还是由你自己办比较好，别人是不能替代的。柳青的用意，是通过这种方式，把一位文坛新秀介绍给天津的这些老作家，以便得到他们的关心和扶植。艾文会说完，把三位作家的家庭住址告诉了王道生。

犹豫了一阵，王道生鼓足勇气，坐车到了天津。但是，生性腼腆的他，在几位作家的门外徘徊许久，终究没有勇气敲门，又坐车回了塘沽。

1980 年，王道生调到《天津日报》社工作，便请报社的同事带他去见孙犁。那天，王道生走进多伦道大院时，见孙犁正在门外喂鸟。进屋后，坐在临窗的桌前，孙犁关切地问他调动的事，鼓励他先做好编辑和记者工作，但是不能总在办公室待着，要多出去走一走，深入生活，深入群众。新闻工作接触面很广，给了解社会、积累生活提供了很好的条件，只要把时间安排好，把工作和创作结合好，当记者与当作家是不矛盾的。

听着孙犁的的话，王道生又想起柳青临终的委托，这是完成柳青那个问候的绝好时机，但是，王道生又想到了另外一个问题：如果孙犁问，柳青写字条了吗？自己只能说没有。这样用什么证明自己不是招摇撞骗，确实是柳青嘱托他的呢？况且，这是自己与孙犁的第一次见面，相互之间并不了解，还是先不要说了吧！

王道生的这种小心思，让他又一次失去了一次完成柳青嘱托的机会。

一直等到 1982 年，关国栋前来约稿，王道生才在散文中把这件事情说出来。这篇文章很快引起了反响。第一位要见他的就是孙犁。这次，孙犁一见他就很兴奋，热情地端出糖果盒子，打开盖子，亲手拿起一块水果糖放在他面前，然后笑着说："我看了《羊城晚报》还纳闷儿，是不是又一个王道生啊！如果是你，第一次见面就应该告诉我呀！"

王道生向孙犁坦白了当时的顾虑。孙犁说："道生你太老实了，其实到我这里来，没必要有那么多顾虑。"他们谈了一会儿柳青，孙犁起身回屋，拿出一本新出版的小说集，说："这是我自己编选的，是我最满意的一个版本，送你一本吧！"说着，翻开书的扉页，在上面写了两行文字：道生同志指正。孙犁。1982. 6。

几天后，梁斌让在《天津日报》工作的夫人散帼英捎信儿给王道生，约他到家里做客。后来在干部俱乐部遇见到王林，王林向他道谢，也约请他到家里坐坐。借这个机会，王道生拜访了天津的这些知名作家。他用了四年的时间，终于完成了柳青给他的嘱托，也实现了柳青把他介绍给天津这些文学前辈的心愿。

平凹神交

1981 年 4 月 30 日，《天津日报》的“文艺周刊”上，发表了贾平凹的散文《一棵小桃树》。孙犁阅读之后，立刻写了一篇评论。这篇评论的原题是《读〈一棵小桃树〉》，投给了《人民日报》。《人民日报》压了很长时间，于 7 月 4 日刊登了这篇文艺随笔，改题为《读一篇散文》。

在这篇文章中，孙犁批评了当前散文创作越来越长的倾向。为什么写这么长呢？首先是为了追求名，以大自重，以长自喜，一篇散文，动辄上万字，这在中国文学史上是罕见的现象。更令人不满的是，这些长篇散文，新鲜的意思非常少，语言也是陈词滥调，其所表达的感情，其所伸张的道理，也是平淡无奇的。

散文写得长，还有另外一个重要原因，就是情不自禁地摆架子。有的作者地位高，或名声重，写文章的时候，便以“长”来显示身份和地位，手里又没有扎实的生活。这样写出文章来，就没什么味道了。但是由于作者位高名重，能够引起很多青年人的效仿，“长”风就蔓延开来。

除了长之外，散文创作中的另外一个问题是形式单调。很多人有一种误解：仿佛只有抒情的才是散文，其他的都是杂文，不被重视。可是，哪有那么多情可以抒呢？无情而抒情，散文变成了长篇抒情诗。

孙犁对贾平凹的散文大加赞赏，认为他写的是一篇没有架子的散文，文章写得很短，这是因为作者具有真实的情感。真实和短小具有内在联系，好文章，短小是一个重要条件。贾平凹的这篇散文的形式也和当前流行的不一样，内容和写法都很新鲜。孙犁认为，此调不弹久矣。它是心之声，也是意之向往。

5 月 15 日下午，孙犁在给贾平凹的信中说：

文章很短，主要是向你表示了我个人衷心的敬慕之意。也谈到了当前散文作品的流弊，大致和你谈的相似，这样写，有时就犯忌讳，所以我估量他们也可能不给登。近年来我的稿子，常常遇到这种情况，不足怪也。

你的散文的写法、读书的路子，我以为都很好，要写中国式的散文，要读国外的名家之作。泰戈尔的散文，我喜爱极了。

中国当代有些名家的散文，我觉得有一个大缺点，就是架子大，文学作品一拿架子，就先失败了一半，这是我的看法。我看你的散文是不拿架子的散文。[1]

1982年4月7日晚，大风降温，孙犁披着棉袄，写了《再谈贾平凹的散文》，发表在4月22日《天津日报》的“文艺周刊”上。文章开篇便说：“自从读了《一棵小桃树》以后，不知什么原因，遇见贾平凹写的散文，我就愿意翻开看看。这种看，完全是自愿的，很自然的。就像走在幽静的道路上，遇见了叫人喜欢的颜面身影，花草树木，山峰流水，云间飞雀一样，自动地停下脚步，凝聚心神，看看听听。”[2]

在这篇文章中，孙犁集中谈了贾平凹的四篇散文。一篇写大雪中出行的，登在《天津日报》上；另一篇是《泉》，写伐倒的一棵老槐树又长出了新枝；第三篇是《静虚村记》，登在《文学报》上；第四篇是发在《散文》月刊上的《入川小记》。

孙犁说，读贾平凹的散文已成为一种享受，也是一种消遣。“身处人海之中，心想山林之美，我读着贾平凹的散文，就像离开了大都市，又从容漫步在山野乡村的小道上了。在这种小道上，我闭上眼睛走，也不会遇到什么危险的。吹来的风，是清新的，阳光是和暖的，仰头彩云浮动，俯视芳草成茵。行路人即使忍饥挨渴，摩顶放踵，他的心情也是平静的，没有任何哀叹和怨言吧。”[3]

---

[1] 孙犁：《书信·致贾平凹》，《孙犁文集（补订版）》（10），百花文艺出版社2013年版，第13—14页。

[2] 孙犁：《再谈贾平凹的散文》，《尺泽集》，人民文学出版社2012年版，第138页。

[3] 孙犁：《再谈贾平凹的散文》，《尺泽集》，人民文学出版社2012年版，第138页。

孙犁认为，贾平凹的散文是中国传统的，是有他自己的特色和创造的。“他的创造在于：用细笔触，用轻淡的色彩，连续不断地去描绘现实生活中，人们所习见，而易于忽略的心理和景象。在他的笔下，客观与主观，都是非常自然的，非常平易近人的。而其声响却是动听的，不同凡响的。”[1]

贾平凹要出一本散文集，连着写了两封信，请求孙犁为这本散文集作序，孙犁原打算以自己过去发表过的文章作为代序，但是贾平凹本人和出版社，都希望他新写一篇。6 月 5 日，孙犁写作《〈贾平凹散文集〉序》，发表在 7 月 5 日的《人民日报》上。这是他最后一次为他人文集作序。到了 6 月 16 日，他写了《序的教训》一文，声明不再为人作序了。

在这篇序言中，孙犁认为贾平凹是一个诚笃的人，是一位勤勤恳恳的人，他把自己全部精力、全部身心，都用到文学事业上来了。但他并没有自我满足，更没听到他诽谤别人的话。孙犁强调，贾平凹没有对中国文学的传统，特别是“五四”以来的现实主义传统，发表过似是而非的或不自量力的评论。“他没有在放洋十天半月之后，就侈谈英国文学如何、法国文学又如何，或者东洋人怎样说，西洋人又怎样说。在他的身旁，好像也没有一帮人或一伙人，互相吹捧，轮流坐轿。他像是在一块不大的园田里，在炎炎烈日之下，或细雨蒙蒙之中，头戴斗笠，只身一人，弯腰操作，耕耘不已的青年农民。”[2]

孙犁提出，作家的情操决定文章的高下。凡是好的散文，都会给人以高尚情操的陶冶。闲适的散文，也有真假高下之分。周作人的散文，号称闲适，实际上虚伪。“情操就是对时代献身的感情，是对个人意识的克制，

---

[1] 孙犁：《再谈贾平凹的散文》，《尺泽集》，人民文学出版社 2012 年版，第 138—139 页。

[2] 孙犁：《〈贾平凹散文集〉序》，《尺泽集》，人民文学出版社 2012 年版，第 143 页。

是对国家民族的责任感，是一种净化的向上的力量。它不是天生的心理状态，是人生实践，道德修养的结果。”“浅薄轻佻，见利而动，见势而趋的人，是谈不上什么情操的。他们写的散文，无论怎样修饰，如何装点，也终归是没有价值的。”[1] 在序言的最后，孙犁这样说道：

我不敢说阅人多矣，更不敢说阅文多矣。就仅有的一点经验来说，文艺之途正如人生之途，过早的金榜、骏马、高官、高楼，过多的花红热闹，鼓噪喧腾，并不一定是好事。人之一生，或是作家一生，要能经受得清苦和寂寞，经受得污蔑和凌辱。要之，在这条道路上，冷也能安得，热也能处得，风里也来得，雨里也去得。在历史上，到头来退却的，或者说是销声敛迹的，常常不是坚定的战士，而是那些跳梁的小丑。[2]

孙犁的这篇序文写得十分尖锐，每一个观点都有很强的针对性，发表之后，刺伤了一些人，也得罪了一些人。这篇序文，也熔铸了作者的人生感悟和创作经验，每一句话都发自肺腑，都是真诚动人的。孙犁一生师从鲁迅，晚年的很多作品颇有鲁文风采，这篇序文就是代表作之一。

孙犁对未曾谋面的贾平凹是喜爱的，也是神交已久的，有时居然梦到了他，他的形象一如登在《小说月报》上的那张照片一样。

孙犁是寂寞的，曲高和寡，很难找到一个能够坦诚交谈的人，他把贾平凹当作自己的倾诉对象，也能获取一些心理上的慰藉。1982 年 12 月 4 日清晨，孙犁给贾平凹写信，述说了自己遭受的一些非议和精神上的苦闷。

他在《羊城晚报》上发表了一首诗——《印象》，描写了抗日战争时期，对一位八路军女战士的印象。不久，他收到了一位读者来信，其中有这样

---

[1] 孙犁：《〈贾平凹散文集〉序》，《尺泽集》，人民文学出版社 2012 年版，第 143—144 页。

[2] 孙犁：《〈贾平凹散文集〉序》，《尺泽集》，人民文学出版社 2012 年版，第 144 页。

的句子："为了捞取稿费，随心所欲地粗制滥造。不只浪费编辑、校对的精神，更不应该的是浪费千千万万读者的时间。"孙犁自言："捧读之下，心情沉重，无地自容。"[1]

有些人是由于苦闷和无聊，和作家开开玩笑，比如，《再谈贾平凹的散文》的末尾，孙犁注明：大风降温，披棉袄。有人写信来问："你一张照片上，不是穿着大衣吗？"又比如，孙犁同记者谈话时说，"文化大革命"时，有人造谣说我吃的饭是透明的。写信人就又说："那就是藕粉，'荷花淀'出产得很多，你还买不起吗？"

有的年轻人认为，他们的稿子不能发表，主要是一些老人在那里挡着。其实，各家刊物、出版社，虽然有时对老年人有所照顾，但就总体趋势来说，还是年轻人受欢迎。

最后，孙犁总结道："我的经验是：既然登上这个文坛，就要能听得各式各样的语言，看得各式各样的人物，准备遇到各式各样的事变。但不能放弃写作，放弃读书，放弃生活。如果是那样，你就不打自倒，不能怨天尤人了。"[2]

---

[1] 孙犁：《书信·致贾平凹》，《孙犁文集（补订版）》（10），百花文艺出版社 2013 年版，第 15 页。

[2] 孙犁：《书信·致贾平凹》，《孙犁文集（补订版）》（10），百花文艺出版社 2013 年版，第 16 页。

第二十七章　远道绵长

序的教训

1982年4月14日，孙犁写了《〈玛金诗选〉序》。

玛金是孙犁的老朋友，原名叫陈鹤南，笔名陈斑沙，安徽怀远人，1913年出生，1938年毕业于南京国立剧专，1939年进入延安鲁艺文学系学习，同年到晋察冀边区工作，历任晋察冀华北联合大学文艺学院戏剧系教师，边区剧协常务理事，边区抗联群众剧社社务委员、编导，《晋察冀日报》编辑；中共北方局北岳区四地委政策研究室主任。进城后，曾任天津文协常务理事；后任中国作协文学讲习所教研组组长，《人民文学》编辑部副主任。1957年3月起，为安徽文联专业作家、党组成员。

1937年，玛金开始发表自己的诗歌作品，其中以1942年的《风暴，我灵魂的音乐！》、1963年的《唱给护路的小花草》、1964年的《山》、20世纪80年代的《祖国啊，我的纤绳——我的歌！》等作品影响较大。

孙犁与玛金是华北联合大学的同事，进城后又一度在天津共事。到了晚年，玛金想出版一部自己的诗集，名为《玛金诗选》，请孙犁作序。对于抗日战争时期的老友，孙犁还是有求必应的，很快将序文写好，恰好《福建文学》来信约稿，孙犁就把序文复印了一下，寄给了这家杂志，原稿直接寄给了玛金。《福建文学》见到稿子后，答复孙犁说近期便可刊发。玛金却在外云游，回到安徽后见到稿子，大为惶恐，立刻拍电报要求孙犁把序文从杂志上撤下，这让孙犁十分尴尬。

1982年6月16日，孙犁写下《序的教训》一文，回忆了当时的情景：

近有老友，多年未通音问，忽先来二信，联络情谊，然后寄来诗稿，要求作序。我向重感情，尤其是老年战友，凡以此事相求者，无不立即应承。诗稿未能通读，无可多谈者，乃就旧日共同经历朋友交情，说了几句话。对诗作虽无过多表扬，然亦无过多贬抑。稿末照例附言：如不能用，切勿勉强。随即寄回，请他定夺。序文不久又为一期刊拿去，亦曾写信通知。不意此老友在外云游两个月，方才回到家中，见到序文，先拍来一加急电报：万勿发表。随后来一封长信，略谓：如将此序用在书上，或在任何期刊发表，将使他处于"难堪的境地"。我除即刻致信刊物，追回稿件外，仍以老友资格，去信向他作了一些解释和安慰。他接信后，再次发来加急电报：一定把序文撤下。以免影响诗集出版云云，看来如果稿子追不回来，还要有更多的纠缠和麻烦。[1]

在孙犁看来，玛金有些反应过度，小题大做，一时搞不清楚问题出在哪里。

由于孙犁所写的序文一直没有发表，人们未曾一睹真颜，不知道孙犁在序言中说了什么过分的话，让老友如此紧张。1997年5月，安徽教育出版社出版了玛金的另一部诗集《风暴，我灵魂的音乐》，在后面的附录中，收录多篇评论文章，令人吃惊的是：当初玛金死活不用的那篇孙犁所写的序言，竟然收录其中。现将《〈玛金诗选〉序》转引如下：

抗日战争期间，在晋察冀边区，有那么一批文学工作者。大部分是青年学生，都在二十岁上下。有的在部队宣传部门工作，有的在地方的报社、

---

[1] 孙犁：《序的教训》，《孙犁全集》第7卷，人民文学出版社2004年版，第145页。

通讯社、文工团工作。有人保存了一张1940年边区文学工作者成立大会的合影，计算一下，也不过三十几个人。这些人虽然也写小说、剧本、通讯，但经常写的是诗，几乎每一个人都写诗，是诗的工作者。

原因很简单：一、战争年代，文学就是宣传。而诗这一形式，最为简便、迅速，被称为宣传队伍中的轻骑，文艺武器中的匕首。二、纸张短缺，印刷困难，而诗可以写在十字街头，写在残墙断壁上，写在脱皮的老树身上，写在道路村旁的大石头上。油印、抄写也方便，登在报刊上，所占地方也很小。三、大家正在年轻，感情丰盛，热血沸腾，诗歌便于抒发。行军，休息，睡之前、醒之后，都可以写。

那时候，可以说，诗占据着统治地位，文学界是诗歌的天下。出色的诗人很多，好诗很多，现在读起来，都能唤起回忆，使人又身临其境。那时的诗，都是为了抗战，为了国家民族的生存的。不存在什么自我陶醉，自我扩张。每有一点个人私念，诗人都是赶快自己批判，自己检讨，认为是微不足道的，不光彩的，不应该表露的。集中一切精力去进行战斗。

这种感情克制，都是自觉的，发自内心的，并非外界压力所造成。因此，它也许不容易为生活在和平世界里的人们所理解。

那一时代，的确是一个不同平常的时代，过去的很遥远了，很遥远了。当时的伙伴们，经过战争、动乱、饥寒、疾病，也越来越少了，越来越少了。我想，过不了多久，这一代诗人的名字以及他们的作品，就只能记载在一些书本上，供人凭吊了。

玛金同志，就是当时诗人中的一个，如果我记忆不错，他还是很活跃的一个呢！全国革命胜利以后，我们很少见面，但很怀念他。近日，他从安徽写信来，要我为他的诗集写篇文字，并把诗集的复制件寄来了。可惜我近来身体很不好，眼睛也不行，复制件又很模糊，我只是着重地读了他在抗日战争年代写的诗。而这一时期的诗，被选录的很少。解放战争时期的诗，又几乎没有。不知道是什么原因，是遗失了吗？我对抗日的诗，最感兴致，这实在是一种不能改变的偏爱了。

在我的记忆中，玛金同志在为人和创作上，是个非常认真细致的人。对于每篇作品，他是不断思考和修改的。例如在《风暴，我灵魂的音乐！》这首诗里，有这样的句子：

往日，我也曾
在炮声暂时隐没的时候
忆起过明丽的南方

他这次校对，把“过”字又划掉了。这也许是出于文法、文义方面修辞的需要，但一般读者，是并不注意这个细节的，多一个“过”字，也不影响诗的音响节奏，是完全可以不改的。

我总以为，玛金同志在创作上，过于严肃。吟咏得太多，推敲得太多。这有时反倒会影响了创作的生机和生气，也影响作品的产量。

尤其是诗，它是诉诸直感的，贵冲动，贵喷薄而出，贵浑朴自然。就像石雕和木雕一样，过于雕琢，不断砍削，那作为艺术基础和艺术生命的一部分原材料，就所剩无几了。

但过于细微，好像又是玛金同志的秉性习惯，恐怕也不容易改变了。

我苟延残喘，其亡也晚。故旧友朋，不弃衰朽，常常以序引之命责成。缅怀往日战斗情谊，我也常常自不量力，率意直陈。好在我说错了，老朋友是可以谅解的。因为他们也知道我的秉性，不易改变，是要带到土里去了。

1982年4月14日下午4时[1]

这篇序言，重点写了抗日战争年代，诗歌在唤起民众方面所起的重大作用，对玛金的诗作，较少细致的分析，也缺乏正面评价，批评之语倒是言之凿凿。首先，在作品的选择上，抗日战争时期的诗，收录很少，这在孙犁看来有些费解。其次，玛金的诗过于雕琢，他对诗歌不断的吟咏和修改，

[1] 玛金：《〈风暴，我灵魂的音乐〉序》，安徽教育出版社1997年版，第164—166页。

但是有些修改，其实是不必要的，甚至损害了诗歌的生命。玛金对这样一篇序言产生激烈的反应，也是在情理之中了。

显然，孙犁对昔日老战友诗集的“阅读期待”与诗集实际水平之间的差距，是甚为巨大的，是错位的。[1]

《玛金诗选》中，写于1957—1964年的诗，主要描写的是“大跃进”、合作化等内容，占据了诗集近一半的数量。这些诗，不论其艺术水准如何，单是那种盲目的歌颂，就已经违背了艺术规律，严格来讲，这就是孙犁所说的假现实主义。

即便是诗人写于新时期的一些诗作，也依旧带有图解政治的倾向。由此可以推断：《玛金诗选》的主要内容，是孙犁不愿意置评的，所谓“诗稿未能通读，无可多谈者”，实际是一种托词，但玛金毕竟是老友，情感还是存在的，序言中没有什么正面的评价，真实的想法又不便写入，却又不能一句话不说，便只能从技法上着眼，说诗歌写得过于雕琢。但就是这样一个避实就虚的写法，也是玛金所不能接受的。从孙犁一方来讲，对玛金的反应一定是惊愕的，因为他并没有完全表达自己对《玛金诗选》的看法，真话没有全说，即所谓的“然亦无过多贬抑”，玛金对序言的反应出乎他的意料，颇有当头棒喝、冷水浇头之感。在《序的教训》一文中，孙犁有反思，但更多的是决绝：

再一转念，老朋友晚年出一本诗集问世，我确也应该多说一些捧场的话。如觉得无话可说，也可以婉言谢绝。我答应了，而没有从多方面考虑，把序写好，致失求者之望，又伤自己之心，可算是一次经验教训吧。在该序文的最后，我曾写道：

我苟延残喘，其亡也晚。故旧友朋，不弃衰朽，常常以序引之命责成。

[1] 阎庆生：《一桩搁置了三十年的诗坛公案——围绕孙犁〈玛金诗选〉序的评述》），《现代中国文化与文学》，巴蜀书社2012年第11辑，第67页。

缅怀往日战斗情谊，我也常常自不量力，率意直陈。好在我说错了，老朋友是可以谅解的。因为他们也知道我的秉性，不易改变，是要带到土里去的了。

今天看来，我这些话说的有些太自信了，是主观的一厢情愿的想法。回想过去写了那么多序，别人也可能有意见，不过海量宽些，隐忍未发罢了。

因此，现在声明一下：从今而后，不再为别人作序。别人也不要再以此事相求。愿远近友好，诗人作家，一体垂鉴。[1]

如果说玛金的反应过于激烈，孙犁的反应也并不平和。两个人都是文学工作者，都有不可遏制的激情，处理事情难免感情用事。玛金是用入世之心来看待文学，孙犁是以脱俗之态来从事创作，一个追求的是眼前的功利，一个追求的是历史的长久，两人背道而驰，不可能靠拢，只能越来越远。

其实，孙犁是很喜欢为别人作序的，在“文革”结束后的一个时期内，凡是向他求序的人，不论是老友，还是青年作家，他都慨然应允，从来不推三阻四。他曾这样说：“我现在年老力衰，很愿意为故交们做些引导、打杂、清扫道路的工作，使热心的游览者，得以顺利地畅快地进入他们精心创造的园林之中。”[2]

孙犁为他人写过的序言主要有：韩映山《紫苇集》小引（1978 年 1 月 23 日）、方纪散文集序（1979 年 2 月 9 日）、阿凤散文集序（1979 年 3 月 20 日）、克明《荷灯记》序（1979 年 4 月 11 日）、万国儒《欢乐的离别》小引（1979 年 5 月 29 日）、《刘绍棠小说选》序（1979 年 12 月 19 日）、《从维熙小说选》序（1980 年 1 月 27 日）、吴泰昌《艺文轶话》序（1980

---

[1] 孙犁：《序的教训》，《孙犁全集》第 7 卷，人民文学出版社 2004 年版，第 146–147 页。

[2] 孙犁：《克明〈荷灯记〉序》，《孙犁全集》第 5 卷，人民文学出版社 2004 年版，第 345 页。

年9月24日）、柳溪短篇小说选集序（1980年11月5日）、曼晴诗选序（1981年1月19日）、金梅《文海求珠集》序（1981年6月10日）、张志民小说选序（1981年7月16日）、王昌定《绿叶集》序（1982年3月6日）、《田流散文特写集》序（1982年3月29日）、玛金诗选序（1982年4月14日）、贾平凹散文集序（1982年6月5日晨起改讫）。

包括玛金在内，孙犁为他人写下的序言，有十六篇之多，而且时间还相当集中，都是在1978年年初至1982年6月间写就的，为贾平凹的散文集作序是孙犁为他人作序的终结之篇，这篇序言可能已经写好，因此在文末专门注明“改讫”，到了6月16日上午，孙犁写下《序的教训》一文，宣布不再为他人作序了。

1987年10月19日，孙犁写了一篇散文《黄叶》，悼念一位猝死的老战友，文中并没有写明这位老战友的姓名。这位猝死的老人叫李麦，年轻时参加革命，在冀中从事抗战工作。1946年，孙犁和他相识于河间，结下友谊。进城后又曾在《天津日报》共事。李麦担任过《天津日报》副总编、代理总编，市委宣传部副部长等职务。1987年10月17日因心脏病突发，倒在散步的马路上而去世。两天后，孙犁便写了《黄叶》这篇悼念文字。

孙犁感到歉疚的是这样一件事：就在孙犁写完《序的教训》一文之后，文章压在一家报社，一直还没有发表出来，正在此时，李麦登门求序。离休后，他想出一本作品集，孙犁回忆道：

一天黄昏，他带着稿子到我家里，从纸袋里取出一封原已写好的，给我的信。然后慢慢地说：

“我看，还是亲自来一趟。”

这是表示郑重。他要我给他的书，写一篇序言。

我拒绝了。这很出乎他的意料，他的脸沉了下来。[1]

孙犁给李麦解释了为玛金作序惹出来的麻烦。但是：“对面的老朋友，好像并不理解我的话，拿起书稿，告辞走了。并从此没有来过。”[2]很快，从出版社那边就传来孙犁“不近人情”的说法。听到这些言论，孙犁无可奈何，他感到难以说清楚，因为《序的教训》一文，在上海一家报社，放了很长时间也没有刊发，他又转给了南方一家报社，也放了很久，同样登不出来。孙犁只好把稿子要回来，在《天津日报》发表了，这已经是 1983 年 1 月了，是在老朋友告辞之后。所以，还是不能挽回这一点点遗憾。

犁舟之痛

1982 年 10 月 25 日下午，冉淮舟去一家邮局寄信，看到新出的第十期《人民文学》，便拿起来翻了翻，发现刊登有孙犁的《关于编辑工作的通信》一文，当即读了起来。这一读，让他大吃了一惊：文章中不点名地批评了刘怀章和他在“文化大革命”后期，主持《天津文艺》工作时的一些作为，相关文字如下：

亲爱的同志，回忆我的编辑生涯，也是不堪回首的。过于悲惨的事，就不必去提它了。就说十年动乱后期吧，我在报社，仍作见习编辑使用，后来要落实政策了，当时的革委会主任示意，要我当“文艺组”的顾问，我一笑置之……

但“市里”给我“落实”了政策，叫我当了《天津文艺》的编委，这个编委，就更不如人了。一次主编及两位副主编召我去开会，我奉命惟谨地去了，坐在一个角落里。会开完了，正想站起来走，三位主编合计了一下，

[1] 孙犁：《黄叶》，《孙犁全集》第 8 卷，人民文学出版社 2004 年版，第 316 页。
[2] 孙犁：《黄叶》，《孙犁全集》第 8 卷，人民文学出版社 2004 年版，第 316 页。

说：

“编委里面，某某同志写稿很积极，唯有孙某，一篇也还没有写过，难道要一鸣惊人吗？”说完，三个主编盯着我，我瞠目以对，然后一语不发，走了出来。

后来，揪出了“四人帮”，那位主编下台了。我给这家刊物写了一篇散文，那两位仍在管事，先是要我把散文分做两篇，他们挑一篇；然后又叫我把不是同一年代发生的事，综合成一件事。我愤怒了，又喊叫一通，把稿子收了回来。

总之，对待作者，对待稿子，缺乏热情，不负责任，胡乱指挥的编辑，要他编出像样的刊物来，是不可能的。[1]

冉淮舟首先认定：“这里所谓的两位副主编，说的就是怀章和我。”[2]当时，刘怀章和冉淮舟并不是《天津文艺》的副主编，而是编委，刘是编辑部主任，冉是副主任。《关于编辑工作的通信》写于1982年8月12日至13日，此时，冉淮舟参与《孙犁文集》的编辑工作刚刚结束。在一年的时间里，他和很多人一起，为编辑《孙犁文集》呕心沥血，终于使这项浩大工程圆满完工。不知是有所预感，还是什么其他的原因，冉淮舟离开天津的时候，对邹明说：孙犁同志的文集搞完了，以后我就不来天津了。“我的意思是说，以后孙犁同志也就没有什么事情需要我来帮助了。”[3]话虽如此，但他万没想到，这么快就出现了一篇出乎他意料、令他百思不得其解的文章。

---

[1] 孙犁：《关于编辑工作的通信》，《孙犁全集》第7卷，人民文学出版社2004年版，第66—67页。

[2] 冉淮舟：《致苑纪久（一四）》，《平原文学信稿》（上），天马出版有限公司2009年版，第73页。

[3] 冉淮舟：《致刘怀章（七）》，《平原文学信稿》（上），天马出版有限公司2009年版，第234—235页。

冉淮舟认为，孙犁所记述的关于他和刘怀章的事，与实际情况南辕北辙。在给苑纪久的信中，他回忆了事情的经过：当时机关的汽车很少，开会的时候，只用汽车接送孙犁等一两位老同志，其他编委来开会，不是坐公交车，就是骑自行车。那天，是冉淮舟接了孙犁，又把他送回家的。因为他不大出来开会，怕他身体不适，为了照顾他，冉淮舟始终与他形影不离，中间去卫生间，也是由冉淮舟陪着去的。至于“坐在一个角落里”，也是无从说起，因为那个会议室是半圆形的会客厅，开会就那么几个人，大家随便一坐，但决不会找角落去坐。

会开完后，冉淮舟扶着孙犁到院里上汽车，这时主编近前来微笑着对他说：“孙犁同志，子龙同志已经写了稿子，您还没写，是要一鸣惊人吧！”在场的人，也都善意地一笑。冉淮舟认为，主编说这话，不见得有什么恶意、歹意，更不可能说“唯有孙某”，因为别的编委也没写。那位主编说那句话的时候，面带微笑，有些半开玩笑的意思，其动机可能是以这种方式催促孙犁写稿。但是，半开玩笑、“一鸣惊人”之说，都有可能让心理敏感的孙犁理解为是对他的嘲讽，从而导致他的恼怒。再说，从接孙犁来开会，冉淮舟都陪伴在他左右，因此不可能三位主编合计了一下，一起盯着孙犁说出那样的话来。“参加那次会的人都还健在，我敢说没有一个人看到了孙犁同志所看到的场面，听到了孙犁同志所听到的话。”[1] 至于那篇散文的事情，冉淮舟认为也与事实不符。孙犁投给《天津文艺》的那篇散文，就是后来发表的《伙伴的回忆》，回忆的是侯金镜和郭小川。

在这篇“通信”末尾，孙犁总结说，“对待作者，对待稿子，缺乏热情，不负责任，胡乱指挥的编辑，要他编出像样的刊物来，是不可能的”。冉淮舟感到有些疑惑，自己刚刚帮他编完《孙犁文集》，孙犁在一些文章中

---

[1] 冉淮舟：《致苑纪久（一四）》，《平原文学信稿》（上），天马出版有限公司 2009 年版，第 75 页。

和一些场合，对他的工作赞赏有加，怎么突然说出这种话来？冉淮舟不能不多想。他忽然忆起，有一次，孙犁对他讲，自己要回忆一下过去的生活经历，以免身后歧义纷争，莫衷一是。当时他没有细想，过后也没有细想。现在，冉淮舟想，孙犁写这些回忆过去的文字，表白自己，批评指责别人，是想给后世留下一个标准答案吧！

10 月 25 日，看到《关于编辑工作的通信》后，冉淮舟立刻给邹明写了信，提出了自己的意见："我可以肯定地说，那完全不是事实。当然，我相信孙犁同志当时肯定是那样想了，而且永存心中。但这是他的一己之见，是主观的，和客观实际不符合的。"[1] 邹明回信对冉淮舟进行了劝慰，希望他慎重，不要做出激烈反应，以免被人利用。邹明和冉淮舟一直是孙犁所最为信任的人，两个人都不想把事情弄得不可收拾。

与此同时，冉淮舟还给刘怀章写信，交流了对这件事情的看法。在将近两个月的时间里，他都为如何应对孙犁的文章而纠结。思虑再三，冉淮舟觉得如果默不作声，等于变相承认了孙犁的指责。这样自己便无颜再见天津文艺界的朋友，刘怀章也不好在天津文艺界立足。如果要做出反应，无非有三种方式：一是面见孙犁当面申辩，但他们都知道孙犁容易激动的性格，这样可能导致孙犁暴怒，把他们轰出来；二是写文章说明实际情况，这等于把他们和孙犁的矛盾公开化，实际上比当面申辩效果更糟，局面或将难以收拾；三是写信表明自己的态度，这是一个较好的办法，但是事情正在劲头上，孙犁不可能置之不理，也不大可能回信解释，或者约他们面谈，最大可能是继续写文章进行不点名的批评。

冉淮舟觉得不能隐忍，便和刘怀章约定："还是分别给孙犁同志写封信，

---

[1] 冉淮舟：《致邹明（五）》，《平原文学信稿》（中），天马出版有限公司 2009 年版，第 54 页。

亮明态度，摆出事实，讲清道理，予以批评。”[1]于是，冉淮舟给孙犁写了信，由于没有见到原信，信的内容是什么，不敢妄断，但从孙犁稍后的反应来看，至少有这样两点：一是对《关于编辑工作的通信》中的相关内容进行了申辩；二是冉淮舟在激愤之中，在表达方面难免情感激烈，言辞犀利。

冉淮舟的心情可以从他给金梅的信中得到充分印证：“这篇文章让我心惊不解，无可奈何，不知所措。你的担心，也正是我目前的心情：几十年的情谊将会受到影响，是很可惋惜，也令人心痛的。这不是一件孤立的事情，而是孙犁同志晚年写作突显的一个特点，这需要时间和历史来判断。我的难处是：如果我默认孙犁同志的指责，我将无颜在文坛立足；如果对他提出意见，后果可能不堪设想。而对于我来说，也只有一种选择，就是后者。当然，也仅是表示一下意见，不会与他论争。”[2]

看到冉淮舟的信后，孙犁立刻进行反击，接连发表了《谈师》《谈友》两篇杂文进行回应。

因为冉淮舟信中有“始终尊您为师”这样一句话，所以才引出了《谈师》这篇杂文，文末注明了具体写作时间：1982 年 12 月 23 日下午 1 时 30 分。冉淮舟推测，这可能是在上午 11 时左右接到冉信后，义愤填膺，估计连午饭都没有吃，赶写了这篇檄文。

在《谈师》这篇文章中，孙犁表明了这样几个观点：一是写这些回忆文章，有时要涉及一些朋友、师长和所谓的学生，他们的优点要写到，缺点和错误，有时也难避免。二是这些回忆文章是写自己的亲身经历和亲身感受，在写作时信笔直书，真情流放，忘掉一切，不再顾及是否对自己有利，

---

[1] 冉淮舟：《致苑纪久（一四）》，《平原文学信稿》（上），天马出版有限公司 2009 年版，第 78 页。

[2] 冉淮舟：《致金梅（二五）》，《平原文学信稿》（上），天马出版有限公司 2009 年版，第 292 页。

是否对他人有妨碍。三是自己在写作这些文章的时候，尤其在写“四人帮”肆虐时候的人和事，是谨小慎微，字斟句酌，反复求证，态度是十分严肃的。孙犁也为自己进行了辩解：“当然，就是这样，由于前面说过的原因，在一些具体问题上，还是难免有出入，或有时说得不清楚。但人物的基本形象，场面的基本气氛，一些人当时的神气和派头，是不会错的，万无一失的。绝非我主观臆造，能把他们推向那个位置的。”[1]

接着，孙犁对冉淮舟信中的一些说法进行了回应，从这些回应中，可以推断出冉信中的一些观点。其一，冉信强调了写文章应该注意政治色彩。这大概是冉淮舟经过历次政治运动，尤其是在“文革”中不断挨整得到的沉痛教训，因此十分在意这种回忆文章，能否被别有用心的人所利用，从而再给自己带来什么灾难。但是孙犁却认为，过分强调文章的“政治色彩”是“文革”遗风：“这是他们从那边带过来的老脾气、老习惯吧？”其二，冉信认为，孙犁这样写文章会得罪很多人，而且会产生负面的社会影响，因此要注意生前和身后事。孙犁的回答是：“老实说，我是九死余生，对于生前也好，身后也好，很少考虑。考虑也没用，谁知道天下事要怎样变化呢？”[2] 这自然是气话。其实在内心，孙犁对身后之事是十分关注的，紧接着，孙犁就表述了自己的真实想法：

我也不是绝对不想一想身后的事。有时我也想，趁着还能写几个字，最好把自己和一些人的真实关系写一写，以后彼此之间，就不要再赶趁得那么热闹，凑合得那么近乎，要求得那么苛，责难得那么深了。大家都乐得安闲一些。这也算是广见闻、正视听的一途吧，也免得身后另生歧异。[3]

这可以说是孙犁晚年写这类文章的真实动机：就是要对自己一生，尤

[1] 孙犁：《谈师》，《孙犁全集》第7卷，人民文学出版社2004年版，第140—141页。
[2] 孙犁：《谈师》，《孙犁全集》第7卷，人民文学出版社2004年版，第141页。
[3] 孙犁：《谈师》，《孙犁全集》第7卷，人民文学出版社2004年版，第141—142页。

其是经历的一些重大事件进行回忆和梳理，留下自己的权威看法，免得以后任人渲染和评说。

在这篇文章的最后，孙犁谢绝了冉淮舟尊称他为“师”，强调只有他在育德中学的平民学校、同口小学、抗战学院、华北联大和鲁艺文学系教过的学生才能以师相称。文艺界的同行之间，不再受此等称呼。

看到此文后，冉淮舟没再给孙犁写信。但孙犁意犹未尽，余气未消，于1983年1月9日下午，又写了杂文《谈友》。这篇文章首先从《史记》中廉颇失势后，旧有的门客一窝蜂散去说开去，探究司马迁为什么要把这样一些琐事写入名将传记中。孙犁认为，这是司马迁的人生体验，有切肤之痛，所以遇到机会，他就把这一素材，作了生动突出的叙述。这是司马迁看到了众多的人并不讲究友朋之道而伤心悟道的结果。因此友朋之道，重要的一条，就是对于朋友要能谅，不能太较真，要能够体谅他人的难处。例如在“文革”等动乱时期，有的人害怕，写了一些大字报、大批判和揭发材料，抢先与原来“过从甚密”的人，划清一下界限，也是情有可原的。但是，对那些欢呼这种政治的暴风雨，并力求借机扶摇直上的朋友则要小心一二了。孙犁说道：“既是朋友，所谓直、所谓谅，都是两方面的事，应该是对等相待的。但有一些翻政治跟头翻惯了的人，是最能利用当前的环境和口号的。例如你稍稍批评他过去的一些事，他就会说，不是实事求是啊，极不严肃呀，政治色彩呀。好像他过去的所作所为，所言所行，都与政治无关，都是很严肃、很实事求是的。对于这样的朋友，不交也罢。”[1]这段话的意思表述得很清楚，孙犁认为冉淮舟和刘怀章等人，是政治跟头翻惯了的人，与这样的朋友绝交也在所不惜。

1982年，在《散文》编辑部工作的谢大光，受人民文学出版社季涤尘的委托，为孙犁编选一部散文集，初选目录编好之后，谢大光请孙犁过

---

[1] 孙犁《谈友》，《孙犁全集》第7卷，人民文学出版社2004年版，第144页。

目，孙犁完全同意。谢大光转达了人民文学出版社的要求，请孙犁为自己的散文集作序。当时，孙犁刚刚写完《序的教训》一文，声明不在为别人作序，也不想为自己的散文集写序。在谢大光的劝说下，1982年12月25日，孙犁写了《〈孙犁散文选〉序》，这篇写于《谈师》《谈友》两文之间的序言，并没有在自己的散文方面多着笔墨，而是继续对冉淮舟等人进行批判。序言很短，首先阐明作文和做人的道理是一样的，要质胜于文；要有真情，要写真相；文字、文章要自然，不要虚伪矫饰。然后写了下面两段文字，与《谈师》和《谈友》有异曲同工之妙：

以作人为譬：有的人，在那非常不光彩的年代里，他所贴的大字报，所写的大批判，所负责的刊物，所写的小说，目前仍在书店仓库里堆放着，废品站里收购着，造纸厂里还魂着，总之是还没有处理完毕，他已经忘记得干干净净了。坐而论道：大言不惭，神气十足，俨然君子。当然，以上种种，也算不得什么大事，忘记了也不影响国计民生。但对写作来说，却并不这样简单。因为，这不仅是一种文风，也是一种心术，如不痛下决心改正，要他写出有真情真象的作品，我以为十分困难。

另外，传说有一农民，在本土无以为生，乃远走他乡，在庙会集市上，操术士业以糊口。一日，他正在大庭广众之下，作态说法，忽见人群中，有他的一个本村老乡，他丢下摊子，就大惭逃走了。平心而论，这种人如果改行，从事写作，倒还是可以写点散文之类的东西的。因为，他虽一时失去真象，内心仍在保留着真情。[1]

孙犁在这几篇文章中，反复提及的就是“文革”期间，一些人贴了“大字报”，写了批判文章。这自然是有所指。“文革”爆发之后，天津文艺界一片混乱，大家纷纷起来造反。文联的一些人写了一篇“王亢之包庇‘黑

[1] 孙犁：《〈孙犁散文选〉序》，《孙犁全集》第7卷，人民文学出版社2004年版，第93–94页。

作家'孙犁"的大字报，主笔者起草完毕，让大家签名，为了表明态度，冉淮舟也签了。因为王亢之是主管文教的副书记，这张大字报贴到了天津市委大楼。孙犁也不是完全置身事外的人，时不时让儿子去看大字报，了解相关信息。于是这张大字报和冉淮舟的名字便牢牢印在了孙犁的脑海里。孙犁是一个爱美若狂的人，而且有一种追求人性完美的倾向，当他喜欢或看重的人，一旦露出瑕疵，他绝对不会视而不见，更不会转眼忘却的。

由于冉淮舟和刘怀章约定了一起给孙犁写文章明辨是非，因此在接到冉淮舟的信不久，孙犁又收到了刘怀章的信。他的反应如何？刘怀章有一段回忆文字：

我和孙犁同志交往中，也曾有过一次不愉快。那是上世纪八十年代初，我和已调到北京工作的淮舟同志，对一段时间以来，孙犁同志在报刊上发表的文章，指责批评一些人，有些想法和意见，认为这样他会得罪人，对他不好。北京刘绍棠也有同感，曾对我说："怀章你在天津，跟孙犁同志说说，别叫他今天点这个，明天点那个的，把人都得罪了！"绍棠是学孙犁创作风格最突出的一个，和孙犁同志感情很深。于是，我给孙犁同志写了一封信，提出了我的看法。可恰巧没过十天，孙犁同志又接到淮舟的一封信，内容和我的观点类似。孙犁同志生气了，认为我们不理解他，歪曲了他文章的意思。据说他气得两手直打哆嗦："他俩想气死我呀！"

我听到孙犁同志生气的事，心中很是不安。可我知道他的脾气，短时间内不能去找他，如果气还没消，见了面定会很尴尬的。大概过了两个月，百花文艺出版社的副总编李克明到我家来了，他是和孙犁同志同时代人，我的好朋友。一见面对我说："你呀你呀，要是把孙犁气坏了，看你怎么办！"我说我没有一点坏意呀，完全是为他好啊！克明说，孙犁同志说他的文章决不是影射一些人，而是批评一种文艺思潮……克明说着笑了起来："我前天去看他，老头子气消了，想你哩，叫你抽工夫去看他。"

我一听克明的话，心中也不别扭了。正好我去北戴河休假，临回来给孙犁同志买了两包海米和一对健身的核桃大的玉石球。孙犁同志见到我很高兴，知道我不抽烟，拿出高级糖块叫我吃。他手拿着两只玉石球在手里转转，说这石球好，我的手指近来发胀，正好拿它锻炼。我开口表示写信误会了他，他立即一摆手："怀章，咱不说那个了，是误会了，你和淮舟误会了我，我又误会了你俩。过去了，不说它了！"[1]

这就说明，事情发生后，仅仅过了两个月，在李克明的协调下，刘怀章主动登门，和孙犁实现了初步和解。但是，从一些迹象来看，孙犁心中并没有完全释然。当初，在接到刘怀章的信后，孙犁在很短的时间里，对刘怀章进行了敲打。当然不像对冉淮舟那样写专门文章进行反击，而是在一些杂文中，捎带着讥讽一下。刘怀章在信中把"三位主编盯着我"的"盯"写成了"瞪"，孙犁在一篇杂文中曾经这样挖苦道：一个自称编辑部具体负责人，竟然连"盯"和"瞪"都分不清。

在给孙犁的信中，刘怀章言明，他和冉不是副主编，而是编辑部具体负责人——我们没有说那句话，也不可能和主编一起同时说那句话。孙犁可能意识到了自己的文章的确存在不严谨之处，于是在《关于编辑工作的通信》一文收入《远道集》时，在文章后面增加了两句补正：

补正：文中所记《天津文艺》两位副主编，据声称，他们当时的职衔，不是副主编，而是"编辑部具体负责人"。

另，对着我说的那几句话，系出自主编之口。文中主语不明，一并补正。

1983年6月30日孙犁附记[2]

第一条补正，还是很必要的，官职不能随意写，更不能乱封，是什么就是什么。但是，"据声称"三个字，充分表明了孙犁的态度，因为在他

---

[1] 刘怀章：《无尽的思念》，《天津老年时报》2002年9月23日。

[2] 孙犁：《关于编辑工作的通信》，《孙犁全集》第7卷，人民文学出版社2004年版，第68页。

看来，不论是“副主编”，还是“编辑部负责人”，都是无关紧要的，事实是：他们都是当权派。

第二条补正，纠正了孙犁行文的不严谨之处，一句话不可能从三个人嘴里说出来，的确是主语不明。原文之所以那样写，原因是孙犁所要指责的并非主编，而是那两位编辑部负责人。

本来，冉淮舟和刘怀章的打算是：通过写信，让孙犁认识到自己这篇文章的问题所在，在作品结集时删去那些批评他们的文字。但是孙犁并没有满足他们的愿望，而是写了这样一个补正。既然是“补正”，就不是错误，只是不大完善，因此有所补充。冉淮舟和刘怀章认为，孙犁的这一补正，说明孙犁所描述的事实根本站不住脚。如果补正的内容是正确的，那么按照这种正确的事实去修改原文，尝试一下就会知道，根本没有办法修改。除非重新写，这样就与孙犁要表达的思想情感背道而驰了。既然不想删去这段文字，那么只有用“补正”的方法来自圆其说。

虽然刘怀章和孙犁和解了，但是冉淮舟不能接受孙犁“我误会了你们”这种说法，在几篇文章中，孙犁写了那么多尖锐而绝情的话，甚至要划清界限，这些，用“误会”二字是不能解释的。

香雪逆袭

1982 年 2 月，在给铁凝的一封信中，孙犁谈到，自己年轻的时候，是很热情的，在晋察冀通讯社工作的时候，每天给通讯员写信，可达数十封。现在老了，很不愿写信。有些朋友不能理解。有些信件，没有及时答复，就多心起来。一个七十岁多病的人，每天要生火，要煮饭，要接待宾朋，要看书写东西，哪能每封来信都及时回复呢！人老了，确实没有那么多的精力了。

对一些事情，孙犁也有难言的苦衷，一些描写他的文章，道听途说，东摘西凑，也起了副作用，例如有的访问记，说他住的是高墙大院，西式平房，屋里墙上是名人字画，书橱里琳琅满目，好像他的居室是奇花异草、百鸟声喧的仙境。还有透露了他的住址，一个青年就来信说，要到家里来做“食客”。

另有一个青年，来采访他的业余生活。观察半日，实在找不到有趣的东西，回去写了一篇印象记，寄给他看，其中有这样的句子：“我从这位老人那里，看到的只是孤独枯寂，使我感到，人到老年，实在没有什么乐趣。因此我想，活到六十岁，最好是死去！”孙犁把这句话删掉了，因为他还要活下去！“虽然时间是很有限了。我宁可闭门谢客，面壁南窗，展吐余丝，织补过往。”

孙犁告诉铁凝，自己身体不好，心情有时也很坏。她写的那篇散文《我有过一只小蟹》，登出来，自己一定看。“就说你近年的作品吧，我本想找个心境安静的时候，统统看一遍，而一直拖着，我想你就不会怪罪我，我却时常感到不安。此外，别人的作品，压在我这里的还有很多，我都为之不安，但客观情况又如此，我希望能得到谅解。”信的最后，孙犁发出了邀请：“春天，你如能来津，我很欢迎！我很愿意见到你！”[1]

1982 年 5 月，《青年文学》发表了铁凝的短篇小说《哦，香雪》。铁凝把这期杂志寄给了孙犁，请他指教。由于患病，精神不佳，拖了几个月，直到 12 月 14 日，孙犁才给铁凝写了回信，谈了自己的阅读体会，对小说大加赞赏。

北方有一个名叫台儿沟的偏僻小山村，最近通了火车。这列火车，每天只在小山村停靠一分钟，给山村一向宁静的生活带来了冲击。每逢火车停靠，香雪和一群乡村少女，都要跑过去，卖给乘客一些乡村吃食。香雪喜欢读书，向往山外的生活，她心中藏着一个愿望，最终用积攒的四十个

---

[1] 孙犁：《关于我的琐谈——给铁凝的信》，《尺泽集》，人民文学出版社 2012 年版，第 150—152 页。

鸡蛋，为自己换来了一个带磁铁的泡沫塑料铅笔盒。为此，她甘愿受父母责怪，而且一个人摸黑走了三十里的山路。这一举动，对一个平时说话不多，胆子又小的山村少女来说，需要极大的勇气。作品具有清新隽永的情调和浓郁的乡土气息。

这篇小说刚刚发表的时候，并不太引人瞩目，当时，人们更关注那些反映重大社会题材的作品。例如，蒋子龙的《拜年》，梁晓声的《这是一片神奇的土地》，孙少山的《八百米深处》，航鹰的《明姑娘》，金河的《不仅仅是留恋》等。这些小说题材厚重、思想新颖，很受读者的欢迎。孙犁对铁凝的这篇作品却情有独钟，在给铁凝的信中，他谈了自己的看法：

刊物一直放在案头上，唯恐叫孩子们拿走。今晚安静，在灯下一口气读完你的小说《哦，香雪》，心里有说不出的愉快。这篇小说，从头到尾都是诗，它是一泻千里的，始终一致的。这是一首纯净的诗，即是清泉。它所经过的地方，也都是纯净的境界。

读完以后，我就退到一个角落里，以便有更多的时间，享受一次阅读的愉快。我忘记了咳嗽，抽了一支烟。我想：过去，读过什么作品以后，有这种纯净的感觉呢，我第一个想到的，竟是苏东坡的《赤壁赋》。

我也算读过你的一些作品了。我总感觉，你写农村最合适，一写到农村，你的才力便得到充分的发挥，一写到那些女孩子们，你的高尚的纯洁的想象，便如同加上翅膀一样，能往更高处、更远处飞翔。

是的，我也写过一些女孩子，我哪里有你写得好！在农村工作时，我确实以很大的注意力，观察了她们，并不惜低声下气地接近她们，结交她们。二十多年里，我确实相信曹雪芹的话：女孩子们心中，埋藏着人类原始的多种美德！这些美好的东西，随着她们的年龄增长，随着她们的为生活操劳，随着人生的不可避免的达尔文规律，逐渐减少，直至消失。我，直到晚年，才深深感到其中的酸苦滋味。

在农村，是文学，是作家的想象力，最能够自由驰骋的地方。我始终这样相信：在接近自然的地方，在空气清新的地方，人的想象才能发生，才能纯净。大城市，因为人口太密，互相碰撞，这种想象难以产生，即使偶然产生，也容易夭折。

你如果居住在一个中小城市，每年有几次机会，到偏远的农村去跑跑，对你的创作，将是很有利的，我希望能经常读到你这种纯净的歌！[1]

用诗一般的语言赞美诗一般的作品，对孙犁来讲，是极其少有的现象。在评述刘绍棠、刘心武等人作品的时候，虽然也充满了热情，但更多的是冷峻剖析。对贾平凹及其作品，孙犁充满厚爱，极力推崇，但远没有像这封信一样，有如此丰厚的情感融入。

孙犁的这封信在报纸上发表之后，立即在社会上引起了巨大的反响，一些人开始寻找并阅读这部作品，已经读过的人则重新审视这篇小说。《人民文学》编辑部的崔道怡回忆道：1983 年 1 月，为推荐佳作参与评奖而创办的《小说选刊》，选载了《香雪》。随后，又转载了孙犁的这封信。当时，1982 年度的全国优秀短篇小说评奖活动正在进行，第一批提供评委参考的备选篇目，已于 1982 年 12 月 17 日由《人民文学》评选工作组，按获得读者推荐票数多少为序确定，共有蒋子龙的《拜年》等十三篇作品，其中并没有《香雪》。

1983 年 1 月 24 日，由于《小说选刊》选载了《香雪》，使这篇作品被广大读者和评委所熟知，在为评委们提供第二批十六篇备选作品时，《香雪》被列其间。虽然如此，1 月 29 日进行的第一次评委会上，没有人提到《香雪》。2 月 26 日召开了第二次评委会，《香雪》虽被一些评委们提到，但大都是放在发言的最后说上几句。起先，沙汀在发言的最后特意表明："我个人最喜欢的，是《哦，香雪》。"接着，冯牧、王蒙等一些评委，相继

---

[1] 孙犁：《谈铁凝的〈哦，香雪〉》，《远道集》，人民文学出版社 2012 年版，第 89–90 页。

都在发言最后表明："个人偏爱《香雪》。"也有评委特别说明："我个人偏爱《香雪》，原先不敢讲，既然有人讲了，我就提出来把它的名次往前排吧。"王蒙则明确提出，将这一篇提到前五名。按照惯例，前五名实际上也就是一等奖。1983年2月28日，评选结果揭晓，《拜年》名列第一，《香雪》名列第五。

孙犁的一封信，不仅影响了一次评奖，它还使人睁大眼睛，重新打量这个叫铁凝的年轻人，重新认识她在艺术追求上的可称道之处。人们甚至觉得，铁凝之所以在紧随其后又以《六月的话题》获得1984年全国优秀短篇小说奖，《没有纽扣的红衬衫》获得1983—1984年全国优秀中篇小说奖，尽管理应所得，但也和两年前孙犁那封信的巨大影响力不无关系。这样，荣获三次全国大奖的铁凝，成为中国文坛上一名炙手可热的青年作家。

第二十八章　老荒之犁

所谓幻觉

1983年1月，《人民文学》第一期发表了孙犁的“芸斋小说”《幻觉》，以文学手法，记述了自己的第二次婚姻。这篇作品在熟知内情的人中间产生了巨大反响。王林在2月28日的日记中写道：

孙犁同志以“孙芸夫”笔名发表在《人民文学》今年第一期上的小说《幻觉》，今上午读了。小说中的“仙女”当然影射的张保真。不能说完全不是事实，也不能说完全是事实。例如“忽然有一位女同志推门进来”，就不是事实。张与孙相识是魏巍同志介绍，我当“红娘”跑腿的，见面前通过不少信。小说中提到的“小香椿树”就是我给的，也确被坏小孩拔掉。在天津第一次见面，张回江西后，孙到我处说：“要上火车啦，又闹了场别扭。我说：‘你这次来没有别的，我几百块钱没有啦！’她立刻气得不上火车了，跟我一笔笔地算起账来，闹了半天，都是给我买东西花的，她连一条小手绢也没有给自己买！”我听了当即说：“好家伙，你们‘乐莫乐兮新相知’，怎么能那样说！我和大刘老夫老妻，大孩子都近三十啦，我要是那样说，她也得发火。她母亲住在我这里，给我们当家过日子，我有时候无意中说句：‘工资没觉得花，怎么没啦！’岳母都受不了，就得跟我一笔一笔地算账。”孙大笑几声，也感到歉意。

天安门“四五”事件后，天津解学恭、王曼恬等为争当“四人帮”的“栋梁”，在工农联盟农场旁的干校成立学习班，疯狂贯彻反邓妖风，张是参加学习的。她在那里感染上妖气，劝老孙“识时务”“明哲保身”是可能的，但是这种政治责任不应由她负。再说，她父亲在台湾大学任教，几十年来背着“港台关系”的包袱，敢不抱“明哲保身”的态度！老孙在这方面，不是不知道，应该有“恕”道。

一个十全十美的仙女，也不会没有一个黑痣子。如果攻其一点，不计其余，美女也会成为丑八怪。但是要求连周身的汗毛都描写出来，一根不少，自然主义大师也办不到！精简什么，突出夸大什么，实写什么，虚写什么，把什么特点摆到在开头，把什么情节组织在高潮和结局，作家、艺术家的苦心（亦即倾向性、政治性、阶级性）妙在其中矣！小说既不点明真姓名，文艺创作又允许夸张和虚构，文学史上不乏此官司！

断章取义，无限上纲，网罗罪状，是我们对“文化大革命”最恨的恶行，大家对此心有余悸，也是应当的。但自己掌握了大权或笔权，也应以此为戒。[1]

这篇日记，在很大程度上为张保真进行了辩护，对孙犁进行了批评。日记的开头部分讲清了张保真“乱花钱”的真相，凸显了孙犁的“吝啬”。第二部分讲张保真参加了所谓的“学习”，感染了“妖气”，加之本身有海外关系，只好“明哲保身”。对这一点，王林认为应该理解，讲究“恕”道。最后谈了自己对于文学创作的观点：一位作家反映什么，表现什么，这是作家的权力，但是关乎作家的倾向性、政治性、阶级性，因此要格外当心，不能让“文化大革命”的恶劣风气死灰复燃。

冉淮舟自然明了这篇作品影射的是张保真，对于张保真和孙犁的离异，

---

[1] 王端阳提供：《王林日记》（内部资料）。

他和刘怀章都有所了解，而且参与了调解。冉淮舟认为，两人的离异，主要是性格不同，生活习惯各异。但《幻觉》这篇小说，却把张保真描写得一无是处，对一些描写，他难以苟同。

冉淮舟在给苑纪久信中，转述了魏巍对这篇作品的评价："魏巍是他们的介绍人，在看过这篇作品后，说：'孙犁这样写，人家知道了，会告他的。'"[1]

写出《幻觉》之后，隔了两个多月，3月21日，孙犁又写了"芸斋小说"《还乡》，记述了自己和张保真回到老家安平县，为其接洽工作调动事宜。这篇作品写得比较平实，并没有把张保真的形象夸张和扭曲，但是也间接反映了张保真和自己结婚的一个重要目的，就是一步步调入大城市当干部。

直到1988年，这件事情依旧盘桓于孙犁的心中，郁结依旧存在。他又写了"芸斋小说"《续弦》，对自己的第二段婚姻做出自己的定论：

最后终于离异，我总以为是政治的原因。她背着包袱，想找一个更可靠的靠山，在当时，我的处境，却是不很保险的。

所以，关于晚年续弦事，我从不怨天尤人，认为是我的患难一生中，必经的一步。我的命运注定，也不会有比这更好的一步了。[2]

单是这样讲，仿佛还不能完全说明问题，于是在"芸斋主人曰"那段文字中，孙犁再次强调了经济因素，凸显了这桩婚姻的交易性质，甚至有些发牢骚了：

芸斋主人曰：婚姻一事，强调结合，讳言交易。然古谚云：嫁汉嫁汉，穿衣吃饭。物质实为第一义，人在落魄之时，不只王宝钏彩楼一球为传奇，即金玉奴豆汁一碗，也只能从小说上看到。况当政治左右一切之时乎！固

---

[1] 冉淮舟：《致苑纪久（二〇）》，《平原文学信稿》（一），国际文化出版公司2017年版，第82页。

[2] 孙犁：《续弦》，《如云集》，人民文学出版社2012年版，第8页。

知巫山一片云，阆苑一团雪，皆文士梦幻之词也。[1]

很多人认为，孙犁创作“芸斋小说”，让周围人便产生了一种惶恐的感觉，觉得孙犁这样写，是在揭人的短，是在得罪人。同时担心，说不定什么时候，孙犁会给自己来上一篇。

大光见闻

1983年5月，“文艺周刊”就要出刊一千期了。5日和12日，“文艺周刊”推出两期纪念专版。第一块专版刊登了孙犁写的《我和〈文艺周刊〉》，以及刘绍棠、从维熙、韩映山等人的文章。

《我和〈文艺周刊〉》一文，回顾了“文艺周刊”的创办经过，以及对自己“文艺周刊”的希望。再一次申明，自己只是为“文艺周刊”看过一段时间的稿子，他对这个刊物是有感情的，也花费过一些时间，付出过一些心力，但是说他培养了多少青年作家的说法是夸大其词。自己“不能贪天之功”。

孙犁对“文艺周刊”提出了几点希望：“文艺周刊”应该永远是一处苗圃；应该着重发表新作者的作品，应该有一个新作者的队伍；虽然是地方报纸的副刊，但是要办出风格来，用这种风格去影响作者，影响文坛，招徕作品；“文艺周刊”是一个强调现实主义的刊物，欢迎有生活、有感受，手法通俗，主题明朗，切切实实的文艺作品；对作者要热情扶植，又要严肃，不能迁就；编辑要提高文学修养，提高编辑水平，要经常出去跑跑，联系作者，不要只坐在桌前，守株待兔。[2]

5月18日，谢大光到孙犁家里去，孙犁拿出写好的《关于散文创作的答问》让他看，并让他代寄《人民文学》。在这篇文章中，孙犁较为系统

[1] 孙犁：《续弦》，《如云集》，人民文学出版社2012年版，第8页。

[2] 孙犁：《我和〈文艺周刊〉》，《远道集》，人民文学出版社2012年版，第95–96页。

地谈了自己对散文创作的一些看法。对于散文成败得失的一些规律，孙犁进行了总结：

从我们熟读的一些古代或近代的散文看，凡是长时期被人称诵的名篇，都是感情真实，文字朴实之作。比如说欧阳修的《陇冈阡表》，诸葛亮的《出师表》，李密的《陈情表》。

我们常说，文章要感人肺腑，出自肺腑之言，才能感动别人的肺腑。言不由衷，读者自然会认为你是欺骗。读者和作者一样，都具备人的良知良能，不会是阿斗。你有几分真诚，读者就感受到几分真诚，丝毫作不得假。

……

文章能取信于当世，方能取信于后代。这三篇文章，所以能流传百代，就是因为感情的真挚和文字的朴素无华。

所谓感情真实，就是如实地写出作者当时的身份、处境、思想、心情，以及与外界事物的关系。写出这些，这本来是很自然的事情，但一触及文字，很多人就做不到。这就无怪自古以来，名篇范作如凤毛麟角了。[1]

孙犁认为，散文短小，也有所谓的布局谋篇。但他认为，费尽心机的人为安排是要不得的。“作者如确有深刻感触，不言不快，直抒胸臆即可，是不用过多的构思设想的。现在一些文章评论家，谈论构思太多，也太机械。”“散文之作，一触即发。真情实感，是构思不来的。”[2]

早在1979年秋天，百花文艺出版社筹备《散文》月刊创刊，谢大光参与其事，他向孙犁约稿，孙犁便以“乡里旧闻”为总题，写了一组忆旧的散文，刊发在1980年《散文》创刊号上。当年又刊发了两组，此后

[1] 孙犁：《关于散文创作的答问》，《远道集》，人民文学出版社2012年版，第98—99页。

[2] 孙犁：《关于散文创作的答问》，《远道集》，人民文学出版社2012年版，第102页。

三四年间，孙犁一共写了十九篇。这引起了谢大光的兴趣，想找孙犁聊聊他的童年和家世，并根据已经发表的“乡里旧闻”那组文章，列了几个题目供他参考。

1983年9月9日上午，谢大光按照事先的约定，来到孙犁家。这天，孙犁情绪很好，和谢大光谈了两个多小时，除了点烟、喝水，几乎没有停断。一开始说得较慢，渐渐沉浸在其中，眼睛眯起来，思路也通畅了。谢大光当场进行了记录，后来整理成了《听孙犁谈童年》《听孙犁谈母亲》两篇文字。

孙犁出生的时候，父亲既高兴又担心。因为上边生了五个女孩子都夭折了，不知道这个孩子能不能活下来。当然，农户家死个孩子不算什么，叫“干巴”扛出去埋了就是了。东辽城这个村子很穷，逃荒的多，外出学手艺的多，有的是闯关东，也有去上海的；村里赌风颇盛。人们似乎要在赌场上改变自己的命运，也要以此刺激填补空虚的灵魂。

整个东辽城，只有他一人上了中学，还有一人上了师范。中学费用大，每年需要一百五十块大洋，相当于十亩地的收入。家里的生活其实也并不富余，但对他很娇惯。

他的父亲从小当学徒，学徒三年，站柜台，只有晚上记账时才学点本事，掌柜的睡了，还要用包装纸练字。三年后，字写得很漂亮，算盘打得飞快。后来由先生、二掌柜、掌柜，一级级升上去，干了一辈子，买了五十亩地，一处房子，成了富农。刚收拾好就土改了。孙犁认为，自家在土改时被定为富农，并不过分，但是土改搞得很“左”，全家基本上是被扫地出门了。

当初，父亲想让孙犁考邮政，但他对邮政局毫无兴趣，也没考上。父亲给他定的目标是：中学毕业后，一年挣出一个长工的钱，也就是一年四五十元。这个要求并不高。孙犁当了小学教员，一年能挣两个长工钱。孙犁回忆说：

小时候，我有一段很迷赌钱。除了打麻将，什么赌都会。本院叔叔大爷都好赌。有时叔叔故意输给我，把好牌扣了，哄着我玩。当家的一个爷爷，是看宝的。他看我爱赌钱，让我到幕后去做宝。十四五岁时很迷。从中学毕业到北京，突然就不赌了。[1]

幼年好赌的这种经历，孙犁未在其他文章中披露过，难知其详。

孙犁回忆了自己在北平流浪时，对京剧和电影的痴迷。在同口教书时，经济状况有所改善，开始大量买书。后来闹日本，这些书被汉奸搜出一部分烧了，妻子用来烧火、父亲用来换挂面用了一部分，剩下的，土改时让贫农团卷烟抽了。

父亲好写字，也让孙犁学书法。放了暑假，在场院摆上一张桌子教他练。但孙犁始终没下功夫。抗战胜利后，安平县烈士纪念碑让他题字，消息传到家里，父亲说："还让他写字！"表示看不起。

孙犁自幼爱好广泛。他学过刻图章，还给自己起了一些奇奇怪怪的别名。买过胡琴，但是没学成，自己的手很笨。高小音乐不行，中学美术、手工不行。网球打得不错，但不是什么选手，只是好打。[2]

在《听孙犁谈母亲》一文中，谢大光记录了孙犁对母亲的回忆。孙犁记事时，母亲已经四五十岁了。她常说："嗓子是个过道，好的坏的都一样。饥了糠如蜜，饱了蜜不甜。"过年杀个猪，煮出来，母亲叉出一大块就吃。那时，常年吃不上肉。

母亲性格开朗，在乡里人缘挺好。她是当家的，很敞快，乡里有事，她总在前面。有慈悲心，可怜穷苦人。五十岁后，母亲总说自己活不长，每年都要让儿媳为她做一双寿鞋。街里有老太太过世，她就送去。孙犁的妻子说，我不知做了多少双寿鞋了。

母亲经过一些大事，从清末、军阀混战、闹日本，到土改，所以胆子很大，

---

[1] 谢大光：《孙犁教我当编辑》，天津人民出版社 2022 年版，第 29 页。
[2] 谢大光：《孙犁教我当编辑》，天津人民出版社 2022 年版，第 31 页。

感情也很坚强。[1]

一匹骆驼

1983年7月30日，孙犁给贾平凹写了一封信。之前，贾平凹来过信，述说了自己遭受的一些非议和思想上的苦恼。收到信后，孙犁有些不平静，吃过晚饭，便给贾平凹写回信。

我觉得，从事创作，有人批评，这是正常的事。应该视若平常，不要有所负担，有所苦恼。应该冷静地听，正确地吸取，不合实际的，放过去就是。不要耽误自己写作，尤其不可影响家人，因为他们对文艺及其批评，不明底细，你应该多给他们解释。

前几天北京来人，和我谈起了你。我说，青年人一时喜欢研究点什么，甚至有点什么思想，不要大惊小怪。过一段时间，他会有所领悟，有所改变的。那位同志也是这样看。

我也买过一些佛经，有的是为了习字（石刻或影印唐人写经），大部头的，我都读不下去，只读过一篇很短小的“心经”，觉得是其中精华。作为文化遗产，佛教经典，是可以研究的。但我绝不会相信，现在会有人真正信奉它。中国从南北朝，唐朝达到顶点，对佛教的崇奉，只是政治作用。人民出家，却大多为了衣食，而一入佛门，苦恼甚于尘世，这是我们从小说中，也可以看出的。

所以说，传说中你有这种思想，我是从不相信的。但人生并非极乐世界，苦恼极多，这也是事实。青年人不要有任何消极的想法，如有，则应该努力克服它。

你的小说，我只看过很少的几篇，谈不上什么“出世”或“顿悟”之类。但我觉得，你的散文写得很自然，而小说则多着意构思，故事有些离奇，

[1] 谢大光：《孙犁教我当编辑》，天津人民出版社2022年版，第34–35页。

即编织的痕迹。是否今后多从生活实际出发，多写些日常生活中的人和事，如此，作家主观意念的流露则会少些。[1]

当时，有传言说贾平凹信奉佛教，这是一件十分敏感的事情。孙犁在信中，谈了自己对佛教的看法，认为佛教作为经典是可以研究的，但是从是历史上看，佛教的兴盛，只是一种政治功用，它不可能解除人间的苦恼。孙犁引导他如何对待文坛上的非议，克服自己的消极思想，对他小说创作中存在的编织痕迹提出善意批评。

1983 年秋天，贾平凹的散文《月迹》在《散文》月刊组织的评奖活动中获得了二等奖。《月迹》最初发表在《散文》1980 年第十一期。百花出版社要举办一个颁奖活动，邀请贾平凹参加。贾平凹是怕见生人的，想到去天津可以见到孙犁，这次颁奖活动也就格外具有吸引力。他和孙犁通信已有两年半的时间，但是还从未见面。

离去天津的日子越来越近，贾平凹胆怯起来，他自认“形象猥琐、口舌木讷”，平日很少往大城市去，更没有拜见过什么名人，又听说天津的街道弯弯曲曲，很容易迷失方向，这些都让他产生了畏难情绪。况且，见了自己仰慕的孙犁，说些什么？送些什么礼物好呢？忽然记起孙犁的一张照片，在他身后的墙上，挂着一幅水墨骆驼，他打定了主意，决定为孙犁带一件唐三彩的骆驼。

他买的是卧铺，上了火车，心里一直不大安稳，生怕自己的骆驼出问题。一开始，他把装骆驼的包抱在怀里，但实在不方便，便把包放在最上层的卧铺上，用毯子在四周挤好。隔一会儿就起身看看，生怕自己的包被人偷走，又怕包掉下来，摔坏了那匹骆驼。

火车终于进了北京站，为了避免磕碰，他最后一个下车。在人流中，

[1] 孙犁：《耕堂函稿·致贾平凹》，《老荒集》，人民文学出版社 2012 年版，第 174—175 页。

他死死地抱着装骆驼的那只包。他需要在北京倒车去天津。本来只有两个小时的车程，但出站、买票、候车，就花了四个小时。下午五点五十八分，他终于坐上了开往天津的列车。乘客不多，包可以放在一个空座位上，但他还是用手搂着。天黑下来，大家都疲乏困倦了，坐着打盹，他不敢睡去，竭力睁大眼睛往窗外看。

夜里八点多，车到天津，《散文》月刊派车来接他。所有的行李都装进了汽车的后备箱。到达宾馆的时候，人们下了车，打开后备厢去取行李，车后盖打开的一刹那，一个包滚落了下来，摔在地上。贾平凹脑袋“嗡”地一下就大了，跑过去一看，正是自己那只装骆驼的包！他的心狂跳着，一把将那只包拎了起来，然后呆立在那里。

进了安排好的房间，他的心还在狂跳，不敢打开包儿看，点上一支烟，千声万声在心里祈祷：“它是不会碎的，它掉下来的时候是底儿朝下的，哪会打碎呢！”

足足过了两个小时，心情有些平复了，他才将门插了，慢慢将包儿打开，心中充满了战战兢兢又迷迷糊糊的神秘色彩。啊！果然没事，骆驼依然在包儿里站着，高昂着头颅！他太兴奋了！再用手往下摸去，突然触到了什么东西，硬硬的，慢慢取出来，竟是一条断了的腿的瓷棍儿。他站在那里，眼睛一下子直了。

他终于正视这只受伤的骆驼了：骆驼破碎了四条腿，三条是硬伤，一条的脚上碎裂成几十个颗粒儿。他没有勇气把它送给孙犁了。

去孙犁那里，是百花出版社的人带他去的。对见面的具体情形，贾平凹记忆犹新：

孙犁的家是个大房子，并没有隔间，几个书架子也不高，后边有张床，前面有张桌子，他就坐在藤椅上。我那时把孙犁奉若神明，进去就紧张了，脸上老出汗，没敢去坐。孙犁说：坐呀坐呀。拿了凳子让坐到他跟前，又倒了一杯茶。说了一阵话，都是他问几句，我答一句，表扬了我的散文，我又脸上出汗。约莫一个小时吧，他好像要启发别的人走，说：你就在我这儿吃饭吧。我还迟疑，出版社的人说：呀，我们跟了他十几年从没留我们吃过饭。孙犁只是笑，果然也没说让他们一块吃的话。

那顿饭是饺子，我记得后来来了一个妇女，估摸是只来做饭的保姆，孙犁给她掏钱，说：吃饺子吧，买点好肉。那时候请客不兴去街上饭馆，吃饺子是高规格。那保姆出去后，孙犁又开始说我的小说和散文，笑多起来，他的笑声很高。后来又送我了他的一本书，写了一张条幅。等饺子端上来，那保姆就再不见了。他拿出酒，他喝了一大杯，我也喝了一大杯，还要让我喝，我说我酒量不行，我吸烟，他是云烟，比我的好，我先后吸了五支。[1]

吃完午饭，贾平凹红着脸讲了骆驼破碎的过程，孙犁仰头哈哈大笑，说：“可以胶的，可以胶的！文物嘛，有点破损才更好啊！”两天后，贾平凹带来了那匹用胶粘好的骆驼。孙犁把它放在书案上，远观近瞧，说：“这不是又站起来了吗！”便以骆驼为话题，又讲了好多为人为文的事。很快，又一个上午过去，孙犁又留贾平凹在那里吃饭。饭后孙犁戴上帽子，拄了拐杖，把贾平凹送到院门口，叮嘱他多来信。

传言澄清

孙犁的大多数文章都是在报纸副刊上发表的。编辑报纸副刊是他的老本行，他投稿，也以报纸副刊为主，与很多报纸的副刊建立了良好关系。粉碎“四人帮”以后，《人民日报》副刊编辑姜德明首先和孙犁取得了联系，两人都是散文家，都常年从事编辑工作，彼此是志同道合的朋友。从1980年到1995年，孙犁共给姜德明写了一百二十三封信，其中，四十余封用的是常规的信笺，六十多件用的是明信片，二十多件用的是小纸条。姜德明回忆：“他给人写信亦惯于直言，用笔则求其短。有时来信只改稿

---

[1] 贾平凹：《我见到了孙犁》，《天津日报》2013年5月15日。

中的一个字，有时又要删去两行可能得罪人的话，处处显示了他对文字的讲究，以及为人的谦虚谨慎。他不想节外生枝，一张小巧的明信片，或一纸小便条足可表达意矣。”[1]

姜德明与孙犁见过几面，有两个场景印象十分深刻。一次见他，是在夏天，去的时候，孙犁正在吃午饭，喝粥，吃了两个大包子，包子的肉馅是用刀切的，一块块的小肥肉丁很显眼，见到姜德明到来，他跟做饭的保姆说：“给我们抱个瓜去吧！”不说“买”而说“抱”，这是冀中的农家话。另一次是在冬天，姜德明去的时候，孙犁正蹲在火炉面前捅炉子，肩上披着件短棉袄，袖口和鞋面上没有粘上一点灰。倒上茶，他从里屋拎出个粗布面袋子，抓出一大把花生说：“乡下带来的，炒的火候还可以，你尝尝。”

孙犁十分看重《光明日报》。20世纪80年代，尤其是80年代后期，他在这张中国知识界最为看重的报纸上发表了很多作品。1982年2月18日，《光明日报》发表了他的散文《报纸的故事》，这是粉碎“四人帮”之后，他在这张报纸上发表的第一篇作品。孙犁很快又寄来了一首长诗，但是负责诗歌的编辑给他退了稿。不久那首诗便在《诗刊》发表了。

1983年10月，单三娅从《光明日报》总编室调到文艺部工作，第一个岗位就是《东风》副刊的编辑。1984年开春，《东风》组长盛祖宏派她到天津约稿，这是她第一次独立到外地约稿，到了天津，她找到了《散文》月刊的编辑谢大光，谢大光借了两辆自行车，带她去拜访天津的那些知名作家，第一家就到了孙犁那里。

孙犁的住处给单三娅留下了深刻印象，屋内虽然书香十足，却显得陈旧寥落，与一些著名人物的家有着明显区别。见到孙犁，她略显拘谨，她刚刚当副刊编辑几个月，既无法与孙犁叙旧，也不敢贸然评论孙犁的作品，只是说来看望他，并请他继续给《光明日报》写稿。在单三娅看来，孙犁

[1] 姜德明：《孙犁书札：致姜德明》，百花文艺出版2013年版，第1页。

并没有显示出刻意的热情，话不多，却十分诚恳。大多时候，他与谢大光谈论天津文坛的一些事，为了不至于冷落她，时不时询问她几个问题，这样聊了一个多小时，才告辞出来。这是她和孙犁的唯一一次见面。

回到北京不久，孙犁就给她寄来散文《戏的续梦》，单三娅很快安排发表了。不久，孙犁给他寄来了一本人民文学出版社出版的《孙犁散文选》，从此两人便开始了长达十年的通信交往。那时，孙犁写稿很勤，每隔一段时间，单三娅就会收到他寄来的稿件。到 90 年代初，经她手，为孙犁发表了近三十篇作品。

孙犁很喜欢广州的《羊城晚报》，这份报纸的副刊“花地”在全国很有影响力，孙犁经常给这份报纸投稿。1985 年以前，给《羊城晚报》的稿子，直接寄给副刊部主任关国栋，关国栋曾到天津向孙犁约稿，两人建立了联系。后来关国栋升任副总编辑，副刊编辑万振环开始联系孙犁。

当时，有一种传言，说孙犁的文章，不能改动一字。孙犁不知道为什么会出现这种论调，一开始，对此并不理会，后来越传越盛，孙犁只好写了篇《改稿举例》加以澄清。在这篇文章中，孙犁举了几个例子，说明报刊编辑是如何修改他的稿件的。

第一个例子是《文集自叙》，这篇稿子投寄《人民日报》。文中有一段文字概述孙犁那一代作家的生活、学习、经历，涉及时代和社会，叙述浮泛，时空旷远。大概有三百余字，编辑部给删去了，在文末加以注明。在编入文集时，孙犁采用的就是他们的改样。

孙犁认为，编辑删改得有道理，既然是自叙，就应该重点论述个人的文学道路和文学见地，加上这样一段宏观论述，目的是想说明作家不能脱离时代，都是时代的产物，但是与整篇文章不协调，颇有横枝旁出之感。况且那篇文章，每一节都很简约，唯独这一段文字繁衍，删去之后，通篇的节奏就更和谐了。

第二个例子是《谈爱书》，发表在《人民日报》。文章中有一段文字，说人的爱好各有不同，在干校时，遇到一个有“抱粗腿”爱好的人，一见造反派就五体投地，甚至栽赃陷害他以前抱过、而今失势的人。文中还说到自己在青岛养病时，遇到青年时教过的一位女生，常约自己到公园里看猴子。这节文字约有二百字，被编辑删除。

对这种删除，孙犁十分认可。因为这段文字与爱书关联不大，写在这里不伦不类。写作时，作家可能有一定的寓意，读者却不一定知道。

第三个例子是“芸斋小说”《还乡》，发表在《羊城晚报》的“花地”上。孙犁回忆说：“此篇系小说，投寄《羊城晚报·花地》。文中叙述某县招待所，那位不怎么样的主任，可能是一位局长的夫人。原文局长的职称具体，编辑给改为‘什么局长’。这一改动，使具体一变而为笼统，别人看了，也就不会往自己身上拉，感到不快了。其他为我改正写错的字、用错的标点，就不一一记述了。”

第四个例子是“芸斋小说”《玉华婶》，投寄《文汇月刊》。文中描述玉华婶年老以后，儿媳敢于和她对骂，“并声称要杀老家伙的威风”。登出后，这句话被删掉。孙犁初觉疑惑，细想释然。“老家伙”常与“老干部”相连，编辑部删去，怕是引起误会。文艺领域是个敏感的场所，孙犁谅解编辑的苦衷。

第五个例子是散文《吃饭的故事》，发表于《光明日报》副刊。字句略有删节。一处是：战争年代，自己到处吃派饭，“近于乞讨”。一处是：叙述自己每到一村，为了吃饭方便，“先结识几位青年妇女”，并用了“秀色可餐”一词。孙犁认为，前者属于比喻不当，后者语言不周，有污染嫌疑。编辑加以删削，是正确的做法。

孙犁认为，上述这几例修改，都是很好的，自己没有任何异议。这些文章在编入集子的时候，都采纳了编辑们修改的稿本。

孙犁对编辑工作是深有感触的，他初登文坛，写作编辑并重，深知创作之艰苦，也深知编辑职责之难负。不记得因为别人修改自己的稿件，即有盛气凌人的狂妄举动，有识的编辑，对自己的文章加以斧正，这是应该感谢的。另一方面，孙犁对于那些出于私心，自以为是，肆意刁难，随意砍削的妄改，是十分反感的。[1]

鲁藜染发

1984年5月9日，孙犁创作“芸斋小说”《王婉》，发表于1984年第五期《十月》。这篇小说描写了王曼恬的一生。王曼恬是鲁藜的前妻。9月25日，鲁藜与再婚妻子刘西颖来看他，老友相见，谈了很久，自然也说到了新写的这篇“芸斋小说”。过后，孙犁于《花随人圣庵摭忆》的书衣上，为他们写上了一笔：“鲁藜夫妇，鲁染发而面色不佳，眼深陷。”[2]

1979年，孙犁落实政策，担任报社的编委，同时担任天津市作家协会主席。一天，他把在报社文艺部工作的耿文专叫到家里，询问他鲁藜在什么地方，耿文专告诉他，在军粮城农场劳动。孙犁说，看样子，不久也要给鲁藜落实政策。你可以去看看他，如果他有现成的诗作，可以拿回来，请示一下宣传部的领导，看看能否发表。耿文专便到军粮城农场去找鲁藜，当时，鲁藜正在农场的粪场劳动。他白天劳动，晚上还在写诗，饭桌上绑上一根木棍，木棍上再绑上一杆秤，秤杆上吊着一个灯泡，他就是在这样的环境中进行创作的。耿文专把孙犁对他的关心如实相告，带回了他写在零头碎纸上的十四首短诗，征得上级领导的同意后，集中发表在《天津日报》出版的《文艺增刊》上。

1980年春天，鲁藜特地从农场回到市里，到报社找到耿文专，一起

---

[1] 孙犁：《芸斋琐谈·改稿举例》，《老荒集》，人民文学出版社2012年版，第55—57页。

[2] 孙犁：《书衣文录·花随人圣庵摭忆》，《孙犁全集》第10卷，人民文学出版社2004年版，第480页。

去看孙犁。经过多年的磨难，鲁藜已是满头白发，他在腋下夹着小棉袄，风尘仆仆走进孙犁的屋子，完全是一副乡下人模样。孙犁对他说，如果在街上遇到，我认不出来了。

谈到作家协会主席这一职务，孙犁说：我干不了这个，你回来后，我就交差了，还是你来干。

鲁藜直摇头：我也干不了，都这个岁数了，时间有限，只想写点东西。

孙犁说：你回来后，别再犯老天真了。

鲁藜说：少说话，多看看。

孙犁说：只有方纪行，又能当官，又能当作家。咱们都做不到。可是，他现在身体不行了。又说，我这人太保守，画地为牢，从进城在《天津日报》社，一晃几十年，恐怕最后也不会离开了。[1]

鲁藜很快归队，又拿起了手中的笔，开始在报刊上频繁发表作品。这时，一位女子从报纸上得到他平反的消息，开始四处找他。这个人就是比他小二十四岁的刘西颖。

刘西颖的父亲是一位普通的电工，在新华路市文联机关对面经营一家小电器行。市文联机关或家属院的电器出了毛病，都请她父亲去修理。刘西颖十二岁时，跟着父亲去给鲁藜家换开关时，第一次见到了鲁藜。当时鲁藜三十六岁，已是小有名气的诗人，在刘西颖眼里，自然是一个“大人物”。面对十二岁的小姑娘，这位“大人物”没有一点架子，亲自给她倒水，还细心同她交谈，问她有什么困难。临走，还把《安徒生童话》借给她阅读。从此，刘西颖经常到鲁藜家借书看，鲁藜也很喜欢这个爱读书的小朋友，对她呵护有加。

1955 年，鲁藜受胡风事件牵连，锒铛入狱。一年之后，因查无实据，鲁藜被释放，旋即被下放到农场改造。刘西颖也因与鲁藜关系密切而受到

[1] 耿文专：《贵相知心——孙犁与鲁藜的友情》，《天津老年时报》2002 年 7 月 20 日。

审查，但也没查出什么来。

1963 年，鲁藜从农场改造归来，又被遣送到天津拖拉机厂劳动改造。刘西颖也命运多舛，她本来是学医的，毕业后也分配了工作。一次，她无意间撞见领导的不雅之事，便以莫须有的罪名关起来，在轮番批斗之下，她的眼睛失明了。这时，有一位男青年默默地关心她，帮助她，陪伴她。刘西颖的眼睛慢慢被治好了，并和那位男青年结了婚。

1980 年，她从报纸上看到了鲁藜的作品，等她找见鲁藜，发现他已经变成了一个满脸风霜的老人。想到鲁藜形单影只，孤苦无依，刘西颖的心情久久不能平静。深思熟虑后，她同丈夫说出了想要去照顾鲁藜的想法。丈夫很理解妻子的感情，支持她的想法，主动提出分手，成全她与鲁藜的感情。

1981 年 11 月，相差二十四岁的鲁藜和刘西颖结婚。刘西颖带着自己的女儿和鲁藜生活在一起。在刘西颖的照顾下，鲁藜生活的平淡而安定。

对这次见面，孙犁专门写了“鲁染发而面色不佳，眼深陷”这样一句话，似乎有弦外之音。

不久，时任全国政协副主席的吕正操将军，来天津看望孙犁，报社领导派张金池陪同前往，张金池又把霍斌拉上，为的是给两位老人照相留念。那天上午十点多，当吕正操走进多伦道大院时，孙犁已经走下台阶迎接老首长了。孙犁握着吕正操的手，笑着说：“您身体好啊，我应当去看您，您这么高龄。”吕正操笑着说：“身体还好。我来不一样么！”一行人走进孙犁的书房兼客厅，吕正操和孙犁就目前文艺方面的问题，进行了热烈的讨论。

谈话结束后，孙犁送吕正操到院门口。司机不在，去了厕所。就在等候司机的过程中，孙犁问了秘书一句：

“常见淮舟吗？”

“常见，常见。”秘书说。

“问他好。”孙犁说。

“一定，一定。”秘书说。

当吕正操的秘书把孙犁的问好带到时，冉淮舟心头一热，他想给孙犁写封信。提起笔来，却难以落下。两年的时间已经过去了，再也没有联系，现在竟然不知从何说起。想起孙犁针对他写的文章，以及在不少文章中夹杂的针对他的话，他的思想一时转不过弯来，最终还是放下了手中的笔。应该说，这是两人和解的一个最好的机缘，但是就这样在复杂情感的折磨下，错过了。

第二十九章　陋巷弦歌

知音难觅

1984 年 11 月 14 日，李贯通怀着忐忑的心情，写信向孙犁求教。

李贯通出生于 1949 年 10 月生。1967 年高中毕业，先后当过农民、民办教师、工人。1977 年考入山东师范学院聊城分院中文系（现聊城大学），1982 年 1 月毕业分配至鱼台县文化局，任创作员。在给孙犁的信中，李贯通报告了自己今年一年的创作成绩：一共发表了一个中篇，九个短篇，比较满意的是发在《上海文学》第三期的《正是梁上燕归时》，虽然获得不少赞誉，但终究没有引起文坛的重视。最近在《萌芽》上发了一篇《第二十一个深夜》，广泛受到好评，李贯通便把它寄给孙犁求教。

孙犁很快给他写了回信，对小说的前半部分，他非常喜欢，对作者的艺术表现的欣赏，几乎达到了击节赞叹的程度。但自从甜妮母亲突然死亡的情节出现以后，自己的情绪起了变化。这位母亲的自尽，使他感到非常意外，非常不自然。孙犁认为，因为这一关键性情节的失当，使这篇小说的后半部分，几乎全部失去了作为艺术灵魂的，自然和真实的统一体系。后面的故事乱了套，失去了节奏，跳动起来，摇摆不定。

在这封信中，孙犁批评了当前文艺界“向钱看”的风气。他认为，近来，刊物、小报不断增加，都在谋求生财之道。以赚钱为目的的文学艺术，就常常出现廉价招徕等等流弊，很多作家也随波逐流。他一针见血地指出：

现在有些作者，把我们这个古老民族，压在箱底多年的，人们早已忘记的种种怪事奇谈，都翻腾出来了。重加粉饰编排，向新的一代青年抛售出去。其中包括皇帝、宦官、大盗、女特务、怪胎、尼姑、和尚等等。其内容，正像旧社会电影广告上大书特书的：惊险、火炽、曲折、肉感。其理论为：以小养大，以通俗养正统；先赚钱后办正事等等。

对于这些现象，我是有些迷惑不解的。正形成一股风，不可阻挡，而且常常和“改革”这两个严肃的字眼，连在一起，有识之士，是谁也不愿多说话的。[1]

孙犁认为，经过“十年动乱”，青年一代的文化修养、文学艺术鉴别能力和欣赏水平，都降低了很多，需要认真地补课。灵魂所遭受的创伤，需要正常、健康的滋补。因此，文学艺术，应该给这些青年人一些货真价实的，能引导他们前进向上的、现实主义的文艺作品。不应该向他们推销野狐禅，或陈腐的食物。

在这种形势下，一些青年作家不可避免地迷失了方向。孙犁指出：前几年，青年人步入文坛，欲获“名”，必写爆炸性作品。有的爆炸不当，反倒伤了本身。近二年，欲获“利”，必写“通俗”作品，如标准太低，也会卖倒行市的。

他认为，李贯通因为照顾母亲，回到县里去，这对他的创作是大有好处的。创作一途，生活积累总是根本。他告诫李贯通：从事创作，只能问耕耘，不能预计收获，皇天总不会负有心人就是了。也不必去做“诗外功夫”。

接到孙犁的这封信后，12 月 21 日，李贯通给孙犁写了回信。31 日，

[1] 孙犁：《和青年作家李贯通的通信》，《陋巷集》，人民文学出版社 2022 年版，第 137 页。

孙犁再次致信李贯通，首先告诉他，上次写给他的信，让一位搞评论的同志看了，那位同志委婉地告诉他，当前的青年作家，都喜欢捧……言外之意，自己提的一些意见是不符合当前情形的。这让孙犁心生不安，又把自己写的信找出来，看了几遍，没有发现其中有可能开罪作者之处，这才放心。孙犁承认："在分析你的作品时，有些话就说得偏激了些。例如对甜妮母亲的死，话就说得太绝对了，本来可以说得缓和一些。我想到：青年人读到这里会是不愉快的。"[1] 他再次强调："我和你的这次通信，是我在一九八四年，最有情感的一篇文章，我每次读它，心里都忍不住激动。这是因为在这封信里，我倾诉了一些我早就想说的话，借题发挥了我平时对一些事物的看法和想法。"[2]

以前,《羊城晚报》负责和孙犁联系的,是副刊部主任关国栋。1984年，关国栋升任副总编辑，孙犁觉得他工作忙，而且已经离开了副刊部，再给他寄稿诸多不便，就想给关国栋写封信，让他明确一位新的编辑和自己联系,恰好,《散文》月刊的谢大光要到广州出差,临行前向孙犁来告别,孙犁便把这一任务交给了他，让他趁便去见见关国栋，转达一下自己的意见。

谢大光与《羊城晚报》副刊部的万振环熟悉，到广州后，两人一起去见关国栋，关国栋听了谢大光转达的孙犁的意见之后，没有吭声。看来还是想让孙犁把稿子直接寄给他。谢大光也不好说别的，7月回到天津后，把情况向孙犁做了汇报，孙犁听后，有些不悦。

闲谈中，孙犁告诉谢大光，全国作协想让他到新加坡访问，和姚雪垠同行。姚雪垠是写小说的，是长篇小说《李自成》的作者，还要找一位写散文的，于是想到了孙犁，他们知道孙犁不愿出门，但想到新加坡是华语

---

[1] 孙犁：《再致李贯通》，《陋巷集》，人民文学出版社2022年版，第144页。
[2] 孙犁：《再致李贯通》，《陋巷集》，人民文学出版社2022年版，第144-145页。

国家，生活习惯差不多，应该很容易适应。天津作协秘书长马丁到家征求孙犁的意见。孙犁说，天津的活动我都不参加，还去新加坡吗？

孙犁说，自己这一辈子只出过一次国，进城之初到苏联去了一趟。并说，我一辈子对这些，一点欲望都没有。他告诉谢大光，写作要甘于寂寞。谢大光说，这些我都知道，但是做不到。孙犁说，你们没这个条件。我是几十年一贯如此，人家都知道，无形中便批准了。丁玲去厦门过八十大寿，原想让我去的，后来她自己否定了——孙犁肯定不会来的。

谢大光问起前一段孙犁写的两首诗——《眼睛》和《甲虫》，是否发表了。孙犁说，寄给《诗刊》一个月，未见回音，就给邹荻帆写了明信片去问。邹回信说，《眼睛》不错，有哲理气息。孙犁笑着说："眼睛"留下了，"甲虫"退回来了。谢大光认真地说："《眼睛》是你诗中最好的。"孙犁笑笑："写诗就要灵机一动，计划好了就不行。《眼睛》就是偶然想到的。"[1]

对《羊城晚报》没有确定新的联系人，孙犁有些不满。1985年1月3日，他把两篇稿子，一是《病期经历·太湖》，一是《芸斋短简》五则，直接寄给了"花地"副刊部。可是，过了三个月，没有任何音讯。孙犁只好给副刊部写信，询问有关情况。万振环正好拆阅了这封信，便于4月10日给孙犁写了封短简，问是什么稿件，什么时候寄出的。同时表示尽快寻找。

孙犁似乎很不高兴，直接回信道："我那两篇稿件，不拟再发表，请分神代为检出，寄还为盼。"[2]一副要分道扬镳的样子。接到这封信，万振环有些紧张，孙犁是著名作家，不好得罪，况且，"花地"缺了孙犁的文章，也是一大损失。他赶紧给孙犁写了回信，对没有及时处理稿件做了自我批评，并答应认真寻找。万振环的信，言辞恳切，得到了孙犁的谅解，

---

[1] 谢大光：《孙犁教我当编辑》，天津人民出版社2022年版，第122-124页。

[2] 孙犁：《书信·致万振环》，《孙犁文集（补订版）》（10），百花文艺出版社2013年版，第73页。

来信告知了投稿的日期和篇目。

当时“花地”来稿很多，可以说是堆积如山，编辑部人手短缺，很多稿件来不及处理，寻找来稿也要费一番功夫，万振环花了两天的时间，才把孙犁的投稿找到，阅读之后，赶紧找“花地”主编高风签发，并向他详细汇报了孙犁近期投稿的风波，主动提出自己担任孙犁的“联系人”。高风同意后，万振环立刻给孙犁回信，告知两篇稿件已经找到，并即将发表。同时请示领导同意，希望他以后把稿件直接寄给他。

孙犁寄出的稿件，除去附信之外，都是复印件。万振环接到后，先会回复孙犁一封短简，免得他悬挂，然后拜读和送审，他对孙犁的稿件十分尊重，也十分用心，除个别笔误加以更正外，都是原文照发。如果对稿子有疑问，绝不自以为是进行修改，总是去信询问，征求孙犁的意见。“花地”的主编高风沉默寡言，性格内向，但编辑经验十分丰富，对万振环送审的孙犁稿件，必定认真阅读，优先安排上版。稿子发排之后，万振环会写信告诉孙犁，稿子见报后，再给孙犁寄两份样报去。

孙犁对万振环的工作十分赞许，十分乐意把自己的稿件给他们。1986年5月16日，在给万振环的信中说：“发表的拙作，几乎没有错字，这一方面是你们校对工作细致，另一方面是你对我的行文和字体，都比较熟悉了，这是很使人高兴的事。”对于一些偶然的失误，孙犁也十分体谅，往往把责任揽到自己身上：“《照像续谈》中有一句：‘官衔高而得奖重者……’‘重’字排为‘金’字，这是因为我写的‘重’字很像‘金’字，文义上也讲得通，所以并不算错。”[1]

1985年初春，《人民日报》副刊编辑刘梦岚和同事小童到天津出差。没有事先联系，也没有人引见，就贸然找到了多伦道大院。她们走上台阶，

---

[1] 孙犁：《书信·致万振环》，《孙犁文集（补订版）》（10），百花文艺出版社2013年版，第79页。

敲门叩问，隔着门玻璃，看到一位老人正蹲在地上剪胡子。这位老人就是孙犁。听到敲门声，老人赶紧收拾摊在地上的报纸，把两位女士让进屋里，并没有责怪她们的唐突和冒昧，而是一脸的和善。刘梦岚自报家门，说今天特来拜望和约稿。孙犁脸上浮现出笑意，向她们打听北京一些友人的近况，并慢条斯理和她们聊着身体、写作等情况。这次拜见，给刘梦岚和小童留下了深刻印象，她们没有想到，这样一位著名的作家，是这样平易近人，生活是这样的简朴！蹲在地上剪胡子的老人——这一景象在她们的脑海里定了格。

第二年，刘梦岚受袁鹰委派，再一次到天津，邀请孙犁出任《散文世界》顾问。等她说明来意，孙犁十分客气地谢绝了，说自己现在顾问、编委等等都不担任，无论是谁，都会谢绝。刘梦岚早就听说他宣布不再担任这类职务，也不再为人作序，但还是抱着一线希望试试。看到孙犁口气舒缓，但心意坚决，也不好强求，于是请他为《散文世界》写几个字。孙犁爽快地答应了，很快找来一张小纸，用钢笔写了“美即质朴，别无所求”几个字。

孙犁寄给《人民日报》的稿件，一般由刘梦岚处理，有时压很久才刊发，但他非常体谅编辑的难处，对刘梦岚说，只要发出来就好，迟些没有关系。有时稿子没用，孙犁则说，不发表也关系，不要勉强。

河南小友

1985 年 7 月 5 日，在河南淮阳中学读书的中学生段华来到天津，拜见了自己仰慕已久的孙犁。段华从小就喜欢孙犁的作品，1982 年，他用省吃俭用的钱，邮购了一套新出版的《孙犁文集》，从那时起，他就萌发了拜见孙犁的念头。他提前给孙犁写了封信，谈了自己的愿望和行程。到了天津，好不容易找到了多伦道大院，他不敢直接进去，先写了一张纸条，央求在院子里玩耍的一个小孩送进去。送纸条的孩子还没出来，给孙犁做饭的保姆杨玉珍先出来了，笑着让他进屋，孙犁已经站在客厅里等他了，他有些诧异，没想到段华的年龄这么小！

坐在那把老旧的藤椅上，孙犁说："你发表在少年报刊上的文章，我看了。少年老成，却又未脱稚味，是不？"段华有些愕然，他没想到，自己的一篇习作，竟然得到孙犁如此中肯的评价，心情异常激动。孙犁和蔼地笑着，和这位小友谈作文、做人，谈生活，他特别谈到，前不久，女作家谌容到这里来过，他让段华读一读最近发表在《收获》杂志上的谌容的小说《散淡的人》。

谌容是北京一位卓有成就的女作家。1980 年发表的中篇小说《人到中年》，获得中国作家协会第一届全国优秀中篇小说一等奖。1982 年，她又担任了电影《人到中年》的编剧，获得了第五届小百花奖优秀编剧奖。1983 年，小说《太子村的秘密》获得中国作家协会第二届全国优秀中篇小说奖。

谌容是在 5 月 24 日到天津拜访孙犁的。来之前，有人警告她，孙犁性格孤僻，性情冷淡，接待客人只有十分钟。可是孙犁却与她畅谈了一个多小时。第二天，谢大光和同事李华敏去看望孙犁。孙犁说，谌容昨天来，问我对她作品的意见，我说，系统看看再说。我哪敢说什么呀！现在，谁的作品我都不敢说。闲谈中，他一再跟李华敏说，当编辑的一定要写作。你写了拿来，我给看看。我现在只能给青年初学者看看、说说，有点小名气的就不敢了。[1]

谌容回京后，给孙犁寄来自己的中短篇小说集《太子村的秘密》。孙犁收到这本书的时候，恰好《收获》杂志也到了，上面刊登着谌容的中篇小说《散淡的人》，便用三个晚上读完了这篇作品。孙犁对这篇小说很是赞赏，很快给谌容写了封信，谈了自己的看法："你用现实和历史交替的

[1] 孙犁：《书信·致万振环》，《孙犁文集（补订版）》（10），百花文艺出版社 2013 年版，第 79 页。

写法，完成这篇故事。杨子丰这个人物，写得饱满、完整，血肉充盈，神采飞扬。这并不是一个悲剧人物，当然也很难说，是个喜剧的人物。他的言语机锋，有很多名言谠论。这也是时代的产儿，幸而他没有夭折，完成了伟大的动荡时代的一个方面的证词。小说结尾之处，有余韵，有没有说完的，不易解答的问题，使我掩卷沉思。”[1]

1986年暑假，依旧在中学读书的段华再次来到天津，走进多伦道大院，走进孙犁的书房，第二次见到了那位慈祥的老人。他把在《河南日报》上发表的散文《老人的心》拿出来，双手递给孙犁。看完文章，孙犁微笑着说：“你写得很好，我很喜欢。你读过很多书，语言功底好，写得流畅，我很喜欢你的语言。你写的都是你见到的、经历的，也就是写实的。这很好，不要写那些你不懂、别人也看不懂的东西。你构思很好。你很有前途，要努力，多读好书，特别是古典名著，争取成功。”

说到这里，孙犁点上一支烟，烟雾飘浮在他的脸上，停了片刻，他又说：“现在的文坛很乱。你看，色情的、武侠的作品——其实不应该叫作品，充斥着文坛，就是过去，比如30年代，张资平的小说，也没有现在这么厉害，这么露骨。”

段华说：“我看到，很多同学看这类小说着了迷，连功课也荒废了。”

孙犁沉吟了一下，继续说：“我刚才跟你说了一半。问题就在这里，文学作品是教育人的，读者大部分是青年，上面这类作品，说实在的，是把青少年往邪路上引。你看，30年代，这类作品印数很少，因为都是私家出版商印的。怕销不出去赔了本。现在可好，这类作品种类和印数多得数不清。”

说到这里，孙犁提高了声音：“段华，你年龄还小，不要读这类东西，告诉同学们多读名著，多读古典的东西，加深文学功底，这对你们的写作

[1] 孙犁：《和谌容的通信》，《陋巷集》，人民文学出版社2012年版，第162页。

大有好处。”接着，他又向段华谈起了读书的问题，说有时被捧得很高的作品并不见得好，中学生要学判断优劣，要学会用自己的眼睛看问题。

田间离世

1985年8月30日，诗人田间在北京去世，终年六十九岁。1934年，田间参加中国左翼作家联盟。抗日战争期间，在延安与文艺界同人发起“街头诗运动日”，用战斗的诗篇鼓励民众。他创作的诗篇《假如我们不去打仗》在当时传遍全国。闻一多曾称他为“擂鼓诗人”。进城后的头十年间，田间撰写出版了十一部诗作。他先后任过全国文联研究室主任、中央文学研究所秘书长和中国作家协会文学讲习所主任、《诗刊》编委和河北省文联主席等职务。

在很多人眼里，田间是一个谨慎的人，很重视团结，怕惹是非。经过历次运动的冲击，田间由一个生气勃勃的诗人，慢慢变成了一个局促谨慎的人。

1984年，田间就觉得后背和两肋疼，但是没有引起足够重视。随着病情的发展，不得不到医院检查，1985年5月查出患有癌症，但家人并没有告诉他实情。6月，丁玲和陈明到中日友好医院来看他，他还像小孩子一样，使劲倒着两只手，像鸭子划水那样跑过来，高兴地告诉他们：“我的病好治了，已经摸清了病源，这就不怕了。”丁玲心中忍不住流泪，因为她知道他的病已经根本无法医治了。[1]8月29日，天津社科院文学研究所所长张学新等人，到医院看望了病重的田间，他住在十四层的一间单人病房里，平静地仰卧在病床上，人已经瘦得很厉害，说话很困难。张学新向他介绍了全国解放区文学研究会召开讨论会准备情况，田间只能张着口，点头而已。第二天，田间便去世了。

---

[1] 王增如：《丁玲办〈中国〉》，人民文学出版社2011年版，第232页。

得知田间去世的消息，孙犁很悲痛。9月2日，写下了《悼念田间》一文。在这篇散文中，孙犁回忆了两人在晋察冀根据地并肩战斗的岁月，赞扬了诗人火热的革命激情，卓越的创作才能，歌颂了战友之间的纯洁友谊；也回忆了进城后，各自的工作轨迹，以及为数不多的几次交往。在文章的结尾处，孙犁写下了自己一些真实的想法：

坦诚地说，我并不喜欢他这些年写的那些诗。我觉得他只在重复那些表面光彩的词句或形象。比如花呀，果呀，山呀，海呀，鹰呀，剑呀。我觉得他的诗，已经没有了《给战斗者》那种力量。但我没有和他谈过这些，我觉得那是没有用处的，也没有必要。时代产生自己的诗人，但时代也允许诗人，按照自己的意愿，走完自己的道路。

我不自量，我觉得我是田间的一个战友。抗日战争，敌后文艺工作，不只别人，连我自己，也渐渐淡漠了。但现在，我和田间，是生离死别，不能不想到一些往事。我早晨四点钟起来，写这篇零乱颠倒的文章，眼里饱含泪水。[1]

对这篇悼念文字，田间的夫人葛文是认可的，后事办理完毕，心情逐渐平复后，她给孙犁写信，对他表示了感谢。11月8日，孙犁给她写了回信：

田间同志的逝世，使我非常痛苦。我们之间，也不是没有过小争吵、不愉快，但我总觉得他是一个忠厚的人，真诚的人。这种人，目前并不是随处都可以遇到的了。所以，我很怀念他，因为怀念他，今天见到你的信，我的感情又很波动，几乎流出泪来。

你知道，这两年，一些老熟人，不断地逝去，我却很少写悼念文字。因为有些人虽然很熟，但留在我心中的印象，总不太明确，觉得文章不好写，也没有多少话好说。另外，也接受一些经验教训，话说得直了，家属不高兴。家属总愿意把文章写成悼词似的。这种心情可以理解，但写起来就没有意

[1] 孙犁：《悼念田间》，《陋巷集》，人民文学出版社2012年版，第51—52页。

思了。

老田是例外，是我夜里起来写成的。我也没有忌讳，我知道，即使我有些话说错了，你和孩子们，还是可以谅解的。

古人云：死者已矣，生者何堪！但是时间会渐渐沉淀生者的痛苦，向别的方面转化，用有效的工作来纪念死者。

这也是我对你的希望。把老田的遗著，好好整理一下。你自己也可以多写些文章。近年投稿不易，不要管它，认为有意义的，就用心把它写出来，总会有用的。

我一年不如一年，今年尤其显得衰老。心情忧郁，几乎是足不出户，文章也写得少了。总没有给你们写信，原因就在这里。

保重自己的身体吧！有机会可以到天津来玩玩，天津家里还有人吗？

孩子们也都大了，我想他们会好好工作，用成就来纪念他们的父亲的。[1]

身后之思

或许是田间去世，给孙犁造成了一定的刺激，加之 1985 年是他的本命年，他的身体不时出现各种病症，每天都在一种韬晦求安的心情中度过。他开始思考身后之事。

国庆节假期，保姆杨玉珍回了乡下老家，儿子孙晓达过来给他做饭。吃完饭，父子俩闲聊，孙犁对儿子说，近来有很多老人，都相继倒下了。老年人，谁也不知道，会突然发生什么变故。虽然自己身体不错，但还应该有个思想准备。自己也没什么遗产，就是屋里这些书和几张名人字画。他向儿子详细交代了那些书籍如何处理，最好是捐献给一个地方，不要糟蹋了。字画也是这样，跟书一块儿捐了。孙晓达默默地听着，一句话也没

[1] 孙犁：《耕堂函稿·致北京葛文同志》，《陋巷集》，人民文学出版社 2012 年版，第 215–216 页。

有说。大节日谈论这种事，也不好进行下去。

10月18日，孙犁写下了杂文《谈死》，把自己的一些想法写了下来。

我有些话，是不愿也不忍和他说的。比如近来读到的，白居易的两句诗："所营惟第宅，所务在追游"，在我心中引起的愤慨。还有，前些日子，一位老同志晚间来访，谈到一些往事，最后，他激动地拍着两手，对我说："看看吧。我们的手上，没有沾着同志们的血和泪！"在我心中引起的伤痛，就不便和孩子们讲。就是说了，孩子们也不会了解我们这一代人的心情的。

其实，生前谈身后的事，已是多余。侈谈书画，这些云烟末节，更近于无聊。这证明我并不是一个超脱的人，而是一个庸俗的人。曾子一生好反省，临死还说："启吾手，启吾足。"他只能当圣人或圣人的高足，是不会有什么作为的。历代的英雄豪杰，当代的风流人物，是不会反省的。不只所做所为，他一生中说过什么话，和写过什么文章也早已忘记得干干净净了。

王羲之说："死生亦大矣。"所以他常服用五石散，希望延长寿命，结果促短了寿命。苏东坡一生达观，死前也感到恐怖。僧人叫他向往西方极乐世界，他回答说实在没有着力处。总之，生，母子虽经过痛苦，仍是一种大的欢乐；而死，不管你怎样说，终归是一件使人不愉快的事。[1]

这种消极郁闷情绪弥漫了很长时间。11月3日，在给姜德明信中，孙犁再次谈到今年是自己的本命年，是一个"坎"，这一年，文章写得少了，确实觉得也没什么好写的了。回忆已陆续写完，琐谈已无话可说，至于文艺评论之类，因为很少阅读作品，也以少讲为好。真像遇到一个坎一样，心情大不似前几年了。正在考虑死后，书籍如何处理的事。

当时，河北有两位文艺工作者合作撰写《孙犁评传》，一位是在省委宣传部工作的周申明，一位是在《文论报》工作的杨振喜，20世纪60年

---

[1] 孙犁：《芸斋琐谈·谈死》，《陋巷集》，人民文学出版社2012年版，第82–83页。

代初，两人毕业于河北大学中文系。

1985年12月26日，周申明给孙犁写信告知，原准备在国庆节写出《孙犁评传》的初稿，直到现在才草草完成，总共二十六万字。进度之所以缓慢，一是自己生了一场病，耽误了一段时间，二是自己和杨振喜感到越写越难，质量上不去。现在，他们准备在书稿前，写出一个“引论”或者“总论”，准备从小说创作、荷花淀派、散文创作、文艺理论、作家的学者化、诗歌和儿童文学创作等六个方面，概述一下孙犁在当代文学史上的地位与作用。

1986年1月3日，孙犁给周申明写了回信，这就是《关于传记文学的通信》。孙犁强调，写传记，首先要理解作家所处的那个时代。任何作家的作品，都有时代的烙印。写一个作家的传记，必须首先研究、熟悉他所处的那个时代，他个人的经历，他在文学上的成果以及对这一时代的影响和作用。理解时代，并非易事，尤其不能用80年代的观念，去理解30年代的作家和作品。每一个时代，都有自己的时代特点，它总是要突出某一种观念。抗日战争，土地改革，全国解放，就都有它的特点，都有它突出的观念，这些东西会形成一个作家的特色，一部作品的灵魂。

另一方面，作传者还要深刻了解作家自身的生活，他的修养，他的思想、心理、气质，他的遭遇，要掌握详细准确的材料，要有自己的洞察力和判断力，要有文字传达功能，还要有进入时代、与作家共命运同呼吸的同情之心。

孙犁以《史记》为例，分析了什么是好的传记。有人认为，司马迁的传记，是加以虚拟手法的报告文学。孙犁认为，这种看法是一种误解。司马迁的传记写得好，首先因为他写的是历史，历史真实性强，令人信服，才成为文学作品。并不是有了文学的“生动”，才成了历史家。如果是那样，他的著作就会一钱不值，更不用说流传千古，奉为经典了。所以，写传记，首先是存实，然后才是文采。先求历史家欣赏，后求文学家欣赏。其方法主要是掌握材料，判断材料，取舍材料。要精读作家的作品，一篇也不放过。

谈到这里，孙犁对他们婉转地提出了批评："我读过一篇你们写的文章，其中，把我的家乡安平和我教过书的安新混为一地；把我的朋友陈乔和陈肇混为一人，这是需要出书时改正的。有的人，研究一个作家，却不愿费力气去读他的作品，而是希望作家本人和他作竟日之谈，或把材料写给他。这也是一种偷懒取巧的办法。"[1]

丁玲之死

1984 年，中央组织部颁发《关于为丁玲同志恢复名誉的通知》，彻底推倒多年来强加给她的一切不实之词，肯定她是"一个对党对革命忠实的共产党员"。这年 4 月，恢复名誉的丁玲，提议中国作家协会创作委员会召开一个小说创作座谈会，这个座谈会以老作家为主，在座谈中，大家普遍感到，当前的文学刊物重点关注正在走红的中青年作家，老作家们发表作品比较困难。魏巍提议，在作协领导下，由丁玲担任主编，创办一个以团结老作家为主的文学刊物。大家一致同意这个提议。7 月，由丁玲署名的申请办刊报告递交到中国作协党组。报告突出了这样两点：一是申请办刊者是一批大多已进入老年、不甘默默无为，愿意为繁荣社会主义文学贡献余生的老同志；二是办刊经费除创刊阶段请求银行贷款外，此后刊物及其他出版物一律自负盈亏，不要国家补贴，并考虑实行集资认股。

在中国作协党组没有给出答复前，8 月底，丁玲接受了中国新闻社的采访，披露了自己要以"民办公助"方式创办一份大型文学刊物的信息。9 月，丁玲又先后给中宣部副部长贺敬之、中共中央总书记胡耀邦写信，请求早日批准并发下期刊登记证。9 月 29 日，中国作协党组作出《关于拨款资助中国文学创刊的决定》，明确"《中国文学》是中国作协副主席丁玲同

[1] 孙犁：《关于传记文学的通信》，《陋巷集》，人民文学出版社 2012 年版，第 168 页。

志和一批住会作家主办的大型综合性文学期刊，采取民办公助的形式办刊。由于目前筹办没有经费来源，经作协党组 1984 年第四十四次会议决定，从作家出版社 1980 年上缴收入中提取十万元，资助《中国文学》，以促其早日创刊”。12 月 22 日，北京市文化局终于颁发了期刊登记证，同时，出版局也在丁玲等人几经努力下，批准了《中国文学》更名为《中国》。1985 年 1 月，《中国》创刊号顺利出刊。

为了杂志的尽快出版，丁玲耗费了大量精力，从杂志的编委、架构、内容、约稿到经费、编制、办公地点等等，事无巨细，都亲力亲为，全程跟进，并尽可能地寻求各界的支持。在正式创刊前，丁玲给国内一批有名望的老作家写信约稿，还邀请一些人担任《中国》的编委，仅在 9 月 9 日这一天，丁玲就在陈明的帮助下，写出了十封约稿信，分别寄给上海的巴金，天津的孙犁，武汉的白桦，沈阳的马加，云南的彭荆风、李乔、洛汀和马永琪等人。

丁玲和孙犁虽然交往不多，但是创作思想和文学观点比较一致。在这之前，丁玲还在不同场合，提议推举孙犁为全国政协委员。她写给孙犁的约稿信，仿佛是老朋友在进行诚挚的交谈：“听说你身体还健康，才思敏捷，我们非常高兴。我们特别异想天开，自找麻烦，创办刊物，你大约从邹明同志那里听到了，也知道了我们的困难，尤其是草创时期。我猜想你能体会到我们不安的心情，可能还要分担我们由于幼稚的、天真的、太无世故所引来的各种烦扰。我是非常想向你学习，但由于各种客观的环境和条件不一样，我以八十的年龄还须承担如此重负，实不得已也。实在希望朋友们的支援，实在想慢慢办好一个有艺术性又有思想性的刊物，又能令人欣赏，又能为雅者所满意，是顺乎时代又没有诟病那么一块既欣欣向荣又空气新鲜的园地。成败在此一举。自然是需要时间的，需要后继有人的。大意都写在征稿通知上了，自然言未尽意。我们希望你的援助。第一期约在十月十号左右发稿，只有一个月了。”[1]

孙犁接信后，很快给丁玲写了回信。信中说：读过信后，自己处在一种非常兴奋和激动的心情之中。关于办刊物的事，早就听到，并见到报道，自己非常高兴，要尽一切力量为它服务。10 月初，要寄过一篇短文去。关于担任刊物编委的事，孙犁照例婉言谢绝了。

孙犁寄去的短文就是《从〈腊月·正月〉谈起——致苏予同志》，发表在 1985 年《中国》的创刊号上。稍后，1985 年 1 月 5 日，以书信形式写了《再谈通俗文学——致贾平凹同志》，发表于 1985 年第三期《中国》。

《腊月·正月》是贾平凹创作的一部中篇小说，发表在 1985 年第四期《十月》。孙犁在这篇文章中主要强调，文学创作必须坚持现实主义道路。作家要从现实生活取得创作素材，在取得素材的同时，获得现实主义的艺术手段。提倡现实主义，最大一个好处，是能使作家着眼于生活，把全部注意力放在观察、思考、表现自己周围的人和事，避免闭门造车，胡编乱造。孙犁严厉痛斥了文学创作中的抄袭行为：

现在抄袭之风甚盛，这不能只责怪作家，理论上的混乱，是非不清，也是重要原因。青年人不知文学事业之艰难，有时不知天高地厚，不知深浅利害。写出一些东西，大家鼓掌叫好，约稿的盈庭满座，并有的诱以高利，以及种种生活待遇上的方便。青年人并非入定圆寂之徒，不能没有一丝尘念，可是他又没有那么多生活本钱，想多生产一些，腹内已经空空，于是，找出几本外国流行小说翻翻，看看能否引起一些灵感。当初可能也是为了借鉴，后来发展为把外国小说的情节，“洋为中用”或“古为今用”，稍加变通，自成篇章，再加一些当前需要的改革、创业、开拓等等形象、故事或人物对话的标签，成为自己的创作。编者不察，发表于头条地位；论者不察，以为时代又出天才；委员不察，遂使得奖或名列前茅，赫登红榜。

[1] 王增如：《丁玲办〈中国〉》，人民文学出版社 2011 年版，第 37-38 页。

不被揭发则已，一被指破，实在令人啼笑皆非。当然，无论是编辑、委员，谁也不可能无书不读，读过又永久不忘。而抄袭者又不去抄红楼水浒，家喻户晓之作。一时失察，也是情有可原的。不过评论家写文章，则要仔细一些，遇有怀疑之处，应该找书来查一查。不应文过饰非极力把这些现象掩盖起来，或引经据典，称之为影响，称之为套用，并有人把鲁迅的主要小说创作，都在外国名家作品中找到了样板。好像“五四”以来，我国新文学作家，披荆斩棘呕心沥血写出来的东西，都是在外国人的影响下产生出来的，我们竟没有了自己的文学创作。这真是骇人听闻的新理论！[1]

第三期发表的《再谈通俗文学——致贾平凹同志》一文，对“通俗文学”出现的一些乱象进行了抨击。他鲜明地指出，当前所谓的“通俗文学”，既谈不上“文学”，也谈不上“通俗”。与古代的水浒西游不沾边，连《施公案》《彭公案》都比不上。一些作家，最初是看外国小说，照猫画虎写几篇所谓“正统小说”，但是生活底子有限，很快就捉襟见肘，只好胡编乱造，正在囊中羞涩之时，忽然小报流行起来，“乃去翻阅一些清末的断烂朝报，民初的小报副刊，把那些腐朽破败的材料，收集起来，用‘作家’的笔墨编纂写出，成为新著，标以‘通俗文学’之名。读者一时不明真象，为其奇异的标题所吸引，使之大发其财”。[2]

孙犁指出：这些“通俗文学”，不仅内容庸俗卑污，就是它的语言也是不值一提。一些“名家”的作品，其语言修养，还不如一个用功的中学生课卷。“抄几句拳经，仿几句杂巴地流氓的腔口，甚至习用十年动乱中

---

[1] 孙犁：《谈〈腊月·正月〉——致苏予同志》，《陋巷集》，人民文学出版社2012年版，第148—149页。

[2] 孙犁：《再谈通俗文学——致贾平凹同志》，《陋巷集》，人民文学出版社2012年版，第154页。

的粗野语言，这能称得起通俗文学？”[1]

孙犁强调，通俗也好，不通俗也好，文学的生命是反映现实。远离现实，不论你有多大瞒天过海之功，哗众取宠之术，终于不得称为文学。

谁也没有想到，《中国》这份刊物办得十分艰难，当时的中国作协，对这份刊物支持力度有限，编辑部内部也是矛盾重重，刊物副主编刘绍棠，因为自己的长篇小说《瓜棚豆架雨如丝》在编辑工作会上被否定，不能在《中国》发表，而负气退出。魏巍、舒群、雷加等人，对稿件处理意见也存在巨大分歧，进而引发对人事关系的不满。即便召开编委会，也很难达成一致意见。丁玲花了很多时间和精力，调解编辑部内部的矛盾纠纷，努力理顺人际关系，但是收效甚微，这让她心力交瘁。紧接着又发生一件大事，一笔由丁玲出面借贷、高达一百一十万元的办刊经费，因监管失误而缩水。丁玲心急如焚、夜不能寐！

可以说，创办《中国》，严重损害了丁玲的身体健康。1985年10月，丁玲因病住院，孙犁委托邹明代表自己到医院看望。1986年3月4日，丁玲病情恶化，终于不治，享年八十二岁。王家斌回忆说：“转天一早我去孙犁家，告知丁玲去世的消息。当时他正在卫生间，久久未出声。我在门外问是否发唁电？他说：唁电由《天津日报·文艺》双月刊的邹明发，你写篇悼念文章给《天津日报》，我也写一篇，给《人民日报》。于是，我就将丁玲来津访问的起因与经过，写了篇《硬席客车》发在《天津日报·文艺周刊》上。”[2]

对于丁玲的去世，孙犁十分悲痛，他安排邹明前往北京吊唁。3月7日，在丁玲去世后的第三天下午，写下《关于丁玲》一文，3月19日，《人

[1] 孙犁：《再谈通俗文学——致贾平凹同志》，《陋巷集》，人民文学出版社2012年版，第155页。

[2] 王家斌：《一段往事——丁玲办〈中国〉》，《天津日报》2011年8月25日。

民日报》刊登了这篇文章。在文中，孙犁深情地回忆了印象中的丁玲，记录了私人交往过从，寄托了自己的哀思。在文章的末尾，孙犁这样写道：

丁玲，她在三十年代的出现，她的名望，她的影响，她的吸引力，对当时的文学青年来说，是能使万人空巷的，举国若狂的。这不只因为她写小说，更因为她献身革命。风云兴会，作家离不开时代。后来的丁玲，屡遭颠踬，社会风尚不断变化，虽然创作不少衰，名声不少减，比起三十年代，文坛上下，对她的热情与瞩望，究竟是有些程度上的差异了。

一颗明亮的，曾经子夜高悬，几度隐现云端，多灾多难，与祖国的命运相伴随，而终于不失其光辉的星，殒落了。[1]

丁玲的影响力比三十年代小了很多，是一个不争的事实。在这里，孙犁想要告诉人们，社会风气的变化，已经让人们在一定程度上丧失了对文学的热情，丧失了对文学理想的追求。

3月23日，在国务院发展研究中心工作的卫建民去看望孙犁。孙犁对他说，他有一个多月不写东西了。卫建民说，要写写丁玲同志吧？孙犁说："已经写啦！没感情了。有个青年说，全是白描。"第二天，卫建民找来3月19日的《人民日报》，读了上面的《关于丁玲》一文，感到这篇文章不是"没感情"，而是将感情沉到心的底层了。[2]

丁玲去世后，她创办的《中国》也走到了尽头。1986年10月16日，中国作协做出《关于调整〈中国〉文学月刊社的决定》，《中国》在1986年11月最后一期出版后停刊，一共出版了十八期。

[1] 孙犁：《关于丁玲》，《陋巷集》，人民文学出版社2012年版，第63页。
[2] 卫建民：《耕堂闻见集》，天津人民出版社2022年版，第110页。

第三十章　君子不党

冯前

1987年4月15日，孙犁创作了“芸斋小说”《冯前》，当年11月8日发表于《人民日报》。这篇作品是以《天津日报》原总编辑石坚为原型的。当时，已是天津市人大副主任的石坚见到冉淮舟时，说了这样一段话：“那天下午，孩子钓鱼回来了，我正准备让孩子给孙伯伯送两条鱼去，这时《人民日报》送来了。我习惯性地先把报翻了一下，见有孙犁同志的文章，便读了起来。一看开头，就知道是写我的，接着读完了……这鱼，也就没法送了。”[1]

《冯前》这篇作品，开篇写了“我”和冯前相识于抗日战争时期，两人都从事文字工作，“我”曾约请冯前为自己编辑的刊物写稿。进城以后，冯前当了报社的总编，成为“我”的直接领导，而且不可避免地沾染了一些官气，这样，战争年代形成的那种平等随和的关系被打破了，两人的交往逐渐稀少，尽管两人住的是邻居。

---

[1] 冉淮舟：《致苑纪久（二四）》，《平原文学信稿》（上），天马出版有限公司2009年版，第97—98页。

“文革”刚开始的时候，大家开会集中学习，冯前坐吉普车先走，把报社的轿车留给“我”使用。当时，“我”很感激。若干年后，却开始怀疑冯前的动机：“他这样做，使群众看到，在机关，第一个养尊处优的不是总编，而是我。”[1]

在学习班，冯前作了重点发言，批判了当时的文教书记，提拔他当总编的人。不久，文教书记自杀身亡。“我”是报社第一个被查封“四旧”的人，查封后，冯前到家里看了一下，又收走了“我”从老区带来的一把手枪。

很快，冯前被当作当权派被打倒，看到他在批斗会上挨打，“我”很难受，但是冯前毫无怨言、毫无怨容。在造反派的指挥下，冯前能够爬上很高的梯子，在报社大门上安装领袖像。

每逢批判“我”的时候，造反派常叫冯前作重点发言。冯前并没有上纲上线，也只不过说“我”是遗老遗少，沉溺于古书之中；架子很大，走个对面也不说话。其实是“我”眼睛不好，过马路胆战心惊。冯前作检查的时候，曾经谈到自己的升官要诀是：不仅要紧跟第一书记，而且能够对第一书记的话举一反三。

的确，冯前具有这种举一反三的本领，即便是在批判会上，也能够造成轰动效应：

在运动后期，我们一同进了毛泽东思想学习班，有一个造反派头头跟着。学习期间，不断开批判会，别人登台发言，不过是在结尾时喊几句口号。他发言时，却别出心裁：事先坐在最后一排，主席一唱名，他一边走，一边举手高呼口号，造成全场轰动，极其激昂的场面，使批判会达到出乎

[1] 孙犁：《芸斋小说·冯前》，《孙犁全集》第8卷，人民文学出版社2004年版，第269页。

意外的高潮。[1]

冯前曾经对自己的行为做过这样一个解释："运动期间，大家像掉在水里。你按我一下，我按你一下，是免不掉的。"对这种说法，"我"是不认同的，因为"我是没有按过别人的"。[2]

运动后期，冯前被结合进革委会，成为一名副主任。"我"也被"解放"，旧习不改，在家养花养草。冯前劝告过两次。但是"我"不听。于是冯前和军管会的人到家里来查看，当场揭发"我"在养金鱼。"军管人员可能认为他这样当场告密，有些过分，没有理他就走了。"[3]小说的最后，对冯前做出了整体评价："大风派。谁得势，靠谁；谁失势，整谁。"[4]

孙犁逝世后，石坚写过一篇纪念文章，回忆了与孙犁六十二年的交往和友情，也对"文革"中自己的一些行为进行了反思和忏悔：

令人遗憾的是"文革"的风暴，也使我们几十年的友谊受到冲击，这责任当然在我。

"文革"期间，我被大会、小会批斗一百六十多次，全市电视广播大会批斗，《天津日报》刊登了整版大批判文章，给我戴了几顶反革命帽子。孙犁也曾参加过若干次，但他从来一言不发，充分显示他是患难见真交的朋友。可是在小组会上批判孙犁时，我为了摆脱造反派攻击我"包庇孙犁"，竟然作了十分错误的发言，尤其不应该的是对他的《铁木前传》上纲上线，

---

[1] 孙犁：《芸斋小说·冯前》，《孙犁全集》第8卷，人民文学出版社2004年版，第271页。

[2] 孙犁：《芸斋小说·冯前》，《孙犁全集》第8卷，人民文学出版社2004年版，第271页。

[3] 孙犁：《芸斋小说·冯前》，《孙犁全集》第8卷，人民文学出版社2004年版，第272页。

[4] 孙犁：《芸斋小说·冯前》，《孙犁全集》第8卷，人民文学出版社2004年版，第272页。

称之为美化个体户，宣扬走资本主义道路。而这个作品出版前的清样，孙犁亲自送到新华社分社，第一个给我看的，我作了肯定的评价。实事求是地说，当时我的思想受“左”的影响，觉得他对阶级斗争写得不够。我向他提出，“后传”会有一场激烈的两条路线斗争，期待着“后传”的问世。不论怎样说，我的发言是错上加错，何况以我的文学修养而言，更是不自量力。这就伤害了孙犁同志，这一点，我将抱憾终生，永远不能原谅自己。1987 年 11 月 8 日，孙犁在《人民日报》发表题为《冯前》的小说，不少地方似乎看出有我的影子。因为是小说，当然允许虚构一些故事情节，但有关《铁木前传》这一段叙述，是千真万确的。这不能怪别人，只能怪我自己党性不强，未能经受住考验，应当引为一生的教训。[1]

1948 年 12 月，《冀中导报》的人马集结在胜芳，筹备组织《天津日报》的班子，随后大家进入天津，孙犁在编辑部副刊科，石坚在通讯部编辑科，由于工作忙，两人见面少了。后来石坚调入了新华社分社，两人见面机会就更少了。

1960 年 4 月，三十六岁的石坚调任《天津日报》副总编辑，转年担任总编辑，成为孙犁的直接领导。当时，孙犁因病在外疗养了三年，回来以后也是以养病为主，报社的工作参与很少。石坚对孙犁十分尊重，一些重大问题，例如人事安排等，都要征询他的意见，尊重他的意见。在生活上，石坚对他也是照顾有加，如果两人同时用车，石坚坐吉普，让孙犁坐轿车，这就是孙犁在《冯前》中描述的那个细节。

“文革”期间，石坚作为当权派被打倒，遭受批斗，遭受毒打，每月只发三十八元的生活费，他留下十三元，其余交给妻子作为一家老小的生活费用，生活十分艰难。有时候，石坚到食堂的垃圾箱里捡菜根，用盐水泡着吃。

---

[1] 石坚：《悠悠岁月依依情——我相识孙犁 62 年》，《今晚报》2002 年 7 月 12 日。

石坚回忆说："我1961年搬到多伦道《天津日报》宿舍后，一直和孙犁住邻居。'文革'中我们同一天被'扫地出门'。他搬到一间十三平方米的小屋；我家人口比较多，比他多六平方米的半间。后来，我们一起住'牛棚'，同台挨批斗，又先后到'五七'干校，同进解放较晚干部学习班。落实政策后，又同时搬回老院。"[1]

"文革"结束，石坚恢复了《天津日报》总编辑职务，在平反冤假错案中，显示了自己的政治智慧和工作魄力。当时，《天津日报》记者采写了一篇报道，要求为一桩冤假错案平反，稿子一连三次送到市委，当时的主要领导人不准发表。石坚火了，在他参加的一次市委扩大会小组会上拍了桌子。他说："一定要见报，否则就不当这个窝囊总编了！"他把新闻报道改成了报告文学，在《天津日报》头版发表，引起巨大反响，也引起了巨大争论，最终为案件的平反起到了巨大推动作用。

正面的新闻报道，石坚做得也很好。1987年1月，湖南出版的《芙蓉》杂志，发表了石坚、马津海合写的长达三万余字的报告文学《市长李瑞环》，这篇报告文学引起了轰动。李瑞环一向低调，曾经拒绝了理由、陶斯亮等作家和记者的采访要求。后来全国多家报纸的记者来津采访，一位记者问李瑞环："您对那篇报告文学有什么看法？"李瑞环指着在场的石坚说："作者就在这里。他写的都是事实。只是有一点，说我是'一头狮子'，有宣扬英雄史观之嫌。"[2]

1983年4月，石坚从《天津日报》总编岗位调任天津市人大常委会工作，连任天津市第十届、第十一届人大常委会副主任。从领导岗位上退居二线之后，石坚仍兼任《天津日报》特约记者、《今晚报》顾问、《天津老年

[1] 石坚：《悠悠岁月依依情——我相识孙犁62年》，《今晚报》2002年7月12日。
[2] 李鸣丽：《他永远是一名记者——记石坚》，《脊梁·天津人物志文献》，天津社会科学院出版社2008年版。

时报》特约记者。

2002年7月11日，孙犁去世。听到消息后，石坚立刻赶到了孙犁的灵堂前悼念，之后又接受了《北方网》记者的采访，讲了下面几段话：

我是在1940年认识孙犁的，也就是说认识他已经有六十二年的时间了，后来我们俩又一起在《天津日报》社工作了二十多年，说到孙老，我真是由衷地佩服他。他对我国的文学艺术，尤其是文艺评论起了很大的作用。

……我对孙老特别尊重，不仅因为他的业务能力比我强。孙老最突出的是亲手指导创办《天津日报》的“文艺周刊”，这个“文艺周刊”几乎是凝结了孙老的心血，当然创办得也特别成功，销售量曾达到一万多份。

孙老是我的老大哥，对他我始终是充满敬佩。我是在今天上午才得知孙老去世的消息，下午，我就直接赶来了，对他的家属表示慰问。我告诉孙老的孩子，孙老开追悼会一定要通知我，我一定要送孙老最后一程。

在以后的一些文章中，石坚多以回忆和孙犁的友情为主，对《冯前》一文避而不谈。

但是后来，石坚对自己的一些说法进行了修正，而且变得义正词严。例如，他在方纪文学研讨会上的有一个发言，题目为《为方纪讨公道，还孙犁以清白》，对方纪的人品和作品都进行了高度评价，而且用了很大的篇幅来阐明一个问题：方纪，并非是孙犁，是《文艺周刊》的创办者。

其实，关于这一问题，孙犁在《我和〈文艺周刊〉》一文中讲得很清楚：“现在有的同志在文字中常常提到，《文艺周刊》是我主编的，是我主持的，有的人甚至说直到现在还是我把持的，这都是不了解情况的缘故。”[1]

既然孙犁已经把问题说透，石坚还有必要旧事重提吗？石坚认为很有必要，他讲了三条：第一，为方纪讨回公道，实事求是说明当时真相。第二，

[1] 孙犁：《我和〈文艺周刊〉》，《孙犁全集》第7卷，人民文学出版社2004年版，第95页。

还孙犁以清白。作为与孙犁相识六十二年、共事二十七年的老战友，我不忍看着他死后被人强加在他头上“掠他人之美”的屈辱的帽子，歪曲这位品格高尚的作家。他已长眠地下，无法驳斥对他人格的歪曲，我作为他的老战友，有责任为他恢复名誉。第三，尽党员之责。作为一名共产党员，应对党报负责，不忍看党报作假，更不愿看到“假作真时真亦假”，严重损害党报威信的严重后果。

这三条讲得正气凛然，却难免有些小题大做。首先，讲明事情真相的不是石坚，而是孙犁，孙犁在文章中早就讲明了真相，石坚不过是在重复孙犁的说法，因此也谈不上为方纪讨回公道。为方纪讨回公道的应该是孙犁自己。第二，一般人误解孙犁是“文艺周刊”的创办者，是因为孙犁和“文艺周刊”相辅相成，没有孙犁的主办，“文艺周刊”不可能产生那么大的影响，如果说方纪是“文艺周刊”的创办者，孙犁等人至少参与了创办，但是“文艺周刊”的发展壮大，没有孙犁是不可能实现的，孙犁应居首功。因此，人们在说孙犁是“文艺周刊”的创办者的时候，是一种广义的说法，这种说法更多着眼的是孙犁对“文艺周刊”的发展壮大做出的突出贡献。虽然不大严谨，但是还没有达到“掠他人之美”的程度，更谈不上歪曲孙犁高尚的人格。至于为孙犁恢复名誉，也就有点小题大做了。

至于第三点，把问题上升到了党报作假的高度，不了解内情的人，可能觉得有些危言耸听，其实是有根由的：“《天津日报》在2003年改版时，为了强化品牌意识，提升《天津日报》文艺副刊的影响力和知名度，在‘文艺周刊’版的报眉上，打出了‘文学大师孙犁1949年3月24日创办’的字样，以期达到宣传这块版面的效果。但是有同志对此提法提出质疑，认为‘文艺周刊’的创办者应为郭小川、方纪和孙犁。”[1]为此，宋曙光等人还通过档案核查和电话咨询等方式，对这一问题进行了调查。郭小川在

[1] 宋曙光：《忆前辈孙犁》，天津人民出版社2022年版，第58页。

《天津日报》的工作时间只有四个月，很快调走了，并没有管副刊的事情。方纪是副刊科科长，孙犁是副科长，说方纪牵头创办“文艺周刊”应该不成问题，但他在报社工作两年后也调走了。孙犁参与了“文艺周刊”的创办，而且是实际主持者，即便标明“文艺周刊”是由孙犁创办的，也不是毫无根据。

石坚如此高调地表明自己的态度，义愤填膺地列出三大理由，从中可以鲜明感受到《天津日报》这位前总编的愤怒，也隐隐感受到他心中的委屈和怨气。

但是，无论如何，石坚是值得尊敬的，他敢于公开承认孙犁所写的《冯前》写的是自己，敢于公开承认自己在“文革”中的一些做法是错误的，这不是一个胆量问题，而是一个人的修养和人格问题。在这方面，石坚做出了榜样。

熙攘

1987年1月，正在河南淮阳中学读书的段华，拿着父母给他的一百五十元钱，准备到天津看望孙犁。他精心为孙犁准备了一份礼物：三只用土捏制的泥泥狗，一只草帽虎，一只泥青蛙，一只猴头燕，这些都是淮阳的土特产。

孙犁对这些土特产十分感兴趣，他接过三只泥泥狗，戴上眼镜审视了半天。泥泥狗全身涂满了黑的底色，又用红、黄、白、绿、粉五种颜色，描绘出各种图案，有古代漆器文化的风格。每个泥泥狗都有孔，可以呜呜吹响。孙犁认为，这种东西和古代的埙十分类似。他又拿起那只草帽虎端详了半天，小心翼翼地放回桌上，生怕碰掉一点漆。[1]

这几样土特产，激起了孙犁对一位老友的怀念。1987年4月7日，

[1] 段华：《荷花的光影：孙犁之旅》，北方文艺出版社2018年版，第24-25页。

孙犁创作了“芸斋小说”《杨墨》，并在末尾，交代了创作这篇作品的因由：“芸斋主人曰：近有一青年，河南淮阳人，送我当地土产泥虎、泥蛙、泥鸟各一只，形制古朴，并有声响。惜泥虎腹部，为牛皮纸做成，不如过去之以软皮做成，更为可爱耳。然虎头鲜艳生动如故，余藏之书柜，珍视如出土文物。并因此忆及老友逸事，略记如上云。”[1]写完《杨墨》之后，孙犁意犹未尽，4 月 9 日，又创作了《杨墨续篇》。这两篇作品发表于 6 月 18 日、20 日的《羊城晚报》。

杨墨即孙犁的老友李黑，两人是在晋察冀边区参议会上认识的。当时孙犁是记者，杨墨是美术工作人员。1943 年，两人一同到了延安鲁迅艺术文学院，李黑在美术系做研究员，孙犁在文学系。当时，李黑正在追求文学系一位来自绥德的女生，一直未能如愿，在日本宣布投降的那天晚上，终于在延河边达到了目的。孙犁离开延安回到冀中，第二年，父亲病故。这时，李黑只身一人来到他家，说那位绥德妻子跟别人跑了。孙犁想给父亲立个碑，就让他住在自己家里，看了石头，设计了草稿。乡亲们见他孤身一人，给他介绍了村里的一位名叫俊英的妇女队长，这位妇女队长很能干，身材高挑，长得也好看。李黑和她是在孙犁家的西屋结婚的。

婚后，李黑带着妻子到了河间，向宣传部申请了一笔款子，捏泥人，搞泥塑，钱花光了，也没弄出什么结果，最后拿了一个尾巴比脖子还粗的马，送给了孙犁的孩子。

进城之后，李黑当了市美术家协会的秘书长。但他有个特点，如果上级是他的朋友，两人肯定要发生矛盾，一旦有了矛盾，他就不再干活，就变成闲云野鹤了。他喜欢到小摊上买那些据说是文物的东西，孙犁有时和他结伴而行，李黑喜欢讨价还价，经常惹得摊贩白眼相加，出言不逊。

美协的工作干不下去，他又活动到北京一家报社，又和自己的熟人，

[1] 孙犁：《杨墨》，《无为集》，人民文学出版社 2012 年版，第 8–9 页。

也是他的直接领导干起来，只好回到原来的城市，不再去上班，结果被开除党籍，开除公职。

他成了无业游民。那时，孙犁身体不好，在家休养，李黑提着鸟笼，里面养了一只红脖，和孙犁到处游逛。有一次，市里的文教书记碰到他们，为他们害羞，急忙避走。李黑却无所谓，他对孙犁说，这鸟，目前就是他的一切，他的救命恩人是鸟，并不是那位书记。

后来，朋友们给他在街道工厂找了一份临时工作，挣一点生活费。

三中全会后，他到处申诉，终于给他落实了政策，恢复了党籍和工作。

孙犁认为，自己与李黑相识五十年，没有发生龃龉，算不上是患难之交，也曾同甘共苦。两人性格差异很大，孙犁相信天命，屈从客观，顺应自然；李黑却认为事在人为，相信能动性。虽然有顺有逆，最终结果还算圆满，算得上是同辈人中的一员福将。

这两篇“芸斋小说”是在《羊城晚报》的副刊“花地”上发表的，“花地”负责和孙犁联系的编辑是万振环。8 月 6 日，万振环专程到天津看望孙犁。他和孙犁虽然神交已久，但是未曾见面。到达天津，入住招待所之后，查看地图，发现孙犁的住处很近，立刻产生了马上见面的强烈冲动。那天是个阴天，刚刚下过一场小雨。傍晚，万振环踩着湿漉漉的马路，找到了多伦道大院。在一位姑娘的指引下，他找到了孙犁的住处，门前栽种了很多花花草草，郁郁葱葱，显得生机盎然。万振环拾级而上，敲门后，隔着竹帘自报家门，孙犁立刻迎出来，握住了他的双手，眼里露出了喜悦的光芒。

孙犁把万振环让到屋里，得知他不吸烟，立刻拿出了两个大水蜜桃让他吃。万振环从提包里取出一些小的礼物送给他，其中有一盒沙仁糖，是他的儿子委托父亲带来的。

两人推心置腹地交谈着，谈到了家庭、婚姻、爱情。孙犁告诉他，自己有四个孩子，两个在外地，两个在天津。老伴死后，又找了一个女人，后来因感情不和，只好分手，女方现在某出版社当编辑。他深有感触地说：

“老年人再婚，感情往往培养不起来。”

万振环说：“您一个人过日子，太枯燥寂寞了。如有合适的，是不是可以考虑再找一个？”

孙犁笑道：“有人劝我再找一个，我不干。找了也不会好过的，这是经验教训。”又说：“我喜欢安静，要读书，继续写点东西，最怕嘈杂。平时大院里孩子们吵得厉害，我就坐不下来。所以我也不和儿子住一起，每天他们都过来看看。”正说着，儿媳走了进来，孙犁对她说：“没什么事，你回去吧！”

万振环说：“您写的文章，短小精悍，亲切自然，耐人寻味，文字精练极了，很受读者欢迎。”

孙犁说:“我的文章,都是写的真情实感,写自己亲身经历见闻。你们《羊城晚报》发我的作品，发得最多，速度最快，我是非常感谢的。我老了，写的稿子希望能快点发,自己看得见,就是一种安慰。想发得快,刊物不行,周期太长，最好是报纸。”他叮嘱万振环，当编辑要多读多写，要多同作家交朋友，这样人家就愿意把稿子寄给你，“巧媳妇”就能做出好饭菜来，而不至于“无米之炊”。

第二天上午,谢大光到招待所看望万振环,万振环问道:“你们‘百花’前几年不是出过一套《孙犁文集》吗？不知还有没有？我想要一套，买也可以。”谢大光说：“存书很少，一般不再卖，也不再送人，除非有孙犁的批条。”并承诺，批条的事情由他来办。

离开天津前，由谢大光陪同万振环再次来到多伦道大院，向孙犁辞行。那天孙犁情绪很好，谢大光趁机把万振环想要《孙犁文集》的事说了出来，孙犁问：“出版社还有没有存书？”谢大光说：“很少。不过，您以作者的名义要一套，应该是没问题的。”听了这话，孙犁立刻写了一个条子交给谢大光，让他陪万振环到出版社取书，又让保姆杨玉珍把几包糖果用报纸包好，让万振环带给孩子。

1987年冬天，《新民晚报》副刊“夜光杯”的编辑严建平，随上海文化系统的几位干部到天津学习考察文艺院团改革的经验。离开天津的前一天晚上，严建平请《今晚报》副刊编辑赵金铭引见，去拜访孙犁，并向他约稿。

那天晚上下着蒙蒙细雨，去的路上，赵金铭说，要约孙犁先生写稿，首先是你这张报纸的品格要得到他的认可，然后是约稿的编辑要得到他的信任，他投稿是“认人”的。

走进多伦道大院，到了门口，孙犁早已等候在那里，见到严建平，热情地和他握手。在严建平的想象中，孙犁是个病弱的老人，但他见到的却是一位硬朗的北方老汉，高高的个子，短而硬的头发，握手很有力，声音很洪亮。

严建平向老人介绍了《新民晚报》，并恳请他赐稿。孙犁说，他知道《新民晚报》影响很大，也知道报纸的创办者赵超构先生。但他坦率地说，一个作者，总希望能早日见到自己发表的作品，但有些报纸字太小，自己眼睛不好，看不清楚，这是有点遗憾的。孙犁这话是有所指的，当时，《新民晚报》的“夜光杯”副刊用的是六号字，老年人看起来的确费劲。严建平当即答道：您的文章我们会尽快刊登。发表后，放大复印两套给您。

孙犁先生告诉他，自己目前住的大院太吵了，影响了他的写作。最近可能要搬家，搬家之后，心静下来，再给报纸写稿。

这一等就是三年。1990年，严建平第二次去天津，赵金铭特意从报社要了一辆车，陪他去孙犁先生的新居——鞍山西道学湖里小区。进屋的时候，孙犁正在整理自己的藏书，给书包上书衣。他告诉严建平，整理时若有所感，会在书衣上写些文字。如果是精读一些文章，有所感发，会写成读书记一类的文章。他很明确地答应给“夜光杯”写稿，临别，还签名送给严建平一本新出版的《芸斋小说》。

返回上海后，一进办公室，严建平便发现桌上放着孙犁寄来的稿件。

孙犁在附信中写道："兹寄上文学杂记，共四题，可分开登，四次登也可以。是用两个信封分寄的。稿件如有不妥处，可删节，如不合用，望分神寄还。"这四题分别是《大奖》《评论》《新星》《流派》，对当时文坛很有针对性。《新民晚报》分两次刊出，并放大复印两套，连同原稿一起寄给孙犁。

从此，孙犁不断有稿子寄来，写了"文学杂记"，又写了"耕堂读书随笔""耕堂题跋"等专栏文章。[1]

落选

1988年，孙犁参选天津作协主席，却发生了"落选事件"，给了他重重一击。

这年，天津作协换届，市委希望孙犁继续担任换届后的作协主席。孙犁对这类官职一直不感兴趣，早在1981年就提出辞去天津作协的职务，但是没有获得批准，所以一直挂着天津作协主席的虚衔，但从来不过问具体事务。这次，对市委继续让他留任的意见，他并不接受，分管的市委副书记亲自到家做工作，说"无论如何，您还挂作家协会的名"。孙犁说："我坚决不干这个了，名誉的事也不干了。"领导依旧说"你还得挂这么个名"。孙犁这才勉强答应下来，说："假如考虑这样对党有好处，那你们就看着办。按我个人说，我是不愿再干这种事了。"

孙犁不愿意干，不等于别人也不愿意。换届大会前，一些"青年作家"热衷于更上层楼，为了作协主席这个官位私下活动，展开了一场没有公开竞选的场外竞选，结果在正式选举的时候，竟使市委一再动员出山的孙犁落选！这对孙犁的心理打击是相当大的。"他不是因为落选而失落，他是为一辈子与世无争，到了老年却被一些市井文人的无端拨弄欺辱而自伤，为世事人心之浇漓、世风人性之硗确，为文人之无行无义、文坛之无操无

---

[1] 严建平：《想念孙犁先生》，《人物》2002年7月22日。

德而错愕。”[1]

航鹰在《航鹰文集》的“自序”中写道：“1988年天津作协换届改选时，我迈入文学圈子不久，幼稚肤浅。某人打电话露骨地希望我为他拉选票，出于中青年作家之间的‘哥们儿义气’，我加入了他们‘倒孙犁’的串联。老主席孙犁先生是个极为自尊、清高的人，本来是坚辞连任的。天津市委为了平衡老中青三代作家、新闻出版各方意见，多次派员恳请人家参选，结果给老先生晚年生活造成了很大伤害。‘倒孙犁’的后果也伤害了整个天津文学界，失去了‘南巴（金）北孙（犁）’的大好格局。”孙犁逝世后，航鹰在自己撰写的回忆文章中，写了这样一段文字：

可惜，我年轻时狂妄无知，不懂得什么是文学的真正价值，不懂得我们这座城市有没有大师是不一样的，糊里糊涂地一度背离了自己自幼崇拜的文学偶像。当然，我们自己沦为喧嚣的尘埃，并不能遮住大星的光芒，惟有使自己蒙羞。成熟的代价是老之将至。后来，虽然我还未愚蠢到无法醒悟的程度，却又摆脱不掉怯懦。

几年前我曾对金梅先生说，有朝一日请他陪我去拜望孙犁先辈，我想当面向先生表达歉意。然而，始终怯懦。

如今，大师含笑往生。我终于有勇气正视自己，明知大师已去。大师从不计较世俗琐节，然而我终于如释重负，对自己有了个交代。不然的话，我就没有资格也来悼念大师，虚伪更会使自己蒙羞。[2]

这可能是对1988年孙犁落选事件做出公开忏悔的唯一一个当事人吧！

---

[1] 滕云：《孙犁十四章》，人民文学出版社2012年版，第586页。

[2] 航鹰：《大师往生》，《天津日报》2002年7月15日。

第三十一章 独上高楼

犁林之伤

1988年5月9日，孙犁完成了“芸斋小说”《罗汉松》的创作，当年8月7日发表于《人民日报》。这篇作品在京津冀的文学界再一次引起了震动。小说塑造了一个游戏政治、游戏人生的文人形象。看完这篇小说之后，熟悉孙犁交往圈子的人都会联想到，这篇作品描写的是天津一位已经去世的老革命、老作家王林。

1984年7月2日，老作家王林逝世，出乎很多人的意料。王林所患病症为食道癌，在做手术时出了意外，所以猝然离世。在他逝世后的两年时间里，写纪念文章的人并不多，有分量的是这样三篇：冉淮舟的《怀念王林同志》，发表于《新港》1984年第8期；张学新的《作家·战士·共产党人——王林同志二三事》，发表于1984年8月21日《天津日报》；鲍昌的《王林的生平与创作》，发表于《新港》1984年第10期。作为王林的老友，孙犁并未发表纪念文字。时隔四年之后，却写出了《罗汉松》。

《罗汉松》的开篇，就写老张给作者送花，寥寥数语，勾画了一个为人世故却又尖酸刻薄的文人形象：

老张一共送过我三盆花。第一次是一棵玻璃脆，他送来的时候，笑着对我说："你养这种花最合适。"

他的意思是，我这个人很脆弱，弱不禁风，半死不活。他讽刺人，向来是不分场合的。[1]

冉淮舟回忆说："谈到花，也引起我的回忆：一天，孙犁同志和我正在他家靠窗的书桌前谈话，透过窗玻璃，看到王林同志进到院里来了。他推着一辆自行车，后衣架上驮着一盆花，他的夫人刘燕瑾在旁边扶着。于是我急忙走出屋门，帮着搬花。"[2]

接着，《罗汉松》叙述了老张的历史，几乎就是王林个人履历的翻版。例如：老张爱好文艺，写过一部长篇小说，还曾寄给过鲁迅先生，但并没有引起鲁迅先生的注意。这部作品自然指的是王林《幽僻的陈庄》。再如，老张对文学孜孜以求，终生不懈，但在写作上不大严肃，往往追随政治，"文革"期间，他企图把过去写的一部现实小说，改写成应时作品，结果徒费心力，没有人给他出版。这部作品指的是王林的抗日小说《腹地》。

1942 年，日寇华北派遣军司令冈村宁次亲自指挥五万兵力，对冀中区进行残酷的"五一大扫荡"，根据斗争的需要，冀中军区的主要领导干部，转移到平汉路西的太行山区坚持斗争。但是王林却主动要求留在敌后，坚持斗争。他在堡垒户的地道口上，开始了《腹地》的创作。从 1942 年冬天，一直到 1943 年的夏天，在敌人的"围剿"和"扫荡"中，坚持写作，终于完成了这部作品。

1949 年 9 月 30 日，天津新华书店出版了长篇小说《腹地》。第一版印了一万册。不到半年，又再版一万册。但是好景不长，1950 年 5 月，

---

[1] 孙犁：《芸斋小说·罗汉松》，《孙犁全集》第 9 卷，人民文学出版社 2004 年版，第 3 页。

[2] 冉淮舟：《致苑纪久（二五）》，《平原文学信稿》（上），天马出版有限公司 2009 年版，第 101 页。

时任《文艺报》副主编的陈企霞发表长文，对《腹地》进行了批判，这是新中国成立后点名批判的第一部长篇小说。

在以后三十年的时间里，王林一方面抗争，一方面检讨，同时不断修改自己的作品，使之更加符合当时的文艺评判标准，结果作品越改越糟。王林去世前，这部作品终于修改完成。在他去世后，作品由解放军文艺出版社出版。王林之子王端阳坦承：“说实话，这个版本我读了几次都没有读完，总觉得里面有‘高大全’和‘三突出’的东西。”[1] 当王端阳看到1949年版的《腹地》时，他被强烈震撼了，认为这才真正是一部直接描写抗日战争的伟大作品。2007年8月，解放军出版社按照1949年版排印的《腹地》重新出版。

王林和孙犁在冀中共同生活战斗过，后来孙犁到了阜平山区，王林却一直在冀中工作，而且经历了残酷的“五一大扫荡”。对于王林留在冀中的动机，《罗汉松》中是这样解释的：

他一直没有离开冀中，他不愿意到山里去，那里生活太苦。在冀中，领导了解他，群众关系也好。他打游击，不避阶级嫌疑，常住在地主富农家里。这些人家，都有子女在外抗日。他到一家，大伯、大娘叫得很亲热，既保险，又能吃到饭食。[2]

平原和山区相比，吃的确实要好一点，但抗日斗争更加残酷，牺牲的可能性更大。其实，孙犁有所不满的，可能是王林灵活的为人处世方式。这一点，在《罗汉松》这篇小说中显露了出来：

历次政治运动，他都以老运动员，或称老油条的功夫，顺利通过。[3]

---

[1] 王端阳：《王林和他的〈腹地〉》，《新文学史料》2008年第2期。

[2] 孙犁：《芸斋小说·罗汉松》，《孙犁全集》第9卷，人民文学出版社2004年版，第4页。

[3] 孙犁：《芸斋小说·罗汉松》，《孙犁全集》第9卷，人民文学出版社2004年版，第5–6页。

……据我思考，老张得力之处，在于处世待人。他不像一般作家那样清高孤僻，落落寡合。什么人他都交接，什么事都谈得。特别是那些有权有势，对他有用的人。他以作家的敏感，去了解对方的心意；然后以官场的法术，去讨得他们的欢心……[1]

噫！当年革命如渡急湍，政治如处旋涡。老张不只游戏人生，且亦游戏政治。其真善泳者乎！[2]

这反映了孙犁对王林的真实看法。这些看法很令人吃惊，因为在过去，人们看到和听到的，都是王林和孙犁的和睦相处，往来频繁。现在看来，这只是一种表象。

1986年初，为了纪念王林，百花文艺出版社决定编辑出版《王林选集》。王林的夫人刘燕瑾登门请求孙犁为选集作序，孙犁婉言拒绝，因为玛金诗集序言之事，他已经声明不再为人作序。刘燕瑾转而请求原冀中军区司令员吕正操将军为选集作序，吕正操慨然应允，同时提出由孙犁代笔，孙犁答应下来，于是便有了这篇孙犁代笔、吕正操署名的《〈王林选集〉序》：

王林同志，一名弢，别署隽闻，河北衡水县人。幼年就读于北平今是中学，后考入青岛大学外文系。爱好创作，时常发表小说于天津《大公报》文艺副刊及《国闻周报》文艺栏，此二刊物，皆系沈从文先生主编。不久，又出版长篇小说《幽僻的陈庄》一书。

王林于创作之同时，即从事革命工作，京沪、平津，均有其足迹。曾参与“一二·九”学生运动，继而入东北军学兵队，参加西安事变。

“七七”事变，抗日军兴，余率部回师北上，于安国初识王林，疑为

[1] 孙犁：《芸斋小说·罗汉松》，《孙犁全集》第9卷，人民文学出版社2004年版，第6页。

[2] 孙犁：《芸斋小说·罗汉松》，《孙犁全集》第9卷，人民文学出版社2004年版，第7页。

田舍子弟，敦厚淳朴，童颜笑面，印象尤深。后得知他与孙志远早于北平相识；与黄敬于大学期间，为从事学运之同窗好友。因之余及黄敬、孙志远每与王林相聚，总是谈笑风生，别有情致。

王林组建冀中火线剧社，并任社长。自编、自导、自演，工作认真，不辞辛苦。于抗日宣传及平原文艺工作之开展，功效甚著。后又主编《冀中一日》一书，成为冀中一代文献，直至今日，仍为海内外有识者所珍视。

王林为人开朗，富有风趣。能接近群众，妇孺多识其名。从抗日至解放战争胜利，他始终在冀中坚持工作，誓与故土乡亲共存亡，不愧为冀中人民的好儿子。他长年累月走乡串户，熟悉地方风土，所知掌故最多，有冀中活字典、活地图之称。所著长篇小说《腹地》，反映冀中区军民，于敌寇“五一大扫荡”之时，艰苦卓绝战斗情景，真实生动，可歌可泣，富于史料价值，早已为评论家所称许。在文艺思想上，他坚持现实主义道路，推崇鲁迅先生，终生不渝。

现在，大家正写革命回忆录，方期借重他的笔墨，多传冀中抗战之史实。不幸于1984年7月2日，奄然遽逝。当年战友，闻之无不感伤。兹值他的小说戏剧选集即将出版，刘燕瑾同志索序于余。余不文，对他的全部文字生涯，不能作系统的评述，聊记梗概，作为对王林同志的纪念。

余又认为：此书虽系选集，非其全貌，然读者仍可从中窥见作者孜孜不倦，对文学事业所作之探索与追求；亦可窥见作者对民族解放事业，所表现的热诚之心。

这篇序言虽然不足八百字，但已经是扩充的结果。孙犁起草的序文更加简短，不到六百字。段华回忆说：

吕正操将军对于他署名的文稿，一向极为严肃。一般情况是这样，他要写篇什么东西，总是先向协助他起稿的人讲清自己的意图和写些什么内容，待草稿写出后，他还逐字逐句斟酌，一遍一遍修改。孙犁先生起草的《王林选集》序言，吕正操将军认为简单了一些，于是向冉淮舟讲了要补充的内容。下面几段文字，是后加上去的：

王林于创作之同时，即从事革命工作，京沪、平津，均有其足迹。曾参与“一二·九”学生运动，继而入东北军学兵队，参加西安事变。

“七七”事变，抗日军兴，余率部回师北上，于安国初识王林，疑为田舍子弟，敦厚淳朴，童颜笑面，印象尤深。后得知他与孙志远早于北平相识；与黄敬于大学期间，为从事学运之同窗好友。因之余及黄敬、孙志远每与王林相聚，总是谈笑风生，别有情致。

王林为人开朗，富有风趣。能接近群众，妇孺多识其名。从抗战至解放战争胜利，他始终在冀中坚持工作，誓与故土乡亲共存亡，不愧为冀中人民的好儿子。

在以上三段话中，除了“七七事变，抗日军兴，余率部回师北上，初识王林”为原稿所有，其余二百余字都是后加上去的。[1]

另外，文中一些字词，也有所增加，例如，孙犁起草的原文中有这样的句子：“他长年累月走乡串户，熟悉地方风土，所知掌故最多，有冀中活字典之称。”吕正操认为：王林不仅是活字典，也是活地图。于是，文稿中又补入了“活地图”三个字。[2]

由此看来，碍于吕正操将军的情面，孙犁为其代笔写了这篇序言，但是十分勉强，许多话欲言又止，许多话没有说到位，是在矛盾心理作用下的勉为其难之作。当时，人们对孙犁的真实想法并不了解，否则不会给他出这样的难题。

孙犁对王林是怀有很大意见的，但是究竟有什么意见，很多人不甚了了。天津一位文学评论家，与孙犁有着长期交往，曾当面问过孙犁这样一问题：王林去世，作为老战友，为何不写篇纪念文章？这是大家都希望看

---

[1] 段华：《我所了解的一段文坛往事》，《纵横》2009年第三期。

[2] 孙玉蓉：《孙犁代吕正操为〈王林选集〉作序》，《天津日报》2007年7月8日。

到的！孙犁回答说，当年他的父亲对土改的一些做法有所议论和不满，王林听到后就汇报上去了。如果要写回忆文章，就要如实写！

老解放区的土改经历了两次。第一次是从 1946 年“五四指示”开始，在老解放区一亿多人口（约占全国四分之一）的地区实行了土地改革。第二次是 1947 年 9 月，在老区进一步实施《土地法大纲》，平分土地，进行土改复查。

1946 年 5 月 4 日，中共中央发出《关于清算、减租及土地问题的指示》（即“五四指示”），其基本精神，是支持和引导广大农民群众，采取适当方法，让地主阶级剥削农民的土地重新回到农民手中。解决土地问题的方式不是无条件地没收一切地主的土地，而是除没收和分配极少数大汉奸的土地外，主要通过清算、减租及献田等方式，使农民从地主手中获得土地；对待一般富农、中小地主与对待大地主、土豪劣绅、恶霸应有所区别，必须坚决团结中农，决不可侵犯中农利益。在运动中一般不变动富农的土地，对那些曾与我们合作的开明绅士和中小地主，应谨慎处理，适当照顾。

这一时期的土改，依照八年多来的统战政策，对地主做了一个区分，明确提出中小地主和开明士绅的土地不要去动，提出对干属、军属、烈属、抗属等地富家庭要给予照顾，留的土地要多于人均土地的一倍至几倍，从而形成了“一条原则，九条照顾”的土改方针，规定主要斗争和剥夺的对象只是那些汉奸或反动地主。

1946 年 5 月 24 日，冀中区党委召开地委书记以上的干部会议，学习中央的“五四指示”精神，做出了《关于冀中土地改革问题的决定》。7 月 28 日，冀中区党委做出《关于执行“五四指示”的决定》，根据各区特点，做出执行“五四指示”的具体安排。到了这年的 8 月，土地改革全面铺开。

孙犁的父亲就是在 1946 年夏初去世的。

在 1947 年的土地改革中，孙犁家被划定为富农。

在这两次土改中，王林都在冀中工作，而且他经常出入孙犁家，如果说在第一次土改开始的时候，孙犁的父亲发表了什么言论，被王林汇报上去，这种可能性是存在的，但是孙犁并未就这一问题进行说明。孙犁叙述较为详细的，是王林在第二次土改中的表现，在这次土改运动中，孙犁急于知道自己家的成分，态度很不冷静，最后被“搬了石头”，当时王林是组长。

对王林在“文革”中的表现，孙犁也是颇有微词。在《罗汉松》中有过生动描述，例如：当机立断以“左”的姿态，批评了市委文教书记。并且不久就出入炙手可热的王曼恬的官邸。他不仅善于讨上级领导的欢心，甚至拍后生晚辈的马屁，让人大跌眼镜。

《罗汉松》发表以后，很多人认为孙犁不应该这样写，不应该这样对待老友。冉淮舟认为：“从《罗汉松》一文，看不出孙犁同志与王林同志到底有什么解不开的矛盾。但是可以感觉到，孙犁同志是把王林同志的一生，及其所追求的文学事业，给否定了。”[1]他认为，《罗汉松》里的老张，与现实生活中的王林，南辕北辙，面目全非。吕正操和他的夫人刘沙对孙犁的这篇小说也提出了尖锐批评。据冉淮舟回忆，刘沙这样说：“王林是一个好同志，敦厚淳朴，心胸开朗，热诚助人，友善亲切，叫孙犁这样一写，成什么人了？都是生死与共，一起战斗过来的老同志，有什么问题不能当面交换意见？人都去世四五年了，还写这样的文章！”[2]但是，孙犁这样写，自然有他自己的道理。对于旁人的议论，他是不会挂在心上的。

[1] 冉淮舟：《致苑纪久（二五）》，《平原文学信稿》（上），天马出版有限公司 2009 年版，第 100—101 页。

[2] 冉淮舟：《致苑纪久（二五）》，《平原文学信稿》（上），天马出版有限公司 2009 年版，第 105 页。

镜花水月

孙犁本人对《芸斋小说》十分偏爱：“近年来了客人，我总是先送他一本《风云初记》，然后再送他一本《芸斋小说》。我说：‘请你看看，我的生活，全在这两本书里，从中你可以了解我的过去和现在。包括我的思想和情感。可以看到我的兴衰、成败，及其因果。’”[1]

孙犁格外重视自己人生历程中的两个重要阶段：一个是抗日战争，也就是《风云初记》所反映的历史阶段，孙犁称之为“美的极致”；一个是“文革”，也就是《芸斋小说》所着力表现的时代，孙犁称之为“恶的极致”。这两个阶段，对孙犁的人生走向、人生感悟和文学创作，具有重大的影响。

《芸斋小说》的创作，作家是以现实生活中某个人做模特儿，很少虚构。看过孙犁这些作品、熟悉相关情况的人，能够毫无疑义地认定作品现实生活中的模特儿，被描写者也能够认定作品所描写的就是其本人。这样的作品，也就很容易招致非议。孙犁本人仿佛也身处两难之中。《羊城晚报》的万振环回忆：“1987年孙犁告诉我：‘最近在贵报发表的小说《杨墨》，《小说月报》要求转载，我不同意，因为写的是天津的人和事，所以不宜在此地发。”[2] 写当地的人和事不便在当地的报刊发表，为的是避免可能带来的麻烦。作家出于社会责任感，必须写这些作品；但是为了避免世俗的干扰，又把这些作品限制在一定范围内流传，这自然是一种十分有趣的现象，可以肯定的是，作品流布的局限必定削弱其固有的批判力量。

很多人因此发出疑问：社会需不需要像孙犁这样来写小说？这样写小说是否有利于社会的和谐？这一层，孙犁不是没有考虑到，在《芸斋小说》印行之时，他把1988年春天所写的《谈镜花水月》一文放在书后作为代后记。

---

[1] 孙犁：《文虑》，《孙犁全集》第9卷，人民文学出版社2004年版，第327页。

[2] 万振环：《一棵参天大树》，《文学报》2002年8月8日。

在《谈镜花水月》这篇后记中，孙犁阐明了自己的观点：现实环境和现实人物，一旦进入作品，就是已经加工过的，不再是原来的环境和人物，就像镜花和水月一样。如果非要打破镜子摘采花朵，跳进水中捞取月亮，只有傻瓜才肯那样去干。这种观点无疑是正确的。但是接下来的一段文字，又让人感觉到了矛盾："老实说，近年来，确有一些熟人、朋友的个别事迹，写入了我的文章，但也只是摘取一枝一叶，并不影响我对他们的全部评价。朋友仍然是朋友，熟人照旧是熟人。当然也有的从此就得罪了，疏远了，我是没有办法挽回的。"[1]

但是"只是摘取一枝一叶，并不影响我对他们的全部评价"之说有待商榷，作家究竟摘取哪根枝杈、哪片叶子，事关重大，有人引用鲁迅之言加以反驳："譬如勇士，也战斗，也休息，也饮食，自然也性交。如果只取他末一点，画起像来，挂在妓院里，尊为性交大师，那当然也不能说是毫无根据的。然而，岂不冤哉？"[2]应该说，孙犁的创作动机是不容怀疑的，他的心胸没有那么狭隘，并没有像鲁迅所描述的那样走向极端。但是，无论如何，读者是根据作家摘取的"一枝一叶"对人物作出评价的，至于作者没有表达出来的"我对他们的全部评价"，读者是无从知晓的。

对"芸斋小说"这些责难，孙犁是不肯接受的，他有着自己的道理：

过去，当政治风雨突然袭击时，有些人对同志，对朋友，无中生有，造谣污蔑，不只使当事者蒙不白之冤，也使他的家属，有血泪之痛。这称之为乘人之危，投井下石，毫不为过。但这种做法，人们习以为常，他本人也会轻易地忘记。

---

[1] 孙犁：《谈镜花水月（代后记）》，《芸斋小说》，中州古籍出版社 2009 年版，第 180 页。

[2] 鲁迅：《"题未定"草（六至九）》，《且介亭杂文二集》，人民文学出版社 2006 年版，第 217 页。

而在太平盛世，天晴气朗之时，别人偶然描绘了一下类似他的嘴脸，伤不了他的半根毫毛，好官自为之，名人自当之，却忍受不了，以为别人不够朋友，刻薄无情，从此要绝交，要打句号。这可以说是我们的社会生活中，多年来形成的一种奇异现象。[1]

的确如此，允许你们在那个年代为非作歹，就不允许我记录在案？既然如此，作者又何必喋喋不休地向人们进行解释呢？结论只有一条：所谓的镜花水月，不过是个托词，孙犁要写的是历史，而不是小说。他无非是想安安静静，不受干扰地记录下历史的真实。他运用自己丰富的创作经验和创新的精神，设置了一个迷阵，不了解他的布阵之法，走入进去，还真不好走出来。因此，在文学范畴内探讨《芸斋小说》的得失，可能有些错位，甚至是南辕北辙。孙犁晚年，一直在强化文学创作对“史意”的追求，并把对“史意”的追求与作品的生命力结合起来考虑。在《买〈世说新语〉记》这篇文章中，他较为清晰地表明了自己的这一观点：

我读这部书，是既把它当作小说，又把它当作历史的。以之为史，则事件可信，具体而微，可发幽思，可作鉴照。以之为文，则情节动人，铺叙有致；寒泉清露，使人清醒……

虽是小品，有时像诗句，有时像小说梗概，有时像戏剧情节。三言两语，意味无尽。这是中国一种特殊的文体，一种文史结合，互相生发的艺术表现形式。[2]

在中国古代，历史和文学本来就难以区分，两者关系十分密切，又相当复杂，尤其在唐宋以前，文史不分，历史和小说本来就是一家，大都以“史”的面目出现，小说作为“史之余”，一直被称为“稗史”“野史”“逸史”，

---

[1] 孙犁：《谈镜花水月》，《孙犁全集》第9卷，人民文学出版社2004年版，第77页。

[2] 孙犁：《买〈世说新语〉记》，《孙犁全集》第8卷，人民文学出版社2004年版，第379页。

小说的名称，也大多冠以“史”字，有的小说名曰“志”“传”“录”等，也是从历史文体中袭用来的。孙犁创作《芸斋小说》，更多地借鉴和吸收了古代创作技法和创作理念，这是他超乎他人而自成一家的奥妙所在。

离开大院

1988年，孙犁终于下决心搬离多伦道大院了。他是1951年从天津山西路搬到这里的，除了“文革”中有三年时间被扫地出门，一直没有离开。他是这里最老的住户了，三十多年间，有数次搬家的机会，他都放弃了，人们都说他不愿搬家，并非这里是风水宝地，而是出于自身的一种惰性。现在下决心要离开，是这个地方经常引起他不愉快的回忆，“我实在不愿再看到一些人的面孔，不愿再听到一些人的声音。见到或听到，都能使我在白天五内不安，在夜间辗转反侧。这次搬家，与其说是搬开环境，不如说是搬开视听，求得耳目一新。”[1]

1987年12月21日，孙犁在给韩映山的信中说：“入冬以来，我的大院改为报纸发行处（自办发行），环境大乱，心情不安，没有写什么东西。”[2]1988年2月26日，在给韩映山的信中说：“只是很久没有写作。我准备搬家，书和杂物，都要装箱或装筐，每天装一件，就觉得很累了。”[3]

1988年5月，韩映山出差路过天津，想去看看孙犁。走进多伦道大院，果然环境大变，院子里停放着十几辆大小不等的汽车，散发着一股股刺鼻的汽油味儿，几个穿着工作服的人，正在装车，大声说笑着，几乎变成了

[1] 孙犁：《转移》，《如云集》，人民文学出版社2012年版，第21页。
[2] 孙犁：《书信·致韩映山》，《孙犁文集（补订版）》（9），百花文艺出版社2013年版，第248页。
[3] 孙犁：《书信·致韩映山》，《孙犁文集（补订版）》（9），百花文艺出版社2013年版，第249页。

停车场和交易市场。一向喜欢安静的孙犁，身处这样的环境，是难以适应的。

韩映山和李克明绕过几辆车，走进屋门。韩映山说："这么多汽车，可真够乱的！"孙犁扭头朝外望了望："还有两辆没来呢，来齐了是十六辆。"

"汽车还好点，最叫人受不了的是摩托车，一嘟嘟，老半天不停，后面还冒烟。"孙犁说，"怎么也得搬了，这屋子太老了，再不搬，还有危险呢！"他让他们到后屋看看，并说屋顶老是掉泥片。两人走到后屋，只见屋里堆放着七八个书箱，都捆好了，屋顶上确实掉了很多灰泥，斑驳可见，的确很危险。

7 月 23 日，是一个阴雨天。上午郭志刚来访，见到孙犁，觉得他比以前瘦了很多，但精神很好，谈锋甚健。两人主要谈《孙犁传》写作之事，孙犁鼓励他尽快写出，不要拖。孙犁告诉他，要树立信心。一些熟人不见得能够写好，即便自己的儿女，有些事情也不见得了解和理解。写传，要紧的还是学识、见识和文字。又说，"传"虽然注重事实，但要说没有想象和加工，也很难说。他举了司马迁写《史记》的例子，并以手头发表于《天津日报》的《耕堂读书记 · 读旧唐书》做了说明。十点来钟，孙犁才开始吃早饭，吃了两个烧饼，两根油条，还有一碗红豆粥。他向郭志刚夸耀自己的饭量，并说自己正在准备搬家，室内四壁已空。他说，书是自己整理的，装了二十来个箱子。

8 月 10 日，孙犁正式搬家，离开了和平区多伦道二一六号大院，搬到了南开区鞍山西道学湖里十六号楼。

10 月 14 日，《天津日报》社首次举办孙犁作品学术研讨会，韩映山应邀参加，入住南开大学谊园。上午，他抽空去新居看望孙犁，同行的还有一位从白洋淀来的马越。山西道学湖里十六号楼是一座新楼，这里比多伦道大院安静了许多，孙犁住在三层的一个三居室，两间向阳，一间背阴。搬来的书都已经上架，迎门还摆了一对儿沙发，墙上挂着一副对联，屋子没有装修，显得简洁朴素。

见到从白洋淀来的马越，孙犁十分高兴，格外热情地和他谈话。马越谈到白洋淀的水，谈到孙犁当年教过书的同口镇，谈到他的名作《荷花淀》，并说："家乡的人们都欢迎你去白洋淀看一看。干枯了五年的大淀终于来水了，欢迎您再写写反映白洋淀生活的作品。"

孙犁笑了笑说："白洋淀来了水，我是从电视上看到的，本来我不大看电视，那天看新闻节目，一下看到白洋淀来水的场面，很高兴，北方确实应该有这样一个湖泊，应该好好保护它。外地的一些读者纷纷给我来信，连映山写白洋淀的散文也给我寄来。好多人都以为我是白洋淀的，其实我是安平县人，在同口只教过一年小学。"他一边吸烟一边说："早晨或黄昏，我常在村边儿大堤上散步，看到妇女们织席，渔民们打鱼。后来到延安去，在窑洞里，我很思念冀中，就写了《荷花淀》那篇作品。当时在大西北，常年刮黄色的风沙，忽然闻到作品里有一股清新的、带着水味的荷风，大家觉得很新鲜，所以就引起了人们的兴趣。当时需要这样的作品。"停了停，他又说："1947年我从延安回到冀中，又去了一趟白洋淀，写了几篇作品。其实我对白洋淀的生活并不很熟悉，我那点底儿，映山知道。"

谈到去白洋淀，孙犁说："我确实想去看看，每年嚷嚷着去，每年都去不成。这两年身体确实毛病多了。出门儿顾虑很多，诸多不便，又怕麻烦人。"

"明年，春暖花开的时候，苇子就好看了。"韩映山说，"那时我们再来接您。"[1]

时隔不久，孙犁给韩映山写信说："那天只顾招待马同志，也没有很好照顾你们，也原以为你们会再来谈谈的，真是一个遗憾。"又说，"我搬到这里来，诸多不顺遂。近来算安定下来了，屋里很暖和，每天晒太阳，看电视，比多伦道享福多了。就是不愿读书，更不想写作，完了。"在信

[1] 韩映山：《孙犁的人品和作品》，大众文艺出版社1995年版，第45-46页。

的结尾处，又补上了一句话："近期《文艺》双月刊（邹明编的）登我同郭志刚的谈话，全文共三万余字，你可留意看看。"[1]

谢大光参加学术研讨会之后，到孙犁那里去，还没落座，孙犁就问研讨会的情况，并说："听说你在会上发表了新论。"听了这话，知道有人向孙犁通报了会议发言的情况，谢大光心里有些紧张，不知道转述者是如实陈述，还是添油加醋，也不清楚孙犁真实的态度。

他本来不想在会上发言，但是听到很多重复的论调，忍不住谈了自己的观点，他认为，孙犁所取得的文学成就，除了其他因素，还和他一生中的两场大病分不开。一是幼年患惊风，养成敏感、内敛、爱独处、怵交际的习性，加之喜欢读书，联想丰富，逐渐形成了日后的艺术气质；二是 1956 年写《铁木前传》时，患上严重的神经衰弱，导致匆匆搁笔，这一次患病，使孙犁躲过了政治风浪，有从容读书、思考的机会。没有这两场病，就没有今天的孙犁。听完谢大光的观点，孙犁点点头，说："是这样的。"[2]

郭志刚在孙犁作品学术研讨会上的发言，主要讲"孙犁的作品如何走向世界"。在这之前，他曾就这一问题向孙犁请教，孙犁对此漠不关心，随口说："爱走向世界不走向世界。"这天晚上，在刘宗武的带领下，郭志刚前往孙犁的新居，与孙犁合影。孙犁兴致很高，主动约请郭志刚 17 日上午、下午访谈各一个半小时。

10 月 17 日上午，按照事先的约定，郭志刚到达孙犁的住处，天津《文艺》双月刊的田晓明负责录音。孙犁让郭志刚提问，郭志刚没有准备，两人只好随意攀谈。十一点多结束。下午三点开始，五点左右结束。这次谈话，

---

[1] 孙犁：《书信·致韩映山》，《孙犁文集（补订版）》（9），百花文艺出版社 2013 年版，第 250 页。

[2] 谢大光：《孙犁教我当编辑》，天津人民出版社 2022 年版，第 139 页。

由田晓明根据录音整理成文，题为《郭志刚和孙犁的一次谈话》，发表在《文艺》双月刊上，收入《如云集》时，改题为《和郭志刚的一次谈话》。

在这次谈话中，孙犁详细谈了自己幼年的疾病和1956年的大病，以及疾病对自己神经系统、情绪情感和日常生活的影响。在文学方面，自己年轻的时候很好名。抗日战争时期，写作是为了工作。现在写作，却是为了消遣。他再一次谈到了文学与政治的关系。过去一直提文学离政治远一点，总是给人抓小辫。所谓远一点，就是文学创作不要图解，不要政治口号化。

孙犁说，自己从小就喜欢看书，因为干不了别的。务农经商不行，考邮政生没有考上，在北平流浪，对官场和职场都不适应。自己没有能力去一步步当个领导，或者下边有一拨人。抗日战争也好，解放战争也好，自己总是穿得破破烂烂的，生活很艰苦，搞了那么多年，连匹马都没有骑上，连个自行车都没有。因此常有一种自卑感——我这个人不行！但是，在另外一方面，孙犁又觉得自己很幸运。他说：

这一生的经历，我不知道别人对我是怎么看法，自己心里觉得，假如不是抗日战争，可能我也成不了一个什么作家，也就是在家里继承我父亲那点财产，那么过下去，过成什么样子那也不知道。所以，对于参加抗日战争，参加共产党领导的工作，直到现在，我也不后悔。我总觉得，这是给了我一个机会，至少是在文学上给了我一个机会。至于今天，社会上的一些变化，国家的一些困难，我还是关心的，有时候想起来，心里也不是很平静。[1]

孙犁认为，什么作家也离不开这个时代，他要受当前政治的影响，很难在这方面完全逍遥，孑然独立是不可能的。现在，对于人生、对于社会，不像过去想得那么天真了。这种情感，在抗日战争和解放战争时期，没有

[1] 孙犁：《和郭志刚的一次谈话》，《如云集》，人民文学出版社2012年版，第79页。

发生，就是从“文革”以后，这种感情强烈起来，有时写文章就控制不住，导致一些评论家说自己风格变了，笔法变了。

孙犁承认自己有些孤僻，不愿意接触人，对朋友不那么热情，很少留人吃饭和住宿。对晚年续弦，虽然写了几篇文章，但是对张保真并没有恶意，觉得她走也是应该的，并不怪她。人家也有人家的想法。对自己的儿女也不那么看重。无论如何不能放弃的，就是写文章，到现在还保持着一颗赤诚之心。他说：

我觉得，不管别人对我怎么看，我在文艺界，没有对不起朋友。我一生作文，像个散兵。我从来没有依附过什么人，也没有拉拢过什么人。我觉得，我没有必要那样去做。[1]

1988 年 11 月 23 日，卫建民在谢大光的陪同下来看望孙犁。闲谈中，卫建民对孙犁说：“您年轻时写的评论文章，口气很大。”孙犁停顿了片刻，笑着说：“口气大！”谈到精神分析，孙犁说，接受弗洛伊德学说，是从厨川白村的介绍中读到的。这种学说对自己有很大的影响。孙犁说：“我很自卑啊！”[2]

1989 年春天，孙犁的学生，也是工人作家——阿凤，约汤吉夫去拜访孙犁。汤吉夫带上相机跟他去了。一进门，阿凤就说：“孙老，先照几张相吧！”孙犁说：“要照就赶紧照！别人来，我也说，要照就赶紧照。”说着，自己先笑了起来，他的意思是自己的时间不多了，得抓紧时间。

汤吉夫出生于 1937 年，山东青岛人，1958 年毕业于上海第一师范学院中文系，毕业后分配至河北省香河中学任教十七年。1975 年，调入廊坊师范专科学校工作。1983 年出任廊坊师专校长，后来调到天津师范大学任教。之前他曾拜访孙犁数次，也算是熟人。

---

[1] 孙犁：《和郭志刚的一次谈话》，《如云集》，人民文学出版社 2012 年版，第 79 页。

[2] 卫建民：《耕堂闻见集》，天津人民出版社 2022 年版，第 119 页。

孙犁对汤吉夫辞职的事比较关心。他问：汤吉夫你辞职了？校长不干了？汤吉夫说是。孙犁问为什么，汤吉夫回答说，自己当不了官。孙犁说，当官是一种才能。我很欣赏有才能的人，郭小川在作协当官做得多好啊，可惜死了。孙犁看着他说，你辞职很遗憾。作家也可以当官，作家也不一定不当官。

汤吉夫有些疑惑，不知道孙犁为什么对自己辞职这件事如此挂心。他告诉孙犁，自己写了篇文章，叫《孙犁的幽默》。孙犁哈哈大笑，说：我还有幽默？汤吉夫说：我发现您有幽默，您有幽默的气质。还举了一些例子。孙犁没有说什么，只是笑。后来说：你愿意写就写吧。

汤吉夫和他谈起了现代派。他问孙犁：您为什么要那么批评现代派呢？我挺喜欢现代派的。孙犁说：我批得太重了。其实我不懂现代派，也没读过多少，我只读过一些中国人写的现代派，觉得不忍卒读，就写文章骂人家，其实是不对的，我不了解人家。[1]

那时，汤吉夫逐渐受孙犁的影响，创作上开始转向。他觉得孙犁是一个真正意义上的文人，越到老，文字越老练，思想越来越纯，越来越像文学家。汤吉夫认为，孙犁悟到了文学的真谛，小说就是要写人、写人性。

邹明之悼

1989 年 10 月 14 日，孙犁在《史记》的书衣上，写下了这样几句话：

晓明来谈，邹明脑中取出肿瘤二，手术顺利良好，系脑系科王主任所做，老鲁所托也。手术时，老于一直在场，照顾周到，现邹明语言清晰，可慰也。

疾病无常，邹明发病前一日，尚在和面做饭。[2]

---

[1] 商昌宝整理：《从实招来：汤吉夫口述自传》，新加坡亚洲人文出版社 2018 年版，第 186–187 页。

[2] 孙犁：《书衣文录·史记》，《如云集》，人民文学出版社 2012 年版，第 236 页。

“文革”结束后，《天津日报》社筹办《文艺》双月刊，孙犁向当时的报社领导石坚建议，把在天津师范学院工作的邹明调回来，主办这份刊物。到1989年，这份刊物已经创刊十周年了，当时邹明的身体已经不适，但他还是希望孙犁为刊物写几句话。9月22日，孙犁给邹明写了封信，对刊物提出了几点希望。例如：不强向时代明星或时装模特儿那样的作家拉稿；不追求时髦；不追求轰动；不以甚嚣尘上之辞为真理；不以招摇过市之徒为偶像；等等。

11月15日，孙犁在给韩映山的信中说：“令人十分难过和不安的，是邹明，他的病很麻烦。弄了一辈子（编辑），刚刚弄到一个主编的头衔，印在刊物上，刊物也要停刊了。这对他来说，即使不是人琴两亡，也是双重的不幸了。”又说，“他的病和刊物的被砍掉，都是我意想不到的事。叹人、事之无常，真有些看破红尘了。我一点也不想写东西了。我给他写的祝词，也将变成悼词，登在终刊号上。”[1]

12月11日，孙犁写了《记邹明》一文，12月12日，邹明去世。《记邹明》发表在1990年1月18日的《光明日报》上。这篇悼文，孙犁写得很动感情，很多段落，与其说是写邹明，不如说是写自己：

我老了，记忆力差，对人对事，也不愿再多用感情。以上所记，杂乱无章，与其说是记朋友，不如说是记我本人。是哀邹明，也是哀我自己。我们的一生，这样短暂，却充满了风雨、冰雹、雷电，经历了哀伤、凄楚、挣扎，看到了那么多的卑鄙、无耻和丑恶，这是一场无可奈何的人生大梦，它的觉醒，常常在瞑目临终之时。

我和邹明，都不是强者，而是弱者；不是成功者，而是失败者。我们从哪一方面，都谈不上功成名遂，心满意足。但也不必自叹弗如，怨天尤人。

[1] 孙犁：《书信·致韩映山》，《孙犁全集》第11卷，人民文学出版社2004年版，第192页。

有很多事情，是本身条件和错误所造成。我常对邹明说：我们还是相信命运吧！这样可以减少很多苦恼。邹明不一定同意我的人生观，但他也不反驳我。[1]

邹明的夫人李牧歌回忆，在邹明病重期间，孙犁十分担忧，不断让儿子孙晓达前往医院探望。邹明去世的第二天，邹明的二女儿丹丹去看望孙犁，没想到，孙犁已经完成了长达五千字的文稿。他多年不写这样的长文了。他脸色黯然，郑重地把稿子复印件交给丹丹，让她拿给自己的母亲看，特意说明："我这里不是写你父亲多么好，这不是悼词。但是，别人一看就知道这是邹明。"他还伤感地说，"我原来想把我的后事交给你父亲，想不到他却走到我的前面去了。"说时，他的眼圈红了，感叹人生无常。[2]

1990 年 4 月 14 日，写作散文《记老邵》，在致韩映山的信中，孙犁说："最近，我写了一些文章，'文汇'及'羊城'均有登载。《天津日报》在连载《读〈史记〉记》一文，约一万字。""另寄《光明日报》一纪念邵红叶的文章，约三千字。"[3]

"文革"以后，邵红叶身患半身不遂，他顽强锻炼，后来能携杖走路了。有时他到孙犁家中坐坐，时常流露愿意做些事，甚至表示，愿意回报社。孙犁劝他好好保养身体，现在报社的情况和过去不同了，不像他当总编的时候了，那种说一不二的家长式的统治根本行不通。老邵也不和他争论，甚至有时称他说得对，表示听他的话。

后来，孙犁听说他又犯了病，去外地疗养了一个时期。回来后，到孙

[1] 孙犁：《记邹明》，《如云集》，人民文学出版社 2012 年版，第 41—42 页。
[2] 李牧歌：《秋天的回忆——记孙犁》，《天津日报》2004 年 12 月 16 日。
[3] 孙犁：《书信·致韩映山》，《孙犁文集（补订版）》（9），百花文艺出版社 2013 年版，第 254 页。

犁的新居看望他一次，并责备他软弱，不敢写文章了。孙犁告诉他：我们还是睁一只眼，闭一只眼吧!

老邵说：我正是这样做的。说完就大笑起来，孙犁这才知道，他的左眼，已经失明。

小书重现

1990 年 5 月 27 日，老友陈肇给孙犁写了一封信："报告你一个好消息：几十年来未曾找到的你在通讯社写的那本《论通讯员及通讯员写作诸问题》，今天在北京图书馆找到了（不是原本，是翻印本）。他们可供复制，可供抄写，你考虑一下，用什么办法复制下来？" 陈肇和孙犁都是晋察冀通讯社的最初成员，陈肇也参加过这本书的集体讨论。

这本小书的发现，得益于一位名叫曹国辉的老同志。抗日战争时期，曹国辉在《晋察冀日报》从事校对工作，与陈肇是同事，离休前任盲人印刷厂厂长。离休后，曹国辉参加了晋察冀文艺研究会，从事相关的研究工作。一次，他在北京图书馆查阅资料时，偶然发现了这本小书。

孙犁让在北京工作的二女儿孙晓淼去复制这本小书。经过繁杂的手续，孙晓淼把这本小书复制下来，6 月 26 日，从北京赶回天津，亲自送到孙犁手中。看到这本小书，孙犁心情十分激动，7 月 2 日，专门写下了《一本小书的发现》，发表在《人民日报》"大地"副刊上。这篇文章发表后，北京现代文学馆负责人杨犁托人给孙犁带信，告诉他，北京现代文学馆也有这本书，在杨犁等人的帮助下，又把这个藏本复制来，发现比北京图书馆的藏本更清晰一些。7 月 26 日下午，孙犁写下了《〈论通讯员及通讯员写作诸问题〉校读后记》。在这篇文章中，孙犁指出："它是我在写作《文艺学习》一书之前，对我的文艺思想和文艺理论的一次初步的系统的检阅。”[1]

《天津日报》的领导对这本新发现的孙犁的理论著作非常重视，准备展开孙犁文艺理论的专题研究，总编辑亲自点将，让曾经提出“报人孙犁”等论点的侯军，结合新发现的《论通讯员及通讯员写作诸问题》，写出一篇阐述孙犁新闻思想的论文。

侯军1977年入职，先是担任农村部记者，1984年被调去主编报告文学专版。当时，《天津日报》，刚刚发表了孙犁在抗日战争时期写的两篇报告文学，侯军读后，写了一篇论文，题为《试论孙犁早期报告文学中的阳刚之美》，得到了孙犁的肯定和赞许。后来在一次孙犁作品研讨会上，侯军又提出过一个颇具争议的观点，即在广受关注的“作家孙犁”之外，还有一个被人长期忽略的“报人孙犁”。现在，终于发现了一本能够佐证“报人孙犁”的作品，阐发和论证“报人孙犁”这篇文章，由侯军来完成是十分合适的。

当时，侯军正在生病，利用养病的间隙，把孙犁的那本小书仔细阅读了两遍，同时写了很多读书笔记，对于一些疑难问题，他给孙犁写信请教，孙犁认真进行了回答。侯军用了一周的时间，写成了《报人孙犁及其新闻理论的再发现》一文，在《新闻史料》上发表。孙犁阅读后，当即给侯军写了一封信：“昨日见到《新闻史料》，当即拜读大作论文。我以为写得很好。主要印象为：论述很广泛，材料运用周到。实在用了功夫，很不容易。”

1990年11月7日，陈肇去世。11月22日，孙犁写下了《记陈肇》一文，对老友表示深切怀念。他把这篇文章投寄《人民日报》，两天后，觉得一个句子有些不顺畅，又给《人民日报》的刘梦岚写信，把文中最后一段中

---

[1] 孙犁：《〈论通讯员及通讯员写作诸问题〉校读后记》，《如云集》，人民文学出版社2012年版，第117页。

的“既不伸手，从不邀功”修改为“从不伸手，更不邀功”。但是，这篇文章在报社放了五个月，一直到 1991 年 4 月 22 日才得以发表，而且抹去了写作日期，这种做法引起了孙犁的不满。

《记陈肇》一文回忆了自己和陈肇在抗战岁月结下的深厚友情。文中这样一个细节：1938 年秋天，陈肇和孙犁打游击，宿在他的家中，他已经和大嫂分别很久了，孙犁劝他去团圆团圆，但他一定陪孙犁睡。第二天天不亮，两人就离开了。孙犁觉得，在对待朋友上，自己远不能和陈肇相比。在能体谅人、原谅人方面，差距就更大了。

陈肇是一个本色不变、廉洁奉公的人，进城后，他在故宫博物院工作。1952 年冬季，孙犁到他的宿舍看望，他穿着一件在山里穿过的满是油污的棉大衣。他住的宿舍，也很不讲究，可以说是家徒四壁，床铺放在墙角，周围的墙壁上糊了一些旧画。被褥、枕头，还按三十年代当教员时的方式叠放着。

在故宫，陈肇是副院长，就连公家的信纸、信封都不用，每次给孙犁来信，都是自己用旧纸糊的信封。有一次，孙犁想托他在故宫裱张画，又有一次，想摘故宫一个石榴做种子。一想到他的为人，都未敢张口。

冷眼旁观

1990 年 8 月 5 日，韩映山从大连乘船至新港，下午到李克明家，两人一起去看望孙犁。

一进门，孙犁从屋里迎出来。韩映山说，从东三省参观回来，特来看望您。孙犁说：“看看来吧！见一面少一面了。”韩映山看他身体很好，和前两年相比没有多大变化，脑子异常清楚，不知道他为什么说这种消极的话。孙犁从书橱里拿出本书，伏在桌上签字，那是新出版的《芸斋小说》，早就说要送给韩映山的。签完字，又说：“我最近写了一篇《我的集部书》，包括经、史、子、部四段文字，最后有一段附记，写了‘三不读’：言不实者不读；常有理者不读；文学托姐们的文章，不可读。”

韩映山说：“这是经验性的，也是概括性的，有很强的针对性和指导意义。”谈到一些写他的文章，孙犁说：“最近，我看了《作家》杂志上曾镇南的散文论，在我看过的散文论中是最好的，人家真下大功夫了，写得好！”

孙犁所说的，是评论家曾镇南在《作家》杂志连续刊载的六篇“孙犁散文研习录”。7月28日，孙犁给曾镇南写了一封信，随信给他寄去了《无为集》《芸斋小说》各一本。在这封信中，孙犁说：“我觉得你的文章，完全得力于读书，读得细，读得认真，因此，有很多新的见解、新的内容。”他批评了另外一些人。有些人总要写他，自己总是劝他们多读作品，但他们对于读书没什么兴趣，总喜欢和他谈，谈来谈去无非那么几句话。于是他们就根据别人写过的，已经存在记忆里的几条论述，写上那么几点，没什么新的内容，没有什么新的发现。读了曾镇南的文章，他觉得很好，心里由衷地感激。[1]

说到过去联系过的一些中青年作家，孙犁有些黯然：“很多人都离开了我。只有你们还和我保持着联系。”

韩映山说：“人家说我，固守着旧有的营垒，突破不了。”

“别听这些。”孙犁说，“什么事都要自己有见解。别人说什么由他去。文学史上，留下几行，不是靠捧、抬，靠实实在在有作品。政治家靠吹捧都不行，何况作家！”

谈到河北的作家贾大山，孙犁说挺喜欢他的作品，凡看见了，都要读。《长城》上期有他的三篇小说，没什么意思。近期写得很好。韩映山说，想带他来见见您，他连信也没回。孙犁说：“这是不愿见名人。”

1990年4月，中国作家协会在保定召开了一次文艺座谈会。韩映

---

[1] 孙犁：《书信·致曾镇南》，《孙犁文集》（补订版）（10），百花文艺出版社2013年版，第258页。

山说："在会上，有人说你一直在孤军作战。"孙犁说，光耀来了信，讲了有关情况，一次，在吃晚饭的时候，光耀谈起了我，同桌有一位领导同志，眼圈立刻红了，光耀不明白是什么原因。孙犁说，我给他写了张明信片：

光耀同志：

五月十八日信敬悉

所告情景，深为感动

老目为之潮湿

他是诗人，重感情

你谈到我

他一定就想到了

一些故去的同志

如小川、李季等

感时伤事

触景生悲矣

前几天托艾东捎去小书一册

藉此，你可知道我那十年的经历

祝

好！

孙

（1990）5月25日[1]

孙犁对一些人的表现也是不以为然。他说："现在，有人也在赶风头，如浩然。早先，你们干什么去了？还有魏巍。早先，你们怎么不说话。我就是不赶风头。不凑你们的热闹。"他的目光忽然有些暗淡了，"你们都

[1] 孙犁：《寄光耀》，《曲终集》，人民文学出版社2012年版，第24页。

不小了，都五十多了，连晓达也五十多了。我现在说话，都很小心。不像过去逮住什么说什么。我谁也不敢得罪，连小孙女也不敢得罪。人老了，需要人家了。”

韩映山听了有点伤感。临走，孙犁又说，见一面少一面了！

第三十二章　朋友彩笔

彩笔之讥

1990 年 8 月 23 日，孙犁在《光明日报》上发表了《朋友的彩笔》一文。孙犁本人曾直言，文中的“老季”，就是天津的一位作家李克明。“季”只是比“李”多了一撇。当李克明听说有这样一篇文章时，便找来《光明日报》阅读，读完之后，反应很强烈，气愤地说：“再也不搭理孙犁了！”《朋友的彩笔》一文如下：

老季，是我在土改期间结识的朋友。我把这些已经为数不多的朋友，称作进城以前的朋友，对他们有一种较深的感情。因为虽不能说都共过患难，但还是共过艰苦的。

我在饶阳县某村做土改工作时，常到村里的小学校去玩。老季，我不清楚，他那时在做什么，也好到学校去。他穿着军装、脾气憨厚，像个农民，好写东西，因此接近。

进城以后，他是作家，在几家出版社当过编辑，也经受过政治上的坎坷。

我对他的印象加深，是在“文革”以后。他不断写一些关于我的文章，在征求我的意见时，我总对他说：

“不要写成报告文学，更不要写成小说，不要添枝加叶，不要吹捧。”

老季都同意，态度是很诚实的。但他写出东西来，我一看，总是觉得路子不对头。第一次是他写到我写小说时，我的老伴，如何给我端茶水、送牛奶，如何在夜深时，在我身上加一件衣服。

那时，我们还都没有老，说话没顾忌，我说："老季，这些情景，你都看见了吗？怎么有这么多的描写呢？那时，我同老伴，并不住在一处，她也没有这种习惯，虽然她对我很有感情。你这些描写，用到电影、戏剧的表演上去，是很合适的。用到我身上，我就觉得别扭，因为我实际上，没有享受过这种福分。"

老季只是笑笑完事，也不反驳。我以为我的劝告会奏效，其实不然。

他不断在报刊上写这类文字，甚至在题为写别人的文章里，也总是写到我。叫人看了以后，不知他到底在写谁。能够叫我心折的，实在不多。另外，大家都老了，我说话，也不能像过去那样直率了。最近一次，我是这样和他谈的："老季，读了你写的关于我的文章，总有这样一种感觉：说它没有根据吧，根据还是有的；说它真实吧，里面又总有一些地方不那么真实。举个例子吧，比如你在日报写的文章，说我在长仕下乡的时候，与一匹马同住一个屋子，其实，是一匹驴。和马同住一个屋子，是在于村的时候。"

"有机会，我可以改正。"老季说。

我说："这不是什么大问题，改不改没有关系，我是告诉你当时真实的情况。"

过了不久，我又在晚报上看到他写的一篇，还是日报上那个内容，故事里讲的还是马，结尾处，马却变作驴。

我叹息一声：这就是老季改过的文章了，还不如不改。这一改，真成了驴唇不对马嘴。

我有些后悔和他谈这些琐事了。

还有，就是他在每篇文章里，都提到我在喝粥，在纵情大笑，并推演到医学上去，说是我的养生之道。他把稿子投给老年人的刊物。

我能活到现在，难道是因为喝粥？是因为乐观？是因为会养生？这真是天知道了。

老季的一片热心，我是领会的。惟有他这种创作方法，我很不同意。他好像也不认真、仔细地去读我的自述。自己的材料写完了，就用别人谈的材料，道听途说。

就在上面提到的那篇文章里，他还写到：在长仕，我见朋友问尼姑的年纪，就大笑起来。并告诫朋友，尼姑是最忌讳别人问她的年岁的，等等。先不用说，这种作风，非敝人所有，就是这点知识，也是看了他这篇文章才有的，过去并无所知。

前几天，他陪另一位朋友来看我。那天，我想到自己来日无多，这两位朋友，虽也是因时而交，来往至今，实属不易，动了感情。我说的话很多。其中也说到老季写的这种文章，大大小小，重复的，不重复的，都能发出去，不简单。

那位朋友说："老季人缘好。再说，别人也写不出来呀！"

芸斋曰：庸材劣质，忧患余生。蒙新旧友人不弃，每每以如椽之笔，对单薄之躯，施加重彩，以冀流传。稍知人情，理应感奋。然此交友之道也。如论艺术，当更有议。

艺术所重，为真实。真实所存，在细节。无细节之真实，即无整体之真实。今有人，常常忽视细节真实，而侈论"大体真实"，此空谈也，伪说也。

每一时代，有其风尚，人物言论随之。魏晋风度，存于《世说新语》。以后之作，多为模仿，失其精神，强作可人。此无他，非其时代，而强求其人，不可得也。

今春无事，曾作《读〈史记〉记》长文一篇，反复议论此旨，惜季君未曾读，或读之而未得其意也。

我想得到的，只是一幅朴素的，真实的，恰如其分的炭笔素描。[1]

这篇短文充分体现了孙犁晚年的艺术风格，一针见血，幽默诙谐，所运用的白描艺术手法已经达到了炉火纯青的地步，几个“小节”，就把人物刻画得入木三分。文章并没有写什么大事，只是列举了“老季”在撰写孙犁印象的几篇文章中，一些细节上的失真之处，最终得到结论：没有细节的真实，就没有作品整体的真实，也就没有作品的生命力。看似一篇不起眼的小文，却把一位作家的创作基本上否定了。李克明为此做出强烈的反应，也在情理之中。

这篇文章还隐藏着另外一位重要人物，就是一同造访孙犁的“另一位朋友”。这位朋友便是韩映山。韩映山每次到天津，都是先到李克明处落脚，然后两人一起再去看望孙犁。现在，孙犁写出了《朋友的彩笔》，李克明有一种要倾诉的欲望。11 月 20 日，他给韩映山写了一封信，信中说：前天，我特地找来该文，觉得孙犁同志对“老季”的刻画是很有典型意义的，批评了目前某些纪实文章所普遍存在的问题。文章的感情是诚挚的、与人为善的，对我的教育是很深刻的。如果“对号”的话，我为文的缺点、低能、错误、不当，是比“老季”还多的。有很多事情，我有负于孙犁同志的教诲和期望。

当然，李克明还是觉得有些委屈的：我对孙犁同志几十年来一直是极为尊重的……我写那些文章，本来是想作为对那些企图否定孙犁（有的见于文、有的见于行）的人的一种反击、一种维护（你们越反对，我们越是宣传），如果预计到孙犁同志不高兴，我是决不会写的。接着，申明了自己对此事的态度：今后，我会对孙犁同志更加尊重，还会经常去看望他。不过鉴于此等事和“拍电视”事，他对我可能余气未消（这两件事很巧的

---

[1] 孙犁：《朋友的彩笔》，《孙犁全集》第 9 卷，人民文学出版社 2004 年版，第 144—147 页。

合在同一时间），我可能晚些时候去。兄如给他写信，可劝他消消气。我对他（他是代表党的文学传统的老一代作家的）永远是尊重和维护的。

这封信反映了李克明性格的一侧面，他是理智的，也是圆熟的。信中表达了自己对孙犁几十年来一贯的尊重，甚至还表达了较为深刻的“自我批评”，也表明了绝不会因为这篇文章和孙犁决裂的态度。但是他现在不便登门向孙犁道歉，因为又发生了“拍电视”事件，惹恼了孙犁，两件事情叠加在一起，只好等一等再看。

“拍电视”事件与韩映山有关。保定电视台要拍摄一部有关保定作家群的系列专题片，孙犁虽然是安平县人，但从幼年开始便在安国和保定读书，文学创作起步于育德中学。抗战期间，以写白洋淀蜚声文坛，把他作为保定作家群的领军人物并无不当。保定电视台想通过保定市文联主席韩映山的介绍完成拍摄任务。韩映山深知孙犁的个性，于是写了封介绍信，让电视台的人先去找李克明，然后再由李克明带着他们去拜会孙犁。

孙犁对照相、拍电视等事情一向避之不及，他觉得照明灯一打，自己的脑血管就会爆炸。另外，脑病留下的病根，造成了他头部轻微晃动的毛病，越紧张晃动得越厉害。照相的时候，有些摄影师喜欢摆拍，越提要求，他就越紧张，最终导致他大怒，双方不欢而散。所以，他一直视拍摄为畏途。早在1986年，他就写过《谈照像》《照像续谈》等文，道出其中的苦衷。

李克明见到韩映山的介绍信，把事情想得简单了，大概没有事先联系，就带保定电视台的人到了孙犁那里。不出所料，孙犁不愿意拍，电视台的人不了解孙犁的性格，坚持要拍，结果惹得孙犁大怒，几乎是把他们轰了出去。

映山抚慰

接到李克明寄来的剪报和信件，韩映山一定很苦恼，李克明在信中把“拍电视事件”和《朋友的彩笔》联系起来，让他无形中产生了压力，而且李克明在信中提出："兄如给他写信，可劝他消消气。"分明是让他做中间调解。韩映山深知孙犁的脾气秉性，知道在这个时候是不能进言的，弄不好要引火烧身。拖了一些日子，12 月 2 日，他才给李克明写信，信中说道：看来，兄为此文，很受刺激，我看后，劝君不必如此。望兄不必对号入座，此乃芸斋小说也。并不是对你一个人说的，而是针对着一种社会文风说的。君不见，当前文风，在真人身上，胡吹乱捧。人红时，一朵花；人黑时，豆腐渣。对历史人物，也是如此。兄可细读"芸斋主人曰"那一段文字，你的扣子就解开了。和其他文章一样，是对事不对人的。再者，前边已交代，你是他为数不多、感情较深的朋友。

把《朋友的彩笔》看作"芸斋小说"有什么依据呢？韩映山并没有给出详细说明，大概就是"兄可细读'芸斋主人曰'那一段文字"这句话吧！但是韩映山未曾细究："芸斋小说"每篇末尾，的确有"芸斋主人曰"一段文字，类似于《聊斋志异》的写法；而在其他一些杂文中，结尾有时也会出现一些类似的文字，却是冠以"芸斋曰"三个字，两者是完全不同的文字。《朋友的彩笔》一文的末尾，出现的是"芸斋曰"，并非"芸斋主人曰"，这充分说明，孙犁是把《朋友的彩笔》当作杂文来看待的，绝不是什么"芸斋小说"。"芸斋小说"曾经结集出版，并有多个版本，没有任何一个版本收录《朋友的彩笔》。韩映山的说法，不过是安慰李克明而已。

在《朋友的彩笔》一文中，孙犁说：他们都是我因时而交的朋友。韩映山不知道孙犁要表达的是什么意思？他最担心的是：孙犁把他和李克明划归一类人，同等对待，这样就有些麻烦了。对这句话，韩映山有些神经过敏了，孟子曾赞许孔子是"圣之时者也"，这里的"时"是指随着形势的发展调整自己的行为。孙犁用这四个字形容他和韩映山、李克明的关系，并没有什么贬义，无非是说，和他们的交往无非是时代裹挟、机缘巧合而已。

韩映山在信中也委婉表达了自己对孙犁的一些看法：人老了，难免脾气有点怪癖，这是我近来体会到的。人确实无完人的。我们尽量多体谅吧！

接着，他提供一个佐证，就是请孙犁为白洋淀题写“荷花淀”三个字：白洋淀出来一片荷花，求我给孙犁写封信，去请他写几个字：荷花淀。我未细想，立即写了，他们带去求了，虽然未当面拒绝，然至今也未寄来，大概不会写了。我至今后悔，不该写此介绍信。他一定会埋怨我多此一举。我原以为他对白洋淀人会感兴趣的呢！犯了经验主义矣！最后他嘱咐李克明：劝君不要公开声明解释，何时去看他，见机会解释一下可也。

在给李克明写信的同时，元旦前后，韩映山给孙犁写过一封问候的信，可能谈到了《朋友的彩笔》一文。1991 年 1 月 6 日，孙犁在给韩映山的回信中说：“《朋友的彩笔》一文，虽非无的放矢，然亦毫无恶意。克明读后，似甚不快，多方辩解。可见写文章实在不易，而得罪人则甚易。”[1]

克明申辩

令孙犁感到不快的还有李克明对其“养生之道”的记述。尤其把他的喝粥和纵情大笑作为养生之道大为反感。李克明所写的那篇文章是《孙犁的日常生活》，发表在《长寿》杂志 1988 年第 4 期上，主要谈日常生活中的孙犁是如何“养生”的。例如，孙犁过着“布衣布鞋，粗茶淡饭”的日子，衣、食、住、行简朴得令人难以置信。与喝粥有关的文字是这样写的：“食：晨，玉米面粥或稀饭一碗，馒头一个，佐以酱菜（特别喜食保定槐茂酱菜）、酱豆腐、拌香椿等，偶有一小碟酱牛肉；中午多是面条（特别喜食饶阳金丝杂面），晚饭又是稀饭、玉米粥（加菜叶、蔓菁等）。午饭、晚饭吃炒菜多是豆角、茄子等应时蔬菜，有时加点瘦肉丝，未见他吃过“大鱼大肉”，也未闻他下过高级饭馆。主食除馒头外，也时有烙饼、包子。”[2]

---

[1] 孙犁：《书信・致韩映山》，《孙犁文集（补订版）》（9），百花文艺出版社 2014 年版，第 257 页。

[2] 克明：《孙犁的日常生活》，《长寿》1988 年第 4 期。

谈完衣食住行，文章中写道："在这样简朴得几乎'落后'半个世纪的生活条件下，老作家何以能够保持旺盛的艺术生命力，源源不断地推出打动读者心扉，在社会上产生强烈反响的新作呢？这似乎是个奥秘。但详察细思，我觉得，除去他的天赋、刻苦和精神素质以外，根据个人晚年情况自觉或不自觉形成并奉行的独特的'养生之道'（虽然孙犁自己不承认这个提法）也是不可忽略的重要因素。"克明总结了八点：开朗乐观；胸怀磊落；不尚虚名；生活规律；勤于读书；书法养性；花鸟鱼虫；石子及其他。[1]

孙犁可能认为，所谓的"养生之道"是对自己生活的一种"误读"，尤其是在他已经明确表示不承认自己有什么"养生之道"的背景下，李克明依旧这样写，只能导致他的不快。

尽管李克明对《朋友的彩笔》一文十分恼怒，在激愤中表示"再也不搭理孙犁了"，但是他没有和孙犁公开决裂，甚至还力求获得孙犁的谅解。1990 年 11 月 22 日，他给孙犁写了一封信，让自己的儿子送去，信中说道：您发表在《光明日报》11 月 4 日的《朋友的彩笔》，我已找来读了，您写的"老季"这个人物是很有教育意义的，感情是真挚的，善意的，我受到很深刻的教育。熟悉的同志都看得出来，文中的"老季"写的是我，有人还劝我"对号核查"。我写的几篇小文引起您的不高兴，我觉得十分愧疚。如果"对号"，我的为文、为人、缺点、错误比"老季"还多，实在有负于您的教诲和期望。当然，您文中有些事也可能记不清楚了，是小节。比如，我（"老季"）并没有在日报上发表过写您"在长仕下乡的时候，与一匹马同住一个屋子"的文章，康迈千同志 1980 年在《天津日报·文艺增刊》第二期发表的一篇文章里，倒是有过这个情节。迈千来信说，您

---

[1] 克明：《孙犁的日常生活》，《长寿》1988 年第 4 期。

读了还给他写过信。[1]

应该说，李克明的态度是诚恳的，但也是满腹委屈的。他用词十分谨慎，为的是不触怒孙犁，引起更为可怕的后果。他还是想维系和孙犁延续了大半生的友谊，不想因为此事导致两人关系的破裂，但又觉得心绪难平，因为他不是胡说乱写，而是有充分依据的，文章中一些细节，并非出自他的想象，而是孙犁好友康迈千的亲身经历。在信中，他抓住了孙犁文章中一个"张冠李戴"的错误，也进行了一下反驳，孙犁说的"在日报上发表的文章"，指李克明发表在 1990 年 6 月 27 日《天津日报》的《康迈千印象》；在《康迈千印象》一文中，并没有涉及"在长仕下乡的时候，与一匹马同住一个屋子"的情节。但是十年前，康迈千《爽朗笑声响耳畔——记孙犁同志二三事》发表在《天津日报》，倒是有这样的情节，李克明在《今晚报》上发表的《笑声》也有类似情节。可能是孙犁记忆出现了误差，把这两篇文章的作者都记成了李克明，因此说先是在日报上看到了"在长仕下乡的时候，与一匹马同住一个屋子"的文章，后来又在晚报上看到了同一内容的文章。对这一点，李克明进行了一下辩解，其实是在暗示：您所指出我所存在的问题，在您老身上照样存在！

看了李克明的信，孙犁托朋友带话告诉他，可写文说明情况。孙犁的态度是坚决的，没有任何妥协的成分。他没有直接给李克明回信，而是托朋友带话，这种做法是一种非正式回应。针对李克明提出的一些辩解，孙犁让他写成文章说明情况，其含义是：可以把分歧公开化。

李克明对《朋友的彩笔》一文一直耿耿于怀，并没有想以自己的高姿态结束这件事情。因此，他就《朋友的彩笔》写了一篇申辩文章。这篇文章没有发表，但手稿被保存了下来。

这篇文字应该是对《朋友的彩笔》一文的最终回应，也可以看作是李

---

[1] 李克明信件原稿。

克明留下的一份申辩书，颇有立此存照的意味。他深知孙犁文章的影响力，当自己进入晚年，文学生涯即将结束的时候，自己最为敬重的文学大家写出这样一篇文章，是出乎他意料之外的，对他来讲，也是一个巨大的打击。因为《朋友的彩笔》所否定的，不仅仅是马、驴之类的小事，而是李克明为之奋斗一生的文学事业。如果说李克明对此不恼火、不辩解，是有违人之常情的。

炭笔素描

1925 年 3 月 10 日，李克明出生于河北省饶阳县。1941 年在冀中根据地参加革命，先任河北省安平县、饶阳县小学的教员，1945 年参军，后在冀中军区第八军分区卫生部政治部、河北军区文工团创作组任文书，通讯干事、创作员。1950 年转业到河北省文联，任《河北文艺》杂志编辑、编辑组长，1952 年调北京任《华北人民》杂志编辑、编辑组长；1955 年并入通俗读物出版社，任《政治学习》月刊编辑、编辑组长。1957 年调天津人民出版社（后为百花文艺出版社）任编辑。1970 年起曾下放天津南郊咸水沽吕坨子支援基层建设八年，1978 年错划“右派”问题彻底平反昭雪，回百花文艺出版社任编辑部副主任、编审。1987 年底离休。

1958 年，李克明由天津人民出版社转入百花文艺出版社，编辑的第一部书稿，就是孙犁的中篇小说《铁木前传》。之后，他还编辑过孙犁的《津门小集》(1962 年)、《白洋淀之曲》(1964 年)、《晚华集》(1979 年)、《秀露集》(1981 年)、《澹定集》(1982 年) 等作品，1982 年，又和顾传菁、张雪杉、曾秀苍等一起编辑了《孙犁文集》。

李克明一直对孙犁敬爱有加，以孙犁为对象，写下了多篇文章。但是孙犁对他的创作一直颇有微词。1980 年 6 月，李克明撰写了《一个作家的足迹——孙犁创作生活片段》一文，初稿给孙犁看过。12 月 24 日孙犁回信，指出了文中不足，其主旨，是和《朋友的彩笔》一致的：

稿子草草看过，意见如下：

一、最好不要用“报告文学”的写法。

二、想当然的地方太多，描写多不确切。

三、所记时间、地点，直至引文，多有错误。

四、整个文章和题目不相符。

我想，要改个路子，力求有根据，确切第一，方于读者有益。

近来我很忙，身体也不好，率直提出以上各点，供你参考。稿子要大修改，再交刊物看看。[1]

李克明对这篇文章做了修改，发表在1981年第二期《长城》杂志上。这篇文章被多部孙犁研究论文集所收录，成为研究孙犁的一篇重要文献。但是从发表的文章来看，对照孙犁提出的意见，李克明肯定没有“改个路子”，进行“大修改”。

孙犁在《朋友的彩笔》中提出，自己在《读〈史记〉记》一文中，反复议论创作的真实问题，他十分认同班固对《史记》的评价：文直、事核、不虚美、不隐恶。孙犁认为，有志于文学创作的人，应把这十个字，写成座右铭，以其为尺度，时时衡量自己的文字。但是这并非轻而易举就能做到的事情，“因为这常常涉及许多现实问题：作家的荣辱、贫富、显晦，甚至生死大事。所以这样的文章、著述，在历史上就一定成为凤毛麟角，百年或千年不遇的东西了。”[2]

在这篇文章中，孙犁提出了史学道德的衡量标准，即求实、忘我。求实就要求有史才，“史才的表现，非同文才的表现。它第一要求内容的真实；

[1] 孙犁：《芸斋短简·致李克明》，《孙犁全集》第9卷，人民文学出版社2004年版，第242—243页。

[2] 孙犁：《读〈史记〉记（上）》，《孙犁全集》第9卷，人民文学出版社2004年版，第196页。

第二要求文字的简练。史学著作，能否吸引人，是否能传世，高低之分全在这两点。”[1]

“所谓忘我，就是忘记名利，忘记利害，忘记好恶，忘记私情。客观表现历史，对人对己，都采取‘死后是非乃定’的态度。”[2]

孙犁批评了当代人所写的史料，其动机不为存史实，而是为个人名利。在写作上也是道听途说，相互抄袭，以讹传讹，胡编乱造。这些观点，与《朋友的彩笔》是一脉相承的。他倡导的是“史笔”，并非什么“彩笔”。这种微言大义有谁能够深刻体会呢？

“史笔”不是说不能做文学描述，而是说描述要真实，脱离了真实，就成为“彩笔”了。当然，真实也是相对的，但是不能胡编乱造，无中生有。

孙犁的批评文章，使李克明大为不快：一是年龄大了，干了一辈子的事，却被否定；二是自己多年敬仰孙犁，写的又是颂扬他的文章，招来的却是批评，因此心里难以平衡。李克明人很老实，从外表到内心都是如此，他是一个质朴的人。但是他所写的孙犁印象记之类的文章，大多依靠二手材料撰写而成，这是他最为致命的缺陷。其实这种缺陷，在每个人身上都存在，李克明只不过和孙犁走得太近，从而充当了“典型”。

---

[1] 孙犁：《读〈史记〉记（下）》，《孙犁全集》第9卷，人民文学出版社2004年版，第215页。

[2] 孙犁：《读〈史记〉记（下）》，《孙犁全集》第9卷，人民文学出版社2004年版，第216页。

第三十三章　欲说还休

相忘江湖

1991 年 1 月 15 日，孙犁的好友康濯在北京逝世，终年七十一岁。康濯是在当代文学史上难以绕过去的一位重要人物。1949 年在北京参与筹办全国第一届文学艺术工作者代表大会；1950 年任中央文学讲习所副秘书长；1954 年任《文艺报》常务编委，中国作家协会书记处书记，党组成员；1958 年任河北省文联副主席、党组成员；1962 年 11 月任湖南省文联副主席。“文化大革命”中受到残酷迫害。十一届三中全会后复职。

抗日战争时期，在晋察冀边区，康濯和孙犁朝夕相处，结下了深厚友谊。得到康濯逝世的消息，孙犁流下了眼泪。1 月 18 日，孙犁致信康濯的夫人王勉思：“张学新来，惊悉康濯同志逝世，不胜哀悼。希望您节哀，保重身体。”1 月 19 日下午，写下了《悼康濯》一文，表示对康濯逝世的悼念。

从一九三九年春季和康濯认识，到一九四四年春季，我离开晋察冀边区，五年时间，我们差不多是朝夕相处的。那时在边区，从事文学工作的，也就是那么几个人。

康濯很聪明，很活跃，有办事能力，也能团结人，那时就受到沙可夫、田间同志等领导人的重视。他在组织工作上的才能，以后也为周扬、丁玲等同志所赏识。

他和我是很亲密的。我的很多作品，发表后就不管了，自己贪轻省，不记得书包里保存过。他都替我保存着，不管是单行本，还是登有我的作品的刊物。例如油印的《区村和连队的文学写作课本》《晋察冀文艺》等，“文革”以后，他都交给了我，我却不拿着值重，又都糟蹋了。我记得这些书的封面上，都盖有他的藏书印章。实在可惜。

“文革”以前，我写给他的很多信件，他都保存着，虽然被抄去，后来发还，还是洋洋大观。而他写给我的那两大捆信，因为不断抄家，孩子们都给烧了，当时我并不知道。我总觉得，在这件事情上，对不住他。所以也不好意思过问，我那些信件，他如何处理。

一九五六年，我大病之后，他为我编了《白洋淀纪事》一书，怕我从此不起。他编书的习惯，是把时间倒排，早年写的编在后面。我不大赞赏这种编法，但并没有向他说过。

他和我的老伴，也说得来。孩子们也都知道他。一九五五年，全国清查什么“集团”，我的大女儿，在石家庄一家纱厂做工。厂里有人问她：你父亲和谁来往最多？女儿不知道是怎么回子事，想了想说：和康濯。康濯不是“分子”，她也因此平安无事。

他在晋察冀边区，做了很多工作，写了不少作品。那时的创作，现在，我可以毫不含糊地说，是像李延寿说的：潜思于战争之间，挥翰于锋镝之下。是不寻常的。它是当国家危亡之际，一代青年志士的献身之作，将与民族解放斗争史光辉永存，绝不会被数典忘祖的后生狂徒轻易抹掉。

至于全国解放之后，他在工作上，容有失误；在写作上，或有浮夸。待人处事，或有进退失据。这些都应该放在时代和环境中考虑。要知人论世，论世知人。

近些年，我们来往少了，也很少通信，有时康濯对天津去的人说：回去告诉孙犁给我写信，明信片也好。但我很少给他写信，总觉得没话可说，乏善可述。他也就很少给我写信，有事叫邹明转告。康濯记忆很好，比如抗日时期，我们何年何月，住在什么村庄，我都忘记了，他却记得很清楚。他所知文艺界事甚多，又很细心，是个难得的可备咨询的人才。

耕堂曰：战争时相扶相助，胜利后各奔前程，相濡相忘，时势使然。自建国以来，数十年间，晋察冀文学同人，已先后失去邵子南、侯金镜、田间、曼晴。今康濯又逝，环顾四野，几有风流云散之感矣！[1]

这篇悼文写得很坦诚，以叙述与康濯的友谊为主，但也表明两人有一个“从相濡以沫”到“相濡相忘”的过程，最终的结果却是“相忘于江湖”。在对康濯的评价，虽然不乏赞美之词，但“至于全国解放后”那段文字，写得也很不客气。如果家属心胸狭窄，或者理解片面，是很难接受的。尽管有人向康濯的夫人王勉思提出，孙犁直言不讳地指出老友的缺点，这在悼文中是十分罕见的，但王勉思还想方设法使这篇文章流布。

我非常珍视这不足两千字的短文，在我编康濯纪念集时，我把他放在了第一篇，当时有好心的同志认为不合适，我仍坚持不改。当我在见到孙犁同志时，说起这一过程，他淡淡笑，说纪念集我都看了，因为人太熟了，才这样写。[2]

康濯逝世后，王勉思费尽周折，筹备出版了《康濯文集》，她原想让孙犁为文集写一篇序言，但是孙犁已经生病住院，不能再执笔为文了，况且在多年前，孙犁就已经公开声明，不再为他人作序。王勉思回忆说：

回到北京我突然聪明起来，孙犁同志有两篇关于老康的文章，一篇是1949年9月写的《亲家》，是颇有见地谈老康作品，兼论及现实主义创作的，另外一篇就是《悼康濯》。他和老康两人关系的，有这两篇作为代序，

---

[1] 孙犁：《悼康濯》，《孙犁全集》第9卷，人民文学出版社2004年版，第277–279页。

[2] 勉思：《半世纪，战友情》，《文艺报》2002年7月27日。

那不就很好。我真为老康庆幸，也为他的纪念集、文集庆幸，序文不但为书增色，也是为了解研究康濯和那一代人的史料。[1]

王勉思之所以这样做，说明她对孙犁这篇悼文是认可的，对文中所指出的康濯的缺点是接受的。在一篇回忆康濯的文章中，王勉思说："在政治运动中'左'的指导思想占上风时，你常被搅进旋涡里不知所措，有时还伤害了别人。"她再一次提到孙犁《悼康濯》一文，认为写得十分中肯："虽然有一位好心的同志认为不应该在悼文中再写缺点，我仍坚持把它放在了纪念集的第一篇。尽管同志们客观地分析这些事，但这仍让我感到做人非常尴尬。"[2]

孙犁这样评价进城后的康濯，自然有他的依据。丁玲、陈企霞"反党小集团"之所以能够迅速定案，和康濯在当时的揭发不无关系。

康濯和丁玲的关系是十分密切的，和周扬也有很深的渊源。康濯奔赴延安，是读了丁玲在延安写的《一颗未出膛的枪弹》后萌发的强烈愿望。1938年8月，康濯到达延安，考上"鲁艺"文学系，周扬给他们讲文艺理论。在一次创作实习中，康濯写了一篇散文《哨兵》，在六十多篇作品中脱颖而出，被周扬拿出来点评。周扬认为，几十篇作品中，很少反映新生活，只有康濯的《哨兵》写了陕甘宁边区的新生活、新人物，语言、文字读起来也是可以的。当时丁玲也给他们上课，鼓励他们到前方去，到群众中去，到新的抗日斗争中去。1939年夏天，康濯随华北联合大学到达阜平，结识了孙犁，他们在山沟里共同生活战斗了五年。

1949年，康濯参加筹备全国文艺工作者第一次代表大会，任起草委员会秘书。全国第一次文代会召开不久，中国文联与文化部着手建立中央文学研究所，丁玲是筹委会主任委员，指定田间、康濯具体负责筹办。

---

[1] 勉思：《半世纪，战友情》，《文艺报》2002年7月27日。

[2] 勉思：《吹尽狂沙始见金——怀念康濯》，《新文学史料》2002年第2期。

1951 年，中央文学讲习所正式成立，丁玲任所长，田间和康濯任正副秘书长。1953 年丁玲辞去所长职务，改由田间担任，康濯则调离文学讲习所。

1949 年召开第一次文代会期间，《文艺报》以大会会刊的形式出版过十三期。第一次文代会结束后，丁玲要求把《文艺报》办下去，由她和陈企霞、萧殷做主编。1952 年，丁玲主动退出，推荐冯雪峰担任主编。康濯调离文学讲习所后，于 1954 年秋担任《文艺报》常务编委，后来又任中国作协书记处书记、党组成员。

1954 年，《文艺报》在《红楼梦》研究的思想批判运动中比较被动，主编冯雪峰受到批判，《文艺报》受到整顿，由康濯、刘白羽、侯金镜、黄药眠、王瑶、冯雪峰、秦兆阳等七人组成新的编委会，由康濯负主要责任，不设主编。

1955 年夏，在批判陈企霞等人的时候，丁玲作为《文艺报》前任主编，也受到了批评，并作了检讨。1955 年 6 月底，关于胡风的第三批材料公布后不久，康濯等人向中宣部写报告“揭发”丁玲、陈企霞等人的问题，《丁玲传》对此有过简略概述：

康濯说，他对丁玲的意见是，“认为丁玲是严重的自由主义，认为她的自由主义有些不择手段和不利于团结”，其表现主要是散布对周扬的意见。最初引起康濯注意的，是写批评萧也牧文章的“李定中”就是冯雪峰这件事“都隐瞒了周扬同志”，这让他“第一次明确感到有点儿紧张”。后来他曾经“从支书的责任”，“向她表示她有错误并劝她检讨或向党写个书面检讨”，“希望她主动一些，免得麻烦”，但他的建议“遭到了拒绝”。他也“曾和田间同志一道劝她有意见要找周扬同志谈谈，而她也总说她谈过，有些事谈得通，有些事谈不通”。这让康濯感到，“我要再不向党反映丁玲的情况就将向党负罪”，“于是我向党谈了丁玲的问题”。他以为反映情况以后，“党内开几次小会，严格地批评丁玲一下，别的领导同志也检讨检讨就行”，“丁玲是会接受批评、改正错误，专心去搞创作的”，而“周扬同志等也有缺点错误，只不过丁玲错误更为严重”。康濯并不赞成作协党组召开大会揭发批判丁玲，“为什么不给她开开小会或好好地同她谈谈就开扩大会议跟她斗”，“开小会或好好谈谈会容易解决问题些”，“党斗得过火了”。[1]

1955年12月，“丁、陈反党小集团”基本定案。

1957年，康濯在《收获》创刊号上发表了中篇小说《水滴石穿》，作品围绕中年妇女申玉枝在恋爱、婚姻、入党问题上所遇到的重重阻力，描写了人们不断克服封建残余意识，对某些蜕化变质现象进行斗争的故事。随着反右斗争扩大化，小说遭到不应有的批判，认为小说批判官僚主义等于“暴露黑暗”，结局“灰黯”，描写爱情过多过细等等。

《水滴穿石》遭到批判后，康濯调到河北省文联工作，兼任徐水县委副书记。当时河北省会在保定市，北面就是徐水县。这个县在当时是闻名全国的“跃进”典型，康濯以特约记者身份所写的《徐水人民公社颂》一文，披露了徐水县“大跃进”的业绩。[2]

康濯的工作开展不错，创作成绩也很好，但他突然调到了湖南省文联工作。起因是湖南文学创作很不景气，没有一个扛大旗的作家。于是决定抽调几位湖南籍的著名作家回家乡。最后选中了四人：周立波，因长篇小说《暴风骤雨》荣获1951年度斯大林文学奖；康濯，创作有长篇小说《东方红》，时任河北省文联副主席；蒋牧良，20世纪30年代初加入“左联”的小说家；柯蓝，十六岁参加革命、鲁迅艺术学院文学系毕业的作家。

回到湖南后，周立波任湖南省文联主席、党组书记，康濯任省文联副主席、党组副书记，蒋牧良任文联副主席，柯蓝担任了湖南省文化局副局长。湖南省委还给四位作家每人修了一幢四百多平方米的别墅。1965年，

---

[1] 李向东、王增如：《丁玲传》，中国大百科全书出版社2015年版，第491页。
[2] 康濯：《徐水人民公社颂》，《人民日报》1958年9月1日。

开始批判大连会议上所倡导的“写中间人物”论，林默涵、邵荃麟、康濯、方纪被公开点名。1966 年春，经湖南省委批准，《湖南日报》刊登文章，点名批判康濯。康濯搬出了“作家楼”，住进省文联靠东头的三层楼二楼一个小套间。

“文革”中，康濯遭受到残酷迫害，身体也受到严重损害。他患有严重的哮喘病、肺气肿，很不适应长沙的气候，每年冬天都要住院。在一些老同志的帮助下，1987 年，疾病缠身的康濯调回北京，主持中国作协创联部工作，从事专业创作。但是回京后面临的一些实际问题并没有得到很好的解决，一些调回北京的人都陆续分到了住房，康濯却没有分到，很长一段时间，他只好住在文讲所的招待所。逝世前一个月，他给担任中国作协党组书记的马烽、担任副书记的玛拉沁夫写了一封信，为自己争取住房。

写完这封信不久，1991 年 1 月 15 日，康濯因重病而猝然辞世。在他逝世的前四天，马烽在他的封信上写下了这样一段批示：康濯同志的住房，其中有一间是与另一户合住的，经常发生一些纠纷。他本人有病，又有一个有病的孩子。前书记处负责同志早已答应解决，在这次分房中，我意尽可能解决为好。请转玛拉同志阅办。康濯逝世后，玛拉沁夫在信上批示：人已仙逝，此事不要再扯皮了，就按马烽同志的批示照办。

进入新时期，孙犁很少主动和康濯联系。尽管康濯不断托人带话，让孙犁给他写信，但是孙犁几乎没有动笔。要知道，孙犁是很喜欢写信的，即便到了晚年，与老同学的通信也是十分频繁，他不是不能写而是不愿写，不愿写的原因是无话可说，乏善可陈，其实这就是相忘于江湖的一种状态。

丁玲逝世后，1986 年 3 月 11 日，康濯写了一篇名为《情忆开国之初——最后送别丁玲同志》的文章，回忆了在丁玲的领导下创办文研所的经历。在文章的最后，提到了那件不可回避的事件，丁玲表示一定程度的理解，并要他好好接受教训。

在《悼康濯》一文中，孙犁对康濯有所批评，但同时提出“这些都应该放在时代和环境中考虑。要知人论世，论世知人。”这种说法仿佛很客观，但把导致行为结果的主要原因归结为外在因素，实际是一种开脱。孙犁一定是有心结的，所以与康濯相忘于江湖。但是旧日情感尚在，康濯不仅没有成为《芸斋小说》的主人公，而且还获得了一篇悼文，应该说是难得的。

死里逃生

1991年3月25日，孙犁写作“芸斋小说”《心脏病》，发表于当年4月13日的《光明日报》。4月15日，写作“芸斋小说”《忆梅读〈易〉》，发表在当年5月3日的《羊城晚报》。7月22日，写作“芸斋小说”《无题》，发表于8月30日《新民晚报》。这是孙犁创作的最后一组“芸斋小说”。

《忆梅读〈易〉》是对逝去的爱情的追忆，是对自己负心的自责，是对自己爱恋对象的忏悔。《无题》则是因自己投身抗日，壮年远行，背井离乡，抛舍年迈父母、青春发妻、幼小儿女，对他们没有尽到自己责任的忏悔，同时还有因自己的情感游离，对发妻的忏悔。

在这两篇作品中，孙犁塑造了一个理应受谴责的自我形象，他既对不起自己爱恋的女学生，也对不起自己的家人，尤其是妻子，他做了很多错事和鲁莽事，理应受到惩罚。这两篇作品都可以看作他的“自悼文”。

1992年1月30日，写作《残瓷人》，发表于1992年2月17日《人民日报》。这篇文章借助“小瓷人”这一载体，更加凸显了作家内心的“残破”意识。1951年，孙犁访苏的时候，买回来一个小女孩的白瓷造像，小女孩梳着两条小辫，只穿一条黄色短裤，一只手捧着一只小鸟，另外一只手往小鸟嘴里送食。孙犁很喜欢这件瓷人，当一位老战友看中它时，孙犁竟用一幅董寿平的杏花立轴，把它换了下来。经过破“四旧”、抄家、唐山大地震，小瓷人都安然无恙。但是，他住的房子经常漏雨，一天夜里下雨，掉下一大块天花板的边缘，砸断了小瓷人的两只手臂。孙犁不忍抛弃，找来胶水，对着阳光，把小瓷人的断臂修好。

搬家后，我把小瓷人带入新居，放在书案上。不知为什么，我忽然有些伤感了。我的一生，残破印象太多了，残破意识太浓了。大的如九一八以后的国土山河的残破，战争年代的城市村庄的残破。“文化大革命”的文化残破，道德残破。个人的故园残破，亲情残破，爱情残破……我想忘记一切。我又把小瓷人放回筐里去了。[1]

进入 1993 年，孙犁的身体越来越不好。到了 3 月，他在居室的门上钉了一张字条：病了，有事请到 302。这回病得不轻，肚子疼，伴随腹泻，一直不见好转。到了 5 月，他穿着小棉袄还是觉得冷，家人、朋友和报社同事都劝他去医院，他只回答两个字：“不去！”

很快出现了不好的征兆，他的大便中发现了潜血，但他依旧不肯去医院。家人非常着急，报社也紧张，一方面给市委宣传部和市委写报告，一方面和市卫生局联系，请求他们帮助。市委领导很快做出批示，要求抓紧诊断，精心治疗，让孙犁早日康复。市卫生局和一中心医院一致的意见是：赶紧住院，只有这一条路。

孙犁不肯去。他对报社领导说：“我想了，如果肚子里真长了什么，这么大岁数，身体这么弱，心脏又不好，经不起折腾了。我不去医院了，就是去了医院，真折腾一下也没什么用。我不愿意受那份痛苦。”[2]

在众人的劝说下，加之病症越来越厉害，孙犁终于同意过完生日（5 月 26 日）去住院。5 月 24 日晚上八点，他突然晕了过去，报社急忙请了大夫到家诊治。25 日上午，孙犁被送进了一中心医院。他几十年没进过医院的门，印象中的医院病房依然是好几十人挤在一间小屋里。到了为他准备的病房，发现可以与高级宾馆的客房相媲美，除了那张病床，看不出一

---

[1] 孙犁：《残瓷人》，《曲终集》，人民文学出版社 2012 年版，第 28–29 页。

[2] 邱允盛：《孙犁就医志》，《天津日报》1993 年 7 月 22 日。

点病房的样子，房间是精装修过的，不仅有沙发、电话、电视和卫生间，还有一个小厨房。孙犁很高兴，紧张的情绪得到了一定缓解。

经过一周的营养补充，孙犁的身体状况有所好转。但到了6月11日，却再也吃不下什么东西，每天只能喝点牛奶和米汤，人已经瘦得皮包骨头。为了查清病因，医院决定给他做钡餐检查。这次，孙犁配合得很好。检查过程中看得清清楚楚，胃幽门严重梗阻。保守治疗根本不行，必须手术。

孙犁坚决拒绝手术，并要求立刻出院。医院将孙犁的病情报告天津市委，市领导指示：请专家再会诊一次，权衡手术治疗的利弊，务请各方面认真配合。一中心医院又请天津市肿瘤医院的专家进行会诊，认为手术治疗为最佳选择。

6月16日，一中心医院副院长于明堂、《天津日报》社长邱允盛、《今晚报》总编李夫和孙晓达就孙犁的进一步治疗进行专题研究。孙晓达表示：父亲多次说不愿手术，不愿受痛苦。因此家属的意见是："不手术，不化疗，不做胃镜，同意积极地采取支持疗法。"

6月18日，在市卫生局领导主持下，对孙犁的病情进行第三次专家会诊。参加会诊的专家有：天津普外一把刀吴咸中院士，南开医院鲁焕章院长，津医二附院李庆瑞主任，一中心于明堂副院长，内科张久山主任、吴汝莲主任，营养科王其芳主任。会诊的结论是：不要犹豫，赶紧手术。[1]

吴咸中院士认为，错过这次手术时机，病情发展很快，幽门很快被堵死，将会导致呕吐。那时的痛苦比手术要厉害得多。他说："根据我的经验，对七八十岁的老年人来说，切除转移癌之后，残留的癌细胞再生比年轻人慢。像孙犁同志这样的胃癌做切除手术，再等到残留癌细胞增生，危及生命，至少需要两三年的时间。说不准，弄好了，还可能跨世纪呢！为什么放弃

[1] 邱允盛：《孙犁就医志》，《天津日报》1993年7月22日。

手术？做！”大家一致同意吴咸中院士的意见。[1]

6月19日，邱允盛、李夫和孙晓达一起去做孙犁的工作，李夫主攻，邱允盛帮腔。李夫趴在他的病床前劝他手术。孙犁怕痛苦，坚决不肯，几次摆手说：“我太痛苦了，你们不了解我，我实在受不了了，只希望早死，我摸电门的念头都有。我不手术。”[2]李夫对他说：“1973年，我做胃切除手术时，吴咸中保证说，‘我让你无痛苦地度过手术。’我就是请吴咸中和鲁焕章给我动的手术。从开刀到缝合，只用了四十分钟，一直到拆线，根本没有疼过。”孙犁不信：“哪会呢？”李夫说：“专家就是这么神。”

恰好这天，刚从中纪委常委岗位上退下来的李之琏，带着儿子和侄子到医院看望孙犁。躺在病床上的孙犁非常激动，紧紧握住他的双手，说：“之琏，天这么热，你大老远来看我，我很感激。”他眼里含着热泪说，“咱们同学一场，从头到尾见了面，你也要多保重呀！”孙犁说这话，分明是诀别的意思。李之琏眼圈红红的，坐在他身边，声音哽咽，不住劝慰他，让他听从大夫的意见。后来，李之琏走到屋外，捂着脸抽泣，哭得非常伤心。心情平静之后，他向孙犁的儿女们询问了治疗的情况，当他得知从报社到市委，对孙犁的病情十分关心，还专门成立了专家治疗组时，才略微放心。孙犁虽然重病在身，依旧关照孙晓达安排午饭招待李之琏他们，还让李之琏留下地址，说让孩子们给他写信，报告自己的情况，免得牵挂。

6月20日，孙犁终于同意手术。市领导专门到医院看望，对他进行鼓励。孙犁对市领导的关心连连表示感谢，他说：“我从1956年起就神经衰弱，有神经官能症，我自己对自己最了解。别人对我的了解，都是道听途说，

[1] 李夫：《孙犁同志，您走好》，《今晚报》2002年7月14日。

[2] 邱允盛：《孙犁就医志》，《天津日报》1993年7月22日。

希望医生们作决定时能考虑到这一点。”[1] 下午，有关专家对孙犁的病情进行了第四次会诊，确定了手术方案，决定吴咸中院士上手术台指导，南开医院院长、急腹症专家鲁焕章主刀。

6月24日上午8：30，孙犁被送进手术室，九点开始手术，十一点手术结束，整个过程非常顺利。

手术后，孙犁恢复得很快。有一天，他对孙晓玲说：“听说把一位八十岁的老人治好了，北京有两位，一位画家，一位水电部副部长也要到天津做手术，你说这社会效益有多大。”他还说：“我是怎么同意手术的呢？当时吴大夫告诉我，我要是不做手术也会很痛苦，要呕吐，那很痛苦。”报社社长邱允盛告诉他：“吴大夫第一步让您跨世纪，第二步到百岁，说您的肝像六十岁的，肾、胰都很好。”听到这个消息，孙犁情绪高涨，说话也多了，与手术前的精神面貌大不相同，对战胜疾病充满了信心。

7月13日至14日，中国社会主义文艺学会和河北省文联共同举办的“孙犁文学活动六十周年学术研讨会”在安新县白洋淀举行，四十余位作家、诗人、评论家和文学编辑出席了会议。

河北省委宣传部副部长、中国社会主义文艺学会副会长周申明在开幕词中讲道：孙犁开创了当代文学史上重要的文学流派——荷花淀派，影响和带动了一大批文学青年，是中国现当代文学史上的大家。

著名诗人贺敬之在发言中说，孙犁较少片面性和局限性。进入新时期的今天，孙犁的作品仍然是社会主义文艺的杰出代表。孙犁的文学创作表明了社会主义文艺是一个不可抹杀的事实，是有成就、有发展、有希望的。

著名作家魏巍说，孙犁的作品达到了真善美的统一，把战争年代冀中平原的风俗民情，把人民群众的斗争性和共产党人的党性融化在优美的艺

---

[1] 邱允盛：《孙犁就医志》，《天津日报》1993年7月22日。

术之中，有着浓郁的乡土色彩和诗情画意，读来是一种美的享受。

著名作家徐光耀说，孙犁把思想都包藏在美里。他笔下的人物以少妇刻画得最出色。

著名理论家陈涌说，孙犁把白洋淀地区当作自己长期生活的基础，对这个地区的人民群众有深入的了解和深厚的感情。他在人民的生活中找到了自我，在自我中融进了时代和民族精神，他善于从平凡的生活中找到不平凡的东西。[1]

1993 年 8 月 2 日，孙犁出院，在家中休养。9 月 1 日上午，韩映山与李克明、张学新等人到家看望孙犁。保姆杨玉珍说，他正在吃饭。于是大家在另一间屋子等待。不一会儿，孙犁招呼大家进屋，大家迫不及待地走进去，看到孙犁缓缓站起来，人瘦了很多，依然憔悴，但精神很好，他让杨玉珍给大家摆座、倒茶。

孙犁说："这次算是拾了条命。不动手术，没活路了。当时，学新、润身去医院看我，我说，这是最后一次见面了。润身郑重地鞠了一大躬，活像向遗体告别。当时，什么也不吃了，不光瘦，脸色都是黑的。手术很好，现在，好像换了一个胃，什么也愿吃，每天一次大便，不过，伤筋动骨一百天，现在还十分弱，八十岁的人了，一年能恢复就不错了。"

张学新谈起前些天《文艺报》发表的秦兆阳写给孙犁的信，孙犁说："写得很好，还是老同志了解我。我剪了下来，收存了。"

那封信，韩映山也看过，记得有这么一段话，说孙犁"几十年来没有整过人，没有'左'旋右转，没有赶时髦浪头，没有偏离真理，没有趋附投靠，没有搞小圈子，没有拉选票争风头；常常能够头脑清醒地认识周围环境，因而能够自持自守；特别是，最近几年老当益壮，在混乱的文艺思

---

[1] 晓石：《孙犁文学活动 60 周年学术研讨会在白洋淀举行》，《文艺理论与批评》1993 年第 5 期。

潮冲击文坛之时，能够挺身而出……这就是孙犁的正气和清纯的风范，唯清纯始能持正，因正气更显清纯”。

大家谈到了贾平凹的《废都》，孙犁问写的什么？韩映山大致说了说，孙犁未表态。谈到白洋淀的情况，他很高兴，学新叫他看了看照片。大家提出要照张合影，孙犁爽快地答应了，但是说别折腾我，意即不要摆弄他。

文集初成

尽管躲过了一劫，但是他还是感觉到了死亡的阴影，他觉得到了对自己的一生进行总结的时候了。身体逐渐恢复之后，他又提起笔来写下一些文字。1993 年 11 月 1 日，在《题文集珍藏本》的文字中，记下了一年前，百花文艺出版社送来《孙犁文集》珍藏本时，自己的所思所想：

有好几天，我站在书柜前，观看这一部书。

我的文学的路，是风雨、饥寒，泥泞、坎坷的路。是漫长的路，是曙光在前、希望的路。

这是一部争战的书，号召的书，呼唤的书。也是一部血泪的书，忧伤的书。

争战中也含有血泪，呼唤中也含有忧伤，这并不奇怪，使人难过的是：后半部的血泪中，已经失去了进取；忧伤中已经听不见呼唤。

渐渐，我的兴奋过去了。忽然有一种满足感也是一种幻灭感。我甚至想到，那位女编辑抱书上楼的肃穆情景：她怀中抱的那不是一部书，而是我的骨灰盒。

我所有的，我的一生，都在这个不大的盒子里。[1]

---

[1] 孙犁：《耕堂题跋·题文集珍藏本》，《孙犁全集》第 9 卷，人民文学出版社 2004 年版，第 515 页。

1994 年春节，《人民日报》编辑刘梦岚回天津过年，大年初四给孙犁拜年，孙犁把这篇《题文集珍藏本》交给了她。刘梦岚读后，郑重收好。她发现，窗台上的那盆仙客来，开得红灿灿的，书柜旁的一个书法镜框里，是由人录写的一首诗："年逢八旬动刀兵，心腹顽疾一朝清。养精漫步跨世纪，蓄锐正当百岁翁。"这是吴咸中院士为孙犁写的一首诗。

刘梦岚问他最近在读什么书，孙犁说了一大串名字，竟有二十一种之多。他的很多读书笔记都是这次大病之后写的。看到书橱的顶上放着孙犁题写的"大道低回"书法镜框，刘梦岚问他这四个字的出处，孙犁告诉她，这是汉代扬雄的话，并耐心给她解释了这四个字的含义。

三个月后，刘梦岚和同事小罗来天津办事，又一起拜访了孙犁。那天，孙犁戴着套袖，正在阳台上摆弄花。她环顾了一下客厅，吴咸中教授写的那首诗不见了，换上了一幅素雅的国画，画的是萝卜白菜，上面题写着一行小字：朴而不华，淡而有味，清清白白，绵甜香脆。孙犁告诉她们，这是一位素不相识的作者寄来的，他喜欢这幅画，镶在镜框里，千方百计打听到人家的地址，给人家写了回信。

1994 年 3 月 23 日《天津日报》发表了孙犁七千余字的长文《读画论记——耕堂读书记》。文末注曰："1994 年 3 月 13 日（阴历二月初二），外面大风，窗前阳光甚暖。至此，本文结束，盖自旧历年后，余开始读书为文，已近一月矣。"这篇文章显示了孙犁渊博的绘画书法知识，阐述了他在文学艺术方面的真知灼见，在艺术规律、艺术创新、文学评论和文人画等方面做出了精辟论述。

1994 年 4 月 18 日，韩映山到天津参加梁斌从事文学活动六十周年研讨会。这天上午，他与徐光耀和段华一起去看孙犁。孙犁刚理完发，领子还翻翻着。

见到徐光耀，孙犁有些激动，说："咱有三十年不见了。映山来我知道，没想到你来。你这么瘦呀？有什么病，家里有什么事？"

光耀说："我有冠心病，为孩子的事操心。"

孙犁一摆手："咳！孩子们的事，管他们干什么？就是别管。"

韩映山说，听学新说，您怕来人多了，自己招架不住，出冷汗。

孙犁点点头："是，怕来人多。不过，要来的人，怎么也挡不住。毕竟动了一次大手术，身体还是虚弱，到现在我还没下过楼呢！"

谈起《孙犁文集》精装本校对，孙犁说："前四本好，后三本净出错，居然丢排一本书，有的还拉行。每次送稿，叫一位女同志用尿布包来，映山还说，有童子尿。"

韩映山问他看过《废都》了没有？孙犁说："没有看过，我说没看就没看。"停了停又说："有些作者，原先都不错的，就是这些年评论不正常，一味地吹捧，使一些发红的作者滑落了。"他说了几个青年作家的名字。大家都不吭气。孙犁又笑道："映山一直没变，就是因为一直不红，红了以后，没准也得变。"

韩映山有些窘迫地笑了："我不光不红，头发也白了。"

大家笑了起来。停了一下，他又对孙犁说："您给某某的信，写得那么委婉，含蓄。这不是您的风格。以前您不这样。"

孙犁笑着说："我也怕得罪人呀！不能老叫孙犁得罪人呀！"

合影时，孙犁也让大家坐下，都一把年纪了，不要站着，他说："你们不坐，我就不照了！"

下午，刘宗武陪林默涵、贺敬之、曾镇南、杨润身来看望孙犁。

一见面，孙犁就说："默涵同志，那年批丁玲，天津让我发言，我正为难的时候，是你解脱了我，说我身体不好，我特感谢您！"

谈到当前文艺界的吹捧之风，大家感觉很不正常，应该扭转。孙犁把那些善于抬轿子的人称之为"托"，还说，天津过去有托姐，专门捧角。我想给这些人叫"老托"。可是，容易跟托洛斯基混淆在一起。叫"托翁"，也不妥，容易误解为托尔斯泰。大家哄笑起来。孙犁严肃地说：托的结果，是害了一批有才华的作家，使一些本来不错的青年，走了下坡路。

魏巍夫妇也来参会，在宋曙光的陪同下来看望孙犁。对于魏巍夫妇来访，孙犁十分高兴，他让魏巍夫妇坐在自己的左右，询问他们的身体和生活情况，魏巍的老伴儿刘秋华是安平县人，和孙犁同乡，两人还聊起了很多家乡的事情。宋曙光为三位老人拍了张合影，他没有想到，这是孙犁在晚年留下的最后一幅完美的形象。

虽然身体恢复得很快，但毕竟年事已高，精力大不如前，对写作也变得有些心灰意懒。但是他还是喜欢写信的，尤其和老同学的通信。1989 年，退休以后的邢海潮回到家乡河北赵县，参与县志的编撰工作，在与同事闲谈过程中，得知孙犁就是孙树勋时，十分兴奋，很快写了封信寄给孙犁，从此，开始了与这位育德中学同学长达数年的书信交往，到 1995 年，孙犁写给这位老同学的信件多达八十四封。

当初，从育德中学高中毕业后，孙犁到北平流浪，邢海潮考上了北京大学中文系，两人时常见面，后来孙犁离开了北平，接着爆发了抗日战争，两人断了联系。从北京大学中文系毕业后，邢海潮考取了公费留法生，由于“七七”事变，他被阻隔在北平，未能到上海登轮远航，留学成为泡影。后来，他到太行山区参加了抗日战争。抗战胜利后转入教育界和新闻界工作。“文革”中也遭受了冲击，1986 年退休回到老家赵县，参加《赵县志》《赵县地名志》的编纂工作。他的妻儿都已过世，自己一个人过活。

孙犁得知他的境况后，给予了他很多帮助，不仅给他汇去了钱，而且鼓励他撰文写稿，自己代为推荐，使他的稿子在《天津日报》《今晚报》等报刊发表。同时，向百花文艺出版社社长郑法清等人推荐了邢海潮，数年间，邢海潮为该社审校了三百余册文艺图书。郑法清和总编室主任张爱乡、秘书方陆玉等人还专程到河北赵县看望过他。

孙犁的帮助，不仅解决了他的经济收入，而且充实了他的精神生活，他先后撰写了数篇和孙犁有关的文章，发表在各大报刊。孙犁也写了《老同学》一文，发表在1990年12月11日的《光明日报》上。文章深情回忆了他们的青年时代，叙述了两人晚年的交往。两人的书信来往，一直持续到1995年6月孙犁不再写作为止。

与孙犁取得联系的育德中学同学还有鲁承宗。中学时代，孙犁对鲁承宗多有照顾。中学毕业时，孙犁将所有的英文书籍都留给了他。后来，鲁承宗毕业于西北工学院，学的是土木工程专业。1951年，他加入中国民主同盟，在抗美援朝爱国运动中，他一连四个月没领工资，全捐献了，被评为抗美援朝模范，受到主持川北区工作的胡耀邦接见；为了四川南充市的规划，鲁承宗带领学生，一个多月测完全市1∶2000地形图，并画了火车站、飞机场、水厂、电厂、沿江码头的位置，胡耀邦再一次接见了他；1952年修建阆广公路，他带领学生一个暑假测完一百二十公里，交出全套图纸资料；1957年，作为一个爱国的知识分子，鲁承宗却被打成右派。粉碎"四人帮"后，他的右派问题及时得到了纠正。1984年，鲁承宗参加智力支边，到四川西南部的凉山州工作，创办了凉山大学，并请胡耀邦题写了校名。

1990年，鲁承宗偶然了解到了孙犁的信息，立刻给他写了信。接到鲁承宗的信件后，孙犁大为高兴，立刻给他寄信、寄照片和个人小传。

两人通信频繁。鲁承宗给孙犁写的信都很长，他爱好运动，看到孙犁在信中经常述说自己的病症，便向他传授一些养生之道，有时还对孙犁自身的一些缺点提出一些规劝意见。例如在1995年的一封信中，鲁承宗这样写道："养病要能静下心来，心情舒畅。要想身体年轻，首先要心理上年轻。多年了，你有些清高孤僻，接触的人少，觉得拉拉扯扯，怪俗气的。现在人老了，就要想开一点。当然不要太劳精力，偶尔闲聊一聊，东拉西扯的，也是需要的，它可以净化人的思虑、烦恼，变换一下精神生活。你不要认为胡扯一阵有啥意思。你常和儿女、孙辈聊天儿吗？这是天伦之乐。你应当主动地，多和他们谈谈，他们也应该和你报告些见闻。多和年轻人谈，我们会年轻一些。”[1]

1996年，鲁承宗专门到天津来看望了生病的孙犁。孙犁中午接到电话，一下午都在兴奋地等待，直到傍晚，鲁承宗才披着雪花踏进门来。寒暄之后，孙犁发现，自己这位小同学仍然是那样乐观、豁达和善解人意。他十分高兴，尽管身体不好，精神不佳，孙犁还是破例留他吃了饭，并把小女儿孙晓玲叫过来和他相见。夜晚，孙犁又陪着老朋友说了很长时间的话。第二天，懂中医的鲁承宗为孙犁把脉，断定其心脏无大问题。离别之际，孙犁知道他在练习书法，便把新版的《三希堂字帖》送给了他。

[1] 孙晓玲：《逝不去的彩云：我与父亲孙犁》，百花文艺出版社2013年版，第249页。

第三十四章　病句纠缠

一封书信

1992年9月，贾平凹创办了散文月刊《美文》。当时，散文创作正处于低潮，而且弥漫着一股柔靡之风。贾平凹创办这一刊物，就是要反对那种甜腻的，花花草草的，小肚鸡肠的文风，倡导散文的大气和清正。他呼吁把散文的路子拓开，提出了“大散文”观：各类题材各种形式都可以进入散文创作，要从境界、题材、形式的范围内确定一个“大”字；散文要有大境界，不能变成“小摆设”。

从1992年春天开始，贾平凹便为《美文》约稿。他到了北京和天津，拜访了很多老作家和老文化人，并得到了他们的支持。对于走不到的地方，他就写信约稿。就这样，他得到了冰心、孙犁、施蛰存、杨绛、萧乾、徐迟、汪曾祺等人的文章。

1992年4月25日，孙犁给贾平凹写了封信，表示对创办《美文》杂志的支持。《美文》创刊号，便把孙犁的这封信刊登出来，题目为《四月二十五日致贾平凹书》，全文如下：

平凹同志：

很久没有联系，忽然奉到您的信，我的高兴，可想而知。

联系少，是因为我近年身体不大如前，再加上各种因素，心情时常不佳，很少高兴的时候。给朋友们寄信很少。

知道您要办一个散文刊物，名叫《美文》，我很赞成。美术、美声、美文都是很好的名称。当然要看实际。现在，散文的行情，好像不错，各地报刊争办随笔一类副刊，也标榜美文，但细读之，名副其实者少。

我仍以为，所谓美，在于朴素自然。以文章而论，则当重视真情实感，修辞语法。有些“美文”实际是刻意修饰造作，成为时装模特。另有名家，不注意行文规范，以新潮自居，文字已不大通，遑谈美文！例如这样的句子：“未必不会不长得青枝绿叶”。他本意是肯定，但连用三个否定词，就把人绕糊涂了。这也是名家之笔，一篇千字文，有几处如此不讲求的修辞，还能谈得上美文？

另有名家，本来一句话，一个词就可说清的意思，他一定连用许多同类的词，像串糖葫芦一样，以证明词汇丰富，不同凡人，这样的美文，也是不足称的。近年五四散文，大受欢迎，盖读者已发见新潮散文，既无内容，文字又不通，上当之余，一种自然取向耳。

来信所谈，作家、作品与政治的关系，是实情。现虽不再谈为政治服务，然断然把文学与政治分离，恐怕亦不可能。服务与否，原可不论。官总得有人做，谁做也一样。只是有些作家，只能得意，不能失意，只能上，不能下，则有愧于古人。韩柳欧苏，并非如此。

毋庸讳言，当代一些所谓新潮作家，他的处女成名作，也是适应了当时的政治需要，而得以走红。这本来无可厚非，继续努力，自然可以成为名家。然每当跻身官场（文艺团体也是官场），便得意忘形，无知妄作。政治多变，稍遇挫折，便怨天尤人，甚至撒泼耍赖。这不仅有失政治风度，也有损作家风采。

文坛现状，使我气短，也很想离得远些了。写东西也很少，也写不好了。但如有像样的东西，我一定寄您请教。

我现在主要是心脏不好。

祝您

身体健康！

孙犁

4 月 25 日[1]

虽然这封短简涉及了不止一个人，但是跳出来的，只有“病句名家”一人。在三年的时间里，“病句名家”写了很多文章对孙犁进行讽刺挖苦，不断进行攻击。但是孙犁并没有立刻进行反击，而是隐忍了。为什么隐忍？一是有意给“病句名家”留面子，毕竟是自己首先指出了人家的短处。最主要的，孙犁这封信关注的焦点，并不是什么“病句名家”，而是一位作家如何安身立命，如何处理好创作和政治的关系，如何正确对待自身的顺境和逆境等，归根到底是如何成为一位真正的作家。

但是，善于用类似的词语串糖葫芦、政治上曾经得意而又失意的那些名家，却压得住阵脚，不显山露水，更没有跳出来，只是那位“病句名家”与孙犁交锋。一开始，孙犁并没有接招，让他几个回合，同时也观察一下形势，看看还有没有更多的人出来挑战。结果只有“病句名家”孤军奋战。孙犁也讲究战略战术，别人不主动跳出来，自己也就装聋作哑，双方心知肚明，相安无事。但是，孙犁明白自己是在和谁论战。“病句名家”没准儿还真是个皮影儿。谁知道他是不是和别人商量好充当先锋官的？

孙犁信中提到的那位“病句名家”，比孙犁小将近二十岁。所以在一些文章中，总是以年轻一代，甚至是青年作家自居。1957 年，他写了一个短篇小说在《人民文学》发表，反对官僚主义，在当时引起了很大反响。随着形势突变，他被打成右派，下放到工地参加劳动。此后长期搁笔。“文革”结束后，他恢复了创作，而且迸发出了惊人的创作能量。在文学界，

---

[1] 孙犁：《四月二十五日致贾平凹书》，《美文》1992 年创刊号。

他有“获奖专业户”之称，不仅多次获得全国优秀短篇小说奖，而且获过首届茅盾文学奖。有的作品还被搬上银幕，受到社会的广泛关注。

就在《美文》创刊号上，在登载孙犁那封信的同时，恰好登载了这位“病句名家”的一篇杂文，因此可以知道，“病句名家”为什么能够迅速对孙犁的那封信做出反应。读过那篇杂文，还可以知道，“病句名家”对一些“老作家”是十分反感的，而且，这种反感由来已久。文中有这样一段文字，颇值得留意：“相反，那些上了岁数的人，却自以为是上帝，金口玉言，让人讨厌得要死。尤其他们已弄不成文学，唯有挟文学以外的手段，来达到他们的目的，也真可怜。近年来很有一些与我同辈，和比我还年长的人，总想在文学领域里，扮演一个大哥大的角色，令人齿冷。说实在的，听他们泛出一股陈仓霉米味的‘教导’，真还不如挨年轻人训几句呢？”

看过这段文字，真令人怀疑就是针对孙犁讲的。孙犁的信发表在同期，按照一般情况，“病句名家”应该不会提前看到。但是这段文字和“病句名家”日后反击孙犁的那些文字如出一辙。这充分说明，长期以来，“病句名家”对文艺界那些所谓“左”的东西深恶痛绝，从这一意义上讲，他对孙犁的纠缠，并非是针对孙犁一人的一时之举，而是对某一类人长久以来不满的一种发泄。孙犁在无意中充当了某一类人的“替罪羊”。

面对“病句名家”的攻击，孙犁头脑十分清楚。1993 年 11 月 23 日在给韩映山的信中指出：“目前，文艺界极为动荡。我那封信，已遭到或明或暗的攻击，得罪的不止一人，而是一群人。十四大前后，他们极其活跃，各路出击，一支冷箭射向天津，目标就是我。”[1] 他进一步指出，一些吃捧奶长大的作家，一遇到批评就火冒三丈，而且善于变幻脸孔。“现在有些聪明的老年人，为了追求新潮流，都迫不及待地洗洗手脸，打扮得时髦

---

[1] 孙犁：《书信·致韩映山》，《孙犁全集》第 11 卷，人民文学出版社 2004 年版，第 200 页。

一点，极力讨好年轻人。因此，对我的顽固不化，极其不满，对我的结论是：老是骂人。”[1]

老而不死

在攻击孙犁的一系列文章中，“病句名家”把自己那个病句绕过去，专门从别处下手：一是指责对方不大宽厚，而且已经落伍了；二是嘲笑对方已经老了，却又不甘心。

最具有火药味儿的，是1993年年初发表的《要么回家，要么闭嘴》一文。这篇文章写道：一位文坛长者著文，缺乏应有的宽厚之心，令作者想起了1957年自己的短篇小说遭受批判时的情形，当时，也有很有名望的老作家著文对小说作者进行斥责。因此，“病句名家”认为，评论家应该以宽厚为怀。厚道，是中国人的良善传统。“如果为了自己在文坛永领风骚，将一切后来人都扫荡干净，就剩下几位迎风掉泪，下楼腿颤，松、竹、梅岁寒三友，不觉得孤单么？”

“病句名家”指出：有的人已经落伍了还不自知。时代潮流总是不停地变化着向前。一代人有一代人的活法。当初在根据地的时候，一位农村姑娘把一双亲手纳的密密实实的布鞋，塞进你的背包里，那份情意能保留到这双鞋穿烂，也不会淡忘。现今坐在高级轿车里的小姐，不仅不会亲手为你纳鞋底，还会让你开车到燕莎之类的高档商店，去买意大利进口皮鞋。但是我们不能由此判定农村姑娘是天使，城市小姐是魔鬼，或许这一位的开朗，胜过那一位的含蓄，更富于时代气息呢。

接着，作者开始转入了自己想要表达的主题：文学也同样如此，其活力本来就在于变通。只照一个方子抓药，是不会灵的。因此，那种对

[1] 孙犁：《书信·致韩映山》，《孙犁全集》第11卷，人民文学出版社2004年版，第201页。

于在变化中的文学现实，所发出酸溜溜的指责，冷嘲热讽的挑剔，乃至谁晓得是真是假的清高，便认为自己有一份对世俗的审判权，关在自己的公馆里当文学长老，相信一张两指宽的手谕，几句别人也未必不会说的挖苦话，后辈们必须立刻战战兢兢诚惶诚恐，这当然是一种错位的找不到感觉的感觉。

写到这里，"病句名家"意犹未尽，又找到了一个典型事例加以隐喻：一九九〇年意大利世界杯足球赛期间，前球王贝利对前来参赛的巴西国脚们，经常发表议论，也很影响舆论。终究是做过球王的人，谁也不能不当回事。但无论如何，他踢球的黄金年代已成过去，他那些主意、建议、高见，特别是事后诸葛之类，自然是不合时宜的。足球运动在发展，足球打法，更是变化多端。这些终日在球员耳边响着的劝喻、指导、责难、免不了还要指手划脚，终于把队员惹烦了，他们冲这位球王吼出："要么回家，要么闭上你的嘴！"

读了这篇文章让人切实感到："病句名家"借足球队员之口，声嘶力竭地吼出了自己胸中的闷气。

除此之外，在很多文章中，"病句名家"专在"老"字上做文章。在其中一篇文章中，"病句名家"指出：大多数人，还是在毫无准备的情况下，步入桑榆晚景的老年。人总是要老，这是不可逆转的事实。而且还应该承认，宇宙万物，谁也难逃新陈代谢的规律，老是一种正常现象，不要不服老。

可是不服老的还大有人在。这充分说明，在生理的老之前，人的心理就已经开始老了。怕老、畏老、不肯老、不想老，正是心理衰老的表现。有着这样的铺垫，"病句名家"顺理成章地亮出了自己的观点：

所以，人过花甲，应该追求一种成熟的美。进入古稀之年，更应该体现出一种智慧的美。老是一种境界，所以，最难得者：六十岁时清醒，七十岁时更清醒，八十岁时彻底清醒，这就达到至善至美的境界了。但通常情况下，即或不是早老性痴呆症，六十岁时开始糊涂，七十岁时更加糊涂，八十岁时完全糊涂，也是大有人在的。

……

所以，美人迟暮，作家也不例外，都会有在创作上老态龙钟的这一天的。

我们也看到并领教过的，个别作家，一旦到了写不出什么作品的时候，便像妇女失去生育能力，进入更年期，开始不安生地折腾了。折腾自己不算，还要折腾别人。这种折腾，便表现在文学的嫉妒上。诸如嫉妒来日方长的年青人，诸如指责年青人的变革尝试，诸如反感文学上出现的一切新鲜事物……

老不是罪过，老而不达，则让晚辈讨厌了。

这篇文章应该是比较“恶毒”的一篇，尤其是把一些年老的作家比喻成为进入更年期、丧失生育能力的妇女，总是不安生地折腾，实在是有损人格。

在另外一篇文章中，“病句名家”又以著名作家江奈生·斯威夫特所说的“不娶少妇”这句话为引子，对年老的作家展开了攻击。

江奈生·斯威夫特的代表作是《格列佛游记》。这位作家当过退休大臣和外交家邓波儿爵士的私人秘书，还做过爱尔兰大法官伯克利伯爵二世的私人牧师。“病句名家”认为，他终日与这些年迈老人相处，自然了解这些老人颠三倒四的状况，和倒行逆施的行为，自然也了解老年男士那种心有余而力不足的性冲动，和猛饮三鞭酒也不济事的悲哀。“病句名家”推测：可能目击那些因性欲旺盛的少妇而弄得老先生丢盔卸甲、惨不忍睹的样子，才使他把“不娶少妇”放在自我警戒的头一条吧?

其实，娶不娶少妇，和“病句名家”后面的文字没有什么必然联系，以“不娶少妇”为题，无非收到两种功效，对于大众，吸引眼球，对对方进行人身攻击，实行的是“三气周瑜”之技。在后面的文字中，“病句名家”依旧在“老”字上下功夫，主要论述的是“老”和“文学”的关系。也没有什么新意，再一次让球王贝利“出场”。

其实，老有何怕？怕就怕在老而糊涂，老而张狂，老而失态，老而不识时务，贻人笑柄耳！小猫爱蹦蹦跳跳，时不时地闯个祸，老猫就爱在沙发上打瞌睡，发出匀称的呼噜声，大家视这为正常的现象。倘若老猫也跳上窜下，撞倒瓶瓶罐罐，疯疯颠颠，作出种种丑态，那就该觉得这只老猫，不知哪根神经出毛病了。

若干年后，在罗马的一次世界杯足球赛上，前球王贝利对在场上踢球的巴西国脚，不停地发表指摘的、不满的，甚至很挑剔的看法，这也不是，那也不是。他自以为曾经是巴西足球上一代辉煌的代表人物，有这样说三道四的权利。这就是他失去感觉的结果，他忘了一条最重要的真理，过去了，就永远过去了，你曾经是球王，不错，但那已经是历史。“大江东去，浪淘尽千古英雄人物。”“子在川上曰，逝者如斯夫。”要没有这一点看得穿、想得开的胸襟，还在那儿倚老卖老，便不为后人尊敬了。

著名球星马里奥批评道，贝利“精神上有问题，任何生活在过去的人，都会进入博物馆”，“贝利现在对我们已经不重要了，因为如今人们踢球的方式同他过去完全不一样了。贝利已成为过去”。于是，那些绝对是他晚辈、晚晚辈的球员们朝坐在主席台上的他，发出了吼声：“你要么闭嘴，你要么回家！”

“病句名家”一再警告年老的人要识时务，不要倚老卖老当别人的教师爷。但是他自己却未能免俗，一再充当年老者的“教师爷”，对年老者进行教训。他发表的文章就是在“老”字、在“落伍”上做文章。同样的意思写成多篇文章，以量取胜，喋喋不休就是为了发泄自己心中的怨气。

被迫出手

从孙犁的初衷来讲，他是不愿意进行什么论战的。“病句名家”发表了几篇攻击文章之后，他并没有立刻做出回应，但是对方不依不饶，不断对他进行刺激，孙犁的忍耐终于达到了极限，从 1992 年至 1994 年，连续撰写了八篇文章：《“病句”的纠缠》《当代文事小记》《〈文场亲历记〉摘抄》《我和青年作家》《我与文艺团体》《我观文学奖》《反嘲笑》《作家的文化》。有些文章写出后，并没有即刻发表，1993年大病手术之后，孙犁有了紧迫感，觉得对此事应该有一个交代，于是从1994年8月15日至9月20日，在一个月零几天的时间里，将这八篇文章集中发表，形成了巨大的反击态势。

万振环给予了孙犁大力支持，在报纸上连续发表了《“病句”的纠缠》《我和青年作家》《反嘲笑》等文章。10月17日，孙犁给万振环写信致谢：“蒙您及时为我发了几篇文稿，甚为感谢！我非好斗之人，实在忍无可忍，才略为反击一下。至此，告一段落，再写则近无聊。”[1]

孙犁在给韩映山的信中，也谈到了相关情况。1994年9月9日的信中说：

收到来信，兹寄上剪报二纸，您可知我近来干些什么。这都是旧稿，因看到还在攻我，就拿去发表。从此，天下又不得太平矣！

此外，我又新写了一万字，总题为：《文场亲历记》，分为四五篇，已寄这两家晚报。

我是一贯主张忍的，但总在刺激我，就忍受不住了。[2]

11月27日，孙犁在给韩映山的信中，对自己的反击做了一个总结：“我九月份写了八篇文章，其中两篇为旧稿。因为是在激怒的情况下写的，可以说是大放厥词，百无顾忌，大有姜太公在此，诸神退位的味道。这还能不得罪人？这已不是四面树敌，而是八面树敌了。写了一阵，气消了，也

---

[1] 孙犁：《书信·致万振环》，《孙犁全集》第11卷，人民文学出版社2004年版，第350页。

[2] 孙犁：《书信·致韩映山》，《孙犁全集》第11卷，人民文学出版社2004年版，第207页。

就觉得无聊，就不再写了。”[1]

最先发表的是《“病句”的纠缠》。虽然孙犁知道他所面对的是一群人，“病句”也只是个由头，但毕竟是这场论战的导火索，因此，反驳还得从源头上说起。

针对“病句名家”指责孙犁不“宽容”，不“忠厚”，孙犁指出，可以把他给贾平凹的信和对方的攻击文章找来一起看看，就可以知道对方的“宽容”和“忠厚”是什么货色。至于说到孙犁“嫉妒”，则更是缺乏自知之明——“你有什么可以值得我嫉妒的？”[2]

“病句名家”讽刺孙犁“你的风光已经过去了，不服气不行”。孙犁反驳说，自己没有“风光”过，自己的文学之路是战争的路，是饥寒交迫、风雨交加、枪林弹雨的路，不是出入大酒店、上下领奖台的短促的路。最令孙犁气愤的自然是“闭嘴”和“回家”之说，孙犁嘲笑道：“这一点，等你做了皇帝再说，目前只能是一句废话。”[3]

“病句名家”说孙犁“关在公馆里”，孙犁说：“不出门，与真假清高无关。主要原因是当前社会环境太乱，出去，怕遇见本地的江湖骗子，外来的流氓打手，老年人招架不住。最近敝‘公馆’并将另加防盗门一套，以备他们打上门来。”[4]

这里具有微言大义的是“本地的江湖骗子，外来的流氓打手”一语。

---

[1] 孙犁：《书信·致韩映山》，《孙犁全集》第 11 卷，人民文学出版社 2004 年版，第 208 页。

[2] 孙犁：《病句的纠缠》，《孙犁全集》第 9 卷，人民文学出版社 2004 年版，第 347 页。

[3] 孙犁：《病句的纠缠》，《孙犁全集》第 9 卷，人民文学出版社 2004 年版，第 349 页。

[4] 孙犁：《病句的纠缠》，《孙犁全集》第 9 卷，人民文学出版社 2004 年版，第 349 页。

在稍后发表的《反嘲笑》一文中，孙犁对这一点又进行了阐发："攻击必须有些材料，不通的句子又不便细说，向天津市的'哥们妹们'，打听一些吧，因为我平日深居简出，'关在公馆里'，轻易不招待来客，这些'哥们妹们'也语焉不详。只有一些传言，比如不好接近啊，容易翻脸呀，这虽然得自能出入'孙门'的人的情报，其实一半已是谣言。"[1]

对于那些攻击文章专门从"老"字上做文章，孙犁表示了极端的愤慨，对"下楼腿软，迎风流泪""一饭三遗矢"等逐条进行了批驳，而且还自豪地宣布："经权威医生鉴定：我的心脏、血管、肝、胰、胆，都出乎意料的好，不似八十岁的人，而像六十岁。因此，专家预测，可跨世纪，并有百岁希望。这样，就可以保证，我并不像他想象的，'已经失去竞争能力'，成了'银样蜡枪头'，而是完全可以再和这些人周旋一段时间。"[2]

孙犁所写的《〈文场亲历记〉摘抄》，对"病句名家"的一些说法进行了回击。从这种回击中可以看出，孙犁很清楚，"病句名家"写那些攻击性的文章，并不代表他自己，而是代表有相同倾向的一伙人。孙犁根据自己看到的文章，列出了"病句名家"加给的种种罪名，并进行了反驳。

这些罪名主要有两个：一是为了独领风骚；一是为了独霸文坛。针对第一项罪名，孙犁表示自己从没有这样的野心。因为自己不是"遐迩闻名的""一流作家"，也不是中国"文革"后文艺新潮的创导者。孙犁不无讽刺地说，如果论功行赏，也只有这些人，才能集体领导或个人独裁地领导这一代风骚。针对第二项罪名，孙犁自信地表明，自己一直远离文坛，既不参会，也不搞团伙，更没有谋职位。近年来，尤其远避，对这些机关的"工作"内涵，已不可知。但是有些青年朋友不明就里，还渴望到这样的团体去工作，孙犁都极力劝阻，因为这些团体已经成为藏污纳垢之所。

---

[1] 孙犁：《反嘲笑》，《孙犁全集》第9卷，人民文学出版社2004年版，第368页。
[2] 孙犁：《反嘲笑》，《孙犁全集》第9卷，人民文学出版社2004年版，第368页。

孙犁认为文坛也是官场。对这个官场，他着重讽刺了两点：

凡官场都有利可图。即使职位不大，在哥们的关照下，比如主编一个刊物吧，就不只有用人之权，取舍文章之权，发给谁奖金之权。还可以以刊物为基地，攻击宿敌及不顺者。

……

人，虽常常自鸣清高，说不愿做官，但凡是做过一回官，即使是毛毛小官，一经尝到了做官的甜头，一旦因为风云变化，又下了台，便会居常怏怏，思谋再起。[1]

“病句名家”还讽刺孙犁“老说告退，又死盯着文坛”。孙犁说，自己在给朋友的信中说过要告别文坛，其实也没有什么可告别的，自己已经没有什么作品，早已退出竞技圈外。至于“死盯着”一说，也与事实不符。接着孙犁笔锋一转，直抒胸臆：“呜呼！文坛乃人民……之文坛，国家之文坛，非一人一家、一伙人之文坛。为什么不允许别人注视它，这能禁得住吗？不允许盯着它，就可以为所欲为吗？可怜的是，近年来，文坛上的一些人物，不自爱重，胡作非为，人民已经不愿意在关心和爱护这个坛口了。”[2]

在《我和青年作家》一文中，针对“病句名家”把他和青年作家对立起来的说法，孙犁对自己和青年作家的关系进行了系统的回顾。孙犁和青年作家的广泛接触，主要有两次：一是新中国成立后，以“文艺周刊”为园地，编辑和发表了很多青年作者的作品。二是“文革”以后，以“读作品记”的方式，对一些青年作家的作品进行了评论，但效果并不太理想，凡是说了一些不同看法的，来往就少了；只说好处，没有涉及坏处的，则

---

[1] 孙犁：《〈文场亲历记〉摘抄》，《孙犁全集》第 9 卷，人民文学出版社 2004 年版，第 355–356 页。

[2] 孙犁：《〈文场亲历记〉摘抄》，《孙犁全集》第 9 卷，人民文学出版社 2004 年版，第 356 页。

来往多些。但是无论如何，自己没有存心要开罪青年作家，更没有伤害过他们。因此他也不需要忏悔，也不需要求得青年作家的原谅和赞许。自己也从来没有想过成为一名首领，有一些青年人围在身边。更不能说指出了一个作家、一篇散文的一个病句，便是对“继往开来的一代作家不尊重”。因为对历史来说，每一代作家都是继往开来的，因此一位作家和他的祖孙两代相比，并没有什么轻重之别，没有什么要别人特殊尊重的资格。“因为不久，他即将被下一代所替代，上升为‘下楼腿颤，迎风流泪’的一代了。”[1]

对于“病句名家”从生理上进行人身攻击，孙犁是十分愤慨的：“谈论文章，言不及义，不从文字上立论，反过来在生理上嘲笑老年人，这是鲁迅所说的‘粪帚战术’。文格至此，其人可知，尚可与之争辩乎！我真的应该‘回家闭口’，养养精神了。”[2]

八篇文章的最后一篇是《我与文艺团体》，这篇文章已经没有了愤慨，流露出的是一种绝望的情绪。孙犁认为，有团体，就有纷争，作家养起来，不仅不利于国家，而且不利于文艺。孙犁对文艺团体的态度是矛盾的：“我的一生，虽然一直在这个队伍中，但是我的心情，并不太爱好这个集体，身处其中，内心若即若离。但又别无他能，干不了别的工作，就拖了下来，成为一名‘老作家’。”[3]

孙犁坦言，近些年来，尤其让他失望的，一是社会风气，二是文坛现状。在写文章的过程中，经常有过激言辞，因此得罪了不少弄潮人士。在给贾平凹的那封信的结尾，还发出了“我要离得远些的”感慨。这是他提

[1] 孙犁：《我和青年作家》，《孙犁全集》第9卷，人民文学出版社2004年版，第359页。

[2] 孙犁：《我和青年作家》，《孙犁全集》第9卷，人民文学出版社2004年版，第359页。

[3] 孙犁：《我与文艺团体》，《孙犁全集》第9卷，人民文学出版社2004年版，第362—363页。

出离政治远些后，再一次提出离文坛远一些。孙犁认为：“文化大革命”，主要破坏了人们正常的关系，伤害了人们的灵魂和良知。这直接影响了文艺和文化。这是一次严重的创伤，要它恢复，实际上已经不可能了。”[1]

兀坐楼台

这场论战，双方都没有指名道姓，都在给自己和对方留有余地，而且攻击和反攻击，也不是你来我往一对一进行的，发表文章的地域也是相隔甚远，“病句名家”的文章大多发表在天津等地的一些文艺刊物上，其用意是便于孙犁看得到。孙犁的文章却大多发表在广州等地的报刊上，而且时间错后很多，带有很强的宣泄性质。因此，对这场论战，真正知情人并不多。即便有些人知情，孙犁也不让往里面掺和。

就当事人双方来讲，孙犁受到的伤害更大些。冉淮舟认为：“一连写八篇文章，生这样大的气，花这样大的力气，费这么多的心血，对于身体一直不好，已经八十多岁的孙犁来说，都有着重大的消极影响，对其生理和心理都会产生巨大的打击。这个打击太大了，孙犁的损失也太大了。”[2]

段华回忆说：“那个对手也是我所尊重的一位七十多岁的老作家，在我和他的交往中，我从未提到过他和孙犁先生的这次论战，也没问过他看到孙先生八篇文章后的感想。从维熙先生几次告诉我，说那位先生几次在从先生家里说和孙犁论争做错了，我倒不这么认为。在我看来，这次论争难说对与错，只是双方对对方的理解有偏差罢了，但对孙犁先生而言，似

[1] 孙犁：《我与文艺团体》，《孙犁全集》第9卷，人民文学出版社2004年版，第363页。

[2] 冉淮舟：《致苑纪久（三〇）》，《平原文学信稿》（上），天马出版有限公司2009年版，第117页。

乎受伤害的程度更大一些，对他晚年日常的生活和写作影响更消极一些。”[1]

这段回忆提供了两个重要信息：第一，“病句名家”承认自己是在有意识地和孙犁论战；第二，“病句名家”承认和孙犁的论战，是自己做错了。承认和孙犁论战这一点十分重要。因为论战双方都没有指名道姓，如果一方不承认此事，别人也没有办法。至于承认自己做错了，倒是值得怀疑。如果真心认错，即使不向当事者认错，也完全可以写篇文章，哪怕是委婉地道歉，也算让人们感知到“病句名家”的诚意。

这场论战，使孙犁对社会风气和文坛现状彻底绝望了。在《反嘲笑》一文的最后，他写下了这样悲愤的文字：

我每天兀坐在楼台上。

我不知道，我现在看到的，是不是我青年时代所梦想的，所追求的。我没有想再得到什么，只觉得身边有很多的累赘。

我时常想起青年时代的一些伙伴，他们早已化为烟尘，他们看不到今天，我也不替他们抱憾。人有时晚死是幸运，有时早死也是幸运。[2]

那场论战虽然已经成为过去，但是很多人并没有忘记。2003年，为了纪念《美文》创刊十周年，《美文》出了一期专刊，前言是穆涛所写的《十年的觉悟》，接下来是冰心的《五行缺火》，第三篇便是孙犁的《四月二十五日致贾平凹书》，而且专门注明此文写于1992年。2007年1月5日，《广州日报》的副刊，以《孙犁给贾平凹的一封信》为题，重新发表了引起“病句纠缠”的那封信。编者一定有着意图。什么意图呢？不得而知。

[1] 段华：《孙犁晚年的一场论战》，《读书文摘》2004年第10期。

[2] 孙犁：《反嘲笑》，《孙犁全集》第9卷，人民文学出版社2004年版，第369页。

第三十五章　曲终峰青

断然封笔

1994年12月14日，孙犁接待了一位远方来的客人，这人便是彭荆风。

彭荆风出生于1929年，原任成都军区创作室主任，1952年开始发表作品，大多描写边疆战斗生活和少数民族风俗人情，具有鲜明的边疆特色。短篇小说《芦笙吹响的时候》被列为西南地区1954年优秀小说；1957年，与林予合写的《边寨烽火》，与陈希午合写的《芦笙恋歌》两部电影剧本，摄制成影片，很受欢迎。进入新时期，短篇小说《驿路梨花》入选中学生课本；中篇小说《蛮帅部落的后代》、短篇小说《今夜月色好》、报告文学《覆盖再覆盖》均在全国获奖。他于1990年退休。

早在1956年冬，彭荆风去东北修改电影剧本《芦笙恋歌》，在天津转车，有大半天时间，方纪请他到天津有名的菜馆周家食堂吃饭，知道他喜欢孙犁的作品，便说，这次时间来不及了，下次你再来天津，我带你去认识孙犁。但此后三十八年，两人一直没有机会相见。

1994年冬天，彭荆风到北京参加总政文化部召开的长篇小说座谈会，他决定趁这次机会圆了自己的心愿。12月13日傍晚，彭荆风到达天津，第二天一早就去拜访孙犁。孙犁热情地接待他，坐下后，孙犁说：“天冷，你也岁数大了，远道来访，我很不安心！”彭荆风说，这是自己多年的心愿，这次来北京开会，开完会后，就赶到天津来了。孙犁做了个感谢的手势，说：“我年岁大了，家里又没有别的人，怕朋友们来了招待不周，你一片盛情，我很感激。”他几次起身，要去烧水沏茶，都被彭荆风拦下了。

两个人随意聊着。孙犁关切地问他这些年的工作、生活，彭荆风谈到了这几十年的政治运动，和他在反右、“文革”中的遭遇，孙犁叹息着，深情地说：“你还是很坎坷呀！受了这么多的苦难，还能写出十八本书！有的人坎坷多年，对文学仍然不改初衷，如徐光耀、刘绍棠，特别是徐光耀。有的人就差些了。”

彭荆风知道，那段时间，孙犁因为在随笔中，坦率指出了文坛一些时弊，却被某些人冷言攻击，还有一个曾受教于孙犁的作家，对孙犁“创作长篇小说，感到最困难的是结构问题”之说，进行了嘲讽：有人认为长篇小说重在结构，我怀疑这人没有写过好长篇。但是孙犁并不退缩，一篇一篇的文章斥责那些人的谬论。

孙犁自嘲道：“我是被认为落后了。有些人文章里的万国理论、新名词，也看不懂，记不住，只能守住自己不动摇。”

彭荆风说：“你如一座巍然大山，文学与哲理功底厚实，不会像根浅的竹子那样随风摇晃。正如你说过的那样，每个时代，有它的高峰，后来又不断出现新的高峰。群峰并立，形成民族的文化。如以明清之风，否定唐宋之风，那就没有连绵的山色了。”

孙犁笑了，却不认为自己是大山：“我写的东西不合时宜，约稿也少了，平时来的人也少了。年岁大了，也确实难以应付约稿和会客。有些老朋友来看我都尽力婉谢。”又说，“我本来不想多写，但作家还得正直，有良心。你可知道李之琏？”彭荆风说：“知道。我看过他发表在《新文学史料》上谈反右前后的长文。”孙犁说：“那是个很正直的人。只有经过苦难、深思，才能写出。那篇文章刊出后，震动很大，说把周扬的内心世界写得那样深刻，还是第一篇。”

彭荆风把特意从昆明带来的珍藏多年的《采蒲台》《风云初记》《铁木前传》《白洋淀纪事》拿出来，请孙犁签名。这些书籍，有的是五六十年代的版本，孙犁有些感慨，说：“这些书，你保存了这么多年，真不容易呀。”

临别时，彭荆风紧紧握住孙犁的手。孙犁说：“你远道来访，一片深情。我是难以忘记的，你年纪也大了，也要保重啊。”想到从1956年就想见孙犁，但世事艰难，却一拖近四十年。如今孙犁已经八十二岁高龄，自己也年过花甲，又是多病之身。南北两地相距那样遥远，今后还有机会见面吗？彭荆风心头一阵酸，忍不住掉下了眼泪。[1]

毕竟动过一次大手术，加之年事已高，孙犁的身体状况并没有彻底恢复，一些旧疾也卷土重来。1995年5月15日早晨，孙犁像往常一样下楼散步，着风受凉，引发前列腺疾病，小便不畅、打嗝不畅，并导致“睡眠不佳”。病情反反复复，一直不见好转，给他带来了很大的痛苦，也大大削弱了他的身体。1995年6月7日，孙犁给老友吕剑写了一封信：

上午奉读手书，故人情怀，欣慰莫似。弟于前年手术后，身体一直还好。上月中旬，偶感风寒，致使前列腺及咽喉部不适，今日服药对症，已稍好，勿念。

人到老年，最好不问世事，少些文章，这部散文集出版，也不再印书。希望多加保重，令郎及令媳，都精明强干，可慰晚年。[2]

“这部散文集”指的是《曲终集》。在这封信中，孙犁透露了即将封笔的意向。7月9日，孙犁给姜德明写了一封信。这是目前所知，孙犁写

[1] 彭荆风：《看望孙犁先生》，《中华读书报》2002年12月25日。

[2] 孙犁：《书信致吕剑》，《孙犁全集》第11卷，人民文学出版社2004年版，第251页。

的最后一封信：

前后来信均拜读。弟自五月中旬，晨起散步，偶感风寒，自此排尿不畅，六月中旬，去医院八日，检查前列腺无大问题，然因此病影响睡眠，又不思饮食，乃又犯神经衰弱，目前精神大受影响，颇感衰弱，恐牢悬挂，简复希谅。[1]

孙犁的封笔，绝非是心血来潮之举，甚至可以说早有此心。当晚年的第十本散文即将出版时，他起了一个名字：《曲终集》。很多人认为书名不吉利，劝他改名，但他坚持已见，并在《〈曲终集〉后记》中加以说明："钱起诗：'曲终人不见，江上数峰青。'本集之命名，其由来在此。友人有谓不祥者，我也曾想改一下，终以实事求是为好，故未动。"[2] 所谓"终以实事求是为好"，是说他不想写，或者写不了了。但是，话并没有说死，在后记最后一段，仿佛给人留下了一丝希望："人生舞台，曲不终，而人已不见；或曲已终，而仍见人。此非人事所能，乃天命也。孔子曰：天厌之。天如不厌，虽千人所指，万人诅咒，其曲终能再奏，其人则仍能舞文弄墨，指点江山。细菌之传染，虮虱之痛痒，固无碍于战士之生存也。"[3]

这篇后记写于 1995 年 1 月 30 日。其实，1993 年大病之后，孙犁就想搁笔。1994 年 10 月 12 日，在给徐光耀的信中说："文章，恐怕一时写不成了，不是绝对不能写，是不愿再沾这个边，想就坡下驴"。[4] 类似的说法有过多次。可以说，那几年，封笔的念头，一直萦绕在孙犁头脑中，

---

[1] 姜德明：《孙犁书札：致姜德明》，百花文艺出版社 2013 年版，第 116 页。

[2] 孙犁：《〈曲终集〉后记》，《孙犁全集》第 9 卷，人民文学出版社 2004 年版，第 609 页。

[3] 孙犁：《〈曲终集〉后记》，《孙犁全集》第 9 卷，人民文学出版社 2004 年版，第 609-610 页。

[4] 孙犁：《芸斋短简·致徐光耀》，《孙犁全集》第 9 卷，人民文学出版社 2004 年版，第 538 页。

没有断绝。

读者看到《曲终集》的时候，不相信孙犁真的会封笔，都认为他不过是像过去那样说说而已，最终结果依然会是："其曲终能再奏，其人则仍能舞文弄墨，指点江山。"但是，这次孙犁让大家失望了，封笔成为一种铁的事实。1995年5月9日，孙犁抄写完《理书四记》，于1995年9月11日发表于《天津日报》，此后，再未写一篇文章。

封笔之后，孙犁不愿见客。1995年底，刘宗武终于见到了他："见他确是较之以前瘦弱多了。往日谈笑风生、神态自若的样子，已不复见了。他一手拄着手杖，一手紧握我的手，沉重地说：'宗武，这次真的不行了。'因为，他度过的八十余年间，小病不断，大病也闹了几回，而这次他却预感到非同寻常了。"[1] 此时的孙犁，对自己的身体丧失了信心，死亡的阴影开始笼罩他。

1995年12月23日，郭志刚来津看望他。孙犁的大女儿、小女儿在家，她们告诉郭志刚：老人已经数月不见客了，这是你来了才见。说着领郭志刚到另外一间屋子，孙犁已经在门口迎候，握手后坐下。一眼望去，人明显瘦了，情绪也不佳。谈话间，他对病情表示悲观，说每个小时都有可能出问题。神经衰弱和前列腺炎，病非不治，出语竟如此沉痛，郭志刚觉得很难理解。转而又想，世上尽多难解之事，何况病累己身，自是"冷暖自知"。辞别出来后，他的心绪久久不能平静。

1996年5月15日，卫建民到天津看望孙犁，见面之后大吃一惊：老人蓄着长发，留着胡须，手指甲很长。他很难安坐，不断在屋子里进进出出，手指着外间说"就她给我造了大谣！""建民，原谅我一次，不要在这里吃饭了。""建民，咱们这是最后一面了。"见老人这种状态，卫建民不敢久留。出门时，保姆看见他，满脸通红。耕堂内一定发生了什么事情，

[1] 刘宗武：《病逝前的孙犁》，《中华读书报》2002年7月24日。

但他不敢细问。刚才老人欲言又止，他也不能追问。[1]

1996 年 9 月 22 日，郭志刚再次来到天津看望孙犁，但是未能见到。接待他的是保姆杨玉珍和孙犁的妻妹。她们介绍说，老人吃饭尚好，一天五次，但心态和生活方式全变了：几乎闭门谢客，不读书报、不写文章、不听电台、不看电视，甚至不理发、不刮脸、不换衣服，不让人到他屋里去，他有事按铃。每天对着天花板枯坐。以前，早晨还能下去转一圈，回来在晾台坐一会儿，现在不让开晾台的门。有早期老年痴呆的症状，小脑也有萎缩现象。但他心里什么都明白，屋外有点什么事，都知道。[2]

斯人远行

1997 年春节后，孙犁被儿子接走。那时，孙犁走路都已费劲，是两个壮小伙子，用他经常坐的那把旧藤椅，把他抬下楼的。

在儿子家，孙犁得到了很好的照顾，由于病情，也到医院住了两次。当病情比较稳定时，他可以下地行走。平时，他在床头柜上的小纸片上，写下了很多人名、地名和书名，累积起来有九十多个。这些人名、地名和书名，虽然有些杂乱无章，仔细梳理，也能分出一些类别，既包括古代人物，也包括为数不多的外国人物，最多的是近代以来党、政、军和科技界人物，文艺界、戏曲界人物最多，还有就是《天津日报》和天津出版界的一些人物，唯一出现的一个地名是胜芳。这说明，孙犁的大脑并未停滞，而是一直在回忆和思考，一直在怀念和挂念，一直抱有对未来的希望……

1997 年 8 月 18 日，韩映山到天津参加梁斌文学思想研讨会，因他身体不大好，儿子韩大星陪同前往，保定市文联还特地派了一辆小车。韩大星回忆：一路上父亲的话特别多，他感到有些奇怪，父亲平时是个沉默寡

[1] 卫建民：《耕堂闻见集》，天津人民出版社 2022 年版，第 131-132 页。
[2] 郭志刚：《岁月之恋》，《天津日报》2003 年 7 月 13 日。

言的人，平时很少和子女这样交谈。

研讨会的地点在天津市图书馆，一楼会议室召开研讨会，二楼展厅举办梁斌逝世一周年书画展。研讨会后，与会者登上二楼，参观梁斌书画展，转了一圈，父子俩便由刘宗武和段华带领，开车直奔天津医科大学附属总医院，去探望病中的孙犁。孙犁这次住院，主要前列腺疾病引起的排尿困难。

孙犁住在住院区的八楼。走进一个套间，见孙犁身着病号服，躺在迎门的病榻上。屋内有护士照看，刘宗武趋步上前，对孙犁耳语道：是保定的韩映山来看您。这时，只听得孙犁大声地说：凯瑞好吗？韩映山赶紧趋前问候。凯瑞是他的妻子，身体较弱，经常得病，孙犁知道这一点，平时给韩映山写信，总要向她问好。

刘宗武又小声问：您知道来的人是谁吗？孙犁说，不是映山吗？韩映山大声说："孙犁同志，我们专程来看您来了。徐光耀也问您好！"孙犁点点头，没有说话。

韩大星取出八岁女儿韩阳写的一幅书法：四尺整张洒金红宣上，用篆书写了一个大大的"寿"字，举着请孙犁看。孙犁注视良久，方合上眼睛。韩大星又取出韩阳写的一把成扇，打开展平，扇面上写了"气贯长虹"四个字，他举着扇面蹲在病榻前，孙犁睁眼上下左右看着，依旧是一言不发。大约过了四五分钟，再次合上眼睛。

韩大星拿出照相机，对孙犁说，因为给您老刻的图章快完成了，想要出版，扉页上应当有您的照片，我很想和您来张合影照。这几句话，孙犁听得清清楚楚，冲韩大星一个劲儿地摆手。看到孙犁瘦得已不成样子，韩大星很遗憾地收起相机。

韩映山对孙犁说，明年给您庆祝八十五岁生日。他没表示可否。又问吃饭怎样？他说，吃不多。旁边的家人说，一天吃五顿，吃一点就去厕所，老是躺着。

大概过了二十分钟。刘宗武小声说，咱们是否可以走啦？韩映山点点头，又上前和孙犁告别。孙犁依旧是闭着眼，不说一句话。

不久，谢大光与几位同事到医院看望孙犁，几个人排着队依次到床前问候，孙犁始终合着眼。轮到谢大光上前，他先握住孙犁的手，刚要说话，孙犁突然睁开眼睛，问："万振环有信来吗？"谢大光心中一阵喜悦，说明孙犁还很清醒，还有着顽强的生命力。他赶忙连声说："有哇，有哇。老万来信，每次都问到您。"孙犁听后，并没什么反应，又闭上了眼睛。这是谢大光和孙犁的最后一次聊天。[1]

虽然住了两次院，最终还能回到儿子家里。1998 年 5 月 1 日，滕云和报社秘书长于建军及办公室主任罗家林，带着蛋糕和花篮，去孙晓达家，代表报社祝贺孙犁八十五岁寿诞。他们先在客厅坐了一会儿，向孙晓达了解孙犁的病情。孙晓达说，身体还可以，吃饭也行，就是大小便不好，睡眠不好，不愿意吃药。

这时，北京的卫建民来访，他带来一本孙犁编辑的《平原杂志》，这本杂志是他在西单横二条旧报刊门市部花一百元买来的。他认为，封面上"平原杂志"几个字是孙犁所写，想让本人亲自证实。几个人走进孙犁的卧室，所见情形让人大吃一惊！滕云回忆：

平时衣着朴素而整饬，气质儒雅的孙犁，此刻却像流落街边的老者。从不留胡须的他，长长的须发蓬乱着，起码三个月不曾剪理。穿的睡衣也像是久未换洗。他似乎还认得我们，却毫无答话之意，只一个劲地说自己要去学校，学校已经催他了。我们简直不知所云。扶他出卧室到独单元的厅里坐下，他还是说自己要去学校。问他是什么学校，他说是纪律学校，一定要去的。看情形，确是有些精神错乱的样子了。[2]

孙犁走出屋子，执意要下楼去纪律学校，说是迟到了要受罚。他趿拉

[1] 谢大光：《孙犁教我当编辑》，天津人民出版社 2022 年版，第 132 页。
[2] 滕云：《孙犁十四章》，人民文学出版社 2012 年版，第 813 页。

着鞋，穿着睡衣，非要出门。大家拦不住，只好扶他走到楼梯口，又哄着回来。孙晓达出去待了一会才回来，跟孙犁说，已经代他到纪律学校“请假了”。大家连哄带劝，才把他劝回屋躺下。卫建民拿出《平原杂志》给他看，孙犁说“不看不看”。

1998年6月27日，郭志刚、汪稼明、段华等人到孙晓达家中看望孙犁。孙犁卧在床上，还能认得熟人，除了握手，也不再说话。

1998年10月16日，由于排尿困难和发烧，孙犁住进了天津医科大学附属总医院。最初仍可下地行走，后来病情逐渐加重，小便由导管排出，他再不能下床，没能再从这里出去。

1999年1月18日，滕云去医院，向孙犁报告刚刚举办的《天津日报》创办五十周年庆典活动的情况。原《天津日报》记者，后去《深圳商报》工作的侯军一同前往。对滕云的通报，孙犁听得很认真，不住“哦、哦”应答，当滕云说，原打算让他为报社的纪念画册写几个字时，话音未落，孙犁便大声说：“写不了，写不了啦！”滕云赶紧说：“是啊，您身体不好，所以没来打扰您。”侯军向前问候，孙犁还认得他，两人握手，当侯军说南方的读者都希望看到他的新作时，孙犁不再应声，慢慢把眼睛闭上，不再说话。

这次住院，孙犁出现了很多反常举动，总是怀疑有人要害他，怀疑儿媳送来的饭里有药，因此拒绝吃饭，不是熟悉的大夫不让看病。晚上七点，他要是困了，一定要特护先躺下，关灯之后，自己再睡。他害怕屋里只剩下他一个人，即便是闭眼睛躺着，也不让特护离开；特护上厕所，他睁眼看不见人，就会叫着名字找。有一次发脾气，抓破了特护的脸。还有一次，把一碗发烫的八宝粥，照特护的脖子泼了过去。另一方面，他对儿子和家人十分依恋，儿子每天必须准时到达医院，一天不去也不行。儿子如果要出差，必须事先和他讲清楚。儿子从小就怵老子，有一次，大夫让他给老人量体温，他居然不敢。孙犁喜欢孙子，一两天见不到就会问，儿子和媳妇说：明天来。明天如果不来，孙犁就拒绝吃饭。[1]

1999 年春天，宋曙光陪同专程从北京赶来的从维熙、房树民到医院看望孙犁。孙犁躺在病床上，目光已经浑浊，伸出来的手，青筋暴露，已经失去了血色，看到他们，他的眼角淌下了一滴热泪。

2000 年 4 月，段华带着妻子和刚刚两岁的儿子，在刘宗武的陪同下，到总医院看望孙犁。进入病房，段华把带来的花篮摆到窗台上，走到病床前说："孙老，我带着儿子和夫人来看你了。" 孙犁大声说了："坐！" 他的左手正在输液，身上盖着薄薄的被子，屋里充满了宁静气息。

"《修辞学发凡》的作者是谁？" 孙犁突然问。段华告诉他是陈望道。孙犁没有说话，过了一分钟又问："《文坛登龙术》是谁写的？" 段华立刻回答："是章克标。"

"他还活着吗？" 孙犁问。

"活着。" 段华说，"好像住在浙江杭州，可能九十多岁了，前些日子还在征婚呢！"

孙犁听完，再没有说话，闭上了眼睛。

坐了几分钟，段华站起来，俯下身轻声说："孙老，您多保重，我们要走了。" 孙犁大声说："休息！" 段华抱过儿子来："快和老爷爷再见。" 两岁多的孩子立刻向孙犁探出身子，把自己的小手伸过去。孙犁睁开眼睛，看着孩子，动了动右手，颤抖着，颤抖着，似乎用尽全身的气力，慢慢，慢慢，抬起右臂，努力握住了孩子的小手，好久没有分开……[2]

2001 年 10 月 16 日，在宋曙光等人的陪同下，铁凝到医院看望孙犁，孙晓玲到总医院住院部的楼门口迎接他们。进了病房，孙晓玲快步走向父亲的床头，轻声告诉他：铁凝来看您来了。话音落地，铁凝已经站在了病

---

[1] 滕云：《孙犁十四章》，人民文学出版社 2012 年版，第 816 页。
[2] 段华：《荷花的光影：孙犁之旅》，北方文艺出版社 2018 年版，第 35 页。

床前，孙犁一眼认出了她，神态平和地说："你好吗？我们很久没见面了。"

铁凝握住了孙犁那只微凉的瘦弱的手，又难过又激动地说："我一直想来看老师。河北的老同志，徐光耀等都问您好！"

孙犁关切地说"坐下"，铁凝便坐在床头的木椅上。铁凝回忆道：

在四五分钟的时候里，我也大声说了一些问候的话，孙犁先生的嘴唇一直蠕动着，却没有人能知道他在说什么。在他身上，盖有一床蓝底儿小红花的薄棉被，这不是医院的寝具，一定是家人为他缝制的吧，真的棉布里絮着真的棉花。仿佛孙犁先生仍然亲近着人间的烟火，也使呆板的病房变得温暖。[1]

走出病房，铁凝把头微微扬起，屏住一口气，努力睁了睁眼睛，不让盈满眼眶的泪水流下来。这是她最后一次见到孙犁。

孙犁住院将近四年，病情一有变化，医药就跟上，每次都无大碍。

2002 年 7 月 4 日下午四时左右，由于双肺严重感染，孙犁突然发起高烧，心脏和血压都不稳。医院的大夫对他进行了一次抢救，大夫为了让他呼吸畅快些，尽量减少心脏压力，便给他的鼻孔里插上一根氧气管，但他就是不让插，不停地用手扒拉，两位护工只好按住他的胳膊，防止输液的针头滑出来。孙犁因为呼吸困难，脸上的表情很痛苦。到了晚上十点钟，体温才恢复了正常。

7 月 5 日，孙犁的病情未见好转，吃饭相当困难，血压需要药物维持，心率和呼吸一直不太平稳。下午心律失常，五点半又开始发烧。

7 月 6 日早晨，孙犁吞咽困难，呛了一下，心跳一度停跳，大夫进行了紧急抢救。等家属赶到医院病房，被眼前的情景吓呆了：病床已经被拉到屋子的中间，几十名医生和护士围在病床前，孙犁平躺在床上，脑袋向右侧耷拉着，脸上一点血色都没有，嘴唇发青，心电监护仪不停

---

[1] 铁凝：《回忆孙犁先生》，《人民文学》2002 年第 11 期。

地发出警报……

经过半个多小时的抢救，孙犁恢复了心跳，但是因为长时间缺氧，大脑已经没有意识，只能靠呼吸机来维持生命。大夫说，能够维持几天，就看病人的肌体能力了。

7月7日，得到孙犁病重的消息，段华从郑州驱车千余里赶到总医院。来到病床前，只见孙犁静静地躺在床上，嘴上插着呼吸机，随着他微弱的呼吸，被子略略有些起伏，输液瓶里的液体一点一点滴入他的体内。

2002年7月11日早晨六点，孙犁溘然离世。此时窗外正下着大雨，充斥人们耳膜的是那哗哗哗的雨声……

7月15日，孙犁遗体告别仪式在天津北仓殡仪馆仙逸厅举行。这天拂晓，百里之外的白洋淀乡亲父老，驾着小船，驶向荷花淀，他们精心采摘了四十五朵最清新、最纯洁的红荷，采摘了最圆润、最无瑕的翠叶，装上汽车，向天津疾驰，把它们摆放在孙犁遗体周围，荷花荷叶上还带着白洋淀的露水，乡亲们又轻轻洒上带来的淀水，睡梦中的孙犁，一定嗅到和荷花荷叶的清香，呼吸到了白洋淀那种氤氲的气息……

并非幻灭

孙犁晚年的断然封笔，以及后来异常的心理和行为，引起了很多研究者的兴趣，大家纷纷探究这一时期孙犁的精神世界。其中，影响比较大的是张学正的“幻灭说”。

在孙犁去世一周年和两周年前后，张学正都写过文章，均发表在《中华读书报》上，前一篇发表于2003年8月6日，题为《孙犁：都市里的田园梦》，后一篇发表于2004年5月26日，题为《巴金、孙犁的晚年心态》。张学正在文章提出了一个鲜明的观点，即孙犁晚年的悲剧来源于他的“幻灭心态”。在孙犁百年诞辰之际，张学正在《随笔》2013年第2期上，又发表了《幻灭中的生命终结：〈曲终集〉出版前后的孙犁》一文，对他的"幻灭说"进行了系统和全面的阐发。

张学正认为孙犁的封笔，主要是精神的跌落，"哀莫大于心死"，归根到底是由"幻灭心态"所致。他认为，孙犁精神的跌落有个过程，是从20世纪80年代中期开始的，当时中国正经历着改革的阵痛，"孙犁对社会上和文艺界涌现出的许多新鲜事物不能理解，不能接受；对社会上泛起的许多丑恶现象，更是十分憎恶"[1]。因此，他不想读书，不想写作，做好了迎接死亡的准备。1989年之后，孙犁变得更加忧郁和消沉，直言"欢情已尽，生意全消"。1992年至1994年，是孙犁身心两方面遭受巨创的时期，一是因胃癌动了一次大手术，二是与某位名家的论战给他造成了巨大精神伤害。因此，他决定不再写文章，甚至希望早死。1995年《曲终集》出版后，便正式宣布封笔。

张学正认为，导致孙犁产生"幻灭心态"产生的主要原因有以下几方面：

首先是对社会现状的不满而产生的理想幻灭感。其根源在于如何看待改革上。张学正认为："孙犁把社会上的种种丑恶现象都归罪于改革，认为所有问题都是由改革'引发产生'的。""他对社会现象、新潮文学不加分析，采取'一路闷棍横扫下去'的态度，表现出思想上的某种保守性。"张学正认为孙犁在思想方法上存在很大问题："孙犁是一位道德论者。他常以'善'与'恶'、'君子'与'小人'为标准来评价世道人心。将历史道德化，不从根本上的政治、经济制度和思想体系上，而仅仅用'善'与'恶'即抽象的道德观去观察、衡量、评价历史，必然会造成思想上的迷乱。"[2]

---

[1] 张学正：《幻灭中的生命终结：〈曲终集〉出版前后的孙犁》，《随笔》2013年第2期。

[2] 张学正：《幻灭中的生命终结：〈曲终集〉出版前后的孙犁》，《随笔》2013年第2期。

其次是由于文学梦的破碎而产生的事业幻灭感。张学正认为，孙犁对改革开放这一时期的文学持有一种基本否定的态度。文学创作“流氓浅薄之作甚多”；文学批评不正常，到处是肉麻的吹捧，而且不以为耻；“新名词”“新理论”满天飞；整个文坛“日益商贾化、政客化、青皮化”，他对文坛大为失望。同时，过去关系密切的一些青年作者，由于各种原因与他隔离或对立，也使他感到失望与寂寥。那场因“病句的纠缠”而导致的论战，更让他感到绝望。因此，他决心要远离这个肮脏的文坛。

再次是由乡情、亲情、友情、爱情的“残破”而产生的情感幻灭感。故园消失，发妻病逝，战友离世，爱情消亡……这一切，造成了孙犁浓厚的“残破”意识，内心充满了孤独感。

最后是由于对自己的身体失去信心而产生的生命幻灭感。张学正认为，1956 年孙犁所患的极度神经衰弱，实为抑郁症。这种心理疾病，在 80 年代中期又复发，从此这一病症一直缠绕着他。晚年，孙犁可以说是被这种心理疾病所击倒的，“他有一次对到医院看望他的天津作家柴德森、金梅说：‘告诉你们俩，我精神垮了！’”[1] 与此同时，心脑血管疾病、消化系统的疾病、泌尿系统的疾病雪上加霜，使孙犁的精神崩溃和身体崩溃相互作用，加速了他走向生命的终点。

张学正认为，孙犁在意识清醒的状态下，选择了抛弃一切，在沉默与平静中了断生命的终结方式，说明他的人生理念、思维方式和性格特征都出现了问题，他独善其身、洁身自好的人生哲学，追求完美的理想主义，以及偏执的性格，使他在社会转型期采取了退缩和逃避的策略，在隐遁中进行了自我终结。

金梅对张学正的“幻灭说”提出了反驳。他认为，张文所判定的孙犁

---

[1] 张学正：《幻灭中的生命终结：〈曲终集〉出版前后的孙犁》，《随笔》2013 年第 2 期。

对改革的态度是不正确的。孙犁所批判的，主要是由市场经济引发的一些消极现象，特别是在文化和文学领域中引发的一些消极现象，而并非是对市场经济本身的批判。“在 20 世纪八九十年代，大家都在对市场经济一味叫好之时，孙犁这样做，正是其能保持头脑清醒的一种表现，是难能可贵的。”[1]

其次，孙犁对文学中一些新观念、新探索、新实验表示怀疑和责难，并非是对新潮文学的否定和排斥，而是表现出了孙犁一定的先见之明。金梅认为：“现在距离孙犁写作那些文论，已经过去一二十年，我们真该冷静地、客观地、实事求是地回顾一下，当时竞相喧嚣出新的那些观念、名词，那些被称为‘新探索’‘新实验’的新潮文学，究竟有多少为中国广大读者所理解、所接受呢？……孙犁当时反复批评的文坛生态，现在是有所改善了，还是变本加厉了呢？”[2] 金梅认为，孙犁在文学理论方面，从来不是落伍者。早在 1980 年 3 月，他就提出要弘扬人道主义，比周扬提出这一问题早了好几年。再比如，孙犁一直是“文学要表现人性”这一文学观念的倡导者，而且是身体力行的实践者，写人性，虽然带来了他作品中的所谓的“小资情调”，但是赋予了他的作品较为长久的生命力。

第三，对于孙犁晚年的一些表现，不能简单地以“幻灭心态”一言以蔽之。他那些消极的、回避的心态，以及对所谓的与人生告别的准备，“那只是孙犁一贯喜欢清静、厌烦吵闹的性格在特定情境中的表现而已”。[3]

第四，对于孙犁晚年的封笔和自我封闭，也不能说是由“绝望心情”和“幻灭心态”所决定的。孙犁对社会和文坛种种消极现象的批评具有一定的超前性，而且是极为正确的。然而，就在当时，孙犁已经发现，自己

[1] 金梅：《寂寞中的愉悦：嗜书一生的孙犁》，河南人民出版社 2007 年版，第 295 页。
[2] 金梅：《寂寞中的愉悦：嗜书一生的孙犁》，河南人民出版社 2007 年版，第 297 页。
[3] 金梅：《寂寞中的愉悦：嗜书一生的孙犁》，河南人民出版社 2007 年版，第 301 页。

想用文学作品和议论文章，去影响和纯净社会和文坛风气的努力，是收效甚微的。他感觉到写文章没有用，身体又不好，干脆不写。

在上述分析的基础上，金梅提出了一个比较新颖的观点：

孙犁的“封闭”状态是存在的，但那不只是他的“自行封闭”，更是当时的社会和文坛风气对他的封闭。就是说，在孙犁与当时社会和文坛的风气之间，存在着一种双向的选择性的封闭关系。先是当时的社会和文坛风气，将孙犁的正确意见拒之门外。这在孙犁的感觉上，是社会和文坛把他封闭了起来。在这种情形底下，他之采取“自我封闭”的形式，则是对社会和文坛风气对他的封闭所作的一种反封闭式的封闭……我们也可以把孙犁晚年与当时社会和文坛风气之间发生的情景，看成是一种放逐和反放逐式的自我放逐。以此，我们就不能把孙犁的某些反常的行为方式，视为是他对文学、社会和人生理想的幻灭。恰恰相反，那正是由于他坚持了一贯奉行的文学、社会和人生理想之后，对当时的社会和文坛风气做出的一种无声的、独特的，却是积极的和可贵的排拒与抗议的形式。这样看来，晚年的孙犁，也是个强者；而以今天倡导的主流舆论来衡量，他更是个胜利者。[1]

如何认识孙犁晚年的心态，是否存在一种“幻灭”心理，的确是一个十分严肃的问题。应该说，孙犁在文学创作上，一直是秉持现实主义的，进入新的历史时期，孙犁极力主张恢复现实主义传统。他认为：

现实主义，主要是从现实生活取得创作素材，而在取得素材的同时，作家也就获得了现实主义的艺术手段。这种创作，自然会体现当前人民群众的愿望和要求，体现政治的实施和力量。过去，我们常常把政治和艺术分成两个标准来衡量一部作品，其结果只能导致作品的概念化，导致作家

[1] 金梅：《寂寞中的愉悦：嗜书一生的孙犁》，河南人民出版社2007年版，第302页。

的虚伪粉饰，于政治于艺术，都是不利的。[1]

孙犁之所以这样强调现实主义，是针对现实主义的缺失而言的。在很长的一段时间里，除去对立阶级和阶级敌人之外，对其他事物，只允许歌颂，不允许批判。文学不仅成为政治的附庸，而且充满了假、大、空之类的谎言。真正的现实主义，是在批判社会丑恶的同时，呼唤真善美。正是在这样一个基础上，孙犁晚年的文学创作发生了一个显著的转型，其典型标志就是从歌颂转为批判。张学正把孙犁的批判看成作家的保守倾向，认为是作家不能适应改革新形势的落伍之举，的确有失偏颇。

对孙犁而言，他是具有崇高文学理想的，他认为："理想、愿望之于艺术家，如阳光雨露之于草木。艺术家失去理想，本身即将枯死。"[2]青少年时代，他深受"五四"新文学的影响，形成了"为人生"的文学理想，这一理想一直到其晚年都没有改变。抗日战争时期，他的文学理想增添了一个重要内涵，就是为革命而服务，革命文艺观成为其文学理想的主流，为政治服务是他文学理想中的应有之义。他认为："作为一个作家，每时每刻，都和国家的命运联系在一起，不管任何处境，他不能不和广大人民，休戚相关。国家、人民的命运，就是作家的命运。"[3]"文革"结束后，他重申了"为人生"的文学价值观，对在市场经济条件下，对抛弃文学理想，推崇金钱和色情等现象进行了不懈斗争。

孙犁十分重视作品的生命力，为此不断探求文学规律、遵循文学规律。他深有感触地说："历史证明：文坛上的尺寸之地，文学史上两三行记载，

---

[1] 孙犁：《谈〈腊月·正月〉》，《孙犁全集》第 8 卷，人民文学出版社 2004 年版，第 144 页。

[2] 孙犁：《风烛庵文学杂记》，《孙犁全集》第 8 卷，人民文学出版社 2004 年版，第 342 页。

[3] 孙犁：《芸斋琐谈·谈文学理想》，《孙犁全集》第 7 卷，人民文学出版社 2004 年版，第 193 页。

都不是容易争来的。”[1]他认为，艺术的生命力在一定程度上来源于作家的自我完善，来自于作家的自我牺牲，如果没有崇高的理想、高尚的人格，如果耐不住寂寞，抵制不住金钱和权力的诱惑，就不可能创造出有生命力的作品。艺术的生命，要求作家在精神层面上要成为一个道德上、人格上的完美主义者，在物质层面上要成为一个清贫者，只有安贫乐道，才能找到艺术的真谛。

不可否认，孙犁晚年在思想上“亮点”和“灰色”并存，但他以文学创作实施自救，对消极心态进行了全力抗争。

孙犁的消极心理主要是由自身的生理状态造成的，与他的脑病密切相关，时常感到“心里有压抑感”“高兴不起来”，如果严重一些，会觉得“活着没有意思”“心里难受”。这些消极心态在他的文章中时有体现。例如，他是这样描写1990年春节的：“今年春节，三十晚上，我八点钟就躺下了。十二点前后，鞭炮声大作，醒了一阵。欢情已尽，生意全消，确实应该振作一下了。”[2]1995年1月，他写下了这样的文字：“故园消失，朋友凋零。还乡无日，就墓有期。哀身世之多艰，痛遭逢之匪易。隐身人海，徘徊方丈。凭窗远望，白云悠悠。伊人早逝，谁可告语。”[3]

这种消极心态，不能说是作家价值观念的体现，更不能说是作家的幻灭。最为重要的是，孙犁并没有让这种消极心态任意滋生蔓延，而是不断以文学创作实施自救。因此在他身上，可以看到这样一对矛盾：一方面，由于消极心态的影响，时时有放弃写作的念头；另一方面，他又不甘心放弃写作，时时在为写作而努力。

---

[1] 孙犁：《文学和生活的路》，《孙犁全集》第5卷，人民文学出版社2004年版，第248页。

[2] 孙犁：《记春节》，《孙犁全集》第9卷，人民文学出版社2004年版，第47页。

[3] 孙犁：《甲戌理书记·宋贤遗翰》，《孙犁全集》第9卷，人民文学出版社2004年版，第445页。

孙犁晚年有一个宏大的文学梦想，在恢复创作的时候，就给自己定下了一年一本书，争取写十本的奋斗目标。这一目标最终完成了，但是用了十六年时间。在这中间，虽然多次想搁笔，但是他一直在自我激励，一直在坚持。他对写作是十分投入的，“然于写作一途，还是不愿停步，几乎是终日矻矻，不遑他顾，夜以继日，绕以梦魂”[1]。

当被消极心态所折磨的时候，他靠写作求得解脱：“总而言之，我目前的状态，在别人看来，是孤独寂寞，我自己还没有什么太寂寞的感觉。我只要写起文章来，就觉得很有意思。我说无论如何不能放弃写文章。你不叫我干别的可以，写文章好像对我很有用处。”[2] 即便到了 1994 年，身体稍有恢复，他立刻拿起了手中的笔：“呜呼，大难不死，平生多次，上天既不厌其生存，自当努力，散放余光，使之有所辉照。”[3]

因此，孙犁在 1995 年的封笔，完全是由于生理原因被迫中止写作的，这样，也等于夺去了他自我拯救的途径。缺少了文学的升华作用，消极心态便肆虐起来，时时缠绕他，终于使他无力挣扎，身体垮掉，精神也就垮掉了，一直到逝世，再也没有能够恢复过来。但这不能否认孙犁是一位勇敢的战士，是一个不断战胜自我的强者，出色完成了自己的文学使命。

2022 年 3 月—2022 年 11 月初稿

2022 年 12 月—2023 年 3 月定稿

---

[1] 孙犁：《秀露集·后记》，《孙犁全集》第 5 卷，人民文学出版社 2004 年版，第 383 页。

[2] 孙犁：《和郭志刚的一次谈话》，《孙犁全集》第 9 卷，人民文学出版社 2004 年版，第 104 页。

[3] 孙犁：《甲戌理书记·佩文斋书画谱》，《孙犁全集》第 9 卷，人民文学出版社 2004 年版，第 430 页。